Le grand espoir

Avant-propos

Ce livre, cher lecteur, n'est pas publié pour nous dire que le péché, le mal et la souffrance existent dans ce monde. Nous ne le savons que trop bien. Ce livre n'est pas publié pour nous faire part d'une controverse irréconciliable entre les ténèbres et la lumière, entre le péché et la justice, entre le mal et le bien, entre la mort et la vie. Au fond de notre cœur, nous le savons déjà, et nous savons aussi que nous sommes acteurs et participants dans ce conflit.

Mais chacun de nous, de temps en temps, est habité par ce désir ardent d'en savoir plus sur ce grand conflit. Comment a-t-il commencé ? A-t-il toujours existé ? Quels sont les éléments qui entrent dans ses aspects extraordinairement complexes ? En quoi me concerne-t-il ? Quelle est ma responsabilité ? Je me trouve être dans ce monde sans l'avoir choisi. Est-ce pour moi un bien ou un mal ?

Quels grands principes y sont impliqués ? Combien de temps durera encore cette controverse ? Comment se terminera-t-elle ? Notre terre basculera-t-elle, comme certains scientifiques nous le disent, dans les profondeurs glacées et éternelles d'une nuit sans soleil ? Ou bien a-t-elle devant elle un meilleur avenir, illuminé de la lumière de la vie, réchauffé par l'amour éternel de Dieu ?

La question devient encore plus percutante : comment cette dualité qui opère dans mon propre cœur – le combat entre l'égoïsme qui veut y pénétrer et l'amour qui veut s'exprimer – pourra-t-elle se terminer par la victoire du bien, et disparaître à jamais ? Qu'en dit la Bible ? Qu'est-ce que Dieu nous dit sur cette question, qui est d'une importance vitale pour toute âme ?

Nous sommes souvent confrontés à ce genre de questions. Elles surgissent avec insistance des profondeurs de notre cœur et exigent une réponse précise.

Il est certain que le Dieu qui a créé en nous le désir du meilleur, le désir de la vérité, ne nous privera pas de la réponse dont nous avons tous besoin ; en effet, « le Seigneur DIEU ne fait rien sans avoir révélé ses secrets à ses serviteurs, les prophètes [1] ».

L'objectif de ce livre, cher lecteur, est d'amener les âmes perplexes à trouver la bonne solution à ce grand questionnement. Il a été écrit par une personne qui a découvert et « goûté la bonté du Seigneur [2] » et qui a appris, par la communion avec Dieu et par l'étude de sa Parole, que le secret de l'Éternel est réservé à « ceux qui le craignent [3] » et qu'il leur fera voir son alliance.

---

1. Amos 3.7.
2. 1 Pierre 2.3.
3. Psaume 85.10.

Pour nous permettre de mieux comprendre les principes qui sous-tendent cette controverse si importante, dans laquelle est impliquée la vie de l'univers, l'auteur l'a située dans le cadre des vingt derniers siècles, en une sorte de parabole grandiose et pratique.

Ce livre s'ouvre sur les tristes dernières scènes de l'histoire de Jérusalem, la cité des élus de Dieu, après qu'elle eut rejeté « l'homme du Calvaire » venu la sauver. Puis, en parcourant l'histoire des nations, il attire notre attention sur les persécutions exercées contre les enfants de Dieu au cours des premiers siècles ; la grande apostasie de son Église qui s'en est suivie ; le grand réveil de la Réforme, dans lequel sont clairement manifestes quelques-uns des points importants de cette controverse ; la terrible leçon du rejet par la France des principes de la justice ; la redécouverte et l'exaltation des Écritures et leur influence bénéfique et salvatrice ; le réveil religieux des derniers jours ; le descellement de la fontaine radieuse de la Parole de Dieu, avec ses merveilleuses révélations de la lumière et de la connaissance nécessaires pour faire face à l'apparition maléfique de chaque illusion des ténèbres.

Ce livre nous présente, avec simplicité, lucidité et force, l'imminence du conflit, avec tous les principes vitaux qu'il implique, et dans lequel personne ne peut rester neutre.

Enfin, il nous dévoile la victoire éternelle et glorieuse du bien sur le mal, de la lumière sur les ténèbres, de la joie sur le chagrin, de l'espoir sur le désespoir, de la gloire sur la honte, de la vie sur la mort et de l'amour éternel et patient sur la haine vindicative.

De précédentes éditions de ce livre ont amené de nombreuses âmes au véritable Berger. Puisse celle-ci porter encore plus de fruits pour la vie éternelle, c'est notre prière.

Les éditeurs

Préface

La nouvelle traduction française d'un ouvrage aussi lu que *La tragédie des siècles* (aujourd'hui *Le grand espoir*) est un événement bienvenu. Le français du XXIe siècle n'est plus tout à fait celui des années 1920. C'est aussi l'occasion de mettre à jour quelques paragraphes avec lesquels la traduction de l'époque avait pris quelques libertés. Pour certaines d'entre elles, il ne s'agissait que de style, d'autres se sont révélées plus préjudiciables. Malgré l'intérêt que peut représenter une étude de la précédente traduction, l'introduction qui suit se limitera à l'histoire de *La tragédie des siècles* et à l'observation d'un aspect essentiel de sa structure. Nous soulignerons ensuite ce qui, pour Ellen White, représentait l'essence de son contenu. Nous verrons enfin dans quelle mesure cette œuvre constitue non pas l'aboutissement de sa pensée, mais une étape annonçant les chefs-d'œuvre qu'elle écrira entre la fin du XIXe siècle et le début du suivant.

Histoire de la rédaction

Ellen White a trente ans lorsqu'en mars 1858, elle ressent un appel de Dieu à mettre par écrit des réflexions que nous connaissons aujourd'hui sous la forme d'une collection de plusieurs livres qu'elle rédigera pendant les dernières années de sa vie. Alors que *La tragédie des siècles* semble se présenter comme l'épilogue de ce volumineux travail d'écriture, elle sera pourtant écrite plus tôt. Achevée à l'automne 1887, sa première édition sortira de presse au printemps 1888. Cependant, l'histoire de cette édition est loin de se limiter à cette période. Comme les autres ouvrages de la collection qu'elle inaugure, *La tragédie des siècles* est le fruit d'une longue gestation. Trente ans plus tôt, Ellen White en publiera deux ébauches, puis reprendra le texte final vingt-trois ans après la première édition de 1888.

En 1858, Ellen, James et leurs trois premiers enfants sont installés à Battle Creek (Michigan) depuis trois ans. Avec la conviction qu'il s'agit d'une mission, Ellen White commence sans tarder à écrire le premier volume de *Spiritual gifts*, une série qui en comprendra trois autres et verra le jour entre 1858 et 1864. Ces pages forment la matrice d'une œuvre qu'Ellen ne cessera de retravailler par la suite. Entre 1870 et 1884, la publication d'une seconde série de quatre autres volumes intitulés *Spirit of prophecy* permettra à Ellen de reformuler et d'enrichir son travail précédent. Le plan de l'ensemble de ces deux éditions reste identique. Après un grand nombre de pages consacrées à des récits bibliques, l'auteur dessine à grands traits l'histoire du christianisme, puis réfléchit sur la nature de l'Église au temps de la fin. Il ne serait pas excessif de considérer le quatrième volume de la série *Spirit of prophecy* comme la première version de la *Tragédie des siècles.* Publié en 1884, ce volume est très proche de ce que deviendront par la suite les textes de 1888 et de 1911. Ellen White le publie d'ailleurs avec un sous-titre qui deviendra le titre que nous lui connaissons aujourd'hui : *The great controversy between Christ and his angels and Satan and his angels*. Le texte de 1884 contient l'essence des versions à venir.

Au cours des trois années qui suivent, Ellen White reprend la plume et retravaille ce volume, y ajoutant quelques chapitres. En Europe, entre 1885 et 1887, l'auteur a accès à la bibliothèque personnelle du théologien et ami John Andrews, qui réside alors à Bâle. Ellen White consulte plusieurs de ces ressources, qu'elle n'hésite pas à insérer dans les chapitres historiques de son propre texte. Sur le point de quitter l'Europe à l'automne 1887, Ellen White achève la rédaction d'un nouveau manuscrit qu'elle publie au printemps 1888. Cet ouvrage constitue la première version de *La tragédie des siècles*. Infatigable, Ellen retravaille une dernière fois à cet écrit. En 1911, bénéficiant de secrétaires de rédaction, de l'aide de son fils William et de plusieurs amis qu'elle a invités à lui faire des suggestions, voire à lui signaler d'éventuelles erreurs historiques dans son texte de 1888, elle publie une ultime version de *La tragédie des siècles*. Comme l'indique clairement sa propre introduction, Ellen ne prétend pas être une autorité en matière d'histoire et témoigne des difficultés qu'elle rencontre dans la rédaction. Six ans après la publication, une correspondance adressée à un éditeur témoigne de cet esprit. Loin d'ambitionner une quelconque infaillibilité historique, Ellen White ne cache pas son besoin d'être aidée dans la rédaction de ses ouvrages et de trouver des croyants dont la lecture critique peut lui être bénéfique : « Tout ce que j'ai publié a fait l'objet d'un examen attentif. Je souhaite qu'aucun de mes écrits ne soit publié sans avoir été consciencieusement étudié. Certes, si des personnes sans compétence et sans expérience de la foi chrétienne réalisaient ce travail, elles risqueraient de se placer en juge de ce qui me semble essentiel pour les lecteurs. L'ivraie risquerait ainsi de se mêler au bon grain. J'ai déposé l'intégralité des manuscrits de *Patriarches et prophètes* et de *La tragédie des siècles* devant un comité de rédaction, de façon à ce qu'ils soient examinés avec un regard critique. Dans la même perspective, je les ai confiés entre les mains de quelques pasteurs. Plus l'examen critique de ces livres est rigoureux, mieux c'est pour l'œuvre de Dieu. » (Lettre 49, 3 août 1894)

Structure

La tragédie des siècles est souvent considérée comme la conclusion des dernières œuvres d'Ellen White. Cependant, comme nous l'avons observé, l'histoire de sa rédaction bouscule cette logique. Contrairement à l'apparence, *La tragédie des siècles* n'est pas un aboutissement, mais une introduction. Le lecteur sera surpris par une telle affirmation. En effet, les deux esquisses qu'ont pu être *Spiritual gifts* et *Spirit of prophecy* sont construites selon un plan qui donne principalement la parole aux récits bibliques, avant de proposer une réflexion sur l'histoire du christianisme et sur quelques points théologiques. Lorsqu'Ellen White s'attelle à la troisième version de cette œuvre, elle inverse cette structure. Le nouveau plan de rédaction s'ouvre par une importante réflexion sur l'histoire du christianisme – ce sera *La tragédie des siècles* – avant de se poursuivre par les méditations bibliques qui constituent le socle de la plupart de ses derniers livres. *La tragédie des siècles* se situe au carrefour de cette réorientation. Refonte d'un écrit antérieur publié quatre ans plus tôt – le quatrième volume de *Spirit of prophecy* – elle introduit un nouveau cycle de publications. *La tragédie des siècles* n'est pas le dernier mot de l'auteur, il ne s'agit pas de la conclusion d'une œuvre, mais de son prélude.

Spiritual gifts I 1858	**Spiritual gifts II** 1860	**Spiritual gifts III** 1864	**Spiritual gifts IV** 1864
Méditation de récits bibliques brève évocation historique	Autobiographie	Méditation de récits bibliques	Méditation de récits bibliques réflexion théologique, conseils divers

Spirit of prophecy I-III 1870-1878	**Spirit of prophecy IV** 1884
Méditation de récits bibliques	Histoire – réflexion théologique

La tragédie des siècles 1888	**Patriarches et prophètes** 1890	**Heureux ceux qui** (le Sermon sur la montagne) 1896	**Jésus-Christ** 1898	**Paraboles** 1900	**Conquérants pacifiques** (Actes des apôtres, épîtres) 1911	**Prophètes et rois** 1916
Histoire réflexion théologique	Méditations de récits bibliques					

La traduction française

C'est en 1926 que, sous le titre de *La tragédie des siècles*, la seconde version américaine de l'ouvrage est traduite pour la première fois en langue française. Depuis cette date, en dépit d'omissions et de contresens, cette traduction était restée sans révision. Offrir au lecteur du XXIe siècle une nouvelle traduction plus fidèle au texte original était donc indispensable.

Intitulé *Le grand conflit*, le texte de la première version de 1888 avait été traduit dès 1889. Bien que n'étant plus commercialisé par l'éditeur, ce texte issu de la première étape de la rédaction connaît paradoxalement un regain d'intérêt depuis quelques années auprès de certains lecteurs. Sans aucun doute, il est passionnant de faire une étude comparative des deux versions de l'œuvre. Toutefois, dans l'esprit d'Ellen White, la seconde version de 1911 avait remplacé la première. Consciente que son lectorat dépassait les frontières de l'Amérique du Nord et le cadre restreint de l'adventisme, l'auteur elle-même avait pris soin de s'exprimer ultérieurement dans un langage plus adapté à ce nouveau public. Dans un courrier daté du 25 juillet 1911, Ellen White affirme que « l'éditeur a fait un bon travail » et qu'elle accueille cette nouvelle version de *La tragédie des siècles*, ouvrage qu'elle « apprécie plus que de l'or et de l'argent » avec une « grande satisfaction ». (Lettre 56, 1911). La pédagogie et le respect du public qui ont motivé l'auteur sauront inspirer son lecteur dans son souci de faire connaître cet écrit.

Un livre d'histoire ?

Dans une large mesure, *La tragédie des siècles* traite de l'histoire du christianisme. Malgré tout, comme l'indique l'auteur dans son introduction, l'histoire n'est pas l'objectif principal de cet ouvrage. Certaines pages importantes de l'histoire chrétienne sont d'ailleurs peu ou pas commentées. Ellen ne traite ni des Pères de l'Église, ni du milieu orthodoxe, ni des réformateurs catholiques qui ont favorisé la future *Réforme* protestante. L'un des plus grands revivalistes américains, Jonathan

Edwards, n'est pas mentionné. Le livre accorde peu de place à l'important *Réveil* qui se vivait en Europe depuis la moitié du XIXe siècle. Ellen White prend l'histoire comme un espace de méditation, elle sera donc sélective. Elle saisit l'occasion de témoigner de l'impressionnante souffrance endurée par les croyants de tout temps qui ont voulu vivre devant Dieu en êtres humains libres et autonomes. La fidélité à leur conscience et leur refus de se conformer à des formulations doctrinales, à des commentaires humains sur les Saintes Écritures, à une forme ou une autre de magistère, a dans de nombreux cas coûté la vie de ces croyants. *La tragédie des siècles* est bien plus qu'une chronologie du christianisme.

L'histoire d'une tragédie

Ce livre raconte l'histoire de femmes et d'hommes qui ont fait l'expérience d'une commune souffrance. Ils ont été les victimes d'un abus spirituel au sein même de communautés qui prétendaient témoigner du Christ. Sur ce plan, le témoignage d'Ellen White ne cache pas son appartenance au protestantisme, mais ne cherche pas à faire de l'histoire sainte. *La tragédie des siècles* n'est pas une hagiographie. Il suffit pour s'en convaincre de consulter la conclusion du chapitre consacré à Jean Calvin ou de parcourir les pages que l'auteur écrit sur l'intolérance du puritanisme américain. Avec beaucoup d'enthousiasme, ce livre encourage sans aucun doute à lire la Bible. Mais l'auteur souhaite protéger son lecteur d'un risque bien humain, celui du savoir, et plus encore de la prétention au savoir. L'histoire du christianisme témoigne d'un dogmatisme qu'Ellen White dénonce tout d'abord pour avoir entretenu une confusion entre ce que les Églises affirmaient comprendre des Écritures, et le christianisme lui-même. L'appétit du pouvoir a favorisé cette confusion. Ce risque, explique Ellen White, ne concerne pas seulement le passé. Les croyants de tout temps y sont exposés. D'autre part, Ellen White affirme que la prétention à posséder la vérité est l'une des racines de l'intolérance et d'une possible violence religieuse entretenue au nom de Dieu. Le tableau dont *La tragédie des siècles* fait la peinture est celui d'une « subversion ». À certains moments de son histoire, le christianisme a dissimulé l'Évangile. Cette réalité a pu faire dire à Pascal que « les hommes ne font jamais de mal aussi complètement et joyeusement que lorsqu'ils le font pour des raisons religieuses » et à Søren Kierkegaard, philosophe et chrétien contemporain d'Ellen White, que « toute la chrétienté n'est autre chose que l'effort du genre humain pour retomber sur ses pattes, pour se débarrasser du christianisme ». Toutefois, Ellen White prend soin de faire une claire distinction entre les institutions et les êtres humains. Si l'histoire du christianisme dévoile combien les communautés ont pu faire preuve d'arrogance et de violence, elle révèle sans aucune interruption des femmes et des hommes restés, quelle qu'ait pu être leur intuition théologique, fidèles à l'esprit de l'Évangile.

La vie du Christ

Un sous-titre commun unifiait les collections *Spiritual gifts* et *Spirit of prophecy.* Il deviendra celui des deux versions de *La tragédie des siècles* : *The great controversy between Christ and his angels and Satan and his angels.* Dans la langue de son temps, le terme « controversy » exprime la critique et l'opposition qui naît lors d'un conflit. Ces livres, comme ceux qui leur succéderont, mettront le Christ au centre du conflit. Non seulement parce qu'il le subit, mais aussi parce que la manière miséricordieuse dont il a vécu parmi les êtres humains est, pour Ellen White, la réponse la plus belle aux accusations portées contre Dieu. Cette pensée nourrissait les écrits antérieurs à *La tragédie des siècles* et inspirera les chefs-d'œuvre qu'Ellen White écrira dans la dernière décennie de sa vie. Après cette publication, elle écrira un grand nombre d'ouvrages centrés sur la vie et l'enseignement du Christ. De façon saisissante, ses écrits témoignent d'un mouvement de christianisation croissante. Une analyse attentive du CD-Rom de l'ensemble de son œuvre révèle, à partir de la fin des années 1880, une progression exponentielle de réflexions spirituelles sur les évangiles.

Cette préoccupation était déjà la sienne au moment où elle achevait la rédaction de la première version de *La Tragédie des siècles.* Sa correspondance de l'époque exprime intensément son souhait d'écrire sur le Christ. Le lecteur européen sera intéressé d'apprendre que le nouveau et vaste projet d'écriture sur *La vie du Christ* a commencé à prendre forme alors qu'Ellen White résidait à Bâle entre 1885 et 1887. Curieusement, c'est en français que, grâce à la demande de plusieurs de ses collaborateurs européens, un premier livre totalement consacré au Christ sera édité en 1887 sous le titre de *La vie du Christ.* Ce livre reprenait, entre autres, d'importantes sections du second et du troisième volume de la collection *Spirit of Prophecy.* Par la suite, le livre fut publié en Scandinavie puis dans d'autres pays.

D'autres publications viendront ultérieurement enrichir les réflexions de *La tragédie des siècles.* Les ouvrages d'Ellen White sur la vie et le ministère du Christ constituent un réservoir incontournable pour apprécier le développement de sa pensée. Ellen White a écrit un grand nombre de méditations sur des récits bibliques, sans pour autant s'attacher à un livre de la Bible en particulier. Dans ce paysage littéraire, les évangiles sont une émouvante exception. Ellen n'en commentera pas chaque chapitre, mais ils constituent l'unique source d'inspiration de cinq de ses livres. Publié huit ans après *La tragédie des siècles,* l'un d'entre eux sera exclusivement centré sur le *Sermon sur la montagne*. Ellen White parle de ce texte comme de « la bénédiction du ciel pour le monde. La voix qui s'y fait entendre vient du trône de Dieu ». *Thoughts from the Mount of Blessing* (*Heureux ceux qui*) est l'unique hommage de cette chrétienne réservé à un livre spécifique de la Bible.

Dieu mis en examen

Dans *La tragédie des siècles* comme dans les versions qui l'ont précédée, une même vision inspire son auteur : la réhabilitation du caractère de Dieu. Pour Ellen White, l'image de Dieu dont témoigne l'Évangile a été altérée. L'histoire humaine est remplie de portraits de Dieu qui inspirent aux femmes et aux hommes de l'inquiétude, de la peur. Dans son enfance, l'auteur a d'ailleurs souffert de ce type d'approche de la divinité. *La tragédie des siècles* ne contient plus d'élément autobiographique comme c'était le cas dans le second volume de *Spiritual gifts.* Néanmoins, cet ouvrage entend contribuer à la réhabilitation d'une image de Dieu à laquelle son cœur aspirait tout au long de son enfance. Le titre initial évoque un conflit cosmique entre l'infinie bonté de Dieu et les forces du mal. Cette situation ne concerne donc pas seulement l'histoire humaine, le problème a commencé dans les cieux. C'est pour défendre l'identité de Dieu qu'Ellen entre dans cette aventure d'écriture.

Une étude statistique des mots les plus fréquemment utilisés dans *La tragédie des siècles* permet d'observer un accent important sur la grâce (98 références), sur la liberté (104 références), enfin sur l'amour et la miséricorde (respectivement 166 et 119 références). Pour Ellen, « Dieu désire de toutes ses créatures un service d'amour, un hommage qui découle de l'appréciation intelligente de son caractère. Motivée par la contrainte, l'obéissance ne lui procure aucun plaisir. Il accorde le libre arbitre à tous les êtres humains afin qu'en retour ils puissent le servir sans contrainte. » Cette pensée tout à fait essentielle apparaît vers la fin de *La Tragédie des siècles*. Deux ans plus tard, Ellen White la reproduira *in extenso* au début de son livre *Patriarches et prophètes*. Créateur de l'être humain, Dieu ne se réduit donc pas à une transcendance absolue, inaccessible et menaçante. L'auteur rappelle que Dieu sauve en s'approchant de l'être humain, en l'aidant à découvrir qui il est. L'expérience quotidienne de cette proximité est la seule nourriture capable de remettre debout l'être humain, de reconstruire la femme et l'homme. Initiée dans *La tragédie des siècles*, cette compréhension se retrouve considérablement développée dans les écrits ultérieurs d'Ellen White. Son œuvre appelle l'être humain à chercher Dieu, mais témoigne encore plus intensément de la quête de l'homme par Dieu. La vie chrétienne n'y est pas décrite comme une spiritualité cognitive qui consisterait en l'acquisition d'un savoir et de sa menaçante transmission. Elle est, dans son essence, une relation. La bonne nouvelle est d'abord une invitation à contempler la beauté du caractère de Dieu. Le texte que nous venons de mentionner n'est pas le seul lien avec les œuvres qui suivront à partir de *Patriarches et prophètes*. Ellen White introduit ce livre comme elle conclut *La tragédie des siècles*, par une parole de la première lettre de l'apôtre Jean : « Dieu est amour ». Loin d'être la fin d'un parcours éditorial, *La tragédie des siècles* se situe au seuil des livres qui seront l'aboutissement de toute une vie. Elle n'est pas son testament spirituel, elle en est le prologue.

Jean-Luc Rolland
Faculté adventiste de théologie
Centre de recherche Ellen White

Introduction

Avant l'apparition du péché, Adam jouissait d'une communion directe avec son Créateur. Mais, depuis que l'homme s'est séparé de Dieu en transgressant sa volonté, l'espèce humaine s'est trouvée privée de ce grand privilège. Cependant, le plan de la rédemption a ouvert un chemin qui permet aux habitants de notre monde de maintenir leurs relations avec le ciel. Dieu a communiqué avec l'homme par l'intermédiaire de son Esprit, et la lumière divine a été transmise au monde par le biais de révélations confiées aux hommes choisis par lui. « C'est portés par l'Esprit saint que des humains ont parlé de la part de Dieu[1]. »

Au cours des vingt-cinq premiers siècles de l'histoire des hommes, il n'y eut aucune révélation écrite. Ceux qui avaient été enseignés par Dieu communiquaient oralement cette connaissance aux autres, de sorte que celle-ci se transmettait de père en fils au travers des générations successives. La rédaction de la Parole ne commença qu'à l'époque de Moïse. Ces révélations inspirées furent alors consignées dans un livre inspiré. Ce travail se poursuivit pendant une longue période de seize siècles : depuis Moïse, l'historien de la création et de la loi divine, jusqu'à Jean, le rapporteur des vérités les plus sublimes de l'Évangile.

La Bible désigne Dieu comme son auteur, cependant, elle a été rédigée par des mains humaines ; et dans le style varié de ses nombreux livres, elle révèle la personnalité de ses différents auteurs. Les vérités qui y sont révélées ont toutes été « inspirées de Dieu »[2]; mais elles sont toutefois exprimées par des mots d'hommes. Le Dieu infini, par l'intermédiaire de son Saint-Esprit, a illuminé l'esprit et le cœur de ses serviteurs. Il leur a donné des rêves et des visions, des symboles et des illustrations. Ceux à qui ces vérités ont été ainsi révélées ont eux-mêmes consigné par écrit la pensée divine dans leur propre langue.

Les dix commandements ont été prononcés par Dieu lui-même, et écrits de sa propre main. Leur composition est divine, et non humaine. Mais la Bible, porteuse des vérités divines exprimées dans le langage des hommes, révèle en elle-même l'union du divin et de l'humain. C'est la même union qui existait dans la nature du Christ, qui était à la fois Fils de Dieu et Fils de l'homme. Ce qui est dit du Christ est aussi vrai de la Bible : « La Parole est devenue chair ; elle a fait sa demeure parmi nous[3]. »

---

1. 2 Pierre 1.21.
2. 2 Timothée 3.16.
3. Jean 1.14.

Rédigés sur plusieurs siècles par des hommes totalement différents de par leur position sociale, leur profession et leurs capacités intellectuelles et spirituelles, les livres de la Bible présentent un profond contraste dans leur style, ainsi qu'une grande diversité dans la nature des sujets présentés. Leurs différents auteurs ont employé différentes formes d'expression. Souvent, une même vérité est exprimée de manière plus frappante par un auteur que par un autre. Lorsque plusieurs auteurs abordent un sujet sous un autre éclairage et selon d'autres relations, un lecteur superficiel, négligent ou qui entretient des préjugés s'attardera sur ce qui lui semble être des désaccords ou des contradictions ; alors qu'un lecteur réfléchi, respectueux, faisant preuve d'une étude plus profonde, discernera l'harmonie sous-jacente.

Telle qu'elle est présentée par l'intermédiaire d'auteurs différents, la vérité est exposée sous des éclairages très variés. Tel auteur sera plus profondément impressionné par un aspect du sujet, il saisira donc les éléments qui sont en accord avec son expérience ou sa capacité de perception et d'appréciation ; tel autre percevra un aspect différent. Mais chacun sous la direction du Saint-Esprit, rapportera ce qui aura le plus profondément impressionné son esprit : un aspect différent de la vérité dans chaque cas, mais une harmonie parfaite dans l'ensemble. Les vérités ainsi révélées s'unissent pour former un tout parfait, conçu pour répondre aux besoins des hommes dans toutes les circonstances et les expériences de la vie.

Il a plu à Dieu de transmettre Sa vérité au monde par l'intermédiaire d'instruments humains. Il a lui-même, par son Saint-Esprit, qualifié ces hommes en les rendant capables d'accomplir cette œuvre. Il a guidé leur esprit dans le choix de ce qu'ils devaient dire et écrire. Ce trésor a été déposé « dans des vases de terre »[4] mais son origine est céleste. Ce témoignage est transmis au travers des expressions imparfaites du langage humain ; cependant, c'est le témoignage de Dieu. L'enfant de Dieu obéissant et croyant pourra y discerner la gloire de la puissance divine « pleine de grâce et de vérité »[5].

Dans sa Parole, Dieu a transmis aux hommes la connaissance nécessaire à leur salut. Les Saintes Écritures doivent être accueillies comme une révélation de sa volonté, infaillible et revêtue d'autorité. Elles sont la norme du caractère, le révélateur des doctrines et la pierre de touche de l'expérience. « Toute Écriture est inspirée de Dieu et utile pour enseigner, pour réfuter, pour redresser, pour éduquer dans la justice, afin que l'homme de Dieu soit à la hauteur, parfaitement équipé pour toute œuvre bonne[6]. »

Cependant, le fait que Dieu ait révélé sa volonté aux hommes par l'intermédiaire de sa Parole n'a pas rendu inutiles la présence et la direction permanentes du Saint-Esprit. Bien au contraire, notre Sauveur a promis cet Esprit pour qu'il ouvre cette Parole à l'esprit de ses serviteurs, afin qu'ils soient éclairés et mettent en pratique ses enseignements. Puisque c'est l'Esprit de Dieu qui a inspiré la Bible, il est impossible que l'enseignement de l'Esprit soit contraire à celui de la Parole écrite.

L'Esprit n'a pas été donné, et ne pourra jamais l'être, pour remplacer la Bible. Les Écritures affirment explicitement que la Parole de Dieu est la norme par laquelle doivent être éprouvés tout enseignement et toute expérience. L'apôtre Jean a

4. 2 Corinthiens 4.7.
5. Jean 1.14.
6. 2 Timothée 3.16,17.

déclaré : « Ne croyez pas tout esprit ; examinez plutôt les esprits pour savoir s'ils sont de Dieu, car beaucoup de prophètes de mensonge sont sortis dans le monde[7]. » Ésaïe avait déclaré : « À la loi et au témoignage ! Si l'on ne parle pas ainsi, c'est qu'il n'y aura pas d'aurore pour le peuple[8]. »

L'œuvre du Saint-Esprit a été déconsidérée à cause des erreurs de certaines personnes qui, se prétendant illuminées par lui, affirment ne plus avoir besoin d'être guidées par la Parole de Dieu. Ces personnes sont influencées par des impressions qu'elles considèrent comme la voix de Dieu dans leur âme. Mais l'esprit qui les dirige n'est pas l'Esprit de Dieu. Suivre ses propres impressions tout en négligeant les Écritures ne peut mener qu'à la confusion, à la fraude et à la perdition. C'est ainsi que les plans du Malin sont favorisés. Car puisque le ministère du Saint-Esprit est d'importance vitale pour l'Église du Christ, l'un des stratagèmes de Satan, en utilisant les erreurs des extrémistes et des fanatiques, est de discréditer l'œuvre de l'Esprit et d'amener le peuple de Dieu à négliger cette source de force que notre Seigneur lui-même nous a offerte.

En plein accord avec la Parole de Dieu, son Esprit devait poursuivre son œuvre pendant toute la période de la dispensation évangélique. Au cours des siècles durant lesquels les Écritures, à la fois l'Ancien et le Nouveau Testament, furent données au peuple de Dieu, le Saint-Esprit communiqua sans cesse sa lumière à des hommes particuliers, en dehors des révélations consignées dans le canon sacré des Écritures. La Bible elle-même nous rapporte comment, par l'intermédiaire du Saint-Esprit, des hommes reçurent des avertissements, des réprimandes, des conseils et des instructions dans des domaines sans rapport avec la révélation des Écritures. Il y est fait mention de prophètes ayant vécu à des époques différentes, et dont aucune déclaration ne nous a été rapportée. De même, après la clôture du canon des Écritures, le Saint-Esprit devait poursuivre son œuvre pour éclairer, avertir et réconforter les enfants de Dieu.

Jésus a fait cette promesse à ses disciples : « C'est le Défenseur, l'Esprit saint que le Père enverra en mon nom, qui vous enseignera tout et vous rappellera tout ce que, moi, je vous ai dit[9]. » « Quand il viendra, lui, l'Esprit de la vérité, il vous conduira dans toute la vérité … et il vous annoncera ce qui est à venir[10]. » L'Écriture enseigne clairement que ces promesses, loin de se limiter à la période apostolique, concernent l'Église du Christ dans tous les siècles. Le Sauveur a donné cette assurance à ses disciples : « Je suis avec vous tous les jours, jusqu'à la fin du monde[11]. » Paul déclare que les dons et les manifestations de l'Esprit ont été placés dans l'Église « afin de former les saints pour l'œuvre du ministère, pour la construction du corps du Christ, jusqu'à ce que nous soyons tous parvenus à l'unité de la foi et de la connaissance du Fils de Dieu, à l'état de l'homme adulte, à la mesure de la stature parfaite du Christ[12]. »

Ce même apôtre faisait cette prière en faveur des croyants d'Éphèse : « que le Dieu de notre Seigneur Jésus-Christ, le Père glorieux, vous donne un *esprit de sagesse et de révélation* qui vous le fasse connaître ; qu'il *illumine les yeux de votre cœur*, pour que vous sachiez quelle est l'espérance qui s'attache à son appel [...]

7. 1 Jean 4:1.
8. Ésaïe 8.20.
9. Jean 14.26.
10. Jean 16.13.
11. Matthieu 28.20.
12. Éphésiens 4.12,13.

et quelle est la *grandeur surabondante* de sa puissance envers nous qui croyons [13]. » Le ministère de l'Esprit divin, qui devait illuminer l'intelligence et ouvrir l'esprit aux profondeurs de la sainte Parole de Dieu, telle était la bénédiction que Paul réclamait au Seigneur pour l'Église d'Éphèse.

Après la merveilleuse manifestation du Saint-Esprit le jour de la Pentecôte, Pierre exhorta le peuple à se repentir et à se faire baptiser au nom du Christ pour le pardon des péchés. Il ajouta : « Vous recevrez le don de l'Esprit saint. Car la promesse est pour vous, pour vos enfants et pour tous ceux qui sont au loin, en aussi grand nombre que le Seigneur, notre Dieu, les appellera [14]. »

En rapport direct avec les scènes du grand jour de Dieu, le Seigneur, par la bouche du prophète Joël, a promis une manifestation spéciale de son Esprit [15]. Cette prophétie ne fut accomplie que partiellement, lors de l'effusion du Saint-Esprit, le jour de la Pentecôte, mais elle atteindra son plein accomplissement dans la manifestation de la grâce divine qui accompagnera l'œuvre finale de l'Évangile.

Le grand conflit entre le bien et le mal ne fera que s'intensifier jusqu'à la fin des temps. De tout temps, la colère de Satan s'est manifestée contre l'Église du Christ ; mais Dieu a répandu sa grâce et son Esprit sur son peuple pour le fortifier et lui permettre de résister au pouvoir du Malin. Lorsque les apôtres du Christ partirent pour apporter son Évangile au monde et le consignèrent par écrit pour tous les siècles à venir, ils reçurent une mesure spéciale de l'illumination de l'Esprit. Mais, à mesure que l'Église approchera de sa délivrance finale, Satan œuvrera avec de plus en plus de puissance. « Il est descendu en grande fureur, sachant qu'il a peu de temps. » [16] Il opérera « avec toutes sortes de miracles, de signes et de prodiges mensongers » [17]. Pendant six millénaires, ce génie, autrefois le plus élevé parmi les anges de Dieu, a concentré toute son énergie sur son œuvre de tromperie et de destruction. Toutes les techniques et les subtilités sataniques, toute la cruauté qu'il a développées au cours de ces luttes séculaires, seront dirigées contre le peuple de Dieu au cours du dernier conflit. Pendant cette période périlleuse, les disciples du Christ devront avertir le monde du second avènement du Seigneur, et tout un peuple, « sans tache et sans défaut » [18], devra être prêt à se tenir debout devant lui au moment de son avènement. À cette époque, le don spécial de la grâce et la puissance divine ne seront pas moins nécessaires à l'Église qu'au temps des apôtres.

Par l'illumination du Saint-Esprit, les scènes de ce long conflit entre le bien et le mal m'ont été révélées. À diverses reprises, le Seigneur m'a permis de contempler, étalé sur différents siècles, le déroulement du grand conflit entre le Christ, le Prince de la vie, l'Auteur de notre salut, et Satan, le prince des puissances du mal, l'auteur du péché et le premier transgresseur de la sainte loi de Dieu.

L'inimitié de Satan contre le Christ s'est manifestée aussi contre ses disciples. La même haine des principes divins et la même politique frauduleuse présentant l'erreur comme la vérité, qui font prévaloir les lois humaines sur celles de Dieu en amenant les hommes à adorer la créature plutôt que le Créateur, se retrouvent dans toute l'histoire du passé. Les efforts de Satan pour dénaturer le caractère de

13. Éphésiens 1.17-19.
14. Actes 2.38,39.
15. Joël 2.28 ou 3.1 selon les versions bibliques.
16. Apocalypse 12.12.
17. 2 Thessaloniciens 2.9.
18. 2 Pierre 3.14.

Dieu, pour conduire les hommes à entretenir une fausse conception de sa personne et le considérer avec crainte et haine plutôt qu'avec amour, sont là des tentatives pour écarter la loi divine, et amener ansi les hommes à se sentir libres des exigences de celle-ci. Les persécutions que Satan a inspirées contre ceux qui osent résister à ses fraudes ont persisté régulièrement à travers les siècles. On peut les faire remonter à l'histoire des patriarches, des prophètes puis des apôtres, des martyrs et des réformateurs.

Dans le grand conflit final, Satan utilisera la même ruse, manifestera le même esprit et visera le même but que dans les siècles passés. Ce qui a été sera, avec cette exception que la lutte à venir sera marquée par une intensité terrible, telle que le monde n'en a encore jamais vue. Les pièges de Satan seront plus subtils, ses assauts plus déterminés. Si c'était possible, il égarerait même « ceux qui ont été choisis »[19].

Lorsque l'Esprit de Dieu a révélé à mon esprit les grandes vérités de sa Parole, ainsi que les scènes du passé et de l'avenir, il m'a ordonné de faire connaître aux autres ce qui m'a été ainsi montré ; de raconter l'histoire de ce conflit tout au long des siècles passés, et surtout de la présenter de manière à mettre en lumière la lutte encore à venir et qui approche à grands pas. Pour réaliser cet objectif, je me suis efforcée de choisir et rassembler des événements de l'histoire de l'Église qui décrivent le développement des grandes vérités destinées à nous mettre à l'épreuve. Ces vérités, données au monde à différentes époques, ont excité la colère de Satan et l'inimitié d'une Église mondanisée, mais ont été préservées par le témoignage de ceux qui « n'ont pas aimé leur vie, même face à la mort »[20].

Dans ces récits historiques, nous pouvons entrevoir le conflit qui se prépare. En les observant à la lumière de la Parole de Dieu et par l'illumination de son Esprit, nous pouvons voir les stratagèmes du Malin démasqués et discerner les dangers que nous devons éviter pour être trouvés « sans tache[21] » devant le Seigneur lors de son avènement.

Les grands événements qui ont marqué les progrès de la Réforme dans les siècles passés font maintenant partie de l'Histoire. Ils sont bien connus et universellement reconnus par le monde protestant ; ce sont des faits que personne ne peut contester. J'ai très succintement présenté ces événements, en accord avec le volume prévu pour ce livre et avec la brièveté qui devait nécessairement être respectée ; j'ai résumé les faits autant que possible tout en permettant une compréhension appropriée de leur application.

Dans certains cas, lorsqu'un historien avait rassemblé des événements pour pouvoir donner une vue d'ensemble du sujet, ou avait résumé les détails de manière satisfaisante, j'ai cité ses paroles ; mais, dans d'autres, je ne l'ai pas mentionné nommément, car les citations ne sont pas ici données dans le but de présenter cet auteur comme une autorité, mais parce qu'elles nous offrent une présentation claire et vigoureuse du sujet. J'ai fait un usage similaire des écrits de ceux qui poursuivent l'œuvre de réforme à notre époque en rapportant leurs expériences et leurs opinions.

---

19. Marc 13.22.
20. Apocalypse 12.11.
21. Éphésiens 5.27.

1

La destruction de Jérusalem

« Si toi aussi tu avais su, en ce jour, comment trouver la paix ! Mais maintenant cela t'est caché. Car des jours viendront sur toi où tes ennemis t'entoureront de palissades, t'encercleront et te presseront de toutes parts ; ils t'écraseront, toi et tes enfants au milieu de toi, et ne laisseront pas en toi pierre sur pierre, parce que tu n'as pas reconnu le temps de l'intervention divine[1]. »

Du sommet du mont des Oliviers, Jésus contemplait Jérusalem. La scène étalée sous ses yeux était magnifique et paisible. C'était l'époque de la Pâque : venus de tous les pays, les enfants de Jacob s'y réunissaient pour célébrer cette grande fête nationale. Parmi les jardins, les vignes et les pentes verdoyantes parsemées des tentes des pèlerins s'élevaient les collines en terrasses, les palais majestueux et les fortifications massives de la capitale d'Israël. La fille de Sion semblait dire avec fierté : « Je suis assise en reine, … jamais je ne verrai le deuil[2]. » Elle était alors aussi belle et s'estimait aussi sûre de la faveur divine que lorsque, des siècles auparavant, le chantre royal chantait : « Belle est la colline, gaieté de toute la terre, le mont Sion, … la ville du grand roi[3] ! » On y avait une vue directe sur les magnifiques bâtiments du temple. Les rayons du soleil couchant éclairaient la blancheur neigeuse de ses murailles de marbre et miroitaient sur sa porte d'or, sur ses tours et sur ses clochetons. Elle était « parfaite en beauté[4] » et faisait la fierté de la nation juive. Quel enfant d'Israël aurait pu contempler cette scène sans un tressaillement de joie et d'admiration ?

Mais c'étaient des pensées tout à fait différentes qui occupaient l'esprit de Jésus. « Quand, approchant, il vit la ville, il pleura sur elle[5]. » Au milieu des réjouissances générales de son entrée triomphale, tandis que les branches de palmiers s'agitaient de côté et d'autre, que de joyeux hosannas réveillaient les échos des collines et que des milliers de voix le déclaraient roi, le Rédempteur du monde fut soudain envahi d'un chagrin mystérieux. Lui, le Fils de Dieu, celui qui avait été promis à Israël, dont le pouvoir avait vaincu la mort et fait sortir ses captifs du tombeau, était en larmes ; non pas les larmes d'un chagrin ordinaire, mais celles d'une agonie intense et irrépressible.

Ses larmes n'étaient pas versées sur lui-même, bien qu'il sache très bien où ses pieds allaient le mener. Devant lui se dressait Gethsémané, la scène de son agonie proche. La Porte des Brebis était aussi en vue, porte par laquelle, pendant des

---

1. Luc 19.42-44.
2. Apocalypse 18.7.
3. Psaume 48.3.
4. Ézéchiel 28.12.
5. Luc 19.41.

siècles, on avait fait entrer les victimes pour les sacrifices, et qui allait s'ouvrir pour lui, « semblable au mouton qu'on mène à l'abattoir »[6]. Près de là se dressait le Calvaire, le lieu où l'on crucifiait les condamnés. Sur le sentier que Jésus allait bientôt fouler, l'horreur de profondes ténèbres allait fondre sur lui lorsqu'il offrirait son âme en sacrifice pour le péché. Cependant, ce n'était pas la contemplation de ces scènes qui jetait une ombre sur son âme en cette heure de réjouissance. Aucun pressentiment de l'angoisse surhumaine qui allait tomber sur lui n'obscurcissait cet esprit dépourvu d'égoïsme. Il pleurait sur les milliers d'habitants de Jérusalem condamnés, par la faute de l'aveuglement et de l'impénitence de ceux qu'il était venu bénir et sauver.

L'histoire de plus d'un millénaire de la faveur spéciale de Dieu et de ses soins vigilants, manifestés envers le peuple élu, était étalée sous les yeux de Jésus. Là se trouvait le mont Morija, où le fils de la promesse, victime n'offrant aucune résistance, avait été lié sur l'autel, symbolisant ainsi l'offrande du Fils de Dieu. C'est là que l'alliance de bénédiction, la glorieuse promesse messianique, avait été confirmée au père des croyants[7]. C'est là que les flammes du sacrifice s'élevant vers le ciel depuis l'aire d'Ornân avaient détourné l'épée de l'ange exterminateur[8] – symbole approprié du sacrifice et de la médiation du Sauveur pour l'humanité coupable. Jérusalem avait été honorée de Dieu au-dessus de tout ce qui se trouve sur la terre. Le Seigneur avait « choisi Sion » et « désiré en faire son habitation »[9]. C'est là que, pendant des siècles, les saints prophètes avaient fait entendre leurs messages d'avertissement. C'est là que les sacrificateurs avaient agité leurs encensoirs et que le nuage d'encens, accompagné des prières des adorateurs, était monté jusque devant le trône de Dieu. C'est là qu'était offert chaque jour le sang des agneaux sacrifiés, annonçant l'Agneau de Dieu. C'est là que le Seigneur avait révélé sa présence dans la nuée de gloire qui flottait au-dessus du propitiatoire. C'est là qu'avait reposé le pied de cette échelle mystique qui reliait la terre au ciel[10], sur laquelle les anges de Dieu descendaient et montaient, et qui ouvrait au monde le chemin du lieu très saint. Si Israël, en tant que nation, avait maintenu son allégeance envers le ciel, Jérusalem serait demeurée éternellement la cité choisie de Dieu[11]. Mais l'histoire de ce peuple privilégié n'était qu'une suite d'apostasies et de rébellions. Il avait résisté à la grâce du ciel, abusé de ses privilèges et négligé les opportunités que ceux-ci lui offraient.

Malgré le fait que les Israélites « se moquaient des messagers de Dieu, … méprisaient ses paroles et raillaient ses prophètes »[12], Dieu s'était encore révélé à eux comme « le Seigneur Dieu compatissant et clément, patient et grand par la fidélité et la loyauté »[13] ; malgré des rejets répétés de leur part, sa miséricorde avait continué à plaider auprès d'eux. Avec un amour plus compatissant que celui d'un père envers le fils qui a été confié à ses soins, Dieu « leur avait envoyé, inlassablement, ses messagers, car il voulait épargner son peuple et son propre séjour »[14]. Après que les

6. Ésaïe 53.7.
7. Genèse 22.9,16-18.
8. 1 Chroniques 21.
9. Psaume 132.13.
10. Genèse 28.12 ; Jean 1.51.
11. Jérémie 17.21-25.
12. 2 Chroniques 36.16.
13. Exode 34.6.
14. 2 Chroniques 36.15.

remontrances, les plaidoiries et les réprimandes eurent échoué, il leur envoya le meilleur don du ciel ; mieux encore, il leur donna le ciel tout entier en cet unique don.

Le Fils de Dieu lui-même fut envoyé pour plaider auprès de la cité impénitente. C'est le Christ qui avait fait sortir Israël d'Égypte comme une vigne de qualité[15]. C'est sa propre main qui avait chassé devant elle les païens. Il l'avait plantée « sur un coteau fertile »[16]. Pour la protéger, il l'avait entourée d'une haie. Il avait envoyé ses serviteurs pour la cultiver. « Qu'y avait-il encore à faire à ma vigne que je n'aie pas fait pour elle ?[17] » s'exclame-t-il. Alors qu'il avait veillé à ce qu'elle produise de bons raisins, elle avait produit des raisins sauvages. Pourtant, dans l'espoir qu'elle devienne fertile, il vint en personne visiter sa vigne, pour voir s'il serait possible de la sauver de la destruction. Il creusa le sol autour de sa vigne ; il l'émonda et la traita avec amour. Il se montra infatigable dans ses efforts pour sauver cette vigne qu'il avait lui-même plantée.

Pendant trois années, le Seigneur de lumière et de gloire avait été ça et là parmi son peuple. Le Christ, « là où il passait, faisait du bien et guérissait tous ceux qui étaient opprimés par le diable »[18], guérissant ceux qui avaient le cœur brisé, libérant ceux qui étaient liés, rendant la vue aux aveugles, faisant marcher les boiteux et entendre les sourds, purifiant les lépreux, ressuscitant les morts et prêchant l'Évangile aux pauvres[19]. Dans sa grâce, il adressait sans distinction à toutes les classes de la société cette invitation : « Venez à moi, vous tous qui peinez sous la charge ; moi, je vous donnerai le repos[20]. »

Bien que recevant « le mal pour le bien » et la haine en réponse à l'amour[21], il avait poursuivi avec persévérance sa mission de miséricorde. Jamais il ne rejeta ceux qui recherchaient sa grâce. Voyageur sans foyer, les reproches et la pénurie étant son lot quotidien, il vécut pour répondre aux besoins des hommes et pour soulager leurs souffrances, les implorant d'accepter le don de la vie. Les vagues de sa miséricorde, repoussées par ces cœurs endurcis, revenaient en une marée encore plus forte d'amour compatissant et inexprimable. Mais Israël s'était détourné de son meilleur Ami et seul Libérateur. Ce peuple avait méprisé les plaidoiries de son amour, rejeté ses conseils et tourné en ridicule ses avertissements.

L'heure de l'espérance et du pardon arrivait rapidement à sa fin ; la coupe de la colère divine, longtemps différée, était presque pleine. Le nuage qui s'était accumulé à travers des siècles d'apostasie et de rébellion, maintenant chargé de menaces, était sur le point d'éclater sur ce peuple coupable ; mais le seul qui pouvait le sauver de ce destin imminent avait été méprisé, insulté, rejeté, et allait bientôt être crucifié. Lorsque le Christ serait suspendu à la croix du Calvaire, les jours d'Israël en tant que nation privilégiée et bénie de Dieu toucheraient à leur fin. La perte d'une seule âme est une calamité qui éclipse infiniment les richesses et les trésors de ce monde ; mais, alors que le Christ contemplait Jérusalem, le destin de toute une cité, de toute une nation, était étalé sous ses yeux : cette cité, cette nation qui avaient été autrefois élues de Dieu, son trésor particulier.

---

15. Psaume 80.9.
16. Ésaïe 5.1.
17. Ésaïe 5.4.
18. Actes 10.38.
19. Luc 4.18 ; Matthieu 11.5.
20. Matthieu 11.28.
21. Psaume 109.5.

Des prophètes avaient pleuré sur l'apostasie d'Israël et sur les terribles désolations provoquées par les péchés de ce peuple. Jérémie avait souhaité que ses yeux soient des fontaines de larmes pour pouvoir pleurer jour et nuit sur les morts de la fille de son peuple et sur le troupeau du Seigneur qui serait emmené en captivité[22]. Quel pouvait alors être le chagrin de celui dont le regard prophétique embrassait non des années, mais des siècles ! Jésus vit l'ange exterminateur levant l'épée contre la cité qui avait été pendant si longtemps la demeure du Seigneur. Depuis la crête du Jardin des Oliviers, à l'endroit même qui serait occupé plus tard par Titus et ses armées, il contempla, par-dessus la vallée, les parvis et les portiques sacrés. Les yeux voilés de larmes, il regarda, dans une effrayante perspective, les murailles de la ville entourées d'armées ennemies. Il entendit les pas des armées se rassemblant pour la guerre. Il entendit les voix de mères et d'enfants réclamant du pain dans la cité assiégée. Il vit sa sainte et belle Maison, le temple, ses palais et ses tours livrés aux flammes, ne laissant, là où ils s'étaient autrefois dressés, qu'un monceau de ruines fumantes.

Son regard traversant les siècles, il vit le peuple de l'alliance dispersé dans tous les pays, comme des épaves sur un rivage désert. Mais, dans ce châtiment temporel sur le point de fondre sur ses enfants, il ne vit que les premières gouttes de la coupe de la colère que, au moment du jugement dernier, ce peuple devrait boire jusqu'à la lie. La miséricorde divine et son amour ardent s'exprimèrent en ces paroles mélancoliques : « Jérusalem, Jérusalem, toi qui tues les prophètes et qui lapides ceux qui te sont envoyés, combien de fois j'ai voulu rassembler tes enfants, comme une poule rassemble ses poussins sous ses ailes ! Mais vous ne l'avez pas voulu[23]. » Si toi, nation privilégiée entre toutes, tu connaissais le temps où je t'ai visitée, et « comment trouver la paix »[24] ! J'ai retenu le bras de l'ange de la justice ; je t'ai appelée à la repentance ; mais en vain. Ce ne sont pas seulement des serviteurs, des envoyés et des prophètes que tu as refusés et rejetés, mais c'est le Saint d'Israël, ton Rédempteur. Si tu es détruite, tu en portes seule la responsabilité. « Vous ne voulez pas venir à moi pour avoir la vie[25] ! »

Le Christ vit en Jérusalem un symbole de notre monde endurci dans son incrédulité et sa rébellion, fonçant tête baissée au-devant des jugements de Dieu. Les malheurs de la race humaine déchue pesaient sur son âme et arrachèrent à ses lèvres ce cri atrocement amer. Il vit l'histoire du péché écrite dans la misère, les larmes et le sang humains ; son cœur ressentit une pitié infinie pour les affligés et les souffrants de la terre ; il désirait ardemment les soulager tous. Mais même sa main ne pouvait repousser la marée du malheur humain ; peu d'entre eux allaient rechercher leur seule source d'aide. Il était disposé à répandre son âme jusqu'à la mort pour mettre le salut à leur portée ; mais peu d'entre eux allaient venir à lui pour avoir la vie.

La Majesté du ciel en larmes ! Le Fils du Dieu infini troublé dans son esprit, courbé sous le poids de l'anxiété ! Cette scène remplit d'étonnement le ciel tout entier. Elle nous révèle le caractère foncièrement odieux du péché ; elle nous montre combien difficile est la tâche – même pour la Puissance infinie – de sauver les coupables des conséquences de la transgression de la loi divine. Jésus, son regard parvenant jusqu'à la dernière génération, vit le monde plongé dans un égarement

22. Jérémie 9.1 ; 13.17.
23. Matthieu 23.37.
24. Luc 19.42.
25. Jean 5.40.

semblable à celui qui causa la destruction de Jérusalem. Le grand péché des Juifs fut de rejeter le Christ ; le grand péché du monde chrétien allait être de rejeter la loi de Dieu, qui est le fondement de son gouvernement dans le ciel et sur la terre. Les préceptes du Seigneur allaient être méprisés et tenus pour nuls. Des millions de personnes, esclaves du péché et de Satan, condamnées à subir la seconde mort, allaient refuser d'écouter les paroles de vérité lorsqu'elles seraient visitées à leur tour. Quel terrible aveuglement ! Quel étrange engouement !

Deux jours avant la Pâque, lorsqu'il quitta le temple pour la dernière fois après avoir dénoncé l'hypocrisie des dirigeants juifs, le Christ se retira de nouveau avec ses disciples sur le mont des Oliviers et s'assit avec eux sur les pentes herbeuses qui surplombaient la ville. Une fois de plus, il regarda ses murailles, ses tours et ses palais. Une fois de plus, il contempla le temple, dans sa splendeur éblouissante, véritable diadème de beauté couronnant la montagne sacrée.

Un millénaire auparavant, le psalmiste avait exalté la faveur de Dieu envers Israël pour avoir fait de cette sainte Maison sa demeure : « Sa hutte est à Salem, son séjour à Sion[26]. » « Il choisit la tribu de Juda, le mont Sion qu'il aimait. Il bâtit son sanctuaire comme les lieux élevés[27]. » Le premier temple avait été érigé pendant la période la plus prospère de l'histoire d'Israël. Le roi David avait rassemblé dans ce but d'immenses trésors, et les plans pour sa construction avaient été donnés par inspiration divine[28]. Salomon, le plus sage de tous les rois d'Israël, avait achevé ce travail. Ce temple était le bâtiment le plus magnifique qu'on eût vu en ce monde. Cependant, le Seigneur avait déclaré par la bouche du prophète Aggée, au sujet du second temple : « La gloire à venir pour cette maison sera plus grande que sa gloire passée »[29] ; et : « Je ferai trembler toutes les nations ; les biens les plus précieux de toutes les nations viendront, et je remplirai cette maison de gloire, dit le Seigneur des armées[30]. »

Après sa destruction par Nebucadnetsar [Nabuchodonosor], le temple avait été rebâti environ cinq cents ans avant la naissance du Christ par un peuple qui, après une vie de captivité, était revenu dans son pays dévasté et presque désert. Il y avait encore parmi eux quelques hommes âgés qui avaient vu la gloire du temple de Salomon, et qui pleuraient, en voyant les fondements du nouveau bâtiment, à l'idée que celui-ci allait être très inférieur au précédent. Le sentiment qui prévalait à cette époque nous est décrit avec vigueur par le prophète : « Quel est parmi vous le survivant qui a vu cette maison dans sa gloire passée ? Et comment la voyez-vous maintenant ? Elle n'est rien à vos yeux, n'est-ce pas[31] ? » C'est alors que fut donnée la promesse annonçant que la gloire de cette dernière Maison dépasserait celle de la précédente.

Mais le second temple n'égala pas le premier en magnificence ; il ne fut pas non plus sanctifié par les signes visibles de la présence divine comme dans le premier temple. Aucune manifestation de puissance surnaturelle ne marqua sa dédicace. On ne vit aucune nuée de gloire remplir le sanctuaire nouvellement érigé. Aucun feu ne descendit du ciel pour consumer le sacrifice déposé sur son autel. La sainte shékinah ne résidait plus entre les chérubins dans le lieu très saint ; l'arche, le pro-

---

26. Psaume 76.3.
27. Psaume 78.68,69.
28. 1 Chroniques 28.12,19.
29. Aggée 2.9.
30. Verset 7.
31. Aggée 2.3 ; voir aussi Esdras 3.12.

pitiatoire et les tables du témoignage ne s'y trouvaient plus. Aucune voix ne retentissait du ciel pour faire connaître la volonté du Seigneur au sacrificateur venu le consulter.

Pendant des siècles, les Juifs avaient vainement tenté de montrer en quoi la promesse divine donnée par la bouche du prophète Aggée s'était accomplie ; cependant, l'orgueil et l'incrédulité avaient aveuglé leur esprit sur le véritable sens des paroles du prophète. Le second temple ne fut pas honoré par la nuée de la gloire du Seigneur, mais par la présence vivante de celui en qui « habite corporellement toute la plénitude de la divinité »[32], Dieu lui-même « manifesté dans la chair »[33]. Celui qui représentait « les biens les plus précieux de toutes les nations[34] » était véritablement entré dans son temple lorsque Jésus de Nazareth enseignait et guérissait dans ses parvis sacrés. C'est par la présence du Christ, et par elle seule, que le second temple dépassa en gloire le premier. Mais Israël avait rejeté le don offert par le ciel. Lorsque l'humble rabbi, ce jour-là, franchit sa porte d'or, la gloire du temple s'envola pour toujours. Déjà les paroles du Sauveur s'accomplissaient : « Votre maison vous est laissée déserte[35]. »

Les disciples avaient été remplis de crainte et d'étonnement en entendant la prédiction du Christ sur la destruction du temple, et ils voulurent comprendre plus complètement la signification de ses paroles. On avait généreusement consacré des sommes considérables de richesses, de travail et de savoir-faire architectural, pendant plus de quarante ans, à l'embellissement des splendeurs de ce temple. Hérode le Grand y avait déversé à la fois la richesse romaine et les trésors juifs ; l'empereur du monde lui-même l'avait enrichi de ses dons. Des blocs massifs de marbre blanc, de dimensions presque fabuleuses, envoyés exprès de Rome, faisaient partie de sa structure ; c'est sur eux que les disciples avaient attiré l'attention de leur Maître lorsqu'ils avaient dit : « Regarde, quelles pierres, quelles constructions[36] ! »

À ces paroles, Jésus avait donné cette réponse solennelle et saisissante : « Amen, je vous le dis, il ne restera pas ici pierre sur pierre qui ne soit renversée[37]. »

Dans leur esprit, les disciples associèrent la destruction de Jérusalem aux événements entourant l'avènement personnel du Christ dans une gloire temporelle pour s'asseoir sur le trône d'un empire universel, pour punir les Juifs impénitents et pour briser le joug de l'occupant romain sur la nation israélite. Le Seigneur leur avait annoncé qu'il reviendrait. C'est pourquoi, entendant parler de jugements prononcés sur Jérusalem, leur esprit revint vers cet avènement ; et, lorsqu'ils furent rassemblés autour du Sauveur sur le mont des Oliviers, ils lui posèrent cette question : « Dis-nous, quand cela arrivera-t-il ? Quel sera le signe de ton avènement et de la fin du monde[38] ? »

L'avenir fut miséricordieusement voilé aux yeux des disciples. Si, à ce moment, ils avaient pleinement compris ces deux terribles faits – les souffrances et la mort du Rédempteur, et la destruction de leur ville et de leur temple – ils auraient été remplis d'horreur. Le Christ leur présenta une esquisse des principaux événements qui devaient avoir lieu avant la fin des temps. Sur l'instant, les disciples ne com-

32. Colossiens 2.9.
33. 1 Timothée 3.16.
34. Aggée 2.7.
35. Matthieu 23.38.
36. Marc 13.1.
37. Matthieu 24.2.
38. Matthieu 24.3.

prirent pas pleinement ses paroles ; mais le sens de celles-ci devait se révéler au fur et à mesure que son peuple aurait besoin de l'instruction qu'elles contenaient. La prophétie qu'il prononça ce jour-là avait une double signification : tout en annonçant la destruction de Jérusalem, elle préfigurait aussi les terreurs du grand jour final.

Jésus exposa aux disciples, qui l'écoutaient avidement, les jugements qui devaient tomber sur l'Israël apostat, et spécialement la vengeance qui allait fondre sur ce peuple pour avoir rejeté et crucifié le Messie. Des signes auxquels on ne pourrait pas se tromper allaient précéder ce terrible dénouement. L'heure redoutée allait survenir de manière soudaine et rapide. Le Sauveur avertit ses disciples en ces termes : « Lorsque vous verrez l'abomination dévastatrice, qui a été annoncée par l'entremise du prophète Daniel, installée dans un lieu sacré – que le lecteur comprenne – alors, que ceux qui seront en Judée fuient dans les montagnes[39]. » Lorsque les insignes idolâtres des armées romaines seraient plantés sur ce sol sacré, qui s'étendait à quelques centaines de mètres en dehors des murailles de la ville, alors les disciples du Christ devraient chercher leur salut dans la fuite. Lorsque le signal d'avertissement serait visible, ceux qui souhaitaient s'échapper ne devraient pas tarder à le faire. Dans tout le pays de Juda, aussi bien qu'à l'intérieur de Jérusalem, il faudrait obéir immédiatement au signal annonçant la fuite. Celui qui se trouverait sur le toit de sa maison ne devrait pas descendre à l'intérieur de sa maison, même pour sauver ses biens les plus précieux. Ceux qui travailleraient dans les champs ou dans les vignes ne devraient pas prendre le temps de retourner chercher leur vêtement de dessus qu'ils avaient déposé pendant qu'ils travaillaient dans la chaleur du jour. Ils ne devraient pas hésiter un seul instant, de peur d'être impliqués dans la destruction générale.

Sous le règne d'Hérode, Jérusalem n'avait pas seulement été considérablement embellie ; mais, par l'érection de tours, de murailles et de forteresses, qui avaient ajouté à la protection naturelle de sa situation géographique, elle avait été rendue apparemment imprenable. Celui qui, à ce moment, aurait annoncé publiquement sa destruction aurait passé, comme Noé à son époque, pour un fou et un alarmiste. Mais le Christ avait dit : « Le ciel et la terre passeront, mais mes paroles ne passeront pas[40]. » La colère avait été annoncée sur Jérusalem à cause de ses péchés, et son incrédulité obstinée rendait son sort certain.

Le Seigneur avait déclaré par la bouche du prophète Michée : « Écoutez, je vous prie, chefs de la maison de Jacob, magistrats de la maison d'Israël, vous qui avez l'équité en abomination et qui tordez toute droiture, vous qui bâtissez Sion dans le sang, Jérusalem dans l'injustice. Ses chefs jugent pour des pots-de-vin, ses prêtres enseignent pour un salaire, ses prophètes pratiquent la divination pour de l'argent ; et ils s'appuient sur le Seigneur, en disant : Le Seigneur n'est-il pas parmi nous ? Aucun malheur ne s'abattra sur nous[41] ! »

Ces paroles décrivaient fidèlement les habitants de Jérusalem, corrompus et propres justes. Tout en prétendant observer strictement les préceptes de la loi divine, ils en transgressaient tous les principes. Ils haïssaient le Christ parce que sa pureté et sa sainteté révélaient leur iniquité ; et ils l'accusaient d'être la cause de tous les malheurs qui étaient tombés sur eux comme conséquence de leurs péchés. Tout

39. Matthieu 24.15,16 ; Luc 21.20,21.
40. Matthieu 24.35.
41. Michée 3.9-11.

en sachant qu'il était sans péché, ils avaient déclaré que sa mort était nécessaire à leur sécurité en tant que nation. « Si nous le laissons faire, avaient dit les chefs juifs, tous mettront leur foi en lui, et les Romains viendront détruire et notre lieu et notre nation[42]. » S'ils sacrifiaient le Christ, pensaient-ils, ils pourraient redevenir un peuple fort et uni. Tel était leur raisonnement ; et ils tombèrent d'accord avec la décision de leur souverain sacrificateur : « Il est avantageux pour vous qu'un seul homme meure pour le peuple et que la nation ne soit pas perdue tout entière[43]. »

C'est de cette manière que les chefs juifs avaient bâti « Sion dans le sang, Jérusalem dans l'injustice »[44]. Et cependant, alors qu'ils mettaient à mort leur Sauveur parce qu'il dénonçait leurs péchés, ils se considéraient, dans leur propre justice, comme le peuple privilégié de Dieu et s'attendaient à ce que celui-ci les délivre de leurs ennemis. « C'est donc bien à cause de vous, poursuivait le prophète Michée, que Sion sera labourée comme un champ, que Jérusalem deviendra un monceau de pierres, et que la montagne de la Maison deviendra une hauteur couverte de broussailles[45]. »

Pendant près de quarante années après que le Christ lui-même eut annoncé le sort de Jérusalem, le Seigneur retarda ses jugements sur cette cité et sur cette nation. La patience de Dieu envers ceux qui avaient rejeté son Évangile et mis à mort son Fils fut vraiment merveilleuse. La parabole du figuier stérile représente bien sa manière d'agir envers la nation juive. L'ordre avait été donné : « Coupe-le donc : pourquoi occuperait-il la terre inutilement[46] ? » Mais la miséricorde divine l'avait épargné encore un peu. Il y avait encore, parmi les Juifs, de nombreuses personnes qui étaient ignorantes du caractère et de l'œuvre du Christ. Les enfants, eux, n'avaient pas eu les opportunités ni reçu la lumière que leurs parents avaient méprisées. Par l'intermédiaire de la prédication des apôtres et de leurs associés, Dieu désirait faire briller la lumière sur eux et leur permettre de voir comment la prophétie s'était accomplie, non seulement dans la naissance et dans la vie du Christ, mais aussi dans sa mort et dans sa résurrection. Les enfants ne furent pas condamnés pour les péchés de leurs parents ; mais lorsque, après avoir eu connaissance de toute la lumière accordée à leurs parents, ces enfants rejetèrent la lumière supplémentaire qui leur était accordée, ils devinrent participants des péchés de leurs parents et comblèrent la mesure de leur iniquité.

La longue patience de Dieu envers Jérusalem ne fit que confirmer les Juifs dans leur impénitence obstinée. Par leur haine et leur cruauté envers les disciples de Jésus, ils rejetèrent la dernière offre de la miséricorde divine. Dieu retira alors la protection qu'il leur avait accordée et cessa de retenir Satan et ses anges ; ainsi la nation fut-elle abandonnée à la domination du chef qu'elle s'était elle-même choisi. Ses enfants avaient méprisé la grâce du Christ, qui les aurait rendu capables de surmonter leurs mauvais penchants ; mais ce furent ceux-ci qui prirent alors le dessus. Satan excita les passions les plus violentes et les plus dégradantes de l'âme. Ces hommes cessèrent de raisonner. Ils avaient dépassé le stade de la raison, dominés qu'ils étaient par leurs penchants et leur rage aveugle. Ils devinrent sataniques dans leur cruauté. Dans les familles et au sein de la nation, dans les classes les plus élevées comme les plus humbles de la société régnaient le soupçon, l'envie, la haine,

42. Jean 11.48.
43. Jean 11.50.
44. Michée 3.10.
45. Verset 12.
46. Luc 13.7.

les conflits, la rébellion, le meurtre. Il n'y avait de sécurité nulle part. Amis et membres d'une même famille se trahissaient les uns les autres. Des parents tuaient leurs enfants, et des enfants leurs parents. Les dirigeants du peuple n'avaient même pas le pouvoir de se diriger eux-mêmes. Leurs passions non réfrénées faisaient d'eux des tyrans. Les Juifs avaient accepté de faux témoignages pour condamner l'innocent Fils de Dieu ; maintenant, c'étaient de fausses accusations qui rendaient leur vie précaire. Par leurs actions, ils avaient dit pendant longtemps : « Ôtez de notre présence le Saint d'Israël[47] ! » Maintenant, leur souhait était satisfait. La crainte de Dieu ne les troublait plus. Satan avait pris la tête de la nation, et les autorités civiles et religieuses les plus élevées étaient sous sa domination.

Les chefs de factions opposées s'unissaient parfois pour dépouiller et torturer leurs malheureuses victimes, puis ils se retournaient de nouveau les uns contre les autres et se massacraient sans pitié. Même la sainteté du temple ne pouvait retenir leur horrible férocité. Des adorateurs étaient massacrés devant l'autel, et le sanctuaire était souillé par les cadavres de ces victimes. Cependant, dans leur présomption aveugle et blasphématoire, les instigateurs de ces actes démoniaques déclaraient publiquement qu'ils n'avaient aucune crainte que Jérusalem soit détruite, car c'était la propre cité de Dieu. Pour asseoir encore plus fermement leur pouvoir, ils soudoyèrent de faux prophètes pour que ceux-ci proclament, alors même que les légions romaines assiégeaient le temple, que le peuple devait s'attendre à ce que Dieu le délivre. Jusqu'au dernier moment, des multitudes s'accrochèrent à la croyance que le Très-Haut s'interposerait pour défaire leurs adversaires. Mais Israël avait méprisé la protection divine et n'avait maintenant plus aucune protection. Malheureuse Jérusalem, déchirée par des dissensions internes, le sang de ses enfants massacrés rougissant ses rues, tandis que des armées étrangères abattaient ses fortifications et tuaient ses soldats !

Toutes les prédictions faites par le Christ concernant la destruction de Jérusalem s'accomplirent à la lettre. Les Juifs expérimentèrent la vérité de ses paroles d'avertissement : « C'est avec la mesure à laquelle vous mesurez qu'on mesurera pour vous[48]. »

Des signes et des prodiges apparurent, annonçant le désastre et l'accomplissement du destin. Au milieu de la nuit, une lumière surnaturelle brilla au dessus du temple et de l'autel. Sur les nuages au coucher du soleil apparurent des chariots et des hommes de guerre se rassemblant pour la bataille. Les sacrificateurs qui officiaient de nuit dans le sanctuaire furent terrifiés par des bruits mystérieux ; la terre trembla, et on entendit une multitude de voix s'écriant : « Partons d'ici ! » La grande Porte Orientale, si lourde qu'une vingtaine d'hommes avaient du mal à la fermer, et qui était protégée par d'énormes barres de fer fixées profondément dans le pavé de pierre solide, s'ouvrit d'elle-même à minuit sans qu'on vît personne l'actionner[49].

Pendant sept années, un homme parcourut sans cesse les rues de Jérusalem, annonçant les malheurs qui allaient fondre sur cette ville. Jour et nuit, il scandait ce chant funèbre : « Voix du côté de l'Orient ! Voix du côté de l'Occident ! Voix du côté des quatre vents ! Voix contre Jérusalem et contre le temple ! Voix contre les époux et les épouses ! Voix contre le peuple tout entier[50] ! » Cet être étrange fut emprisonné et flagellé ; mais aucune plainte ne sortit de ses lèvres. Aux insultes

47. Ésaïe 30.11.
48. Matthieu 7.2.
49. Milman, *The History of the Jews* [Histoire des Juifs], livre 13.
50. *Ibid.*

et aux mauvais traitements il se contentait de répondre : « Malheur, malheur à Jérusalem ! Malheur, malheur à ses habitants ! » Son cri d'avertissement ne cessa de se faire entendre que lorsqu'il fut tué dans le siège qu'il avait prédit.

Pas un seul chrétien ne périt dans la destruction de Jérusalem. Le Christ avait averti ses disciples, et tous ceux qui avaient cru à ses paroles attendaient le signe promis : « Lorsque vous verrez Jérusalem investie par des armées, avait dit Jésus, sachez alors que sa dévastation s'est approchée. Alors, que ceux qui seront en Judée fuient dans les montagnes, que ceux qui seront au milieu de Jérusalem s'en retirent[51]. » Après que l'armée romaine dirigée par Cestius eut entouré la ville, elle abandonna le siège de manière inattendue, alors que tout indiquait un moment favorable pour une attaque immédiate. Les assiégés, n'espérant plus pouvoir résister avec succès, étaient sur le point de se rendre, lorsque le général romain retira ses forces, sans aucune raison apparente. Mais la providence miséricordieuse de Dieu dirigeait les événements pour le bien de son propre peuple. Le signe promis avait été donné aux chrétiens qui attendaient, et l'occasion s'offrait maintenant, à tous ceux qui le voulaient bien, d'obéir à l'avertissement du Sauveur. Dieu dirigeait les événements de telle sorte que ni les Juifs ni les Romains ne pourraient empêcher la fuite des chrétiens. Voyant Cestius battre en retraite, les Juifs, opérant une sortie de Jérusalem, poursuivirent son armée en retraite ; et, pendant que ces deux armées étaient aux prises, les chrétiens eurent l'occasion de fuir la ville. À ce moment, la campagne aussi avait été débarrassée des ennemis qui auraient pu tenter de les intercepter. Au moment du siège, les Juifs étaient assemblés à Jérusalem pour célébrer la fête des tabernacles, ce qui permit aux chrétiens, dans tout le pays, de s'échapper sans être dérangés. Sans attendre, ils s'enfuirent vers un lieu sûr, la ville de Pella, dans le territoire de la Pérée, au-delà du Jourdain.

Les armées juives, poursuivant Cestius et son armée, tombèrent sur son arrière-garde avec tant de violence que celle-ci put craindre sa destruction totale. Ce fut avec beaucoup de difficulté que les Romains réussirent à opérer leur retraite. Les Juifs s'en tirèrent presque sans pertes humaines, et, chargés de butin, revinrent triomphalement à Jérusalem. Cependant, ce succès apparent ne leur apporta rien de bon : il leur insuffla un esprit de résistance obstinée aux Romains, qui allait rapidement attirer des malheurs indicibles sur la ville condamnée.

Les calamités qui s'abattirent sur Jérusalem lorsque Titus reprit le siège furent terribles. La ville fut investie au moment de la Pâque, alors que des millions de Juifs étaient rassemblés à l'intérieur de ses murailles. Leurs provisions, qui, si elles avaient été soigneusement conservées, auraient suffi à nourrir les habitants pendant des années, avaient été détruites auparavant à cause de la jalousie et de l'esprit de vengeance de factions rivales ; et maintenant, il ne restait plus qu'à vivre toutes les horreurs de la famine. On vendait une mesure de blé pour un talent. Les affres de la faim étaient si intenses que les hommes rongeaient le cuir de leur ceinture et de leurs sandales ainsi que celui qui recouvrait leur bouclier. Un grand nombre d'habitants sortaient furtivement la nuit pour cueillir les plantes sauvages qui poussaient en dehors des murailles de la ville, bien que beaucoup d'entre eux aient été saisis et mis à mort dans de cruels supplices. Souvent, ceux qui revenaient en sécurité étaient dépouillés de ce qu'ils avaient glané au prix d'un si grave danger. Ceux qui détenaient le pouvoir infligeaient les supplices les plus inhumains à des personnes dans la disette pour leur extorquer les dernières et maigres provisions qu'elles

51. Luc 21.20,21.

avaient pu cacher. Ces cruels supplices étaient assez souvent infligés par des hommes qui étaient eux-mêmes bien nourris, mais qui étaient seulement désireux de mettre de côté des provisions pour l'avenir.

Des milliers de personnes moururent par la famine et par la peste. L'affection naturelle semblait avoir été détruite. Des maris dérobaient à leur épouse, et des épouses à leur mari. On pouvait voir des enfants arrachant la nourriture de la bouche de leurs parents âgés. La question du prophète Ésaïe, « Une femme oublie-t-elle son nourrisson[52] ? » trouvait sa réponse à l'intérieur des murailles de cette ville condamnée : « Ces femmes, compatissantes, de leurs mains, ont fait cuire leurs enfants ; ils leur servent d'aliment dans le désastre de la belle, de mon peuple[53]. » L'avertissement prophétique donné quatorze siècles plus tôt s'accomplit de nouveau : « La femme la plus délicate et la plus choyée chez toi, celle qui est si choyée et si délicate qu'elle ne se risquerait pas à poser son pied par terre, regardera d'un œil mauvais le mari qui dort sur son sein, son fils et sa fille, ainsi que [...] les fils qu'elle a mis au monde, car, manquant de tout, elle les mangera dans la détresse et le désarroi où te réduira ton ennemi aux portes de tes villes[54]. »

Les dirigeants romains tentèrent de frapper les Juifs d'épouvante pour les pousser à se rendre. Les prisonniers qui résistaient au moment de leur capture étaient flagellés, torturés et crucifiés devant les murailles de la ville. Des centaines furent mis à mort chaque jour de cette manière, et cette œuvre horrible se poursuivit jusqu'à ce que les croix fussent dressées en si grand nombre dans la vallée de Josaphat et sur le Calvaire qu'on pouvait à peine se frayer un passage entre elles. C'est de cette terrible manière que s'accomplit l'effrayante imprécation prononcée devant le tribunal de Pilate : « Que son sang soit sur nous et sur nos enfants[55] ! »

Titus aurait volontiers mis fin à ces scène atroces, et épargné ainsi à Jérusalem la pleine mesure de son destin. Il fut rempli d'horreur en voyant les cadavres entassés dans les vallées. Depuis le sommet du mont des Oliviers, il contempla le magnifique temple avec extase, et ordonna qu'on ne touche à aucune de ses pierres. Avant de tenter de s'emparer de cette forteresse, il adressa un fervent appel aux dirigeants juifs, les suppliant de ne pas le forcer à souiller de sang ce lieu sacré. S'ils consentaient à sortir de Jérusalem et à combattre en un autre lieu, aucun Romain ne profanerait la sainteté du temple. Flavius Josèphe lui-même, dans un appel extrêmement éloquent, les supplia de se rendre, pour se sauver eux-mêmes et sauver leur ville et leur lieu de culte. Mais ses paroles ne reçurent pour toute réponse que d'amères imprécations. Des javelots furent lancés dans sa direction, lui, leur dernier médiateur humain, pendant qu'il plaidait avec eux. Les Juifs avaient rejeté les supplications du Fils de Dieu, et maintenant, les remontrances et les exhortations ne firent que les confirmer dans leur décision de résister jusqu'au dernier. Les efforts de Titus pour sauver le temple furent vains : un Être plus grand que lui avait déclaré qu'il n'en resterait pas « pierre sur pierre »[56].

L'obstination aveugle des chefs juifs et les crimes affreux perpétrés à l'intérieur de la ville assiégée excitèrent l'horreur et l'indignation des Romains. Titus décida enfin de prendre le temple d'assaut. Il résolut cependant, si possible, de lui épar-

52. Ésaïe 49.15.
53. Lamentations 4.10.
54. Deutéronome 28.56,57.
55. Matthieu 27.25.
56. Matthieu 24.2.

gner la destruction. Mais ses ordres ne furent pas exécutés. Après qu'il se fut retiré dans sa tente pour la nuit, les Juifs opérèrent une sortie depuis le temple et attaquèrent les soldats qui se trouvaient à l'extérieur. Au cours de ce combat, un soldat jeta un tison enflammé par une ouverture dans le portique, et les chambres recouvertes de bois de cèdre qui entouraient cette sainte Maison s'enflammèrent immédiatement. Titus se précipita, suivi par ses généraux et ses légionnaires, et ordonna aux soldats d'éteindre les flammes. Ses paroles ne furent pas écoutées. Dans leur rage, les soldats jetèrent des torches enflammées dans les chambres adjacentes au temple ; puis, de leurs épées, ils massacrèrent en grand nombre ceux qui y avaient trouvé refuge. Le sang coulait comme de l'eau sur les marches du temple. Des milliers de Juifs périrent. Au-dessus du tumulte de la bataille, on entendit des voix crier : « I-Kabod[57] ! »

« Titus se rendit compte qu'il était impossible de calmer la rage de la soldatesque ; il entra avec ses officiers pour examiner l'intérieur de cet édifice sacré. Sa splendeur les remplit d'admiration ; et, comme les flammes n'avaient pas encore atteint le lieu saint, il fit un dernier effort pour le sauver. Il se précipita et ordonna de nouveau aux soldats d'arrêter les progrès de l'incendie. Armé de son bâton de commandement, le centurion Liberalis tenta d'imposer l'obéissance ; mais même le respect dû à l'Empereur céda le pas à leur furieuse animosité contre les Juifs, à la féroce excitation de la bataille et à leur espoir insatiable de trouver du butin. Les soldats voyaient tout ce qui les entourait étinceler comme de l'or éblouissant dans la lumière sauvage des flammes ; ils s'imaginèrent que des trésors incalculables étaient entassés dans le sanctuaire. Sans être remarqué, un soldat jeta une torche allumée derrière les gonds de la porte ; tout le bâtiment s'embrasa en un instant. La fumée aveuglante et les flammes forcèrent les officiers à reculer, et ce noble édifice fut abandonné à son sort.

« Ce fut un spectacle effrayant pour les Romains. Que dire alors des Juifs ? Tout le sommet de la colline qui surplombait la ville flambait comme un volcan. L'un après l'autre, les bâtiments s'effondraient dans un bruit terrible et disparaissaient dans cet abîme de flammes. Les toits de bois de cèdre étaient comme des nappes de flammes ; les clochetons dorés brillaient comme des pointes de lumière rouge ; des tours des portes de la ville s'élevaient de hautes volutes de flammes et de fumée. L'incendie éclairait les collines avoisinantes ; et on pouvait voir des masses sombres de personnes contempler avec une angoisse horrifiée les progrès de la destruction. Les murailles et les hauteurs de la ville étaient couvertes de visages, les uns pâles de l'agonie du désespoir, d'autres ruminant une vengeance inutile. Les cris de la soldatesque romaine qui courait çà et là et les hurlements des insurgés périssant dans les flammes se mêlaient au rugissement de l'incendie et au bruit de tonnerre des poutres qui s'écroulaient. Les échos des montagnes répétaient les cris des personnes sur les hauteurs ; tout le long des murailles résonnaient des cris et des gémissements ; des hommes qui mouraient de faim rassemblaient leurs dernières forces pour pousser un cri d'angoisse et de désolation.

« Le massacre à l'intérieur était encore plus terrible que le spectacle vu de l'extérieur. Hommes et femmes, jeunes et vieux, insurgés et sacrificateurs, ceux qui combattaient et ceux qui imploraient la clémence étaient fauchés sans distinction. Le nombre des victimes dépassa le nombre de ceux qui les massacraient. Les légion-

57. « Où est la gloire ? » ; 1 Samuel 4.21.

naires durent escalader des monceaux de cadavres pour poursuivre leur œuvre d'extermination[58]. »

Après la destruction du temple, toute la ville tomba bientôt aux mains des Romains. Les dirigeants juifs abandonnèrent leurs tours imprenables, que Titus trouva désertées. Il les contempla avec étonnement et déclara que c'était Dieu qui les avait livrées entre ses mains ; car aucun engin de guerre, aussi puissant fût-il, n'aurait pu venir à bout de ces étonnantes fortifications. La ville comme le temple furent rasés jusqu'à leurs fondements, et le sol sur lequel s'était dressée la sainte Maison fut « labouré comme un champ »[59]. Dans ce siège et dans le massacre qui s'ensuivit, plus d'un million de Juifs perdirent la vie ; les survivants furent emmenés en captivité, vendus comme esclaves, traînés à Rome pour servir au triomphe du vainqueur, jetés aux bêtes sauvages dans les arènes ou dispersés sur toute la terre pour y errer comme des vagabonds.

Les Juifs avaient eux-mêmes forgés les fers qui les emprisonnaient ; ils avaient rempli pour eux-mêmes la coupe de la vengeance. Dans la destruction totale qui fondit sur eux en tant que nation, et dans tous les malheurs qui les suivirent dans leur dispersion, ils ne firent que récolter la moisson que leurs propres mains avaient semée. Le prophète Osée avait déclaré : « Ce qui te détruit, Israël, c'est que tu as été contre moi »[60] ; « Car tu as trébuché sur ta faute[61]. » Leurs souffrances sont souvent représentées comme un châtiment infligé par un décret direct de Dieu. C'est ainsi que le grand séducteur cherche à dissimuler sa propre œuvre. Par leur rejet obstiné de l'amour et de la miséricorde de Dieu, les Juifs avaient fait que la protection divine leur avait été retirée, permettant ainsi à Satan de les dominer selon sa volonté. Les horribles actes de cruauté perpétrés pendant la destruction de Jérusalem sont une démonstration de la puissance vindicative de Satan sur ceux qui s'abandonnent à sa domination.

Nous ne pouvons pas imaginer tout ce que nous devons au Christ pour la paix et la protection dont nous jouissons. C'est la puissance de Dieu qui, en retenant les puissances du mal, évite à l'humanité de passer totalement sous la domination de Satan. Les désobéissants et les ingrats feraient bien d'être reconnaissants pour la miséricorde et la patience de Dieu, qui tient en échec la puissance cruelle et maléfique du Malin. Mais, lorsque les hommes dépassent les limites de la patience divine, cette entrave est ôtée. Dieu ne tient pas pour le pécheur le rôle de l'exécuteur d'une sentence contre la transgression ; mais il laisse livrés à eux-mêmes ceux qui rejettent sa miséricorde, pour récolter ce qu'ils ont semé. Chaque rayon de lumière rejeté, chaque avertissement méprisé ou négligé, chaque passion à laquelle on cède, chaque transgression de la loi divine est une graine qui, une fois semée, produit infailliblement sa moisson. L'Esprit de Dieu, si on lui résiste avec obstination, se retire enfin du pécheur ; il ne reste alors aucun pouvoir pour dominer les passions mauvaises de l'âme et aucune protection contre la malice et l'inimitié de Satan. La destruction de Jérusalem est un avertissement terrible et solennel adressé à tous ceux qui jouent avec les offres de la grâce de Dieu et résistent aux appels de sa miséricorde. Jamais il ne fut donné un témoignage aussi décisif de la haine que Dieu ressent pour le péché et du châtiment certain qui tombera sur les coupables.

58. Milman, *op. cit.*, livre 16.
59. Jérémie 26.18 ; Michée 3.12.
60. Osée 13.9.
61. Osée 14.2.

La prophétie du Sauveur concernant la venue des jugements sur Jérusalem doit avoir un autre accomplissement, dont cette terrible désolation n'était qu'un pâle reflet. Dans le destin de la cité élue, nous pouvons contempler celui d'un monde qui a rejeté la miséricorde de Dieu et foulé aux pieds sa loi. Bien sombre est l'histoire de la misère humaine que notre terre a pu connaître au cours de ses longs siècles de crimes. Le cœur se soulève et l'esprit défaille en la contemplant. Les conséquences du rejet de l'autorité du ciel ont été terribles ; mais une scène encore plus sombre se profile dans les révélations pour l'avenir. Les récits du passé, la longue procession de tumultes, de conflits et de révolutions, « toutes les bottes qui piétinaient dans la bataille, et tous les manteaux roulés dans le sang »[62], qu'est-ce que tout cela en comparaison avec les terreurs du jour où l'Esprit de Dieu, qui a retenu les puissances du mal jusqu'à présent, sera totalement retiré aux méchants et ne tiendra plus en échec les manifestations des passions humaines et de la colère de Satan ! Le monde contemplera alors, comme jamais auparavant, les conséquences de la domination de Satan.

Mais en ce jour, comme à l'époque de la destruction de Jérusalem, le peuple de Dieu sera délivré, « tous ceux qui seront inscrits pour obtenir la vie »[63]. Le Christ a déclaré qu'il reviendrait pour rassembler ses fidèles : « Toutes les tribus de la terre se lamenteront, et elles verront le Fils de l'homme venant sur les nuées du ciel avec beaucoup de puissance et de gloire. Il enverra ses anges avec une grande trompette, et ils rassembleront des quatre vents, depuis une extrémité des cieux jusqu'à l'autre, ceux qu'il a choisis[64]. » Alors, « ceux qui n'obéissent pas à la bonne nouvelle[65] » seront détruits « par le souffle de sa bouche » et « par la manifestation de son avènement »[66]. Comme l'ancien Israël, les méchants se détruisent eux-mêmes ; on peut dire d'eux ce que disait le prophète Osée : « Car tu as trébuché sur ta faute[67]. » Par leur vie de péché, ils se sont placés eux-mêmes tellement en désaccord avec Dieu, leurs natures ont été si dégradées par le mal, que la manifestation de la gloire divine est pour eux « un feu dévorant »[68].

Que les hommes prennent garde de négliger la leçon contenue à leur intention dans les paroles du Christ. De même qu'il avait averti ses disciples de la destruction de Jérusalem en leur donnant un signe de la destruction qui approchait pour qu'ils puissent s'en échapper, de même il a averti notre monde du jour de sa destruction finale et lui a indiqué des signes de l'approche de celle-ci, afin que tous ceux qui le veulent puissent « fuir la colère à venir »[69]. Jésus a déclaré : « Il y aura des signes dans le soleil, la lune et les étoiles, et, sur la terre, une angoisse des nations[70]. » Ceux qui verront ces signes annonciateurs de son avènement pourront savoir « qu'il est proche, aux portes »[71]. C'est pourquoi sa parole d'avertissement est : « Veillez donc[72]. » Ceux qui prendront garde à cet avertissement ne seront pas laissés dans

62. Ésaïe 9.4.
63. Ésaïe 4.3.
64. Matthieu 24.30,31.
65. 2 Thessaloniciens 1.8.
66. 2 Thessaloniciens 2.8.
67. Osée 14.2.
68. Hébreux 12.29.
69. Matthieu 3.7.
70. Luc 21.25 ; Matthieu 24.29 ; Marc 13.24-26 ; Apocalypse 6.12-17.
71. Matthieu 24.33.
72. Marc 13.35.

les ténèbres pour que « ce jour n'arrive … à l'improviste »[73] ; mais, pour ceux qui ne veilleront pas, « le jour du Seigneur viendra comme un voleur dans la nuit[74] ».

Le monde n'est pas plus prêt aujourd'hui à donner foi au message pour notre époque que les Juifs ne l'étaient à accepter les avertissements du Sauveur concernant Jérusalem. Quel que soit le moment où il viendra, le jour de Dieu surviendra « à l'improviste[75] » pour les impies. Lorsque la vie semblera continuer à son rythme immuable ; lorsque les hommes seront absorbés par leurs plaisirs, leurs affaires, leurs négoces, leur recherche de la richesse ; lorsque les chefs religieux exalteront les progrès et les lumières de notre monde et que les gens seront bercés dans une sécurité illusoire ; c'est alors que, comme le voleur qui s'introduit au milieu de la nuit dans une demeure non gardée, une destruction soudaine s'abattra sur les insouciants et les impies, « et ils n'échapperont en aucun cas »[76].

73. Luc 21.34.
74. 1 Thessaloniciens 5.2.
75. Luc 21.34.
76. 1 Thessaloniciens 5.3

2

Les persécutions des premiers siècles

Lorsque Jésus révéla à ses disciples le sort de Jérusalem et les scènes entourant son second avènement, il prédit aussi les épreuves que son peuple devrait traverser depuis le moment où il lui serait enlevé jusqu'à son retour en puissance et en gloire, lorsqu'il reviendrait lui apporter la délivrance. Du haut du mont des Oliviers, le Sauveur contempla les orages qui allaient s'abattre sur l'Église apostolique. Pénétrant plus avant dans l'avenir, son regard discerna les tempêtes rudes et dévastatrices qui allaient fondre sur ses disciples pendant les siècles de ténèbres et de persécutions à venir. En quelques phrases succinctes, mais d'une importance capitale, il prédit le traitement que les dirigeants de ce monde allaient infliger à l'Église de Dieu[1]. Les disciples du Christ devraient fouler le même sentier d'humiliations, de reproches et de souffrances que leur Maître. L'inimitié qui avait éclaté contre le Rédempteur du monde se manifesterait aussi contre tous ceux qui croiraient en son nom.

L'histoire de l'Église primitive constitue un témoignage vivant de l'accomplissement des paroles du Sauveur. Les puissances de la terre et de l'enfer se liguèrent contre le Christ en la personne de ses disciples. Le paganisme, prévoyant que si l'Évangile triomphait il en serait fini de ses temples et de ses autels, rassembla ses forces pour détruire le christianisme. Les feux de la persécution s'allumèrent. Des chrétiens furent dépouillés de leurs biens et chassés de leurs foyers. Ils durent soutenir « un grand et douloureux combat »[2]. Ils « subirent l'épreuve des moqueries et du fouet, ainsi que les liens et la prison[3] ». Un grand nombre d'entre eux scellèrent leur témoignage de leur sang. Nobles et esclaves, riches et pauvres, savants et ignorants furent massacrés sans pitié.

Ces persécutions, commencées sous le règne de Néron vers le temps du martyre de Paul, se poursuivirent pendant des siècles avec plus ou moins d'intensité. Des chrétiens furent faussement accusés des crimes les plus odieux et rendus responsables de grandes calamités : famines, pestes et tremblements de terre. Comme ils étaient devenus l'objet de la haine et des soupçons populaires, des informateurs étaient prêts, pour de l'argent, à trahir des innocents. Ils furent condamnés comme rebelles à l'Empire, ennemis de la religion et fléaux de la société. Un grand nombre d'entre eux furent donnés en pâture aux bêtes féroces ou brûlés vifs dans les amphithéâtres. Certains furent crucifiés ; d'autres, recouverts de peaux d'animaux sauvages, furent jetés dans les arènes pour être déchirés par des chiens. Leurs châtiments servaient souvent de divertissement principal dans les fêtes publiques. De vastes

1. Matthieu 24.9,21,22.
2. Hébreux 10.32.
3. Hébreux 11.36.

foules s'assemblaient pour jouir de ces spectacles et saluaient leur agonie par des rires et des applaudissements.

Partout où ils cherchaient refuge, les disciples du Christ étaient pourchassés comme des bêtes de proie. Ils étaient forcés de se cacher dans des lieux déserts et solitaires, « manquant de tout, opprimés, maltraités – eux dont le monde n'était pas digne ! – errant dans les déserts, les montagnes, les cavernes et les antres de la terre[4] ». Les catacombes servirent d'abri à des milliers d'entre eux. Dans le sous-sol des collines en dehors de la ville de Rome, de longues galeries avaient été creusées dans la terre et le roc. Ce réseau sombre et complexe de tunnels s'étendait sur des kilomètres au-delà des murailles de la ville. C'est dans ces retraites souterraines que les disciples du Christ enterraient leurs morts ; et c'est là aussi, lorsqu'ils étaient soupçonnés et proscrits, qu'ils trouvaient refuge. Lorsque l'Auteur de la vie viendra réveiller ceux qui ont « mené le beau combat »[5], de nombreux martyrs de la cause du Christ sortiront de ces lugubres cavernes.

Au travers des persécutions les plus violentes, ces témoins de Jésus gardèrent leur foi pure. Privés de tout confort, loin de la lumière du soleil, réfugiés dans les sombres mais accueillantes profondeurs de la terre, ils ne proféraient aucune plainte. Par des paroles de foi, de patience et d'espérance, ils s'encourageaient mutuellement à supporter les privations et la détresse. La perte de tous leurs biens ne put les forcer à renoncer à leur foi en Christ. Les épreuves et les persécutions n'étaient que des étapes les rapprochant de leur repos et de leur récompense.

Comme les serviteurs de Dieu d'autrefois, beaucoup d'entre eux « furent torturés et n'acceptèrent pas de rédemption, afin d'accéder à une résurrection supérieure[6]. » Ils se remémoraient les paroles de leur Maître, qui disait : « Heureux êtes-vous lorsqu'on … vous persécute … à cause de moi. Réjouissez-vous et soyez transportés d'allégresse, parce que votre récompense est grande dans les cieux ; car c'est ainsi qu'on a persécuté les prophètes qui vous ont précédés[7]. » Ils se réjouissaient d'être jugés dignes de souffrir pour la cause de la vérité et leurs chants de triomphe s'élevaient du milieu des flammes crépitantes des bûchers. Levant les yeux par la foi, ils voyaient le Christ et les anges se pencher par-dessus les remparts du ciel, les observant avec le plus grand intérêt et approuvant leur fermeté. Une voix, venant du trône de Dieu, descendit jusqu'à eux en disant : « Sois fidèle jusqu'à la mort, et je te donnerai la couronne de la vie[8]. »

Les efforts de Satan pour détruire l'Église du Christ par la violence furent vains. Le grand conflit, au cours duquel des disciples de Jésus durent renoncer à la vie, ne cessa point, même après que ces fidèles témoins furent tombés à leur poste. Leur défaite se transforma en victoire. Des serviteurs de Dieu étaient mis à mort, mais son œuvre continuait à progresser. L'Évangile se répandait, et le nombre de ses adhérents augmentait. La bonne nouvelle pénétrait dans des régions demeurées inaccessibles, même aux aigles romains. Discutant avec les dirigeants païens responsables de la persécution, un chrétien disait : Vous pouvez « nous tuer, nous torturer, nous condamner. […] Votre injustice est la preuve que nous sommes innocents. Vos actes de cruauté […] ne servent à rien. » Ce n'était là qu'une invitation encore plus pressante pour attirer d'autres personnes

4. Hébreux 11.37,38.
5. 2 Timothée 4.7.
6. Hébreux 11.35.
7. Matthieu 5.11,12.
8. Apocalypse 2.10.

à sa foi. « Plus vous nous fauchez, plus notre nombre augmente ; le sang des chrétiens est une semence[9]. »

Des milliers d'entre eux furent emprisonnés et mis à mort ; mais d'autres se présentaient pour les remplacer. Le Christ scellait ceux qui étaient martyrisés pour leur foi et les considérait comme des vainqueurs. Ils avaient « mené le beau combat »[10]. Ils recevront la couronne de gloire au moment du second avènement du Christ. Les souffrances qu'ils enduraient les rapprochèrent non seulement les uns des autres mais également de leur Rédempteur. L'exemple de leur vie et de leur mort constituait un témoignage permanent à la vérité ; et, là où on s'y attendait le moins, des sujets de Satan abandonnaient son service pour s'enrôler sous la bannière du Christ.

Satan élabora donc des plans pour lutter plus efficacement contre le gouvernement divin. Il planta sa bannière dans l'Église chrétienne. S'il pouvait tromper les disciples du Christ et les amener à déplaire à Dieu, ceux-ci perdraient de leur force, de leur courage et de leur fermeté et deviendraient pour lui une proie facile.

Le grand adversaire entreprit alors d'obtenir par la ruse ce qu'il n'avait pas pu obtenir par la force. Les persécutions cessèrent et furent remplacées par les dangereuses séductions de la prospérité matérielle et des honneurs de ce monde. Des idolâtres furent amenés à accepter en partie la foi chrétienne, tout en rejetant certaines vérités essentielles. Ils disaient accepter Jésus comme Fils de Dieu et croire à sa mort et à sa résurrection, mais n'étaient pas convaincus de péché et ne ressentaient aucun besoin de se repentir ni de changer de cœur. Ayant fait eux-mêmes quelques concessions, ils proposèrent aux chrétiens de faire de même, afin qu'ensemble il s'unissent sur la base commune de la croyance en Christ.

L'Église dut alors faire face à un terrible danger. Comparés à celui-ci, la prison, la torture, le feu et l'épée étaient des bénédictions. Certains chrétiens demeurèrent fermes et n'acceptèrent aucun compromis. D'autres étaient en faveur de l'abandon ou de la modification de certains points de foi pour s'unir à ceux qui n'avaient accepté qu'une partie du christianisme. Ils pensaient ainsi pouvoir les conduire à une conversion complète. Ce fut une époque de profonde angoisse pour les fidèles disciples du Christ. Sous le couvert du christianisme, Satan s'insinuait à l'intérieur de l'Église, pour corrompre la foi des croyants et détourner les esprits de la Parole de vérité.

La plupart des chrétiens consentirent finalement à abaisser leurs principes. C'est ainsi que se forma une union entre le christianisme et le paganisme. Bien que les idolâtres aient professé être convertis et se soient unis à l'Église, ils restaient attachés à leurs idoles, ne faisant qu'échanger leurs objets de culte contre des images de Jésus, et même de Marie et des saints. L'impur levain de l'idolâtrie, ainsi introduit dans l'Église, continua son œuvre maléfique. De fausses doctrines, des rites superstitieux et des cérémonies païennes furent incorporés dans la foi et dans le culte chrétien. Au fur et à mesure que les disciples du Christ s'unissaient aux idolâtres, la religion chrétienne se corrompait, et l'Église perdait sa pureté et sa puissance. Cependant, il en resta quelques-uns qui ne se laissèrent pas dévoyer par ces pratiques frauduleuses. Ils conservaient leur fidélité à l'Auteur de la vérité et l'adoraient lui seul.

9. Tertullien, *Apologie*, paragraphe 50.
10. 2 Timothée 4.7.

Il y a toujours eu deux catégories parmi ceux qui professent être disciples du Christ : tandis que la première étudie la vie du Sauveur et s'efforce avec ferveur de corriger ses défauts et d'imiter le grand Modèle, l'autre néglige les vérités simples et concrètes qui révèlent ses erreurs. Même au meilleur de sa condition, l'Église n'a jamais été composée exclusivement de croyants authentiques, purs et sincères. Notre Sauveur avait enseigné que ceux qui s'adonnent délibérément au péché ne doivent pas être admis dans l'Église ; cependant, il s'associa des hommes dont le caractère était fautif et leur accorda les avantages de ses enseignements et de son exemple, afin de leur donner l'occasion de prendre conscience de leurs erreurs et de se corriger.

Parmi les douze apôtres se trouvait un traître. Judas fut accepté, en dépit de ses défauts de caractère. Il fut associé aux disciples, afin qu'au contact de l'exemple et l'enseignement donnés par le Christ il puisse apprendre ce qui constitue le caractère chrétien. Ainsi, il aurait pu être amené, avec l'aide de la grâce divine, à voir ses erreurs, à se repentir et à purifier son âme « par l'obéissance à la vérité »[11]. Mais Judas ne marcha pas dans la lumière qui avait si généreusement brillé sur lui. En s'adonnant au péché, il ouvrit la porte aux tentations de Satan. Ses mauvais traits de caractère prirent le dessus. Il ouvrit son esprit à la domination des puissances des ténèbres ; il s'irritait lorsqu'un reproche lui était adressé pour ses défauts ; et c'est ainsi qu'il fut conduit à commettre l'horrible crime de trahison contre son Maître. De même, tous ceux qui sont attachés au mal sous une apparence de sainteté haïssent ceux qui les dérangent en condamnant leur mauvaise conduite. Lorsqu'une occasion favorable se présentera, ils trahiront, comme le fit Judas, ceux qui avaient tenté de leur adresser des réprimandes pour leur bien.

Les apôtres découvrirent dans l'Église des personnes qui, tout en se disant saintes, s'adonnaient secrètement à l'iniquité. Ananias et Saphira jouèrent le rôle de trompeurs. Ils prétendirent faire l'offrande de la totalité des revenus de la vente de leurs biens à Dieu, alors que, poussés par la convoitise, ils en gardèrent une partie pour eux-mêmes[12]. L'Esprit de vérité révéla aux apôtres la véritable nature de ces imposteurs, et les jugements divins débarrassèrent l'Église de cette tache répugnante faite à sa pureté. Cette manifestation frappante de l'Esprit du Christ, agissant avec discernement au sein de l'Église, frappa de terreur les hypocrites et les malfaiteurs. Ils ne purent rester longtemps associés à ceux qui, par leurs habitudes et leur caractère, étaient des représentants permanents du Christ. Lorsque les épreuves et les persécutions fondirent sur les chrétiens, seuls ceux qui étaient disposés à tout abandonner pour la cause de la vérité devinrent ses véritables disciples. De sorte que, tant que dura la persécution, l'Église demeura relativement pure. Mais, lorsqu'elle cessa, de nouveaux convertis moins sincères et moins consacrés s'ajoutèrent à l'Église, et une porte s'ouvrit à Satan pour y prendre pied.

Mais il n'existe aucune union entre le Prince de la lumière et le prince des ténèbres ; et il ne peut en avoir aucune entre leurs disciples respectifs. Lorsque les chrétiens consentirent à s'unir avec ceux qui n'étaient qu'à moitié convertis, ils posèrent le pied sur un sentier qui allait les conduire de plus en plus loin de la vérité. Satan se réjouit d'avoir réussi à tromper un si grand nombre de disciples du Christ. Il augmenta encore son influence sur eux et les incita à persécuter ceux qui restaient fidèles à Dieu. Personne ne comprenait aussi bien comment s'opposer à la véritable

11. 1 Pierre 1.22.
12. Actes 5.1-11.

foi chrétienne que ceux qui avaient été autrefois ses défenseurs. Ces chrétiens apostats, s'alliant à leurs compagnons à moitié païens, dirigèrent alors leurs efforts contre les points essentiels de la doctrine du Christ.

Ceux qui voulaient être fidèles durent soutenir une lutte acharnée pour résister aux séductions et aux abominations qui, déguisées sous des vêtements sacerdotaux, pénétraient dans l'Église. La Bible ne fut plus acceptée comme la norme de la foi. La doctrine de la liberté religieuse fut dénoncée comme une hérésie, et ses défenseurs furent haïs et proscrits.

Après un long et grave conflit, les quelques-uns qui étaient demeuré fidèles décidèrent de rompre avec l'Église apostate si celle-ci refusait encore de rejeter l'erreur et l'idolâtrie. Ils virent que cette séparation était absolument nécessaire s'ils voulaient obéir à la Parole de Dieu. Ils ne pouvaient tolérer des erreurs fatales à leurs propres âmes ni donner un exemple qui mettrait en danger la foi de leurs enfants et des enfants de leurs enfants. Pour maintenir la paix et l'unité, ils étaient prêts à faire toute concession compatible avec leur fidélité envers Dieu ; mais ils estimaient que la paix elle-même serait payée trop cher s'ils devaient sacrifier leurs principes. Si l'unité ne pouvait être obtenue qu'au prix d'un compromis de la vérité et de la justice, alors, ils préféraient la séparation, et même la guerre.

Il serait bon pour l'Église et pour le monde que les principes qui motivaient ces âmes résolues revivent dans le cœur de ceux qui professent être le peuple de Dieu. Il existe une indifférence inquiétante envers les doctrines qui sont les piliers de la foi chrétienne. De plus en plus, on estime qu'après tout celles-ci ne sont pas d'importance vitale. Cette dégradation de la foi fortifie les mains des agents de Satan. Les fausses théories et les illusions fatales, auxquelles les fidèles des siècles précédents avaient résisté et qu'ils avaient démasquées au péril de leur vie, sont maintenant considérées avec faveur par des milliers de personnes qui se prétendent disciples du Christ.

Les premiers chrétiens étaient réellement un peuple à part. Leur conduite irréprochable et leur foi inébranlable constituaient un reproche permanent qui dérangeait la tranquillité des pécheurs. Bien que peu nombreux, sans richesse ni position sociale, sans titres honorifiques, ils étaient la terreur de ceux qui agissaient mal, partout où leur caractère et leurs doctrines étaient connus. Ils furent donc haïs des méchants, comme Abel le fut de Caïn, l'impie. C'est pour la même raison que celle qui poussa Caïn à tuer Abel, que ceux qui cherchaient à ignorer la retenue imposée par le Saint-Esprit mettaient à mort les membres du peuple de Dieu. C'est encore pour la même raison que les Juifs avaient rejeté et crucifié le Sauveur : la pureté et la sainteté de son caractère constituaient un reproche constant contre leur égoïsme et la corruption de leurs âmes. Depuis l'époque du Christ jusqu'à aujourd'hui, ses fidèles disciples ont toujours suscité la haine et l'opposition chez ceux qui aiment et suivent les sentiers du péché.

Comment l'Évangile peut-il donc être appelé un message de paix ? Lorsqu'Ésaïe prédit la naissance du Messie, il lui attribua le titre de « Prince de paix » [13]. Lorsque les anges annoncèrent aux bergers la naissance du Christ, ils entonnèrent ce chant au-dessus des plaines de Bethléhem : « Gloire à Dieu dans les lieux très hauts, et, sur la terre, paix parmi les humains en qui il prend plaisir [14] ! » Il existe une contra-

13. Ésaïe 9.5.
14. Luc 2.14.

diction apparente entre ces déclarations prophétiques et les paroles du Christ : « Je ne suis pas venu apporter la paix, mais l'épée[15]. » Mais, bien comprises, les deux sont en accord parfait. L'Évangile est un message de paix. S'il était reçu, vécu et pratiqué, le christianisme répandrait la paix, l'harmonie et le bonheur sur la terre entière. La religion du Christ unit en une étroite fraternité tous ceux qui acceptent ses enseignements. C'était la mission de Jésus de réconcilier les hommes avec Dieu, et, par conséquent, les uns avec les autres. Mais le monde en général est sous la domination de Satan, le plus implacable ennemi de Jésus. Les hommes se rebellent donc contre Dieu parce que l'Évangile présente aux hommes des principes de vie qui sont totalement en contradiction avec leurs habitudes et leurs désirs. Ils haïssent la pureté qui révèle et condamne leurs péchés, et ils persécutent et détruisent ceux qui voudraient leur présenter les exigences justes et saintes de l'Évangile. C'est dans ce sens – parce que les vérités élevées qu'il présente déclenchent la haine et les conflits – qu'il est appelé une épée.

La mystérieuse providence, qui a permis que les justes subissent la persécution des mains des méchants, a été une source de grande perplexité pour de nombreuses personnes faibles dans la foi. Certaines sont même prêtes à abandonner leur confiance en Dieu parce qu'il permet aux hommes les plus vils de prospérer, tandis que les meilleurs et les plus purs sont affligés et tourmentés par leur cruelle puissance. Comment, se demandent-elles, un Être juste et miséricordieux, infini en puissance, peut-il tolérer une telle injustice et une telle oppression ? C'est une question qui ne doit pas nous tourmenter. Dieu nous a donné des preuves suffisantes de son amour, et nous ne devons pas douter de sa bonté parce que nous ne comprenons pas les mystères de sa providence. Le Sauveur, prévoyant les doutes qui allaient affliger leur âme dans les jours d'affliction et de ténèbres, avait dit à ses disciples : « Souvenez-vous de la parole que, moi, je vous ai dite : L'esclave n'est pas plus grand que son maître. S'il m'ont persécuté, ils vous persécuteront aussi[16]. » Jésus a souffert pour nous plus qu'aucun de ses disciples ne peut être appelé à souffrir par la cruauté des méchants. Ceux qui sont appelés à subir la torture et le martyre ne font que suivre les traces du cher Fils de Dieu.

« Le Seigneur ne retarde pas l'accomplissement de la promesse[17]. » Il n'oublie ni ne néglige ses enfants ; mais il permet que les méchants révèlent leur véritable caractère, afin qu'aucun de ceux qui désirent faire sa volonté ne puisse être trompé à ce sujet. D'autre part, les justes sont placés dans la fournaise de l'affliction afin de pouvoir eux-mêmes être purifiés ; afin que leur exemple puisse en convaincre d'autres de la réalité de la foi et de la piété ; et afin que leur comportement conséquent puisse condamner les impies et les incroyants.

Dieu permet que les méchants prospèrent et révèlent leur inimitié envers lui. Lorsque ceux-ci auront comblé la coupe de leur iniquité, tous pourront voir dans leur destruction définitive une manifestation de la justice et de la miséricorde divines. Le jour de sa vengeance approche à grands pas ; en ce jour, tous ceux qui ont transgressé sa loi et opprimé son peuple recevront la juste rétribution de leurs actions. Chaque acte de cruauté ou d'injustice envers les fidèles de Dieu sera puni comme s'il avait été commis envers le Christ lui-même.

---

15. Matthieu 10.34.
16. Jean 15.20.
17. 2 Pierre 3.9.

Une autre question, plus importante encore, doit retenir l'attention des Églises d'aujourd'hui. L'apôtre Paul déclare que « tous ceux qui veulent vivre pieusement en Jésus-Christ seront persécutés [18]. » Pourquoi alors cette persécution semble-t-elle dans une grande mesure sommeiller ? La seule raison est que l'Église s'est conformée aux principes du monde et ne suscite donc plus l'opposition de celui-ci. La religion répandue de nos jours a perdu la pureté et la sainteté qui caractérisaient la foi chrétienne à l'époque du Christ et de ses apôtres. C'est parce que les grandes vérités de la Parole de Dieu sont considérées avec tant d'indifférence et parce qu'il y a si peu de piété vivante dans l'Église – à cause de l'esprit de compromis avec le péché –, que le christianisme est apparemment si populaire auprès du monde. Qu'il y ait un réveil de la foi et de la puissance de l'Église primitive, et on verra l'esprit de persécution se réveiller aussi. Les feux de la persécution s'allumeront de nouveau.

18. 2 Timothée 3.12.

3

Une époque de ténèbres spirituelles

L'apôtre Paul, dans sa seconde épître aux Thessaloniciens, avait prédit la grande apostasie qui allait donner naissance à l'instauration de la puissance papale. Il avait déclaré que le jour de l'avènement du Christ n'était pas encore venu, car « il faut d'abord que vienne l'apostasie et que se révèle la personnification du mal, celui qui est voué à la perdition, l'adversaire qui s'élève au-dessus de tout ce qu'on appelle dieu, de tout ce qu'on adore, et qui va jusqu'à s'asseoir dans le sanctuaire de Dieu et à se présenter lui-même comme Dieu [1]. » De plus, l'apôtre avait averti ses frères que « déjà le mystère du mal [est] à l'œuvre » [2]. À son époque, il voyait déjà s'insinuer dans l'Église des erreurs qui allaient préparer le chemin à l'apparition de la papauté.

Peu à peu, subrepticement d'abord et en silence, puis plus ouvertement, à mesure qu'il prenait de la force et dominait l'esprit des hommes, ce « mystère du mal » poursuivit son œuvre trompeuse et blasphématoire. Presque imperceptiblement, les coutumes païennes s'introduisirent dans l'Église chrétienne. L'esprit de compromis et de conformisme fut tenu en échec pendant un certain temps par les violentes persécutions que l'Église dut subir des mains des païens. Mais lorsqu'elles cessèrent et que le christianisme pénétra à la cour et dans les palais des rois, il abandonna l'humble simplicité du Christ et de ses apôtres pour adopter la pompe et l'orgueil des prêtres et des dirigeants païens. Il remplaça les exigences divines par des théories et des traditions humaines. La prétendue conversion de l'empereur Constantin, au début du IVe siècle, donna lieu à de grandes réjouissances. Le monde, revêtu d'une apparence de justice, pénétra dans l'Église. Dès lors, cette œuvre de corruption progressa rapidement. Le paganisme, apparemment vaincu, fut triomphant. Son esprit domina l'Église ; ses doctrines, ses cérémonies et ses superstitions furent incorporées dans la foi et dans le culte de ceux qui se prétendaient disciples du Christ.

Ce compromis entre le paganisme et le christianisme permit l'apparition de la « personnification du mal [3] » annoncée par la prophétie, qui allait s'opposer à Dieu et s'élever au-dessus de lui. Ce gigantesque système de fausse religion est un chef-d'œuvre de la puissance de Satan ; c'est un monument à ses efforts pour s'asseoir sur le trône et diriger le monde selon sa volonté.

Satan avait déjà essayé de faire un arrangement avec le Christ. Il s'était approché du Fils de Dieu dans le désert de la tentation, et, lui montrant « tous les royaumes

---

1. 2 Thessaloniciens 2.3,4.
2. Verset 7.
3. 2 Thessaloniciens 2.3.

du monde et leur gloire »[4], le prince des ténèbres avait offert de les remettre tous entre ses mains s'il voulait bien seulement reconnaître sa suprématie. Le Christ avait réprimandé le présomptueux tentateur et l'avait obligé à se retirer. Mais Satan remporta plus de succès en présentant ces mêmes tentations à l'homme. Pour obtenir les avantages et les honneurs du monde, l'Église fut amenée à rechercher la faveur et l'appui des grands de ce monde. Ayant ainsi rejeté le Christ, elle fut amenée à accorder son allégeance au représentant de Satan, l'évêque de Rome.

L'une des principales doctrines de l'Église de Rome est que le pape est la tête visible de l'Église universelle du Christ, investi de l'autorité suprême, au-dessus des évêques et des pasteurs, dans toutes les parties du monde. Pire encore, on lui a attribué des titres qui n'appartiennent qu'à Dieu. Il a été appelé « Seigneur Dieu le pape[5] » et déclaré infaillible. Il réclame l'hommage de tous les hommes. Par l'intermédiaire de l'Église de Rome, Satan répète l'exigence qu'il avait présentée dans le désert de la tentation ; et de vastes multitudes sont prêtes à lui rendre hommage.

Mais ceux qui craignent et respectent Dieu réagissent face à cette prétention blasphématoire, comme le fit Jésus lorsqu'il fut tenté par le Malin : « C'est devant le Seigneur, ton Dieu, que tu te prosterneras, et c'est à lui seul que tu rendras un culte[6]. » Dieu n'a jamais suggéré dans sa Parole qu'il avait désigné un homme pour être la tête de l'Église. La doctrine de la suprématie papale est directement opposée aux enseignements des Écritures. Le pape ne peut exercer aucun pouvoir sur l'Église du Christ, sinon par usurpation.

L'Église romaine s'est obstinée à accuser les protestants d'hérésie et de s'être délibérément séparés de la véritable Église. Mais c'est plutôt à elle que s'appliquent ces accusations. C'est elle qui a déposé la bannière du Christ et s'est éloignée de « la foi qui a été transmise aux saints une fois pour toutes »[7].

Satan savait bien que les Saintes Écritures permettraient aux hommes de discerner ses tromperies et de résister à son pouvoir. C'est par cette Parole que le Sauveur du monde lui-même avait résisté à ses attaques. À chaque assaut de Satan, le Christ avait présenté le bouclier de la vérité éternelle, en disant : « Il est écrit[8]. » À chaque suggestion de l'adversaire, il avait opposé la sagesse et la puissance de la Parole. Si Satan veut maintenir sa domination sur les hommes et asseoir l'autorité de l'usurpateur papal, il doit les maintenir dans l'ignorance des Écritures. La Bible exalte Dieu et met les hommes, avec leurs limites, à leur véritable place. Il fallait donc dissimuler et supprimer ses vérités sacrées. Telle fut la logique adoptée par l'Église romaine. Pendant des siècles, la diffusion de la Bible fut prohibée. Il était interdit aux gens du peuple de la lire ou d'en avoir un exemplaire chez eux, tandis que des prêtres et des prélats sans principes interprétaient ses enseignements pour asseoir leurs prétentions. C'est ainsi que le pape en vint à être presque universellement reconnu comme vicaire de Dieu sur la terre et investi d'autorité sur l'Église et sur l'État.

Le dénonciateur de l'erreur ayant été écarté, Satan put agir à sa guise. La prophétie avait déclaré que la papauté espérerait « changer les temps et la loi »[9]. Elle ne mit

4. Matthieu 4.8.
5. Voir appendice, notes 1 et 2.
6. Luc 4.8.
7. Jude 3.
8. Matthieu 4.4;7,10.
9. Daniel 7.25.

pas longtemps pour entreprendre cette œuvre. Pour offrir quelque chose aux païens en remplacement du culte des idoles et pour favoriser ainsi leur prétendue adhésion au christianisme, on introduisit graduellement le culte des images et des reliques dans la liturgie chrétienne. Le décret d'un concile général [10] instaura finalement ce système idolâtre. Pour compléter cette œuvre sacrilège, Rome osa effacer de la loi de Dieu le deuxième commandement – qui interdit le culte des images – et prit l'initiative de diviser en deux le dixième commandement afin de rétablir le nombre de dix.

Cet esprit de concession au paganisme ouvrit la voie à un autre mépris de l'autorité céleste. Satan, œuvrant par l'intermédiaire de dirigeants non consacrés de l'Église, altéra aussi le quatrième commandement : il tenta de supprimer l'ancien sabbat, le jour que Dieu avait béni et sanctifié [11], pour le remplacer par la fête célébrée par les païens sous le nom de « vénérable jour du soleil ». Ce changement ne fut d'abord pas tenté ouvertement. Au cours des premiers siècles, tous les chrétiens observaient le véritable sabbat. Jaloux de l'honneur de Dieu et considérant sa loi comme immuable, ils conservaient avec zèle ses préceptes sacrés. Mais, avec une grande subtilité, Satan manœuvra par l'intermédiaire de ses agents pour atteindre son objectif. Afin d'attirer l'attention des gens du peuple sur le dimanche, on en fit une fête en l'honneur de la résurrection du Christ. On y célébra des services religieux ; cependant, on le considérait encore comme un jour de récréation, le sabbat étant toujours observé comme jour sacré.

Pour préparer l'œuvre qu'il se proposait d'accomplir, Satan avait poussé les Juifs, avant l'avènement du Christ, à surcharger le sabbat des exigences les plus rigoureuses, faisant ainsi de son observation un fardeau. Maintenant, profitant de la fausse lumière dans laquelle il l'avait fait paraître, il discrédita le jour du repos en prétendant que c'était une institution juive. Tandis que les chrétiens continuaient généralement à observer le dimanche comme une fête joyeuse, il les poussa, pour montrer leur haine du judaïsme, à faire du sabbat un jour de jeûne, de tristesse et de mélancolie.

Dans la première partie du IVe siècle, l'empereur Constantin promulgua un édit faisant du dimanche une fête publique dans tout l'Empire romain [12]. Ses sujets païens révéraient le « jour du soleil », et les chrétiens l'honoraient ; la politique de l'Empereur fut d'unir les intérêts contradictoires du paganisme et du christianisme. Il y fut poussé par les évêques de l'Église, qui, motivés par leur ambition et leur soif de pouvoir, se rendaient compte que si chrétiens et païens observaient le même jour, cela favoriserait la prétendue acceptation du christianisme par les païens et, en même temps, la puissance et la gloire de l'Église. Mais, bien que de nombreux chrétiens craignant Dieu aient été amenés graduellement à considérer le dimanche comme ayant un certain degré de sainteté, ils considéraient encore le véritable sabbat comme le saint jour du Seigneur et l'observaient conformément au quatrième commandement.

Le grand trompeur n'avait pas encore terminé son œuvre. Il était résolu à rassembler le monde chrétien sous sa bannière et à exercer son pouvoir par l'intermédiaire de son vicaire, l'orgueilleux pontife qui se prétendait le représentant du Christ. C'est par l'intermédiaire de païens à demi convertis, de prélats ambitieux

---

10. Voir appendice, note 3.
11. Genèse 2.3.
12. Voir appendice, note 4.

et d'hommes d'Église mondanisés qu'il réalisa ses objectifs. On convoquait de temps en temps de grands conciles qui rassemblaient les dignitaires de l'Église du monde entier. Presque à chaque concile, on dévalorisait de plus en plus le sabbat institué par Dieu, tandis qu'on exaltait le dimanche. On finit donc par honorer cette fête païenne comme une institution divine, tandis qu'on dénonçait le sabbat biblique comme une relique du judaïsme, et ses observateurs comme anathèmes.

Le grand apostat avait réussi à s'élever « au-dessus de tout ce qu'on appelle dieu, de tout ce qu'on adore »[13]. Il avait osé changer le seul précepte de la loi divine qui élève infailliblement toute l'humanité vers le Dieu vivant et vrai. Le quatrième commandement révèle Dieu comme Créateur des cieux et de la terre, le distinguant ainsi des faux dieux. C'est en tant que mémorial de l'œuvre de la création que le septième jour de la semaine fut sanctifié comme jour de repos pour l'homme. Il était destiné à rappeler constamment aux hommes que le Dieu vivant est la source de leur être et l'objet de leur vénération et de leur culte. Satan s'efforce de détourner les hommes de leur allégeance envers Dieu et de l'obéissance à sa loi ; il dirige donc spécialement ses efforts contre le commandement qui désigne Dieu comme le Créateur.

Les protestants font valoir aujourd'hui que la résurrection du Christ un dimanche a fait de ce jour le sabbat chrétien. Mais il n'en existe aucune preuve dans les Écritures. Ni le Christ, ni ses apôtres n'ont conféré un tel honneur à ce jour. L'observation du dimanche comme institution chrétienne trouve son origine dans « le mystère du mal »[14], qui, déjà à l'époque de Paul, avait commencé son œuvre. Où et quand le Seigneur a-t-il adopté cet enfant de la papauté ? Quelle raison valable peut-on donner en faveur d'un changement que les Écritures ne sanctionnent pas ?

Au VIe siècle, la papauté était solidement établie. Le siège de son gouvernement fut établi dans la capitale impériale et l'évêque de Rome fut déclaré chef de l'Église tout entière. Le paganisme avait été remplacé par la papauté. Le dragon avait donné à la bête « sa puissance, son trône et un grand pouvoir »[15]. C'est alors que commencèrent les 1 260 années d'oppression papales annoncées dans les prophéties de Daniel et de l'Apocalypse[16]. Les chrétiens durent choisir entre abandonner leur intégrité et accepter les cérémonies et le culte de la papauté ; moisir dans des cachots ou subir la mort par le chevalet, le bûcher ou la hache du bourreau. Les paroles de Jésus s'accomplissaient : « Vous serez livrés même par des parents, des frères, des proches et des amis, et on fera mettre à mort plusieurs d'entre vous. Vous serez détestés de tous à cause de mon nom[17]. » La persécution s'abattit sur les fidèles avec plus d'intensité que jamais auparavant, et le monde devint un vaste champ de bataille. Pendant des siècles, l'Église du Christ dut chercher refuge dans la retraite et l'obscurité. Le prophète avait annoncé : « La femme [l'Église] s'enfuit au désert, où Dieu lui avait préparé un lieu pour qu'elle y soit nourrie pendant mille deux cent soixante jours[18]. »

L'accession de l'Église romaine au pouvoir marqua le début du Moyen Âge. À mesure que l'autorité de celle-ci augmentait, les ténèbres s'épaississaient. La foi

---

13. 2 Thessaloniciens 2.4.
14. 2 Thessaloniciens 2.7.
15. Apocalypse 13.2 ; voir appendice, note 5.
16. Daniel 7.25 ; Apocalypse 13.5-7.
17. Luc 21.16,17.
18. Apocalypse 12.6.

des hommes fut transférée du Christ, le véritable fondement, au pape de Rome. Au lieu de se confier au Fils de Dieu pour obtenir le pardon des péchés et le salut éternel, les gens du peuple se tournaient vers le pape et vers les prêtres et prélats auxquels celui-ci déléguait son autorité. On leur enseignait que le pape était leur médiateur terrestre et que personne ne pouvait s'approcher de Dieu sinon par son intermédiaire, qu'il se tenait pour eux à la place de Dieu et qu'il fallait donc lui obéir implicitement. Une infraction à ses exigences constituait une cause suffisante pour attirer les châtiments les plus sévères sur le corps et l'âme des coupables. C'est ainsi que l'esprit des gens du peuple était détourné de Dieu au profit d'hommes faillibles, égarés et cruels ; pire encore, vers le prince des ténèbres lui-même, qui exerçait son pouvoir par leur intermédiaire. Le péché était revêtu d'un manteau de sainteté. Lorsqu'on supprime les Écritures et que l'homme en vient à se considérer comme l'être suprême, on ne peut attendre que fraude, tromperie et iniquité dégradante. L'exaltation des lois et des traditions humaines était accompagnée de la corruption qui résulte toujours du rejet de la loi divine.

Ce furent des jours de péril pour l'Église du Christ. Les porte-drapeaux fidèles étaient peu nombreux. Bien que la vérité ne soit jamais restée sans témoins, il semblait par moment que l'erreur et la superstition allaient l'emporter tout à fait et que la véritable religion serait bannie de la terre. On perdit de vue l'Évangile tandis que les formes extérieures de la religion se multipliaient, et qu'on accablait le peuple de rigoureuses exactions.

On enseignait au peuple non seulement à regarder le pape comme son médiateur, mais aussi à se confier en ses propres œuvres pour expier ses péchés. On prescrivait de longs pèlerinages, des actes de pénitence, le culte des reliques, la construction d'églises, de sanctuaires et d'autels, le versement de grosses sommes d'argent à l'Église, et de nombreux autres actes semblables, pour apaiser la colère de Dieu ou pour obtenir sa faveur ; comme si Dieu ressemblait aux hommes : irrité par des broutilles et pacifié par des dons ou des actes de pénitence !

L'Église romaine gagnait de plus en plus en influence, bien que le vice se répandît même parmi ses dirigeants. Vers la fin du VIIIe siècle, les papistes prétendirent qu'au cours des premiers siècles de l'histoire de l'Église, les évêques de Rome étaient détenteurs du même pouvoir spirituel qu'ils possédaient alors. Pour asseoir cette prétention, il fallait employer certains moyens pour lui conférer une apparence d'autorité ; et le père du mensonge était prêt à les leur suggérer. Des moines rédigèrent de faux documents anciens. On découvrit des décrets de conciles dont on n'avait jamais entendu parler auparavant, établissant la suprématie universelle du pape dès les temps les plus reculés. L'Église, qui avait rejeté la vérité, accepta ces mensonges avec empressement[19].

Les quelques-uns qui construisaient fidèlement sur les véritables fondations[20] étaient troublés et handicapés dans leur œuvre par l'accumulation des fausses doctrines. Comme les constructeurs sur les murailles de Jérusalem à l'époque de Néhémie, certains étaient prêts à dire : « Les forces des porteurs vacillent, les décombres sont considérables ; nous ne parviendrons jamais à bâtir la muraille[21]. » Fatigués par la lutte constante contre la persécution, la fraude, l'iniquité et tous

19. Voir appendice, note 6.
20. 1 Corinthiens 3.10,11.
21. Néhémie 4.4 ou 10 selon les versions bibliques.

les autres obstacles que Satan inventait pour enrayer leur œuvre, quelques-uns de ceux qui avaient participé fidèlement à cette construction se découragèrent. Pour maintenir la paix et la sécurité de leurs biens et de leur vie, ils se détournèrent des véritables fondations. D'autres, sans se laisser intimider par l'opposition de leurs ennemis, déclaraient hardiment : « N'ayez pas peur d'eux ! Souvenez-vous du Seigneur, qui est grand et redoutable »[22] ; et ils poursuivaient leur œuvre, « chacun son épée à la ceinture »[23].

Le même esprit de haine et d'opposition à la vérité a inspiré les ennemis de Dieu dans tous les siècles, et le même esprit de vigilance et de fidélité a été nécessaire à ses serviteurs. Les paroles du Christ adressées aux premiers disciples sont valables pour ses disciples jusqu'à la fin des temps : « Ce que je vous dis, je le dis à tous : Veillez[24]. »

Les ténèbres semblaient s'épaissir encore. Le culte des images se généralisa. On faisait brûler des cierges devant les images, et on leur offrait des prières. Les coutumes les plus absurdes et les plus superstitieuses prévalaient. L'esprit des hommes était si totalement dominé par la superstition que la raison elle-même semblait avoir abdiqué. Tandis que les prêtres et les évêques étaient eux-mêmes adonnés aux plaisirs, sensuels et corrompus, le peuple ne pouvait, sous leur direction, qu'être plongé dans l'ignorance et le vice.

Une étape supplémentaire fut franchie dans les prétentions de la papauté lorsqu'au XIe siècle, le pape Grégoire VII proclama la perfection de l'Église romaine. Parmi les propositions présentées, il s'en trouvait une qui déclarait que l'Église n'avait jamais erré et n'errerait jamais, d'après les Écritures. Mais aucune preuve tirée des Écritures n'accompagnait cette affirmation. Cet orgueilleux pontife prétendit aussi avoir le pouvoir de destituer les empereurs. Il déclara que personne ne pouvait révoquer une sentence prononcée par lui, mais qu'il avait la prérogative d'annuler les décisions de tous[25].

On trouve un exemple frappant du caractère tyrannique de ce partisan de l'infaillibilité dans le traitement qu'il infligea à l'empereur Henri IV d'Allemagne. Pour avoir osé passer outre l'autorité du pape, ce monarque fut excommunié et déchu de son trône. Terrifié de voir ses propres princes l'abandonner et le menacer – encouragés dans leur rébellion contre lui par le décret du pape – Henri se rendit compte de la nécessité de faire la paix avec Rome. Accompagné de son épouse et d'un fidèle serviteur, il traversa les Alpes en plein hiver pour s'humilier devant le pape. Arrivé au château dans lequel Grégoire VII s'était retiré, il fut conduit, sans être accompagné de ses gardes, dans une cour extérieure. Là, dans le froid rigoureux de l'hiver, tête nue, pieds nus et misérablement vêtu, il dut attendre la permission du pape pour paraître en sa présence. Ce n'est qu'au bout de trois jours de jeûne et de confession que le pontife consentit à lui accorder son pardon. Mais, ce fut seulement à condition que l'empereur attende l'autorisation du pape avant de reprendre les insignes de sa royauté ou d'en exercer les prérogatives. Grégoire VII, enivré de son triomphe, se vanta qu'il était de son devoir d'abaisser l'orgueil des rois.

---

22. Verset 8 ou 14 selon les versions bibliques.
23. Verset 12 ou 18 selon les versions bibliques ; voir aussi Éphésiens 6.17.
24. Marc 13.37.
25. Voir appendice, note 7.

Quel contraste entre l'orgueil arrogant de ce pontife hautain et la douceur et l'humilité du Christ, qui se présente comme plaidant à la porte de notre cœur, demandant à y entrer[26], pour y apporter le pardon et la paix, et qui enseignait ceci à ses disciples : « Quiconque veut être le premier parmi vous sera votre esclave »[27] !

Les siècles suivants furent témoins d'une accumulation constante d'erreurs graves dans les doctrines professées par Rome. Même avant l'établissement de la papauté, les enseignements des philosophes païens avaient bénéficié d'une grande attention de la part de l'Église et avaient exercé leur influence sur elle. Beaucoup de personnes prétendument converties avaient conservé les enseignements de la philosophie païenne, et non seulement continuaient à les étudier, mais encourageaient aussi les autres à les adopter afin d'accroître leur influence sur les païens. De graves erreurs pénétrèrent ainsi dans la foi chrétienne. Parmi les principales se trouvait la croyance à l'immortalité naturelle de l'homme et à son état conscient dans la mort. Cette doctrine jeta les bases sur lesquelles l'Église de Rome fonda l'invocation des saints et l'adoration de la vierge Marie. C'est aussi d'elle que provient l'hérésie des tourments éternels réservés aux impénitents, incorporée très tôt dans la foi papale.

Le chemin fut alors préparé pour l'introduction d'une autre invention du paganisme, le « purgatoire », que Rome utilisa pour terroriser les foules crédules et superstitieuses. Cette hérésie affirme l'existence d'un lieu de tourments, dans lequel les âmes de ceux qui n'ont pas mérité la damnation éternelle doivent subir un châtiment pour leurs péchés. Une fois libérées de leurs impuretés, elles peuvent en sortir pour être admises au ciel[28].

Une autre invention était encore nécessaire pour permettre à Rome de tirer profit des craintes et des vices de ses adhérents : celle de la doctrine des indulgences. Une entière rémission des péchés, passés, présents et futurs, mais également la rémission de toutes les peines et sanctions encourues, étaient promises à tous ceux qui s'enrôleraient dans les guerres du pontife pour étendre sa domination temporelle, punir ses ennemis ou exterminer ceux qui osaient nier sa suprématie spirituelle. On enseignait aux gens du peuple que le don d'argent à l'Église pouvait les libérer du péché et libérer aussi les âmes de leurs amis décédés qui étaient prisonnières des flammes du purgatoire. C'est par de tels moyens que Rome remplissait ses coffres et entretenait la magnificence, le luxe et les vices des soi-disant représentants de celui qui n'avait pas « où poser sa tête »[29].

L'ordonnance biblique de la Sainte cène avait été remplacée par le sacrifice idolâtre de la messe. Les prêtres prétendaient, par leurs cérémonies privées de sens, transformer le simple pain et le simple vin « en corps et en sang réels du Christ »[30]. Avec une arrogance blasphématoire, ils revendiquaient ouvertement le pouvoir de créer Dieu, le Créateur de toutes choses. Les chrétiens étaient tenus, sous peine de mort, de confesser leur foi en cette horrible hérésie, véritable insulte envers le

26. Apocalypse 3.20.
27. Matthieu 20.27.
28. Voir appendice, note 8.
29. Matthieu 8.20 ; voir appendice, note 9.
30. Cardinal Wiseman, *The Real Presence of the Body and Blood of Our Lord Jesus Christ in the Blessed Eucharist, Proved From Scripture* [La présence réelle du corps et du sang de notre Seigneur Jésus-Christ dans la sainte eucharistie, prouvée d'après les Écritures], exposé 8, section 3, paragraphe 26.

ciel. Des multitudes de personnes qui refusèrent de le faire furent livrées aux flammes du bûcher[31].

Au XIIIe siècle fut instauré le plus terrible de tous les instruments de la papauté : l'Inquisition. Le prince des ténèbres travailla avec les dirigeants de la hiérarchie papale. Dans leurs conseils secrets, Satan et ses anges dominaient l'esprit de ces hommes méchants, tandis que debout au milieu d'eux un ange de Dieu invisible enregistrait fidèlement leurs décrets iniques et rédigeait l'histoire d'actes trop affreux pour être révélés à des humains. « Babylone la Grande » était « ivre du sang des saints »[32]. Les corps torturés de millions de martyrs crièrent vengeance devant Dieu contre cette puissance apostate.

La papauté était devenue le despote du monde. Rois et empereurs se pliaient aux décrets du pontife romain. Le destin des hommes, aussi bien en ce monde que pour l'éternité, semblait être entre ses mains. Pendant des siècles, les doctrines de Rome furent largement et implicitement acceptées, ses rites respectueusement accomplis et ses fêtes observées partout. Son clergé était honoré et généreusement soutenu financièrement. Plus jamais l'Église romaine n'atteignit un si haut degré de dignité, de magnificence ou de puissance.

Mais « le midi de la papauté fut le minuit du monde[33] ». Les Saintes Écritures étaient presque inconnues, non seulement du peuple, mais aussi des prêtres. Comme les Pharisiens d'autrefois, les dirigeants haïssaient la lumière qui aurait révélé leurs péchés. La loi de Dieu, la norme de la justice, ayant été mise de côté, ils exerçaient leur pouvoir sans limites et pratiquaient le vice sans retenue. La fraude, l'avarice et l'immoralité prévalaient. Les hommes ne reculaient devant aucun crime pour obtenir la richesse ou la position sociale. Les palais des papes et des prélats étaient le théâtre des débauches les plus infâmes. Certains des pontifes qui régnaient se rendirent coupables de crimes si révoltants que les dirigeants séculiers s'efforcèrent de faire révoquer ces dignitaires de l'Église comme des monstres trop vils pour être tolérés. Pendant des siècles, l'Europe ne fit aucun progrès dans les connaissances, les arts ou la civilisation. Une véritable paralysie morale et intellectuelle s'était abattue sur la chrétienté.

La condition du monde sous la domination de la puissance romaine constitue un accomplissement terrible et frappant des paroles du prophète Osée : « Mon peuple périt, parce qu'il n'a pas la connaissance. Puisque, toi, tu as rejeté la connaissance, je te rejetterai de mon sacerdoce ; comme tu as oublié la loi de ton Dieu, moi, de même, j'oublierai tes fils[34]. » « Il n'y a ni loyauté, ni fidélité, ni connaissance de Dieu dans le pays. Il n'y a que malédiction et dissimulation, assassinats, vols et adultères ; on use de violence, on commet meurtre sur meurtre[35]. » Telles furent les conséquences du rejet de la Parole de Dieu.

---

31. Voir appendice, note 10.
32. Apocalypse 17.5,6.
33. J.A. Wylie, *The History of Protestantism* [Histoire du protestantisme], livre 1, chapitre 4.
34. Osée 4.6.
35. Versets 1,2.

4

Les Vaudois

Les ténèbres qui régnèrent sur la terre pendant la longue période de la suprématie papale ne réussirent pas à éteindre complètement la lumière de la vérité. Au cours de chaque siècle il y eut des témoins de Dieu, des hommes qui, attachés à la foi en Christ comme « seul médiateur entre Dieu et les humains »[1], considéraient la Bible comme la seule règle de vie et sanctifiaient le véritable sabbat. La postérité ne saura jamais tout ce que le monde doit à ces hommes. On les traita d'hérétiques, on mit en doute leurs motifs, on les diffama. Leurs écrits furent détruits, présentés sous un faux jour ou altérés. Cependant, ils demeurèrent fermes, et, de siècle en siècle, gardèrent leur foi pure comme un héritage sacré destiné à être transmis aux générations à venir.

L'histoire du peuple de Dieu pendant les siècles de ténèbres qui suivirent l'accession de Rome à la suprématie est écrite dans le ciel, mais occupe peu de place dans l'histoire des hommes. On trouve peu de traces de son existence à part dans les accusations de ses persécuteurs. La tactique de Rome était d'effacer toute trace de dissidence de ses doctrines ou de ses décrets. Elle s'efforça de détruire tout ce qui était hérétique, qu'il sagisse de personnes ou d'écrits. Exprimer des doutes au sujet de l'autorité des dogmes de l'Église de Rome, ou les remettre en question pouvait coûter la vie aux riches comme aux pauvres, aux plus élevés comme aux plus humbles. Rome mit également tout en œuvre pour faire disparaître tout récit de ses actes de cruauté envers les dissidents. Les conciles ordonnèrent que les documents et les livres contenant ces récits soient livrés aux flammes. Avant l'invention de l'imprimerie, les livres étaient en petit nombre et difficiles à conserver. Il n'était donc pas difficile, pour l'Église de Rome, d'accomplir ses desseins.

Aucune Église située à l'intérieur des limites de la juridiction de Rome ne put continuer longtemps à jouir de la liberté de conscience. Dès que la papauté eut obtenu le pouvoir, elle s'empressa d'écraser tous ceux qui refusaient de reconnaître sa domination ; et, l'une après l'autre, les Églises se soumirent à elle.

Le christianisme de l'Église primitive avait pris racine très tôt en Grande-Bretagne. L'Évangile reçu par les Britanniques au cours des premiers siècles n'avait pas été corrompu par l'apostasie romaine. La persécution venant des empereurs romains, qui s'étendait jusqu'à ces rivages lointains, fut le seul cadeau que les premières Églises de Grande-Bretagne reçurent de Rome. De nombreux chrétiens, fuyant la persécution qui faisait rage en Angleterre, trouvèrent refuge en Écosse ; de là, la vérité fut apportée en Irlande ; et, dans tous ces pays, elle fut reçue avec joie.

---

1. 1 Timothée 2.5.

Lorsque les Saxons envahirent la Grande-Bretagne, le paganisme domina. Les conquérants n'acceptèrent pas d'être instruits par leurs esclaves, et les chrétiens furent forcés de s'enfuir dans les montagnes et les landes sauvages. Cependant la lumière, cachée pendant quelque temps, continua à brûler. En Écosse, un siècle plus tard, elle brillait avec un éclat qui s'étendait jusqu'aux pays lointains. En Irlande parurent le pieux Columba et ses collaborateurs, qui rassemblèrent autour d'eux les croyants dispersés sur l'île isolée d'Iona, dont ils firent le centre de leurs activités missionnaires. Parmi ces évangélistes se trouvait un observateur du sabbat biblique ; et c'est ainsi que cette vérité fut introduite parmi ces gens. Une école fut créée à Iona. Elle envoya des missionnaires, non seulement en l'Écosse et en Angleterre, mais aussi en Allemagne, en Suisse et même en Italie.

Mais Rome avait fixé les yeux sur la Grande-Bretagne et résolut de l'amener sous sa domination. Au VIe siècle, ses missionnaires entreprirent la conversion des Saxons païens. Ils furent accueillis favorablement par ces fiers barbares et ils amenèrent des milliers de personnes à la foi de l'Église romaine. Leur œuvre progressant, les délégués du pape et leurs convertis entrèrent en contact avec les chrétiens primitifs, qui présentaient avec eux un contraste frappant. Ces derniers étaient simples et humbles, se conformant aux Écritures dans leur caractère, leur doctrine et leurs manières ; alors que les premiers faisaient étalage de la superstition, la pompe et l'arrogance de la papauté. L'émissaire de Rome exigea de ces Églises chrétiennes qu'elles reconnaissent la suprématie du souverain pontife. Les Britanniques répondirent avec douceur que leur désir était d'aimer tous les hommes, mais que le pape n'avait aucun droit à la suprématie dans l'Église, et qu'ils ne pouvaient lui accorder que la soumission due à chaque disciple du Christ. Plusieurs tentatives furent faites pour obtenir leur allégeance à l'Église de Rome. Mais ces humbles chrétiens, étonnés de l'orgueil manifesté par ses émissaires, répondirent avec persévérance qu'ils ne connaissaient pas d'autre maître que le Christ. C'est alors que se révéla le vrai visage de la papauté. Le dirigeant romain déclara : « Si vous ne voulez pas recevoir des frères qui vous apportent la paix, vous subirez des ennemis qui vous apporteront la guerre. Si vous ne voulez pas annoncer avec nous aux Saxons le chemin de la vie, vous recevrez de leurs mains le coup de la mort. [2] » Ce n'étaient pas de vaines menaces. La guerre, les intrigues et la tromperie furent employées contre ces témoins de la foi biblique, jusqu'à ce que les Églises de Grande-Bretagne soient détruites ou forcées de se soumettre à l'autorité du pape.

Dans les pays restés en dehors de la juridiction de Rome, il y eut, pendant des siècles, des groupes de chrétiens qui avaient échappé presque totalement à la corruption papale. Ils étaient entourés par le paganisme, et, au cours des siècles, ils furent affectés par ses erreurs. Mais ils continuèrent à considérer la Bible comme l'unique règle de foi et adhéraient à un grand nombre des vérités qui s'y trouvaient. Ces chrétiens croyaient à la perpétuité de la loi divine et observaient le sabbat du quatrième commandement. Il en était ainsi de certaines Églises en Afrique centrale et parmi les Arméniens d'Asie.

Parmi ceux qui résistèrent aux empiètements de la puissance papale, les Vaudois figurent au premier plan. C'est dans le pays même où la papauté avait établi son siège que ses erreurs et sa corruption rencontrèrent la résistance la plus déterminée. Pendant des siècles, les Églises du Piémont conservèrent leur indépendance. Mais le moment arriva où Rome exigea leur soumission. Après avoir lutté sans succès

2. J.H. Merle d'Aubigné, *Histoire de la Réformation du seizième siècle*, livre 17, chapitre 2.

contre sa tyrannie, les dirigeants de ces Églises reconnurent à contrecœur la suprématie du pouvoir auquel le monde entier semblait rendre hommage. Il y en eut cependant quelques-uns qui refusèrent de céder à l'autorité du pape ou des prélats. Ils étaient décidés à garder leur allégeance à Dieu ainsi que la pureté et la simplicité de leur foi. Une scission eut lieu. Ceux qui adhéraient à l'ancienne foi se retirèrent. Certains, abandonnant leurs Alpes natales, plantèrent la bannière de la vérité dans des pays étrangers tandis que d'autres se réfugièrent dans les gorges reculées et les forteresses rocheuses des montagnes et y gardèrent la liberté d'adorer Dieu.

La foi pratiquée et enseignée par les chrétiens vaudois pendant des siècles contrastait de manière frappante avec les fausses doctrines professées par Rome. Leurs croyances religieuses reposaient sur la Parole écrite de Dieu, la véritable source du christianisme. Mais ces humbles paysans, dans leurs obscures retraites, loin du monde et voués à leur labeur quotidien parmi leurs troupeaux et leurs vignes, n'étaient pas d'eux-mêmes parvenus à la vérité par opposition aux dogmes et aux hérésies de l'Église apostate. Leur foi n'était pas une innovation. Leur croyance religieuse était l'héritage transmis par leurs pères. Ils luttaient pour la foi de l'Église apostolique, « la foi qui a été transmise aux saints une fois pour toutes »[3]. « L'Église du désert » était non pas l'orgueilleuse hiérarchie assise sur le trône de la grande capitale du monde, mais la véritable Église du Christ, la gardienne des trésors de vérité confiés par Dieu à son peuple et destinés à être donnés au monde.

Parmi les principales causes qui provoquèrent la scission entre la véritable Église et celle de Rome se trouvait la haine de cette dernière pour le sabbat biblique. Comme l'avait annoncé la prophétie, la puissance papale « jeta la vérité par terre »[4]. Elle foula aux pieds la loi de Dieu, tout en exaltant les traditions et coutumes humaines. Les Églises qui se trouvaient sous sa domination furent obligées très tôt à honorer le dimanche comme jour sacré. Environnés d'erreurs et de superstitions, beaucoup, parmi le véritable peuple de Dieu, furent si troublés que, tout en observant le sabbat, ils s'abstenaient de travailler également le dimanche. Mais cette attitude ne satisfaisait pas encore les dirigeants papaux. Ils exigèrent, non seulement qu'on sanctifie le dimanche, mais aussi qu'on profane le sabbat. Ils dénoncèrent dans les termes les plus acerbes ceux qui osaient encore honorer ce jour. Ce n'est qu'en fuyant la puissance de Rome qu'on pouvait encore obéir en paix à la loi divine.

Les Vaudois furent parmi les premiers des peuples européens à posséder une traduction des Saintes Écritures[5]. Des centaines d'années avant la Réforme, ils possédaient une version manuscrite de la Bible dans leur langue maternelle. Ils possédaient la vérité à l'état pur, et furent pour cela la cible particulière de la haine et de la persécution. Ils déclaraient que l'Église de Rome était la Babylone apostate de l'Apocalypse, et, au péril de leur vie, se dressaient pour résister à sa corruption. Bien que, sous la pression d'une persécution qui dura des siècles, quelques-uns aient fait des compromis avec leur foi, cédant peu à peu sur ses principes distinctifs, d'autres restèrent fermement attachés à la vérité. À travers des siècles de ténèbres et d'apostasie, il y eut toujours des Vaudois qui nièrent la suprématie de Rome. Ils rejetèrent le culte des images, qu'ils considéraient comme une idolâtrie, et observèrent le véritable sabbat. Face aux plus violentes tempêtes de l'opposition, ils gar-

3. Jude 3.
4. Daniel 8.12.
5. Voir appendice, note 11.

dèrent leur foi. Bien que percés par les lances des Savoyards et brûlés sur les bûchers de l'Église romaine, ils restèrent résolument fidèles à la Parole de Dieu et à son honneur.

C'est derrière les hautes fortifications des montagnes, asile des persécutés et des opprimés de tous les siècles, que les Vaudois trouvèrent refuge. C'est là qu'ils entretinrent la lumière de la vérité au sein des ténèbres du Moyen Âge. C'est là que, pendant un millénaire, ces témoins de la vérité conservèrent la foi primitive.

Dieu avait ménagé à son peuple un abri d'une majesté impressionnante, qui convenait bien aux grandes vérités qui leur avaient été confiées. Aux yeux de ces fidèles exilés, leurs montagnes étaient un emblème de la justice éternelle du Seigneur. Montrant à leurs enfants les hauteurs qui les surplombaient dans leur majesté immuable, ils leur parlaient de celui « chez qui il n'y a ni changement ni éclipse »[6], et dont la Parole est aussi durable que les collines éternelles. C'est Dieu qui avait planté les montagnes et les avait ceintes de force ; aucun bras autre que celui de la puissance infinie ne pouvait les déplacer. De même, il avait établi sa loi, fondation de son gouvernement dans le ciel et sur la terre. Le bras de l'homme peut atteindre ses semblables et leur ôter la vie, mais il pourrait plus facilement déraciner les montagnes de leurs fondations et les jeter dans la mer que changer un seul précepte de la loi de Jéhovah ou effacer une seule des promesses faites à ceux qui font sa volonté. Les serviteurs de Dieu doivent être aussi fermes dans leur fidélité à sa loi que les collines éternelles.

Les montagnes qui entouraient les humbles vallées des Vaudois étaient des témoins permanents de la puissance créatrice de Dieu et une assurance sans faille de sa protection. Ces pèlerins apprirent à aimer ces symboles silencieux de la présence du Seigneur. Ils ne se permettaient aucune plainte au sujet de la dureté de leur sort, car ils n'étaient jamais seuls au sein de ces montagnes solitaires. Ils remerciaient Dieu de leur avoir fourni un asile contre la colère et la cruauté des hommes. Ils se réjouissaient de pouvoir adorer Dieu librement. Souvent, lorsque des ennemis les poursuivaient, la force de ces collines leur assurait une défense sûre. Depuis les hautes falaises, ils chantaient la gloire de Dieu, et les armées de Rome ne pouvaient faire taire leurs chants d'actions de grâce.

La piété de ces disciples du Christ était pure, simple et fervente. Ils attachaient plus de prix aux principes de la vérité qu'à leurs maisons, leurs terres, leurs amis, leurs familles, et même qu'à leur propre vie. Ils s'efforçaient avec ferveur d'inculquer ces principes dans le cœur des jeunes. Depuis leur plus tendre enfance, ils les instruisaient dans la connaissance des Écritures et leur enseignaient à considérer comme sacrées les exigences de la loi de Dieu. Les exemplaires de la Bible étaient rares ; c'est pourquoi ils apprenaient par cœur ses précieuses paroles. Beaucoup d'entre eux étaient capables de réciter de longs passages de l'Ancien comme du Nouveau Testament. Ils reconnaissaient la main de Dieu dans le sublime spectacle de la nature comme dans les humbles bénédictions de la vie quotidienne. Ils apprenaient aux petits enfants à considérer Dieu avec reconnaissance, en tant que dispensateur de toute faveur et de toute consolation.

Si tendres et affectueux que fussent les parents, ils aimaient leurs enfants avec trop de sagesse pour leur permettre de s'apitoyer sur eux-mêmes. Une vie d'épreuves

6. Jacques 1.17.

et de difficultés – qui pouvaient même s'achever par le martyre – les attendait peut-être. Ils les éduquaient dès l'enfance à supporter les rigueurs de la vie, à se soumettre à la discipline, et cependant, à penser et agir par eux-mêmes. Ils leur apprenaient très tôt à porter des responsabilités, à veiller sur leurs paroles et à comprendre la sagesse du silence. Une parole imprudente, tombant dans l'oreille de leurs ennemis, pouvait mettre en danger non seulement la vie de celui qui l'avait prononcée, mais aussi celle de centaines de ses frères. Car, comme des loups à la recherche de leur proie, les ennemis de la vérité poursuivaient ceux qui osaient prétendre à la liberté religieuse.

Les Vaudois avaient sacrifié leur prospérité terrestre à la cause de la vérité. Avec une patience persévérante, ils travaillaient dur pour gagner leur pain. Ils exploitaient avec soin chaque parcelle de terre cultivable dans les montagnes ; mais ils obtenaient également des récoltes dans les vallées et sur les coteaux moins fertiles. L'économie et une stricte abnégation faisaient partie de l'éducation reçue par les enfants comme seul héritage. On leur enseignait que Dieu a voulu une discipline pour la vie, et qu'ils devaient subvenir à leurs besoins par le travail personnel, l'économie et la foi en Dieu. Ce processus était laborieux et fatigant, mais il était sain. Il correspondait exactement à ce dont l'homme avait besoin dans sa nature déchue. C'était l'école que Dieu avait prévue pour sa formation et son épanouissement. Les jeunes étaient formés pour le travail et les difficultés de la vie, mais on ne négligeait pas pour autant leur développement intellectuel. On leur apprenait que toutes leurs facultés appartenaient à Dieu et que toutes devaient être utilisées et développées pour son service.

Les Églises vaudoises, par leur pureté et leur simplicité, ressemblaient à l'Église de l'époque apostolique. Rejetant la suprématie du pape et de ses prélats, elles considéraient la Bible comme la seule autorité suprême et infaillible. Leurs pasteurs, contrairement aux prêtres hautains de l'Église de Rome, suivaient l'exemple de leur Maître, qui « n'est pas venu pour être servi, mais pour servir »[7]. Ils paissaient le troupeau de Dieu en le conduisant vers les verts pâturages et les fontaines d'eau vive de sa sainte Parole. Loin des monuments érigés par la pompe et l'orgueil humains, les Vaudois s'assemblaient non dans de magnifiques églises ou de grandioses cathédrales, mais à l'ombre des montagnes, dans les vallées des Alpes, ou, en cas de danger, dans quelque forteresse rocheuse, pour écouter la parole de vérité prêchée par les serviteurs du Christ. Les pasteurs non seulement prêchaient l'Évangile, mais visitaient aussi les malades, assuraient l'instruction religieuse des enfants, exhortaient les égarés et travaillaient à régler les disputes et à promouvoir l'harmonie et l'amour fraternel. Pendant les périodes de paix, ils étaient soutenus financièrement par les offrandes volontaires des gens du peuple ; mais, comme Paul, le « fabricant de tentes »[8], chacun apprenait un métier ou une profession lui permettant, si nécessaire, de pourvoir à ses propres besoins.

Les pasteurs assuraient l'instruction des jeunes. Tout en accordant de l'attention aux diverses branches des études générales, c'était la Bible qui était le principal sujet d'étude. Les jeunes apprenaient par cœur les Évangiles de Matthieu et de Jean, ainsi que plusieurs épîtres. Ils recopiaient aussi des exemplaires des Écritures.

7. Marc 10.45.
8. Actes 18.3.

Certains manuscrits contenaient la Bible entière, d'autres, seulement de brèves portions, auxquelles ceux qui étaient capables d'expliquer les Écritures ajoutaient quelques simples commentaires. C'est ainsi que les trésors de vérité, dissimulés pendant si longtemps par ceux qui cherchaient à s'élever au-dessus de Dieu, étaient ramenés au grand jour.

Par un travail inlassable et persévérant, réalisé parfois dans les cavernes profondes et sombres de la terre, à la lueur des torches, les Saintes Écritures étaient recopiées, verset par verset, chapitre par chapitre. C'est ainsi que cette œuvre se poursuivait. La volonté révélée de Dieu brillait comme de l'or pur, plus étincelante, plus claire et plus puissante grâce aux épreuves endurées par amour pour elle. Seuls ceux qui participaient à cette œuvre pouvaient s'en rendre compte. Des anges du ciel entouraient ces fidèles ouvriers.

Satan avait poussé les prêtres et les prélats à enterrer la Parole de vérité sous les décombres de l'erreur, de l'hérésie et de la superstition. Mais, d'une manière tout à fait merveilleuse, elle fut préservée sans tache à travers tous ces siècles de ténèbres. Elle ne portait pas l'empreinte de l'homme, mais celle de Dieu. Les hommes s'étaient montrés infatigables dans leurs efforts pour obscurcir le sens clair et simple des Écritures et pour les amener à se contredire elles-mêmes. Cependant, comme l'arche flottant sur les flots déchaînés, la Parole de Dieu traverse les tempêtes qui la menacent de destruction. De même qu'une mine recèle de riches filons d'or et d'argent cachés sous la surface de la terre, de sorte que ceux qui désirent découvrir ses précieux trésors doivent creuser profondément, de même les Saintes Écritures recèlent des trésors de vérité qui ne se révèlent qu'au chercheur fervent, humble et animé d'un esprit de prière. Dieu a voulu que la Bible soit un livre pédagogique destiné à toute l'humanité pendant l'enfance, l'adolescence et l'âge adulte, et qu'il soit étudié à toutes les époques. Il a donné sa Parole aux hommes comme une révélation de lui-même. Chaque vérité découverte est une nouvelle révélation du caractère de son Auteur. L'étude des Écritures est le moyen voulu par Dieu pour amener les hommes à une communion plus étroite avec leur Créateur et pour leur donner une connaissance plus claire de sa volonté. C'est le moyen de communication entre Dieu et l'homme.

Tout en considérant la crainte du Seigneur comme « le commencement de la sagesse »[9], les Vaudois voyaient l'importance d'une relation avec le monde, de la connaissance des hommes et de la vie active afin d'élargir leur esprit et affiner leurs facultés de perception. Depuis leurs écoles des montagnes, quelques-uns étaient envoyés dans les établissements d'enseignement de villes de France ou d'Italie, qui leur offraient un champ d'étude, de pensée et d'observation plus vaste que dans leurs Alpes natales. Les jeunes ainsi envoyés étaient exposés à la tentation. Ils étaient témoins du vice et rencontraient les agents retors de Satan, qui essayaient de leur faire accepter les hérésies les plus subtiles et les tromperies les plus dangereuses. Mais l'éducation qu'ils avaient reçue dès l'enfance les avait préparés à faire face.

Dans les établissements d'enseignement qu'ils fréquentaient, ils ne devaient se fier à personne. Leurs vêtements était faits de manière à cacher leur plus grand trésor : les précieux manuscrits des Écritures. Ils transportaient sur eux ces manuscrits, qui avaient coûté des mois et des années de travail. Chaque fois qu'ils pou-

9. Psaume 111.10.

vaient le faire sans éveiller les soupçons, ils en plaçaient prudemment quelques pages auprès de ceux dont le cœur semblait ouvert à recevoir la vérité. Depuis le giron de leur mère, les jeunes Vaudois avaient été éduqués avec cet objectif. Ils comprenaient leur devoir et l'accomplissaient fidèlement. Dans ces grandes écoles, ils gagnaient des cœurs à la véritable foi. Souvent, les principes bibliques se répandaient dans tout l'établissement. Cependant, les dirigeants papaux ne parvenaient pas – même par leurs enquêtes les plus approfondies – à découvrir l'origine de ces prétendues hérésies corruptrices.

L'esprit du Christ est un esprit missionnaire. Le premier désir d'un cœur régénéré est d'amener d'autres personnes au Sauveur. Tel était l'esprit des chrétiens vaudois. Ils avaient le sentiment que Dieu attendait d'eux non seulement qu'ils préservent la vérité dans sa pureté dans leurs propres Églises, mais aussi qu'ils prennent la responsabilité solennelle de faire briller cette lumière devant ceux qui se trouvaient dans les ténèbres. Par la grande puissance de la Parole de Dieu, ils s'efforçaient de briser l'esclavage imposé par Rome.

Les prédicateurs vaudois recevaient une formation de missionnaires, car on attendait de tous ceux qui voulaient entrer dans le ministère qu'ils acquièrent d'abord une expérience en tant qu'évangélistes. Chacun devait servir pendant trois ans dans un champ missionnaire avant de recevoir la responsabilité d'une Église dans son pays. Ce service – qui exigeait dès le début un esprit d'abnégation et de sacrifice – était une excellente introduction à la vie de pasteur, surtout à une époque où l'âme des hommes était mise à l'épreuve. Les jeunes qui recevaient la consécration au saint ministère avaient en perspective non la richesse et la gloire terrestres, mais une vie de labeur et de danger, avec, peut-être même, le martyre. Ces missionnaires allaient deux par deux, comme lorsque Jésus avait envoyé ses disciples. Chaque jeune homme était généralement associé à un homme plus âgé et plus expérimenté. Le plus jeune travaillait sous la direction de son compagnon. Ce dernier était responsable de la formation du plus jeune, qui devait suivre ses instructions. Ces collaborateurs ne passaient pas tout leur temps ensemble, mais se rencontraient souvent pour prier et se consulter, se fortifiant ainsi l'un l'autre dans la foi.

Révéler l'objet de leur mission aurait assuré son échec, aussi en dissimulaient-ils donc soigneusement le véritable caractère. Chacun de ces missionnaires exerçait un métier ou une profession et s'acquittait de sa tâche sous ce couvert. Ils choisissaient généralement le métier de marchand ambulant. « Ils transportaient des soieries, des bijoux et autres articles, difficiles à se procurer à cette époque sauf en des marchés éloignés ; et ils étaient bien accueillis comme marchands, alors qu'on les aurait rejetés comme missionnaires[10]. » Constamment, leur cœur s'élevait vers Dieu, réclamant la sagesse nécessaire pour présenter leur trésor, plus précieux que de l'or ou les joyaux. Ils transportaient secrètement sur eux des exemplaires complets ou partiels de la Bible. Chaque fois que l'occasion s'en présentait, ils attiraient l'attention de leurs acheteurs vers ces manuscrits. Souvent, l'intérêt pour la lecture de la Parole de Dieu était ainsi éveillé, et ils offraient avec joie quelques pages des Écritures à ceux qui le désiraient.

Le travail de ces missionnaires commençait dans les plaines et les vallées, au pied de leurs propres montagnes et s'étendait bien au-delà de ces limites. Pieds nus,

---

10. J. A. Wylie, *Histoire du protestantisme*, livre 1, chapitre 7.

vêtus de vêtements grossiers et couverts de la poussière du chemin, comme l'était leur Maître, ils traversaient de grandes villes et pénétraient dans des pays éloignés. Partout, ils répandaient la précieuse semence. Des Églises étaient suscitées sur leur passage, et le sang des martyrs témoignait en faveur de la vérité. Le jour de Dieu révélera une riche moisson d'âmes gagnées par le travail de ces hommes fidèles. Voilée et silencieuse, la Parole de Dieu faisait son chemin au sein de la chrétienté. Elle était bien reçue dans les foyers et dans le cœur des hommes.

Pour les Vaudois, les Écritures étaient non seulement le récit des interventions divines en faveur des hommes dans le passé et la révélation des responsabilités et des devoirs de la vie présente, mais aussi l'annonce des dangers et des gloires à venir. Ils croyaient que la fin de toutes choses n'était pas très éloignée, et, en étudiant la Bible avec prière et avec larmes, ils étaient très profondément impressionnés par ses précieuses déclarations et plus encore pénétrés de leur devoir de faire connaître aux autres ses vérités salutaires. Ils voyaient le plan du salut clairement révélé dans ses pages sacrées et trouvaient réconfort, espérance et paix dans leur foi en Jésus. La lumière illuminant leur entendement et réjouissant leur cœur, ils aspiraient à faire briller ses rayons sur ceux qui étaient dans l'obscurité de l'erreur papale.

Ils voyaient que, sous la direction du pape et des prêtres, des foules de gens tentaient vainement d'obtenir le pardon divin en mortifiant leur corps pour expier leurs péchés. Comme on avait enseigné à ces personnes à se confier en leurs bonnes œuvres pour leur salut, elles regardaient constamment à elles-mêmes ; leur esprit s'attardait sur leur état de péché. Se voyant exposées à la colère divine, elles affligeaient leur âme et leur corps d'austérités, sans trouver de soulagement. C'est ainsi que des âmes consciencieuses se trouvaient prisonnières des doctrines de Rome. Des milliers de personnes abandonnaient amis et famille pour passer leur vie dans la cellule d'un couvent. Par des jeûnes répétés et de cruelles flagellations, par des veilles nocturnes, en se prosternant pendant de longues heures sur le dallage froid et humide de leurs tristes demeures, par de longs pèlerinages, par des pénitences humiliantes et d'effrayants supplices, nombre de gens cherchaient vainement à apaiser leur conscience. Accablés par leur sentiment de culpabilité et hantés par la crainte de la colère vengeresse de Dieu, beaucoup d'entre eux souffraient indéfiniment, jusqu'à ce que leur corps, épuisé, abandonne la partie. Ils descendaient au tombeau sans un seul rayon de lumière ou d'espérance.

Les Vaudois désiraient apporter à ces âmes affamées le Pain de vie, leur tansmettre les messages de paix contenus dans les promesses de Dieu et les diriger vers le Christ, leur seul espoir de salut. Ils considéraient comme erronée la doctrine prétendant que les bonnes œuvres peuvent expier la transgression de la loi divine. La confiance dans les mérites humains empêche de discerner l'amour infini du Christ. Jésus est mort en sacrifice pour l'homme, car notre race déchue ne peut rien faire pour se racheter aux yeux de Dieu. Ce sont les mérites d'un Sauveur crucifié et ressuscité qui sont les fondements de la foi du chrétien. La dépendance de l'âme par rapport au Christ et notre union avec lui doit être aussi réelle et étroite que le lien entre un membre et le corps, ou entre un sarment et un cep de vigne[11].

Les enseignements des papes et des prêtres avaient amené les hommes à considérer le caractère de Dieu, et même celui du Christ, comme austère, triste et effrayant. Le Sauveur était représenté comme étant si dénué de sympathie pour

11. Jean 15.5.

l'homme déchu que la médiation des prêtres et des saints était une nécessité. Ceux dont l'esprit avait été éclairé par la Parole de Dieu aspiraient à diriger ces âmes vers Jésus, leur Sauveur compatissant et aimant, qui, les bras ouverts, invite tous les hommes à venir à lui avec le fardeau de leurs péchés, leurs soucis et leur fatigue. Ils aspiraient à balayer les obstacles que Satan avait accumulés pour empêcher les hommes de voir les promesses divines et de venir directement à Dieu pour confesser leurs péchés et obtenir le pardon et la paix.

Le missionnaire vaudois exposait avec ardeur aux âmes assoiffées les précieuses vérités de l'Évangile. Prudemment, il présentait quelques pages, écrites avec soin, des Saintes Écritures. C'était sa plus grande joie de pouvoir apporter l'espérance à une âme consciencieuse et chargée de péché qui ne connaissait qu'un Dieu de vengeance, prêt à exécuter la justice. Les lèvres tremblantes, les yeux remplis de larmes, souvent à genoux, il offrait à ses frères les précieuses promesses qui révèlent le seul espoir du pécheur. C'est ainsi que la lumière de la vérité pénétrait dans de nombreux esprits enténébrés, repoussant le nuage de tristesse jusqu'à ce que le « soleil de la justice [12] » brille dans leur cœur en apportant la guérison par ses rayons. Il arrivait souvent que le missionnaire doive lire à plusieurs reprises le même passage des Écritures, sur la demande de son auditeur, comme si celui-ci voulait s'assurer qu'il avait bien entendu. On lui réclamait souvent de répéter ces paroles : « Le sang de Jésus, son Fils, nous purifie de tout péché » [13] ; « Comme Moïse éleva le serpent dans le désert, il faut, de même, que le Fils de l'homme soit élevé, pour que quiconque croit ait en lui la vie éternelle [14]. »

De nombreuses personnes étaient détrompées au sujet des prétentions de Rome. Elles réalisaient l'inutilité de la médiation d'hommes ou d'anges en faveur du pécheur. Lorsque la véritable lumière se faisait dans leur esprit, elles s'écriaient avec joie : « Le Christ est mon prêtre ! Son sang est mon sacrifice ! Son autel est mon confessionnal ! » Elles se confiaient totalement dans les mérites de Jésus, répétant ces paroles : « Sans la foi, il est impossible de lui plaire [15]. » « Il n'y a sous le ciel aucun autre nom donné parmi les humains par lequel nous devions être sauvés [16]. »

L'assurance de l'amour du Sauveur semblait trop belle pour que certains, parmi ces pauvres âmes battues par les tempêtes, puissent s'en rendre compte pleinement. Le soulagement apporté était si grand, la lumière répandue sur ces personnes si abondante qu'elles avaient l'impression d'être transportées au ciel. Elles plaçaient leur main avec confiance dans celle du Christ ; leurs pieds se plantaient fermement sur le Rocher des siècles. Toute crainte de la mort avait disparu. Elles pouvaient maintenant désirer la prison et le bûcher si elles pouvaient, de cette manière, honorer le nom de leur Rédempteur.

C'est ainsi que la Parole de Dieu était présentée et lue dans des lieux secrets, parfois à une seule âme, parfois à un petit groupe assoiffé de lumière et de vérité. Souvent, la nuit entière se passait de cette manière. L'étonnement et l'admiration des auditeurs était si grands que, souvent, le messager de la miséricorde devait interrompre sa lecture jusqu'à ce que les personnes présentes aient pu saisir la bonne nouvelle du salut. On posait souvent des questions telles que celles-ci :

12. Malachie 3.20 ou 4.2 selon les versions bibliques.
13. 1 Jean 1.7.
14. Jean 3.14,15.
15. Hébreux 11.6.
16. Actes 4.12.

« Dieu acceptera-t-il vraiment *mon* offrande ? *Me* sourira-t-il ? *Me* pardonnera-t-il ? » La réponse était alors lue : « Venez à moi, vous tous qui peinez sous la charge ; moi, je vous donnerai le repos [17]. »

La foi s'emparait de la promesse, et la réponse joyeuse se faisait entendre : « Plus de longs pèlerinages à faire ! Plus de pénibles voyages jusqu'aux lieux saints ! Je peux venir à Jésus tel que je suis, pécheur et impur, et il ne rejettera pas ma prière de repentance. Il me dira : "Tes péchés sont pardonnés" [18]. Les miens, oui, même les miens peuvent l'être ! »

Une onde de joie sacrée remplissait les cœurs, et le nom de Jésus était glorifié par des louanges et des actions de grâce. Ces âmes heureuses rentraient chez elles pour diffuser de leur mieux la lumière, pour répéter aux autres leur nouvelle expérience, déclarant qu'elles avaient découvert le Chemin vivant et véritable. Il y avait, dans les paroles des Écritures, un pouvoir étrange et solennel qui parlait directement au cœur de ceux qui aspiraient à la vérité. C'était la voix de Dieu, qui apportait la conviction à ceux qui l'entendaient.

Le messager de la vérité repartait ; mais son humble apparence, sa sincérité et sa profonde ferveur faisaient l'objet de fréquentes remarques. Dans de nombreux cas, ses auditeurs ne lui avaient pas demandé d'où il venait, ni où il allait. Ils avaient été si submergés, d'abord de surprise, puis de reconnaissance et de joie, qu'ils n'avaient pas pensé à lui poser des questions. Lorsqu'ils l'avaient invité à les accompagner chez eux, il leur avait répondu qu'il devait visiter les brebis perdues du troupeau. « Aurait-il pu s'agir d'un ange des cieux ? » se demandaient-ils.

Dans de nombreux cas, on ne revoyait plus ce messager de la vérité. Il était parti vers d'autres pays, ou bien il moisissait dans quelque cachot inconnu, ou peut-être même ses os blanchissaient-ils à l'endroit où il avait rendu témoignage à la vérité. Mais les paroles qu'il avait laissées derrière lui ne pouvaient être effacées. Elles accomplissaient leur œuvre dans le cœur des hommes. Les résultats bénis ne seront pleinement connus qu'au jour du jugement.

Les missionnaires vaudois envahissaient le royaume de Satan, et les puissances des ténèbres manifestèrent une plus grande vigilance. Le prince du mal observait chaque effort pour faire avancer la vérité, et il excita les craintes de ses agents. Les dirigeants papaux discernèrent dans les travaux de ces humbles marchands itinérants un signe de danger pour leur cause. Si on laissait la lumière de la vérité briller sans obstacle, elle dissiperait les lourds nuages de l'erreur qui enveloppaient les gens du peuple ; elle dirigerait les esprits des hommes vers Dieu seul et détruirait finalement la suprématie de Rome.

L'existence même de ce peuple qui gardait la foi de l'ancienne Église constituait un témoignage permanent de l'apostasie de Rome, et suscita donc la haine et les persécutions les plus violentes. Le refus des Vaudois d'abandonner les Écritures constituait également un délit que Rome ne pouvait tolérer. Elle décida de les faire disparaître de la surface de la terre. Alors commencèrent les plus terribles croisades contre le peuple de Dieu, dans leurs montagnes natales. Des inquisiteurs furent envoyés sur leurs traces, et la scène du meurtre de l'innocent Abel tombant sous les coups de Caïn, son frère, se répéta souvent.

---

17. Matthieu 11.28.
18. Matthieu 9.2.

À de nombreuses reprises, leurs terres fertiles furent dévastées, leurs maisons et leurs chapelles rasées, de sorte que, là où il y avait eu les champs florissants et les maisons d'un peuple innocent et travailleur, il ne restait que le désert. De même que les bêtes de proie sont encore plus excitées par le goût du sang, de même la rage des papistes était portée à une intensité encore plus grande par les souffrances de leurs victimes. Beaucoup de ces témoins de la foi pure furent poursuivis à travers les montagnes et traqués jusque dans les vallées où ils se cachaient, camouflés par les profondes forêts et les cimes des rochers.

Aucune accusation ne pouvait être portée contre le caractère moral de cette classe de proscrits. Leurs ennemis eux-mêmes les reconnaissaient comme un peuple paisible, tranquille et pieux. Leur crime était de ne pas adorer Dieu selon la volonté du pape. À cause de cela, toutes les humiliations, toutes les insultes et tous les supplices que purent inventer les hommes ou les démons, furent dirigés contre eux.

Lorsque Rome décida d'exterminer cette secte haïe, le pape promulgua une bulle condamnant ses membres comme hérétiques et les livrant au massacre[19]. On ne les accusa pas d'être oisifs, ni malhonnêtes, ni désordonnés ; mais on déclara qu'ils avaient une apparence de piété et de sainteté qui séduisait « les brebis du véritable bercail ». Le pape ordonnait donc que les membres de « cette secte pernicieuse et abominable de malfaiteurs », s'ils « refusent d'abjurer, soient écrasés comme des serpents venimeux[20] ». Ce hautain potentat s'attendait-il à retrouver un jour ces paroles qu'il avait proférées ? Savait-il qu'elles étaient inscrites dans les registres du ciel et qu'il devrait en rendre compte au jour du jugement ? « Dans la mesure où vous avez fait cela pour l'un de ces plus petits, l'un de mes frères, dit Jésus, c'est à moi que vous l'avez fait[21]. »

Cette bulle invitait tous les membres de l'Église à se joindre à la croisade contre les hérétiques. Pour les encourager à s'engager dans cette œuvre cruelle, elle « absolvait de toute peine et sanction ecclésiastique, générale et particulière ; elle libérait tous ceux qui participeraient à cette croisade de tout serment qu'ils aient pu faire ; elle légitimait le titre de toute propriété illégalement acquise ; et elle promettait la rémission de tous leurs péchés à ceux qui tueraient un hérétique. Elle annulait tous les contrats faits en faveur des Vaudois, ordonnait à leurs domestiques de quitter leur service, interdisait de leur apporter une aide quelconque et permettait à toute personne de s'emparer de leurs biens[22]. » Ce document révèle clairement l'esprit directeur caché en coulisses. C'était le rugissement du dragon, et non la voix du Christ, qui se faisait entendre.

Les dirigeants de l'Église romaine ne voulaient pas conformer leur caractère à la grande norme de la loi de Dieu. Mais ils érigèrent une autre norme à leur convenance et décidèrent de forcer tout le monde à s'y conformer parce que telle était la volonté de Rome. Les plus horribles tragédies furent perpétrées. Des prêtres et des papes corrompus et blasphémateurs accomplissaient l'œuvre indiquée par Satan. La miséricorde ne trouvait aucune place dans leur cœur. Le même esprit qui avait causé la crucifixion de Jésus, la mise à mort des apôtres, et qui avait poussé le sanguinaire Néron à s'attaquer aux fidèles de son époque était maintenant à l'œuvre pour débarrasser la terre de ceux qui étaient les bien-aimés de Dieu.

19. Voir appendice, note 11.
20. J. A. Wylie, *op. cit.*, livre 16, chapitre 1.
21. Matthieu 25.40.
22. J. A. Wylie, *op. cit.*, livre 16, chapitre 1.

Les membres de ce peuple qui craignait Dieu endurèrent pendant des siècles les persécutions qui s'abattirent sur eux avec une patience et une constance qui honoraient leur Rédempteur. Malgré les croisades lancées contre eux et les tortures inhumaines auxquelles ils furent soumis, ils continuèrent à envoyer des missionnaires pour répandre la précieuse vérité. On les pourchassait jusqu'à la mort. Cependant, leur sang irriguait la semence semée qui ne manquait pas de porter du fruit. C'est ainsi que les Vaudois témoignèrent pour Dieu des siècles avant la naissance de Luther. Dispersés en de nombreux pays, ils plantèrent les semences de la Réforme qui commença à l'époque de Wycliffe, gagna en étendue et en profondeur à l'époque de Luther, et devra être menée à bien jusqu'à la fin des temps par ceux qui sont tout autant disposés que les Vaudois à souffrir toutes choses « à cause de la parole de Dieu et du témoignage de Jésus[23] ».

23. Apocalypse 1.9.

5

John Wycliffe

Avant la Réforme, il ne subsistait parfois qu'un très petit nombre d'exemplaires de la Bible ; mais Dieu n'avait pas permis que sa Parole soit totalement détruite. Les vérités qu'elle contenait ne devaient pas rester cachées pour toujours. Dieu aurait pu aussi facilement délier la Parole de vie qu'ouvrir les portes des prisons et déverrouiller des portes de fer pour libérer ses serviteurs. Dans les différents pays d'Europe, l'Esprit de Dieu poussa des hommes à rechercher la vérité comme un trésor caché. Guidés providentiellement vers les Saintes Écritures, ils étudièrent ses pages sacrées avec un intérêt intense. Ils étaient disposés à accepter la lumière quel qu'en soit le prix. Bien qu'ils n'aient pas eu toute la clarté sur de nombreuses vérités, ils en purent percevoir de nombreuses restées longtemps cachées sous le boisseau. Véritables messagers du ciel, ils allèrent de l'avant, brisant les chaînes de l'erreur et de la superstition et invitant ceux qui étaient restés si longtemps dans la servitude à se lever et à affirmer leur liberté.

Hormis chez les Vaudois, la Parole de Dieu avait été, pendant des siècles, enfermée dans des langues connues seulement des érudits. Le moment était venu pour elle d'être traduite et donnée aux gens du peuple de différents pays dans leur langue maternelle. Le monde avait dépassé son minuit. Les heures d'obscurité touchaient à leur fin, et, dans de nombreux pays, apparurent les signes de l'aurore qui approchait.

C'est en Angleterre qu'au quatorzième siècle apparut l'« étoile du matin de la Réforme ». John Wycliffe fut le héraut de la réforme, non seulement pour l'Angleterre, mais pour la chrétienté tout entière. La vigoureuse protestation contre Rome, que Dieu lui permit d'exprimer, ne devait jamais être réduite au silence. Cette protestation inaugura la lutte qui allait produire l'émancipation d'individus, d'églises et de nations.

Bien qu'ayant reçu une éducation libérale, Wycliffe considérait que « le commencement de la sagesse, c'est la crainte du Seigneur » [1]. Il se fit remarquer pendant ses études pour sa piété fervente autant que pour ses remarquables talents et sa solide érudition. Dans sa soif de connaissances, il chercha à s'initier à toutes les branches d'études. Il étudia la philosophie scolastique, le Droit canon et le Droit civil, spécialement celui de sa patrie. Dans ses travaux ultérieurs, la qualité de ses premières études devint apparente. Une connaissance approfondie de la philosophie spéculative de son époque lui permit de démasquer les erreurs de celle-ci, tandis que l'étude du Droit national et du Droit canon le préparait à s'engager dans le grand combat pour la liberté civile et religieuse. Alors qu'il aurait pu manier les

1. Psaume 111.10.

armes tirées de la Parole de Dieu, il avait acquis la discipline intellectuelle des établissements d'enseignement et comprenait les tactiques de ses professeurs. La puissance de son génie, l'étendue et la rigueur de ses connaissances lui valurent le respect de ses amis comme de ses ennemis. Au premier rang des grands esprits de sa nation, il faisait la satisfaction de ses partisans. Ses ennemis ne purent donc discréditer la cause de la réforme en alléguant l'ignorance ou la faiblesse de son champion.

Wycliffe se lança dans l'étude des Écritures avant même la fin de ses études. À cette époque, il n'était possible de lire la Bible que dans des langues anciennes, seuls les érudits avaient accès à la fontaine de vérité, cachée aux classes sociales sans instruction. Ainsi le chemin avait déjà été préparé pour les futurs travaux de Wycliffe en tant que réformateur. Des hommes instruits avaient étudié la Parole de Dieu et y avaient découvert la grande vérité de sa grâce librement offerte. Ils avaient contribué par leur enseignement, à la diffusion et à la connaissance de cette vérité, ce qui en avait incité d'autres à se tourner vers cette vivante Parole.

Lorsque l'attention de Wycliffe se pencha sur les Écritures, il se plongea dans leur étude avec la même minutie qui lui avait permis de maîtriser les connaissances universitaires. Jusque là, il avait ressenti un grand vide, que ni ses études scolastiques, ni les enseignements de l'Église n'avaient pu combler. C'est dans la Parole de Dieu qu'il trouva ce qu'il avait vainement cherché jusqu'alors. C'est là qu'il découvrit le plan du salut révélé et le Christ présenté comme le seul défenseur de l'homme. Il se consacra donc au service du Christ et décida de proclamer les vérités qu'il avait découvertes.

Comme les Réformateurs, Wycliffe n'avait pas prévu, au début de ses travaux, où ceux-ci allaient le conduire. Il ne s'opposa pas délibérément à Rome ; mais sa consécration à la recherche de la vérité ne pouvait que l'entraîner dans un conflit avec le mensonge. Plus il discernait les erreurs de la papauté, et plus il présentait avec ferveur les enseignements de la Bible. Il comprit que Rome avait abandonné la Parole de Dieu au profit de traditions humaines. Il accusa hardiment les prêtres d'avoir banni les Écritures, et exigea que la Bible soit rendue aux gens du peuple et que son autorité soit restaurée au sein de l'Église. C'était un professeur compétent et fervent, un prédicateur éloquent, dont la vie quotidienne était une démonstration vivante des vérités qu'il prêchait. Sa connaissance des Écritures, la vigueur de son raisonnement, la pureté de sa vie, son courage indomptable et son intégrité lui gagnèrent l'estime et la confiance générales. Bien des gens du peuple étaient déçus dans leur ancienne foi en voyant l'iniquité se répandre dans les rangs de l'église romaine, et ils accueillirent avec une joie non dissimulée les vérités présentées par Wycliffe. Les dirigeants furent remplis de rage lorsqu'ils constatèrent que l'influence de ce réformateur dépassait la leur.

Wycliffe avait le don pour détecter l'erreur. Il s'attaqua hardiment à un grand nombre d'abus approuvés par l'autorité de l'Église romaine. Comme il remplissait les fonctions d'aumônier du roi, il s'éleva avec fermeté contre le versement du tribut exigé par le pape au monarque anglais. Il démontra que la prétention du souverain pontife à exercer son autorité sur les dirigeants séculiers était contraire à la raison et à la révélation. Les exigences du pape avaient provoqué une profonde indignation, et les enseignements de Wycliffe exercèrent une influence considérable sur les grands esprits de sa nation. Le roi et la noblesse s'unirent donc lutter contre les prétentions du pontife à l'autorité temporelle et refusèrent le paiement de ce tribut. Ainsi, un coup redoutable fut asséné à la suprématie papale en Angleterre.

Un autre abus contre lequel ce réformateur dut livrer une bataille longue et résolue fut l'établissement des ordres de moines mendiants. Ces moines pullulaient en Angleterre, compromettant la grandeur et la prospérité de la nation. L'industrie, l'enseignement, les mœurs, tout se ressentait de leur pernicieuse influence. En plus d'être un lourd fardeau sur les ressources du peuple, la vie d'oisiveté et de mendicité de ces moines dévalorisait le travail utile. La moralité des jeunes déclinait, et ils se corrompaient. L'influence de ces moines amenait beaucoup à entrer au couvent pour se consacrer à la vie monastique, non seulement sans le consentement de leurs parents, mais même à leur insu et contre leur volonté. L'un des anciens Pères de l'église romaine, plaçant les exigences de la vie monastique au-dessus des obligations de l'amour et des devoirs filiaux, avait déclaré : « Même si ton père se couche devant ta porte en pleurant et en se lamentant, et même si ta mère te montre le corps qui t'a porté et le sein qui t'a allaité, il vaut mieux les fouler aux pieds et aller tout droit vers le Christ. » Par cette « monstrueuse inhumanité, comme Luther l'appela plus tard, qui rappelle davantage le loup et le tyran que le chrétien et l'homme », le cœur des enfants s'était endurci contre leurs parents[2]. C'est ainsi que ces dirigeants, comme les Pharisiens d'autrefois, « annulaient [...] la parole de Dieu par la tradition »[3]. C'est ainsi que des foyers étaient abandonnés et que des parents étaient privés de la compagnie de leurs fils et de leurs filles.

Les étudiants des universités eux-mêmes étaient induits en erreur par les attitudes fausses des moines et poussés à entrer dans les ordres. Beaucoup d'entre eux regrettaient cette décision quelque temps plus tard, prenant conscience qu'ils avaient brisé leur propre vie et causé du chagrin à leurs parents. Mais une fois pris au piège, il leur était impossible de recouvrer leur liberté. De nombreux parents, redoutant l'influence de ces moines, refusaient d'envoyer leurs fils à l'université. On nota une nette baisse du nombre des étudiants dans les grands centres d'enseignement. Ceux-ci dépérissaient, et l'ignorance régnait.

Le pape avait accordé à ces moines le pouvoir d'entendre les gens en confession et de leur accorder l'absolution. Il en advint une source de grands maux. Dans le but d'augmenter leurs gains, les moines étaient tellement disposés à accorder l'absolution que des criminels de toutes sortes s'adressaient à eux ; ce qui produisit une augmentation rapide des pires vices. Les malades et les pauvres étaient abandonnés à leurs souffrances, pendant que les dons qui auraient dû servir à répondre à leurs besoins allaient aux moines. Ceux-ci réclamaient à grand renfort de menaces des aumônes aux gens du peuple, les dénonçant comme impies s'ils refusaient d'apporter leurs dons à leur ordre. Malgré leur vœu de pauvreté, la richesse des ecclésiastiques augmentait constamment. Leurs magnifiques édifices et leurs tables luxueusement servies rendaient encore plus apparente la pauvreté croissante de la nation. Tandis qu'ils passaient leur temps dans le luxe et les plaisirs, ils se faisaient remplacer dans leurs fonctions par des hommes ignorants, dont le talent se bornait à raconter des contes merveilleux, des légendes et des plaisanteries pour amuser le peuple et en faire encore plus complètement les dupes des moines. Cependant, les moines conservaient leur emprise sur les foules superstitieuses et les amenèrent à croire qu'ils accomplissaient totalement leurs devoirs religieux s'ils reconnaissaient

2. Barnas Sears, *The Life of Luther* [La vie de Luther], p. 70, 69.
3. Marc 7.13.

la suprématie du pape, vénéraient les saints et faisaient des dons aux moines, et que cela suffisait pour leur assurer une place au paradis.

En vain, des hommes érudits et pieux avaient tenté de produire une réforme au sein de ces ordres monastiques. Wycliffe, plus perspicace, s'attaqua à la racine du mal, en déclarant que c'était le système lui-même qui était faux et qu'il fallait l'abolir. Cela suscita des discussions et des enquêtes. Lorsque les moines parcouraient le pays en vendant les indulgences du pape, de nombreuses personnes commençèrent à mettre en doute la possibilité d'acheter le pardon à prix d'argent. Elle se demandaient s'il n'était pas préférable de chercher le pardon auprès de Dieu plutôt qu'auprès du pontife de Rome[4]. Un grand nombre d'entre elle étaient choquées par la rapacité des moines, dont la cupidité semblait insatiable. « Les moines et les prêtres de Rome, disaient-ils, nous rongent comme un cancer. Il faut que Dieu nous en délivre, sinon le peuple périra[5]. » Pour dissimuler leur avidité, ces moines mendiants prétendaient qu'ils suivaient l'exemple du Sauveur, en déclarant que Jésus et ses disciples avaient vécu de la charité publique. Cette prétention se retourna contre eux, car elle amena de nombreuses personnes à chercher elles-mêmes la vérité dans la Bible – chose que Rome désirait moins que tout au monde. L'esprit de ces hommes se tourna vers la Source de la vérité, que Rome cherchait à occulter.

Wycliffe commença à écrire. Il publia des traités contre les moines, non dans l'intention d'entrer en conflit avec eux, mais plutôt pour orienter l'esprit du peuple vers les enseignements de la Bible et vers son Auteur. Il déclara que le pape commes les prêtes ordinaires n'avait pas le pouvoir d'accorder l'absolution ou d'excommunier et que nul ne peut vraiment être excommunié à moins qu'il ait attiré sur lui la condamnation de Dieu. Il n'aurait pas pu mieux s'y prendre pour renverser ce gigantesque réseau de domination spirituelle et temporelle érigé par le pape, dans lequel les âmes et les corps de millions de personnes étaient retenus prisonniers.

Wycliffe fut de nouveau appelé à défendre les droits de la couronne d'Angleterre contre les empiètements de Rome. Nommé ambassadeur royal, il passa deux années aux Pays-Bas à s'entretenir avec les représentants du pape. C'est là qu'il fit la connaissance d'ecclésiastiques venus de France, d'Italie et d'Espagne et qu'il eut l'occasion de jeter un coup d'œil en coulisse et de découvrir bien des choses qui lui seraient demeuré cachées s'il était resté en Angleterre. Ces découvertes allaient lui être utiles dans ses travaux ultérieurs. Chez ces représentants de la cour de Rome, il vit le véritable caractère et les véritables objectifs de la hiérarchie papale. Il repartit pour l'Angleterre afin de reprendre son enseignement, mais plus ouvertement et avec un plus grand zèle, déclarant que la cupidité, l'orgueil et la fraude étaient devenus les dieux de Rome.

Dans l'un de ses traités, il disait, parlant du pape et de ses quêteurs : « Ils tirent de notre pays la subsistance des pauvres. Chaque année, ils puisent des milliers de marcs dans les caisses du roi en paiement de sacrements et d'actes spirituels, ce qui constitue l'hérésie maudite de la simonie. Toute la chrétienté est soumise à l'obligation d'approuver et d'entretenir cette hérésie. Même si notre pays possédait une énorme montagne d'or et que jamais personne – sinon le quêteur de ce prêtre orgueilleux et mondain – n'y prît quoi que ce soit, à la longue cette montagne

---

4. Voir appendice, note 13.
5. J.H. Merle d'Aubigné, *Histoire de la Réformation du seizième siècle*, livre 17, chapitre 7.

s'épuiserait ; car dans cette simonie il ne reçoit jamais rien d'autre en échange de son argent que la malédiction divine[6]. »

Peu après son retour en Angleterre, Wycliffe fut nommé par le roi, recteur de Lutterworth. C'était l'assurance que le franc-parler de ses propos n'avait pas déplu au monarque. L'influence de Wycliffe se fit sentir non seulement sur les décisions de la cour, mais aussi sur la foi de la nation.

Les foudres papales se déchaînèrent bientôt contre lui. Trois bulles papales furent envoyées en Angleterre : une à l'université, une au roi et une aux prélats ; toutes ordonnant des mesures immédiates et décisives pour réduire au silence ce fauteur d'hérésie[7]. Avant l'arrivée de ces bulles, les évêques, dans leur zèle, avaient déjà sommé Wycliffe de comparaître devant eux. Mais deux des plus puissants princes du royaume l'accompagnèrent devant ce tribunal ; et les gens du peuple, entourant le bâtiment et s'efforçant d'y pénétrer, intimidèrent les juges de telle sorte que le procès fut suspendu pour un temps et qu'on laissa Wycliffe partir en paix. Peu de temps après, le roi Édouard III, que les prélats s'efforçaient d'influencer dans sa vieillesse contre le réformateur, mourut, et l'ancien protecteur de Wycliffe devint régent du royaume.

L'arrivée de la bulle papale imposait à toute l'Angleterre l'ordre impératif d'arrêter et d'emprisonner l'hérétique. Ces mesures désignaient clairement la mort sur le bûcher. Il semblait certain que Wycliffe serait bientôt la proie de la vengeance de Rome. Mais celui qui avait déclaré autrefois « N'aie pas peur [...] ! Je suis moi-même ton bouclier[8] » étendit de nouveau la main pour protéger son serviteur. La mort frappa non le réformateur, mais le pontife qui avait décrété sa perte. Le pape Grégoire XI mourut, et les ecclésiastiques qui s'étaient assemblés pour le procès de Wycliffe se dispersèrent.

La providence divine dirigea de nouveau les événements pour donner à la Réforme la possibilité de se développer. La mort du pape Grégoire XI fut suivie de l'élection de deux papes rivaux. Deux puissances opposées, chacune prétendant à l'infaillibilité, exigeaient l'obéissance[9]. Chacun des deux papes appelait les fidèles à l'aider à combattre l'autre, en assortissant ses exigences d'effrayants anathèmes contre ses adversaires et en promettant la récompense céleste à ses partisans. Cette situation affaiblit considérablement le pouvoir de la papauté. Les factions rivales avaient assez à faire dans le conflit les opposant ; ce qui laissa Wycliffe en repos pendant un certain temps. Anathèmes et récriminations s'entrecroisaient d'un pape à l'autre, et des torrents de sang furent versés pour soutenir leurs prétentions contradictoires. L'Église fut éclaboussée de crimes et de scandales. Pendant ce temps, le réformateur, dans la paisible retraite de sa paroisse de Lutterworth, travaillait avec zèle à diriger les hommes non vers les papes rivaux, mais vers Jésus, le « Prince de paix »[10].

Ce schisme, avec toutes les luttes et toutes les corruptions qu'il produisit, prépara le chemin à la Réforme en permettant aux gens du peuple de cécouvrir la véritable

6. John Lewis, *History of the Life and Sufferings of J. Wiclif* [Histoire de la vie et des souffrances de John Wycliffe], p. 37.
7. Augustus Neander, *General History of the Christian Religion and Church* [Histoire générale de la religion chrétienne et de l'Église], période 6, section 2, 1ère partie, paragraphe 8. Voir aussi appendice, note 14.
8. Genèse 15.1.
9. Voir appendice, note 15.
10. Ésaïe 9.5.

nature de la papauté. Dans un traité intitulé *On the Schism of the Popes* [Le schisme des papes], Wycliffe invita le peuple à se demander si ces deux prêtres ne disaient pas la vérité en se condamnant l'un l'autre comme l'antéchrist ? « Dieu, expliqua-t-il, ne tolère plus que l'ennemi règne en un seul de ces prêtres, mais [...] il a créé la division entre eux deux, pour que les hommes, au nom du Christ, puissent plus facilement les vaincre [11]. »

Wycliffe, comme son Maître, prêchait l'Évangile aux pauvres. Non content de répandre la lumière dans les humbles demeures de sa propre paroisse de Lutterworth, il décida de la porter dans toutes les parties de l'Angleterre. Pour réaliser ce plan, il organisa un groupe de prédicateurs, simples et pieux, aimant la vérité et ne désirant rien tant que de la propager. Ces hommes allèrent partout, enseignant sur les places du marché, dans les rues des grandes villes et dans les chemins vicinaux. Ils recherchaient les personnes âgées, les malades et les pauvres, et leur exposaient la bonne nouvelle de la grâce de Dieu.

En sa qualité de professeur de théologie à Oxford, Wycliffe prêchait la Parole de Dieu dans les salles de cours de l'université. Il présentait si fidèlement la vérité à ses étudiants qu'on lui décerna le titre de « docteur de l'Évangile ». Mais la plus grande œuvre de sa vie allait être la traduction des Écritures en anglais. Dans un de ses ouvrages, *On the Truth and Meaning of Scripture* [La véracité et le sens des Écritures], il exprimait son intention de traduire la Bible, afin que tous en Angleterre puisse lire, dans sa langue maternelle, les œuvres merveilleuses de Dieu.

Mais ses travaux furent soudain interrompus. Bien que n'ayant pas encore atteint la soixantaine, le travail incessant, l'étude et les attaques de ses ennemis l'avaient épuisé physiquement et vieilli prématurément. Il contracta une dangereuse maladie. Cette nouvelle causa une grande joie aux moines : ils pensèrent que Wycliffe allait maintenant se repentir amèrement du mal qu'il avait fait à l'Église. Ils se précipitèrent dans sa chambre pour l'entendre en confession. Des représentants des quatre ordres religieux, accompagnés de quatre magistrats, s'assemblèrent autour de celui qu'ils croyaient mourant. « Vous avez la mort sur les lèvres, lui dirent-ils. Prenez conscience de vos fautes et retirez en notre présence tout ce que vous avez dit contre nous. » Le réformateur les écouta en silence ; puis il demanda à son serviteur de l'aider à s'asseoir sur son lit. Le regard fixé sur ceux qui attendaient une rétractation, il leur dit, de cette voix ferme et forte qui les avait si souvent fait trembler : « Je ne mourrai pas, mais je vivrai ; et je continuerai à dénoncer les méfaits des moines [12] ! » Étonnés et décontenancés, les moines quittèrent sa chambre en toute hâte.

Ces paroles de Wycliffe s'accomplirent. Il vécut pour mettre entre les mains de ses concitoyens la plus puissante de toutes les armes permettant de lutter contre Rome : la Bible, l'instrument désigné par le ciel pour libérer, éclairer et évangéliser le peuple. Il fallut surmonter de nombreux et grands obstacles pour réaliser cette œuvre. Wycliffe était accablé d'infirmités ; il savait qu'il ne lui restait plus que quelques courtes années de travail. Il voyait l'opposition qu'il devrait rencontrer ; mais encouragé par les promesses de la Parole de Dieu, il poursuivit son œuvre sans se laisser intimider. En pleine possession de ses capacités intellectuelles, riche

11. R. Vaughan, *Life and Opinions of John de Wycliffe* [Vie et opinions de John Wycliffe], volume 2, p. 6.
12. J.H. Merle d'Aubigné, *op. cit.*, livre 17, chapitre 7.

en expériences, il avait été spécialement gardé et préparé par la providence divine pour sa plus grande œuvre. Alors que toute la chrétienté s'agitait, le réformateur, dans son rectorat de Lutterworth, sans prendre garde à l'orage qui grondait à l'extérieur, s'appliqua à la tâche qu'il avait choisie.

Cette œuvre fut enfin terminée : la première traduction de la Bible en anglais jamais réalisée. La Parole de Dieu s'offrait à l'Angleterre. Désormais, le réformateur ne craignait plus la prison ni le bûcher. Il avait mis dans la main du peuple anglais une lumière qui ne devait jamais s'éteindre. En donnant la Bible à ses concitoyens, il avait fait plus pour briser les chaînes de l'ignorance et du vice, pour libérer et élever son pays, que tout ce qui fut jamais réalisé sur les champs de bataille par les plus brillantes victoires.

L'imprimerie étant encore inconnue, ce n'était que par un travail lent et fatigant qu'on pouvait multiplier les exemplaires de la Bible. Le désir d'obtenir ce livre était si grand que de nombreuses personnes s'engageaient volontiers dans ce travail de copiste ; cependant, c'était avec difficulté que les copistes pouvaient répondre à la demande. Certains acheteurs, les plus riches désiraient posséder la Bible tout entière ; d'autres n'en achetaient qu'une portion. Dans de nombreux cas, plusieurs familles s'unissaient pour en acheter un exemplaire. C'est ainsi que la Bible de Wycliffe trouva bientôt le chemin des foyers du peuple.

Son appel à la raison humaine les éveilla de leur soumission passive aux dogmes papaux. Wycliffe enseignait maintenant les doctrines distinctives du protestantisme : le salut par la foi en Christ et la seule infaillibilité des Écritures. Les prédicateurs qu'il avait envoyés diffusèrent la Bible, ainsi que les écrits du réformateur, avec un tel succès, que près de la moitié de la population anglaise accepta cette foi nouvelle.

La publication des Écritures jeta la consternation dans les rangs des autorités de l'Église. Celles-ci devaient maintenant affronter une force plus puissante que celle de Wycliffe, contre laquelle leurs armes seraient presque inutiles. Il n'existait à cette époque en Angleterre aucune loi interdisant la diffusion de la Bible, car celle-ci n'avait jamais été publiée dans la langue maternelle des gens du peuple. De telles lois furent, plus tard, promulguées et rigoureusement appliquées. En attendant, malgré les efforts des prêtres, il y eut, pendant un certain temps, la possibilité de diffuser la Parole de Dieu.

Les dirigeants papaux projetèrent à nouveau de réduire au silence la voix du réformateur. Celui-ci fut convoqué successivement devant trois tribunaux, mais en vain. Tout d'abord, un synode d'évêques déclara hérétiques ses écrits. Gagnant à sa cause le jeune roi Richard II, ce synode obtint de lui un décret royal ordonnant l'emprisonnement de tous ceux qui professeraient les doctrines condamnées.

Wycliffe fit appel au Parlement des décisions de ce synode. Il accusa sans crainte la hiérarchie devant l'assemblée nationale et exigea une réforme des abus considérables autorisés par l'Église. Avec puissance et conviction, il démontra l'usurpation et les corruptions du siège papal. Ses ennemis furent couverts de confusion. Ses amis et ses partisans ayant été forcés de se soumettre, on s'attendait avec confiance à ce que le réformateur lui-même, âgé, et seul, plie aussi devant l'autorité combinée de la couronne royale et de la mitre papale. Mais, au lieu de cela, ce furent les papistes qui se virent défaits. Le Parlement, éveillé par les appels vibrants de Wycliffe, révoqua l'édit de persécution, et le réformateur recouvra une fois de plus la liberté.

Wycliffe fut cité une troisième fois à comparaître devant un tribunal, et, cette fois-ci, c'était devant le plus haut tribunal ecclésiastique du royaume. On ne pouvait s'attendre à aucune indulgence en faveur de l'hérétique. Rome allait enfin triompher ; l'œuvre du réformateur allait être stoppée. C'est ce que pensaient les papistes. S'ils pouvaient seulement réaliser leurs desseins, Wycliffe serait forcé d'abjurer ses doctrines, ou de quitter le tribunal pour les flammes du bûcher.

Or, Wycliffe ne se rétracta pas. Il refusa de faire semblant. Sans crainte, il maintint ses enseignements et repoussa les accusations de ses persécuteurs. S'oubliant lui-même, oubliant sa position et la situation dans laquelle il se trouvait, il convoqua ses auditeurs devant le tribunal divin et pesa leurs sophismes et leurs tromperies dans la balance de la vérité éternelle. Les personnes présentes dans cette salle du conseil ressentirent la puissance du Saint-Esprit. Il y avait sur les auditeurs comme un charme divin. Ils semblaient incapables de quitter leur place. Comme des flèches prises dans le carquois du Seigneur, les paroles du réformateur transpercèrent leur cœur. Avec une grande puissance de conviction, il retourna contre eux l'accusation d'hérésie qu'ils avaient lancée contre lui. Il leur demandait en effet pourquoi ils osaient répandre de telles erreurs ; si c'était par amour du gain ou pour faire de la grâce de Dieu une marchandise.

« Contre qui, leur demanda-t-il enfin, pensez-vous combattre ? Contre un vieillard au bord du tombeau ? Non ! C'est contre la Vérité, une Vérité plus puissante que vous, et qui vous vaincra [13]. » Sur ces paroles, il se retira de cette assemblée, et aucun de ses adversaires ne tenta de l'en empêcher.

L'œuvre de Wycliffe était presque achevée ; la bannière de la vérité, qu'il avait brandie pendant si longtemps, allait bientôt tomber de sa main. Cependant, il devait rendre témoignage à l'Évangile une fois de plus. Depuis la forteresse même du royaume de l'erreur, la vérité allait être proclamée. Wycliffe fut convoqué pour être jugé devant le tribunal papal à Rome, qui avait si souvent versé le sang des saints. Il n'était pas aveugle au danger qui le menaçait et aurait répondu à cette convocation si une attaque de paralysie ne l'avait mis dans l'incapacité d'entreprendre ce voyage. Mais, bien qu'il ne pût faire entendre sa voix à Rome, il décida de le faire par écrit. Depuis son rectorat, le réformateur écrivit donc au pape une lettre qui, malgré son ton respectueux et son esprit chrétien, constituait une réprimande cuisante contre la pompe et l'orgueil du siège papal.

« En vérité, je me réjouis, disait-il dans cette lettre, de pouvoir partager avec chaque homme la foi que je professe, et spécialement avec l'évêque de Rome ; cette foi étant – comme je le crois – raisonnable et véridique, celui-ci la confirmera volontiers, ou, si elle est erronée, la corrigera.

« Tout d'abord, je crois que l'Évangile du Christ est le corps tout entier de la loi de Dieu. [...] Je reconnais et professe que l'évêque de Rome, étant le vicaire du Christ sur la terre, est le plus tenu, parmi tous les hommes, à observer cette loi de l'Évangile. Car la grandeur parmi les disciples du Christ ne consistait ni en dignité ni honneurs de ce monde, mais à suivre fidèlement et exactement le Christ dans sa vie et dans son comportement. [...] Lui, qui au cours de son pèlerinage terrestre, a vécu dans une extrême pauvreté, détestant et rejetant toute autorité et tout hon-

13. J.A. Wylie, *Histoire du protestantisme*, livre 2, chapitre 13.

neur de ce monde. […]

« Aucun fidèle ne doit donc suivre ou bien le pape lui-même, ou bien n'importe quel saint homme, sinon sur les points sur lesquels ceux-ci ont imité le Seigneur Jésus-Christ ; car Pierre et les fils de Zébédée, en convoitant les honneurs de ce monde, contrairement à leur devoir de suivre les traces de Jésus, ont commis une faute ; par conséquent, on ne doit pas les suivre dans ces erreurs. […]

« Le pape doit laisser au pouvoir séculier toute la domination et toutes les législations temporelles, et exhorter efficacement tout le clergé à agir de même. C'est là ce que fit le Christ, et en particulier ses apôtres. Par conséquent, si je me suis trompé sur n'importe lequel de ces points, je me soumettrai très humblement à la correction, et à la mort si nécessaire. Si je pouvais agir en personne selon ma volonté et mon désir, je me présenterais certainement devant l'évêque de Rome ; mais le Seigneur m'a visité pour me montrer le contraire, et m'a appris qu'« il faut obéir à Dieu plutôt qu'à des humains »[14]. »

Il conclut ainsi : « Prions notre Dieu d'éveiller le cœur de notre pape Urbain VI, comme il a commencé à le faire, afin que lui et son clergé puissent suivre notre Seigneur Jésus-Christ dans sa vie et dans son comportement ; et qu'ils puissent enseigner les gens du peuple avec efficacité, afin qu'eux aussi puissent les suivre fidèlement dans la même voie[15]. »

C'est ainsi que Wycliffe témoigna au pape et à ses cardinaux de la douceur et de l'humilité du Christ, révélant, non seulement à ces hommes, mais également à toute la chrétienté, le contraste existant entre ceux-ci et le Maître dont ils se prétendaient les représentants.

Wycliffe s'attendait à payer de sa vie sa fidélité. Le roi, le pape et les évêques étaient d'accord pour ordonner sa perte. Il semblait certain que, dans quelques mois tout au plus, il se retrouverait sur le bûcher. Mais son courage demeura inébranlable. « Pourquoi parlez-vous de chercher au loin la couronne du martyre ? disait-il. Prêchez l'Évangile du Christ à ces hautains prélats, et vous ne manquerez pas de le subir. Quoi ? Devrais-je vivre et rester silencieux ? […] Jamais ! Que le coup tombe ! Je l'attends[16] ! »

Mais la providence de Dieu protégea une fois de plus son serviteur. L'homme qui s'était dressé hardiment pour défendre la vérité, au péril quotidien de sa vie, ne devait pas tomber victime de la haine de ses ennemis. Wycliffe n'avait jamais cherché à se protéger lui-même ; le Seigneur avait été son protecteur. Maintenant, alors que ses ennemis se sentaient sûrs de leur proie, la main de Dieu le mit hors de leur atteinte. Dans son église de Lutterworth, alors qu'il allait distribuer la communion, il tomba, frappé de paralysie, et mourut peu de temps après.

C'est Dieu qui avait désigné Wycliffe pour accomplir son œuvre. Il avait mis dans sa bouche la Parole de vérité et l'avait entouré de sa protection pour que cette Parole puisse atteindre les gens du peuple. Il avait protégé sa vie et prolongé ses travaux jusqu'à ce que fussent posées les fondations de la grande œuvre de la Réforme.

Wycliffe avait brisé les ténèbres du Moyen Âge. Il n'était apparu personne avant lui dont les travaux lui aurait permis de formuler son système de réforme. Suscité

14. Actes 5.29.
15. John Foxe, *Acts and Monuments* [Actes et monuments], volume 3, p. 49, 50.
16. J.H. Merle d'Aubigné, *op. cit.*, livre 17, chapitre 8.

comme Jean-Baptiste pour accomplir une mission spéciale, il fut le héraut d'une ère nouvelle. Cependant, le système de vérité qu'il présenta possédait une unité et une plénitude que les réformateurs qui le suivirent ne dépassèrent jamais, et que certains n'atteignirent pas, même un siècle plus tard. Il avait posé les fondations si largement et si profondément, la charpente si fermement et avec tant de vérité que ceux qui vinrent après lui n'eurent pas besoin de les reconstruire.

Le grand mouvement inauguré par Wycliffe, qui allait libérer les consciences et les esprits, ainsi que les nations si longtemps enchaînées au char triomphal de Rome, avait trouvé sa source dans la Bible. La parole de Dieu est aussi la source de ce flot de bénédictions qui, comme l'eau de la vie, allait couler au travers des siècles à venir. Wycliffe avait accepté avec une foi absolue, les Saintes Écritures comme révélation inspirée de la volonté de Dieu et norme suffisante de conduite et de foi. On lui avait appris à considérer l'Église de Rome comme l'autorité divine et infaillible et à accepter avec révérence, sans poser de questions, des enseignements et des coutumes datant d'un millénaire ; mais il s'en était détourné pour écouter la sainte Parole de Dieu. Telle était l'autorité qu'il exhortait les gens du peuple à reconnaître. Il déclara que la véritable autorité était non l'Église parlant par la bouche du pape, mais la voix de Dieu parlant au travers de sa Parole. Il enseigna que la Bible est une révélation parfaite de la volonté de Dieu, que le Saint-Esprit en est le seul interprète et que chaque homme, grâce à une étude des principes qui s'y trouvent, doit trouver par lui-même quel est son devoir. C'est ainsi qu'il détourna l'esprit des hommes du pape et de l'Église de Rome pour le ramener vers la Parole de Dieu.

Wycliffe fut l'un des plus grands réformateurs. Peu de ses successeurs l'égalèrent en puissance intellectuelle, en clarté de pensée, en fermeté dans son souci de maintenir la vérité et en audace pour la défendre. La pureté de sa vie, son zèle infatigable pour l'étude et pour le travail, une intégrité incorruptible, un amour semblable à celui du Christ et la fidélité dans son ministère caractérisèrent le premier des réformateurs ; malgré l'obscurantisme et la corruption morale du siècle dans lequel il parut.

Le caractère de Wycliffe est un témoignage vivant de la puissance éducatrice et transformatrice des Saintes Écritures. C'est la Bible qui fit de lui ce qu'il fut. L'effort pour saisir les grandes vérités de la révélation communique une fraîcheur et une vigueur nouvelles à toutes les facultés. Il élargit l'esprit, aiguise les facultés de perception et mûrit le jugement. L'étude de la Bible ennoblit chaque pensée, chaque sentiment et chaque aspiration comme aucune autre étude ne peut le faire. Elle donne de la stabilité à nos décisions, de la patience, du courage et de la force d'âme ; elle affine le caractère et sanctifie l'âme. Une étude sérieuse et respectueuse des Écritures, amène l'esprit des étudiants en contact direct avec l'Esprit infini et donne au monde des hommes intellectuellement plus forts et plus actifs, aux principes plus nobles, que la meilleure éducation inspirée par la philosophie humaine n'a jamais pu produire. « La révélation de tes paroles éclaire, disait le psalmiste, elle donne de l'intelligence[17]. »

Les doctrines enseignées par Wycliffe continuèrent à se répandre pendant un certain temps. Ses successeurs, connus sous le nom de Wycliffites et de Lollards, non seulement parcoururent l'Angleterre, mais se répandirent aussi dans d'autres pays en y apportant la connaissance de l'Évangile. Leur chef étant mort, ces pré-

17. Psaume 119.130.

dicateurs travaillèrent avec encore plus de zèle qu'auparavant, et des foules s'assemblaient pour écouter leurs enseignements. Quelques membres de la noblesse, et même l'épouse du roi, faisaient partie des convertis. On put voir en de nombreux endroits une réforme évidente dans le comportement des gens. On retira des lieux de culte les symboles idolâtres de l'Église romaine.

Mais bientôt, la tempête impitoyable de la persécution éclata sur ceux qui avaient osé accepter la Bible comme guide. Les monarques anglais, désireux de consolider leur pouvoir en s'assurant l'appui de Rome, n'hésitèrent pas à sacrifier les réformateurs. Pour la première fois dans l'Histoire de l'Angleterre, les disciples de l'Évangile furent condamnés au bûcher. Les martyres se succédèrent. Les hérauts de la vérité, proscrits et torturés, ne purent que déverser leurs cris dans l'oreille de l'Éternel des armées. Pourchassés comme ennemis de l'Église et traîtres au royaume, ils continuèrent à prêcher dans des lieux secrets, trouvant refuge comme ils pouvaient dans les humbles maisons des pauvres, et se cachant souvent même dans des tanières et dans des cavernes.

Malgré la forcede la persécution, une protestation calme, pieuse, fervente et patiente contre la corruption de la foi religieuse continua pendant des siècles à se faire entendre. Les chrétiens de cette époque ne possédaient qu'une connaissance partielle de la vérité ; mais ils avaient appris à aimer la Parole de Dieu et à lui obéir. Ils souffrirent patiemment par amour pour elle. Comme les disciples à l'époque apostolique, beaucoup d'entre eux sacrifièrent leurs biens matériels pour la cause du Christ. Ceux qu'on laissait encore habiter chez eux abritaient volontiers les frères expulsés de leurs foyers ; et, lorsqu'à leur tour ils étaient chassés de chez eux, ils acceptaient avec joie le sort des proscrits. Des milliers d'entre eux, il est vrai, terrifiés par la furie de leurs persécuteurs, achetaient leur liberté au prix de leur foi. Ils sortaient de prison, vêtus de la robe des pénitents, pour publier leur rétractation. Cependant beaucoup – aussi bien des membres de la noblesse que des personnes d'humble condition – rendaient un témoignage hardi à la vérité dans leur cachot, dans les « tours de Lollards », au milieu des supplices et des flammes du bûcher, heureux d'être jugés dignes de « connaître [...] la communion de ses souffrances » [18].

Les papistes n'avaient pas réussi à accomplir leur volonté à l'égard de Wycliffe au cours de sa vie. Leur haine ne pouvait être satisfaite tant que son corps reposerait paisiblement dans sa tombe. Par un décret du Concile de Constance, plus de quarante ans après sa mort, ses os furent exhumés et brûlés publiquement, ses cendres jetées dans un ruisseau voisin. « Ce ruisseau, déclare un ancien écrivain, a porté ses cendres dans l'Avon, l'Avon dans le Severn, le Severn dans le Canal de Bristol, et celui-ci dans le vaste Océan. Ainsi, les cendres de Wycliffe sont l'emblème de sa doctrine, disséminée aujourd'hui dans le monde entier [19]. » Ses ennemis ne se doutaient pas de la signification de leur acte malveillant.

Ce fut sous l'influence des écrits de Wycliffe que Jean Hus, en Bohême, renonça à un grand nombre des erreurs de l'Église romaine et se lança dans une œuvre de réforme. C'est ainsi que, dans ces deux pays si éloignés l'un de l'autre, la semence de la vérité fut jetée. Depuis la Bohême, cette œuvre s'étendit à d'autres pays.

18. Philippiens 3.10.
19. T. Fuller, *Church History of Britain* [Histoire ecclésiastique de l'Angleterre], livre 4, section 2, paragraphe 54.

L'esprit des hommes fut dirigé vers la Parole de Dieu, si longtemps oubliée. Une main divine préparait le chemin de la grande Réforme.

6

Jean Hus et Jérôme de Prague

L'Évangile avait été implanté en Bohême dès le neuvième siècle. La Bible avait été traduite et le culte public était célébré dans la langue du peuple. Mais, à mesure que le pouvoir du pape augmentait, la Parole de Dieu était rejetée dans les ténèbres. Le pape Grégoire VII, qui avait entrepris d'abaisser l'orgueil des rois, était tout aussi désireux de réduire le peuple en esclavage. C'est pourquoi il promulgua une bulle papale interdisant de célébrer le culte dans la langue de la Bohême. Le pontife déclara qu'« il était agréable au Tout-puissant que son culte soit célébré dans une langue inconnue, et que l'inobservance de cette règle avait produit de nombreux maux et de nombreuses hérésies [1]. » C'est ainsi que Rome décréta que la lumière de la Parole de Dieu devait être éteinte et les gens du peuple, prisonniers des ténèbres. Mais le ciel avait préparé d'autres instruments pour la préservation de son Église. Nombre de Vaudois et d'Albigeois, expulsés de leurs foyers en France et en Italie par la persécution, vinrent s'établir en Bohême. Bien que n'osant pas enseigner ouvertement, ils travaillèrent avec zèle dans l'ombre. Par ce moyen, la véritable foi fut préservée de siècle en siècle.

Avant l'époque de Jean Hus, des hommes s'étaient levés en Bohême pour dénoncer ouvertement la corruption de l'Église et l'immoralité de la population. Leurs travaux avaient suscité un profond intérêt. Les craintes de la hiérarchie s'éveillèrent, et la persécution se déchaîna contre les disciples de l'Évangile. Réduits à adorer Dieu dans les forêts et les montagnes, ils furent pourchassés par les soldats. Beaucoup d'entre eux furent mis à mort. Au bout d'un certain temps, il fut décrété que quiconque se détournerait du culte de l'Église romaine serait brûlé sur le bûcher. Mais, bien que ces chrétiens perdissent souvent la vie, ils attendaient avec confiance le triomphe de leur cause. L'un d'entre eux, qui « enseignait que le salut ne s'obtient que par la foi au Sauveur crucifié », déclara au moment de sa mort : « La rage des ennemis de la vérité l'emporte maintenant sur nous ; mais elle ne durera pas éternellement ; il s'élèvera au sein du petit peuple quelqu'un qui n'aura ni épée, ni autorité ; et ils ne pourront pas l'emporter sur lui [2]. » L'époque de Luther était encore très éloignée ; mais déjà s'élevait quelqu'un dont le témoignage contre Rome allait secouer les nations.

Jean Hus était d'humble naissance. La mort de son père le laissa orphelin très tôt. Sa pieuse mère considérait l'instruction et la crainte de Dieu comme les biens les plus précieux, s'efforça de préserver cet héritage pour son fils. Jean Hus étudia à l'école provinciale, puis entra à l'Université de Prague, où il fut admis gratuitement en raison de son indigence.

---

1. J.A. Wylie, *Histoire du protestantisme*, livre 3, chapitre 1.
2. *Idem*.

Sa mère l'accompagna dans son voyage vers Prague. Veuve et pauvre, elle n'avait aucun bien terrestre à offrir à son fils ; mais, lorsqu'ils approchèrent de cette grande ville, elle s'agenouilla auprès du jeune orphelin et invoqua sur lui la bénédiction de leur Père céleste. Cette mère était loin de se douter de la façon dont sa prière allait être exaucée.

À l'université, Jean Hus se fit bientôt remarquer par son application inlassable et ses progrès rapides, tandis que sa vie irréprochable et sa personnalité douce et attrayante lui gagnèrent l'estime générale. C'était un adhérent sincère de l'Église romaine et un chercheur fervent des bénédictions spirituelles que celle-ci prétendait dispenser. À l'occasion d'un jubilé, il alla se confesser, versa les dernières petites pièces de sa maigre bourse et suivit les processions pour pouvoir bénéficier de l'indulgence promise. Après avoir terminé ses études universitaires, il fut ordonné prêtre. Parvenant rapidement à de hautes positions, il fut bientôt attaché à la cour du roi. Il fut également nommé professeur, et, par la suite, recteur de l'université dans laquelle il avait fait ses études. Au bout de quelques années, l'humble étudiant admis gratuitement à l'université à cause de son indigence était devenu la fierté de son pays, et son nom était renommé dans toute l'Europe.

Mais ce fut dans un autre champ que Jean Hus commença son œuvre de réforme. Plusieurs années après son ordination à la prêtrise, il fut nommé prédicateur de la Chapelle de Bethléhem. Le fondateur de cette chapelle avait préconisé, comme une chose de la plus haute importance, que la prédication des Écritures se fasse dans la langue des gens du peuple. Malgré l'opposition de Rome à cette pratique, celle-ci n'avait pas totalement disparu en Bohême. Cependant il y régnait une profonde ignorance de la Bible et les pires vices prévalaient dans toutes les classes de la société. Jean Hus dénonça ces fléaux sans ménager ses efforts, faisant appel à la Parole de Dieu pour faire régner les principes de vérité et de pureté qu'il inculquait à ses auditeurs.

Un citoyen de Prague nommé Jérôme, qui fut plus tard si étroitement associé à Jean Hus, avait rapporté d'un voyage en Angleterre les écrits de Wycliffe. La reine d'Angleterre, qui était convertie aux écrits de Wycliffe, était une princesse de Bohême ; grâce à son influence, les écrits du réformateur furent largement diffusés dans son pays natal. Jean Hus les lut avec intérêt. Convaincu que leur auteur était un chrétien sincère, il se sentit enclin à considérer avec faveur les réformes préconisées par celui-ci. Déjà, sans le savoir, Jean Hus avait posé le pied sur un sentier qui allait le conduire loin de Rome.

Vers cette époque, deux étrangers arrivèrent à Prague. C'était des érudits anglais qui avaient reçu la lumière et qui venaient la répandre dans ce pays lointain. Ayant commencé par une attaque ouverte contre la suprématie du pape, ils furent bientôt réduits au silence par les autorités. Mais, refusant d'abandonner leur projet, ils eurent recours à d'autres moyens. Étant à la fois artistes et prédicateurs, ils se mirent à exercer leur talent. Sur une place ouverte au public, ils dessinèrent deux tableaux. Le premier représentait l'entrée du Christ à Jérusalem, « plein de douceur, monté sur une ânesse[3] » et suivi de ses disciples marchant pieds nus et revêtus de vêtements usés par le voyage. Le second tableau représentait une procession pontificale : le pape revêtu de ses riches vêtements, coiffé de sa triple couronne, monté sur un cheval magnifiquement caparaçonné, précédé de trompettes et suivi de cardinaux et de prélats splendidement vêtus.

3. Matthieu 21.5.

Ce fut là un véritable sermon qui attira l'attention de toutes les classes de la société. Des foules vinrent contempler ces dessins. Nul ne pouvait manquer d'y voir la morale qui s'en dégageait. De nombreuses personnes furent profondément impressionnées par le contraste entre la douceur et l'humilité du Christ, notre Maître, et l'orgueil et l'arrogance du pape, qui prétendait le servir. Prague fut plongée dans un profond émoi, et les deux étrangers, au bout de quelque temps, jugèrent nécessaire, pour leur propre sécurité, de quitter la ville. Mais la leçon qu'ils avaient enseignée ne fut pas oubliée. Leurs tableaux produisirent une profonde impression sur l'esprit de Jean Hus et l'amenèrent à une étude plus approfondie de la Bible et des écrits de Wycliffe. Bien qu'il ne fût pas encore prêt, même à ce moment, à accepter toutes les réformes préconisées par Wycliffe, il entrevit plus clairement le véritable caractère de la papauté. Avec encore plus de zèle, il dénonça l'orgueil, l'ambition et la corruption de la hiérarchie.

De Bohême la lumière passa en Allemagne, car des troubles qui avaient éclaté à l'Université de Prague avaient provoqué le départ de plusieurs centaines d'étudiants allemands. Beaucoup d'entre eux avaient reçu de Jean Hus leur première étude de la Bible. De retour chez eux, ils répandirent l'Évangile dans leur patrie.

Des nouvelles de ce qui se passait à Prague furent apportées à Rome, et Jean Hus fut bientôt convoqué pour comparaître devant le pape. Obéir, c'était s'exposer à une mort certaine. Le roi et la reine de Bohême, l'université, des membres de la noblesse et des magistrats s'unirent pour demander au pontife d'autoriser Jean Hus à rester à Prague et à se faire représenter à Rome par un délégué. Au lieu de répondre favorablement à cette requête, le pape ordonna le procès et la condamnation de Jean Hus et prononça l'interdit sur la ville de Prague.

À cette époque, chaque fois qu'elle était prononcée, cette sentence répandait la terreur. Les cérémonies qui l'accompagnaient étaient conçues pour frapper de terreur un peuple qui considérait le pape comme le représentant de Dieu lui-même, tenant les clés du ciel et de l'enfer et possédant le pouvoir de prononcer des jugements temporels et spirituels. On croyait que les portes du ciel étaient fermées aux habitants de la région frappée d'interdit ; que, jusqu'à ce que le pape décide de lever cet interdit, les morts ne pouvaient accéder au royaume des bienheureux. Pour marquer cette terrible calamité, tous les services religieux étaient suspendus. Les églises restaient fermées. On célébrait les mariages dans les cimetières. Les morts, auxquels on refusait l'inhumation en terre consacrée, étaient enterrés sans aucun rite de sépulture dans des fossés ou des champs. C'est ainsi que, par ces mesures qui frappaient l'imagination, Rome tentait de dominer la conscience des hommes.

La ville de Prague se remplit de tumulte. Un grand nombre de personnes dénoncèrent Jean Hus comme la cause de toutes leurs calamités. Elles exigèrent qu'il soit livré à la vengeance de Rome. Pour apaiser cette tempête, le réformateur se retira pendant quelque temps dans son village natal. Il écrivit à des amis qu'il avait laissés à Prague : « Si je me suis retiré du milieu de vous, c'est pour suivre les préceptes et l'exemple de Jésus-Christ, afin de ne donner aucune occasion aux personnes mal intentionnées d'attirer sur elles-mêmes une condamnation éternelle et de ne pas être pour les personnes pieuses une cause d'affliction et de persécution. Je me suis aussi retiré dans la crainte que des prêtres impies continuent pendant encore longtemps à interdire la prédication de la Parole de Dieu parmi vous ; mais je ne vous ai pas abandonnés en reniant la vérité divine, pour laquelle, avec l'aide de Dieu, je suis disposé à mourir[4]. » Jean Hus ne cessa pas ses travaux, mais voyagea dans les contrées environnantes en prêchant l'Évangile à des foules assoiffées de vérité. Les mesures prises par le pape pour tenter d'éliminer la prédication de l'Évangile ne firent qu'augmenter encore sa diffusion. « Nous n'avons pas de puissance contre la vérité ; nous n'en avons que pour la vérité[5]. »

« Il semble qu'à cette étape de sa carrière, l'esprit de Jean Hus ait été agité par un douloureux conflit. Bien que l'Église ait cherché à l'accabler de ses foudres, il n'avait pas renoncé à reconnaître son autorité. L'Église romaine était encore pour lui l'épouse du Christ, et le pape le représentant et le vicaire de Dieu. Jean Hus luttait contre l'abus d'autorité, et non le principe lui-même. Il eut un terrible conflit intérieur entre les convictions de son esprit et les appels de sa conscience. Si cette autorité était juste et infaillible, comme il le croyait, pourquoi se sentait-il obligé de lui désobéir ? Obéir, il s'en rendait compte, était un péché ; pourquoi l'obéissance à une Église infaillible lui posait-elle pareil problème ? Telle était l'énigme qu'il ne pouvait résoudre ; tel était le doute qui le torturait à chaque heure. L'explication la plus vraisemblable qu'il put trouver était qu'il se passait la même chose qu'à l'époque du Sauveur, à savoir que les prêtres de l'Église étaient devenus des hommes méchants et utilisaient leur autorité légitime à des fins illégitimes. Cette explication l'amena à adopter cette maxime pour sa propre gouverne, et de la prêcher pour celle des autres : « Ce sont les préceptes de l'Écriture, communiqués par l'intelligence, qui doivent régir notre conscience ; en d'autres termes, c'est Dieu parlant par la Bible, et non l'Église parlant par les prêtres, qui est le seul guide infaillible[6]. »

Lorsqu'au bout de quelque temps, l'excitation des esprits se calma à Prague, Jean Hus retourna à sa Chapelle de Bethléhem pour continuer, avec encore plus de zèle et de courage, à prêcher la Parole de Dieu. Ses ennemis étaient actifs et puissants, mais la reine et de nombreux membres de la noblesse étaient ses amis, et une grande partie du peuple était en sa faveur. En comparant la pureté ses enseignements qui élevaient l'âme et sa vie sainte aux dogmes dégradants prêchés par l'Église romaine, à la cupidité et à la vie de débauche pratiquées par beaucoup de ses membres, de nombreuses personnes considéraient comme un honneur d'être du côté de Jean Hus.

Jusque là, Jean Hus avait réalisé ses travaux seul ; mais, maintenant, Jérôme, qui, lorsqu'il était en Angleterre, avait accepté les enseignements de Wycliffe, se joignit à son œuvre de réforme. À partir de là, les deux hommes furent unis dans la vie, et ils ne devaient pas être séparés dans la mort. Jérôme possédait un génie brillant, une grande éloquence et une profonde érudition à un très haut degré. Ces dons lui gagnèrent la faveur générale ; mais Jean Hus le plus grand en force de caractère. Son jugement calme servait à retenir l'esprit impulsif de Jérôme, qui, avec une véritable humilité, percevait la valeur de Jean Hus et acceptait ses conseils. Sous la direction de leurs travaux unis, la réforme s'étendit plus rapidement.

Dieu permit qu'une grande lumière brille dans l'esprit de ces deux hommes qu'il avait choisi et leur montra de nombreuses erreurs de l'Église romaine ; mais ils ne

4. Bonnechose, *The Reformers Before the Reformation* [Les réformateurs avant la Réformation], volume 1, p. 87.
5. 2 Corinthiens 13.8.
6. J.A. Wylie, *ibid.*, chapitre 2.

reçurent pas toutes les lumières que le monde devait recevoir. Par l'intermédiaire de ses serviteurs, Dieu faisait sortir son peuple des ténèbres de l'Église romaine. Il y avait de sérieux et nombreux obstacles à franchir, mais il les menait pas à pas, selon ce qu'ils pouvaient supporter. Ils n'étaient pas prêts à recevoir toute la lumière d'un seul coup. Comme la lumière du soleil en plein midi pour ceux qui sont longtemps restés dans l'obscurité, elle les aurait amenés à s'en détourner si elle leur avait été présentée. C'est pourquoi Dieu la révéla petit à petit à ses chefs, au fur et à mesure que les gens du peuple pouvaient la recevoir. De siècle en siècle, d'autres serviteurs fidèles allaient suivre, chargés d'amener les hommes plus loin sur le chemin de la réforme.

Le schisme au sein de l'Église n'avait pas cessé. Trois papes rivalisaient maintenant pour obtenir la suprématie. Leur conflit remplissait la chrétienté de crimes et de tumulte. Non contents de se lancer des anathèmes, ils eurent recours aux armes. Chacun entreprit d'en acheter et d'enrôler des soldats. Bien sûr, il fallait de l'argent pour s'en procurer. Ils mirent donc en vente les dons, les fonctions et les faveurs de l'Église[7]. Les prêtres, imitant leurs supérieurs hiérarchiques, se livrèrent à la simonie et à la guerre pour humilier leurs rivaux et accroître leur propre pouvoir. Avec une hardiesse qui croissait de jour en jour, Jean Hus tonnait contre les abominations tolérées au nom de la religion ; et les gens du peuple accusaient ouvertement les dirigeants de l'Église romaine d'être la cause des misères qui accablaient la chrétienté.

La ville de Prague se trouva de nouveau au bord d'un conflit sanglant. Comme au cours des siècles précédents, le serviteur de Dieu fut accusé d'être celui « qui attire le malheur sur Israël »[8]. La ville fut de nouveau placée sous l'interdit, et Jean Hus se retira dans son village natal. Le témoignage qu'il avait si fidèlement rendu dans sa chère Chapelle de Bethléhem avait pris fin. Il allait désormais l'étendre et s'adresser à toute la chrétienté, avant de perdre la vie comme témoin de la vérité.

Pour guérir les maux qui affligeaient l'Europe, un Concile général fut convoqué à Constance – à la demande de l'Empereur Sigismond – par l'un des trois papes rivaux, Jean XXIII. La demande d'un Concile avait été loin d'être la bienvenue pour ce pape, dont le caractère et la politique pouvaient difficilement supporter une enquête, même menée par des prélats aux mœurs aussi relâchées que les ecclésiastiques de cette époque. Cependant, il n'osa pas s'opposer à la volonté de l'Empereur Sigismond[9].

Les principaux objectifs de ce Concile étaient de mettre fin au schisme de l'Église et d'en extirper l'hérésie ; c'est pourquoi les deux antipapes furent convoqués devant ce Concile, ainsi que le principal propagateur des idées nouvelles, Jean Hus. Les premiers, par souci de leur propre sécurité, ne se présentèrent pas en personne, mais se firent représenter par des délégués. Le pape Jean XXIII, bien qu'il ait officiellement convoqué ce Concile, y vint avec de nombreuses appréhensions, soupçonnant l'Empereur de nourrir secrètement le projet de le faire destituer et craignant de devoir rendre compte des vices qui avaient déshonoré la tiare papale et des crimes qui lui avaient permis de l'obtenir. Néanmoins, il fit son entrée dans la ville de Constance en grande pompe, escorté des prélats les plus élevés dans la hiérarchie et de courtisans. Tout le clergé et tous les dignitaires de la ville, accom-

7. Voir appendice, note 16.
8. 1 Rois 18.17.
9. Voir appendice, note 17.

pagnés d'une immense foule de citoyens, étaient sortis pour l'accueillir. Quatre des principaux magistrats portaient au-dessus de sa tête un baldaquin doré. On transportait l'hostie devant lui, et les riches vêtements des cardinaux et des membres de la noblesse offraient un spectacle imposant.

Au même moment, un autre voyageur approchait de Constance. Jean Hus était conscient des dangers qui le menaçaient. Il avait pris congé de ses amis comme s'il n'allait jamais plus les revoir, et était parti pour ce voyage avec le sentiment que celui-ci le mènerait au bûcher. Bien qu'il ait obtenu un sauf-conduit du roi de Bohême, et un autre de l'Empereur Sigismond alors qu'il était déjà en chemin, il avait pris toutes ses dispositions en considérant sa mort comme probable.

Dans une lettre adressée à ses amis de Prague, il écrivait : « Mes frères, [...] je pars avec un sauf-conduit du roi pour rencontrer mes nombreux et mortels ennemis. [...] Je me confie entièrement dans le Dieu Tout-puissant et en mon Sauveur. J'espère qu'il écoutera vos prières ferventes, qu'il mettra sa prudence et sa sagesse dans ma bouche afin que je puisse leur résister, et qu'il m'accordera son Saint-Esprit pour me fortifier dans sa vérité, de sorte que j'affronte avec courage les tentations, la prison, et, si nécessaire, une mort cruelle. Jésus-Christ a souffert pour ses bien-aimés ; devrions-nous donc nous étonner qu'il nous ait laissé son exemple, afin que nous puissions nous-mêmes endurer toutes choses pour notre propre salut ? Il est Dieu, et nous sommes ses créatures. Il est Seigneur, et nous sommes ses serviteurs. Il est le Maître du monde, et nous ne sommes que de méprisables mortels ; et cependant, il a souffert pour nous ! Pourquoi donc ne souffririons-nous pas aussi, particulièrement lorsque la souffrance est pour nous un moyen de purification ? C'est pourquoi, mes bien-aimés, si ma mort doit contribuer à sa gloire, priez pour qu'elle vienne rapidement et que Dieu m'accorde de supporter toutes mes calamités avec constance. Mais, s'il est préférable que je revienne parmi vous, prions Dieu que je revienne sans tache, c'est-à-dire sans ôter un seul iota de la vérité de l'Évangile, afin de laisser à mes frères un excellent exemple à suivre. Il est donc probable que vous ne verrez plus jamais mon visage à Prague. Toutefois, si la volonté du Dieu Tout-puissant est de me rendre à vous, avançons avec un cœur plus ferme dans la connaissance et dans l'amour de sa loi[10]. »

Dans une autre lettre, adressée à un prêtre qui était devenu disciple de l'Évangile, Jean Hus parlait avec une profonde humilité de ses propres erreurs, s'accusant « d'avoir ressenti du plaisir à porter de riches vêtements et perdu des heures à des occupations frivoles. » Puis, il ajouta ces touchantes exhortations : « Puissent la gloire de Dieu et le salut des âmes occuper votre esprit, et non la possession de bénéfices ou de propriétés. Gardez-vous d'orner votre maison plus que votre âme ; et, par-dessus tout, prenez soin de l'édifice spirituel. Soyez pieux et humble avec les pauvres, et ne dépensez pas vos biens en festins. Si vous n'amendez pas votre vie et ne vous abstenez pas du superflu, je crains que vous ne soyez sévèrement châtié, comme je le suis moi-même. [...] Vous connaissez ma doctrine, car vous avez reçu mes instructions depuis votre enfance ; il est donc inutile de vous écrire davantage à ce sujet. Mais je vous conjure, par la miséricorde de notre Seigneur, de ne m'imiter en aucune des vanités dans lesquelles vous m'avez vu tomber. » Il ajouta sur l'extérieur de la lettre : « Je vous conjure, mon ami, de ne pas rompre ce sceau avant d'avoir acquis la certitude que je suis mort[11]. »

10. Bonnechose, *ibid.*, p. 147, 148.
11. *Ibid.*, p. 148, 149.

Au cours de son voyage, Hus constata partout combien ses doctrines étaient répandues et avec quelle faveur on considérait sa cause. Les gens du peuple se rassemblèrent pour le rencontrer, et, dans certaines villes, les magistrats l'escortèrent dans les rues.

Arrivé à Constance, Jean Hus bénéficia d'une entière liberté. Au sauf-conduit de l'Empereur, le pape ajouta une assurance personnelle de sa protection. Mais, au mépris de ces déclarations solennelles et répétées, sur ordre du pape et des cardinaux, le réformateur fut arrêté peu de temps après et jeté dans un cachot infect. Plus tard, il fut transféré dans un château fort de l'autre côté du Rhin et y fut gardé prisonnier. Le pape, dont la perfidie ne lui fut pas profitable, se retrouva peu après interné dans la même prison [12]. Le Concile le déclara coupable des crimes les plus vils, et, outre le meurtre, la simonie et l'adultère, de « péchés innommables ». Telle fut la décision de cette assemblée, qui, finalement, le dépouilla de sa tiare et le jeta en prison. Les antipapes furent également destitués, et un nouveau pontife fut élu.

Bien que le pape lui-même ait été reconnu coupable de délits bien plus graves que ceux que Jean Hus avait reproché aux prêtres, et pour lesquels il avait exigé une réforme, ce même Concile qui avait dégradé le pontife se mit en devoir de détruire le réformateur. L'emprisonnement de Jean Hus provoqua une profonde indignation en Bohême. Des membres puissants de la noblesse adressèrent au Concile de véhémentes protestations contre cet outrage. L'Empereur, qui répugnait à ce qu'un sauf-conduit ne soit pas respecté, s'opposa à son procès. Mais les ennemis du réformateur étaient malveillants et déterminés. Ils firent appels aux préjugés de l'Empereur, à ses craintes et à son zèle pour l'Église. Ils avancèrent de longs arguments pour tenter de prouver qu'« on n'est pas tenu de tenir une parole donnée à des hérétiques, ni à des personnes soupçonnées d'hérésie, même si elles détiennent un sauf-conduit de l'Empereur et des rois [13]. » C'est ainsi qu'ils réussirent à obtenir ce qu'ils cherchaient.

Affaibli par la maladie et l'emprisonnement – l'air humide et malsain de son cachot lui ayant donné une fièvre qui avait failli mettre fin à ses jours – Jean Hus fut enfin amené devant le Concile. Chargé de chaînes, il parut en présence de l'Empereur, qui avait engagé son honneur et sa bonne foi pour le protéger. Au cours de son long procès, il se tint fermement à la vérité, et, en présence des dignitaires de l'Église et de l'État assemblés, il lança une protestation solennelle et fidèle contre la corruption de la hiérarchie. Sommé de choisir entre la rétractation de ses doctrines ou la mort, il accepta le sort du martyr.

La grâce de Dieu le soutint. Au cours des semaines de souffrance qui précédèrent sa sentence finale, la paix céleste emplit son âme. « J'écris cette lettre, disait-il à un ami, en prison et d'une main enchaînée, attendant ma condamnation à mort pour demain. [...] Lorsque, avec l'aide de Jésus-Christ, nous nous retrouverons dans la délicieuse paix de la vie future, vous apprendrez combien Dieu s'est montré miséricordieux envers moi et avec quelle efficacité il m'a soutenu au milieu de mes tentations et de mes épreuves [14]. »

Dans son triste cachot, il entrevit le triomphe de la véritable foi. Retournant en rêve dans sa chapelle de Prague où il avait prêché l'Évangile, il vit le pape et ses

12. *Ibid.*, p. 247.
13. Jacques Lenfant, *History of the Council of Constance* [Histoire du Concile de Constance], volume 1, p. 516.
14. Bonnechose, *op. cit.*, volume 2, p. 67.

évêques effaçant les portraits du Christ qu'il avait peints sur ses murs. « Cette vision le plongea dans la détresse. Mais, le lendemain, il vit en rêve des peintres occupés à restaurer ces tableaux en plus grand nombre et en couleurs plus vives. Dès qu'ils eurent terminé leur tâche, ces peintres, qui étaient entourés d'une foule immense, s'exclamèrent : "Maintenant, les papes et les évêques peuvent venir : ils ne les effaceront plus jamais !" Le réformateur déclara, en racontant son rêve : "J'affirme avec certitude que l'image du Christ ne sera jamais effacée. Ils ont voulu la détruire ; mais elle sera peinte de nouveau dans tous les cœurs par des prédicateurs bien meilleurs que moi."[15]. »

Pour la dernière fois, Jean Hus fut amené devant le Concile. C'était une vaste et brillante assemblée : l'Empereur, les princes de l'Empire, les représentants des rois, les cardinaux, les évêques et les prêtres, ainsi qu'une immense foule venue en spectateurs des événements du jour. De toutes les parties de la chrétienté s'étaient rassemblés les témoins du premier des grands sacrifices marquant la longue lutte qui allait apporter la liberté de conscience.

Sommé d'exprimer sa décision finale, Jean Hus répéta son refus d'abjurer. Fixant son regard pénétrant sur le monarque dont la parole donnée avait été si honteusement violée, il déclara : « J'ai décidé, de mon plein gré, de comparaître devant ce Concile, sous la protection publique et la foi de l'Empereur ici présent[16]. » Sigismond rougit violemment tandis que les yeux de toutes les personnes présentes dans cette assemblée se tournaient vers lui.

La sentence ayant été prononcée, la cérémonie de dégradation commença. Les évêques revêtirent leur prisonnier des vêtements sacerdotaux. En les revêtant, celui-ci déclara : « On a revêtu notre Seigneur Jésus-Christ d'une robe blanche, pour l'insulter, lorsque le roi Hérode l'envoya devant Pilate[17]. » Lorsqu'on l'exhorta encore une fois à se rétracter, il répondit, en se tournant vers le peuple : « Avec quel visage, contemplerais-je alors le ciel ? Comment regarderais-je ces multitudes de personnes à qui j'ai prêché le pur Évangile ? Non ! Leur salut m'est plus précieux que ce pauvre corps, maintenant destiné à la mort. » On lui retira ses vêtements un par un, chaque évêque prononçant une malédiction en accomplissant sa partie de la cérémonie. Finalement, « on le coiffa d'une couronne ou mitre de papier de forme pyramidale sur laquelle étaient représentés des démons effrayants et avec le mot "hérésiarque" écrit sur le devant. "C'est avec joie, déclara Jean Hus, que je porterai cette couronne de honte par amour pour toi, O Jésus, toi qui, pour moi, a porté une couronne d'épines." »

Lorsqu'il fut ainsi revêtu, « les prélats déclarèrent : "Maintenant, nous livrons ton âme au diable." "Et moi, répondit Jean Hus, levant les yeux vers le ciel, je remets mon esprit entre tes mains, O Seigneur Jésus, car tu m'as racheté."[18] »

Puis il fut livré aux autorités séculières et conduit au lieu d'exécution. Une immense procession le suivit : des centaines d'hommes en armes, des prêtres et des évêques somptueusement vêtus, et les habitants de Constance. Lorsqu'on l'eut attaché au bûcher et que tout fut prêt pour allumer le feu, on exhorta encore une fois le martyr à se sauver en renonçant à ses erreurs. « À quelles erreurs devrais-je renoncer ? répondit Jean Hus. Je ne me sais coupable d'aucune. Je prends Dieu à

15. J.H. Merle d'Aubigné, *Histoire de la Réformation du seizième siècle*, livre 1, chapitre 6.
16. Bonnechose, *ibid.*, p. 84.
17. *Ibid.*, p. 86.
18. J.A. Wylie, *ibid.*, chapitre 7.

témoin que tout ce que j'ai écrit et prêché l'a été dans le but d'arracher les âmes au péché et à la perdition ; c'est pourquoi je confirmerai d'autant plus joyeusement par mon sang cette vérité que j'ai écrite et prêchée [19]. » Lorsque les flammes l'enveloppèrent, il se mit à chanter : « Jésus, Fils de David, aie compassion de moi [20] ! » Il continua à chanter jusqu'à ce que sa voix soit réduite au silence pour toujours.

Ses ennemis eux-mêmes furent impressionnés par son comportement héroïque. Un papiste zélé, décrivant le martyre de Jean Hus et de Jérôme, qui mourut peu de temps après, déclara : « Ces deux hommes se comportèrent avec fermeté à l'approche de leur dernière heure. Ils se préparèrent pour le feu comme s'ils allaient assister à un festin de noces. Ils ne poussèrent aucun cri de douleur. Lorsque les flammes s'élevèrent, ils se mirent à chanter des cantiques ; et c'est à peine si la violence du feu réussit à faire taire leur voix [21]. »

Lorsque le corps de Jean Hus fut totalement consumé, ses cendres, avec la terre sur laquelle elles reposaient, furent recueillies et jetées dans le Rhin, et ainsi transportées jusqu'à l'Océan. Ses persécuteurs s'imaginaient vainement avoir extirpé les vérités qu'il avait prêchées. Ils ne se doutaient pas que les cendres transportées ce jour jusqu'à la mer allaient être comme une semence qui se répandrait dans tous les pays du monde, et qui, produiraient dans des contrées encore inconnues, allait produire des fruits abondants sous la forme de témoins de la vérité. La voix qui avait parlé dans la salle du Concile de Constance avait éveillé des échos qui se feraient entendre dans tous les siècles à venir. Jean Hus n'était plus ; mais les vérités pour lesquelles il était mort ne pourraient jamais périr. Son exemple de foi et de persévérance allait encourager des multitudes de gens à tenir ferme pour la vérité, face à la torture et à la mort. Son exécution avait démontré au monde entier la perfide cruauté de Rome. Sans le savoir, les ennemis de la vérité avaient fait progresser la cause qu'ils s'étaient vainement efforcés de détruire.

Cependant, un autre bûcher allait être dressé à Constance. Le sang d'un autre témoin allait témoigner pour la vérité. Jérôme, en prenant congé de Jean Hus au moment de son départ pour le Concile, l'avait exhorté au courage et à la fermeté, déclarant que, s'il tombait dans quelque danger, il volerait lui-même à son secours. En apprenant l'emprisonnement du réformateur, son fidèle disciple se prépara immédiatement à tenir sa promesse. Il se mit en route pour Constance, sans sauf-conduit, et avec un seul compagnon. À son arrivée dans cette ville, il se rendit compte qu'il n'avait fait que s'exposer au danger sans pouvoir rien faire pour délivrer Jean Hus. Il s'enfuit de la ville, mais fut arrêté sur le chemin du retour et ramené à Constance, enchaîné et gardé par des soldats. Lors de sa première comparution devant le Concile, ses tentatives pour se justifier des accusations portées contre lui furent couvertes par ces cris : « Aux flammes ! Aux flammes [22] ! » Il fut jeté dans un cachot, enchaîné dans une position qui lui causait de grandes souffrances, et nourri au pain et à l'eau. Au bout de quelques mois de ces traitements cruels, il tomba malade et sa vie fut menacée. Ses ennemis, craignant qu'il leur échappe, le traitèrent avec moins de sévérité, tout en le laissant en prison pendant encore une année.

---

19. *Idem.*
20. Luc 18.38.
21. *Ibid.*, chapitre 7.
22. Bonnechose, *op. cit.*, volume 1, p. 234.

La mort de Jean Hus n'avait pas produit ce qu'espéraient les papistes. Le non-respect de son sauf-conduit avait déchaîné une tempête d'indignation. Pensant ainsi suivre une politique plus sûre, le Concile décida au lieu de brûler Jérôme, de le forcer, si possible, à se rétracter. On l'amena devant l'assemblée et on lui laissa le choix de se rétracter ou de mourir sur le bûcher. La mort au début de son emprisonnement aurait été un acte de miséricorde en comparaison des terribles souffrances qu'il avait endurées. Mais, affaibli par la maladie, par les rigueurs de la vie en prison, par la torture incessante de l'anxiété et de l'attente de ce qui allait suivre, séparé de ses amis et abattu par la mort de Jean Hus, le courage de Jérôme lui manqua, et il consentit à se soumettre au Concile. Il s'engagea à adhérer à la foi catholique et accepta les décisions du Concile condamnant les doctrines de Wycliffe et de Jean Hus, sans abandonner toutefois les « saintes vérités » qu'ils avaient enseignées[23].

Par cet expédient, Jérôme avait tenté de faire taire la voix de sa conscience et d'échapper à son sort. Mais, dans la solitude de son cachot, il se rendit mieux compte de ce qu'il avait fait. Il pensa au courage et à la fidélité de Jean Hus, et, en contraste, médita sur son propre reniement de la vérité. Il pensa au divin Maître qu'il s'était engagé à servir et qui, par amour pour lui, avait subi la mort sur la croix. Avant sa rétractation, il avait trouvé un grand réconfort, au milieu de toutes ses souffrances, dans l'assurance de la faveur divine ; mais, maintenant, le remords et les doutes torturaient son âme. Il savait qu'avant d'être en paix avec Rome, il lui devrait faire de nouvelles concessions. Le sentier sur lequel il avait posé le pied ne pouvait le mener qu'à une apostasie totale. Il prit alors la résolution de ne pas renier son Seigneur pour échapper à une brève période de souffrance.

Il fut bientôt conduit de nouveau devant le Concile. Sa soumission n'avait pas encore satisfait ses juges. Leur soif de sang, attisée par la mort de Jean Hus, réclamait de nouvelles victimes. Ce n'était que par un abandon sans réserve de la vérité que Jérôme pouvait sauver sa vie. Mais il avait décidé de confesser sa foi et de suivre son frère dans le martyre et dans les flammes du bûcher.

Il revint sur sa précédente rétractation et, en tant que condamné à mort, sollicita avec ferveur la possibilité de présenter sa défense. Craignant les effets de ses paroles, les prélats insistèrent pour qu'il se contente d'affirmer ou de nier la véracité des accusations portées contre lui. Jérôme protesta contre une telle cruauté et une telle injustice : « Vous m'avez tenu enfermé pendant 340 jours dans une horrible prison, leur dit-il, au milieu de la saleté, de la fétidité et de la puanteur, totalement dénué de tout ; puis, vous m'amenez au milieu de vous, et, tout en prêtant l'oreille à mes ennemis mortels, vous refusez de m'écouter. [...] Si vous êtes réellement des hommes sages, et les lumières de ce monde, veillez à ne pas pécher contre la justice. Quant à moi, je ne suis qu'un faible mortel ; ma vie a peu d'importance ; lorsque je vous exhorte à ne pas prononcer une sentence injuste, je parle moins pour moi-même que pour vous[24]. »

Sa requête fut finalement accordée. En présence de ses juges, Jérôme s'agenouilla et pria pour que l'Esprit divin dirige ses pensées et ses paroles et pour qu'il ne dise rien qui soit contraire à la vérité ou indigne de son Maître. Ce jour-là s'accomplit pour lui la promesse de Jésus aux premiers disciples : « Vous serez menés, à cause de moi, devant des gouverneurs et devant des rois. [...] Quand on vous livrera,

23. Bonnechose, *op. cit.*, volume 2, p. 141.
24. *Ibid.*, p. 146, 147.

ne vous inquiétez ni de la manière dont vous parlerez ni de ce que vous direz ; ce que vous direz vous sera donné à ce moment même ; car ce n'est pas vous qui parlerez, c'est l'Esprit de votre Père qui parlera en vous[25]. »

Les paroles de Jérôme produisirent l'étonnement et l'admiration de ses ennemis mêmes. Il avait été emmuré dans un cachot pendant toute une année, dans l'incapacité de lire, ou même de voir, en proie à de grandes souffrances physiques et à une grande angoisse morale. Cependant, ses arguments furent présentés avec autant de clarté et de puissance que s'il avait eu la possibilité d'étudier sa défense sans être dérangé. Il mentionna à ses auditeurs la longue lignée de saints hommes qui avaient été condamnés par d'injustes juges. Presque à chaque génération, il y avait eu des hommes qui, en cherchant à élever les gens de leur époque, avaient subi des reproches et été rejetés, puis reconnus ultérieurement comme dignes des plus grands honneurs. Le Christ lui-même avait été condamné comme malfaiteur par un tribunal injuste.

Lors de sa rétractation, Jérôme avait reconnu la justice de la sentence qui avait condamné Jean Hus ; il déclara maintenant s'en repentir et rendit témoignage à l'innocence et à la sainteté du martyr. « Je le connais depuis l'enfance, dit-il. C'était un excellent homme, juste et saint ; il a été condamné malgré son innocence. [...] Moi aussi, je suis prêt à mourir ; je ne reculerai pas devant les tourments que mes ennemis et de faux témoins me préparent. Ils devront un jour rendre compte de leurs impostures devant le grand Dieu que rien ne peut tromper[26]. »

Se reprochant propre reniement de la vérité, Jérôme continua : « De tous les péchés que j'ai commis depuis ma jeunesse, aucun ne pèse si lourdement sur mon esprit et ne me cause d'aussi poignants remords que celui que j'ai commis en cet endroit fatal, lorsque j'ai approuvé la sentence inique prononcée contre Wycliffe et contre ce saint martyr, Jean Hus, mon maître et mon ami. Oui ! Je le confesse de tout mon cœur et déclare avec horreur que j'ai honteusement failli lorsque, par crainte de la mort, j'ai condamné leurs doctrines. Je supplie donc [...] le Dieu Tout-puissant de daigner me pardonner mes péchés, et particulièrement celui-ci, le plus odieux de tous. » Pointant du doigt ses juges, il leur dit fermement : « Vous avez condamné Wycliffe et Jean Hus non pour avoir ébranlé la doctrine de l'Église, mais simplement parce qu'ils signalaient avec réprobation les scandales au sein du clergé : la pompe, l'orgueil et tous les vices des prélats et des prêtres. Ce qu'ils ont affirmé est irréfutable, je pense et parle comme eux. »

Ses paroles furent interrompues. Les prélat, tremblant de rage, s'écrièrent : « Quel besoin avons-nous encore de preuves supplémentaires ? Nous contemplons de nos propres yeux le plus obstiné des hérétiques ! »

Sans se laisser démonter par cette tempête, Jérôme répondit : « Quoi ! Supposez-vous que j'ai peur de mourir ? Vous m'avez tenu enfermé pendant toute une année dans un redoutable cachot, plus horrible que la mort elle-même. Vous m'avez traité plus cruellement qu'un Turc, qu'un Juif ou qu'un païen, et ma chair a littéralement pourri vivante sur mes os. Cependant, je ne me plains pas ; car les lamentations ne conviennent pas à un homme de cœur et d'esprit. Mais je ne peux m'empêcher d'exprimer mon étonnement devant une si grande barbarie infligée à un chrétien[27]. »

25. Matthieu 10.18-20.
26. Bonnechose, *ibid.*, p. 151.
27. *Ibid.*, p. 151-153.

Une furieuse clameur éclata de nouveau, et Jérôme fut ramené en hâte dans sa prison. Il y eut néanmoins quelques personnes, dans cette assemblée, sur lesquelles ses paroles avaient produit une profonde impression, et qui souhaitaient lui sauver la vie. Des dignitaires de l'Église lui rendirent visite et l'exhortèrent à se soumettre au Concile. On fit miroiter à ses yeux les perspectives les plus brillantes comme récompense de sa renonciation à son opposition à Rome. Mais, comme son Maître lorsque Satan lui offrit la gloire de ce monde, Jérôme demeura ferme.

« Prouvez-moi par les Saintes Écritures que je suis dans l'erreur, dit-il, et j'abjurerai. »

« Les Saintes Écritures ! s'exclama l'un de ses tentateurs. Doit-on donc tout juger par elles ? Qui peut les comprendre jusqu'à ce que l'Église les ait interprétées ? »

« Les traditions des hommes sont-elles plus dignes de foi que l'Évangile de notre Sauveur ? répondit Jérôme. Paul n'a pas exhorté ceux auxquels il écrivait d'écouter les traditions des hommes, mais a dit : Sondez les Écritures. »

« Hérétique ! fut la réponse. Je me repens d'avoir plaidé si longtemps avec vous. Je vois que vous êtes poussé par le démon ![28] »

Peu de temps après, sa condamnation fut prononcée. Il fut conduit à l'endroit même où Jean Hus avait donné sa vie, Il chanta tout le long du chemin, le visage rayonnant de joie et de paix. Son regard était fixé sur le Christ. Pour lui, la mort avait perdu toute terreur. Lorsque le bourreau, au moment d'allumer le bûcher, passa derrière lui, le martyr s'exclama : « Viens devant sans crainte ! Allume le feu devant moi ! Si j'avais eu peur, je ne serais pas ici ! »

Ses dernières paroles, prononcées pendant que les flammes s'élevaient autour de lui, furent une prière : « Seigneur, Père Tout-puissant, s'écria-t-il, aie pitié de moi et pardonne mes péchés ; car tu sais que j'ai toujours aimé ta vérité[29]. » Sa voix cessa de se faire entendre, mais ses lèvres continuèrent à murmurer sa prière. Lorsque le feu eut fait son œuvre, les cendres du martyr, avec la terre sur laquelle elles reposaient, furent rassemblées et, comme celles de Jean Hus, jetées dans le Rhin.

Ainsi périrent les fidèles porte-flambeaux de Dieu. Mais la lumière des vérités qu'ils avaient proclamées, ainsi que l'éclat de leur héroïque exemple, ne pouvaient pas être éteintes. Autant essayer de faire tourner le soleil en sens inverse de sa course que d'empêcher de poindre l'aurore de ce jour qui commençait à se lever sur le monde.

L'exécution de Jean Hus avait soulevé en Bohême une tempête d'indignation et d'horreur. Toute la nation eut le sentiment qu'il avait été victime de la malice des prêtres et de la trahison de l'Empereur. On déclara qu'il avait été un fidèle docteur de la vérité, et on accusa de meurtre le Concile qui l'avait condamné à mort. Ses doctrines attirèrent maintenant plus d'attention que jamais auparavant. Les édits papaux avaient jeté aux flammes les écrits de Wycliffe ; mais ceux qui avaient échappé à la destruction furent maintenant retirés de leurs cachettes et étudiés en rapport avec la Bible ou avec les passages bibliques qu'il était possible de se procurer. De nombreuses personnes furent ainsi amenées à accepter la foi réformée.

---

28. J.A. Wylie, *ibid.*, chapitre 10.
29. Bonnechose, *ibid.*, p. 168.

Les meurtriers de Jean Hus ne restèrent pas les bras croisés à contempler le triomphe de sa cause. Le pape et l'Empereur s'unirent pour détruire ce mouvement, et les armées de Sigismond déferlèrent sur la Bohême.

Mais un libérateur fut suscité. Peu de temps après le début de la guerre, Ziska perdit complètement la vue, mais il était cependant l'un des généraux les plus compétents de son siècle, il devint alors le chef des Bohémiens. Se confiant dans l'aide de Dieu et dans la justice de sa cause, ce peuple résista aux plus puissantes armées envoyées contre lui. À plusieurs reprises, l'Empereur, levant de nouvelles troupes, envahit la Bohême, mais fut chaque fois honteusement repoussé. Les Hussites avaient surmonté la crainte de la mort. Rien ne pouvait leur résister. Quelques années après le début de la guerre, le brave Ziska mourut. Il fut remplacé par Prokop, un général tout aussi brave et tout aussi habile, et, qui dans certains domaines, se montra un chef plus compétent.

Les ennemis des Bohémiens, sachant que le guerrier aveugle était mort, jugèrent le moment propice pour récupérer tout ce qu'ils avaient perdu. Le pape proclama alors une croisade contre les Hussites. De nouveau, une immense armée se précipita sur la Bohême ; mais ce ne fut que pour subir une terrible défaite. Une autre croisade fut proclamée. Dans tous les pays d'Europe soumis à la papauté, on rassembla des hommes, de l'argent et des munitions pour la guerre. Des multitudes se rangèrent sous la bannière papale, assurées qu'enfin on allait exterminer les Hussites hérétiques. Confiante en sa victoire, cette immense armée pénétra en Bohême. Le peuple se rassembla pour la repousser. Les deux armées s'avancèrent l'une vers l'autre, jusqu'à ce que, seule, une rivière les séparât. « Les Croisés étaient de beaucoup supérieurs en nombre ; mais, au lieu de traverser la rivière et de livrer bataille aux Hussites qu'ils étaient venus de si loin pour combattre, ils restèrent à regarder en silence ces guerriers[30]. » Soudain, une mystérieuse panique s'empara d'eux. Sans frapper un seul coup, leur puissante armée se débanda et se dispersa comme si un pouvoir invisible l'avait dissipée. L'armée hussite massacra un grand nombre de fuyards en poursuivant les fugitifs. Un immense butin tomba entre les mains des vainqueurs, de sorte que cette guerre, au lieu d'appauvrir les Bohémiens, les enrichit.

Quelques années plus tard, sur l'ordre d'un nouveau pape, une autre croisade fut encore mise sur pied. Comme auparavant, tous les pays d'Europe soumis à la papauté fournirent des hommes et des moyens matériels. On promettait de magnifiques récompenses à ceux qui s'engageraient dans cette périlleuse entreprise. On assurait à chacun des Croisés le plein pardon de tous les délits, même les plus odieux. On promettait une belle récompense dans le ciel à ceux qui tomberaient pendant cette guerre ; et les survivants devaient récolter honneur et richesses sur le champ de bataille. De nouveau, une immense armée fut rassemblée, et, franchissant la frontière, pénétra en Bohême. Les troupes hussites se replièrent devant elle, attirant ainsi les envahisseurs de plus en plus profondément à l'intérieur du pays, leur laissant croire que la victoire leur appartenait déjà. L'armée de Prokop s'arrêta enfin et, se tournant contre l'ennemi, s'avança pour lui livrer bataille. Les Croisés, découvrant maintenant leur erreur, se tinrent dans leur camp, attendant l'assaut. Lorsqu'ils entendirent le bruit de l'armée hussite qui approchait, avant même qu'elle ne soit en vue, la panique s'empara d'eux de nouveau. Princes, généraux et simples soldats, jetant leur armure, s'enfuirent dans toutes les directions.

30. J.A. Wylie, *ibid.*, chapitre 17.

C'est en vain que le légat du pape, qui dirigeait cette expédition, s'efforça de rallier ses troupes terrifiées et désorganisées. Malgré tous ses efforts, il fut lui-même entraîné dans le flot des fugitifs. La déroute fut totale et un énorme butin tomba de nouveau entre les mains des vainqueurs.

Ainsi, pour la seconde fois, une vaste armée, envoyée par les plus puissantes nations d'Europe, composée d'hommes courageux et aguerris, entraînés et équipés pour la bataille, s'enfuit sans frapper un seul coup devant les défenseurs d'une petite nation, qui avait été faible jusqu'à ce moment. C'était là une manifestation de la puissance divine. Les envahisseurs avaient été frappés par une terreur surnaturelle. Celui qui renversa les armées de Pharaon dans la Mer Rouge, qui mit en fuite les armées de Madian devant Gédéon et ses trois cents hommes, qui, en une nuit, détruisit les armées du fier Assyrien, avait de nouveau étendu la main pour abattre la puissance de l'oppresseur. « C'est là qu'ils seront saisis de frayeur, sans motif de frayeur ; Dieu dispersera les ossements de celui qui dresse son camp contre toi ; tu les rendras honteux, car Dieu les a rejetés[31]. »

Les dirigeants papaux, désespérant de pouvoir conquérir par la force, eurent recours enfin à la diplomatie, Un compromis fut signé. Tout en concédant aux Bohémiens la liberté de conscience en apparence, celui-ci les livrait en réalité au pouvoir de Rome. Les Bohémiens avaient posé quatre conditions à la paix avec Rome : la libre prédication de la Bible ; le droit pour tous les membres de l'Église de participer à la fois au pain et au vin de la communion et l'usage de leur langue maternelle dans le culte ; l'exclusion du clergé de toute fonction et autorité séculières ; et, en cas de délit, la juridiction des tribunaux civils devait s'appliquer au clergé comme aux laïcs. Enfin, les autorités papales, « acceptèrent de souscrire aux quatre conditions des Hussites, mais précisèrent que le droit de les expliquer, c'est-à-dire de déterminer leur sens exact, appartiendrait au Concile ; en d'autres termes, au pape et à l'Empereur[32]. » C'est sur cette base qu'un traité fut conclu ; Rome obtenait par la ruse et la fraude ce qu'elle n'avait pas réussi à obtenir par le conflit. En effet, en donnant sa propre interprétation des conditions des Hussites, et de la Bible, elle pouvait pervertir leur sens pour arriver à ses fins.

Une grande partie des Bohémiens, se rendant compte que ce compromis trahissait leurs libertés, ne purent consentir à cet accord. Des dissensions et des divisions apparurent, menant à des conflits armés et à des effusions de sang. Dans ce conflit, le noble Prokop tomba, et les libertés de la Bohême périrent avec lui.

L'Empereur Sigismond, qui avait trahi Jean Hus et Jérôme, devint alors roi de Bohême. Sans tenir compte du serment qui l'engageait à protéger les droits des Bohémiens, il travailla à consolider le pouvoir de la papauté. Mais sa soumission à Rome ne lui fut guère profitable. Pendant vingt ans, il avait mené une vie de labeurs et de dangers. Ses armées avaient été dévastées et son trésor vidé par une lutte longue et stérile. Après avoir régné une seule année, il mourut, laissant son royaume au bord de la guerre civile et léguant à la postérité un nom marqué par l'infamie.

Les troubles, les conflits et les effusions de sang se prolongèrent. De nouveau, des armées étrangères envahirent la Bohême, et des dissensions internes continuè-

31. Psaume 53.6.
32. J.A. Wylie, *ibid.*, chapitre 18.

rent à bouleverser cette nation. Ceux qui restèrent fidèles à l'Évangile furent en butte à une sanglante persécution.

Tandis que les anciens frères, qui avaient accepté le compromis avec Rome, intégraient les erreurs de celle-ci, ceux qui adhéraient encore à l'ancienne foi se constituèrent en Église distincte, qui prit le nom de « Frères unis ». Cet acte attira sur eux la malédiction venant de tous les horizons. Cependant, ils demeurèrent fermes et inébranlables. Forcés de chercher refuge dans les bois et les cavernes, ils continuèrent à s'assembler pour lire la Parole de Dieu et s'unir pour l'adorer.

Par des messagers envoyés secrètement dans différents pays, ils apprirent que, ici et là, dans différentes villes se trouvaient « des confesseurs de la vérité isolés, objets de la persécution comme eux-mêmes ; et que, dans les montagnes des Alpes, existait une ancienne Église, bâtie sur la fondement des Écritures et protestant contre les corruptions idolâtres de Rome[33]. » Ils accueillirent cette nouvelle avec une grande joie et entrèrent en correspondance avec les chrétiens vaudois.

Fermement attachés à l'Évangile, les Bohémiens continuèrent pendant la nuit de leur persécution, à tourner les yeux vers l'horizon, dans leur heure la plus sombre, comme des hommes qui attendent le matin. « Ils vivaient à une malheureuse époque ; mais [...] ils se souvenaient des paroles prononcées d'abord par Jean Hus, puis répétées par Jérôme, disant qu'il faudrait voir s'écouler encore un siècle avant que le jour puisse poindre. Ces paroles furent pour les Taborites [Hussites] ce que furent les paroles de Joseph pour les tribus dans la maison de servitude : "Je vais mourir. Mais Dieu interviendra en votre faveur ; il vous fera monter"[34]. » « La fin du quinzième siècle vit la croissance lente, mais sûre, des églises des Frères. Ben que loin de pouvoir vivre en paix, ils jouirent cependant d'une tranquillité relative. Au début du seizième siècle, leurs églises en Bohême et en Moravie étaient au nombre de deux cents[35]. » « Il y eut un reste considérable qui échappa à la fureur destructrice du feu et de l'épée, et qui put voir poindre l'aurore du jour prédit par Jean Hus[36]. »

33. *Ibid.*, chapitre 19.
34. Genèse 50.24 ; *idem.*
35. Ezra Hall Gillett, *Life and Times of John Huss* [La vie et l'époque de Jean Hus], volume 2, p. 570.
36. J.A. Wylie, *ibid.*, chapitre 19.

7

Luther se sépare de Rome

Parmi ceux qui furent appelés à faire sortir l'Église des ténèbres de la papauté pour la diriger vers la lumière d'une foi plus pure, Martin Luther figure au premier plan. Zélé, ardent et dévoué, ne connaissant d'autre crainte que celle de Dieu et n'admettant aucun autre fondement pour la foi religieuse que les Saintes Écritures, Luther fut l'homme de son époque ; c'est par lui que Dieu accomplit une grande œuvre pour réformer l'Église et éclairer le monde.

Comme les premiers hérauts de l'Évangile, Luther naquit dans la pauvreté. Ses premières années s'écoulèrent dans l'humble foyer d'un paysan allemand. C'est par son travail quotidien au fond d'une mine que son père gagna la somme nécessaire pour payer ses études. Il souhaitait faire de lui un avocat ; mais Dieu le destinait à être un constructeur du vaste temple qui s'érigeait si lentement à travers les siècles. Les épreuves, les privations et une discipline sévère furent l'école dans laquelle la Sagesse infinie prépara Luther à l'importante mission de sa vie.

Le père de Luther était un homme à l'esprit solide et actif, et d'une grande force de caractère ; il était honnête, déterminé et franc. Il était fidèle à sa conviction du devoir, quelles qu'en soient les conséquences. Son solide bon sens l'amena à considérer avec méfiance le système monastique. Il fut extrêmement affligé lorsque Martin Luther, sans son consentement, entra au monastère. Il fallut deux ans avant que le père et le se réconcilient ; mais même alors, ses opinions demeurèrent les mêmes.

Les parents de Luther veillaient avec beaucoup de soin sur l'instruction et sur la formation de leurs enfants. Ils s'efforcèrent de les instruire dans la connaissance de Dieu et dans la pratique des vertus chrétiennes. Martin entendait souvent son père prier pour demander que son enfant se souvienne du nom du Seigneur et, un jour, contribue à l'avancement de sa vérité. Ses parents profitaient de chaque loisir que leur laissait leur vie de labeur pour s'instruire moralement ou intellectuellement. Ils faisaient des efforts fervents et persévérants pour préparer leurs enfants à une vie pieuse et utile. Leur fermeté et leur force de caractère les portaient parfois à une sévérité excessive ; cependant le réformateur lui-même, quoique conscient des erreurs commises par ses parents dans certains domaines, trouvait plus de choses à approuver qu'à condamner dans leur discipline.

À l'école, où il fut envoyé très jeune, Luther fut traité avec dureté, et même avec violence. La pauvreté de ses parents était si grande que, en allant à pied de chez lui à l'école dans une autre ville, il était parfois obligé, pour pouvoir se nourrir, de chanter de porte en porte. Il souffrit souvent de la faim. Les conceptions lugubres et superstitieuses de la religion répandues à cette époque le remplissaient de crainte. Il restait éveillé la nuit, le cœur lourd, regardant en tremblant vers un avenir sombre, constamment effrayé à la pensée d'un Dieu considéré comme un juge sévère et impitoyable et comme un tyran cruel plutôt que comme un tendre Père céleste.

Cependant, malgré ces causes de découragement si nombreuses et si graves, Luther allait résolument de l'avant vers l'idéal élevé d'excellence morale et intellectuelle vers lequel son âme se sentait attirée. Il avait soif de connaissance, et le côté sérieux et pratique de son esprit l'amenait à préférer ce qui était solide et utile à ce qui était voyant et superficiel.

Lorsque, à l'âge de dix-huit ans, il entra à l'Université d'Erfurt, sa situation était plus favorable et ses perspectives d'avenir plus brillantes qu'au cours de ses premières années. Ses parents, à force d'économie et de zèle, acquirent une certaine aisance et purent lui apporter toute l'aide dont il avait besoin. L'influence d'amis doués d'un bon jugement avait quelque peu adouci les conséquences déprimantes de sa première éducation. Il s'appliqua à l'étude des meilleurs auteurs, mémorisant avez zèle leurs pensées les plus importantes et s'appropriant leur sagesse. Même sous la discipline sévère de ses anciens instructeurs, il avait montré très tôt d'excellentes dispositions. Entouré d'influences favorables, son esprit se développa rapidement. Une mémoire extraordinaire, une vive imagination, une grande capacité de raisonnement et une application inlassable le mirent au premier rang de ses condisciples. La discipline intellectuelle mûrit son intelligence et développa chez lui une faculté de réflexion et une finesse de perception qui le préparèrent aux conflits qui l'attendaient.

La crainte du Seigneur habitait le cœur de Luther, lui permettant de maintenir la constance de ses desseins et le conduisant à une profonde humilité devant Dieu. Il avait le sentiment permanent de sa dépendance de l'aide divine et ne manquait pas de commencer chacune de ses journées par la prière. Son cœur exprimait continuellement une prière réclamant la direction et le soutien de Dieu. « Bien prier, disait-il souvent, est la meilleure moitié de l'étude[1]. »

Un jour, examinant les livres de la bibliothèque de l'université, Luther y découvrit une Bible en latin. Il n'en avait encore jamais vu ; il en ignorait même l'existence. Il avait entendu lire des passages des Évangiles et des épîtres lors du culte public, et supposait que ceux-ci constituaient la Bible tout entière. Maintenant, pour la première fois, il contemplait la Parole de Dieu dans sa totalité. Avec un mélange de crainte et d'admiration, il tourna les pages sacrées ; le cœur battant, il lut pour lui-même les paroles de vie, s'arrêtant de temps en temps pour s'exclamer : « Oh, si Dieu daignait un jour me donner un tel livre[2] ! » Des anges de Dieu se tenaient à ses côtés, et des rayons de lumière provenant du trône de Dieu révélèrent à son intelligence les trésors de la vérité. Il avait toujours craint d'offenser Dieu ; mais, en cet instant, la profonde conviction de son état de pécheur s'empara de lui comme jamais auparavant.

Un désir intense d'être libéré du péché et de trouver la paix avec Dieu l'amena enfin à entrer au monastère et à se consacrer à une vie monastique. On lui confia les corvées les plus humbles et on l'envoya mendier de maison en maison. Il était arrivé à un âge où l'on recherche ardemment le respect et l'appréciation ; ces besognes serviles étaient donc profondément humiliantes pour ses sentiments na-

1. J.H. Merle d'Aubigné, *Histoire de la Réformation du seizième siècle*, livre 2, chapitre 2.
2. *Idem.*

turels ; mais il les endura patiemment, les croyant nécessaires à l'expiation de ses péchés.

Il consacrait à l'étude chaque instant laissé libre par ses tâches quotidiennes, se privant de sommeil et empiétant même sur le temps consacré à ses maigres repas. Par dessus tout, il trouvait sa joie dans l'étude de la Parole de Dieu. Il avait découvert une Bible enchaînée au mur du monastère, et se rendait souvent à cet endroit pour en faire la lecture. Sa conviction du péché allant en s'approfondissant, il cherchait, par ses propres œuvres, à obtenir le pardon et la paix. Il menait une vie extrêmement austère, s'efforçant, par des jeûnes, des veilles et des flagellations, de surmonter ses défauts naturels, auxquels la vie monastique n'avait apporté aucun soulagement. Il ne reculait devant aucun sacrifice pour atteindre la pureté de cœur qui lui permettrait de gagner l'approbation de Dieu.

« J'étais vraiment un moine pieux, dit-il plus tard. Je suivais les règles de mon ordre plus strictement que je ne saurais l'exprimer. Si jamais moine eût pu gagner le ciel par ses œuvres monastiques, j'y aurais certainement eu droit. […] Si cela avait continué encore longtemps, ces mortifications m'auraient conduit à la mort[3]. » Le résultat de cette douloureuse discipline fut qu'il s'affaiblit et souffrit d'évanouissements dont il ne se remit jamais complètement. Mais, malgré tous ses efforts, son âme accablée n'obtint aucun soulagement. Il se trouva finalement au bord du désespoir.

Alors qu'il lui semblait que tout était perdu, Dieu lui suscita un ami et un soutien, le pieux Staupitz, qui l'aida à comprendre la Parole de Dieu et l'invita à détourner les regards de lui-même, à cesser de méditer sur des châtiments infinis pour la transgression des lois divines pour regarder à Jésus, son Sauveur qui pardonne le péché. « Au lieu de vous torturer à cause de vos péchés, jetez-vous dans les bras du Rédempteur. Confiez-vous en lui, en la justice de sa vie, en sa mort expiatoire. […] Écoutez le Fils de Dieu. Il est devenu homme pour vous donner l'assurance de la faveur divine. […] Aimez celui qui vous a aimé le premier[4]. » Ainsi parlait ce messager de la miséricorde. Ses paroles firent une profonde impression sur l'esprit de Luther. Après bien des luttes contre les erreurs qu'il avait si longtemps caressées, il put saisir la vérité, et la paix envahit son âme angoissée.

Luther fut ordonné prêtre et appelé à quitter ce monastère pour devenir professeur à l'Université de Wittenberg. Il s'y appliqua à l'étude des Écritures dans les langues originales. Il commença à donner des cours sur la Bible : les livres des Psaumes, les Évangiles et les épîtres furent offerts à la compréhension de foules d'auditeurs ravis. Staupitz, à la fois son ami et son supérieur, l'encouragea à monter en chaire et à prêcher la Parole de Dieu. Luther hésita, se sentant indigne de parler aux gens au nom du Christ. Ce ne fut qu'après une longue lutte qu'il céda aux sollicitations de ses amis. Il était déjà très versé dans les Écritures, et la grâce de Dieu reposait sur lui. Son éloquence captivait ses auditeurs ; la clarté et la puissance avec lesquelles il présentait la vérité apportaient la conviction à leur esprit, et sa ferveur touchait leur cœur.

En ce temps-là, Luther était encore un fils fidèle de l'Église papale et était loin d'imaginer qu'il serait un jour autre chose que cela. Par la providence divine, il fut amené à visiter Rome. Il fit le voyage à pied, logeant en chemin dans des cou-

3. *Ibid.*, chapitre 3.
4. *Ibid.*, chapitre 4.

vents. Dans un monastère en Italie, il fut surpris par la richesse, la magnificence et le luxe qui s'y étalait. Percevant des revenus princiers, les moines habitaient de splendides appartements, revêtus de robes des plus magnifiques et des plus coûteuses et festoyaient à des tables bien garnies. Avec une douloureuse inquiétude, Luther remarqua le contraste entre cette scène et l'abnégation et les épreuves de sa propre vie. Son esprit resta perplexe.

Enfin, il aperçut dans le lointain la ville aux sept collines. Saisi d'une profonde émotion, il se prosterna sur le sol en s'exclamant : « Sainte Rome, je te salue[5] ! » Il pénétra dans la ville, visita les églises, écouta les merveilleux contes que racontaient les prêtres et les moines, et accomplit toutes les cérémonies exigées. Partout, il contempla des scènes qui le remplirent d'étonnement et d'horreur. Il se rendit compte que l'iniquité se répandait dans toutes les classes du clergé. Il entendit des prélats faire d'indécentes plaisanteries et fut horrifié par leur terrible impiété qu'ils affichaient jusque dans la messe. Se mêlant aux moines et aux citoyens, il ne rencontra que dissipation et débauche. Où qu'il se tournât, la profanation prévalait sur la sainteté. « Personne ne peut imaginer, écrivit-il, quels péchés et quelles actions infâmes se commettent à Rome ; il faut le voir et l'entendre pour le croire. Aussi a-t-on coutume de dire : "Si l'enfer existe, Rome est bâtie dessus ; c'est un abîme d'où proviennent toutes sortes de péchés."[6]. »

Un récent décret du pape promettait une indulgence à tous ceux qui graviraient sur leurs genoux l'« escalier de Pilate », qu'on prétendait être celui – miraculeusement transporté de Jérusalem à Rome – par lequel notre Sauveur était descendu en quittant le prétoire romain. Un jour, Luther en gravissait dévotement les marches lorsque, soudain, une voix pareille à celle du tonnerre sembla lui dire : « Celui qui est juste en vertu de la foi vivra[7]. » Il bondit sur ses pieds et quitta précipitamment ce lieu, rempli de honte et d'horreur. Ce texte biblique ne perdit jamais son pouvoir sur son âme. Dès ce moment, il vit plus clairement que jamais auparavant combien il est aberrant de se confier en des œuvres humaines pour obtenir le salut, et combien est nécessaire une foi constante en les mérites du Christ. Ses yeux avaient été ouverts, et ne se fermeraient jamais plus, sur les erreurs de la papauté. En tournant le dos à Rome, il en détourna aussi le cœur. À partir de ce moment, la séparation alla en s'élargissant, jusqu'au jour où il coupa toute relation avec l'Église papale.

Après son retour de Rome, Luther obtint, à l'Université de Wittenberg, le titre de Docteur en théologie. Il avait maintenant la liberté de se consacrer, comme jamais auparavant, aux Écritures qu'il aimait tant. Il s'était solennellement engagé à étudier soigneusement et à prêcher fidèlement tous les jours de sa vie la Parole de Dieu, et non les déclarations et les doctrines des papes. Il n'était plus un simple moine ou un simple professeur, mais le héraut autorisé de la Bible. Il avait été appelé à être berger du troupeau de Dieu, lequel avait faim et soif de vérité. Il déclara avec fermeté que les chrétiens ne doivent recevoir d'autres doctrines que celles qui reposent sur l'autorité des Saintes Écritures. Ces paroles sapaient les fondations mêmes de la suprématie papale. Elles contenaient le principe vital de la Réforme.

Luther se rendait compte du danger d'élever les théories humaines au-dessus de la Parole de Dieu. Il attaquait sans crainte l'infidélité spéculative des professeurs

5. *Ibid.*, chapitre 6.
6. *Idem.*
7. Romains 1.17.

et s'opposait à la philosophie et à la théologie qui avaient exercé pendant si longtemps leur influence sur le peuple. Il dénonçait ces études non seulement comme inutiles, mais même comme pernicieuses, et s'efforçait de détourner l'esprit de ses auditeurs des sophismes des philosophes et des théologiens pour attirer leur attention vers les vérités éternelles exposées par les prophètes et les apôtres.

Il apportait un précieux message aux foules suspendues à ses lèvres. Jamais auparavant elles n'avaient entendu un tel enseignement. La bonne nouvelle de l'amour du Sauveur, l'assurance du pardon et de la paix par le moyen de son sang expiatoire, réjouissaient leur cœur et leur inspiraient une espérance immortelle. À Wittenberg s'alluma une lumière dont les rayons allaient s'étendre jusqu'aux extrémités de la terre, et l'éclat s'intensifier jusqu'à la fin des temps.

Mais lumière et ténèbres ne peuvent s'harmoniser ; entre la vérité et l'erreur, il existe un conflit irréductible. Soutenir et défendre l'une, c'est attaquer et renverser l'autre. Notre Sauveur lui-même a déclaré : « Je ne suis pas venu apporter la paix, mais l'épée[8]. » Luther, quelques années après le début de la Réforme, déclara : « Dieu ne me guide pas : il me pousse en avant. Il m'emporte. Je ne suis pas maître de moi-même. Je désire vivre dans le repos ; mais je suis précipité au milieu de tumultes et de révolutions[9]. » Il était sur le point d'être précipité dans l'ardeur de la bataille.

L'Église romaine avait traité la grâce de Dieu comme une marchandise. Elle avait dressé les « tables des changeurs[10] » à côté de ses autels, et l'air retentissait des cris des acheteurs et des vendeurs. Sous prétexte de rassembler des fonds pour l'érection de la Basilique Saint-Pierre de Rome, des indulgences furent publiquement mises en vente par l'autorité du pape. Un temple destiné au culte divin allait être érigé au prix du crime, et sa pierre angulaire posée avec le salaire de l'iniquité ! Mais les moyens adoptés par Rome pour sa glorification provoquèrent le plus terrible coup porté à son pouvoir et à sa grandeur. Cet événement suscita à la papauté son ennemi le plus déterminé, celui qui remporta le plus de succès dans sa lutte contre elle, et qui déclencha la bataille qui allait ébranler le trône papal et faire chanceler la triple couronne sur la tête du pontife.

Le moine désigné pour assurer la vente des indulgences en Allemagne, nommé Tetzel, avait été condamné pour les plus vils délits contre la société et contre la loi de Dieu ; mais, ayant échappé au châtiment mérité pour ses crimes, il fut employé afin de faire progresser les projets mercenaires et dénués de scrupules du pape. Avec une profonde effronterie, il racontait les mensonges les plus flagrants et les contes les plus merveilleux pour tromper un peuple ignorant, crédule et superstitieux. Si ces gens avaient été en possession de la Parole de Dieu, ils ne se seraient pas laissés tromper de la sorte. C'est pour les maintenir sous la domination de la papauté et pour accroître le pouvoir et la richesse de ses ambitieux chefs que la Bible leur avait été retirée[11].

Lorsque Tetzel arrivait dans une ville, un messager le précédait, annonçant : « La grâce de Dieu et du saint père est à vos portes[12]. » Et les gens accueillaient ce

---

8. Matthieu 10.34.
9 J.H. Merle d'Aubigné, *op. cit.*, livre 5, chapitre 2.
10. Matthieu 21.12.
11. Voir John C.L. Gieseler, *A Compendium of Ecclesiastical History* [Précis d'Histoire ecclésiastique], per. 4, section 1, paragraphe 5.
12. J.H. Merle d'Aubigné, *op. cit.*, livre 3, chapitre 1.

charlatan blasphémateur comme si c'était Dieu lui-même descendu du ciel pour les visiter. Ce trafic infâme se pratiquait dans l'église même ; Tetzel, montant en chaire, vantait les indulgences comme le don le plus précieux de Dieu. Il déclarait que, par la vertu de ses certificats d'absolution, tous les péchés que l'acheteur avait l'intention de commettre par la suite lui seraient pardonnés, sans même que la repentance soit nécessaire [13]. Pire encore, il assurait à ses auditeurs que ces indulgences avaient le pouvoir de sauver non seulement les vivants, mais les morts également ; et qu'au moment même où la pièce d'argent tinterait sur le fond de son coffre, l'âme en faveur de laquelle cet argent avait été versé s'échapperait du purgatoire et s'envolerait vers le ciel [14].

Lorsque Simon le Magicien offrit d'acheter aux apôtres le pouvoir d'accomplir des miracles, Pierre lui répondit : « Que ton argent se perde avec toi, puisque tu as pensé acquérir le don de Dieu à prix d'argent [15] ! » Mais des milliers de personnes saisissaient avec empressement l'offre de Tetzel. L'or et l'argent coulaient à flot dans son trésor. Un salut qu'on pouvait acheter avec de l'argent était plus facile à obtenir que celui qui exige la repentance, la foi et des efforts diligents pour résister au péché et le surmonter [16].

Des hommes instruits et pieux au sein de l'Église romaine s'étaient opposés à la doctrine des indulgences, et de nombreuses personnes n'accordaient aucune confiance à ces prétentions aussi contraires à la fois à la raison et à la révélation. Aucun prélat n'osait élever la voix contre ce trafic. L'esprit des gens était troublé et mal à l'aise. Beaucoup se demandaient avec ferveur si Dieu n'allait pas intervenir par quelque moyen pour purifier son Église.

Luther, quoique encore un papiste de la plus belle eau, fut rempli d'horreur devant les affirmations blasphématoires des marchands d'indulgences. De nombreux membres de sa propre église avaient acheté des certificats d'absolution et commencèrent bientôt à venir vers lui pour confesser leurs péchés, s'attendant à recevoir l'absolution, non parce qu'ils se repentaient et souhaitaient se réformer, mais en vertu des indulgences. Luther leur refusa l'absolution et les avertit que, à moins de se repentir et de réformer leur vie, ils périraient avec leurs péchés. Profondément perplexes, ils retournèrent auprès de Tetzel en se plaignant que leur confesseur avait refusé ses certificats. Certains réclamèrent audacieusement le remboursement de leur argent. Le moine fut rempli de rage. Il proféra les plus terribles malédictions, fit allumer des feux sur les places publiques et déclara qu'il « avait reçu du pape l'ordre de brûler tous les hérétiques qui oseraient s'opposer à ses très saintes indulgences [17]. »

Luther entreprit maintenant avec audace son œuvre en tant que champion de la vérité. Sa voix se fit entendre depuis la chaire en avertissements fervents et solennels. Il démontra au peuple la nature odieuse du péché et lui enseigna qu'il est impossible à l'homme, par ses propres œuvres, d'atténuer sa culpabilité ou d'échapper au châtiment. Rien, sinon la repentance et la foi en Christ, ne peut sauver le pécheur. La grâce du Christ ne peut être achetée à prix d'argent, car c'est

13. *Idem.*
14. Voir K.R. Hagenbach, *History of the Reformation* [Histoire de la Réformation], volume 1, p. 96.
15. Actes 8.20.
16. Voir appendice, note 18.
17. J.H. Merle d'Aubigné, *ibid.*, chapitre 4.

un don gratuit. Il leur conseilla non d'acheter des indulgences, mais de regarder avec foi vers le Rédempteur crucifié. Racontant sa douloureuse expérience lorsqu'il avait cherché en vain à gagner le salut par des humiliations et des pénitences, il assura à ses auditeurs que c'est en se détournant de lui-même et en regardant vers le Christ qu'il avait trouvé la paix et la joie.

Comme Tetzel continuait son trafic et ses prétentions impies, Luther se rendit compte qu'il fallait une protestation plus efficace contre ces abus criants. L'occasion s'en présenta bientôt. L'église du château de Wittenberg possédait de nombreuses reliques, qui, certains jours de fête, étaient exposées à la vénération du peuple. Une pleine rémission des péchés était accordée à tous ceux qui visiteraient cette église à ce moment de l'année et se confesseraient. C'est pourquoi on y venait en grands nombres ces jours-là. L'une des fêtes les plus importantes, la Toussaint, approchait. La veille, Luther, se joignant aux foules qui se dirigeaient déjà vers cette église, afficha sur la porte de celle-ci une feuille de papier contenant 95 propositions contre la doctrine des indulgences. Il déclara qu'il était disposé à défendre ces thèses dès le lendemain à l'université, contre quiconque jugerait bon de les attaquer.

Ses propositions attirèrent l'attention générale. Elles furent lues, relues et répétées dans toutes les directions. Elles suscitèrent une grande agitation à l'université et dans toute la ville. Ces thèses démontraient que le pouvoir d'accorder le pardon des péchés et d'en remettre la pénalité n'avait jamais été confié au pape, ni à aucun autre homme. Tout ce système n'était qu'une farce, un artifice pour extorquer de l'argent en jouant sur la superstition des hommes, un stratagème de Satan pour détruire l'âme de tous ceux qui se confieraient en ses prétentions mensongères. Elles montraient aussi clairement que l'Évangile du Christ est le trésor le plus précieux de l'Église, et que la grâce de Dieu qui s'y trouve révélée est accordée gratuitement à tous ceux qui la recherchent par la repentance et par la foi.

Les thèses de Luther appelaient le débat ; mais personne n'osa relever ce défi. Les questions qu'il proposait s'étaient répandues en quelques jours dans toute l'Allemagne, et, en quelques semaines, dans toute la chrétienté. De nombreux et pieux adhérents de l'Église romaine avaient vu et déploré l'iniquité terrible prévalant dans l'Église, mais ils ne savaient pas comment arrêter sa progression. Ils lurent ces propositions avec une grande joie, reconnaissant en elles la voix de Dieu. Ils eurent l'impression que le Seigneur avait gracieusement étendu le bras pour mettre un terme à la vague de corruption qui provenait du Saint-Siège et qui ne faisait que croître. Des princes et des magistrats se réjouirent secrètement qu'un frein soit mis à l'arrogant pouvoir qui refusait de reconnaître le droit d'appel de ses décisions.

Cependant, les foules superstitieuses et attachées au péché furent terrifiées en s'apercevant que les sophismes qui avaient calmé leurs craintes avaient été balayés. Des ecclésiastiques rusés, handicapés dans leur œuvre de cautionnement du crime et voyant leurs gains compromis, furent irrités et se rallièrent pour soutenir leurs prétentions. Le réformateur dut faire face à de violents accusateurs. Certains lui reprochèrent d'avoir agi avec hâte et par impulsion ; d'autres l'accusèrent de présomption, déclarant qu'il n'était pas dirigé par Dieu, mais agissait par orgueil et effronterie. « Qui ne sait, répondit-il, qu'on avance rarement une idée nouvelle sans avoir une certaine apparence d'orgueil et sans être accusé de provoquer des querelles ? [...] Pourquoi le Christ et tous les martyrs ont-ils été mis à mort ? Parce qu'ils donnaient l'impression de mépriser orgueilleusement la sagesse de l'époque, et parce qu'ils avançaient des nouveautés sans avoir d'abord pris humblement conseil auprès des oracles des anciennes opinions. »

Il déclara aussi : « Tout ce que je ferai s'accomplira non par la sagesse des hommes, mais par le conseil de Dieu. Si cette œuvre est de Dieu, qui pourra l'arrêter ? Si elle ne l'est pas, qui pourra la faire avancer ? Non ma volonté, ni la leur, ni la nôtre, mais la tienne, Ô Père saint qui es dans les cieux[18]. »

Bien que Luther ait été poussé par l'Esprit de Dieu à entreprendre son œuvre, il n'allait pas pouvoir l'accomplir sans rencontrer de sévères conflits. Les reproches de ses ennemis, la présentation déformée de ses intentions et leurs réflexions injustes et malveillantes sur son caractère et ses motivations fondirent sur lui comme un déluge qui engloutit tout, et ne restèrent pas sans effets. Il avait cru que les dirigeants du peuple, tant dans l'Église que dans les établissements d'enseignement, s'associeraient à lui avec joie dans ses efforts de réforme. Des paroles d'encouragement provenant de personnes occupant des positions élevées l'avaient rempli de joie et d'espoir. Il voyait déjà par anticipation un jour plus lumineux se levant sur l'Église ; mais les encouragements s'étaient transformés en reproches et en condamnations.

De nombreux dignitaires, aussi bien de l'Église que de l'État, étaient convaincus de la véracité de ses thèses ; mais ils se rendirent bientôt compte que l'acceptation de ces vérités entraînerait de profonds changements. Éclairer et réformer le peuple, c'était saper virtuellement l'autorité de Rome, tarir les milliers de ruisseaux qui alimentaient actuellement son trésor, et ainsi réduire considérablement les folles dépenses et le luxe des dirigeants papaux. De plus, enseigner aux hommes à penser et à agir comme des êtres responsables en regardant au Christ seul pour leur salut, c'était renverser le trône du pontife, et, en fin de compte, détruire leur propre autorité. C'est la raison pour laquelle ils refusèrent la connaissance que Dieu leur offrait et se dressèrent contre le Christ et contre la vérité en s'opposant à l'homme que celui-ci avait choisi pour les éclairer.

Luther tremblait pour lui-même : un seul homme opposé aux plus grandes puissances du monde. Il était parfois saisi de doutes, se demandant s'il avait vraiment été guidé par Dieu pour se dresser contre l'autorité de l'Église. « Qui étais-je, écrivait-il, pour m'opposer à la majesté du pape, devant lequel [...] les rois de la terre et le monde entier tremblaient ? [...] Personne ne peut savoir ce que souffrit mon cœur au cours de ces deux premières années, et dans quel abattement, je pourrais même dire dans quel désespoir, j'étais plongé[19]. » Mais Dieu ne permit pas qu'il fût totalement découragé. Lorsque les appuis humains lui faisait défaut, il regardait vers Dieu seul et apprenait qu'il pouvait se reposer en toute sécurité sur ce bras tout-puissant.

À un ami de la Réforme, Luther écrivait : « Nous ne pouvons atteindre la compréhension de l'Écriture ni par l'étude, ni par l'intelligence. Votre premier devoir est de commencer par la prière. Suppliez le Seigneur de vous accorder, dans sa

18. *Ibid.*, chapitre 6.
19. *Idem.*

grande miséricorde, la véritable compréhension de sa Parole. Il n'y a pas d'autre interprète de la Parole de Dieu que l'Auteur de cette Parole. Comme il l'a dit lui-même : "Ils seront tous instruits de Dieu[20]. " N'espérez rien de vos propres travaux, de votre propre compréhension ; confiez-vous uniquement en Dieu et en l'influence de son Esprit. Vous pouvez me croire : c'est la parole d'un homme qui en a fait l'expérience[21]. » Il y a là une leçon d'importance vitale pour ceux qui ont le sentiment que Dieu les a appelés à présenter aux autres les vérités solennelles pour notre temps. Ces vérités provoqueront l'inimitié de Satan et des hommes qui aiment les fables conçues par celui-ci. Dans le conflit avec les puissances du mal, il nous faut quelque chose de plus que la force de l'intellect et de la sagesse humaine.

Lorsque ses ennemis faisaient appel à la coutume et aux traditions, ou aux affirmations et à l'autorité du pape, Luther leur opposait la Bible et la Bible seule. C'étaient des arguments auxquels ils ne pouvaient répondre ; c'est pourquoi ces esclaves du formalisme et de la superstition réclamèrent son sang, comme les Juifs avaient réclamé le sang du Christ. « C'est un hérétique, s'écriaient ces zélotes de l'Église romaine. C'est une haute trahison contre l'Église de permettre à un hérétique aussi horrible de vivre une heure de plus. Qu'on lui dresse immédiatement un échafaud[22] ! » Mais Luther ne fut pas victime de leur fureur. Dieu avait une œuvre à réaliser à travers lui, et il envoya des anges du ciel pour le protéger. En revanche, beaucoup de ceux qui avaient reçu la précieuse lumière par l'intermédiaire de Luther furent l'objet de la colère de Satan et, au nom de la vérité, subirent sans crainte la torture et la mort.

Les enseignements de Luther attirèrent l'attention, dans toute l'Allemagne, des personnes qui réfléchissaient. De ses sermons et de ses écrits émanaient des rayons de lumière qui éveillaient et éclairaient des milliers de gens. Une foi vivante remplaçait le formalisme mort dans lequel l'Église avait été si longtemps maintenue. Le peuple perdait confiance chaque jour davantage dans les superstitions de l'Église romaine. Les barrières de préjugés s'effondraient. La Parole de Dieu, par laquelle Luther éprouvait toute doctrine et toute prétention, était comme une « épée à deux tranchants[23] » qui taillait son chemin jusque dans le cœur des hommes. Partout s'éveillait le désir d'un progrès spirituel ; partout se faisaient sentir une faim et une soif de justice qu'on n'avait plus connues depuis des siècles. Les yeux dirigés pendant si longtemps vers des rites humains et des médiateurs terrestres, se tournaient maintenant dans la repentance et la foi vers « Jésus-Christ – Jésus-Christ crucifié[24]. »

Cet intérêt largement répandu éveilla encore plus les craintes des autorités papales. Luther fut convoqué pour comparaître à Rome et répondre à l'accusation d'hérésie. Cette convocation terrifia ses amis. Ils savaient très bien le danger qui le menaçait dans cette ville corrompue, déjà ivre du sang des martyrs de Jésus. Ils protestèrent contre la perspective d'un voyage à Rome et demandèrent qu'il soit examiné en Allemagne.

---

20. Jean 6.45.
21. *Ibid.*, chapitre 7.
22. *Ibid.*, chapitre 9.
23. Hébreux 4.12.
24. 1 Corinthiens 2.2.

Cet proposition fut finalement acceptée, et un légat du pape fut désigné pour entendre cette cause. Les instructions remises par le pontife à cet ecclésiastique spécifiaient que Luther avait déjà été reconnu comme hérétique. Le légat était donc chargé « d'engager une action contre lui et de le contraindre sans autre délai ». Au cas où il conserverait sa position et où le légat ne réussirait pas à s'emparer de sa personne, celui-ci avait l'autorité « de le proscrire dans toutes les parties de l'Allemagne ; de bannir, maudire et excommunier tous ceux qui lui étaient attachés[25]. » De plus, le pape ordonnait à son envoyé, afin d'extirper totalement cette hérésie pestilentielle, d'excommunier tous ceux qui, quelque soit leur position dans l'Église ou dans l'État, à l'exception de l'Empereur, négligeraient de saisir Luther et ses adhérents et de les livrer à la vengeance de Rome.

Ici se révélait le véritable esprit de la papauté. On ne trouvait dans tout ce document aucune trace de principes chrétiens, ni même de justice élémentaire. Luther se trouvait à une grande distance de Rome ; il n'avait eu aucune possibilité d'expliquer ou de défendre sa position ; et, cependant, avant que sa cause ait été entendue, il avait, de manière sommaire, été jugé hérétique, et, le même jour, exhorté, accusé, jugé et condamné ; tout cela par celui qui se proclamait lui-même « saint père », seule autorité suprême et infaillible dans l'Église ou dans l'État !

À cette époque, alors que Luther avait tant besoin de la sympathie et des conseils d'un véritable ami, la providence divine envoya Melanchthon à Wittenberg. Ce dernier était jeune, modeste et réservé. La sûreté de son jugement, ses connaissances étendues et son éloquence persuasive, associées à la pureté et à la droiture de son caractère, lui gagnèrent l'admiration et l'estime générales. La douceur de sa nature n'était pas moins remarquable que ses talents brillants. Il devint bientôt un fervent disciple de l'Évangile et, pour Luther, un ami de confiance et un soutien apprécié ; sa douceur, sa prudence et son exactitude servirent à contrebalancer le courage et l'énergie de Luther. Leur association fortifia l'œuvre de la Réforme et fut une grande source d'encouragement pour Luther.

Le lieu de son jugement ayant été fixé à Augsbourg, le réformateur se mit en route à pied pour se rendre dans cette ville. On avait de sérieuses craintes à son sujet. Des menaces avaient été ouvertement proférées : qu'il serait saisi et assassiné en cours de route ; et ses amis le supplièrent de ne pas prendre de risques. Ils le supplièrent même de quitter Wittenberg pendant un certain temps et de chercher refuge auprès de ceux qui le protégeraient volontiers. Mais il ne voulut pas abandonner le poste que Dieu lui avait confié. Il devait continuer fidèlement à maintenir la vérité, malgré les orages qui fondaient sur lui. Il tenait le langage suivant : « Je suis, comme Jérémie, un homme de conflit et de discorde ; mais, plus leurs menaces augmentent, plus ma joie se multiplie. [...] Ils ont déjà détruit mon honneur et ma réputation. Il ne me reste qu'une chose : mon misérable corps ; qu'ils le prennent ! Ils ne feront qu'abréger ma vie de quelques heures. Quant à mon âme, ils ne peuvent me la prendre. Celui qui désire proclamer la Parole du Christ au monde doit s'attendre à la mort à tout moment[26]. »

La nouvelle de l'arrivée de Luther à Augsbourg procura à l'envoyé du pape une profonde satisfaction. Cet hérétique turbulent qui attirait l'attention du monde entier semblait maintenant être au pouvoir de Rome, et le légat était résolu à ne

25. J.H. Merle d'Aubigné, *op. cit.*, livre 4, chapitre 2.
26. *Ibid.*, chapitre 4.

pas le laisser échapper. Le réformateur n'avait pas réussi à obtenir de sauf-conduit. Ses amis l'exhortèrent à ne pas paraître devant le représentant du pape sans en posséder un, et ils entreprirent eux-mêmes de s'en procurer un auprès de l'Empereur. L'intention du légat était de forcer Luther, si possible, à se rétracter, ou, s'il n'y parvenait pas, de le conduire à Rome pour y subir le sort de Jean Hus et de Jérôme. C'est pourquoi, par l'intermédiaire de ses agents, il s'efforça d'amener Luther à paraître sans sauf-conduit et à se confier en sa miséricorde. Le réformateur s'y refusa avec fermeté. Ce n'est que lorsqu'il eut reçu le document qui lui garantissait la protection de l'Empereur qu'il parut en présence de l'ambassadeur du pape.

Les partisans de l'Église romaine avaient choisi leur politique : essayer de gagner Luther par une apparente douceur. Le légat, lors de leurs entrevues, fit preuve d'une grande amabilité ; néanmoins il exigea que Luther se soumette implicitement à l'autorité de l'Église et cède sur chaque point sans argumenter ni poser de questions. Mais il avait mal jugé le caractère de l'homme auquel il avait à faire. Luther, dans sa réponse, exprima son respect pour l'Église, son désir de trouver la vérité, sa disposition à répondre à toutes les objections à ce qu'il avait enseigné et à soumettre ses doctrines à la décision de certaines universités parmi les plus importantes. En même temps, il protesta contre l'attitude du cardinal, qui lui demandait de se rétracter sans l'avoir convaincu d'erreur.

La seule réponse de l'ambassadeur fut : « Rétractez-vous ! Rétractez-vous ! » Le réformateur expliqua que sa position reposait sur les Écritures et déclara avec fermeté qu'il ne pouvait pas renoncer à la vérité. Le légat, incapable de répondre aux arguments de Luther, l'accabla d'une tempête de reproches, de moqueries et de flatteries, entremêlés de citations de la tradition et des déclarations des Pères de l'Église, et ne laissant au réformateur aucune possibilité de prendre la parole. Voyant que cette entrevue, si on la poursuivait ainsi, n'aboutirait à rien, Luther obtint finalement la permission, accordée à contrecœur, de présenter sa réponse par écrit.

« En agissant ainsi, écrivit-il à un ami, les opprimés y trouvent un double avantage : d'abord, ce qui est écrit peut être soumis au jugement d'autres personnes ; et, deuxièmement, ils ont une plus grande possibilité de faire appel aux craintes, sinon à la conscience, d'un despote arrogant et bavard, auquel, autrement, son langage dictatorial donnerait l'avantage[27]. »

Au cours de l'entrevue suivante, Luther présenta un exposé clair, concis et énergique de ses croyances, reposant pleinement sur de nombreuses citations des Écritures. Après en avoir fait la lecture à haute voix, il tendit cette étude au cardinal, qui, cependant, la jeta de côté avec mépris, déclarant que c'était une masse de mots futiles et de citations intempestives. Luther, piqué, rencontra alors le hautain prélat sur son propre terrain : les traditions et enseignements de l'Église ; et il renversa complètement les prétentions de celui-ci.

Lorsque le prélat se rendit compte que le raisonnement de Luther était sans réplique, il perdit toute maîtrise de lui-même, et, hors de lui, s'écria : « Rétractez-vous ! Sinon, je vous enverrai à Rome pour comparaître devant les juges désignés pour statuer sur votre cas. Je vous excommunierai, vous et vos partisans, ainsi que tous ceux qui vous soutiennent, quelque soit le moment, et je les jetterai hors de l'Église. » Il déclara finalement, sur un ton hautain et irrité : « Rétractez-vous, ou ne reparaissez plus devant moi[28] ! »

---

27. Martyn, *The Life and Times of Luther* [La vie et l'époque de Luther], p. 271, 272.
28. J.H. Merle d'Aubigné [édition de Londres], *ibid.*, chapitre 8.

Le réformateur se retira aussitôt, suivi de ses amis, déclarant ainsi ouvertement qu'il ne fallait attendre de sa part aucune rétractation. Ce n'était pas ce que le cardinal avait prévu. Il s'était flatté de pouvoir réduire Luther à la soumission par la violence. Maintenant, demeuré seul avec ses partisans, il les regardait l'un après l'autre, profondément désolé de l'échec inattendu de ses stratagèmes.

Les efforts de Luther déployés à cette occasion ne restèrent pas sans produire de bons résultats. Les personnes présentes dans cette vaste assemblée eurent l'occasion de comparer ces deux hommes et de juger par elles-mêmes de l'esprit manifesté par chacun d'eux, ainsi que de la force et de la véracité de leurs positions respectives. Quel contraste ! D'un côté le réformateur, simple, humble, ferme, se tenait dans la force de Dieu, avec la vérité de son côté ; de l'autre le représentant du pape, suffisant, arrogant, hautain, déraisonnable, sans un seul argument tiré des Écritures à présenter, et qui cependant s'écriait avec véhémence : « Rétractez-vous, ou soyez envoyé à Rome pour y être châtié ! »

Bien que Luther ait obtenu un sauf-conduit, les partisans de l'Église de Rome complotaient pour le saisir et l'emprisonner. Vu qu'il était inutile de prolonger son séjour à Augsbourg, ses amis l'exhortèrent à retourner sans délai à Wittenberg et à observer la plus grande prudence pour cacher ses intentions. C'est pourquoi il quitta Augsbourg avant le lever du jour, à dos de cheval, accompagné seulement d'un guide fourni par le magistrat. Rempli d'appréhension, il parcourut secrètement les rues sombres et silencieuses de la ville. Des ennemis vigilants et cruels conspiraient pour le détruire. Échapperait-il aux pièges qui lui étaient tendus ? Ce furent des moments d'angoisse et de prière fervente. Il atteignit une petite porte dans le mur de la ville. Elle lui fut ouverte, et, avec son guide, ils la franchirent sans encombres. Une fois dehors en sécurité, les fugitifs hâtèrent le pas. Avant que le légat n'apprenne le départ de Luther, celui-ci était déjà hors de portée de ses persécuteurs. Les plans de Satan et de ses émissaires avaient été déjoués. L'homme qu'ils avaient cru en leur pouvoir était parti. Il s'était échappé comme un oiseau du piège de l'oiseleur.

À la nouvelle de la fuite de Luther, le légat fut rempli de surprise et de colère. Il s'était attendu à recevoir de grands honneurs pour sa sagesse et sa fermeté dans le traitement de ce perturbateur de l'Église ; mais son espoir fut déçu. Il exprima sa colère dans une lettre adressée à Frédéric, l'électeur de Saxe, dénonçant amèrement Luther et exigeant qu'il soit envoyé à Rome, ou banni de la Saxe.

Dans sa défense, Luther avait demandé que le légat ou le pape lui montre ses erreurs d'après les Écritures. Il s'était engagé de la manière la plus solennelle à renoncer à ses doctrines si on pouvait lui montrer qu'elles contredisaient la Parole de Dieu ; et il avait exprimé sa reconnaissance à Dieu d'avoir été jugé digne de souffrir pour une cause aussi sainte.

L'électeur avait, jusqu'ici, peu de connaissances des doctrines réformées ; mais il fut profondément impressionné par la sincérité, la force et la clarté des paroles de Luther. Par conséquent, jusqu'à ce que le réformateur soit convaincu d'erreur, Frédéric décida de devenir son protecteur. En réponse aux exigences du légat, il lui écrivit : « Puisque le Docteur Martin a comparu devant vous à Augsbourg, vous devriez être satisfait. Nous ne nous attendions pas à ce que vous l'ameniez à se rétracter avant de l'avoir convaincu de ses erreurs. Aucun des érudits de notre principauté ne m'a informé que la doctrine de Martin soit impie, antichrétienne ou hérétique[29]. » De plus, le prince refusa d'envoyer Luther à Rome ou de l'expulser de ses États.

29. J.H. Merle d'Aubigné, *op. cit.*, livre 4, chapitre 10.

L'électeur remarquait un effondrement général des contraintes morales de la société. Une grande œuvre de réforme était nécessaire. Le système complexe et onéreux destiné à réprimer et à punir les délits serait inutile si les hommes voulaient bien reconnaître les exigences de Dieu et obéir aux directives de leur conscience éclairé. Il se rendait compte que Luther travaillait à atteindre cet objectif, et se réjouissait secrètement en constatant qu'une meilleure influence se faisait sentir dans l'Église.

Il était également conscient du grand succès que remportait Luther en tant que professeur d'université. Une année seulement s'était écoulée depuis que le réformateur avait affiché ses thèses sur l'église du château ; cependant, on constatait déjà une importante diminution du nombre de pèlerins qui visitaient cette église à la Toussaint. Rome avait perdu des adorateurs et des offrandes ; mais leur place avait été comblée par d'autres, qui venaient maintenant à Wittenberg, non comme pèlerins pour adorer ses reliques, mais comme étudiants pour remplir ses salles de classe. Les écrits de Luther avaient suscité partout un nouvel intérêt pour les Saintes Écritures. De toutes les parties de l'Allemagne, mais également d'autres pays, les étudiants accouraient à l'université. Des jeunes hommes, découvrant Wittenberg pour la première fois, « levaient les mains vers le ciel et louaient Dieu d'avoir fait briller la lumière de la vérité depuis cette ville, comme autrefois depuis Sion, et, de là, de l'avoir fait s'étendre même jusqu'aux pays les plus lointains[30]. »

Luther n'était encore que partiellement débarrassé des erreurs de l'Église romaine. Mais, en comparant les saints Oracles aux décrets et statuts papaux, il était rempli d'interrogation. « Je lis, écrivait-il, les décrets des pontifes, et [...] je ne sais pas si le pape est l'antéchrist en personne, ou son apôtre, tellement le Christ est dénaturé et crucifié dans ces décrets[31]. » Pourtant, à cette époque, Luther était encore un partisan de l'Église romaine et ne soupçonnait pas qu'il se séparerait un jour de celle-ci.

Les écrits et la doctrine du réformateur se répandaient dans toutes les nations de la chrétienté. Son œuvre pénétra en Suisse et en Hollande. Des exemplaires de ses écrits arrivèrent en France et en Espagne. En Angleterre, ses enseignements furent reçus comme la Parole de vie. La vérité pénétra aussi en Belgique et en Italie. Des milliers de personnes s'éveillaient de leur torpeur mortelle pour découvrir la joie et l'espérance d'une vie de foi.

Rome était de plus en plus exaspérée par les attaques de Luther. Certains de ses adversaires fanatiques, y compris des docteurs des universités catholiques, décrétèrent que quiconque tuerait ce moine rebelle serait tenu pour innocent. Un jour, un étranger, un pistolet dissimulé sous le manteau, s'approcha du réformateur et lui demanda pourquoi il allait seul. « Je suis entre les mains de Dieu, répondit Luther. Il est "ma force et mon bouclier[32]". "Que peut me faire un être humain ?"[33] » En entendant ces paroles, l'étranger pâlit et s'enfuit comme s'il s'était trouvé en présence des anges du ciel.

Rome avait résolu la perte de Luther ; mais Dieu était son protecteur. On entendait ses doctrines partout, « dans les maisons de campagne et dans les couvents, [...] dans les châteaux des nobles, dans les universités et dans le palais des rois[34]. » Des hommes nobles se levaient de tous côtés pour soutenir ses efforts.

30. *Idem.*
31. J.H. Merle d'Aubigné, *op. cit.*, livre 5, chapitre 1.
32. Psaume 28.7.
33. Hébreux 13.6 ; J.H. Merle d'Aubigné, *op. cit.*, livre 6, chapitre 2.
34. *Idem.*

C'est à peu près à cette époque que Luther, en lisant les écrits de Jean Hus, découvrit que la grande vérité de la justification par la foi, que lui-même s'efforçait d'exalter et d'enseigner, avait été professée par le réformateur de Bohême. « Nous avons tous été, dit Luther, que ce soit Paul, Saint Augustin ou moi-même, des Hussites sans le savoir ! […] Dieu fera certainement rendre compte au monde que la vérité lui a été prêchée il y a un siècle, et a été brûlée[35] ! »

Dans un appel à l'Empereur et à la noblesse d'Allemagne en faveur de la réforme du christianisme, Luther écrivit au sujet du pape : « C'est une chose horrible que de contempler cet homme, qui se prétend vicaire du Christ, vivant dans un luxe qu'aucun empereur ne peut égaler. Est-ce cela, être comme le pauvre Jésus ou l'humble Pierre ? Il est, dit-on, le seigneur du monde ! Mais le Christ, dont il se vante d'être le vicaire, a dit : "Ma royauté n'est pas de ce monde "[36] L'empire d'un vicaire peut-il s'étendre au-delà de celui de son supérieur[37] ? »

Il écrivit également au sujet des universités : « J'ai très peur que les universités se révèlent être les grandes portes de l'enfer, à moins qu'elles ne travaillent avec zèle à expliquer les Saintes Écritures et à les graver dans le cœur des jeunes. Je ne conseille à personne d'envoyer son enfant là où les Écritures n'occupent pas la première place. Toute institution dans laquelle on ne s'occupe pas sans cesse de la Parole de Dieu ne peut que se corrompre[38]. »

Cet appel fut rapidement diffusé dans toute l'Allemagne et exerça une puissante influence sur les gens du peuple. Toute la nation fut émue. Des multitudes sortirent de leur torpeur pour se rallier autour de l'étendard de la réforme. Les adversaires de Luther, brûlant du désir de vengeance, réclamèrent au pape des mesures décisives contre lui. On décréta la condamnation immédiate de ses doctrines. On accorda soixante jours au réformateur et à ses adhérents ; après quoi, s'ils refusaient de se rétracter, ils seraient tous excommuniés.

Ce fut une épreuve terrible pour la Réforme. Pendant des siècles, la sentence d'excommunication prononcée par Rome avait répandu la terreur dans le cœur de grands monarques ; elle avait plongé dans le malheur et la désolation de puissants empires. Ceux sur lesquels tombait cette condamnation étaient considérés partout avec crainte et horreur ; ils étaient privés de toute relation avec leurs semblables et traités comme des hors-la-loi, bons à être pourchassés et exterminés. Luther était conscient de la tempête sur le point d'éclater sur lui ; mais il resta ferme, assuré que le Christ serait son soutien et son bouclier. Avec la foi et le courage d'un martyr, il écrivait : « Ce qui va arriver, je ne le sais pas, et je ne me soucie pas de le savoir. […] Où que le coup frappe, je suis sans crainte. Pas même une feuille ne tombe sans la volonté de notre Père. Ne prendra-t-il pas davantage soin de nous ? C'est une petite chose que de mourir pour la Parole, puisque "la Parole est devenue chair[39]" et est elle-même morte. "Si nous sommes morts avec lui, nous vivrons aussi avec lui[40]" ; et en passant par où il est passé, nous serons là où il est, et nous demeurerons éternellement avec lui[41]. »

Lorsque la bulle papale arriva jusqu'à Luther, il déclara : « Je la méprise et l'attaque comme une chose impie et fausse. […] C'est le *Christ* lui-même qui s'y

35. J.A. Wylie, *Histoire du protestantisme*, livre 6, chapitre 1.
36. Jean 18.36.
37. J.H. Merle d'Aubigné, *ibid.*, chapitre 3.
38. *Idem.*
39. Jean 1.14.
40. 2 Timothée 2.11.
41. J.H. Merle d'Aubigné (édition de Londres, Walther, 1840), livre 6, chapitre 9.

trouve condamné. […] Je me réjouis de devoir supporter de tels maux pour la meilleure des causes. Déjà, je ressens une plus grande liberté dans mon cœur ; car je sais enfin que le pape est l'antéchrist et que son trône est celui de Satan lui-même[42]. »

Cependant, l'ordre venu de Rome ne resta pas sans effet. La prison, la torture et l'épée étaient des armes puissantes pour imposer l'obéissance. Les faibles et les superstitieux tremblèrent devant le décret du pape ; et, bien qu'il y eût une sympathie générale pour Luther, beaucoup avaient le sentiment que la vie était trop précieuse pour la mettre en péril pour la cause de la réforme. Tout semblait indiquer que l'œuvre du réformateur était sur le point de prendre fin.

Mais Luther demeurait sans crainte. Rome avait lancé ses anathèmes contre lui, et le monde regardait, ne doutant pas qu'il allait soit périr, soit être forcé de céder. Mais, avec une extraordinaire puissance, il renvoya sur l'Église de Rome la sentence de condamnation et déclara publiquement sa détermination de la quitter pour toujours. En présence d'une foule d'étudiants, de docteurs et de citoyens de tous rangs, Luther brûla la bulle du pape, ainsi que des exemplaires du Droit canon, des décrétales et de certains écrits qui soutenaient le pouvoir papal. « Mes ennemis ont pu, en brûlant mes livres, dit-il, causer du tort à la cause de la vérité dans l'esprit des gens du peuple et détruire leur âme ; c'est pour cette raison que je brûle aussi leurs livres. Un combat terrible vient de commencer. Jusqu'ici, je n'ai fait que jouer avec le pape. J'ai commencé cette œuvre au nom de Dieu ; elle se terminera sans moi, et par sa puissance[43]. »

Aux reproches de ses ennemis, qui l'accablaient de sarcasmes en raison de la faiblesse de sa cause, Luther répondait : « Qui sait si ce n'est pas Dieu qui m'a choisi et appelé, et s'ils ne devraient pas craindre qu'en me méprisant, ils méprisent Dieu lui-même ? Moïse était seul en quittant l'Égypte ; Élie était seul pendant le règne du roi Achab ; Ésaïe, seul à Jérusalem ; Ézéchiel, seul à Babylone. […] Dieu n'a jamais choisi comme prophète ni le souverain sacrificateur, ni quelque autre grand personnage ; mais, en général, il a choisi des hommes humbles et méprisés, et même parfois des bergers comme Amos. À chaque siècle, les saints ont dû reprendre les grands, les rois, les princes, les prêtres et les sages, au péril de leur vie. […] Je ne me prétends pas prophète ; mais je dis qu'ils ont lieu de craindre précisément parce que je suis seul et qu'ils sont nombreux. Je suis sûr de ceci : c'est que la Parole de Dieu est avec moi, et qu'elle n'est pas avec eux[44]. »

Cependant, ce ne fut pas sans une terrible lutte avec lui-même que Luther décida de se séparer définitivement de l'Église. C'est vers cette époque qu'il écrivit : « Je ressens de plus en plus chaque jour combien il est difficile d'extirper les scrupules qu'on a cultivés dans l'enfance. Oh, combien de douleur cela m'a coûté, bien que j'aie eu les Écritures de mon côté, de justifier à mes propres yeux que je devais oser me tenir seul contre le pape et le dénoncer comme l'antichrist ! Quelles n'ont pas été les tribulations de mon cœur ! Combien de fois ne me suis-je pas posé avec amertume cette question, qu'on entendait si fréquemment dans la bouche des papistes : "Es-tu le seul sage ? Tous les autres peuvent-ils être dans l'erreur ? Qu'arrivera-t-il si, après tout, tu as tort et que tous ceux que tu entraînes dans ton erreur sont éternellement damnés ?" C'est ainsi que j'ai combattu avec

42. J.H. Merle d'Aubigné, *op. cit.*, livre 6, chapitre 9.
43. J.H. Merle d'Aubigné, *ibid.*, chapitre 10.
44. *Idem.*

moi-même et avec Satan, jusqu'à ce que le Christ, par sa Parole infaillible, ait fortifié mon cœur contre ces doutes[45]. »

Le pape avait menacé Luther d'excommunication s'il ne se rétractait pas, et il mit alors sa menace à exécution. Il publia une nouvelle bulle, déclarant que le réformateur s'était définitivement séparé de l'Église romaine, le dénonçant comme maudit du ciel et incluant dans la même condamnation tous ceux qui recevraient ses doctrines. Le grand conflit était commencé.

Être en butte à l'opposition est le lot de tous ceux dont Dieu se sert pour présenter des vérités spécialement applicables à leur temps. Il existait une « vérité présente[46] » aux jours de Luther : une vérité d'importance spéciale pour cette époque ; il existe aussi une « vérité présente » pour l'Église d'aujourd'hui. Il a plu à celui qui accomplit toutes choses selon le conseil de sa propre volonté de placer des hommes dans diverses circonstances et de leur assigner des devoirs particuliers pour le temps dans lequel ils vivent et pour les conditions dans lesquelles ils sont placés. S'ils voulaient bien apprécier la lumière qui leur était donnée, une vision plus large de la vérité s'ouvrirait devant eux. Mais, de nos jours, la majorité ne recherche pas davantage la vérité que les papistes qui s'opposaient à Luther. Il existe aujourd'hui la même disposition que dans les siècles précédents à accepter les théories et les traditions des hommes plutôt que la Parole de Dieu. Ceux qui présentent la vérité pour cette époque ne doivent pas s'attendre à être accueillis avec une plus grande faveur que les réformateurs des temps passés. La grande controverse entre la vérité et l'erreur, entre le Christ et Satan, doit aller en s'intensifiant jusqu'à la fin de l'Histoire de ce monde.

Jésus a dit à ses disciples : « Si vous étiez du monde, le monde serait ami de ce qui lui est propre. Si le monde vous déteste, c'est parce que vous n'êtes pas du monde, alors que, moi, je vous ai choisis du milieu du monde. Souvenez-vous de la parole que, moi, je vous ai dite : L'esclave n'est pas plus grand que son maître. S'ils m'ont persécuté, ils vous persécuteront aussi ; s'ils ont gardé ma parole, ils garderont aussi la vôtre[47]. » D'un autre côté, notre Seigneur a déclaré clairement : « Quel malheur pour vous, lorsque tout le monde parle en bien de vous ! C'est ainsi que leurs pères traitaient les prophètes de mensonge[48] ! » L'esprit du monde à notre temps n'est pas plus en harmonie avec l'esprit du Christ que dans les temps anciens. Ceux qui prêchent la Parole de Dieu dans sa pureté ne seront pas accueillis avec une plus grande faveur aujourd'hui qu'à cette époque. Les formes de l'opposition à la vérité peuvent changer ; l'inimité peut être plus cachée, parce qu'elle est plus subtile ; mais le même antagonisme existe encore et se manifestera jusqu'à la fin des temps.

---

45. Martyn, *op. cit.*, p. 372, 373.
46. 2 Pierre 1.12.
47. Jean 15.19,20.
48. Luc 6.26.

8

Luther devant la diète de Worms

Un nouvel Empereur, Charles Quint, était monté sur le trône d'Allemagne. Les émissaires de Rome s'empressèrent de lui présenter leurs félicitations et de tentèrent de l'amener à utiliser son pouvoir contre la Réforme. D'un autre côté, l'électeur de Saxe, auquel Charles Quint devait en grande partie sa couronne, le supplia de ne prendre aucune mesure contre Luther avant de lui avoir accordé une audience. L'Empereur se trouva ainsi placé dans une position lui causant un grand embarras et une grande perplexité. Les papistes ne se satisferaient de rien d'autre qu'un édit impérial condamnant Luther à mort. L'électeur avait déclaré fermement que « ni sa majesté impériale, ni aucune autre personne n'avait montré que les écrits de Luther aient été réfutés » ; par conséquent, il demandait « qu'un sauf-conduit soit accordé au Docteur Luther pour lui permettre de comparaître devant un tribunal de juges érudits, pieux et impartiaux[1]. »

L'attention de tous les partis se dirigea maintenant vers l'assemblée des États allemands qui se réunit à Worms peu de temps après l'accession de Charles Quint au trône de l'Empire. Ce Conseil national avait d'importantes questions et intérêts politiques à examiner. Pour la première fois, les princes allemands allaient rencontrer leur jeune monarque en assemblée délibérante. Les dignitaires de l'Église et de l'État accoururent des tous les confins de la patrie. Seigneurs séculiers, hommes de haute naissance, puissants et jaloux de leurs droits héréditaires, ecclésiastiques princiers, conscients de la supériorité de leur rang et de leur pouvoir, chevaliers de cour suivis de leurs hommes d'armes, ambassadeurs venus de pays étrangers et lointains, tous se réunirent à Worms. Cependant, dans cette vaste assemblée, le sujet qui provoquait le plus d'intérêt était la cause du réformateur saxon.

Charles Quint avait auparavant chargé l'électeur de Saxe d'amener Luther avec lui à la diète de Worms, l'assurant de sa protection et lui garantissant un libre débat, avec des personnes compétentes, sur les questions controversées. Luther désirait vivement comparaître devant l'Empereur ; mais sa santé était, à ce moment, très mauvaise. Cependant, il écrivit à l'électeur : « Si je ne peux pas aller à Worms en bonne santé, je m'y ferai porter, aussi malade que je sois. Car, si l'Empereur m'appelle à y aller, je ne puis douter que ce ne soit un appel de Dieu lui-même. S'ils veulent user de violence contre moi, ce qui est très probable (car ne n'est pas pour leur instruction qu'ils m'ordonnent d'y comparaître), je remets cette affaire entre les mains du Seigneur. Celui qui sauva les trois jeunes gens de la fournaise ardente est encore vivant et règne toujours. S'il ne souhaite pas me sauver, ma vie a peu d'importance. Évitons seulement que l'Évangile soit exposé au mépris des

1. J.H. Merle d'Aubigné, *Histoire de la Réformation du seizième siècle*, livre 6, chapitre 11.

méchants, et versons notre sang pour sa cause, de peur que ce soit eux qui triomphent. Ce n'est pas à moi de décider si c'est ma vie ou ma mort qui contribuera le plus au salut de tous. [...] Vous pouvez tout attendre de moi [...] sauf de fuir ou de me rétracter. Fuir, je ne le puis ; et me rétracter, je le peux encore moins[2]. »

La nouvelle que Luther allait comparaître devant la diète de Worms produisit dans cette ville un émoi général. Aleander, le légat du pape, auquel cette affaire avait été spécialement confiée, fut alarmé et irrité. Il se rendait compte que les conséquences de cette comparution anseraient désastreuses pour la cause de la papauté. Faire une enquête sur un cas à propos duquel le pape avait déjà prononcé une sentence de condamnation, c'était jeter le mépris sur l'autorité du souverain pontife. De plus, il redoutait que l'éloquence et les puissants arguments de cet homme puissent détourner de nombreux princes de la cause du pape. C'est pourquoi il protesta énergiquement auprès de Charles Quint contre la comparution de Luther à Worms. C'est à peu près à ce moment que fut publiée la bulle annonçant l'excommunication de Luther ; cela, ajouté aux arguments du légat, amena l'Empereur à céder. Il écrivit à l'électeur que, si Luther ne voulait pas se rétracter, il devait rester à Wittenberg.

Non content de cette victoire, Aleander manœuvra de toutes ses forces et de toute sa ruse pour obtenir la condamnation de Luther. Avec une persévérance digne d'une meilleure cause, il attira sur cette affaire l'attention des princes, des prélats et des autres membres de cette assemblée, accusant le réformateur de « sédition, impiété et blasphème ». Mais la véhémence et l'animosité manifestée par le légat ne révélaient que trop bien de quel esprit il était animé. « Il est animé par la haine et la vengeance, fut la remarque générale, beaucoup plus que par le zèle et la piété[3]. » La majorité des membres de la diète étaient plus que jamais désireux de considérer favorablement la cause de Luther.

Redoublant de zèle, Aleander fit valoir à l'Empereur son devoir de mettre à exécution les édits papaux. Or, selon les lois allemandes, ceci ne pouvait se faire sans l'assentiment des princes. Vaincu par l'importunité du légat, Charles Quint lui ordonna de présenter sa cause devant la diète. « Ce fut une grande victoire pour le nonce. L'assemblée était importante ; la cause l'était encore plus. Aleander devait plaider en faveur de Rome, ... la mère et la maîtresse de toutes les églises. » Il devait revendiquer la primauté de Pierre devant les princes de la chrétienté assemblées en ce lieu. « Il possédait le don de l'éloquence, et il se montra à la hauteur de cette occasion. La providence divine avait voulu que Rome paraisse et plaide par la bouche de ses orateurs les plus compétents en présence du plus auguste des tribunaux avant d'être condamnée[4]. » C'est avec une certaine appréhension que les partisans du réformateur attendaient les effets du discours d'Aleander. L'électeur de Saxe n'était pas présent ; mais, sur son ordre, quelques-uns de ses conseillers assistèrent à cette assemblée pour prendre note du discours du nonce.

Avec toute la puissance de son érudition et de son éloquence, Aleander entreprit de renverser la vérité. Il lança contre Luther accusation après accusation, le traitant d'ennemi de l'Église, de l'État, des vivants et des morts, du clergé et des laïcs, des conciles et des chrétiens individuels. « Les erreurs de Luther, déclara-t-il, suffisent à justifier la condamnation au bûcher de cent mille hérétiques. »

2. J.H. Merle d'Aubigné, *op. cit.*, livre 7, chapitre 1.
3. *Idem.*
4. J.A. Wylie, *Histoire du protestantisme*, livre 6, chapitre 4.

En concluant, il s'efforça de jeter le mépris sur les adhérents de la foi réformée : « Qui sont tous ces Luthériens ? Une bande d'insolents pédagogues, de prêtres corrompus, de moines dissolus, d'avocats ignorants et de nobles dégradés, accompagnés de gens du commun qu'ils ont dévoyés et pervertis. Combien les catholiques leur sont supérieurs en nombre, en capacités et en pouvoir ! Un décret unanime de cette illustre assemblée éclairera les simples, avertira les imprudents, décidera les hésitants et affermira les faibles[5]. »

C'est avec de telles armes qu'on a attaqué, dans tous les siècles, les partisans de la vérité. Ce sont encore ces mêmes arguments qu'on avance contre tous ceux qui osent présenter, en opposition aux erreurs populaires, les enseignements clairs et directs de la Parole de Dieu. « Qui sont ces prédicateurs de nouvelles doctrines ? s'exclament les partisans d'une religion populaire. Ils sont sans instruction, peu nombreux, et appartiennent aux plus basses classes de la société. Et, cependant, ils prétendent détenir la vérité et être le peuple élu de Dieu. Ils sont ignorants et se sont laissé abuser. Combien supérieure en nombre et en influence est notre Église ! Combien de grands hommes et d'érudits avons-nous parmi nous ! Combien notre pouvoir est plus grand ! » Tels sont les arguments qui exercent une influence décisive sur le monde ; mais ils ne sont pas plus probants aujourd'hui qu'à l'époque du réformateur.

La Réforme n'a pas pris fin avec Luther, comme beaucoup le supposent. Elle doit se poursuivre jusqu'à la fin de l'Histoire de ce monde. Luther a eu une grande œuvre à réaliser en transmettant aux autres la lumière que Dieu avait fait briller sur lui ; cependant, il n'a reçu qu'une partie de la lumière qui devait être donnée au monde. Depuis cette époque jusqu'à aujourd'hui, de nouvelles lumières ont sans cesse brillé sur les Écritures, et de nouvelles vérités se sont constamment développées.

Le discours du légat produisit une profonde impression sur les membres de la diète. Luther n'était pas présent pour renverser le champion du pape avec les vérités claires et convaincantes de la Parole de Dieu. Personne ne tenta de prendre la défense du réformateur. L'opinion générale était disposée, non seulement à le condamner, lui et ses doctrines, mais aussi, si possible, à déraciner l'hérésie. Rome avait profité de l'occasion la plus favorable pour défendre sa cause. Tout ce qu'elle pouvait dire pour sa propre justification avait été dit. Mais cette apparente victoire fut en réalité le signal de sa défaite. Dès ce moment, le contraste entre la vérité et l'erreur deviendrait d'autant plus manifeste qu'elles allaient pouvoir se livrer ouvertement bataille. Jamais plus, à partir de ce jour, Rome ne retrouva la sécurité dans laquelle elle avait vécue jusque là.

Bien que la plupart des membres de la diète n'eussent pas hésité à livrer Luther à la vengeance de Rome, beaucoup d'entre eux se rendaient compte de la dépravation qui existait dans l'Église. Ils la déploraient et souhaitaient qu'on mette fin aux abus subis par le peuple allemand comme conséquence de la corruption et de la cupidité de la hiérarchie. Le légat avait présenté la domination papale sous son jour le plus favorable. Mais, le Seigneur poussa alors un membre de la diète à donner une description exacte des retombées de sa tyrannie. Avec une noble fermeté, le Duc Georges de Saxe se leva dans cette assemblée princière et décrivit avec une

5. J.H. Merle d'Aubigné, *op. cit.*, livre 7, chapitre 3.

impitoyable exactitude les tromperies et les abominations de la papauté, et leurs sinistres conséquences. En concluant, il déclara :

« Tels sont quelques-uns des abus qui crient contre Rome. Toute honte a été bannie, et leur seul objectif est … l'argent, l'argent, l'argent, … de sorte que les prédicateurs, qui devraient enseigner la vérité, ne profèrent que des mensonges, et non seulement on les tolère, mais on les récompense, car plus grandes sont leurs tromperies, plus grands sont leurs gains. C'est de cette source corrompue que proviennent tant d'eaux polluées. La débauche tend la main à l'avarice. […] Hélas, ce sont les scandales provoqués par le clergé qui précipitent tant de pauvres âmes dans la damnation éternelle. Une réforme générale doit être réalisée[6]. »

Luther lui-même n'aurait pas pu présenter une dénonciation aussi compétente et aussi énergique des abus de la papauté ; et le fait que l'orateur était un ennemi avéré du réformateur donna encore plus de crédit à ses paroles.

Si les yeux de cette assemblée avaient été ouverts, elle aurait pu voir au milieu d'elle des anges de Dieu, projetant des rayons de lumière au travers des ténèbres de l'erreur et ouvrant les esprits et les cœurs à la réception de la vérité. Ce fut la puissance du Dieu de vérité et de sagesse qui domina les adversaires de la Réforme et qui prépara ainsi le chemin à la grande œuvre sur le point de s'accomplir. Martin Luther n'était pas présent ; mais la voix d'un Être plus grand que Luther s'était fait entendre dans cette assemblée.

Les membres de la diète nommèrent aussitôt une commission chargée de dresser la liste de toutes les exactions papales qui pesaient si lourdement sur le peuple allemand. Cette liste, contenant cent un griefs, fut présentée à l'Empereur, en lui demandant de prendre immédiatement des mesures pour corriger ces abus. « Que d'âmes chrétiennes perdues ! disaient les pétitionnaires. Quelles déprédations, quelles extorsions, résultent des scandales dont est entourée la tête spirituelle de la chrétienté ! C'est notre devoir d'empêcher la ruine et le déshonneur de notre peuple. C'est pour cette raison que nous vous supplions très humblement, mais de manière très pressante, d'ordonner une réforme générale et d'entreprendre sa réalisation[7]. »

L'assemblée exigea alors que le réformateur comparaisse devant elle. En dépit des supplications, des protestations et des menaces d'Aleander, l'Empereur y consentit enfin, et Luther fut invité à se présenter devant la diète. Cette convocation était accompagnée d'un sauf-conduit qui lui garantissait son retour en lieu sûr. Un héraut fut chargé de lui apporter ces deux documents à Wittenberg et de l'escorter à Worms.

Les amis de Luther furent terrifiés et affligés. Connaissant les préjugés et l'inimitié qui existaient contre lui, ils craignaient que même son sauf-conduit ne soit pas respecté, et ils le supplièrent de ne pas mettre sa vie en danger. Il leur répondit : « Les papistes ne désirent pas ma venue à Worms, mais ma condamnation et ma mort. Peu importe ! Priez non pour moi, mais pour la Parole de Dieu. […] Le Christ m'accordera son Esprit pour vaincre ces ministres de l'erreur. Je les ai méprisés pendant ma vie ; je triompherai d'eux par ma mort. À Worms, ils s'affairent pour me contraindre à me rétracter. Voici quelle sera ma rétractation : j'ai dit autre-

6. *Ibid.*, chapitre 4.
7. *Idem.*

fois que le pape était le vicaire du Christ ; mais, maintenant, j'affirme qu'il est l'adversaire de notre Seigneur et l'apôtre du diable[8]. »

Luther n'allait pas entreprendre seul ce dangereux voyage. Outre le messager impérial, trois de ses amis les plus fidèles décidèrent de l'accompagner. Melanchthon souhaitait ardemment se joindre à eux. Lié à Luther par une étroite amitié, il aspirait à le suivre si nécessaire, jusqu'en prison ou à la mort. Mais Luther refusa. S'il devait périr, l'espoir de la Réforme devait reposer sur son jeune collaborateur. En se séparant de Melanchthon, le réformateur lui dit : « Si je ne reviens pas, et si mes ennemis me mettent à mort, continue à enseigner et demeure ferme dans la vérité. Travaille à ma place. [...] Si tu survis, ma mort aura peu d'importance[9]. » Des étudiants et des citoyens qui s'étaient rassemblés pour assister au départ de Luther furent profondément émus. Une multitude de personnes dont le cœur avait été touché par l'Évangile lui dit adieu en pleurant. C'est ainsi que le réformateur et ses compagnons quittèrent Wittenberg.

En cours de route, ils se rendirent compte que de sombres pressentiments préoccupaient le peuple. Certaines villes ne leur firent aucun honneur. Comme ils s'arrêtaient pour passer la nuit, un prêtre ami de leur cause exprima ses craintes en faisant à Luther le portrait d'un réformateur italien qui avait subi le martyre. Le lendemain, ils apprirent que les écrits de Luther avaient été condamnés à Worms. Des messagers impériaux proclamaient le décret de l'Empereur et ordonnaient au peuple de remettre aux magistrats les écrits interdits. Le héraut, craignant pour la sécurité de Luther lors de cette assemblée, et pensant que sa résolution était peut-être déjà ébranlée, lui demanda s'il souhaitait toujours poursuivre sa route. Luther lui répondit : « Même si je suis interdit dans toutes les villes, je continuerai[10]. »

À Erfurt, Luther fut reçu avec les honneurs. C'est entouré de foules admiratrices qu'il traversa les rues qu'il avait souvent parcourues avec sa bourse de mendiant. Il visita la cellule qu'il avait occupée dans son ancien monastère et réfléchit aux luttes par lesquelles il était passé et au traves desquelles la lumière qui illuminait maintenant l'Allemagne avait été répandue dans son âme. On le supplia de prêcher. Ceci lui avait été interdit ; mais le héraut lui en donna la permission, et le moine qui avait autrefois fait les basses besognes du monastère monta en chaire.

Il s'adressa à la foule assemblée sur ces paroles du Christ : « Que la paix soit avec vous ! dit-il. Les philosophes, les docteurs et les écrivains ont tenté d'enseigner aux hommes le chemin de la vie éternelle, mais ils n'ont pas réussi. Je vais maintenant vous le dire : [...] Dieu a ressuscité un Homme d'entre les morts, le Seigneur Jésus-Christ, pour pouvoir détruire la mort, extirper le péché et fermer les portes de l'enfer. Telle est l'œuvre du salut. [...] Le Christ a vaincu ! Telle est la joyeuse nouvelle ; et nous sommes sauvés par ses œuvres, et non par les nôtres. [...] Notre Seigneur Jésus-Christ a dit : "Que la paix soit avec vous ! Regarde mes mains[11] !" C'est-à-dire : Regarde, ô homme, c'est moi, moi seul, qui ai ôté ton péché et qui t'ai racheté ; et, maintenant, tu as la paix, dit le Seigneur[12]. »

Il poursuivit en montrant que la véritable foi se manifeste par une vie sainte. « Puisque Dieu nous a sauvés, veillons à ce que nos œuvres lui soient agréables.

8. *Ibid.*, chapitre 6.
9. *Ibid.*, chapitre 7.
10. *Idem.*
11. Jean 20.26,27.
12. J.H. Merle d'Aubigné, *ibid.*, chapitre 7.

Es-tu riche ? Que tes biens servent à répondre aux besoins des pauvres. Es-tu pauvre ? Que tes services soient agréables aux riches. Si tes œuvres ne sont utiles qu'à toi seul, le service que tu prétends offrir à Dieu n'est que mensonge[13]. »

L'auditoire écoutait, comme fasciné. Le pain de vie était présenté à ces âmes affamées ; le Christ était exalté devant leurs yeux, au-dessus des papes, des légats, des empereurs et des rois. Luther ne mentionna pas la situation périlleuse dans laquelle il se trouvait lui-même. Il ne fit rien pour attirer sur sa personne l'attention ou la sympathie. En contemplant le Christ, il s'était lui-même perdu de vue. Il se cachait derrière l'Homme du Calvaire, ne cherchant qu'à présenter Jésus comme le Rédempteur du pécheur.

Pendant que le réformateur poursuivait sa route, on le considérait partout avec un profond intérêt. Une foule avide se pressait autour de lui, et des voix amies l'avertissaient des desseins des romanistes. « Ils vous brûleront, disaient certains, et ils réduiront votre corps en cendres, comme ils l'ont fait pour Jean Hus. » Luther répondait : « Même s'ils allumaient un feu qui brûle de Worms à Wittenberg et dont les flammes atteindraient le ciel, je le traverserais au nom du Seigneur ; j'entrerais dans les mâchoires de ce béhémoth et lui briserais les dents en confessant le nom du Seigneur Jésus-Christ[14]. »

La nouvelle qu'il approchait de Worms produisit un profond émoi. Ses amis tremblaient pour sa sécurité ; ses ennemis craignaient pour le succès de leur cause. De gros efforts furent faits pour le dissuader de pénétrer dans la ville. À l'instigation des papistes, on tenta de le persuader de se rendre au château d'un chevalier ami, où, déclarait-on, toutes les difficultés pourraient être résolues à l'amiable. Des amis tentèrent de l'effrayer en lui décrivant les dangers qui le menaçaient. Tous leurs efforts furent vains. Luther, sans se laisser ébranler, déclara : « Même s'il y avait à Worms autant de diables qu'il y a de tuiles sur les toits, j'y entrerais[15]. »

Lorsqu'il arriva à Worms, une vaste foule s'assembla à la porte de la ville pour l'accueillir. Une aussi grande foule ne s'était pas assemblée pour accueillir l'Empereur lui-même. Un profond émoi se manifestait. S'élevant du milieu de la multitude, une voix perçante et plaintive chanta une mélodie funèbre comme pour avertir Luther du sort qui l'attendait. « Dieu sera ma défense », dit-il en descendant de sa voiture.

Les papistes n'avaient pas cru que Luther se risquerait vraiment à paraître à Worms, et son arrivée les remplit de consternation. L'Empereur réunit aussitôt ses conseillers pour examiner quelle ligne de conduite il fallait suivre. L'un des évêques, un pur papiste, déclara : « Nous nous sommes longuement consultés sur cette affaire. Que votre majesté impériale se débarrasse immédiatement de cet homme. L'Empereur Sigismond n'a-t-il pas fait brûler Jean Hus ? Nous ne sommes tenus ni à accorder un sauf-conduit à un hérétique, ni à le respecter. » « Non, répondit l'Empereur, nous devons tenir notre promesse[16]. » Il fut donc décidé d'entendre la cause du réformateur.

Tous les habitants de la ville étaient désireux de voir cet homme remarquable, et une foule de visiteurs envahit bientôt la maison où il logeait. Luther était à peine

---

13. *Idem.*
14. *Idem.*
15. *Idem.*
16. *Ibid.*, chapitre 8.

remis de sa récente maladie ; il était fatigué du voyage, qui avait duré deux semaines entières ; il devait se préparer pour les événements importants du lendemain, et il avait besoin de calme et de repos. Mais le désir de le voir était si grand qu'il n'avait pris que quelques heures de repos lorsque nobles, chevaliers, prêtres et citoyens se rassemblèrent avidement autour de lui. Parmi eux se trouvaient plusieurs de ceux qui avaient réclamé si audacieusement à l'Empereur une réforme des abus du clergé et qui, dit Luther, « avaient été libérés par mon Évangile[17]. » Des ennemis aussi bien que des amis vinrent contempler ce moine intrépide ; il les reçut avec un calme inébranlable, répondant à tous avec dignité et sagesse. Son attitude était ferme et courageuse. Son visage pâle et maigre, portant encore les traces de sa maladie et de ses travaux, affichait une expression aimable et même joyeuse. La solennité et la profonde gravité de ses paroles lui donnaient une puissance à laquelle même ses ennemis avaient peine à résister. Ses opposant comme ses amis étaient remplis d'admiration. Certains étaient convaincus qu'une influence divine l'accompagnait ; d'autres déclaraient, comme les Pharisiens l'avaient fait pour le Christ, « Il a un démon[18]. »

Le lendemain, Luther fut convoqué pour comparaître devant la diète. Un officier impérial avait été désigné pour l'escorter à la salle d'audience ; mais, c'est avec difficulté qu'il atteignit ce lieu. Toutes les avenues étaient encombrées de spectateurs désireux de voir ce moine qui avait osé braver l'autorité du pape.

Alors qu'il était sur le point d'entrer en présence de ses juges, un vieux général, héros de nombreuses batailles, lui dit avec bonté : « Pauvre moine, pauvre moine, tu vas maintenant te montrer plus courageux que moi-même ou tout autre officier ne l'avons jamais été dans nos batailles les plus sanglantes. Mais si ta cause est juste, et si tu en as l'assurance, va de l'avant au nom de Dieu et ne crains rien. Dieu ne t'abandonnera pas[19]. »

Luther se présenta enfin devant cette assemblée. C'est l'Empereur qui occupait le trône. Il était entouré des plus illustres personnages de l'Empire. Jamais homme n'avait comparu devant une assemblée plus imposante que celle devant laquelle Martin Luther devait répondre de sa foi. « Cette comparution était déjà en elle-même une éclatante victoire sur la papauté. Le souverain pontife avait condamné cet homme ; mais celui-ci se tenait maintenant devant un tribunal qui, par cet acte même, se plaçait au-dessus de l'autorité papale. Le pape l'avait frappé d'interdit et coupé de toute relation avec la société ; cependant, Luther avait été convoqué dans un langage respectueux et avait été reçu devant la plus auguste assemblée du monde. Le pape l'avait condamné au silence perpétuel ; mais il allait maintenant prendre la parole devant des milliers d'auditeurs attentifs, venant des endroits les plus éloignés de la chrétienté. Une immense révolution avait ainsi été effectuée par l'intermédiaire de Luther. Rome descendait déjà de son trône, et c'est la voix d'un moine qui avait provoqué cette humiliation[20]. »

En présence de cette assemblée puissante et titrée, le réformateur à l'humble naissance semblait être impressionné et embarrassé. Plusieurs princes, remarquant son émotion, s'approchèrent de lui, et l'un d'eux murmura : « Ne craignez pas

---

17. Martyn, *The Life and Times of Luther* [La vie et l'époque de Luther], volume 1, p. 393.
18. Jean 10.20.
19. J.H. Merle d'Aubigné, *ibid.*, chapitre 8.
20. *Idem.*

ceux qui tuent le corps et qui ne peuvent tuer l'âme[21]. » Un autre lui dit : « Vous serez menés, à cause de moi, devant des gouverneurs et devant des rois. ... Ce que vous direz vous sera donné à ce moment même ; car ce n'est pas vous qui parlerez, c'est l'Esprit de votre Père qui parlera en vous[22]. » Ainsi, les grands de ce monde citèrent les paroles du Christ pour fortifier son serviteur à l'heure de l'épreuve.

Luther fut conduit directement face au trône de l'Empereur. Un profond silence se fit dans cette vaste assemblée. Puis, un officier impérial se leva et, désignant une collection de ses écrits, exigea que le réformateur réponde à deux questions. Il lui demanda s'il les reconnaissait comme siens, et s'il avait l'intention de répudier les opinions qu'il y avait exprimées. Les titres des livres ayant été lus, Luther répondit d'abord à la première question en reconnaissant ces livres comme étant les siens. « Quant à la seconde, dit-il, attendu que c'est une question qui concerne la foi et le salut des âmes, et qui implique la Parole de Dieu, le plus grand et le plus précieux trésor existant dans le ciel ou sur la terre, j'agirais avec imprudence si je répondais sans réfléchir. Je pourrais en affirmer moins que l'exigent les circonstances, ou plus que le veut la vérité, péchant ainsi contre cette parole du Christ : "Si quelqu'un me renie devant les gens, je le renierai moi aussi devant mon Père qui est dans les cieux[23]." C'est pourquoi je supplie votre impériale majesté, en toute humilité, de m'accorder le temps nécessaire pour pouvoir répondre sans pécher contre la Parole de Dieu[24]. »

En présentant cette requête, Luther avait agi avec sagesse. Cette ligne de conduite convainquit l'assemblée qu'il n'agissait ni par animosité, ni par impulsion. Un tel calme et une telle maîtrise de soi, inattendus chez un homme qui s'était montré audacieux et intransigeant, fortifièrent sa cause et lui permirent, par la suite, de répondre avec une prudence, une décision, une sagesse et une dignité qui surprirent et déçurent ses adversaires et qui constituèrent un reproche à leur insolence et à leur orgueil.

Il devait comparaître de nouveau le lendemain pour donner sa réponse définitive. Pendant un moment, le cœur lui manqua à la vue des forces liguées contre la vérité. Sa foi défaillit ; il fut saisi de crainte et de tremblements, et accablé d'horreur. Les dangers se multipliaient devant lui. Ses ennemis semblaient être sur le point de triompher, et les puissances des ténèbres de remporter la victoire. De sombres nuages se massaient autour de lui, semblant le séparer de Dieu. Il désirait ardemment l'assurance que le Seigneur des armées serait avec lui. Dans l'angoisse de son âme, il se jeta le visage contre terre et répandit ces cris déchirants, provenant d'un cœur brisé, que Dieu seul pouvait pleinement comprendre :

« Ô Dieu Tout-puissant et éternel, plaida-t-il, que ce monde est terrible ! Voici qu'il ouvre la gueule pour m'engloutir, et j'ai si peu de confiance en toi. ... Si je dois mettre ma confiance dans les puissants de ce monde, tout est fini. ... Ma dernière heure est arrivée, ma condamnation a été prononcée. ... Ô Dieu, aide-moi contre toute la sagesse de ce monde ! Fais-le, ... toi seul ; ... car ce n'est pas mon œuvre, mais la tienne. Je n'ai rien à faire ici, rien à débattre avec les grands de ce monde. ... Mais cette cause est la tienne, ... et c'est une cause juste et éternelle. Ô Seigneur, aide-moi ! Dieu fidèle et immuable, je ne place ma confiance en aucun

21. Matthieu 10.28.
22. Matthieu 10.18-20.
23. Matthieu 10.33.
24. J.H. Merle d'Aubigné, *ibid.*, chapitre 8.

homme. … Tout ce qui vient de l'homme est incertain ; tout ce qui vient de l'homme échoue. … Tu m'as choisi pour cette œuvre. … Tiens-toi à mes côtés, pour l'amour de ton Fils bien-aimé Jésus-Christ, qui est ma défense, mon bouclier et ma forteresse[25]. »

Une providence infinie en sagesse avait permis à Luther de prendre conscience de la gravité de sa situation, afin qu'il ne se confie pas en sa propre force et ne se précipite pas dans le danger avec présomption. Cependant, ce n'était pas la crainte des souffrances personnelles, de la torture ou de la mort qui semblaient sur le point de fondre sur lui, qui le remplissait de terreur. L'heure de la crise était arrivée, et il ne se sentait pas assez qualifié pour l'affronter. Sa faiblesse pouvait compromettre la cause de la vérité. Ce n'était pas pour sa propre sécurité, mais pour le triomphe de l'Évangile, qu'il luttait avec Dieu. L'angoisse et le conflit de son âme étaient semblables à ceux de Jacob, qui avait combattu avec Dieu pendant toute une nuit auprès d'un ruisseau solitaire. Comme lui, il avait obtenu la victoire. Dans sa totale impuissance, sa foi se cramponna au Christ, le puissant Libérateur. Il fut fortifié par l'assurance qu'il ne paraîtrait pas seul devant cette assemblée. La paix revint dans son âme, et il se réjouit de pouvoir exalter la Parole de Dieu devant les chefs des nations.

L'esprit reposant sur Dieu, Luther se prépara à la lutte qui l'attendait. Il dressa le plan de sa réponse, examina des passages de ses propres écrits et tira des Saintes Écritures les preuves adéquates pour soutenir sa position. Puis, posant la main gauche sur le volume sacré, ouvert devant lui, il leva la droite vers le ciel et s'engagea à « demeurer fidèle à l'Évangile et à confesser sa foi librement, même s'il devait sceller son témoignage de son sang[26]. »

Lorsqu'il fut de nouveau mis en présence des membres de la diète, son attitude ne portait aucune trace de crainte ou de gêne. Calme et paisible, courageux et noble, il se tenait là, témoin de Dieu parmi les grands de ce monde. L'officier impérial lui demanda de nouveau quelle était sa décision : souhaitait-il répudier ses doctrines ? Luther répondit sur un ton réservé et humble, sans violence ni animosité. Son attitude était digne et respectueuse ; cependant, il manifestait une confiance et une joie qui surprirent l'assemblée.

« Votre Majesté impériale, illustres princes, gracieux seigneurs, dit Luther, je réponds à la convocation qui m'a été fixée hier soir ; et, par la miséricorde de Dieu, je prie Votre Majesté et les illustres princes de daigner écouter ma cause, qui, je l'espère, est juste et vraie. Si, par ignorance, je ne parlais pas selon les formes convenables ou transgressais les usages et convenances de la cour, je vous prie de bien vouloir me pardonner ; car je n'ai pas été élevé à la cour, mais dans la solitude d'un monastère[27]. »

Puis, entrant dans son sujet, il déclara que ses travaux publiés n'étaient pas tous de la même nature. Dans certains, il avait traité de la foi et des bonnes œuvres, et même ses ennemis les avaient déclarés non seulement inoffensifs, mais aussi utiles. Les rejeter serait condamner des vérités que toutes les parties reconnaissaient. D'autres dénonçaient la corruption et les abus de la papauté. Répudier ces œuvres fortifierait la tyrannie de Rome et ouvrirait encore plus grande la porte à de nombreuses et graves impiétés. Enfin, dans une dernière catégorie de livres, il avait

25. *Idem.*
26. *Idem.*
27. *Idem.*

attaqué des individus qui soutenaient les maux existants. À ce sujet, il reconnut volontiers qu'il avait été plus violent qu'il ne convenait. Il ne prétendit pas être saint ; mais il ne se résoudre à renier même ces livres, car une telle ligne de conduite encouragerait les ennemis de la vérité, qui en profiteraient alors pour dominer et maltraiter le peuple de Dieu avec encore plus de cruauté.

« Cependant, je ne suis qu'un homme, et non pas Dieu, continua-t-il. Je ne défendrai donc pas mes écrits autrement que l'a fait mon Seigneur le Christ pour défendre son enseignement. [...] "Si j'ai mal parlé, prouve-le [28]." [...] Par la miséricorde de Dieu, je vous prie, Votre Majesté impériale, illustres princes et hommes de tous rangs, de me prouver à partir du témoignage des écrits prophétiques et évangéliques que je suis dans l'erreur. Je suis pleinement disposé à rejeter toute erreur dont on me convaincra ; que dis-je ? Je serai le premier à jeter mes livres au feu.

« Ce que je viens de dire montre clairement que j'ai soigneusement soupesé et examiné les détresses, dangers, troubles et discordes suscités dans le monde entier par mon enseignement. [...] Je me réjouis de constater que la Parole de Dieu est une cause de trouble et de discorde. Telle est la destinée, tel est le chemin de celui qui prend la Parole de Dieu, comme l'a dit le Christ : "Je ne suis pas venu apporter la paix, mais l'épée [29]". Dieu est merveilleux et terrible dans ses conseils. [...] Gardons-nous, en pensant réprimer la discorde, de maudire la Parole de Dieu et d'attirer un nouveau déluge de souffrances insupportables. [...] Je pourrais citer ici de nombreux exemples tirés de l'Écriture : le Pharaon, le roi de Babylone et les rois d'Israël, qui contribuèrent le plus sûrement à leur ruine précisément lorsqu'ils entreprirent, par des plans particulièrement habiles, de ramener la paix et l'ordre dans leur royaume. "Il déplace les montagnes sans qu'elles le sachent [30]. " »

Luther avait parlé en allemand ; on le pria ensuite de répéter les mêmes paroles en latin. Bien qu'épuisé par l'effort qu'il venait de consentir, il accéda à cette demande et répéta son discours avec la même clarté et la même énergie que la première fois. La providence divine avait dirigé toutes choses. L'esprit de nombreux princes était si aveuglé par l'erreur et la superstition qu'en écoutant le premier discours, ils ne s'étaient pas rendu compte de la force du raisonnement de Luther ; mais la répétition leur permit de percevoir distinctement les points présentés.

Ceux qui avaient fermé les yeux avec obstination à la lumière et résolu de ne pas se laisser convaincre de la vérité furent enragés par la puissance des paroles de Luther. Lorsqu'il cessa de parler, le porte-parole de la diète lui dit avec irritation : « Vous n'avez pas répondu à la question qui vous a été posée. [...] Nous exigeons une réponse claire et précise. [...] Voulez-vous, oui ou non, vous rétracter ? »

Le réformateur répondit : « Puisque Votre Majesté et les illustres princes exigent de moi une réponse simple, je vous la donnerai sans subtilité ni arrière-pensée, et la voici : à moins d'être convaincu par le témoignage de l'Écriture ou par le bon sens le plus clair, je reste attaché aux passages bibliques que j'ai cités, et ma conscience reste captive de la Parole de Dieu. Je ne crois ni au pape, ni aux conciles seuls, car il est notoire qu'ils ont fréquemment commis des erreurs et se sont contredits les uns les autres. *Je ne peux ni ne veux me rétracter* ; car il n'est ni prudent, ni conseillé d'agir contre sa propre conscience. Telle est ma position ; je ne peux pas

28. Jean 18.23.
29. Matthieu 10.34.
30. Job 9.5 ; J.H. Merle d'Aubigné, *ibid.*, chapitre 8.

faire autrement ; que Dieu me vienne en aide. Amen [31]. »

C'est ainsi que cet homme juste se tint sur la fondation sûre qu'est la Parole de Dieu. La lumière céleste illuminait son visage. La grandeur et la pureté de son caractère, la paix et la joie de son cœur, étaient manifestes aux yeux de toutes les personnes présentes pendant qu'il témoignait contre la puissance de l'erreur et pour la supériorité de la foi qui vainc le monde.

Toute l'assemblée resta muette d'étonnement pendant un instant. Lors de sa première réponse, Luther avait parlé à voix basse, avec une attitude respectueuse, presque soumise. Les partisans de l'Église de Rome l'avaient interprété comme une preuve que son courage commençait à lui manquer. Ils avaient considéré sa demande d'un délai comme un simple prélude à sa rétractation. Charles Quint lui-même, remarquant, presque avec mépris, le corps fatigué de ce moine et la simplicité de son vêtement et de son discours, avait déclaré : « Ce moine ne fera jamais de moi un hérétique ! » Le courage et la fermeté dont celui-ci faisait maintenant preuve, ainsi que la puissance et la clarté de son raisonnement, remplirent de surprise toutes les parties. L'Empereur, ému d'admiration, s'exclama : « Ce moine parle avec un cœur intrépide et un courage inébranlable ! » De nombreux princes allemands considéraient avec fierté et joie ce représentant de leur nation.

Les partisans de Rome avaient été battus ; leur cause apparaissait sous un jour extrêmement défavorable. Ils cherchèrent à maintenir leur pouvoir, non en faisant appel aux Écritures, mais en proférant des menaces, l'argument inlassable de Rome. Le porte-parole de la diète déclara : « Si vous ne vous rétractez pas, l'Empereur et les États de l'Empire délibéreront pour déterminer quelle ligne de conduite adopter envers un hérétique incorrigible. »

Les amis de Luther, qui avaient écouté sa noble défense avec une joie profonde, tremblèrent en entendant ces paroles ; mais le Docteur Martin lui-même dit calmement : « Puisse Dieu me venir en aide, car je ne peux rien répudier [32] ! »

On lui ordonna de se retirer de la diète pendant que les princes délibéreraient. On avait le sentiment d'être arrivé à un moment de grande crise. Le refus persistant de Luther de se soumettre pouvait affecter l'Histoire de l'Église pendant des siècles. Il fut décidé de lui offrir une nouvelle occasion de se rétracter. Il fut amené pour la dernière fois devant l'assemblée. De nouveau la question lui fut posée : renoncerait-il à ses doctrines ? « Je n'ai pas d'autre réponse à donner, dit-il, que celle que j'ai déjà donnée. » Il était évident que rien ne pourrait l'amener, ni promesses, ni menaces, à se soumettre aux ordres de Rome.

Les chefs de l'Église furent chagrinés qu'un humble moine méprise ainsi le pouvoir, qui avait fait trembler des rois et des nobles ; ils étaient impatients de lui faire éprouver les effets de leur colère en le mettant à mort au milieu des tortures. Mais Luther, comprenant le danger qu'il encourrait, avait parlé à tous avec la dignité et le calme qui conviennent à un chrétien. Ses paroles avaient été exemptes d'orgueil, d'animosité et de fausses prétentions. Il n'avait pas regardé à lui-même, ni aux grands hommes qui l'entouraient, mais avait seulement eu le sentiment de se tenir en présence d'un Être infiniment supérieur aux papes, aux prélats, aux rois et aux empereurs. C'est le Christ qui avait parlé au travers du témoignage de Luther avec une puissance et une noblesse qui, pendant un moment, avaient rempli de crainte

31. *Idem.*
32. *Idem.*

et d'admiration aussi bien ses amis que ses ennemis. L'Esprit de Dieu avait été présent dans cette assemblée, impressionnant le cœur des dirigeants de l'Empire. Plusieurs des princes reconnurent courageusement la justice de la cause de Luther. Beaucoup furent convaincus de la vérité ; mais, pour certains d'entre eux, les impressions reçues ne durèrent pas. D'autres n'exprimèrent pas leurs convictions à ce moment, mais, ayant sondé les Écritures, devinrent plus tard de courageux soutiens de la Réforme.

L'électeur Frédéric de Saxe avait attendu avec anxiété la comparution de Luther devant la diète et avait écouté son discours avec une profonde émotion. Avec joie et fierté, il avait été témoin du courage, de la fermeté et de la maîtrise de soi du Docteur Martin, et avait résolu de prendre sa défense avec encore plus de ténacité. Il avait vu le contraste entre les parties en présence et s'était rendu compte que la sagesse des papes, des rois et des prélats avait été anéantie par la puissance de la vérité. La papauté avait essuyé une défaite qui allait avoir des retentissements dans toutes les nations et au cours des siècles à venir.

Le légat, conscient de l'impression produite par le discours de Luther, craignit, comme jamais auparavant, pour la sécurité du pouvoir romain, et résolut d'utiliser tous les moyens à sa disposition pour assurer la défaite du réformateur. Avec toute l'éloquence et toute l'habileté diplomatique pour lesquelles il était si éminemment distingué, il fit valoir au jeune Empereur la folie et le danger que ce serait de sacrifier, pour la cause d'un moine insignifiant, l'amitié et le soutien du puissant Saint-Siège romain.

Ses paroles ne restèrent pas sans effet. Le lendemain de la réponse de Luther, Charles Quint fit présenter un message à la diète, annonçant sa détermination de poursuivre la politique de ses prédécesseurs : maintenir et protéger la religion catholique. Puisque Luther avait refusé de renoncer à ses erreurs, les mesures les plus énergiques devaient être employées contre lui et contre les hérésies qu'il enseignait. « Un seul moine, dévoyé par sa propre folie, s'est dressé contre la foi de la chrétienté. Pour mettre un terme à une telle impiété, je sacrifierai mes royaumes, mes trésors, mes amis, mon corps, mon sang, mon âme et ma vie. Je vais congédier le moine augustin Luther en lui interdisant de causer le moindre désordre parmi les gens du peuple ; j'entamerai ensuite une procédure contre lui et contre ses partisans en tant qu'hérétiques rebelles, par l'excommunication, par l'interdit, et par tout moyen destiné à les détruire. J'invite les membres des États à se comporter en fidèles chrétiens [33]. » Cependant, l'Empereur déclara que le sauf-conduit de Luther devait être respecté, et qu'avant d'entamer une procédure contre lui, on devait lui permettre de rentrer chez lui en toute sécurité.

Les membres de la diète étaient partagés entre deux solutions contradictoires. Les émissaires et les représentants du pape exigèrent de nouveau qu'on ne tienne pas compte du sauf-conduit du réformateur. « C'est le Rhin, dirent-ils, qui doit recevoir ses cendres, comme il a reçu celles de Jean Hus il y a un siècle [34]. » Mais des princes allemands, quoique eux-mêmes papistes et ennemis avérés de Luther, protestèrent contre une telle transgression de la parole donnée publiquement, qui aurait constitué une tache sur l'honneur de la nation. Ils rappelèrent les calamités qui avaient suivi la mort de Jean Hus et déclarèrent qu'ils n'osaient pas attirer sur

33. J.H. Merle d'Aubigné, *ibid.*, chapitre 9.
34. *Idem.*

l'Allemagne et sur la tête de leur jeune Empereur une répétition de ces terribles fléaux.

Charles Quint lui-même, en réponse à cette vile proposition, déclara : « Même si l'honneur et la foi étaient bannis du monde entier, ils devraient pouvoir trouver refuge dans le cœur des princes [35]. » Les plus intraitables des papistes ennemis de Luther tentèrent encore d'amener l'Empereur à traiter ce dernier comme Sigismond avait traité Jean Hus, en l'abandonnant à la miséricorde de l'Église ; mais, se souvenant de la scène au cours de laquelle Jean Hus, devant toute l'assemblée, avait montré ses chaînes et rappelé au monarque sa parole donnée, Charles Quint déclara : « Je ne voudrais pas avoir à rougir comme Sigismond [36]. »

Cependant, le jeune empereur avait délibérément rejeté les vérités présentées par Luther. « Je suis fermement résolu à suivre l'exemple de mes ancêtres [37] », écrivit le monarque. Il avait décidé qu'il ne sortirait pas du chemin de la coutume, même pour marcher dans celui de la vérité et de la justice. Parce que ses pères l'avaient fait avant lui, il voulait soutenir la papauté, avec toute sa cruauté et toute sa corruption. C'est ainsi qu'il prit position, refusant d'accepter plus de lumière que ses pères avaient reçu ou de se soumettre à des devoirs qu'ils n'avaient pas connus.

Il y a aujourd'hui beaucoup de personnes qui se cramponnent, elles aussi, aux coutumes et aux traditions de leurs pères. Lorsque le Seigneur leur envoie de nouvelles lumières, elles refusent de les accepter, parce que, leurs pères ne les ayant pas reçues, elles ne veulent pas non plus les recevoir. Nous ne vivons pas à la même époque que nos pères ; il s'ensuit que nos devoirs et nos responsabilités sont différents des leurs. Suivre l'exemple de nos pères pour déterminer notre devoir au lieu de sonder la Parole de vérité par nous-mêmes ne nous donnera pas l'approbation de Dieu. Notre responsabilité est plus grande que celle de nos ancêtres. Nous devrons rendre compte des lumières qu'ils ont reçues et qu'ils nous ont transmises en héritage, mais aussi des nouvelles lumières, émanant de la Parole de Dieu, qui brillent maintenant sur nous.

Le Christ déclara au sujet des Juifs incrédules : « Si je n'étais pas venu et si je ne leur avais pas parlé, ils n'auraient pas de péché. Maintenant ils n'ont pas d'excuse pour leur péché [38]. » La même puissance divine avait parlé par l'intermédiaire de Luther à l'Empereur et aux princes allemands. Et, pendant que brillait cette lumière émanant de la Parole de Dieu, le Saint-Esprit avait plaidé pour la dernière fois auprès de nombreuses personnes de cette assemblée. Comme Pilate qui, des siècles auparavant, avait permis à l'orgueil et à l'amour de la popularité de fermer son cœur au Rédempteur du monde ; comme Félix qui avait supplié en tremblant le messager de la vérité en ces termes : « Pour le moment, va-t-en ; quand j'en trouverai le temps, je te rappellerai [39] » ; comme le fier Agrippa qui avait avoué : « Encore un peu, tu m'auras persuadé, tu auras fait de moi un chrétien [40] ! » – et pourtant s'était détourné du message venu du ciel – de même, Charles Quint,

35. *Idem.*
36. Jacques Lenfant, *History of the Council of Constance* [Histoire du Concile de Constance], volume 1, p. 422.
37. J.H. Merle d'Aubigné, *ibid.*, chapitre 9.
38. Jean 15.22.
39. Actes 24.25.
40. Actes 26.28.

cédant aux impératifs de l'orgueil et de la politique du monde, avait décidé de rejeter la lumière de la vérité.

Des rumeurs de ce qui se tramait contre Luther se répandirent largement, produisant un profond émoi dans la ville. Le réformateur s'y était fait de nombreux amis, qui, connaissant la cruauté et la traîtrise de Rome envers tous ceux qui osaient exposer sa corruption, résolurent qu'il ne devait pas être sacrifié. Des centaines de nobles s'engagèrent à le protéger. Plusieurs d'entre eux dénoncèrent le message royal comme inspiré par une lâche soumission au pouvoir dominant de Rome. Sur les portes des maisons et sur les places publiques, des écriteaux furent apposés, certains condamnant Luther et d'autres le soutenant. L'un d'eux citait simplement les paroles significatives du sage : « Malheureux es-tu, pays dont le roi est un jeune homme [41]. » L'enthousiasme populaire en faveur de Luther dans toute l'Allemagne convainquit à la fois l'Empereur et les membres de la diète que toute injustice perpétrée à son égard mettrait en danger la paix de l'Empire, et même la stabilité du trône.

Frédéric de Saxe maintint une réserve délibérée. Dissimulant soigneusement ses véritables sentiments envers le réformateur, il veillait sur lui avec une vigilance infatigable en observant tous ses mouvements, ainsi que ceux de ses ennemis. Mais beaucoup ne cachaient pas leur sympathie pour Luther. Des princes, des comtes, des barons et autres personnages distingués, aussi bien ecclésiastiques que membres laïques, lui rendirent visite. « La petite chambre du Docteur Martin, écrivit Spalatin, ne pouvait pas contenir tous les visiteurs qui se présentaient [42]. » La population le considérait comme un être surhumain. Même ceux qui n'ajoutaient pas foi à ses doctrines ne pouvaient qu'admirer la haute intégrité qui l'amenait à braver la mort plutôt que de violer sa conscience.

De sérieux efforts furent déployés pour amener Luther à accepter un compromis avec Rome. Des nobles et des princes lui firent valoir que, s'il persistait à placer son propre jugement au-dessus de celui de l'Église et des conciles, il ne tarderait pas à être banni de l'Empire et n'aurait personne pour le défendre. À cet appel, Luther répondit : « L'Évangile du Christ ne peut être prêché sans causer d'offense. [...] Pourquoi la crainte ou l'appréhension du danger me séparerait-elle du Seigneur et de cette Parole divine qui, seule, est la vérité ? Non ! Plutôt renoncer à mon corps, à mon sang et à ma vie [43] ! »

On l'exhorta de nouveau à se soumettre au jugement de l'Empereur, arguant qu'il n'aurait ensuite plus rien à craindre. « Je consens de tout mon cœur, dit-il dans sa réponse, à ce que l'Empereur, les princes et même le plus humble chrétien examinent et jugent mes œuvres ; mais à une condition : c'est qu'ils prennent la Parole de Dieu comme pierre de touche. Les hommes n'ont pas autre chose à faire qu'à lui obéir. Ne violentez pas ma conscience, qui est liée et enchaînée aux Saintes Écritures [44]. »

À un autre appel, il répondit : « Je consens à renoncer à mon sauf-conduit. Je remets ma personne et ma vie entre les mains de l'Empereur ; mais la Parole de Dieu, jamais [45] ! » Il exprima sa disposition à se soumettre à la décision d'un concile

41. Ecclésiaste 10.16.
42. Martyn, *ibid.*, p. 404.
43. J.H. Merle d'Aubigné, *ibid.*, chapitre 10.
44. *Idem.*
45. *Idem.*

général, seulement à la condition que l'on demande à ce concile de trancher d'après les Écritures. « En ce qui concerne la Parole de Dieu et la foi, ajouta-t-il, tout chrétien est aussi bon juge que le pape, même si ce dernier était soutenu par un million de conciles [46]. » Ainsi ses amis et ses ennemis se convainquirent, finalement, que tout autre effort pour obtenir une réconciliation serait inutile.

Si le réformateur avait cédé sur un seul point, Satan et ses armées auraient remporté la victoire. Mais la fermeté inébranlable de Luther fut le moyen d'émanciper l'Église et d'inaugurer une ère nouvelle et meilleure. L'influence de cet homme seul, qui osa penser et agir par lui-même en matière de foi, allait affecter l'Église et le monde non seulement à son époque, mais aussi dans toutes les générations à venir. Sa fermeté et sa fidélité allaient fortifier tous ceux qui, jusqu'à la fin des temps, allaient passer par une expérience analogue. La puissance et la majesté de Dieu se manifestèrent au-dessus du conseil des hommes, au-dessus de la grande puissance de Satan.

Luther reçut bientôt l'ordre, par l'autorité de l'Empereur, de rentrer chez lui. Il savait que cet ordre serait rapidement suivi de sa condamnation. Des nuages menaçants planaient sur son chemin ; mais, lorsqu'il quitta Worms, son cœur était rempli de joie et de louange. « Le diable lui-même, dit-il, gardait la citadelle du pape ; mais le Christ y a pratiqué une large brèche, et Satan a été forcé de reconnaître que le Seigneur est plus puissant que lui [47]. »

Après son départ, désireux que sa ténacité ne soit pas prise pour de la rébellion, Luther écrivit à l'Empereur : « Dieu, qui sonde les cœurs, dit-il, est témoin que je suis disposé à obéir avec empressement à votre majesté, dans l'honneur ou dans le déshonneur, dans la vie ou dans la mort, ceci sans exception, sauf en ce qui concerne la Parole de Dieu, par laquelle nous vivons. Dans toutes les affaires de cette présente vie, ma fidélité sera inébranlable ; car, dans ce domaine, perdre ou gagner n'a pas de conséquence sur le salut. Mais lorsqu'il s'agit d'intérêts éternels, Dieu ne veut pas que l'homme se soumette à l'homme ; car une telle soumission en matière spirituelle est un véritable culte, qui ne doit être rendu qu'à notre Créateur [48]. »

Pendant le voyage qui le ramenait de Worms, Luther fut accueilli de manière encore plus flatteuse qu'à l'aller. Des ecclésiastiques de haut rang accueillirent le moine excommunié, et des dirigeants civils honorèrent cet homme dénoncé par l'Empereur. On lui demanda de prêcher, et, malgré l'interdiction de l'Empereur, il monta de nouveau en chaire. « Je ne me suis jamais engagé à enchaîner la Parole de Dieu, dit-il, et je n'ai pas l'intention de le faire [49]. »

Il n'était pas revenu de Worms depuis longtemps lorsque les papistes réussirent à obtenir de l'Empereur un édit contre lui. Dans ce décret, Luther était dénoncé comme « Satan en personne sous forme humaine et revêtu d'un froc de moine [50]. » On ordonna que, dès l'expiration de son sauf-conduit, des mesures soient prises pour mettre fin à ses travaux. Il fut interdit à toute personne de le recevoir, de lui donner à manger ou à boire, de lui prêter assistance ou d'être son complice en parole ou en acte, en public ou en privé, On devait se saisir de lui où qu'il se

46. Martyn, *ibid.*, p. 410.
47. J.H. Merle d'Aubigné, *ibid.*, chapitre 11.
48. *Idem.*
49. Martyn, *ibid.*, p. 420.
50. J.H. Merle d'Aubigné, *ibid.*, chapitre 11.

trouve, le livrer aux autorités, emprisonner aussi ses adhérents et confisquer leurs biens, et détruire également ses écrits. Enfin, tous ceux qui oseraient agir contrairement à ce décret étaient inclus dans cette condamnation. L'électeur de Saxe et les princes les plus favorables à Luther avaient quitté Worms peu de temps après son départ, et le décret de l'Empereur avait reçu la sanction de la diète. Maintenant, les partisans de l'Église de Rome jubilaient. Ils considéraient comme scellé le sort de la Réforme.

Mais Dieu avait prévu un chemin de repli pour son serviteur en cette heure de danger. Un œil vigilant avait suivi les mouvements de Luther ; un cœur fidèle et noble avait résolu de lui porter secours. Il était évident que Rome ne se satisferait de rien de moins que sa mort ; ce n'était donc qu'en le cachant qu'on pourrait le sauver de la gueule du lion. Dieu accorda à Frédéric de Saxe la sagesse de concevoir un plan pour sauver la vie du réformateur. Avec la collaboration d'amis fidèles, le plan de l'électeur fut exécuté, et Luther se trouva effectivement caché à ses amis et à ses ennemis. Au cours de son voyage de retour, il fut saisi, séparé de ses compagnons de route et emmené en hâte, à travers la forêt, au château de Wartburg, une forteresse isolée dans la montagne. Sa capture et sa cachette furent si bien entourées de mystère que Frédéric lui-même, pendant longtemps, ne savait pas où on l'avait conduit. Cette ignorance n'était pas fortuite : tant que l'électeur ne saurait pas où se trouvait Luther, il ne pourrait rien révéler. Il lui suffisait de savoir que le réformateur était en sécurité.

Le printemps, l'été et l'automne passèrent ; l'hiver arriva ; Luther était toujours prisonnier. Aleander et ses partisans exultaient en pensant que la lumière de l'Évangile était sur le point de s'éteindre. Mais, au lieu de cela, le réformateur alimentait sa lampe à la source de la vérité ; et sa lumière allait briller avec un éclat encore plus grand.

Dans la sécurité amicale de la Wartburg, Luther, pendant quelque temps, se réjouit de pouvoir échapper à l'ardeur et au tumulte de la bataille. Mais il ne put se satisfaire longtemps de la tranquillité et du repos. Habitué à une vie active et à de sévères conflits, il pouvait difficilement supporter de demeurer inactif. Au cours de ces journées solitaires, la condition de l'Église lui apparut, et il s'écria avec désespoir : « Hélas ! Il n'y a personne, dans ces derniers jours de la colère de Dieu, pour se tenir comme un mur devant le Seigneur et sauver Israël [51] ! » De nouveau, ses pensées se tournèrent vers lui-même, et il craignit d'être accusé de lâcheté s'il se retirait du combat. Puis, il se reprocha son indolence et son amour du confort. Pourtant, il accomplissait chaque jour plus que ce qui semblait possible pour un seul homme. Sa plume n'était jamais au repos. Ses ennemis, qui s'étaient imaginé qu'il avait été réduit au silence, furent étonnés et confus de découvrir des preuves tangibles de son activité : des quantités de traités, provenant de sa plume, étaient diffusés dans toute l'Allemagne. Il accomplissait aussi une œuvre de la plus haute importance en faveur de ses concitoyens en traduisant le Nouveau Testament en allemand. Depuis son rocher de Patmos, il continua pendant presque une année entière à proclamer l'Évangile et à dénoncer les péchés et les erreurs de son temps.

Cependant ce n'était pas seulement pour préserver Luther de la colère de ses ennemis, ni même pour lui octroyer un moment de tranquillité afin de réaliser ces importants travaux, que Dieu avait retiré son serviteur de la scène de la vie publique. Il avait en vue quelque chose d'encore plus précieux pour lui. Dans la

51. J.H. Merle d'Aubigné, *op. cit.*, livre 9, chapitre 2.

solitude et l'obscurité de sa retraite montagnarde, Luther était éloigné de tout soutien terrestre et à l'abri de toute louange humaine. Il fut ainsi sauvé de l'orgueil et de la confiance en soi-même qui sont si souvent la rançon du succès. Cette souffrance et cette humiliation le préparèrent à marcher de nouveau en sécurité sur les hauteurs vertigineuses auxquelles il avait été si soudainement élevé.

Lorsque les hommes se réjouissent de la liberté que leur apporte la vérité, ils ont tendance à exalter ceux que Dieu a utilisés pour briser les chaînes de l'erreur et de la superstition. Satan s'efforce de détourner leurs pensées et leurs affections de Dieu pour les fixer sur des intermédiaires humains. Il les amène à honorer ceux qui n'ont été que de simples instruments et à ignorer la main qui dirige tous les desseins de la providence. Trop souvent, les chefs religieux qu'on a ainsi loués et révérés perdent de vue leur dépendance envers Dieu et sont amenés à se confier en eux-mêmes. Il en résulte qu'ils cherchent à dominer l'esprit et la conscience du peuple, qui est disposé à les considérer comme des guides au lieu de se référer à la Parole de Dieu. L'œuvre de réforme est souvent retardée à cause de ce comportement toléré par ses partisans. Dieu désirait préserver la cause de la Réforme de ce danger. Il désirait que cette œuvre porte non l'empreinte de l'homme, mais la sienne. Les yeux des hommes s'étaient tournés vers Luther en tant qu'interprète de la vérité ; il fut mis de côté pour que tous puissent tourner leurs regard vers l'éternel Auteur de la vérité.

9

Le réformateur suisse

On découvre dans le choix des instruments pour réformer l'Église le même plan divin que celui qui a présidé à sa fondation. Le Maître céleste a laissé de côté les grands de ce monde, ceux qui avaient des titres et de la fortune, ceux qui étaient habitués aux louanges et aux hommages qu'on accorde aux dirigeants du peuple. Ils étaient si fiers et si confiants en eux-mêmes qu'ils ne pouvaient pas être amenés à sympathiser avec leurs semblables ni à devenir les collaborateurs de l'humble Nazaréen. C'est à des pêcheurs du lac de Galilée, hommes sans instruction et durs à la tâche, que Jésus adressa cet appel : « Venez à ma suite, et je vous ferai pêcheurs d'humains [1]. » Ces disciples étaient humbles et malléables. Moins ils avaient été influencés par les faux enseignements de leur époque, et mieux le Christ pouvait les instruire et les former avec succès pour son service. Il en fut de même à l'époque de la grande Réforme. Les principaux réformateurs étaient des hommes d'humble origine, les plus exempts, parmi tous ceux de leur époque, de l'orgueil du rang et de l'influence des bigots et des prêtres. Utiliser d'humbles instruments pour réaliser de grands desseins fait partie fait partie du plan de Dieu. Alors, la gloire ne sera pas attribuée aux hommes, mais à Celui qui, par leur intermédiaire, « opère […] le vouloir et le faire pour son bon plaisir [2]. »

Quelques semaines après la naissance de Luther dans une cabane de mineur en Saxe, Ulrich Zwingli naquit dans un chalet de berger au milieu des Alpes. Son environnement pendant son enfance et sa première éducation étaient propres à le préparer pour sa future mission. Élevé au milieu des scènes de la magnificence, de la beauté et de l'impressionnante sublimité de la nature, son esprit fut marqué très tôt par le sentiment de la grandeur, de la puissance et de la majesté de Dieu. Les récits des actes héroïques réalisés dans ses montagnes natales allumèrent dans son jeune cœur de hautes aspirations. Aux côtés de sa pieuse grand-mère, il écouta les quelques rares, mais précieuses histoires bibliques que celle-ci avait glanées parmi les légendes et les traditions de l'Église. C'est avec le plus profond intérêt qu'il entendit le récit des grands actes des patriarches et des prophètes, des bergers qui gardaient leurs troupeaux sur les collines de Palestine, et auxquels les anges avaient parlé, de l'enfant de la crèche de Bethléhem et de l'Homme du Calvaire.

Comme le père de Luther, celui de Zwingli souhaitait que son fils soit instruit, et l'envoya très tôt loin de sa vallée natale. Son esprit se développa rapidement, et le problème fut bientôt où trouver des professeurs compétents pour assurer son instruction. À l'âge de treize ans, il fut envoyé à Berne, qui possédait alors l'école

1. Matthieu 4.19.
2. Philippiens 2.13.

la plus distinguée de toute la Suisse. C'est là, cependant, que le jeune homme courut un danger qui faillit compromettre son avenir : les moines firent tous leurs efforts pour le pousser à entrer dans un monastère. Dominicains et franciscains rivalisaient pour obtenir la faveur populaire. Ils s'efforçaient de l'obtenir par les ornements voyants de leurs églises, par la pompe de leurs cérémonies et en exhibant leurs célèbres reliques et images miraculeuses.

Les dominicains de Berne se rendirent compte que, s'ils pouvaient gagner ce jeune et talentueux étudiant, celui-ci serait pour eux une source de gains et d'honneurs à la fois. Son extrême jeunesse, ses dons naturels d'orateur et d'écrivain et son talent pour la musique et la poésie seraient plus efficaces que toutes leurs pompes et tous leurs étalages pour attirer les gens du peuple à leurs services religieux et pour augmenter les revenus de leur ordre. Par la ruse et la flatterie, ils tentèrent d'amener Zwingli à entrer dans leur monastère. Luther, lorsqu'il était étudiant, s'était enterré dans une cellule de moine, et il aurait été perdu pour le monde si la providence divine ne l'en avait pas libéré. Il ne fut pas permis à Zwingli d'affronter le même danger. Son père fut providentiellement informé des intentions des moines. N'ayant aucun désir de permettre à son fils de suivre la vie oisive et inutile des moines et se rendant compte que sa future utilité était en jeu, il lui ordonna de rentrer chez lui sans délai.

Zwingli obéit ; mais le jeune homme ne pouvait longtemps se satisfaire de rester dans sa vallée natale, et il reprit bientôt ses études en se rendant, quelque temps plus tard, à Bâle. C'est là qu'il entendit pour la première fois l'Évangile de la grâce gratuite de Dieu. Wittembach, un professeur de langues anciennes, avait été amené, en étudiant le grec et l'hébreu, à découvrir les Saintes Écritures ; et c'est ainsi que des rayons de lumière divine furent déversés dans l'esprit des étudiants qui lui avaient été confiés. Il déclarait qu'il existait une vérité plus ancienne et de valeur infiniment plus grande que les théories enseignées par les docteurs et les philosophes. Cette ancienne vérité était que la mort du Christ est la seule rançon pour le pécheur. Aux yeux de Zwingli, ces paroles furent comme le premier rayon de lumière qui précède l'aurore.

Zwingli fut bientôt appelé à quitter Bâle pour commencer son ministère. Son premier champ de travail fut une paroisse des Alpes peu éloignée de sa vallée natale. Ayant été ordonné prêtre, il « se consacra de toute son âme à la recherche de la vérité divine ; car il était très conscient, selon un de ses compagnons de la Réforme, de tout ce que doit savoir celui auquel est confié le troupeau du Christ [3]. » Plus il sondait les Écritures, et plus il percevait clairement le contraste entre les vérités qu'elles contenaient et les hérésies de Rome. Il accepta la Bible comme Parole de Dieu, seule règle suffisante et infaillible. Il se rendit compte qu'elle doit être son propre interprète. Il n'osait pas tenter d'expliquer l'Écriture pour soutenir une théorie ou une doctrine préconçue, mais considérait comme son devoir d'apprendre ce qu'elle enseigne de manière directe et évidente. Il cherchait à profiter de chaque occasion pour obtenir une compréhension complète et correcte de sa signification, et il invoquait l'aide du Saint-Esprit, qui révélerait le sens de celle-ci, déclarait-il, à tous ceux qui le recherchaient avec sincérité et dans un esprit de prière.

« Les Écritures, disait Zwingli, viennent de Dieu, et non de l'homme ; c'est ce Dieu même qui éclaire les hommes qui te fera comprendre que cette Parole vient

3. J.A. Wylie, *Histoire du protestantisme*, livre 8, chapitre 5.

de Dieu. La Parole de Dieu [...] ne peut faillir ; elle est lumineuse, elle instruit par elle-même, elle se révèle elle-même, elle illumine l'âme de tout salut et de toute grâce ; elle la console en Dieu, l'humilie, de sorte que celle-ci s'oublie elle-même et embrasse Dieu. » Zwingli avait éprouvé lui-même la véracité de ces paroles. Parlant de son expérience à cette époque, il écrivit plus tard : « Lorsque [...] je commençai à m'adonner entièrement à l'étude des Saintes Écritures, la philosophie et la théologie [scolastique] me cherchaient toujours querelle. J'en vins enfin à cette conclusion : "Tu dois laisser de côté tout cela et apprendre à comprendre ce que Dieu veut dire seulement à partir de sa propre et simple Parole." Puis je commençai à demander à Dieu sa lumière, et l'étude des Écritures commença à me paraître beaucoup plus facile [4]. »

Ce n'est pas de Luther que Zwingli reçut la doctrine qu'il prêchait. C'était la doctrine du Christ. « Si Luther prêche le Christ, disait le réformateur suisse, il fait ce que je fais. Ceux qu'il a amenés au Christ sont plus nombreux que ceux que j'ai amenés. Mais peu importe. Je ne porterai pas d'autre nom que celui du Christ, dont je suis le soldat, et qui seul est mon chef. Je n'ai jamais écrit un seul mot à Luther, ni Luther à moi. Pourquoi ? [...] Afin que soit montré combien l'Esprit de Dieu est en harmonie avec lui-même, car chacun de nous, sans jamais avoir consulté avec l'autre, enseigne la doctrine du Christ avec uniformité [5]. »

En 1516, Zwingli fut invité à devenir prédicateur du monastère d'Einsiedeln. C'est là qu'il allait voir de plus près la corruption de Rome et, en tant que réformateur, exercer une influence qui allait se faire sentir bien au-delà de ses Alpes natales. Parmi les principales attractions d'Einsiedeln se trouvait une image de la Vierge, dont on disait qu'elle possédait le pouvoir d'accomplir des miracles. Au-dessus de la porte d'entrée du monastère se trouvait cette inscription : « Ici, vous pouvez obtenir une rémission plénière des péchés [6]. » En toutes saisons, les pèlerins affluaient au sanctuaire de la Vierge ; mais, au grand festival annuel de sa consécration, des foules accouraient de toutes les parties de la Suisse, et même de France et d'Allemagne. Zwingli, profondément affligé de ce spectacle, y vit l'occasion de proclamer la liberté de l'Évangile à ces foules esclaves de la superstition.

« Ne vous imaginez pas, disait-il, que Dieu soit dans ce temple plus que dans toute autre partie de la création. Quelque soit le pays dans lequel vous habitez, Dieu vous entoure et vous entend. [...] Les œuvres inutiles, les longs pèlerinages, les offrandes, les images, l'invocation de la Vierge ou des saints, peuvent-ils vous obtenir la grâce de Dieu ? [...] À quoi sert la multitude de paroles dont nous remplissons nos prières ? Quelle efficacité a un capuchon lustré, une tête bien rasée, une robe longue et flottante, ou des pantoufles brodées d'or ? [...] "Le Seigneur voit au cœur [7]", et nos cœurs sont éloignés de lui. [...] Le Christ, offert une seule fois sur la croix, est le sacrifice et la victime qui a expié les péchés des croyants pour toute l'éternité [8]. »

Ces enseignements furent mal accueillis par de nombreux auditeurs. C'était pour eux une amère déception d'entendre dire que leur voyage fatigant n'avait servi à rien. Ils ne pouvaient comprendre un pardon offert gratuitement par le Christ. Ils se satisfaisaient de l'ancien chemin menant au ciel que Rome leur avait

---

4. *Ibid.*, chapitre 6.
5. J.H. Merle d'Aubigné, *Histoire de la Réformation du seizième siècle*, livre 8, chapitre 9.
6. *Ibid.*, chapitre 5.
7. 1 Samuel 16.7.
8. J.H. Merle d'Aubigné, *ibid.*, chapitre 5.

tracé. Ils reculaient devant la difficulté de chercher quelque chose de mieux. Il était plus facile de confier son salut aux prêtres et au pape que de rechercher la pureté du cœur.

Mais une autre catégorie de personnes recevait avec joie la bonne nouvelle de la rédemption en Christ. Les pratiques ordonnées par Rome n'avaient pas réussi à leur apporter la paix de l'âme, et, par la foi, elles acceptaient le sang du Sauveur comme expiation pour leurs péchés. Rentrées chez elles, elles révélaient aux autres la précieuse lumière qu'elles avaient reçue. La vérité était ainsi portée de hameau en hameau, de ville en ville, et le nombre des pèlerins qui visitaient le sanctuaire de la Vierge diminuait considérablement. Le montant des offrandes diminuait également, et, en même temps, celui du salaire de Zwingli, qui était prélevé sur ces offrandes. Mais il ne fit que s'en réjouir en se rendant compte que la puissance du fanatisme et de la superstition avait été brisée.

Les autorités de l'Église n'étaient pas aveugles à l'œuvre accomplie par Zwingli ; mais, pour l'instant, elles s'abstinrent d'intervenir. Espérant cependant le conserver pour leur cause, elles s'efforcèrent de le gagner par la flatterie ; mais, pendant ce temps, la vérité gagnait du terrain dans le cœur des gens du peuple.

Les travaux de Zwingli à Einsiedeln l'avaient préparé pour un champ plus vaste, dans lequel il allait bientôt entrer. Au bout de trois années, il fut appelé à être prédicateur dans la cathédrale de Zurich. C'était alors la ville la plus importante de la confédération helvétique, et l'influence qu'il allait y exercer allait se faire sentir au loin. Cependant, les ecclésiastiques qui l'avaient invité à venir à Zurich étaient désireux d'empêcher toute innovation, et entreprirent donc de lui faire connaître ses devoirs.

« Vous devrez faire tous vos efforts, lui dirent-ils, pour faire rentrer les revenus du chapitre, sans négliger les plus petits. Vous devrez exhorter les fidèles, aussi bien du haut de la chaire que dans le confessionnal, à verser toutes leurs dîmes et toutes leurs redevances ecclésiastiques, et à montrer par leurs offrandes leur affection pour l'Église. Vous devrez veiller à faire augmenter les revenus provenant des malades, des messes et, en général, de toutes les pratiques ecclésiastiques. […] L'administration des sacrements, la prédication et les soins à donner au troupeau, ajoutèrent-ils, font aussi partie des devoirs de l'aumônier ; mais, en ce qui concerne ceux-ci, vous pourrez vous faire remplacer par un vicaire, particulièrement pour la prédication. Vous ne devrez administrer les sacrements qu'aux notables, et seulement lorsqu'on vous le demandera ; il vous est interdit de le faire sans distinction de personnes [9]. »

Zwingli écouta silencieusement ces exhortations, et, dans sa réponse, après avoir exprimé sa reconnaissance pour l'honneur d'avoir été appelé à ce poste important, il entreprit d'expliquer la ligne de conduite qu'il se proposait d'adopter : « La vie du Christ, dit-il, est restée trop longtemps cachée au peuple. Je prêcherai sur la totalité de l'Évangile de Saint Matthieu, […] ne puisant qu'à la fontaine de l'Écriture, sondant ses profondeurs, comparant un passage avec un autre, et cherchant la compréhension par une prière constante et fervente. C'est à la gloire de Dieu, à la louange de son Fils unique, au véritable salut des âmes et à leur édification dans la véritable foi que je consacrerai mon ministère [10]. » Bien que quelques-uns de ces ecclésiastiques aient désapprouvé son plan et tenté de l'en dissuader, Zwingli

9. *Ibid.*, chapitre 6.
10. *Idem.*

demeura ferme. Il déclara qu'il n'allait introduire aucune nouvelle méthode, sinon l'ancienne méthode utilisée par l'Église à une époque plus ancienne et plus pure.

Déjà, un profond intérêt pour les vérités qu'il enseignait s'était manifesté, et les gens accouraient en grands nombres pour écouter sa prédication. Parmi ses auditeurs figuraient de nombreuses personnes qui avaient cessé depuis longtemps de venir à l'église. Il commença son ministère en ouvrant les Évangiles, en lisant et en expliquant à ses auditeurs les récits inspirés de la vie, des enseignements et de la mort du Christ. Ici, comme à Einsiedeln, il présenta la Parole de Dieu comme la seule autorité infaillible, et la mort du Christ comme le seul sacrifice parfait. « C'est au Christ, disait-il, que je désire vous conduire, au Christ, la véritable source du salut [11]. » Autour de ce prédicateur s'assemblaient des personnes de toutes les classes sociales, de l'homme d'État et de l'érudit jusqu'à l'artisan et au paysan. C'est avec un profond intérêt qu'ils écoutaient ses paroles. Non seulement il proclamait l'offre du salut gratuit, mais il dénonçait aussi sans crainte les maux et la corruption de l'époque. Beaucoup revenaient de la cathédrale en louant Dieu : « Cet homme, disaient-ils, est un prédicateur de la vérité. Il sera notre Moïse, qui nous fera sortir des ténèbres de l'Égypte [12]. »

Mais, bien que ses travaux aient été reçus au début avec beaucoup d'enthousiasme, au bout d'un certain temps, l'opposition se manifesta. Les moines entreprirent d'entraver son œuvre et de condamner ses enseignements. Beaucoup l'assaillirent de moqueries et de sarcasmes ; d'autres eurent recours à l'insolence et aux menaces. Mais Zwingli supporta tout avec patience, en disant : « Si nous voulons gagner les méchants à Jésus-Christ, nous devons fermer les yeux sur bien des choses [13]. »

Vers cette époque, un nouvel instrument fut suscité pour faire progresser la cause de la Réforme. Un certain Lucien, porteur de quelques écrits de Luther, fut envoyé à Zurich par un ami de la foi réformée de Bâle, qui suggéra que la vente de ces livres pourrait être un puissant moyen de répandre la lumière. « Assurez-vous, écrivit-il à Zwingli, que cet homme possède suffisamment de prudence et d'habileté ; si c'est le cas, qu'il apporte parmi les Suisses, de ville en ville, de bourg en bourg, de village en village, et même de maison en maison, les œuvres de Luther, et spécialement son commentaire du Notre Père, écrit pour les membres laïques. Mieux elles seront connues, plus elles trouveront d'acheteurs [14]. » C'est ainsi que la lumière trouva le chemin des cœurs.

C'est au moment où Dieu s'apprête à briser les chaînes de l'ignorance et de la superstition que Satan travaille avec le plus de puissance à plonger les hommes dans les ténèbres et à resserrer encore leurs chaînes. Pendant que des hommes se dressaient dans différents pays pour présenter au peuple le pardon et la justification par le sang du Christ, Rome essayait avec une énergie nouvelle d'ouvrir son marché d'indulgences dans tous les pays de la chrétienté en offrant ce pardon à prix d'argent.

Chaque péché avait son prix, et on accordait aux hommes toute liberté de pécher, pourvu que le trésor de l'Église soit maintenu bien rempli. C'est ainsi que ces deux mouvements avançaient parallèlement : l'un offrant le pardon des péchés à prix

11. *Idem.*
12. *Idem.*
13. *Idem.*
14. *Idem.*

d'argent, l'autre le pardon par le Christ ; Rome, autorisant le péché et en faisant une source de revenus ; les réformateurs, condamnant le péché et dirigeant les âmes vers le Christ, victime expiatoire et libérateur.

En Allemagne, la vente des indulgences avait été confiée aux moines dominicains et dirigée par l'infâme Tetzel. En Suisse, ce trafic fut confié aux franciscains, sous la direction d'un moine italien appelé Samson. Celui-ci avait déjà bien servi l'Église en recueillant d'immenses sommes en Allemagne et en Suisse pour remplir le trésor papal. Il parcourait maintenant la Suisse, attirant de grandes foules, dépouillant les pauvres paysans de leurs maigres revenus et exigeant de riches offrandes des classes aisées. Mais l'influence de la Réforme s'était déjà fait sentir en faisant diminuer ce trafic, bien qu'elle n'ait pas réussi à y mettre fin. Zwingli était encore à Einsiedeln lorsque Samson, peu après son arrivée en Suisse, arriva avec sa marchandise dans une ville voisine. Apprenant quelle était la mission de celui-ci, le réformateur entreprit immédiatement de s'opposer à son œuvre. Les deux hommes ne se rencontrèrent jamais ; mais le succès de Zwingli en dénonçant les prétentions de ce moine fut tel que celui-ci fut obligé de partir pour d'autres lieux.

À Zurich, Zwingli prêcha avec zèle contre ces marchands de pardon ; lorsque Samson approcha de cette ville, un messager envoyé par le Conseil lui ordonna de passer outre. Il réussit tout de même à entrer dans la ville grâce à un stratagème, mais fut renvoyé sans avoir pu vendre une seule indulgence. Peu après, il quitta la Suisse.

L'apparition de la peste, ou « Mort Noire », qui s'abattit sur la Suisse en 1519, donna un nouvel élan à la Réforme. Lorsque les gens se trouvaient face à face avec la mort, beaucoup se rendaient compte combien les pardons achetés récemment étaient vains et sans valeur et ils aspiraient à faire reposer leur foi sur un fondement plus sûr. Zwingli, à Zurich, contracta aussi cette maladie ; il s'affaiblit tellement qu'on abandonna tout espoir de le voir guérir, et que les rumeurs de sa mort se répandirent partout. Au cours de cette heure d'épreuve, son espérance et son courage demeurèrent inébranlables. Il regarda avec foi vers la croix du Calvaire, se confiant dans l'expiation du péché, pleinement suffisante pour le salut. Lorsqu'il revint des portes du séjour des morts, ce fut pour prêcher l'Évangile avec encore plus de ferveur qu'auparavant ; ses paroles avaient plus de puissance que jamais. Les gens du peuple accueillirent avec joie leur pasteur bien-aimé, qui leur avait été rendu après s'être trouvé au bord du tombeau. Eux-mêmes avaient veillé sur des malades et des mourants, et ils ressentaient, comme jamais auparavant, la grande valeur de l'Évangile.

Zwingli était parvenu à une compréhension plus claire de ses vérités et avait expérimenté plus profondément en lui-même sa puissance transformatrice. La chute de l'homme et le plan de la rédemption étaient les sujets sur lesquels il aimait s'étendre : « En Adam, disait-il, nous sommes tous morts, plongés dans la corruption et la condamnation [15]. » « Le Christ a obtenu pour nous une rédemption éternelle. […] Sa passion est […] un sacrifice éternel et éternellement efficace pour guérir ; ce sacrifice satisfait la justice divine pour toujours en faveur de tous ceux qui se reposent sur lui avec une foi ferme et inébranlable. » Cependant, il enseignait clairement que la grâce du Christ n'autorise pas les hommes à demeurer dans le

15. J.A. Wylie, *ibid.*, chapitre 9.

péché : « Là où il y a la foi en Dieu, là se trouve Dieu ; et là où Dieu demeure, on trouve un zèle qui incite et pousse les hommes à accomplir de bonnes œuvres [16]. »

L'intérêt pour la prédication de Zwingli était tel que la cathédrale était remplie à craquer de foules venues l'écouter. Petit à petit, selon ce qu'ils étaient capables de recevoir, il présentait la vérité à ses auditeurs. Il veillait à ne pas introduire en premier des points qui les auraient choqués et auraient créé des préjugés dans leur esprit. Son œuvre était de gagner leur cœur aux enseignements du Christ, de l'attendrir par son amour et de garder son exemple devant leurs yeux ; au fur et à mesure qu'ils recevraient les principes de l'Évangile, leurs croyances et pratiques superstitieuses seraient inévitablement renversées.

Pas à pas, la Réforme progressait à Zurich. Alarmés, ses ennemis s'éveillèrent et s'opposèrent activement à lui. Une année auparavant, à la diète de Worms, le moine de Wittenberg avait dit non au pape et à l'Empereur ; et, maintenant, tout semblait indiquer que les prétentions papales rencontraient une résistance semblable à Zurich. Des attaques répétées furent perpétrées contre Zwingli. De temps en temps, dans les cantons soumis à la papauté, des disciples de l'Évangile montaient sur le bûcher ; mais ceci ne suffisait pas : il fallait réduire au silence le professeur d'hérésie. En conséquence, l'évêque de Constance envoya trois délégués au Conseil de Zurich, accusant Zwingli d'enseigner au peuple à transgresser les lois de l'Église et de mettre en danger la paix et le bon ordre de la société. Si l'on rejetait l'autorité de l'Église, fit-il valoir, il en résulterait une anarchie générale. Zwingli répondit que cela faisait quatre ans qu'il enseignait l'Évangile à Zurich, « qui était plus tranquille et plus paisible qu'aucune autre ville de la confédération. [...] Le christianisme n'est-il donc pas la meilleure sauvegarde de la sécurité publique [18] ? »

Les délégués de l'évêque avaient exhorté les conseillers à demeurer dans l'Église, hors de laquelle, déclarèrent-ils, il n'y a point de salut. Zwingli répondit : « Que cette accusation ne vous émeuve pas. La fondation de l'Église est le même Rocher, le même Christ qui donna son nom à Pierre parce que celui-ci avait confessé fidèlement son nom. En toute nation, quiconque croit de tout son cœur au Seigneur Jésus est accepté de Dieu. C'est là que se trouve véritablement l'Église en dehors de laquelle il n'y a point de salut [18]. » Comme résultat de cette rencontre, l'un des délégués de l'évêque accepta la foi réformée.

Le Conseil ayant refusé de prendre des mesures contre Zwingli, Rome se prépara pour une nouvelle attaque. Le réformateur, en apprenant les complots de ses ennemis, s'exclama : « Qu'ils viennent donc ! Je les crains comme la falaise en surplomb craint les vagues qui rugissent à ses pieds [19]. » Les efforts de ces ecclésiastiques ne servirent qu'à faire progresser la cause qu'ils s'efforçaient de renverser. La vérité continua de se répandre. En Allemagne, ses adhérents, abattus par la disparition de Luther, reprirent courage en constatant les progrès de l'Évangile en Suisse.

Au fur et à mesure que la Réforme s'affermissait à Zurich, ses fruits devenaient de plus en plus visibles dans la disparition du vice et dans la promotion de l'ordre et de l'harmonie. « La paix a établi sa demeure dans notre ville, écrivait Zwingli ;

---

16. J.H. Merle d'Aubigné, *ibid.*, chapitre 9.
17. J.A. Wylie, *ibid.*, chapitre11.
18. J.H. Merle d'Aubigné, *Histoire de la Réformation du seizième siècle* (édition de Londres), livre 8, chapitre 11.
19. J.A. Wylie, *ibid.*, chapitre11.
20. *Ibid.*, chapitre 15.

pas de querelles, pas d'hypocrisie, pas d'envie, pas de discorde. D'où peut venir une telle union, sinon du Seigneur, et notre doctrine, qui nous comble des fruits de la paix et de la piété [20] ? »

Les victoires remportées par la Réforme incitèrent les partisans de Rome à des efforts encore plus déterminés pour la renverser. Se rendant compte du peu d'effet qu'avait eu la persécution en Allemagne pour détruire l'œuvre de Luther, ils décidèrent d'affronter le mouvement en utilisant les propres armes de celui-ci : ils organiseraient un débat avec Zwingli, et, se réservant la responsabilité de faire les arrangements nécessaires, ils s'assureraient de la victoire en choisissant eux-mêmes non seulement le lieu de cette rencontre, mais aussi les juges qui devraient trancher entre les adversaires ; et, s'ils pouvaient seulement amener Zwingli en leur pouvoir, ils veilleraient à ce que celui-ci ne leur échappe pas. Une fois le chef réduit au silence, le mouvement pourrait être rapidement écrasé. Ce dessein fut cependant soigneusement dissimulé.

Le lieu de ce débat fut fixé à Bade ; mais Zwingli ne s'y présenta pas. Les membres du Conseil de Zurich, soupçonnant les desseins des papistes et avertis par les bûchers allumés dans les cantons soumis à la papauté pour les confesseurs de l'Évangile, interdirent à leur pasteur de s'exposer à ce péril. À Zurich, il était prêt à rencontrer tous les partisans que Rome pourrait envoyer ; mais aller à Bade, où le sang des martyrs de la vérité venait d'être versé, c'était s'exposer à une mort certaine. Œcolampade et Haller furent choisis pour représenter les réformés, tandis que le célèbre Docteur Eck, soutenu par une foule de docteurs et de prélats érudits, fut choisi pour être le champion de Rome.

Bien que Zwingli n'ait pas été présent à ce débat, son influence se fit sentir. Les secrétaires avaient tous été choisis par les papistes, et interdiction avait été faite à toute autre personne de prendre des notes, sous peine de mort. Malgré ceci, Zwingli recevait chaque jour un rapport fidèle de ce qui avait été dit à Bade. Un étudiant présent à ce débat notait chaque soir les arguments présentés pendant la journée. Deux autres étudiants étaient chargés d'apporter ces documents à Zwingli à Zurich, en même temps que les lettres quotidiennes d'Œcolampade. Le réformateur y répondait en donnant des conseils et en faisant des suggestions. Il écrivait ses lettres pendant la nuit, et les étudiants les emmenaient à Bade le lendemain matin. Pour échapper à la vigilance des gardes postés aux portes de la ville, ces messagers transportaient sur leur tête des paniers contenant des poules, et pouvaient ainsi passer sans encombre.

C'est ainsi que Zwingli livra bataille à ses rusés antagonistes. Il « a plus travaillé, disait Myconius, par ses méditations, ses nuits blanches et les conseils qu'il envoyait à Bade, qu'il n'aurait pu le faire en débattant en personne au milieu de ses ennemis [21]. »

Les partisans de Rome, exaltés à la perspective de leur triomphe, étaient venus à Bade revêtus de leurs plus belles soutanes et parés de bijoux. Ils vivaient dans le luxe, leurs tables garnies des mets les plus coûteux et des vins les plus fins. Ils se délassaient du fardeau de leurs devoirs ecclésiastiques par des réjouissances et des festins. Quel contraste avec les réformateurs, que les gens du peuple considéraient comme guère mieux qu'une bande de mendiants, et que leurs repas frugaux ne maintenaient pas longtemps à table ! Le logeur d'Œcolampade, ayant eu l'occasion

21. J.H. Merle d'Aubigné, *Histoire de la Réformation du seizième siècle*, livre 11, chapitre 13.

de l'observer dans sa chambre, le trouvait toujours occupé à étudier ou à prier, et, avec un profond étonnement, déclara que cet hérétique était au moins « très pieux ».

Lors de ce débat, « le Docteur Eck monta avec arrogance dans une chaire splendidement décorée, tandis que l'humble Œcolampade, pauvrement vêtu, fut forcé de s'asseoir en face de son adversaire sur un tabouret grossièrement équarri [22]. » La voix de stentor du Docteur Eck, ainsi que son assurance sans bornes, ne lui firent pas défaut. Son zèle était stimulé par l'espérance d'y trouver un avantage matériel aussi bien que la renommée ; en effet, le défenseur de la foi devait être récompensé par des honoraires considérables. Lorsque les arguments lui manquaient, il avait recours aux insultes et même aux jurons.

Œcolampade, modeste et se défiant de lui-même, avait hésité à prendre part à cette bataille ; il y entra en faisant cette solennelle déclaration : « Je ne reconnais pas d'autre principe de jugement que la Parole de Dieu [23]. » Bien que doux et courtois dans ses manières, il se montra compétent et stoïque. Pendant que les partisans de Rome, selon leur habitude, citaient les coutumes de l'Église comme autorité, le réformateur s'en tint avec constance aux Saintes Écritures. « La coutume, dit-il, est sans valeur dans notre Suisse, à moins que ce ne soit selon la constitution ; or, en matière de foi, c'est la Bible qui est notre constitution [24]. »

Le contraste entre les deux adversaires ne fut pas sans effets. Le raisonnement calme et clair du réformateur, si aimablement et si modestement présenté, plut aux esprits qui se détournèrent avec dégoût des affirmations vantardes et tapageuses du Docteur Eck.

Ce débat dura dix-huit jours. Lorsqu'il prit fin, les papistes prétendirent avec beaucoup de confiance avoir obtenu la victoire. La plupart des délégués se rangèrent du côté de Rome ; la diète proclama la défaite des réformateurs et déclara que ceux-ci, ainsi que Zwingli, leur chef, étaient excommuniés. Mais les fruits de ce débat révélèrent de quel côté se trouvait l'avantage. Il donna un élan considérable à la cause protestante, et il ne fallut pas attendre longtemps pour que les villes importantes de Berne et de Bâle se déclarent en faveur de la Réforme.

---

22. *Idem.*
23. *Idem.*
24. *Idem.*

10

Les progrès de la Réforme en Allemagne

La mystérieuse disparition de Luther avait jeté la consternation dans toute l'Allemagne. On se demandait partout ce qu'il était devenu. Les rumeurs les plus folles circulaient, et beaucoup pensaient qu'on l'avait assassiné. Non seulement ses amis déclarés, mais aussi des milliers de personnes qui n'avaient pas encore pris position ouvertement en faveur de la Réforme se lamentaient amèrement. Beaucoup firent le serment solennel de venger sa mort.

Les dirigeants de l'Église romaine se rendirent compte avec terreur à quel point l'opinion publique leur était hostile. Après s'être d'abord réjoui de la mort supposée de Luther, ils souhaitèrent bientôt se cacher devant la colère du peuple. Ses ennemis n'avaient pas été aussi perturbés par ses actes les plus audacieux pendant qu'il était parmi eux qu'ils le furent par sa disparition. Ceux qui, dans leur rage, avaient cherché à détruire l'audacieux réformateur étaient remplis de crainte maintenant qu'il était devenu un captif impuissant. « Le seul moyen qui nous reste de nous sauver, dit l'un d'eux, est d'allumer des torches et de chercher Luther dans le monde entier pour le rendre à la nation qui le réclame [1]. » L'édit de l'empereur semblait avoir été inutile ; les légats du pape furent remplis d'indignation lorsqu'ils se rendirent compte que celui-ci attirait beaucoup moins l'attention que le sort de Luther.

La nouvelle qu'il était en sécurité, quoique prisonnier, calma les craintes des gens du peuple, tout en augmentant encore leur enthousiasme en sa faveur. Ses écrits furent lus avec encore plus d'avidité qu'auparavant. Un nombre toujours plus grand de personnes se joignirent à la cause de cet homme héroïque, qui avait, face à de si terribles difficultés, pris la défense de la Parole de Dieu. La Réforme se fortifiait sans cesse. La semence semée par Luther germait partout. Son absence accomplissait une œuvre que sa présence n'aurait pas pu faire. Ses collaborateurs ressentirent une nouvelle responsabilité, maintenant que leur grand chef avait été mis de côté. Avec une nouvelle foi et une nouvelle ferveur, ils allèrent de l'avant pour faire tout ce qui était en leur pouvoir, afin que cette œuvre, si noblement commencée, ne soit pas enrayée.

Mais Satan ne restait pas inactif. Il essaya alors de faire ce qu'il avait tenté dans tous les autres mouvements de réforme : tromper et détruire le peuple de Dieu en lui faisant gober une contrefaçon au lieu de l'œuvre véritable. De même qu'il y avait eu de faux christs au premier siècle de l'Église chrétienne, de même il s'éleva de faux prophètes au seizième siècle.

Quelques hommes, profondément affectés par l'effervescence qui régnait dans le monde religieux, s'imaginèrent qu'ils avaient reçu des révélations spéciales du

1. J.H. Merle d'Aubigné, *Histoire de la Réformation du seizième siècle*, livre 9, chapitre 1.

ciel et se prétendirent mandatés par Dieu pour parachever la Réforme, qui, déclarèrent-ils, n'avait été qu'à peine ébauchée par Luther. En réalité, ils sapaient l'œuvre même accomplie par celui-ci. Ils rejetèrent le grand principe qui était à la base même du mouvement réformiste : la Parole de Dieu, règle suffisante de la foi et de la pratique. Ils remplacèrent ce guide infaillible par la norme variable et incertaine de leurs propres sentiments et impressions. En mettant de côté le grand détecteur de l'erreur et de la fausseté, ils ouvraient la porte à Satan, lui permettant de dominer les esprits selon sa volonté.

L'un de ces prophètes prétendait avoir reçu ses instructions de l'ange Gabriel. Un étudiant qui s'était joint à lui abandonna ses études, déclarant qu'il avait reçu de Dieu lui-même la sagesse nécessaire pour commenter sa Parole. D'autres, qui avaient une tendance naturelle au fanatisme, se joignirent à eux. Les activités de ces fanatiques créèrent une forte excitation. La prédication de Luther avait éveillé partout l'esprit des gens du peuple, leur faisant sentir la nécessité d'une réforme ; mais, maintenant, quelques personnes réellement honnêtes furent dévoyées par les prétentions de ces nouveaux prophètes.

Les chefs de ce mouvement se rendirent à Wittenberg et tentèrent de faire accepter leurs prétentions par Melanchthon et par ses collaborateurs. Ils leur dirent : « Nous sommes envoyés par Dieu pour instruire le peuple. Nous avons avec le Seigneur des conversations familières ; nous savons ce qui va arriver dans l'avenir ; en un mot, nous sommes apôtres et prophètes, et faisons appel au Docteur Luther [2]. »

Ceci plongea les réformateurs dans l'étonnement et la perplexité. C'était là quelque chose qu'ils n'avaient jamais rencontrée auparavant, et ils ne savaient quelle ligne de conduite adopter. Melanchthon déclara : « Il y a, à vrai dire, des esprits extraordinaires dans ces hommes ; mais quels esprits ? [...] D'un côté, gardons-nous d'éteindre l'Esprit de Dieu ; et, de l'autre, de nous laisser dévoyer par l'esprit de Satan [3]. »

Les fruits de ce nouvel enseignement devinrent bientôt apparents. Il amena les hommes à négliger la Bible, ou même à la rejeter complètement. Les établissements d'enseignement furent plongés dans la confusion. Les étudiants, rejetant toute contrainte, abandonnaient leurs études et quittaient l'université. Ces hommes, qui estimaient avoir la compétence voulue pour ranimer et diriger l'œuvre de la Réforme, ne réussirent qu'à l'amener au bord du précipice. Les partisans de l'Église romaine reprirent alors confiance et s'exclamèrent avec joie : « Un dernier combat, et nous aurons la victoire [4]. »

Luther, à la Wartburg, apprenant ce qui s'était passé, dit avec un profond souci : « Je me suis toujours attendu à ce que Satan nous envoie cette plaie [5]. » Il avait perçu le véritable caractère de ces prétendus prophètes et s'était rendu compte du danger qui menaçait la cause de la vérité. L'opposition du pape et de l'empereur ne lui avait pas causé une aussi grande perplexité et une aussi grande détresse que celles qu'il vivait alors. Du milieu de ceux qui se prétendaient amis de la Réforme s'étaient dressés ses pires ennemis. Les vérités mêmes qui lui avaient apporté tant

2. *Ibid.*, chapitre 7.
3. *Idem.*
4. *Idem.*
5. *Idem.*

de joie et de consolation étaient maintenant utilisées pour susciter la discorde et créer la confusion dans l'Église.

Dans l'œuvre réformiste, Luther avait été poussé par le Saint-Esprit et emporté plus loin qu'il ne l'avait pensé au début. Il n'avait pas eu l'intention d'adopter les positions qu'il avait choisies, ni d'apporter des changements aussi radicaux. Il n'avait été qu'un instrument entre les mains de la Puissance infinie. Cependant, il tremblait souvent pour le résultat de son œuvre. Il avait dit une fois : « Si je savais que ma doctrine causait du tort à un seul homme, oui, à un seul homme, aussi humble et obscur soit-il (ce qui n'est pas possible, car c'est l'Évangile lui-même), je préférerais mourir dix fois plutôt que ne pas la répudier [6]. »

Et maintenant, voici que Wittenberg, le centre même de la Réforme, tombait rapidement au pouvoir du fanatisme et de l'anarchie. Ce n'était pas des enseignements de Luther que provenait cette terrible situation ; mais, dans toute l'Allemagne, c'était lui que ses ennemis en rendaient responsable. Dans l'amertume de son âme, il demandait parfois : « Est-ce ainsi que doit se terminer cette grande œuvre de réforme [7] ? » Puis, lorsqu'il luttait avec Dieu par la prière, la paix revenait dans son cœur. « Cette œuvre n'est pas la mienne, disait-il, mais la tienne ; tu ne permettras pas qu'elle soit corrompue par la superstition ou le fanatisme [8]. » Mais la pensée de rester plus longtemps en dehors du conflit dans un tel moment de crise lui devenait intolérable. Il décida de retourner à Wittenberg.

Sans délai, il se mit en route pour ce périlleux voyage. Il était au ban de l'Empire ; ses ennemis avaient toute licence de lui ôter la vie ; il était interdit à ses amis de l'aider ou de l'héberger ; le gouvernement impérial adoptait les mesures les plus rigoureuses contre ses adhérents. Mais il se rendait compte que l'œuvre de l'Évangile était en danger, et, au nom du Seigneur, il partit hardiment combattre pour la vérité.

Dans une lettre envoyée à l'électeur de Saxe, après avoir exposé son intention de quitter la Wartburg, Luther disait : « Qu'il soit porté à la connaissance de votre altesse que je me rends à Wittenberg avec une protection très supérieure à celle des princes et des électeurs. Je ne pense nullement solliciter le soutien de votre altesse ; et, loin de rechercher votre protection, je souhaiterais plutôt moi-même vous offrir la mienne. Si je savais que votre altesse pouvait ou désirait me protéger, je n'irais pas du tout à Wittenberg. Aucune épée ne peut faire avancer cette cause. C'est à Dieu seul de tout faire, sans l'aide ni la collaboration de l'homme. Celui qui possède la plus grande foi est aussi celui qui est le plus à même de protéger [9]. »

Dans une deuxième lettre, écrite pendant le voyage qui le menait à Wittenberg, Luther ajoutait : « Je suis prêt à encourir le déplaisir de votre altesse et la colère du monde entier. Les habitants de Wittenberg ne sont-ils pas mes brebis ? Dieu ne les a-t-il pas confiés à ma garde ? Ne dois-je pas, si c'est nécessaire, m'exposer à la mort par amour pour eux ? En outre, je redoute de voir en Allemagne une terrible éruption de violence, par laquelle Dieu châtiera notre nation [10]. »

---

6. *Idem.*
7. *Idem.*
8. *Idem.*
9. *Ibid.*, chapitre 8.
10. *Ibid.*, chapitre 7.

Il se mit au travail avec beaucoup de prudence et d'humilité, et cependant avec décision et fermeté. « C'est par la Parole, disait-il, que nous devons renverser et détruire ce qui a été mis en place par la violence. Je n'emploierai pas la force contre les superstitieux et les incrédules. [...] Nul ne doit être contraint. La liberté est l'essence même de la foi [11]. »

La rumeur se répandit rapidement dans tout Wittenberg que Luther était de retour et qu'il allait prêcher. Les gens accoururent de toutes les directions, et l'église fut remplie à craquer. Montant en chaire, il se mit, avec beaucoup de sagesse et de douceur, à enseigner, exhorter et reprendre. Faisant allusion à la ligne de conduite de certains qui avaient eu recours à des mesures violentes pour supprimer la messe, il déclara :

« La messe est une mauvaise chose, certes. Dieu lui est opposé ; elle doit être abolie ; et je souhaite que, dans le monde entier, elle soit remplacée par la Cène de l'Évangile. Mais que personne n'en soit détourné par la force. Nous devons laisser cette affaire entre les mains de Dieu. C'est sa Parole qui doit agir, et non pas nous. Pourquoi ? demanderez-vous. Parce que je ne tiens pas le cœur des hommes dans ma main comme le potier tient l'argile dans la sienne. Nous avons le droit de nous exprimer ; mais nous *n'avons pas* le droit d'agir. Prêchons ; le reste appartient à Dieu. Si j'employais la force, que gagnerais-je ? Des grimaces, du formalisme, des singeries, des ordonnances humaines et de l'hypocrisie. [...] Mais il n'y aurait pas de sincérité de cœur, pas de foi, ni de charité. Là où manquent ces trois choses, tout manque, et je ne donnerais pas une queue de poire pour un tel résultat. [...] Dieu fait plus par sa seule Parole que vous et moi et le monde entier en unissant nos forces. Dieu s'empare du cœur ; et, le cœur une fois pris, tout est gagné. [...]

« Je prêcherai, discuterai et écrirai ; mais je ne forcerai personne, car la foi est un acte volontaire. Voyez ce que j'ai fait : je me suis dressé contre le pape, les indulgences et les papistes, mais sans violence ni tumulte. J'ai mis en avant la Parole de Dieu ; j'ai prêché et écrit ; c'est tout ce que j'ai fait. Et, cependant, pendant que je dormais, [...] la Parole que j'avais prêchée renversait le papisme, au point qu'aucun prince ni empereur ne lui a jamais fait autant de mal. Et, cependant, je n'ai rien fait ; c'est la Parole seule qui a tout fait. Si j'avais voulu avoir recours à la force, toute l'Allemagne aurait peut-être été plongée dans le sang. Mais quel aurait été le résultat ? La ruine et la désolation pour le corps comme pour l'âme. Je me suis donc tenu tranquille, et j'ai laissé la Parole courir le monde elle-même [12]. »

Jour après jour, pendant une semaine entière, Luther continua de prêcher devant des foules avides. La Parole de Dieu rompit le maléfice de l'excitation fanatique. La puissance de l'Évangile ramena dans le chemin de la vérité les gens du peuple qui avaient été dévoyés.

Luther n'avait aucun désir d'affronter les fanatiques dont la ligne de conduite avait produit tant de maux. Il savait que c'étaient des hommes de jugement hasardeux et de passions indisciplinées, qui, tout en prétendant avoir reçu une illumination spéciale du ciel, ne supporteraient pas la plus petite contradiction, ni même le reproche ou le conseil le plus bienveillant. S'arrogeant à eux-mêmes l'autorité suprême, ils exigeaient que tous reconnaissent leurs prétentions sans discussion.

11. *Ibid.*, chapitre 8.
12. *Idem.*

Mais, comme ils exigeaient une entrevue avec lui, il consentit à les rencontrer ; et il démasqua leurs prétentions avec tant de succès que ces imposteurs quittèrent immédiatement Wittenberg.

Le fanatisme avait été stoppé pour un moment ; mais, plusieurs années plus tard, il éclata avec encore plus de violence et avec des conséquences encore plus terribles. Luther déclara au sujet des dirigeants de ce mouvement : « Pour eux, les Saintes Écritures n'étaient que lettre morte, et ils se mettaient tous à crier : "L'Esprit ! L'Esprit !" Mais il est certain que je ne les suivrai pas là où leur esprit les mène. Que Dieu, dans sa miséricorde, me préserve d'une Église dans laquelle il n'y a que des saints ! Je désire demeurer avec les humbles, les faibles, les malades, qui connaissent et ressentent leurs péchés, et qui soupirent et crient continuellement à Dieu du fond de leur cœur pour obtenir sa consolation et son soutien [13]. »

Thomas Münzer, le plus actif de ces fanatiques, était un homme de grandes capacités, qui, bien dirigées, lui auraient permis de bien faire ; mais il n'avait pas appris les premiers principes de la véritable religion. « Il était obsédé par le désir de réformer le monde et avait oublié, comme c'est le cas de tous les fanatiques, que la réforme doit commencer par soi-même [14]. » Il avait l'ambition d'obtenir un poste influent et n'était pas disposé à accepter la seconde place, même après Luther. Il déclarait que les réformateurs, en remplaçant l'autorité du pape par celle de l'Écriture, ne faisaient que mettre en place une forme différente de papisme. Lui-même, prétendait-il, avait été divinement mandaté pour apporter la véritable réforme. « Celui qui possède cet esprit, disait Münzer, possède la véritable foi, quand bien même il n'aurait jamais vu les Écritures de sa vie [15]. »

Ces professeurs fanatiques se laissaient guider par leurs impressions, considérant toute pensée et toute impulsion comme la voix de Dieu, ce qui les poussait dans de graves extrêmes. Certains brûlèrent même leur Bible, en s'exclamant : « La lettre tue, mais l'Esprit fait vivre [16]. » L'enseignement de Münzer plaisait à la soif des hommes pour le merveilleux, tout en flattant leur orgueil, en mettant virtuellement les idées et opinions humaines au-dessus de la Parole de Dieu. Des milliers de personnes acceptèrent ses doctrines. Il dénonça bientôt tout ordre dans le culte public, et déclara qu'obéir aux princes, c'était essayer de servir en même temps Dieu et Bélial.

L'esprit des gens du peuple, qui avait déjà commencé à rejeter le joug de la papauté, commençait aussi à s'impatienter sous les contraintes de l'autorité civile. Les enseignements révolutionnaires de Münzer, qui prétendait jouir de la sanction divine, les amenèrent à rejeter toute contrainte et à laisser libre cours à leurs préjugés et à leurs passions. Les plus terribles scènes de sédition et de discorde s'ensuivirent, et les champs allemands furent arrosés de sang.

L'angoisse de son âme que Luther avait, si longtemps auparavant, ressentie à Erfurt l'accablait maintenant avec une force redoublée, car il se rendait compte qu'on accusait la Réforme des conséquences de ce fanatisme. Les princes soumis à la papauté déclaraient – et beaucoup étaient prêts à le croire – que cette rébellion était le fruit légitime des doctrines de Luther. Bien que cette accusation ait été

---

13. *Ibid.*, livre 10, chapitre 10.
14. *Ibid.*, livre 9, chapitre 8.
15. *Ibid.*, livre 10, chapitre 10.
16. 2 Corinthiens 3.6.

sans aucun fondement, elle ne pouvait que causer une profonde détresse au réformateur. Que la cause de la vérité soit ainsi déshonorée en étant mise sur le même pied que le fanatisme le plus vil lui semblait plus qu'il ne pouvait supporter. D'autre part, les dirigeants de cette révolte haïssaient Luther parce que non seulement il s'était opposé à leurs doctrines et avait rejeté leurs prétentions à l'inspiration divine, mais aussi parce qu'il les avaient traités de rebelles contre l'autorité civile. En guise de représailles, ils le traitèrent de vil simulateur. Il semblait avoir attiré sur lui-même l'inimitié des princes comme celle des gens du peuple.

Les partisans de l'Église de Rome exultèrent, s'attendant à assister au proche effondrement de la Réforme ; et ils blâmèrent Luther pour les erreurs que celui-ci s'était efforcé de corriger avec le plus grand zèle. Le parti des fanatiques, en prétendant faussement avoir été traité avec une grande injustice, réussit à gagner la sympathie d'une grande partie de la population ; et, comme c'est souvent le cas de ceux qui choisissent le mauvais côté, ils en vinrent à être considérés comme des martyrs. Ainsi, c'est à ceux qui déployaient toute leur énergie contre la Réforme qu'allèrent la pitié et les louanges, comme si c'étaient eux les victimes de la cruauté et de l'oppression. C'était l'œuvre de Satan, inspirée par le même esprit de rébellion qui s'était manifesté à l'origine dans le ciel.

Satan cherche constamment à tromper les hommes et à les amener à appeler le péché justice et la justice péché. Quel succès il a remporté dans cette œuvre ! Comme la censure et le blâme sont jetés souvent sur les fidèles serviteurs de Dieu parce qu'ils se dressent sans crainte pour défendre la vérité ! On loue et on flatte des hommes qui ne sont rien d'autre que des agents de Satan, et on les considère même comme des martyrs, tandis qu'on laisse seuls, en butte aux soupçons et à la méfiance, ceux qui devraient être respectés et soutenus pour leur fidélité à Dieu.

La contrefaçon de la sainteté, ou fausse sanctification, accomplit encore aujourd'hui son œuvre de tromperie. Sous différentes formes, elle manifeste le même esprit qu'à l'époque de Luther, détournant les esprits des Écritures et amenant les hommes à suivre leurs propres sentiments et impressions plutôt que d'obéir à la loi de Dieu. C'est l'un des stratagèmes de Satan qui remporte le plus de succès pour jeter le discrédit sur la pureté et la vérité.

C'est sans crainte que Luther prit la défense de l'Évangile contre les attaques qui surgissaient de tous côtés. Dans chaque conflit, la Parole de Dieu se révéla être une arme puissante : armé de cette Parole, il lutta contre l'autorité usurpée du pape et contre la philosophie rationaliste de la scolastique, tout en demeurant ferme comme le roc contre le fanatisme qui cherchait à s'allier à la Réforme.

Chacun de ces éléments d'opposition, à sa manière, rejetait les Saintes Écritures et exaltait la sagesse humaine comme source de vérité et de connaissance religieuses. Le rationalisme idolâtre la raison et en fait le critère de la religion. L'Église romaine, revendiquant pour le souverain pontife une inspiration remontant de manière ininterrompue jusqu'aux apôtres, immuable à travers tous les siècles, donne toutes les occasions à toutes sortes de croyances extravagantes et corrompues de se dissimuler sous la sainteté du mandat apostolique. L'inspiration revendiquée par Münzer et ses associés ne provenait pas d'une autre source que des divagations de leur imagination, et son influence contribuait à renverser toute autorité, qu'elle soit humaine ou divine. Le véritable christianisme, lui, reçoit la Parole de Dieu comme le grand trésor de la vérité inspirée et la pierre de touche de toute inspiration.

À son retour de la Wartburg, Luther termina sa traduction du Nouveau Testament, et l'Évangile fut donné peu après au peuple allemand dans sa propre langue. Tous ceux qui aimaient la vérité accueillirent cette traduction avec une grande joie ; mais les partisans des traditions et des commandements des hommes la rejetèrent avec mépris.

Les prêtres furent alarmés à la pensée que les gens du peuple pourraient maintenant discuter avec eux des préceptes de la Parole de Dieu, et que leur propre ignorance serait ainsi révélée au grand jour. Les armes de leurs raisonnements charnels étaient impuissantes contre « l'épée de l'Esprit [17]. » L'Église romaine rassembla toute son autorité pour empêcher la diffusion des Écritures ; mais les décrets, les anathèmes et la torture furent vains. Plus elle condamnait et interdisait la Bible, plus vif était le désir des gens du peuple de savoir ce qu'elle enseignait vraiment. Tous ceux qui savaient lire étaient avides d'étudier la Parole de Dieu par eux-mêmes. Ils en transportaient un exemplaire avec eux, le lisaient et le relisaient, et n'étaient satisfaits que lorsqu'ils en avaient appris par cœur de longs passages. Se rendant compte de la faveur avec laquelle avait été accueilli le Nouveau Testament, Luther entreprit immédiatement la traduction de l'Ancien, et en publia des fragments au fur et à mesure qu'il les traduisait.

Les écrits de Luther étaient bien accueillis dans les villes comme dans les hameaux. « Ce que Luther et ses amis composaient, d'autres le diffusaient. Des moines, convaincus de l'illégitimité des obligations monastiques, désireux d'échanger une longue vie de paresse pour une vie d'activité, mais trop ignorants pour proclamer eux-mêmes la Parole de Dieu, parcouraient les provinces, visitant les hameaux et les chaumières et y vendant les livres de Luther et de ses amis. L'Allemagne fourmilla bientôt de ces hardis colporteurs [18]. »

Riches et pauvres, savants et ignorants étudiaient ces écrits avec un profond intérêt. Le soir, les instituteurs des écoles de village en faisaient la lecture à haute voix à des petits groupes réunis autour de la cheminée. Chacun de ces efforts convainquait de la vérité quelques âmes, qui, recevant la Parole avec joie, apportaient à leur tour la bonne nouvelle à d'autres.

Ces paroles inspirées se trouvèrent confirmées : « La révélation de tes paroles éclaire, elle donne de l'intelligence aux naïfs [19]. » L'étude des Écritures produisait un changement profond dans l'esprit et le cœur des gens. La domination papale avait placé sur ses sujets un joug de fer qui les maintenait dans l'ignorance et la dégradation. Une observation superstitieuse des formes avait été scrupuleusement maintenue ; mais le cœur et l'intelligence avaient peu de part dans tous ces services religieux. Par contre, la prédication de Luther, présentant les claires vérités de la Parole de Dieu, et cette Parole elle-même, placée entre les mains des hommes, avaient éveillé leurs capacités endormies, non seulement en purifiant et en ennoblissant leur nature spirituelle, mais aussi en communiquant à leur intelligence une force et une vigueur nouvelles.

On pouvait voir des personnes de tous rangs, la Bible à la main, prenant la défense des doctrines de la Réforme. Les papistes, qui avaient laissé l'étude des Écritures aux prêtres et aux moines, invitaient maintenant ceux-ci à s'avancer pour réfuter ces nouveaux enseignements. Mais, ne connaissant « ni les Écritures, ni la

17. Éphésiens 6.17.
18. J.H. Merle d'Aubigné, *op. cit.*, livre 9, chapitre 11.
19. Psaume 119.130.

puissance de Dieu [20] », les prêtres et les moines étaient totalement défaits par ceux qu'ils avaient dénoncés comme des gens sans instruction et des hérétiques. « Malheureusement, disait un écrivain catholique, Luther a persuadé ses disciples de ne mettre leur foi en aucun autre oracle que les Saintes Écritures [21]. » Des foules s'assemblaient pour entendre la vérité prêchée par des hommes peu instruits, et même discutée par eux avec des théologiens érudits et éloquents. L'ignorance honteuse de ces grands hommes était mise au grand jour lorsque les simples enseignements de la Parole de Dieu réfutait leurs arguments. Travailleurs, soldats, femmes et même enfants connaissaient mieux les enseignements de la Bible que les prêtres et les savants docteurs.

Le contraste entre les disciples de l'Évangile et les partisans des superstitions papales n'était pas moins manifeste dans les rangs des érudits que parmi les gens du peuple. « Face aux anciens champions de la hiérarchie, qui avaient négligé l'étude des langues et la culture des lettres, [...] on voyait des jeunes gens à l'esprit généreux, adonnés à l'étude, sondant l'Écriture et se familiarisant avec les chefs-d'œuvre de l'Antiquité. Possédant un esprit actif, une âme élevée et un cœur intrépide, ces jeunes gens acquirent bientôt une telle connaissance que, pendant longtemps, personne ne pouvait rivaliser avec eux. [...] En conséquence, lorsque ces jeunes défenseurs de la Réforme rencontraient les docteurs de l'Église romaine dans n'importe quelle assemblée, ils les attaquaient avec une aisance et une assurance telles que ces hommes ignorants hésitaient, restaient embarrassés et devaient essuyer le mépris de tous, qu'ils avaient bien mérité [22]. »

En voyant diminuer le nombre de leurs fidèles, les membres du clergé romain réclamèrent l'intervention des magistrats, et, par tous les moyens en leur pouvoir, s'efforcèrent de récupérer leurs auditeurs. Mais les gens du peuple avaient trouvé dans les nouveaux enseignements ce qui répondait aux besoins de leur âme, et ils se détournèrent de ceux qui les avaient si longtemps nourris des coques indigestes des rites et des traditions humaines.

Lorsque la persécution s'allumait contre les professeurs de vérité, ils obéissaient aux paroles du Christ : « Quand on vous persécutera dans cette ville-ci, fuyez dans une autre [23]. » La lumière pénétrait partout. Les fugitifs trouvaient toujours une porte hospitalière qui s'ouvrait devant eux, et, y faisant leur demeure, ils prêchaient le Christ, parfois dans l'église, ou, si on leur refusait ce privilège, dans des maisons privées ou en plein air. Partout où ils pouvaient se faire entendre, ce lieu devenait un temple consacré. La vérité, proclamée avec une telle énergie et une telle assurance, se répandait avec une puissance irrésistible.

C'est en vain qu'on réclamait aux autorités religieuses et civiles d'écraser cette hérésie. C'est en vain qu'on avait recours à l'emprisonnement, à la torture, au feu et à l'épée. Des milliers de croyants scellaient leur foi de leur sang ; et, cependant, l'œuvre se poursuivait. La persécution ne servit qu'à faire progresser la vérité, et le fanatisme que Satan s'efforça de lui associer n'eut d'autre résultat que de rendre encore plus manifeste le contraste entre l'œuvre de Satan et l'œuvre de Dieu.

---

20. Matthieu 22.29.
21. J.H. Merle d'Aubigné, *ibid.*, chapitre 11.
22. *Idem.*
23. Matthieu 10.23.

11

La Protestation des princes

L'un des plus nobles témoignages jamais rendus en faveur de la Réforme fut la « protestation » exprimée par les princes chrétiens d'Allemagne à la diète de Spire en 1529. Le courage, la foi et la fermeté de ces hommes de Dieu gagnèrent la liberté de pensée et de conscience pour les siècles à venir. Leur « protestation » valut à l'Église réformée le nom de « protestant » ; ses principes sont « l'essence même du protestantisme [1]. »

Un jour sombre et menaçant était arrivé pour la Réforme. Malgré l'édit de Worms, qui avait mis Luther hors-la-loi et interdit l'enseignement de ses doctrines ou la croyance à celles-ci, la tolérance religieuse avait prévalu jusqu'ici dans l'empire. La providence divine avait tenu en échec les forces opposées à la vérité. Charles Quint était décidé à écraser le mouvement réformiste ; mais, souvent, lorsqu'il avait levé la main pour frapper, il avait été forcé de détourner son coup. À de nombreuses reprises, la destruction immédiate de tous ceux qui osaient s'opposer à Rome avait paru inévitable ; mais, au moment critique, les armées turques apparaissaient sur la frontière orientale, ou bien c'était le roi de France, ou même le pape en personne, jaloux de la grandeur croissante de l'empereur, qui faisait la guerre à celui-ci ; et ainsi, au milieu des conflits et du tumulte des nations, la Réforme avait pu se consolider et s'étendre tranquillement.

Finalement, cependant, les souverains soumis à la papauté avaient étouffé leurs querelles pour pouvoir faire cause commune contre les réformistes. La diète de Spire, en 1526, avait accordé à chaque État une pleine liberté en matière religieuse jusqu'à la réunion d'un concile général ; mais à peine les dangers qui avaient permis cette concession étaient-ils passés que l'empereur convoqua une deuxième diète à Spire, en 1529, dans le but d'écraser l'hérésie. Les princes devaient être amenés, si possible par des moyens pacifiques, à prendre position contre la Réforme ; mais, si ces moyens échouaient, Charles Quint était prêt à avoir recours à l'épée.

Les papistes exultaient. Ils vinrent en grand nombre à Spire et manifestèrent ouvertement leur hostilité contre les réformateurs et contre tous ceux qui étaient en leur faveur. Melanchthon déclara : « Nous sommes l'exécration et les balayures du monde ; mais le Christ abaissera les regards sur son malheureux peuple et le protégera [2]. » On avait même interdit de prêcher l'Évangile au domicile des princes évangéliques présents à la diète. Mais les habitants de Spire avaient soif de la Parole de Dieu, et, malgré l'interdiction, des milliers de personnes assistèrent aux services religieux tenus dans la chapelle de l'électeur de Saxe.

---

1. J.H. Merle d'Aubigné, *Histoire de la Réformation du seizième siècle*, livre 13, chapitre 6.
2. *Ibid.*, chapitre 5.

Ceci précipita la crise. Un message impérial annonça à la diète que, l'édit accordant la liberté de conscience ayant donné lieu à de graves désordres, l'empereur demandait que celui-ci soit annulé. Cet acte arbitraire provoqua l'indignation et l'alarme des chrétiens évangéliques. L'un d'entre eux déclara : « Le Christ est de nouveau tombé entre les mains de Caïphe et de Pilate ! » Les partisans de l'Église romaine redoublèrent de violence. Un papiste bigot déclara : « Les Turcs valent mieux que les Luthériens ; car les Turcs observent des jours de jeûne, alors que les Luthériens les transgressent. S'il fallait choisir entre les Saintes Écritures de Dieu et les anciennes erreurs de l'Église, ce sont les premières qu'il faudrait rejeter. » Melanchthon déclara : « Chaque jour, en pleine assemblée, Faber lance quelque nouvelle pierre sur nous, les évangéliques [3]. »

La tolérance religieuse avait été légalement reconnue, et les États évangéliques étaient décidés à défendre leurs droits. On n'avait pas permis à Luther, encore sous le coup du ban imposé par l'édit de Worms, d'être présent à Spire ; mais il y fut remplacé par ses collaborateurs et par les princes que Dieu avait suscités pour défendre sa cause dans cette situation critique. Le noble Frédéric de Saxe, l'ancien protecteur de Luther, était mort ; mais le duc Jean, son frère et successeur, avait accueilli la Réforme avec joie, et, tout en étant ami de la paix, avait déployé beaucoup d'énergie et de courage dans tout ce qui concernait les intérêts de la foi.

Les prêtres exigèrent que les États qui avaient accepté la Réforme se soumettent implicitement à la juridiction de Rome. Les réformateurs, de leur côté, réclamaient la liberté qui avait été précédemment octroyée. Ils ne pouvaient pas consentir à ce que Rome amène de nouveau sous sa domination les États qui avaient reçu la Parole de Dieu avec une si grande joie.

Un compromis fut finalement proposé : là où la Réformation ne s'était pas établie, l'Édit de Worms devrait être strictement appliqué ; et « là où les gens du peuple avaient dévié de cet édit, et là où ils ne pouvaient pas s'y conformer sans risque de révolte, ils devraient au moins n'effectuer aucune nouvelle réforme, ne toucher aucun point controversé, ne pas s'opposer à la célébration de la messe, et ne permettre à aucun catholique romain d'adopter le luthéranisme [4]. » Cette mesure fut acceptée par la diète, à la grande satisfaction des prêtres et prélats soumis à la papauté.

Si cet édit entrait en vigueur, « la Réformation ne pourrait ni s'étendre … là où elle était encore inconnue, ni s'établir sur de solides fondations […] là où elle existait déjà [5]. » La liberté d'expression serait interdite. Aucune conversion ne serait autorisée. On exigea des amis de ce mouvement qu'ils se soumettent immédiatement à ces restrictions et à ces interdictions. Les espoirs du monde semblaient sur le point de s'éteindre. « La restauration de la hiérarchie romaine […] ramènerait infailliblement les anciens abus » ; et on trouverait facilement l'occasion de « terminer la destruction d'une œuvre déjà si violemment ébranlée » par le fanatisme et la dissension [6].

Lorsque les membres du parti évangélique se rencontrèrent pour se consulter, ils se regardèrent les uns les autres avec consternation. Ils se demandaient l'un à l'autre : « Que faire ? » Des problèmes de la plus haute importance pour le monde

3. *Idem.*
4. *Idem.*
5. *Idem.*
6. *Idem.*

étaient en jeu. « Les chefs de la Réforme devront-ils se soumettre et accepter cet édit ? Combien il aurait été facile pour les réformateurs, à cette heure de crise, qui était véritablement terrible, que leurs arguments les amènent à une fausse ligne de conduite ! Combien de prétextes plausibles et de bonnes raisons ils auraient pu invoquer pour se soumettre ! On avait garanti aux princes luthériens le libre exercice de leur religion. Le même privilège s'étendait à ceux de leurs sujets qui avaient adopté la foi réformée avant l'adoption de cette mesure. Ceci ne devrait-il pas leur suffire ? Combien de périls la soumission leur épargnerait-elle ! Dans quels dangers et conflits inconnus l'opposition les précipiterait-elle ! Qui sait quelles occasions l'avenir pourrait offrir ? Choisissons la paix ; saisissons le rameau d'olivier tendu par Rome, et pansons les blessures de l'Allemagne. C'est avec de tels arguments que les réformateurs auraient pu justifier leur adoption d'une ligne de conduite qui aurait, à coup sûr, amené en peu de temps la défaite de leur cause.

« Fort heureusement, ils examinèrent le principe sur lequel reposait cet arrangement, et ils agirent par la foi. Quel était ce principe ? C'était, pour Rome, le droit de contraindre les consciences et d'interdire le libre arbitre. Mais ne devaient-ils pas, eux-mêmes et leurs sujets protestants, jouir de la liberté religieuse ? Oui, mais comme une faveur spéciale stipulée dans cet arrangement, et non comme un droit. Quant à tous ceux qui se trouvaient en dehors de cet arrangement, c'est le grand principe de l'autorité qui devait régner : pas question de liberté de conscience ; Rome était le juge infaillible, et il fallait lui obéir. Accepter l'arrangement proposé aurait été virtuellement admettre que la liberté religieuse devait se limiter à la Saxe réformée ; et, quant à tout le reste de la chrétienté, le libre arbitre et la profession de la foi réformée étaient des délits passibles du cachot et du bûcher. Pouvaient-ils consentir à ce que la liberté religieuse soit limitée dans l'espace et laisser proclamer que la Réforme avait fait son dernier converti ? qu'elle avait conquis son dernier arpent de terrain ? et que, partout où Rome dominait à cette heure, cette domination devait se perpétuer indéfiniment ? Les réformateurs auraient-ils pu plaider qu'ils étaient innocents du sang de ces centaines et de ces milliers de croyants qui, selon les termes de cet arrangement, devraient perdre la vie dans les pays soumis à la papauté ? Ceci aurait été une trahison, à cette heure suprême, de la cause de l'Évangile et des libertés de la chrétienté [7]. » Ils préféraient « tout sacrifier, même leur État, leur couronne et leur vie [8]. »

« Rejetons ce décret, dirent les princes. En matière de conscience, la majorité n'a aucun pouvoir. » Leurs représentants à la diète déclarèrent : « C'est au décret de 1526 que nous sommes redevables de la paix dont jouit l'Empire ; son abolition remplirait l'Allemagne de troubles et de divisions. Jusqu'à l'ouverture du Concile national, la diète n'a d'autre compétence que de préserver la liberté religieuse [9]. » Protéger la liberté de conscience est le devoir de l'État, et c'est la limite de son autorité en matière de religion. Chaque gouvernement séculier qui essaie de faire réglementer ou imposer des observations religieuses par les autorités civiles sacrifie le principe même pour lequel les chrétiens évangéliques ont si noblement combattu.

Les papistes décidèrent d'étouffer ce qu'ils appelaient une « audacieuse obstination ». Ils commencèrent par tenter de causer des divisions parmi les partisans

7. J.A. Wylie, *Histoire du protestantisme*, livre 9, chapitre 15.
8. J.H. Merle d'Aubigné, *op. cit.*, livre 13, chapitre 5.
9. *Idem.*

de la Réforme et d'intimider tous ceux qui ne s'étaient pas déclarés ouvertement en sa faveur. Les représentants des villes libres furent enfin convoqués devant la diète et sommés de déclarer s'ils acceptaient les termes de la proposition. Ils demandèrent un délai, mais en vain. Lorsqu'ils durent choisir, presque la moitié d'entre eux se rangea du côté des réformateurs. Ceux qui refusèrent ainsi de sacrifier la liberté de conscience et le droit au jugement individuel savaient très bien que leur prise de position les exposait à de futures critiques, condamnations et persécutions. L'un de ces délégués déclara : « Nous devons ou bien renier la Parole de Dieu, ou bien être brûlés [10]. »

Le roi Ferdinand, le représentant de l'empereur devant la diète, se rendit compte que ce décret provoquerait de graves divisions, à moins que les princes puissent être persuadés de l'accepter et de le soutenir. Il essaya donc l'art de la persuasion, sachant bien qu'employer la force avec de tels hommes ne servirait qu'à les rendre encore plus déterminés. Il « supplia les princes d'accepter ce décret, les assurant que l'empereur en serait extrêmement satisfait. » Mais ces hommes fidèles reconnaissaient une autorité supérieure à celle des dirigeants terrestres, et ils répondirent calmement : « Nous obéirons à l'empereur dans tout ce qui peut contribuer au maintien de la paix et à l'honneur de Dieu [11]. »

En présence de la diète, le roi annonça enfin à l'électeur de Saxe et aux amis de celui-ci que l'édit « allait être rédigé sous forme de décret impérial », et que « leur seule ligne de conduite restante était de se soumettre à la majorité ». Ayant ainsi parlé, il quitta l'assemblée, ne laissant aux réformateurs aucune occasion de délibérer ni de répondre. « Ce fut en vain qu'ils envoyèrent des représentants pour demander au roi de revenir. » À leurs remontrances il se contenta de répondre : « C'est une affaire réglée ; tout ce qui vous reste est de vous soumettre [12]. »

Le parti impérial était convaincu que les princes chrétiens placeraient les Saintes Écritures au-dessus des doctrines et exigences humaines ; et ils savaient que, partout où ce principe serait accepté, la papauté serait finalement renversée. Comme des milliers de personnes depuis leur époque, ne regardant qu'« à ce qui se voit [13] », ils s'imaginèrent que la cause de l'empereur et du pape était forte, et que celle des réformateurs était faible. Si les réformateurs avaient dépendu de l'aide humaine seule, ils auraient été aussi impuissants que les papistes le supposaient. Mais, quoique faibles en nombre et en désaccord avec Rome, ils avaient leur force : ils firent appel « du rapport de la diète à la Parole de Dieu, et de l'empereur Charles Quint à Jésus-Christ, Roi des rois et Seigneur des seigneurs[14]. »

Puisque le roi Ferdinand avait refusé de prendre en considération leurs convictions de conscience, les princes décidèrent de ne pas tenir compte de son absence, mais de présenter sans tarder leur « protestation » devant le Concile national. Une déclaration solennelle fut donc rédigée et présentée à la Diète :

« Nous protestons, par ce présent document, devant Dieu, notre seul Créateur, Soutien, Rédempteur et Sauveur, et qui sera un jour notre Juge, ainsi que devant tous les hommes et toutes les créatures, en affirmant que nous, parlant en notre propre nom et au nom de notre peuple, ne consentons ni n'adhérons en aucune

---

10. *Idem.*
11. *Idem.*
12. *Idem.*
13. 2 Corinthiens 3.18.
14. Apocalypse 19.16 ; J.H. Merle d'Aubigné, *ibid.*, chapitre 6.

manière au décret proposé et en toutes choses qui soient contraires à Dieu, à sa sainte Parole, à notre bonne conscience et au salut de notre âme.

« Quoi ! Nous ratifierions cet édit ! Nous affirmerions que, lorsque le Dieu Tout-puissant appelle un homme à le connaître, cet homme ne peut cependant pas recevoir cette connaissance de Dieu ! […] Il n'existe de sûre doctrine que celle qui est conforme à la Parole de Dieu. […] Le Seigneur ne permet pas d'enseigner d'autre doctrine. […] Les Saintes Écritures doivent être expliquées par d'autres textes plus clairs. […] Ce saint Livre est, en tout ce qui est nécessaire pour le chrétien, facile à comprendre et propre à dissiper les ténèbres. Nous sommes résolus, par la grâce de Dieu, à maintenir la prédication pure et exclusive de sa seule Parole, telle qu'elle est contenue dans les livres bibliques de l'Ancien et du Nouveau Testament, sans y ajouter quoi que ce soit qui puisse lui être contraire. Cette Parole est la seule vérité ; elle est la norme certaine de toute doctrine et de toute vie, et ne peut jamais ni se tromper, ni nous tromper. Celui qui construit sur cette fondation tiendra ferme contre toutes les puissances de l'enfer, tandis que toutes les vanités humaines qui se sont dressées contre celle-ci s'écrouleront devant la face de Dieu.

« Voilà pourquoi nous rejetons le joug qu'on nous impose. […] En même temps, nous nous attendons à ce que sa majesté impériale se comporte à notre égard comme un prince chrétien qui aime Dieu par-dessus tout ; et nous nous déclarons prêts à lui accorder, ainsi qu'à vous, gracieux seigneurs, toute l'affection et toute l'obéissance qui sont notre juste et légitime devoir [15]. »

Ce discours produisit une profonde impression sur les membres de la diète. La majorité d'entre eux furent remplis d'étonnement et d'alarme en constatant l'audace des protestataires. L'avenir leur paraissait orageux et incertain. Dissension, discorde et effusion de sang semblaient inévitables. Mais les réformateurs, certains de la justice de leur cause et se reposant sur le bras de la Toute-puissance, étaient « pleins de courage et de fermeté ».

« Les principes contenus dans cette célèbre "protestation" […] constituent l'essence même du protestantisme. Cette "protestation" s'élève contre deux abus humains en matière de foi : le premier est l'intervention du magistrat civil, et le second l'autorité arbitraire de l'Église. À la place de ces deux abus, le protestantisme met le pouvoir de la conscience au-dessus du magistrat, et l'autorité de la Parole de Dieu au-dessus de l'Église visible. Tout d'abord, il rejette l'intervention du pouvoir civil dans les affaires divines et déclare, avec les prophètes et les apôtres : "*Il faut obéir à Dieu plutôt qu'à des humains* [16]". Face à la couronne de Charles Quint, il exalte la couronne de Jésus-Christ. Mais il va plus loin : il pose le principe que tout enseignement humain doit être subordonné aux oracles de Dieu [17]. » Les protestataires avaient, en outre, affirmé leur droit d'exprimer librement leurs convictions de la vérité. Ils ne voulaient pas seulement croire et obéir, mais aussi enseigner ce qui est présenté dans la Parole de Dieu, et il rejetaient le droit du prêtre ou du magistrat de s'y opposer. La « protestation » de Spire fut un témoignage solennel contre l'intolérance religieuse et une affirmation du droit de tous les hommes d'adorer Dieu selon les exigences de leur propre conscience.

Cette déclaration avait été faite. Elle resta gravée dans la mémoire de milliers de personnes et enregistrée dans les registres célestes, d'où aucun effort humain ne

15. *Idem.*
16. Actes 5.29.
17. J.H. Merle d'Aubigné, *ibid.*, chapitre 6.

pouvait l'effacer. Toute l'Allemagne évangélique adopta cette « protestation » comme l'expression de sa foi. Partout, les hommes purent contempler dans cette déclaration la promesse d'une ère nouvelle et meilleure. L'un des princes déclara aux protestants de Spire : « Puisse le Tout-puissant, qui vous a fait la grâce de confesser votre foi énergiquement, librement et sans crainte, vous garder dans cette fermeté chrétienne jusqu'au jour de l'éternité [18]. »

Si la Réforme, après avoir atteint un certain succès, avait consenti à temporiser pour obtenir la faveur du monde, elle aurait été infidèle à Dieu et à elle-même, et aurait assuré ainsi sa propre destruction. L'expérience de ces nobles réformateurs contient une leçon pour tous les siècles ultérieurs. La manière d'agir de Satan contre Dieu et contre sa Parole n'a pas changé ; il est encore tout aussi opposé qu'au seizième siècle à ce que les Écritures soient prises comme guide de la vie. De nos jours, on constate une nette déviation par rapport à leurs doctrines et à leurs préceptes ; il est donc nécessaire de revenir au grand principe protestant : la Bible, et la Bible seule, comme règle de la foi et du devoir. Satan travaille encore en se servant de tous les moyens qu'il peut contrôler pour détruire la liberté religieuse. La puissance antichrétienne que les protestataires de Spire rejetèrent cherche aujourd'hui, avec une vigueur renouvelée, à restaurer sa suprématie perdue. Le même attachement indéfectible à la Parole de Dieu, tel que celui qui se manifesta lors de cette crise de la Réforme, est aujourd'hui le seul espoir d'une réformation.

Des signes de dangers pour la sécurité des protestants apparurent ; mais il y eut aussi des signes indiquant que la main divine était étendue pour protéger les fidèles. C'est à peu près à cette époque que « Melanchthon conduisit précipitamment son ami Simon Grynaeus au travers des rues de Spire jusqu'au Rhin, le pressant de traverser le fleuve. Ce dernier s'étonna d'une telle précipitation. "Un vieillard d'allure grave et solennelle, mais qui m'est inconnu, répondit Melanchthon, m'est apparu et m'a dit : Dans une minute, des officiers de justice seront envoyés par le roi Ferdinand pour arrêter Grynaeus." »

Ce même jour, Grynaeus avait été scandalisé par un sermon de Faber, l'un des principaux docteurs de l'Église romaine ; à la fin du sermon, il lui avait fait des reproches pour avoir défendu « certaines erreurs détestables. [...] Faber dissimula sa colère ; mais, immédiatement après, il alla trouver le roi et obtint de lui un ordre contre l'importun professeur de Heidelberg. Melanchthon ne douta pas que Dieu avait sauvé la vie de son ami en lui envoyant un ange pour l'avertir.

« Immobile sur les bords du Rhin, il attendit que les eaux de ce fleuve aient mis à l'abri Grynaeus de ses persécuteurs. "Enfin, s'écria Melanchthon en l'apercevant sur la rive opposée, le voilà arraché aux mâchoires cruelles de ceux qui sont assoiffés de sang innocent." En rentrant chez lui, Melanchthon apprit que des officiers à la recherche de Grynaeus avait fouillé sa maison de fond en comble [19]. »

La Réforme allait acquérir davantage d'importance aux yeux des grands de ce monde. Le roi Ferdinand avait refusé une audience aux princes évangéliques ; mais ceux-ci obtinrent l'occasion de présenter leur cause devant l'empereur et les dignitaires de l'Église et de l'État assemblés. Pour apaiser les dissensions qui perturbaient l'empire, Charles Quint, l'année qui suivit la « protestation » de Spire, convoqua une diète à Augsbourg, annonçant son intention de la présider lui-même. Les chefs protestants y furent aussi convoqués.

18. *Idem.*
19. *Idem.*

De graves dangers menaçaient le mouvement réformiste ; mais ses partisans confièrent de nouveau leur cause à Dieu et s'engagèrent à tenir ferme pour l'Évangile. Les conseillers de l'électeur de Saxe le pressèrent de ne pas paraître à cette diète. L'empereur, lui dirent-ils, réclamait la présence des princes pour les attirer dans un piège. « N'est-ce pas courir un trop grand risque que d'aller s'enfermer entre les murs d'une ville avec un ennemi puissant ? » Mais d'autres déclarèrent avec noblesse : « Que les princes se comportent seulement avec courage, et la cause de Dieu est sauvée. » Luther déclara : « Dieu est fidèle ; il ne nous abandonnera pas [20]. » L'électeur de Saxe se mit en route pour Augsbourg avec sa suite. Tous connaissaient les dangers qui le menaçaient, et beaucoup s'y rendirent avec une mine sombre et un cœur troublé. Mais Luther, qui les accompagna jusqu'à Cobourg, ranima leur foi chancelante en chantant le cantique, composé pendant ce voyage, *C'est un rempart que notre Dieu*. Les sombres appréhensions s'envolèrent et les cœurs lourds se sentirent plus légers en entendant ces accents vivifiants.

Les princes réformés avaient décidé de présenter devant la diète une déclaration de leurs convictions rédigée sous une forme systématique, preuves bibliques à l'appui. Le travail de rédaction fut confié à Luther, Melanchthon et leurs associés. Les protestants acceptèrent cette confession comme une expression de leur foi, et se réunirent pour signer de leur nom cet important document. Ce fut un moment solennel et critique. Les réformés étaient désireux qu'on ne mêle pas leur cause à des questions politiques ; ils étaient convaincus que la Réforme ne devait exercer aucune autre influence que celle qui procède de la Parole de Dieu. Lorsque les princes chrétiens s'avancèrent pour apposer leur signature à cette confession, Melanchthon s'interposa en disant : « C'est aux théologiens et aux prédicateurs de proposer ces choses ; réservons à d'autres affaires l'autorité des grands de ce monde. » « À Dieu ne plaise, répliqua l'électeur Jean de Saxe, que vous m'excluiez ! Je suis décidé à faire ce qui est bien, sans me faire de souci pour ma couronne. Je désire confesser le Seigneur. Ma couronne d'électeur et mon hermine ne me sont pas aussi précieuses que la croix de Jésus-Christ. » Ayant ainsi parlé, il apposa sa signature. Un autre prince, en prenant la plume, déclara : « Si l'honneur de mon Seigneur Jésus-Christ l'exige, je suis prêt [...] à renoncer à mes biens et à ma vie. [...] Je préférerais renoncer à mes sujets et à mes États, continua-t-il, et quitter le pays de mes pères le bâton à la main, que de recevoir toute autre doctrine que celle qui est contenue dans cette Confession ! [21] » Telles étaient la foi et l'audace de ces hommes de Dieu.

Le moment de comparaître devant l'empereur arriva. Charles Quint, siégeant sur son trône, entouré des électeurs et des princes, donna audience aux réformateurs protestants. Ceux-ci donnèrent lecture de leur confession de foi. Dans cette auguste assemblée, les vérités de l'Évangile furent clairement présentées, et les erreurs de l'Église papale clairement dénoncées. C'est à juste titre qu'on a dit de ce jour que c'était « le plus grand jour de la Réforme, et l'un des plus glorieux dans l'histoire du christianisme et de l'humanité [22]. »

Quelques années seulement s'étaient écoulées depuis que le moine de Wittenberg s'était présenté seul à Worms devant la diète. Maintenant, à sa place se tenaient les princes les plus nobles et les plus puissants de l'empire. On avait interdit à

20. J.H. Merle d'Aubigné, *op. cit.*, livre 14, chapitre 2.
21. *Ibid.*, chapitre 6.
22. *Ibid.*, chapitre 7

Luther de paraître à Augsbourg ; mais il avait été présent par ses paroles et par ses prières. « Je déborde de joie, écrivit-il, d'avoir vécu jusqu'à cette heure, dans laquelle le Christ a été publiquement exalté par d'aussi illustres confesseurs et devant une aussi glorieuse assemblée [23]. » Ainsi s'accomplit ce que l'Écriture avait annoncé : « Je parlerai de tes préceptes devant les rois [24]. »

À l'époque de Paul, l'Évangile pour lequel il avait été emprisonné fut aussi amené devant les princes et les nobles de la ville impériale. De même, à cette occasion, ce que l'empereur avait interdit de prêcher du haut de la chaire fut proclamé dans un palais ; ce que beaucoup avait considéré comme indigne d'être écouté même par des serviteurs fut entendu avec étonnement par les maîtres et les seigneurs de l'Empire. Des rois et des grands hommes constituaient l'auditoire, des princes couronnés furent les prédicateurs, et le sermon fut la vérité royale de Dieu. « Depuis l'époque apostolique, déclare un écrivain, il n'y a jamais eu une aussi grande œuvre ni une plus magnifique confession de foi [25]. »

« Tout ce que les Luthériens ont dit est vrai ; nous ne pouvons le nier », déclara un évêque papiste. « Pouvez-vous réfuter par de bonnes raisons la confession faite par l'électeur et ses alliés ? » demanda un autre au Docteur Eck. « Par les écrits des prophètes et des apôtres, non, répondit celui-ci ; mais par ceux des Pères de l'Église et des conciles, oui ! » « Je comprends, répondit celui qui lui avait posé cette question. Les Luthériens, d'après vous, sont dans l'Écriture, et nous, en dehors ! [26] »

Quelques princes d'Allemagne furent gagnés à la foi réformée. L'empereur lui-même déclara que les articles protestants n'étaient que la vérité. Cette confession fut traduite en de nombreuses langues et diffusée dans toute l'Europe, et elle fut acceptée par des millions de personnes dans les générations suivantes comme expression de leur foi.

Les fidèles serviteurs de Dieu ne travaillaient pas seuls. Tandis que « les principats, [...] les autorités, [...] les pouvoirs de ce monde de ténèbres, [...] les puissances spirituelles mauvaises qui sont dans les lieux célestes [27] » étaient ligués contre eux, le Seigneur n'abandonna pas son peuple. Si leurs yeux avaient pu être ouverts, ils auraient vu une preuve aussi manifeste de la présence et de l'aide divines que celle qui fut accordée à un ancien prophète : lorsque le serviteur d'Élisée montra à son maître l'armée ennemie qui les entourait, interdisant toute possibilité de fuite, le prophète pria ainsi : « Seigneur, ouvre ses yeux, je t'en prie, pour qu'il voie ! [...] et il vit : la montagne était pleine de chevaux et de chars de feu [28] » : c'était l'armée des Cieux postée là pour protéger l'homme de Dieu. C'est de la même manière que les anges gardèrent les ouvriers de la cause réformiste.

L'un des principes les plus fermement maintenus par Luther était qu'il ne fallait avoir aucun recours au pouvoir séculier pour soutenir la cause de la Réforme, et ne faire aucun appel aux armes pour la défendre. Il se réjouissait que des princes de l'empire aient pu confesser l'Évangile ; mais lorsque ceux-ci proposèrent de s'unir pour former une ligue défensive, il déclara que « c'est *Dieu* seul qui doit

23. *Idem.*
24. Psaume 119.146.
25. J.H. Merle d'Aubigné, *ibid.*, chapitre 7.
26. *Ibid.*, chapitre 8.
27. Éphésiens 6.12.
28. 2 Rois 6.17.

défendre la doctrine de l'Évangile. [...] Moins les hommes se mêleront de cette œuvre, plus éclatante sera l'intervention de Dieu en faveur de celle-ci. Toutes les précautions politiques suggérées étaient, à son avis, attribuables à des craintes indignes et à un manque de confiance coupable [29]. »

Lorsque de puissants ennemis s'unirent pour renverser la foi réformée et lorsque des milliers d'épées semblèrent sur le point d'être dégainées contre elle, Luther écrivit : « Satan manifeste sa fureur ; des pontifes impies conspirent ; et nous sommes menacés d'une guerre. Exhortez les gens du peuple à lutter vaillamment devant le trône du Seigneur, par la foi et par la prière, de sorte que nos ennemis, vaincus par l'Esprit de Dieu, soient contraints à la paix. Notre principal besoin, notre principal travail, c'est la prière ; que les gens du peuple sachent qu'ils sont maintenant exposés au tranchant de l'épée et à la fureur de Satan, et qu'ils prient [30]. »

Quelque temps plus tard, faisant allusion à la ligue projetée par les princes réformés, Luther écrivit de nouveau que la seule arme à employer dans ce combat devait être « l'épée de l'Esprit [31] ». Il écrivit à l'électeur de Saxe : « Nous ne pouvons, en conscience, approuver l'alliance proposée. Nous préférerions mourir dix fois que voir notre Évangile faire couler une seule goutte de sang. Notre rôle est d'être comme le "mouton qu'on mène à l'abattoir [32]". Il faut porter la croix du Christ. Que votre altesse soit sans crainte. Nous ferons plus par nos prières que tous nos ennemis par leurs prétentions. Seulement, que vos mains ne se souillent pas du sang de vos frères. Si l'empereur exige qu'on nous livre à ses tribunaux, nous sommes prêts à y comparaître. Vous ne pouvez défendre notre foi : chacun doit croire à ses risques et périls [33]. »

C'est du lieu secret de la prière que provint la puissance qui ébranla le monde par la Grande Réforme. C'est là que, avec un saint calme, les serviteurs du Seigneur plantèrent leurs pieds sur le rocher de ses promesses. Pendant les luttes à Augsbourg, Luther « ne passa pas un seul jour sans consacrer au moins trois heures à la prière, choisies parmi celles qui étaient les plus favorables à l'étude. » Dans le secret de sa chambre, on l'entendait répandre son âme devant Dieu en paroles « pleines d'adoration, de crainte et d'espérance, comme lorsqu'on parle à un ami. [...] "Je sais que tu es notre Père et notre Dieu, disait-il, et que tu disperseras ceux qui persécutent tes enfants ; car tu es toi-même en danger avec nous. Cette cause est la tienne, et c'est seulement parce que tu nous y as contraints que nous y avons mis la main. Défends-nous donc, ô Père [34]" ! »

À Melanchthon, pliant sous le fardeau de l'angoisse et de la peur, il écrivit : « Grâce et paix par le Christ ! Par le Christ, dis-je, et non par le monde. Amen ! Je hais d'une haine excessive ces soucis extrêmes qui vous consument. Si la cause est injuste, abandonnez-la ; si elle est juste, pourquoi ferions-nous mentir les promesses de celui qui nous ordonne de dormir sans crainte ? [...] Le Christ ne fera

29. J.H. Merle d'Aubigné, *Histoire de la Réformation du seizième siècle* (édition de Londres), livre 10, chapitre 14.
30. J.H. Merle d'Aubigné, *Histoire de la Réformation du seizième siècle*, livre 10, chapitre 14.
31. Éphésiens 6.17.
32. Ésaïe 53.7.
33. J.H. Merle d'Aubigné, *op. cit.*, livre 14, chapitre 1.
34. *Ibid.*, chapitre 6.

pas défaut à l'œuvre de la justice et de la vérité. Il vit, il règne ; quelle crainte pourrions-nous donc avoir [35] ? »

Dieu entendit les cris de ses serviteurs. Il accorda aux princes et aux prédicateurs la grâce et le courage de maintenir la vérité « contre les pouvoirs de ce monde de ténèbres [36]. » Le Seigneur avait déclaré : « Je vais poser en Sion une pierre angulaire, choisie, précieuse, et celui qui croit en elle ne sera jamais pris de honte [37]. » Les réformateurs protestants avaient construit sur le Christ, et « les portes du séjour des morts [38] » ne purent prévaloir contre eux.

35. *Idem.*
36. Éphésiens 6.12.
37. 1 Pierre 2.6.
38. Matthieu 16.18.

12

La Réforme en France

La « protestation » de Spire et la confession d'Augsbourg, qui marquèrent le triomphe de la Réforme en Allemagne, furent suivies d'années de conflits et de ténèbres. Affaibli par les divisions qui régnaient parmi ses partisans et assailli par de puissants ennemis, le protestantisme semblait condamné à être totalement détruit. Des milliers de personnes scellèrent leur témoignage de leur sang. La guerre civile éclata ; la cause protestante fut trahie par l'un de ses principaux adhérents ; les plus nobles des princes réformés tombèrent entre les mains de l'empereur et furent traînés de ville en ville, captifs. Mais, au moment de son triomphe apparent, l'empereur rencontra la défaite. Il vit sa proie lui échapper et fut enfin contraint d'accorder la tolérance aux doctrines dont la destruction avait été l'ambition de sa vie. Il avait misé son royaume, ses trésors et sa vie elle-même sur l'écrasement de cette hérésie. Il voyait maintenant ses armées dévastées par les batailles, ses trésors à sec, ses nombreux royaumes menacés de révolte, tandis que la foi qu'il avait vainement tenté de détruire se répandait. Charles Quint s'était attaqué à un pouvoir tout-puissant. Dieu avait dit : « Qu'il y ait de la lumière [1] » ; mais l'Empereur avait tenté de faire perdurer les ténèbres. Ses desseins avaient échoué ; et, prématurément vieilli, usé par ces longues luttes, il abdiqua et se réfugia dans un monastère.

En Suisse, comme en Allemagne, la Réforme connut des jours sombres. Tandis que de nombreux cantons avaient accepté la foi réformée, d'autres se cramponnèrent avec une opiniâtreté aveugle au credo de Rome. La persécution déclenchée contre ceux qui désiraient recevoir la vérité provoqua finalement la guerre civile. Zwingli, ainsi qu'un grand nombre de ceux qui s'étaient joints à lui dans l'œuvre de la Réforme, tombèrent sur le champ de bataille sanglant de Cappel. Œcolampade, accablé par ces terribles désastres, mourut peu après. Rome triompha, et, en de nombreux endroits, sembla sur le point de recouvrer tout ce qu'elle avait perdu. Mais celui dont les desseins sont éternels n'avait abandonné ni sa cause, ni son peuple. Sa main allait lui apporter la délivrance. Dans d'autres pays, il avait suscité des ouvriers pour faire avancer la cause réformiste.

En France, avant que le nom de Luther ait été entendu en tant que réformateur, le jour avait déjà commencé à poindre. L'un des premiers à recevoir la lumière fut Lefèvre, un homme âgé, d'une profonde érudition, professeur à l'Université de Paris et papiste sincère et zélé. Au cours de ses recherches sur les littératures anciennes, son attention avait été attirée sur la Bible, dont il avait introduit l'étude dans le programme de ses étudiants.

1. Genèse 1.3.

Lefèvre était un adorateur enthousiaste des saints. Il avait entrepris de rédiger une histoire des saints et des martyrs telle qu'on la trouvait dans les légendes de l'Église. C'était une œuvre qui exigeait énormément de travail ; mais il était déjà considérablement avancé dans cette œuvre lorsque, pensant trouver une aide utile dans la Bible, il entreprit d'étudier en vue de cet objectif. Il y trouva des saints, certes, mais pas comme ceux qui figuraient dans le calendrier de l'Église romaine. Des flots de lumière divine éclairèrent son esprit. Étonné et dégoûté en même temps, il abandonna la tâche qu'il s'était imposée et se consacra à la Parole de Dieu. Il se mit bientôt à enseigner aux autres les précieuses vérités qu'il y avait découvertes.

En 1512, avant que Luther ou Zwingli aient commencé l'œuvre de la Réforme, Lefèvre écrivait : « C'est Dieu qui nous donne, par la foi, cette justice qui, par la grâce seule, justifie pour la vie éternelle [2]. » Commentant les mystères de la rédemption, il s'exclamait : « Oh, grandeur indicible de cet échange ! Celui qui n'a jamais péché est condamné, et celui qui est coupable est remis en liberté ; celui qui était béni est maudit, et celui qui était maudit est béni ; celui qui est la vie meurt, et celui qui était mort vit ; celui qui est la gloire est enveloppé de ténèbres, et celui qui ne connaissait que la honte est revêtu de gloire [3]. »

Tout en enseignant que la gloire du salut n'appartient qu'à Dieu seul, il déclarait aussi que le devoir d'obéissance est la part de l'homme. « Si tu es membre de l'Église du Christ, disait-il, tu es membre de son corps ; si tu appartiens à son corps, tu es rempli de la nature divine. [...] Oh, si les hommes pouvaient seulement comprendre ce privilège, comme ils vivraient purement, chastement et saintement, et combien ils considéreraient comme méprisable toute la gloire de ce monde, en la comparant à la gloire qui les habite, cette gloire que l'œil de la chair ne peut voir ! [4] »

Certains des étudiants de Lefèvre écoutaient avec avidité ses paroles et, longtemps après que la voix de leur professeur eut été réduite au silence, ils allaient continuer à proclamer la vérité. Parmi eux se trouvait Guillaume Farel. Fils de parents pieux et éduqué à accepter avec une foi implicite les enseignements de l'Église, il aurait pu déclarer en parlant de lui-même, comme l'apôtre Paul : « J'ai vécu en pharisien, selon le parti le plus strict de notre religion [5]. » Adepte dévoué de l'Église romaine, il brûlait du zèle de détruire tous ceux qui osaient s'opposer à l'Église. « Je grinçais des dents comme un loup furieux, raconta-t-il plus tard en faisant allusion à cette période de sa vie, lorsque j'entendais quelqu'un parler contre le pape [6]. » Il s'était montré inlassable dans sa vénération des saints lorsque, accompagné de Lefèvre, il faisait la tournée des églises de Paris pour adorer devant leurs autels et apporter des offrandes pour la décoration des saints reliquaires. Mais ces actes de dévotion ne purent pas lui apporter la paix de l'âme. La conviction du péché s'empara de lui, et tous les actes de pénitence qu'il pratiquait ne réussirent pas à l'effacer. Comme une voix venue du ciel, il écouta les paroles du réformateur : « Le salut est par grâce. [...] L'Innocent est condamné, et le criminel est acquitté. [...] C'est la croix seule du Christ qui ouvre les portes du ciel et ferme celles de l'enfer [7]. »

---

2. A.J. Wylie, *Histoire du protestantisme*, livre 13, chapitre 1.
3. J.H. Merle d'Aubigné, *Histoire de la Réformation du seizième siècle* (édition de Londres), livre 12, chapitre 2.
4. *Idem.*
5. Actes 26.5.
6. A.J. Wylie, *ibid.*, chapitre 2.
7. J.H. Merle d'Aubigné, *op. cit.*, livre 13, chapitre 2.

Farel accepta la vérité avec joie. Par une conversion comparable à celle de Paul, il passa de l'esclavage de la tradition à « la liberté glorieuse des enfants de Dieu [8]. » « À la place du cœur meurtrier d'un loup vorace », raconte-t-il, il devint « paisible comme un agneau doux et inoffensif, le cœur totalement retiré au pape et totalement donné à Jésus-Christ [9]. »

Tandis que Lefèvre continuait à répandre la lumière parmi ses étudiants, Farel, aussi zélé pour la cause du Christ qu'il l'avait été pour celle du pape, entreprit de prêcher la vérité en public. Un dignitaire de l'Église, l'évêque de Meaux, se joignit bientôt à eux. D'autres professeurs, hautement estimés pour leurs capacités et leur érudition, se joignirent aussi à eux pour proclamer l'Évangile, qui gagna des adhérents parmi toutes les classes sociales, du foyer des artisans et des paysans jusqu'au palais du roi. Marguerite de Navarre, la sœur de François Ier, qui régnait alors, accepta la foi réformée. Le roi lui-même, ainsi que la reine mère, semblèrent pendant un temps considérer celle-ci avec faveur ; et, nourrissant de grandes espérances, les réformateurs envisagèrent le moment où la France serait gagnée à la cause de l'Évangile.

Mais leurs espoirs ne se réalisèrent pas. Les épreuves et la persécution attendaient ces disciples du Christ. Cependant, cette souffrance avait été miséricordieusement voilée à leurs yeux. Une période de paix leur fut donnée, afin qu'ils puissent prendre des forces pour affronter la tempête ; et la cause de la Réforme put faire de rapides progrès. L'évêque de Meaux travailla avec zèle dans son propre diocèse à instruire à la fois le clergé et les paroissiens. Les prêtres ignorants et immoraux furent relevés de leurs fonctions et, autant que possible, remplacés par des hommes instruits et pieux. Cet évêque souhaitait ardemment que ses ouailles puissent avoir accès par eux-mêmes à la Parole de Dieu, ce qui fut bientôt accompli. Lefèvre avait entrepris la traduction du Nouveau Testament ; et, au moment même où la Bible allemande de Luther sortait des presses de Wittenberg, le Nouveau Testament en français fut publié à Meaux. Cet évêque n'épargna aucun effort ni dépense pour assurer sa diffusion dans ses paroisses, et, bientôt, les paysans de Meaux furent en possession des Saintes Écritures.

C'était comme des voyageurs mourant de soif et qui découvrent avec joie une source d'eau vive que ces âmes reçurent le message du ciel. Les cultivateurs dans les champs et les artisans dans les ateliers s'encourageaient dans leur travail quotidien en parlant des précieuses vérités de la Bible. Le soir, au lieu de se retrouver dans les cabarets, ils se réunissaient les uns chez les autres pour lire la Parole de Dieu et s'unir dans la prière et la louange. Un grand changement se manifesta bientôt dans ces communautés. Bien qu'ils aient appartenu aux classes les plus humbles de la société, à une paysannerie ignorante et laborieuse, la puissance de réformation et de relèvement de la grâce divine se voyait dans leur vie. Humbles, aimants, saints, c'étaient des témoins vivants de ce que l'Évangile réalise dans la vie de ceux qui le reçoivent avec sincérité.

La lumière allumée à Meaux projetait ses rayons au loin. Le nombre des convertis augmentait chaque jour. La fureur de la hiérarchie fut, pendant un certain temps, tenue en échec par le roi, qui méprisait l'étroite bigoterie des moines ; mais les dirigeants de l'Église romaine finirent par l'emporter. On dressa de nouveau des bûchers. L'évêque de Meaux, contraint de choisir entre le bûcher et la rétractation,

8. Romains 8.21.
9. J.H. Merle d'Aubigné, *op. cit.*, livre 12, chapitre 3.

choisit le chemin le plus facile ; mais, malgré la chute du chef, son troupeau demeura ferme. Beaucoup rendirent témoignage à la vérité au milieu des flammes du bûcher. Par leur courage et leur fidélité jusque sur le bûcher, ces humbles chrétiens parlèrent au cœur de milliers de personnes qui n'avaient jamais entendu leur témoignage dans les jours de paix.

Ce ne furent pas seulement les humbles et les pauvres qui, au milieu des souffrances et du mépris, osèrent rendre témoignage au Christ. Dans les salles somptueuses des châteaux et du palais se trouvaient des âmes royales qui mettaient la vérité au-dessus de la richesse, du rang social ou même de la vie. Des armures royales cachaient souvent un esprit plus élevé et plus ferme que la soutane et la mitre épiscopales. Louis de Berquin était d'origine noble. Chevalier courageux et courtois, il était attaché à l'étude, raffiné dans ses manières et d'une moralité irréprochable. Un auteur a dit de lui : « C'était un disciple zélé des constitutions papistes, qui fréquentait assidûment les messes et les sermons ; [...] il couronnait toutes ses autres vertus en tenant le luthéranisme spécialement en horreur. » Mais, comme tant d'autres, guidé providentiellement vers la Bible, il fut étonné d'y trouver « non pas les doctrines de Rome, mais celles de Luther [10]. » À partir de ce moment, il se consacra avec un dévouement total à la cause de l'Évangile.

Il était considéré comme « le plus érudit des nobles de France » ; son génie et son éloquence, son courage indomptable, son zèle héroïque et son influence à la cour (car c'était l'un des favoris du roi) le firent considérer par beaucoup comme un homme destiné à devenir le réformateur de son pays. Théodore de Bèze dit de lui : « Berquin aurait été un second Luther s'il avait trouvé en François Ier un second électeur. » « Il est pire que Luther ! » s'écriaient les papistes [11]. En effet, les partisans de l'Église romaine de France le craignaient encore plus que lui. Ils le jetèrent en prison en tant qu'hérétique, mais le roi le remit en liberté. Cette lutte se poursuivit pendant des années. François Ier, hésitant entre Rome et la Réforme, tolérait et retenait à tour de rôle le zèle ardent des moines. Les autorités papales emprisonnèrent trois fois Berquin. Le roi le remit en liberté chaque fois, car il admirait son génie et sa noblesse de caractère et refusait de le sacrifier à la malveillance de la hiérarchie.

On avertit Berquin à de nombreuses reprises du danger qui le menaçait en France, et on le pressa de suivre les pas de ceux qui avaient trouvé la sécurité dans l'exil volontaire. Érasme, timide et opportuniste, et qui, malgré toute la splendeur de son érudition, manquait de la grandeur morale qui met la vérité au-dessus de la vie et de l'honneur, écrivit ceci à Berquin : « Demandez qu'on vous envoie comme ambassadeur dans quelque pays étranger ; allez et voyagez en Allemagne. Vous connaissez Béda et les gens de son espèce ; c'est un monstre à mille têtes, qui crache son venin de tous les côtés. Vos ennemis s'appellent "légion". Même si votre cause était meilleure que celle de Jésus-Christ, ils ne vous lâcheraient pas jusqu'à ce qu'ils vous aient misérablement détruit. Ne vous fiez pas trop à la protection du roi. En tous cas, *ne me compromettez pas* auprès de la Faculté de théologie [12]. »

Cependant, au fur et à mesure que les dangers se faisaient plus menaçants, le zèle de Berquin ne faisait que croître. Bien loin d'adopter le conseil politique et égocentrique d'Érasme, il décida d'adopter des mesures encore plus audacieuses.

10. A.J. Wylie, *ibid.*, chapitre 9.
11. *Idem.*
12. *Idem.*

Non seulement il prendrait la défense de la vérité, mais il attaquerait aussi l'erreur. Il renverrait aux partisans de l'Église romaine l'accusation d'hérésie que ceux-ci tentaient de lancer contre lui. Ses adversaires les plus actifs et les plus implacables étaient les savants docteurs et moines de la Faculté de théologie de la grande Université de Paris, l'une des plus hautes autorités ecclésiastiques aussi bien de cette ville que de la nation toute entière. Berquin tira des écrits de ces docteurs douze propositions qu'il déclara publiquement être « contraires à l'enseignement de la Bible et hérétiques » ; et il fit appel au roi pour arbitrer cette controverse.

Le monarque, auquel l'idée d'établir le contraste entre la puissance et la perspicacité des champions respectifs ne déplaisait pas, et heureux de trouver l'occasion d'humilier l'orgueil de ces moines hautains, ordonna aux partisans de l'Église romaine de défendre leur cause par la Bible. Cette arme, ils le savaient bien, leur servirait à peu de choses ; l'emprisonnement, la torture et le bûcher étaient des instruments qu'ils savaient beaucoup mieux manier. Maintenant, la situation s'était retournée, et ils se virent sur le point de tomber dans la fosse dans laquelle ils avaient espéré plonger Berquin. Dans leur perplexité, ils cherchèrent autour d'eux quelque moyen pour se tirer d'affaire.

« Juste à ce moment, une image de la Vierge, placée à l'angle de l'une des rues, fut mutilée. » Ceci produisit un profond émoi dans la ville. Des foules s'assemblèrent à cet endroit pour exprimer leur deuil et leur indignation. Le roi, lui aussi, fut profondément ému. C'était un avantage que les moines pouvaient utiliser en leur faveur, et ils ne tardèrent pas à le faire. « Voilà les fruits de la doctrine de Berquin, s'écrièrent-ils. Cette conspiration luthérienne va tout renverser : la religion, les lois, et le trône lui-même [13]. »

Berquin fut de nouveau appréhendé. Le roi avait quitté Paris, et les moines eurent ainsi la liberté d'agir à leur guise. Le réformateur fut jugé et condamné à mort ; et, de peur que François Ier ne s'interpose encore une fois pour lui sauver la vie, la sentence fut exécutée le jour même où elle fut prononcée. À midi, Berquin fut conduit à son lieu d'exécution. Une immense foule se rassembla pour assister à cet événement, et beaucoup d'entre eux se rendirent compte avec étonnement et appréhension qu'on avait choisi la victime parmi les meilleurs et les plus courageux au sein des familles nobles de France. La stupeur, l'indignation, le mépris et la haine se lisaient sur les visages de cette foule houleuse ; cependant il y en avait un sur lequel ne planait aucune ombre : les pensées du martyr étaient très éloignées de cette scène de tumulte ; il n'était conscient que de la présence de son Seigneur.

Il n'accordait aucune attention à la misérable charrette qui le transportait, ni à la mine renfrognée de ses persécuteurs, ni à la mort horrible qui l'attendait. Celui qui a dit « Je suis mort, mais je suis vivant à tout jamais, et j'ai les clefs de la mort et du séjour des morts [14] » se tenait à ses côtés. Le visage de Berquin était illuminé de la lumière et de la paix célestes. Il s'était habillé élégamment et portait « un manteau de velours, un pourpoint de satin et de damas et des chausses dorées [15]. » Il allait rendre témoignage de sa foi en présence du Roi des rois et de l'Univers qui le regardait, et aucun signe de deuil ne devait contredire sa joie.

---

13. *Idem.*
14. Apocalypse 1.18.
15. J.H. Merle d'Aubigné, *Histoire de la Réformation en Europe à l'époque de Calvin*, livre 2, chapitre 16.

Pendant que ce cortège traversait lentement les rues remplies de monde, les gens du remarquaient avec étonnement la paix sans nuage, le joyeux triomphe de son expression et de son comportement. « Il est, disaient-ils, comme quelqu'un qui est assis dans un temple et médite sur les choses sacrées [16]. »

Arrivé au bûcher, Berquin tenta d'adresser quelques mots à la foule ; mais les moines, redoutant le résultat de son discours, se mirent à pousser des cris, et les soldats à entrechoquer leurs armes, et cette clameur couvrit la voix du martyr. C'est ainsi qu'en 1529, les plus hautes autorités littéraires et ecclésiastiques de Paris, la ville la plus cultivée, « donnèrent à la populace de 1793 le vil exemple d'étouffer sur l'échafaud les paroles sacrées des mourants [17]. »

Berquin fut étranglé, et son corps livré aux flammes. La nouvelle de sa mort causa un profond chagrin aux amis de la Réforme dans toute la France. Mais son exemple ne fut pas perdu. « Nous sommes aussi prêts, dirent ces témoins de la vérité, à faire face à la mort avec joie en fixant les yeux sur la vie à venir [18]. »

Pendant la persécution à Meaux, les professeurs de la foi réformée furent dépossédés de leur droit de prêcher et durent partir vers d'autres champs de travail. Au bout d'un certain temps, Lefèvre se rendit en Allemagne. Farel retourna dans sa ville natale dans l'Est de la France pour répandre la lumière dans la région de son enfance. Des nouvelles de ce qui se passait à Meaux y étaient déjà parvenues, et la vérité, qu'il prêchait avec un zèle intrépide, trouva des auditeurs. Bientôt, les autorités s'émurent, le firent taire et le bannirent de la ville. Bien que n'ayant plus la possibilité de travailler en public, il parcourut les plaines et les villages, enseignant dans des maisons privées et des prairies retirées et trouvant refuge dans les forêts et les cavernes rocheuses qui avaient été ses terrains de jeu pendant son enfance. Dieu le préparait pour des épreuves encore plus grandes. « Les croix, les persécutions et les machinations de Satan, dont j'ai été averti, n'ont pas manqué, dit-il ; elles sont même beaucoup plus sévères que ce que j'aurais pu supporter par moi-même ; mais Dieu est mon Père ; il m'a accordé, et m'accordera toujours, la force dont j'ai besoin [19]. »

Comme à l'époque apostolique, la persécution « a plutôt contribué aux progrès de la bonne nouvelle [20]. » Chassés de Paris et de Meaux, « ceux qui avaient été dispersés annonçaient la Parole, comme une bonne nouvelle [21]. » C'est ainsi que la lumière pénétra dans de nombreuses provinces reculées de France.

Mais Dieu préparait d'autres ouvriers pour étendre sa cause. Dans l'un des établissements d'enseignement de Paris se trouvait un jeune homme réfléchi et tranquille, qui donnait déjà les signes d'un esprit puissant et pénétrant, tout aussi remarquable par la pureté de sa vie que par son ardeur intellectuelle et sa piété. Son génie et son application en firent bientôt la fierté de son établissement d'enseignement, et on s'attendait avec confiance à ce que Jean Calvin devienne l'un des défenseurs les plus capables et les plus honorés de l'Église. Mais un rayon de la lumière divine pénétra à l'intérieur même des murs de la scolastique et de la superstition dans lesquels était enfermé Calvin. Il entendit parler des nouvelles doctrines avec effroi, ne doutant pas que ces hérétiques méritaient bien le feu

16. A.J. Wylie, *ibid.*, chapitre 9.
17. *Idem.*
18. J.H. Merle d'Aubigné, *op. cit.*, livre 2, chapitre 16.
19. J.H. Merle d'Aubigné, *Histoire de la Réformation du seizième siècle*, livre 12, chapitre 9.
20. Philippiens 1.12.
21. Actes 8.4.

auquel on les livrait. Cependant, tout à fait sans l'avoir voulu, il fut amené à se confronter à l'hérésie et forcé de mettre à l'épreuve la puissance de la théologie romaine face aux enseignements protestants.

Un cousin de Calvin qui s'était joint aux réformateurs était à Paris. Les deux cousins se rencontraient souvent et discutaient de ce qui perturbait la chrétienté. « Il n'existe que deux religions dans le monde, disait Olivétan, le protestant. Dans la première classe se trouvent celles que les hommes ont inventées, toutes professant que l'homme parvient au salut par des rituels et des bonnes œuvres ; l'autre est la seule religion révélée dans la Bible ; elle enseigne à l'homme à chercher le salut uniquement dans le don gratuit de la grâce de Dieu. »

« Je n'ai rien à faire de tes nouvelles doctrines, s'exclama Calvin. T'imagines-tu que j'ai vécu toute ma vie dans l'erreur [22] ? »

Mais cette conversation avait suscité dans son esprit des pensées qu'il ne pouvait pas bannir à volonté. Seul dans sa chambre, il réfléchit aux paroles de son cousin. La conviction du péché s'empara de lui ; il se vit, sans intercesseur, en présence d'un juge saint et juste. La médiation des saints, les bonnes œuvres, les cérémonies de l'Église furent toutes impuissantes pour expier son péché. Il ne pouvait voir devant lui que les ténèbres d'un désespoir éternel. C'est en vain que les docteurs de l'Église s'efforcèrent d'apporter un soulagement à sa souffrance ; en vain qu'il eut recours à la confession et à la pénitence ; elles ne purent réconcilier son âme avec Dieu.

Tout en s'adonnant encore à ces luttes stériles, Calvin se trouva un jour par hasard dans une place publique et y assista à l'exécution d'un hérétique. Il fut frappé par l'expression de paix écrite sur le visage de ce martyr. Au milieu des tortures de cette mort horrible, et sous la condamnation encore plus terrible de l'Église, celui-ci manifestait une foi et un courage que le jeune étudiant fit douloureusement contraster avec son propre désespoir et les ténèbres qui l'enveloppaient, alors qu'il vivait dans la plus stricte obéissance aux ordres de l'Église. C'est sur la Bible, il le savait, que les hérétiques faisaient reposer leur foi. Il décida de l'étudier et de découvrir, s'il le pouvait, le secret de leur joie.

C'est dans la Bible qu'il découvrit le Christ. « Ô Père, s'écria-t-il, son sacrifice a apaisé ta colère ; son sang m'a lavé de mes impuretés ; sa croix a porté ma malédiction ; sa mort a fait l'expiation pour moi. Nous nous étions inventé bien des folies inutiles ; mais tu as mis ta Parole devant moi comme un flambeau, et tu as touché mon cœur pour que je puisse avoir en abomination tous les autres mérites sinon ceux de Jésus [23]. »

Calvin avait été éduqué pour la prêtrise. Âgé de seulement douze ans, il avait été nommé aumônier d'une petite église, et l'évêque lui avait fait apposer la tonsure selon les canons de l'Église. Il n'avait pas reçu l'ordination et ne remplissait pas les fonctions sacerdotales, mais était devenu membre du clergé, avec un titre et une allocation régulière.

Maintenant, se rendant compte qu'il ne pourrait jamais devenir prêtre, il se tourna pendant quelque temps vers l'étude du droit, mais abandonna finalement cette voie et décida de consacrer sa vie à l'Évangile. Mais il hésitait à enseigner en public. Il avait une nature craintive et se sentait écrasé par le sentiment des lourdes

22. A.J. Wylie, *ibid.*, chapitre 7.
23. Martyn, *The Life and Times of Luther* [La vie et l'époque de Luther], volume 3, chapitre 13.

responsabilités de cette fonction. Il désirait se consacrer encore à l'étude. Les vives exhortations de ses amis l'amenèrent cependant à accepter. « C'est merveilleux, dit-il, qu'une personne de si humble origine puisse être exaltée à une si haute dignité [24]. »

Calvin entreprit calmement son œuvre, et ses paroles étaient comme la rosée qui tombe pour rafraîchir la terre. Il avait quitté Paris et se trouvait maintenant dans une ville de province sous la protection de la princesse Marguerite de Navarre, qui aimait l'Évangile et accordait sa protection à ses disciples. Calvin était encore un jeune homme, au comportement doux et modeste. Il commença son œuvre en visitant les maisons des gens du peuple. Entouré des membres de la famille, il leur lisait la Bible à haute voix et leur présentait les vérités du salut. Ceux qui entendaient ce message apportaient à d'autres la Bonne Nouvelle ; et, bientôt, le professeur dépassa les limites de cette ville pour visiter les villages et hameaux environnants. La porte des châteaux comme celle des cabanes lui était ouverte, et il allait de l'avant, posant les fondations d'églises qui allaient produire des témoins intrépides pour la vérité.

Quelques mois plus tard, il se trouva de nouveau à Paris. Il régnait une agitation inaccoutumée dans le milieu des savants et des érudits. L'étude des langues anciennes avait amené des hommes à découvrir la Bible, et beaucoup d'entre eux, dont le cœur n'avait pas été touché par les vérités qu'elle contenait, les discutaient âprement et livraient même bataille aux champions de l'Église romaine. Calvin, bien qu'étant un combattant très capable dans les champs de la controverse théologique, avait une mission plus élevée à accomplir que celle de ces bruyants docteurs. Les esprits des hommes étaient agités, et le moment était venu de leur présenter la vérité. Tandis que les salles de classe des universités retentissaient de la clameur des controverses théologiques, Calvin allait de maison en maison, présentant le message de la Bible aux gens du peuple et leur parlant de « Jésus-Christ – Jésus-Christ crucifié [25]. »

Par la providence de Dieu, Paris allait recevoir une autre invitation à accepter l'Évangile. L'appel de Lefèvre et de Farel avait été rejeté, mais le message allait de nouveau se faire entendre dans cette grande capitale auprès de toutes les classes de la société. Le roi, influencé par des considérations politiques, n'avait pas encore pris position pleinement pour Rome et contre la Réforme. La princesse Marguerite de Navarre se cramponnait encore à l'espoir que le protestantisme puisse triompher en France. Elle décida que la foi réformée serait prêchée à Paris. Pendant l'absence du roi, elle ordonna à un prédicateur protestant de prêcher dans les églises de la ville. Les dignitaires de l'Église romaine l'ayant interdit, la princesse ouvrit le palais royal à la prédication. Une pièce fut aménagée en chapelle, et on annonça que chaque jour, à l'heure indiquée, un sermon y serait prêché et que les personnes de tous rangs et de toutes conditions sociales étaient invitées à y assister. Des foules accoururent à ce service religieux. Non seulement cette chapelle, mais aussi les antichambres et les couloirs furent remplis de monde. Chaque jour, des milliers de personnes s'assemblaient : nobles, hommes d'État, avocats, marchands et artisans. Le roi, loin d'interdire ces assemblées, ordonna que deux des églises de Paris soient ouvertes à cette prédication. Jamais encore cette ville n'avait été aussi remuée par la Parole de Dieu. Un esprit de vie venant du ciel semblait souffler sur le peuple.

24. A.J. Wylie, *ibid.*, chapitre 9.
25. 2 Corinthiens 2.2.

L'ivrognerie, la licence, la discorde et l'oisiveté avaient fait place à la tempérance, à la pureté, à l'ordre et à l'assiduité au travail.

Mais la hiérarchie ne resta pas sans rien faire. Le roi refusant encore d'intervenir pour faire cesser cette prédication, elle se tourna vers la populace. Aucun moyen ne fut épargné pour exciter les craintes, les préjugés et le fanatisme de ces foules ignorantes et superstitieuses. On aurait pu dire de Paris, qui avait cédé aveuglément à ces faux docteurs, comme de la Jérusalem d'autrefois : « Tu n'as pas reconnu le temps de l'intervention divine [26] » ; « Si toi aussi tu avais su, en ce jour, comment trouver la paix [27] ! » Pendant deux ans, la Parole de Dieu fut prêchée dans la capitale ; mais, bien que de nombreuses personnes aient accepté l'Évangile, la majorité de la population le rejeta. François Ier n'avait accordé qu'un semblant de tolérance, uniquement pour servir ses propres intérêts, et les papistes réussirent à reprendre le dessus. Les églises furent de nouveau fermées à cette prédication, et les bûchers furent de nouveau dressés.

Calvin était encore à Paris, se préparant par l'étude, la méditation et la prière à ses futurs travaux, et continuant à répandre la lumière. Cependant, les soupçons se concentrèrent enfin sur lui. Les autorités décidèrent de l'envoyer au bûcher. Vivant dans la solitude, il se croyait en sécurité et ne pensait pas au danger ; mais des amis vinrent précipitamment chez lui l'avertir que des officiers de police étaient en route pour l'arrêter. À l'instant même, on entendit frapper violemment à la porte extérieure. Il n'y avait pas un moment à perdre. Quelques-uns de ses amis retinrent les officiers de police à la porte pendant que d'autres aidaient le réformateur à sortir par une fenêtre. Il se dirigea rapidement vers les banlieues de la ville. Il trouva refuge dans la chaumière d'un ouvrier ami de la Réforme se déguisa en empruntant les vêtements de son hôte, et, une houe sur l'épaule, se mit en route. En se dirigeant vers le Sud, il trouva de nouveau asile dans les domaines de la princesse Marguerite de Navarre [28].

C'est là qu'il passa quelques mois en sécurité sous la protection d'amis puissants, occupé comme auparavant à étudier. Mais son cœur était attaché à l'évangélisation de la France, et il ne put pas rester longtemps inactif. Dès que la tempête fut un peu calmée, il chercha un nouveau champ de travail à Poitiers, où se trouvait une université, et où les nouvelles idées avaient déjà été accueillies favorablement. Des personnes de toutes les classes sociales écoutèrent l'Évangile avec joie. Il ne fit pas de prédication publique ; mais, soit chez le premier magistrat, soit chez lui, et parfois dans un jardin public, Calvin présenta les « paroles de vie éternelle [29] » à ceux qui désiraient les entendre. Au bout d'un certain temps, le nombre des auditeurs augmentant, il parut plus sûr de s'assembler en dehors de la ville. On choisit comme lieu de réunion une caverne située dans le flanc d'une gorge profonde et étroite, rendue encore plus inaccessible par les arbres et les rochers qui la surplombaient. Des petits groupes, sortant de la ville en suivant divers itinéraires, s'y retrouvaient. C'est dans cet endroit retiré que la Bible était lue à haute voix et commentée. C'est là que la Sainte Cène fut célébrée pour la première fois par les protestants de France. Cette petite église produisit plusieurs évangélistes fidèles.

---

26. Luc 19.44.
27. Luc 19.42.
28. Voir J.H. Merle d'Aubigné, *Histoire de la Réformation en Europe à l'époque de Calvin*, livre 2, chapitre 30.
29. Jean 6.68.

Calvin retourna à Paris une fois de plus. Même alors, il ne pouvait abandonner l'espoir que la France en tant que nation accepterait la Réforme. Mais il trouva presque toutes les portes fermées à son travail. Enseigner l'Évangile, c'était prendre le chemin direct pour le bûcher. Il se décida enfin à partir pour l'Allemagne. Il avait à peine quitté la France qu'une tempête se déchaîna contre les protestants ; s'il était resté, celle-ci l'aurait certainement impliqué dans la ruine générale.

Les réformateurs français, désireux de voir leur pays marcher au même pas que l'Allemagne et la Suisse, avaient décidé de frapper contre les superstitions de Rome un grand coup, qui réveillerait la nation tout entière. Une même nuit, des écriteaux attaquant la messe furent placardés dans toute la France. Cependant, au lieu de faire progresser la cause de la Réforme, cette initiative zélée, mais inconsidérée, attira la ruine non seulement sur ses auteurs, mais aussi sur les amis de la foi réformée dans toute la France. Elle donna aux partisans de l'Église romaine ce qu'ils cherchaient depuis longtemps : un prétexte pour exiger la destruction totale des hérétiques, considérés comme des agitateurs dangereux pour la stabilité du trône et pour la paix de la nation.

Une main inconnue (celle d'un ami imprudent, ou celle d'un ennemi rusé, on ne le sut jamais) accrocha l'un de ces écriteaux à la porte de la chambre privée du roi. Le monarque fut horrifié. Cet écriteau attaquait sans pitié des superstitions qui avaient été vénérées pendant des siècles. L'audace sans précédent d'introduire ces déclarations directes et choquantes en présence même du roi suscita la colère de celui-ci. Stupéfait, il resta quelques instants tremblant et sans voix ; puis sa fureur se manifesta par ces paroles terribles : « Que tous ceux qui sont suspects de cette hérésie luthérienne soient appréhendés sans distinction. Je veux tous les exterminer [30]. » Les dés étaient jetés. Le roi avait décidé de se ranger totalement du côté de Rome.

Des mesures furent prises immédiatement pour l'arrestation de tous les luthériens de Paris. Un pauvre artisan, adhérent de la foi réformée, qui était chargé d'appeler les croyants à leurs assemblées secrètes, fut saisi et menacé de mort immédiate sur le bûcher s'il ne conduisait pas l'émissaire du pape au domicile de chaque protestant de la ville. Il recula d'horreur devant cette vile proposition ; mais la crainte du bûcher l'emporta enfin, et il consentit à trahir ses frères. Précédé par l'hostie et entouré d'une procession de prêtres, de porteurs d'encensoirs, de moines et de soldats, Morin, le détective royal, accompagné du traître, parcourut lentement et silencieusement les rues de la ville. Cette procession était faite, soi-disant, en l'honneur du Saint-Sacrement et destinée à expier l'insulte faite à la messe par les protestants. Mais sous cette marche se cachait un dessein mortel. En arrivant devant la maison d'un luthérien, le traître faisait un signe, sans prononcer une parole. La procession s'arrêtait, on pénétrait dans cette maison, la famille était traînée à l'extérieur et enchaînée, et ce terrible cortège poursuivait son chemin à la recherche de nouvelles victimes. Ils « n'épargnèrent aucune maison, grande ou petite, pas même les collèges de l'Université de Paris. [...] Morin fit trembler toute la ville. [...] C'était le règne de la terreur [31]. »

Les victimes furent mises à mort au milieu de cruelles tortures. On avait spécialement ordonné de modérer l'ardeur du feu afin de prolonger leur agonie. Mais elles moururent en conquérants. Leur constance resta inébranlable, leur paix sans

30. *Ibid.*, livre 4, chapitre 10.
31. *Idem.*

nuages. Leurs persécuteurs, incapables d'ébranler leur inflexible fermeté, se sentirent battus. « Les échafauds avaient été dressés dans tous les quartiers de Paris, et les exécutions se succédèrent les jours suivants, afin de répandre la peur de l'hérésie en multipliant les exécutions. Cependant, l'avantage resta finalement à la cause de l'Évangile. Tout Paris eut l'occasion de voir quelle sorte d'hommes ces nouvelles idées pouvaient produire. Il n'y a pas de meilleure chaire que le bûcher d'un martyr. La joie sereine qui illuminait le visage de ces hommes pendant qu'on les emmenait [...] sur le lieu de leur exécution, leur héroïsme au milieu des flammes, leur pardon accordé avec douceur à leurs persécuteurs, transformèrent, dans de nombreux cas, la colère en pitié et la haine en amour, et plaidèrent avec une éloquence irrésistible en faveur de l'Évangile [32]. »

Les prêtres, décidés à maintenir la fureur populaire à son maximum, firent circuler les accusations les plus terribles contre les protestants. On les accusa de comploter le massacre des catholiques, de renverser le gouvernement et d'assassiner le roi. On ne put apporter l'ombre d'une preuve pour soutenir ces accusations. Néanmoins, ces prophéties de malheurs allaient s'accomplir un jour, mais en des circonstances très différentes et pour des causes de caractère opposé. Les actes de cruauté infligés aux protestants innocents par les catholiques s'accumulèrent, préparant une lourde rétribution, qui, au bout de plusieurs siècles, produisirent le destin même qui avait été prédit au le roi, à son gouvernement et à ses sujets ; mais les responsables de cette catastrophe furent les incrédules et les partisans du pape. Ce ne fut pas l'instauration du protestantisme, mais sa suppression qui, trois cents ans plus tard, allait attirer sur la France ces affreuses calamités.

Les soupçons, la méfiance et la terreur s'étendirent alors sur toutes les classes de la société. Au milieu de l'inquiétude générale, on put se rendre compte à quel point les enseignements de Luther avaient marqué l'esprit des hommes les plus haut placés par leur science, leur influence et l'excellence de leur caractère. Des postes de confiance et d'honneur se trouvèrent soudainement vacants. Des artisans, des imprimeurs, des érudits, des professeurs d'université, des auteurs et même des courtisans disparurent. Des centaines de personnes durent s'enfuir de Paris, s'exilant volontairement de leur pays natal et, dans de nombreux cas, révélant ainsi pour la première fois qu'elles étaient en faveur de la foi réformée. Les papistes regardèrent autour d'eux avec étonnement en constatant le nombre d'hérétiques insoupçonnés qu'on avait tolérés parmi eux. Leur fureur se tourna contre les foules de victimes plus humbles qui se trouvaient en leur pouvoir. Les prisons étaient pleines à craquer, et l'atmosphère elle-même semblait assombrie par la fumée des bûchers allumés pour brûler les confesseurs de l'Évangile.

François Ier s'était glorifié d'avoir été un pionnier dans le grand mouvement pour le réveil de l'érudition qui avait marqué le commencement du seizième siècle. Il avait pris plaisir à rassembler à la cour des hommes de lettres de tous les pays. C'est à son amour de l'érudition et à son mépris pour l'ignorance et la superstition des moines qu'était due, au moins en partie, la mesure de tolérance qui avait été accordée à la Réforme. Mais, poussé par son zèle pour étouffer l'hérésie, ce patron de l'érudition avait promulgué un édit interdisant l'imprimerie dans toute la France ! François Ier est un exemple dans l'histoire, parmi tant d'autres, qui montre que la culture intellectuelle n'est pas une sauvegarde contre l'intolérance et la persécution dans le domaine religieux.

32. A.J. Wylie, *ibid.*, chapitre 20.

La France, par une cérémonie solennelle et publique, allait se consacrer totalement à la destruction du protestantisme. Les prêtres exigèrent que l'affront fait au ciel par la condamnation de la messe soit lavé dans le sang et que le roi, au nom de son peuple, sanctionne publiquement cette œuvre horrible.

Cette terrible cérémonie fut fixée au 21 janvier 1535. Les craintes superstitieuses et la haine bigote de toute la nation avaient été éveillées. Les rues de Paris étaient remplies de foules venues de toute la campagne environnante. Cette journée devait être inaugurée par une procession nombreuse et imposante. « Les maisons situées sur le passage de la procession étaient couvertes de draperies noires, et des autels avaient été dressés par intervalles. » Devant chaque maison était allumée une torche en honneur du Saint-Sacrement. Avant le lever du jour, le cortège se forma devant le palais royal. « En tête venaient les bannières et les croix des différentes paroisses ; puis venaient les citoyens, marchant deux par deux et portant des torches. » Les quatre ordres monastiques suivaient, chacun revêtu de son vêtement particulier. Puis venait une vaste collection de reliques célèbres. Ensuite chevauchaient des ecclésiastiques de haut rang dans leurs soutanes pourpres et écarlates ornées de bijoux ; un déploiement magnifique et rutilant.

« C'est l'évêque de Paris qui portait l'hostie sous un dais magnifique, [...] soutenu par quatre princes du sang. [...] Derrière l'hostie venait le roi. [...] François Ier, en ce jour, ne portait ni couronne, ni robe d'apparat. [...] Tête nue, les yeux baissés vers le sol, tenant à la main un cierge allumé, » le roi de France « avait l'air d'un pénitent [33]. » Devant chaque autel, il s'inclinait avec humilité, non pour les vices qui souillaient son âme, ni pour le sang innocent qui souillait ses mains, mais pour le péché mortel de ses sujets qui avaient osé condamner la messe. Derrière lui venaient la reine et les dignitaires de l'État, marchant aussi deux par deux, chacun portant une torche allumée.

Au nombre des activités de ce jour, le monarque lui-même s'adressa aux grands du royaume dans la grande salle du palais épiscopal. La mine contrite, il se présenta devant eux et, par des paroles éloquentes et émouvantes, déplora « le crime, le blasphème, le jour de chagrin et de disgrâce » qui s'était abattu sur la nation. Il invita tous ses loyaux sujets à contribuer à extirper l'hérésie pestilentielle qui menaçait la France de ruine. « Aussi vrai, Messieurs, que je suis votre roi, dit-il, si je savais qu'un de mes propres membres était taché ou infecté de cette détestable pourriture, je vous le donnerais à couper. [...] Bien plus, si je voyais un de mes enfants qui en était souillé, je ne l'épargnerais pas. [...] Je le livrerais moi-même et le sacrifierais à Dieu. » Les larmes étranglaient sa voix ; toute l'assemblée se mit à pleurer et s'exclama d'un commun accord : « Nous voulons vivre et mourir pour la religion catholique [34] ! »

Les ténèbres qui enveloppaient cette nation qui avait rejeté la lumière de la vérité étaient terribles. La « grâce de Dieu, source de salut [35] » s'était manifestée ; mais la France, après en avoir contemplé la puissance et la sainteté, après que des milliers de personnes aient été attirées par sa divine beauté, et après que des villes et des hameaux aient été illuminés par son éclat, s'était détournée, parce qu'elle avait « aimé les ténèbres plus que la lumière [36]. » Ses habitants avaient refusé le don céleste lorsque celui-ci leur avait été offert. Ils avaient appelé « le mauvais bon et

33. *Ibid.*, chapitre 21.
34. J.H. Merle D'Aubigné, *op. cit.*, livre 4, chapitre 12.
35. Tite 2.11.
36. Jean 3.19.

le bon mauvais [37] », jusqu'à ce qu'ils soient victimes de leurs propres tromperies délibérées. Or, même s'ils pouvaient réellement croire qu'ils servaient Dieu en persécutant son peuple, leur sincérité ne faisait pas d'eux des innocents. Ils avaient délibérément rejeté la lumière qui les aurait sauvés de la tromperie et leur aurait évité de souiller leur âme par le crime.

Un engagement solennel d'extirper l'hérésie fut pris dans la grande cathédrale dans laquelle, près de trois siècles plus tard, la déesse de la raison allait être intronisée par une nation qui avait oublié le Dieu vivant. De nouveau, une procession se forma, et les représentants de la France entreprirent l'œuvre qu'ils avaient juré d'accomplir. « Des bûchers avaient été dressés à courte distance l'un de l'autre, sur lesquels devaient être brûlés vifs certains chrétiens protestants. On s'était arrangé pour que les fagots soient allumés au moment où le roi approcherait afin que la procession s'arrête pour assister à l'exécution [38]. » Les détails des tortures endurées par ces témoins du Christ sont trop horribles pour être rapportés ; mais aucune victime ne céda. L'une d'elle, qu'on exhortait à se rétracter, répondit : « Je ne crois que ce que les prophètes et les apôtres d'autrefois ont prêché, et ce que toute la compagnie des saints a cru. Ma foi a en Dieu une confiance qui résistera à toutes les puissances de l'enfer [39]. »

À de nombreuses reprises, la procession s'arrêta sur les lieux de torture. Lorsqu'elle atteignit son point de départ devant le palais royal, la foule se dispersa ; le roi et les prélats se retirèrent, très satisfaits des activités de cette journée et se félicitant que l'œuvre commencée ce jour-là se poursuivrait jusqu'à la destruction complète de l'hérésie.

L'Évangile de paix que la France avait rejeté n'allait être extirpé que trop sûrement, et les conséquences allaient en être terribles. Le 21 janvier 1793, exactement deux cent cinquante huit ans après ce jour qui engagea pleinement ce pays dans la persécution des réformateurs, un autre cortège, ayant un but totalement différent, traversa les rues de Paris. « Le roi en était de nouveau le personnage principal ; de nouveau, il y eut du tumulte et des cris ; de nouveau, on entendit réclamer de nouvelles victimes ; de nouveau, on dressa de noirs échafauds ; et de nouveau, les scènes de la journée furent clôturées par d'horribles exécutions. Louis XVI, se débattant entre les mains de ses geôliers et de ses bourreaux, fut traîné jusqu'au bloc et maintenu de vive force jusqu'à ce que le couperet tombe et décolle sa tête, qui roula sur l'échafaud [40]. » Le roi ne fut pas la seule victime ; près de ce même lieu, deux mille huit cents êtres humains périrent par la guillotine pendant ces jours sanglants du règne de la Terreur.

La Réforme avait présenté au monde une Bible ouverte, descellant les préceptes de la loi de Dieu et invitant la conscience des hommes à accepter ses exigences. L'Amour Infini avait révélé aux humains les statuts et les principes du ciel. Dieu avait dit : « Vous les observerez et vous les mettrez en pratique ; ce sera là votre sagesse et votre intelligence aux yeux des peuples qui entendront parler de toutes ces prescriptions ; ils diront : Cette grande nation est vraiment un peuple sage et intelligent [41] ! » Lorsque la France rejeta le don du ciel, elle répandit les semences

37. Ésaïe 5.20.
38. A.J. Wylie, *ibid.*, chapitre 21.
39. J.H. Merle D'Aubigné, *ibid.*, chapitre 12.
40. A.J. Wylie, *ibid.*, chapitre 21.
41. Deutéronome 4.6.

de l'anarchie et de la ruine. Le résultat inévitable de cause à effet fut la Révolution et le règne de la Terreur.

Longtemps avant la persécution provoquée par les écriteaux, l'audacieux et ardent Farel avait été forcé de fuir son pays natal. Il se rendit en Suisse, et, en secondant l'œuvre de Zwingli par ses travaux, il contribua à faire pencher la balance en faveur de la Réforme. C'est là qu'il allait passer ses dernières années. Cependant, il continua à exercer une influence décisive sur le mouvement en France. Au cours des premières années de son exil, il concentra spécialement ses efforts sur la diffusion de l'Évangile dans son pays natal : il consacra énormément de temps à prêcher parmi ses compatriotes près de la frontière, d'où il observa le conflit avec une vigilance inlassable et apporta son aide par ses paroles d'encouragement et ses conseils. Avec l'aide d'autres exilés, les écrits des réformateurs allemands furent traduits et, en même temps que la Bible en français, imprimés en grandes quantités. C'est par des colporteurs que ces livres furent vendus en grands nombres en France. On les fournissait à bas prix à ces colporteurs, de sorte que les bénéfices des ventes leur permettent de poursuivre cette œuvre.

Farel commença son travail en Suisse sous l'humble apparence d'un instituteur. Se rendant dans une paroisse retirée, il se consacra à l'instruction des enfants. Outre les branches d'enseignement habituelles, il présentait avec précaution les vérités de la Bible, dans l'espoir d'atteindre les parents par l'intermédiaire des enfants. Certaines personnes crurent ; mais les prêtres s'interposèrent pour mettre fin à cette œuvre. Ils excitèrent ces campagnards superstitieux pour les amener à s'opposer à son œuvre. « Ceci ne peut pas être l'Évangile du Christ, faisaient valoir les prêtres, car sa prédication n'apporte pas la paix, mais la guerre [42]. »

Comme les premiers disciples, lorsqu'il était persécuté dans une ville, il fuyait dans une autre. Il allait de village en village et de ville en ville, voyageant à pied, endurant la faim, le froid et la fatigue, en danger de mort partout. Il prêchait sur les places du marché, dans les églises, et à l'occasion, du haut de la chaire des cathédrales. Parfois, il trouvait l'église vide de tout auditeur ; d'autres fois, sa prédication était interrompue par des cris et des moqueries ; d'autres fois encore, on le faisait descendre de la chaire avec violence. Plus d'une fois, il fut saisi par la populace et battu presque à mort. Cependant, il allait de l'avant. Bien que souvent repoussé, il repartait à l'attaque avec une persistance inlassable ; et, l'une après l'autre, il vit des villes et des cités qui avaient été des forteresses du papisme ouvrir leurs portes à l'Évangile. La petite paroisse dans laquelle il avait commencé son travail accepta bientôt la foi réformée. Les villes de Morat et de Neuchâtel renoncèrent aussi aux rites de l'Église romaine et ôtèrent les images idolâtres de leurs chapelles.

Farel désirait depuis longtemps planter l'étendard du protestantisme à Genève. Si cette ville pouvait être gagnée à sa cause, elle deviendrait un centre de la Réforme pour la France, la Suisse et l'Italie. Gardant cet objectif en vue, il continua son œuvre jusqu'à ce que de nombreuses villes et hameaux avoisinants aient été gagnés. Puis, suivi d'un seul compagnon, il pénétra dans Genève. Mais il ne put y prêcher que deux sermons. Les prêtres, ayant vainement tenté d'obtenir sa condamnation par les autorités civiles, le convoquèrent devant un conseil ecclésiastique, devant lequel ils se présentèrent en dissimulant des armes sous leurs soutanes, décidés à lui ôter la vie. En dehors de la salle, une foule furieuse armée de gourdins et d'épées s'était rassemblée pour le tuer s'il réussissait à échapper au conseil. Cependant, ce

42. A.J. Wylie, *op. cit.*, livre 14, chapitre 3.

fut la présence de magistrats et d'hommes en armes qui lui sauva la vie. Tôt le lendemain matin, son compagnon et lui furent conduits en lieu sûr de l'autre côté du lac. C'est ainsi que se termina sa première tentative pour évangéliser Genève.

Pour la deuxième tentative, c'est un instrument encore plus modeste que Dieu choisit : un jeune homme d'apparence si humble que même ceux qui se prétendaient amis de la Réforme le traitaient avec froideur. Que pourrait faire un tel homme là où Farel avait été rejeté ? Comment un homme faible en courage et en expérience pourrait-il résister à la tempête devant laquelle les plus forts et les plus courageux avaient été forcés de fuir ? « Ce n'est pas par la puissance, ce n'est pas par la force, mais c'est par mon souffle, dit le Seigneur des Armées [43]. » « Dieu a choisi ce qui est faible dans le monde pour faire honte à ce qui est fort [44]. » « Car la folie de Dieu est plus sage que les humains, et la faiblesse de Dieu est plus forte que les humains [45]. »

Froment commença son œuvre comme instituteur. Ses élèves répétaient chez eux les vérités qu'il leur enseignait à l'école. Bientôt, les parents vinrent écouter l'explication de la Bible, jusqu'à ce que l'école soit remplie d'auditeurs attentifs. Des Nouveaux Testaments et des traités étaient distribués gratuitement et atteignaient de nombreuses personnes qui n'osaient pas venir ouvertement écouter les nouvelles doctrines. Au bout d'un certain temps, cet ouvrier fut aussi forcé de fuir ; mais les vérités qu'il avait enseignées s'étaient enracinées dans l'esprit des gens du peuple. La Réforme avait été implantée, et elle continua de se fortifier et de s'étendre. Les prédicateurs purent revenir, et, grâce à leurs travaux, le culte protestant fut finalement instauré à Genève.

Cette ville avait déjà pris position pour la Réforme lorsque Calvin, après diverses pérégrinations et vicissitudes, franchit ses portes. Revenant d'une dernière visite à sa ville natale, il était en chemin pour Bâle, lorsque, découvrant que la route directe était occupée par les armées de Charles Quint, il fut contraint de suivre un itinéraire détourné passant par Genève.

Dans cette visite, Farel reconnut la main de Dieu. Bien que Genève ait accepté la foi réformée, il restait encore une grande œuvre à y accomplir. Ce n'est pas collectivement, mais individuellement qu'on se convertit à Dieu ; l'œuvre de la régénération doit être réalisée dans le cœur et dans la conscience par la puissance du Saint-Esprit, et non par les décrets des assemblées. Bien que les habitants de Genève aient rejeté l'autorité de Rome, ils n'étaient pas pour autant disposés à abandonner les vices qui avaient régné sous la domination de celle-ci. Y instaurer les purs principes de l'Évangile et préparer ses habitants à jouer dignement le rôle auquel la Providence semblait les appeler n'étaient pas des tâches faciles.

Farel était certain d'avoir trouvé en Calvin quelqu'un qui pourrait s'associer à lui dans cette œuvre. Au nom du Seigneur, il adjura solennellement le jeune évangéliste d'y rester et d'y travailler. Calvin recula, effrayé. Craintif et pacifique, il redoutait le contact avec l'esprit audacieux, indépendant et même violent des Genevois. La faiblesse de sa santé, ainsi que ses habitudes studieuses, le poussaient à vivre retiré. Pensant que c'est par sa plume qu'il pourrait le mieux servir la cause de la Réforme, il désirait trouver une retraite tranquille pour étudier, et de là, par l'intermédiaire de la presse, instruire et édifier les églises. Mais l'appel solennel de

43. Zacharie 4.6.
44. 1 Corinthiens 1.27.
45. 1 Corinthiens 1.25.

Farel lui paru être un appel du ciel, et il n'osa pas refuser. Il lui sembla, dit-il, « que la main de Dieu s'étendait depuis le ciel, qu'elle s'emparait de lui et le plaçait irrévocablement à l'endroit qu'il était si impatient de quitter [46]. »

À cette époque, de grands périls entouraient la cause protestante. Les anathèmes du pape tonnaient contre Genève, et de puissantes nations la menaçaient de destruction. Comment cette petite cité allait-elle résister à la puissante hiérarchie qui avait si souvent obligé des rois et des empereurs à se soumettre ? Comment tiendrait-elle contre les armées des grands conquérants de ce monde ?

Dans toute la chrétienté, le protestantisme était menacé par de formidables ennemis. Une fois passés les premiers triomphes de la Réforme, Rome avait rassemblé de nouvelles forces, espérant réaliser la destruction de celle-ci. C'est à cette époque que fut créé l'ordre des Jésuites, le plus cruel, le plus dénué de scrupules et le plus puissant de tous les champions du papisme. Affranchis de tout lien terrestre et de tout intérêt humain, morts aux droits de l'affection naturelle, la raison et la conscience totalement réduites au silence, ceux-ci ne connaissaient d'autres règles ni d'autres liens que ceux de leur ordre, ni d'autre devoir que celui d'en accroître la puissance [47].

L'Évangile du Christ avait permis à ses adhérents de braver le danger et d'endurer la souffrance sans se laisser décourager par le froid, la faim, le dur labeur et la pauvreté, pour exalter l'étendard de la vérité face au chevalet, au cachot et au bûcher. Pour combattre ces forces, le jésuitisme inspirait à ses disciples un fanatisme qui leur permettait d'affronter des dangers semblables et d'opposer à la puissance de la vérité toutes les armes de la tromperie. Pour eux, aucun crime n'était trop grave, aucune tromperie trop vile, aucun déguisement trop difficile à assumer. Ayant fait vœu de pauvreté et d'humilité perpétuelles, ils avaient pour objectif délibéré d'acquérir les richesses et le pouvoir, et de se consacrer à la destruction du protestantisme et à la restauration de la suprématie papale.

Lorsqu'ils se présentaient comme membres de leur ordre, ils revêtaient une apparence de sainteté : ils visitaient les prisons et les hôpitaux, s'occupaient des malades et des pauvres, faisaient profession d'avoir renoncé au monde et de porter le nom sacré de Jésus, « qui, là où il passait, faisait du bien [48]. » Mais, sous cet extérieur sans tache se cachaient souvent les desseins les plus criminels et les plus mortels. C'était l'un des principes fondamentaux de leur ordre que « la fin justifie les moyens ». D'après ce code moral, le mensonge, le vol, le parjure, le meurtre étaient non seulement pardonnables, mais recommandables lorsqu'ils servaient les intérêts de l'Église. Sous divers déguisements, les Jésuites s'infiltraient dans les postes de l'État, allant jusqu'à devenir conseillers des rois et à modeler la politique des nations. Ils devenaient serviteurs pour pouvoir espionner leurs maîtres. Ils ouvraient des établissements d'enseignement supérieur pour les fils des princes et des nobles, et des écoles primaires pour les gens du peuple ; ainsi, les enfants de parents protestants étaient amenés à observer les rites du papisme. Toute la pompe extérieure et l'ostentation du culte de l'Église romaine étaient utilisées pour confondre l'esprit et éblouir et captiver l'imagination ; c'est ainsi que la liberté pour laquelle les pères avaient travaillé et versé leur sang était trahie par les fils. Les Jésuites se répandirent

46. J.H. Merle d'Aubigné, *op. cit.*, livre 9, chapitre 17.
47. Voir appendice, note 19.
48. Actes 10.38.

rapidement dans toute l'Europe ; et partout où ils allaient se manifestait un réveil du papisme.

Pour leur conférer encore plus de puissance, une bulle fut publiée, rétablissant l'Inquisition [49]. Malgré l'horreur générale avec laquelle on le considérait, même dans les pays catholiques, ce terrible tribunal fut de nouveau mis en place par les dirigeants de l'Église papiste, et des atrocités trop horribles pour être rapportées furent répétées dans ses cachots secrets. Dans de nombreux pays, des milliers et des milliers de personnes, la fine fleur de la nation – les plus purs et les plus nobles, les plus intellectuels et les plus instruits, les pasteurs les plus pieux et les plus consacrés, ainsi que les citoyens les plus industrieux et les plus patriotes, les érudits les plus brillants, les artistes les plus talentueux et les artisans les plus habiles – furent mises à mort ou contraintes de s'enfuir vers d'autres pays.

Tels étaient les moyens utilisés par Rome pour étouffer la lumière de la Réforme, pour ôter la Bible aux hommes et pour rétablir l'ignorance et la superstition du Moyen Âge. Mais, sous la bénédiction de Dieu et grâce aux travaux de ces nobles hommes qu'il avait suscités pour succéder à Luther, le protestantisme ne fut pas détruit. Ce n'est pas à la faveur ni aux armes des princes qu'il devait sa force. Les pays les plus petits, les nations les plus humbles et les moins puissantes devinrent ses forteresses. Ce fut la petite Genève, entourée d'ennemis puissants qui complotaient de la détruire ; ce fut la Hollande, sur ses bancs de sable de la mer du Nord, luttant contre la tyrannie de l'Espagne – le royaume le plus grand et le plus opulent de l'époque – ; ce fut la Suède, désolée et stérile qui remportèrent des victoires pour la Réforme.

Calvin travailla à Genève pendant près de trente ans, d'abord pour y mettre sur pied une Église qui adhère à la moralité de la Bible, puis pour l'avancement de la Réforme dans toute l'Europe. Sa ligne de conduite comme chef public ne fut pas sans défauts, ni ses doctrines exemptes d'erreurs ; mais il fut un instrument pour proclamer des vérités qui avaient une importance spéciale à son époque, afin de maintenir les principes du protestantisme face à la marée du papisme qui revenait rapidement, et promouvoir dans les églises réformées la simplicité et la pureté de la vie au lieu de l'orgueil et de la corruption que les enseignements de l'Église romaine avaient favorisés.

C'est depuis Genève que des publications et des professeurs rayonnaient pour diffuser les doctrines réformées. C'est vers elle que se tournaient les persécutés de tous les pays pour y trouver instruction, conseils et encouragement. La cité de Calvin devint un refuge pour les réformateurs pourchassés dans toute l'Europe occidentale. En fuyant les terribles tempêtes qui se poursuivirent pendant des siècles, les fugitifs arrivaient aux portes de Genève. Mourant de faim, blessés, ayant perdu leur foyer et leur famille, ils étaient chaleureusement accueillis et traités avec tendresse. Ils y trouvait un nouveau foyer et apportaient une bénédiction à leur cité d'adoption par leurs techniques professionnelles, leur érudition et leur piété. Beaucoup de ceux qui s'y étaient réfugiés retournaient dans leur pays d'origine pour résister à la tyrannie de Rome. John Knox, le courageux réformateur de l'Écosse, de nombreux Puritains anglais, les protestants de Hollande et d'Espagne et les Huguenots de France emportèrent de Genève le flambeau de la vérité pour dissiper les ténèbres qui enveloppaient leur pays natal.

---

49. Voir appendice, note 20.

13

Les Pays-Bas et la Scandinavie

Aux Pays-Bas, la tyrannie papale suscita très tôt des protestations résolues. Sept cents ans avant l'époque de Luther, deux évêques récusèrent hardiment le pontife romain après avoir été envoyé en ambassade à Rome, où ils virent le véritable caractère du « Saint Siège ». Ils déclarèrent que Dieu « a fait de son Église sa reine et son épouse, a assuré à sa famille un héritage noble et éternel, lui a donné une dot qui ne peut ni se faner, ni se corrompre, et une couronne et un sceptre éternels. [...] Tous ces bienfaits, vous les détournez à votre profit, comme un voleur. Vous vous « asseyez dans le sanctuaire de Dieu [1] » ; au lieu d'un pasteur, vous êtes devenu un loup pour les brebis. [...] Vous voudriez nous faire croire que vous êtes l'évêque suprême, mais vous vous comportez plutôt comme un tyran. [...] Alors que vous devriez être serviteur des serviteurs, comme vous vous intitulez vous-même, vous vous efforcez de devenir seigneur des seigneurs. [...] Vous attirez le mépris sur les commandements de Dieu. [...] C'est le Saint-Esprit qui édifie toutes les églises jusqu'aux extrémités de la terre. [...] La cité de notre Dieu, dont nous sommes citoyens, inclut toutes les régions sous le ciel ; et elle est plus grande que la ville que les saints prophètes appellent Babylone, qui prétend être divine et s'élever jusqu'au ciel, et se vante de posséder une sagesse immortelle et, finalement, quoique sans raison, de n'avoir jamais erré et de ne le pouvoir [2]. »

D'autres se levèrent de siècle en siècle pour faire écho à cette protestation. Les premiers prédicateurs, parcourant différents pays et connus sous différents noms, étaient apparentés aux missionnaires vaudois et répandaient partout la connaissance de l'Évangile. Ils pénétrèrent aussi aux Pays-Bas. Leurs doctrines gagnèrent rapidement du terrain. Ils traduisirent la Bible vaudoise sous forme de vers en langue flamande. Ils déclarèrent « qu'elle offrait de grands avantages : pas de plaisanteries, pas de fables, pas de futilités, pas de tromperie, mais des paroles de vérité ; qu'elle comportait ici et là une croûte dure, mais qu'on pouvait facilement y découvrir la moelle et la douceur de ce qui était bon et saint [3]. » Ainsi écrivaient, au douzième siècle, les amis de l'ancienne foi.

C'est alors que commencèrent les persécutions par l'Église romaine. Mais au milieu des fagots des bûchers et des tortures, les croyants continuèrent à se multiplier, déclarant avec fermeté que la Bible est la seule autorité infaillible en matière de religion, et que « personne ne doit être forcé à croire, mais doit être gagné par la prédication [4]. »

---

1. 2 Thessaloniciens 2.4.
2. Gerard Brandt, *History of the Reformation in and About the Low Countries* [Histoire de la Réformation aux Pays-Bas et aux alentours], livre 1, page 6.
3. *Ibid.*, p. 14.
4. Martyn, *The Life and Times of Luther* [La vie et l'époque de Luther], volume 2, p. 87.

Les enseignements de Luther trouvèrent un sol propice aux Pays-Bas, et des hommes fervents et fidèles se levèrent pour prêcher l'Évangile. Menno Simons venait d'une des provinces des Pays-Bas. Éduqué dans le catholicisme et ordonné prêtre, il ignorait tout de la Bible et refusait de la lire de peur d'être séduit par l'hérésie. Lorsqu'un doute sur la doctrine de la transsubstantiation s'imposa à son esprit, il le considéra comme une tentation envoyée par Satan, et, par la prière et la confession, s'efforça de le repousser ; mais en vain. En participant à des scènes de dissipation, il s'efforça de faire taire la voix accusatrice de sa conscience ; mais en vain. Au bout d'un certain temps, il fut amené à étudier le Nouveau Testament, qui, avec les écrits de Luther, le consuisit à accepter la foi réformée. Peu après, il assista dans un village voisin, à la décapitation d'un homme mis à mort pour s'être fait rebaptiser. Cet événement le poussa à étudier la Bible sur le sujet du baptême des petits enfants. Il ne put en trouver aucune preuve dans les Écritures, mais se rendit compte que la repentance et la foi sont partout exigées comme condition préalable au baptême.

Menno se retira de l'Église romaine et consacra sa vie à enseigner les vérités qu'il avait découvertes. Aussi bien en Allemagne qu'aux Pays-Bas, une bande de fanatiques était apparue, préconisant des doctrines absurdes et séditieuses, défiant l'ordre et la décence, et s'adonnant à la violence et à l'insurrection. Menno entrevit les horribles conséquences auxquelles ces mouvements allaient inévitablement mener et s'opposa énergiquement aux enseignements erronés et aux desseins déraisonnables de ces fanatiques. Il y en eut cependant beaucoup qui avaient été dévoyés par gens, mais qui avaient renoncé à ces doctrines pernicieuses ; et il restait encore de nombreux descendants des anciens chrétiens, fruits de l'enseignement des Vaudois. C'est parmi ceux-ci que Menno travailla avec beaucoup de zèle et de succès.

Il voyagea pendant vingt-cinq ans, accompagné de son épouse et de ses enfants, endurant de grandes épreuves et de grandes privations, et souvent en danger de mort. Il parcourut les Pays-Bas et le Nord de l'Allemagne, travaillant surtout parmi les classes sociales les plus humbles, mais exerçant une influence considérable. Doué d'une éloquence naturelle, bien que d'instruction limitée, c'était un homme d'une inébranlable intégrité, à l'esprit doux, aux manières raffinées et à la piété sincère et fervente, qui donnait, par sa propre vie, l'exemple des préceptes qu'il enseignait et qui gagnait la confiance des gens du peuple. Ses disciples étaient dispersés et opprimés. Ils eurent beaucoup à souffrir du fait qu'on les confondait avec les fanatiques de Munster. Cependant, un grand nombre de personnes se convertirent grâce à ses travaux.

Nulle part les doctrines réformées ne furent aussi favorablement accueillies qu'aux Pays-Bas. Mais dans peu de pays leurs adhérents subirent de plus terribles persécutions. En Allemagne, Charles Quint avait banni la Réforme. Il aurait volontiers amené tous ses adhérents sur le bûcher ; mais les princes furent comme une barrière contre sa tyrannie. Aux Pays-Bas, son pouvoir était plus grand, et les édits de persécutions se succédèrent rapidement. Lire la Bible, l'écouter prêcher ou la prêcher, ou même en parler, c'était encourir une condamnation à mort par le bûcher. Prier Dieu en secret, refuser de se prosterner devant une image ou chanter un psaume étaient également des crimes passibles de mort sur le bûcher. Même ceux qui abjuraient leurs erreurs étaient condamnés : à mourir par l'épée si c'étaient des hommes, à être enterrées vivantes si c'étaient des femmes. Des milliers de personnes furent mises à mort sous les règnes de Charles Quint et de Philippe II.

À une certaine occasion, une famille entière fut amenée devant les inquisiteurs et accusée de manquer la messe et d'adorer Dieu chez elle. Questionné sur leurs pratiques secrètes, le plus jeune fils répondit : « Nous nous mettons à genoux et prions Dieu d'éclairer notre esprit et de pardonner nos péchés ; nous prions pour notre souverain, pour que son règne soit prospère et sa vie heureuse ; nous prions pour nos magistrats, pour que Dieu les protège [5]. » Quelques-uns des juges furent profondément émus ; cependant, le père et l'un de ses fils furent condamnés au bûcher.

La fureur des persécuteurs n'avait d'égal que la foi des martyrs. Non seulement des hommes, mais aussi des femmes et des jeunes filles délicates firent preuve d'un courage inébranlable. « Des épouses se tenaient près du bûcher de leur mari, et, pendant qu'il subissait l'ardeur des flammes, lui murmuraient des paroles de consolation ou lui chantaient des psaumes pour l'encourager. [...] Des jeunes filles se couchaient dans le tombeau dans lequel elles allaient être enterrées vivantes comme si elles entraient dans leur chambre pour y passer la nuit ; ou montaient sur le bûcher revêtues de leurs plus beaux vêtements, comme si elles allaient à leur mariage [6]. »

Comme à l'époque où le paganisme cherchait à détruire l'Évangile, le sang des chrétiens était une semence [7]. La persécution servait à augmenter le nombre des témoins de la vérité. Année après année, le monarque, fou de rage devant la détermination invincible des gens du peuple, poursuivait son œuvre cruelle ; mais en vain. Sous la direction du noble Guillaume d'Orange, la Révolution apporta enfin aux Pays-Bas la liberté d'adorer Dieu.

Dans les montagnes du Piémont, dans les plaines de la France et sur les rivages des Pays-Bas, les progrès de l'Évangile étaient marqués par le sang de ses disciples. Mais, dans les pays du Nord, il fut accepté paisiblement. Des étudiants de Wittenberg, rentrant dans leur pays d'origine, apportèrent la foi réformée en Scandinavie. La publication des écrits de Luther contribua aussi à répandre la lumière. Les populations simples et robustes des pays nordiques se détournèrent de la corruption, de la pompe et des superstitions de l'Église romaine pour accueillir la pureté, la simplicité et les vérités salutaires de la Bible.

Tausen, « le réformateur du Danemark », était fils de paysan. Tout jeune, il montra les signes d'une vive intelligence. Il avait soif d'instruction ; mais la condition sociale de ses parents ne lui permit pas de faire des études, et il entra dans un monastère. La pureté de sa vie, associée à son application et à sa fidélité, lui gagna l'estime de son supérieur. Les examens révélèrent des talents qui promettaient d'être très utiles à l'Église à l'avenir. Il fut décidé qu'il irait étudier dans l'une des universités d'Allemagne ou des Pays-Bas. On laissa au jeune étudiant le privilège de choisir lui-même où il souhaitait étudier, à la seule condition que ce ne soit pas à Wittenberg. D'après les moines, l'érudit de l'Église ne devait pas s'exposer au poison de l'hérésie.

Tausen alla à Cologne, qui était alors, comme aujourd'hui, l'une des forteresses de l'Église romaine. Il y fut bientôt dégoûté par le mysticisme des scolastiques. À

5. J.A. Wylie, *Histoire du protestantisme*, livre 18, chapitre 6..
6. *Idem.*
7. Voir Tertullien, *Apologie*, paragraphe 50.

peu près à la même époque, il découvrit les écrits de Luther. Il les lut avec étonnement et délice, et désira ardemment bénéficier de l'instruction personnelle du réformateur. Mais, pour ce faire, il devait risquer de provoquer le déplaisir du supérieur de son monastère et de perdre le soutien de celui-ci. Sa décision fut bientôt prise : peu de temps après, il se faisait immatriculer comme étudiant à Wittenberg.

En revenant au Danemark, il retourna dans son monastère. Personne ne le soupçonnait encore de luthéranisme ; il ne révéla pas son secret, mais s'efforça, sans éveiller les préjugés de ses compagnons, de les amener à une foi plus pure et à une vie plus sainte. Il leur ouvrit la Bible et leur expliqua sa véritable signification. Finalement, il leur présenta le Christ comme la justice du pécheur et son seul espoir de salut. Le prieur se mit dans une violente colère, car il avait fait reposer sur lui ses espoirs de le voir un jour devenir un vaillant défenseur de l'Église romaine. Il le fit immédiatement transférer dans un autre monastère, où il fut enfermé dans sa cellule sous étroite surveillance.

À la consternation de ses nouveaux gardiens, plusieurs moines se déclarèrent bientôt convertis au protestantisme. À travers les barreaux de sa cellule, Tausen avait communiqué à ses compagnons la connaissance de la vérité. Si ces moines danois avaient connu les techniques de l'Église pour traiter l'hérésie, la voix de Tausen ne se serait plus jamais fait entendre ; mais, au lieu de l'enterrer vivant dans quelque cachot souterrain, ils le chassèrent de leur monastère. Maintenant, ils ne pouvaient plus rien faire. Un édit royal qui venait d'être publié garantissait la protection des prédicateurs de la nouvelle doctrine. Tausen se mit à prêcher. Les portes des églises s'ouvrirent devant lui, et les gens du peuple vinrent en foule l'écouter. D'autres aussi prêchaient la Parole de Dieu. Le Nouveau Testament, traduit en danois, était largement diffusé. Les efforts des papistes pour détruire cette œuvre ne servirent qu'à l'étendre, et, peu de temps après, le Danemark déclara son acceptation de la foi réformée.

En Suède aussi, des jeunes gens qui avaient bu à la source de Wittenberg apportèrent l'eau de la vie à leurs compatriotes. Deux des dirigeants de la Réforme en Suède, Olaf et Laurentius Petri, fils d'un forgeron d'Orebro, avaient étudié sous la direction de Luther et de Melanchthon et enseignaient avec zèle les vérités qu'ils avaient ainsi apprises. Comme le grand réformateur, Olaf éveilla l'esprit de la population par son zèle et son éloquence, tandis que Laurentius, comme Melanchthon, était un homme érudit, réfléchi et calme. Ces deux hommes possédaient une piété ardente, de profondes connaissances théologiques et un courage indomptable pour l'avancement de la vérité. L'opposition des papistes ne fit pas défaut. Les prêtres catholiques soulevèrent contre eux les personnes ignorantes et superstitieuses. Olaf Petri fut souvent attaqué par la populace, et, à plusieurs occasions, faillit perdre la vie. Cependant, le roi était en faveur de ces réformateurs et les protégeait.

Sous la domination de l'Église romaine, les gens du peuple croupissaient dans la pauvreté et étaient écrasés par l'oppression. Privés des Écritures et professant une religion qui ne consistait qu'en rites extérieurs et en cérémonies, qui n'apportaient aucune lumière à leur esprit, ils retournaient aux croyances superstitieuses et aux pratiques païennes de leurs ancêtres. La nation était divisée en factions concurrentes dont les conflits perpétuels ajoutaient encore à la misère générale. Le roi était décidé à ce qu'il y ait une réforme dans l'État et dans l'Église, et accueillit favorablement ces hommes comme assistants précieux dans son combat contre Rome.

En présence du monarque et des principaux dirigeants de la Suède, Olaf Petri, avec une grande habilité, prit la défense des doctrines de la foi réformée face aux champions de l'Église romaine. Il déclara que les enseignements des Pères de l'Église ne doivent être reçus que lorsqu'ils sont en accord avec les Écritures ; que les doctrines essentielles de la foi sont présentées dans la Bible d'une manière si claire et si simple que tous les hommes peuvent les comprendre. Le Christ a dit : « Mon enseignement n'est pas de moi, mais de celui qui m'a envoyé [8] » ; et Paul a déclaré que, s'il prêchait toute autre Bonne Nouvelle que celle qu'il avait reçue, il serait anathème [9]. « Comment donc, dit le réformateur, d'autres personnes osent-elles promulguer des dogmes selon leur bon plaisir et les imposer comme des choses nécessaires au salut [10] ? » Il montra que les décrets de l'Église sont sans autorité lorsqu'ils sont en contradiction avec les commandements de Dieu, et maintint le grand principe protestant que « la Bible et la Bible seule » est la règle de foi et de pratique.

Cette controverse, bien que s'étant déroulée sur une scène relativement obscure, sert à nous montrer « quelle sorte d'hommes composait les rangs de l'armée des réformateurs. Ce n'étaient pas des discuteurs illettrés, sectaires et bruyants, loin de là ; c'étaient des hommes qui avaient étudié la Parole de Dieu et qui savaient manier habilement les armes fournies par l'arsenal de la Bible. Sur le plan de l'érudition, ils étaient en avance sur leur époque. Lorsque nous limitons notre attention à des centres aussi brillants que Wittenberg et Zurich, et à des noms aussi illustres que ceux de Luther et de Melanchthon, de Zwingli et d'Œcolampade, on risque de nous dire : "C'étaient les dirigeants de ce mouvement, et on s'attend naturellement à ce qu'ils aient eu des pouvoirs prodigieux et de vastes acquisitions ; mais leurs subordonnés n'étaient pas comme eux." Tournons-nous donc vers l'obscur théâtre de la Suède et vers les humbles noms d'Olaf et Laurentius Petri, donc des maîtres vers les disciples ; que trouvons-nous ? [...] Des érudits et des théologiens ; des hommes qui avaient maîtrisé à fond tout le système de la vérité évangélique et qui remportèrent une victoire facile sur les sophistes des établissements d'enseignement et sur les dignitaires de l'Église romaine [11]. »

La conséquence de cette controverse fut que le roi de Suède accepta la foi protestante, et que, peu de temps après, l'assemblée nationale se déclara en sa faveur. Olaf Petri avait traduit en suédois le Nouveau Testament, et, sur la demande du roi, les deux frères entreprirent la traduction de la Bible entière. C'est ainsi que, pour la première fois, le peuple suédois posséda la Parole de Dieu dans sa langue maternelle. La diète prescrivit que, dans tout le royaume, des prédicateurs expliquent les Écritures et qu'on enseigne aux enfants des écoles primaires à lire la Bible.

Régulièrement et sûrement, la lumière bénie de l'Évangile dissipa les ténèbres de l'ignorance et de la superstition. Libérée de l'oppression de l'Église romaine, cette nation atteignit une puissance et une grandeur qu'elle n'avait jamais possédées auparavant. La Suède devint l'un des bastions du protestantisme. Un siècle plus tard, à une époque de terrible danger, cette nation, petite et jusque là faible, fut

---

8. Jean 7.16.
9. Galates 1.8.
10. J.A. Wylie, *op. cit.*, livre 10, chapitre 4.
11. *Idem.*

la seule en Europe qui osa venir au secours de l'Allemagne et la délivrer dans la terrible lutte que fut la Guerre de Trente Ans. Toute l'Europe du Nord semblait être sur le point d'être ramenée sous la tyrannie de Rome. Ce furent les armées suédoises qui permirent à l'Allemagne de faire pencher la balance, de contrer les succès de la papauté, d'obtenir la tolérance pour les protestants, calvinistes aussi bien que luthériens, et de restaurer la liberté de conscience dans les pays qui avaient accepté la Réforme.

14

Les progrès de la Réformation en Grande-Bretagne

Pendant que Luther présentait au peuple allemand la Bible qui jusque là lui était restée fermée, Tyndale fut poussé par l'Esprit de Dieu à faire de même pour l'Angleterre. La Bible de Wycliffe avait été traduite à partir du texte latin, qui contenait de nombreuses erreurs. Elle n'avait jamais été imprimée, et la somme nécessaire pour la faire recopier à la main était si élevée que peu de gens, sinon des riches et des nobles, pouvaient se la procurer ; de plus, l'Église l'ayant strictement interdite, elle n'avait eu qu'un tirage relativement limité. En 1516, un an avant l'apparition des thèses de Luther, Érasme avait publié sa version grecque et latine du Nouveau Testament. Pour la première fois, la Parole de Dieu était imprimée dans sa langue originale. Dans cette édition, beaucoup d'erreurs contenues dans les versions précédentes avaient été corrigées, et le sens était plus clairement rendu. Elle amena de nombreuses personnes parmi les classes instruites à une meilleure connaissance de la vérité et apporta un nouvel élan à l'œuvre de la Réforme. Mais les gens du peuple étaient encore, dans une grande mesure, privés de l'accès à la Parole de Dieu. C'est Tyndale qui allait compléter le travail de Wycliffe en donnant la Bible à ses compatriotes.

Étudiant diligent et chercheur avide de la vérité, il avait reçu l'Évangile du Nouveau Testament grec d'Érasme. Il prêchait hardiment ses convictions, faisant valoir que toute doctrine doit être éprouvée par les Écritures. À la prétention des papistes qui professaient que c'était l'Église qui avait donné la Bible au monde et qu'elle seule avait le droit de l'interpréter, Tyndale répondait : « Savez-vous qui a enseigné aux aigles à trouver leur proie ? Eh bien, ce même Dieu enseigne à ses enfants affamés à trouver leur Père céleste dans sa Parole. Loin de nous avoir donné les Écritures, c'est vous qui nous les avez cachées ; c'est vous qui brûlez ceux qui les enseignent, et, si vous le pouviez, vous brûleriez les Écritures elles-mêmes [1]. »

La prédication de Tyndale produisit un profond intérêt ; de nombreuses personnes acceptèrent la vérité. Mais les prêtres étaient sur le qui-vive ; à peine le prédicateur avait-il quitté son champ de travail qu'ils tentaient, par leurs menaces et leurs calomnies, de détruire son œuvre. Ils n'y réussirent que trop souvent. « Que faire ? s'exclamait Tyndale. Pendant que je sème dans un endroit, l'ennemi ravage le champ que je viens de quitter. Je ne peux être partout à la fois. Oh, si les chrétiens possédaient les Saintes Écritures dans leur propre langue, ils pourraient eux-mêmes résister à ces sophistes. Sans la Bible, il est impossible d'affermir les membres laïques dans la vérité [2]. »

1. J.H. Merle d'Aubigné, *Histoire de la Réformation du seizième siècle*, livre 18, chapitre 4.
2. *Idem.*

Son esprit conçut alors un nouveau dessein. « C'est dans la langue d'Israël, dit-il, que les psaumes étaient chantés dans le temple de Dieu ; l'Évangile ne devrait-il pas parler parmi nous la langue de l'Angleterre ? [...] L'Église devrait-elle avoir moins de lumière à midi qu'à l'aurore ? [...] Il faut que les chrétiens lisent le Nouveau Testament dans leur langue maternelle. » Les docteurs et les professeurs de l'Église n'étant pas d'accord entre eux, ce n'est que par la Bible que les hommes pourraient arriver à la vérité. « L'un est en faveur de tel docteur, un autre de tel autre. [...] Or, chacun de ces auteurs est en contradiction avec l'autre. Comment pourrons-nous donc discerner entre celui qui dit vrai et celui qui dit faux ? [...] Comment ? [...] En vérité, par la Parole de Dieu [3]. »

Peu de temps après, un savant docteur catholique, entrant en controverse avec lui, s'exclama : « Il vaudrait mieux se passer des lois de Dieu que de celles du pape. » Tyndale répondit : « Je défie le pape et toutes ses lois ; et, si Dieu épargne ma vie, avant longtemps je ferai en sorte qu'un jeune garçon qui conduit la charrue connaisse mieux l'Écriture que vous [4]. »

Le projet qu'il avait commencé à concevoir, de donner au peuple les Écritures du Nouveau Testament dans leur propre langue, fut alors confirmé, et il se mit immédiatement à l'ouvrage. Chassé de chez lui par la persécution, il se rendit à Londres et y poursuivit ses travaux pendant un certain temps sans être dérangé. Mais, de nouveau, la violence des papistes le força à s'enfuir. Toute l'Angleterre lui paraissant fermée, il résolut de chercher asile en Allemagne. C'est là qu'il commença à faire imprimer le Nouveau Testament en anglais. Par deux fois, ce travail fut interrompu ; mais, lorsqu'on lui interdisait d'imprimer dans une ville, il allait dans une autre. Il arriva enfin à Worms, où, quelques années auparavant, Luther avait plaidé la cause de l'Évangile devant la diète. Dans cette ville ancienne résidaient de nombreux amis de la Réforme, et Tyndale put y poursuivre son œuvre sans encombres. Trois mille exemplaires du Nouveau Testament furent bientôt imprimés, et une autre édition suivit la même année.

Il continua sa tâche avec beaucoup de ferveur et de persévérance. Bien que les autorités anglaises aient fait surveiller leurs ports avec la plus stricte vigilance, la Parole de Dieu fut, de diverses manières, transportée secrètement jusqu'à Londres, et, de là, diffusée dans tout le pays. Les papistes tentèrent de détruire la vérité, mais en vain. L'évêque de Durham acheta en une seule fois à un libraire ami de Tyndale tout son stock de Bibles dans le but de les détruire, en supposant que cela entraverait considérablement cette œuvre. Bien au contraire, l'argent ainsi versé permit d'acheter le matériel nécessaire à la parution d'une nouvelle édition améliorée, qui, sans cela, n'aurait pu être publiée. Lorsque Tyndale fut emprisonné plus tard, on lui offrit de le libérer à condition qu'il révèle le nom de ceux qui l'avaient aidé à couvrir les dépenses pour faire imprimer ses Bibles. Il répondit que l'évêque de Durham avait fait plus que n'importe quelle autre personne ; en effet, en versant une grosse somme pour les exemplaires encore invendus, il lui avait permis de poursuivre son œuvre avec courage.

Tyndale fut trahi. Livré aux mains de ses ennemis, il dut subir un emprisonnement de plusieurs mois. Il témoigna finalement de sa foi en mourant martyr ; mais les armes qu'il avait préparées permirent à d'autres soldats de combattre à travers tous les siècles, même jusqu'à notre époque.

---

3. *Idem.*
4. Anderson, *Annals of the English Bible* [Les annales de la Bible anglaise], p. 19.

Latimer professait, du haut de la chaire, que la Bible doit être lue dans la langue des gens du peuple. L'auteur de l'Écriture sainte, disait-il, « est Dieu lui-même » ; et cette Écriture participe à la puissance et à l'éternité de son auteur. « Il n'y a ni roi, ni empereur, ni magistrat, ni dirigeant [...] qui ne soit tenu d'obéir [...] à sa sainte Parole. [...] Ne prenons pas de chemin de traverse, mais que ce soit la Parole de Dieu qui nous dirige ; ne suivons pas [...] la voie de nos ancêtres, et ne cherchons pas à faire ce qu'ils firent, mais plutôt ce qu'ils auraient dû faire [5]. »

Barnes et Frith, les fidèles amis de Tyndale, se levèrent pour prendre la défense de la vérité. Les frères Ridley et Cranmer suivirent. Ces dirigeants de la Réforme en Angleterre étaient des érudits, et la plupart d'entre eux avaient joui d'une haute estime pour leur zèle ou leur piété lorsqu'ils étaient encore membres de l'Église romaine. Leur opposition à la papauté était le résultat de leur prise de conscience des erreurs du « Saint Siège ». Leur connaissance personnelle des mystères de Babylone conférait davantage de puissance à leur témoignage contre elle.

« Je vais maintenant vous poser une étrange question, disait Latimer. Qui est l'évêque et le prélat le plus zélé de toute l'Angleterre ? [...] Je vous vois tous écoutant et attendant que je vous le nomme. [...] Je vais vous le dire : c'est le diable. [...] Il n'est jamais en dehors de son diocèse ; venez le voir quand vous voulez : il est toujours chez lui ; [...] il est toujours à la charrue. [...] Vous ne le trouverez jamais à ne rien faire, je vous le garantis. [...] Lorsque le diable est là, [...] à bas les livres, vivent les cierges ! À bas les Bibles, vivent les chapelets ! À bas la lumière de l'Évangile, vive celle des cierges, même en plein midi ! [...] À bas la croix du Christ, vive le purgatoire qui vide vos poches ! [...] À bas les vêtements qu'on donne à ceux qui sont nus, pauvres, ou impotents ! Vivent la sculpture et les gais ornements de la pierre et du bois ! Vivent les traditions et les lois humaines ! À bas les traditions divines et la très sainte Parole de Dieu ! [...] Oh, si seulement nos prélats pouvaient être aussi zélés pour semer la semence de la saine doctrine que Satan l'est pour semer la nielle et l'ivraie [6] ! »

Le grand principe revendiqué par ces réformateurs, le même qui avait été professé par les Vaudois, par Wycliffe, par Jean Hus, par Luther, par Zwingli et par ceux qui s'étaient joints à eux, était l'autorité infaillible des Saintes Écritures comme règle de foi et de pratique. Ils rejetaient le droit des papes, des conciles, des Pères de l'Église et des rois de dominer sur les consciences en matière de religion. La Bible était leur autorité, et c'est par ses enseignements qu'ils éprouvaient toutes les doctrines et toutes les prétentions. C'est la foi en Dieu et en sa Parole qui soutenait ces saints hommes lorsqu'ils donnaient leur vie sur le bûcher. « Prenez courage, disait Latimer aux autres martyrs alors que les flammes allaient faire taire leur voix, nous allumerons aujourd'hui une telle lumière en Angleterre, par la grâce de Dieu, que, j'en ai la certitude, elle ne pourra jamais être éteinte [7]. »

En Écosse, les semences de vérité répandues par Colomba et ses collaborateurs n'avaient jamais été totalement détruites. Des centaines d'années après que les églises de l'Angleterre se soient soumises à Rome, celles de l'Écosse avaient conservé leur liberté. Cependant, au douzième siècle, le papisme s'y installa et y exerça une domination plus absolue qu'en aucun autre pays. Nulle part les ténèbres ne furent plus épaisses. Mais des rayons de lumière vinrent encore percer cette obscurité et

5. Hugh Latimer, Premier sermon prêché devant le roi Édouard VI.
6. Hugh Latimer, Sermon sur la charrue.
7. *Œuvres de Hugh Latimer*, volume 1, p. xxxi.

apporter la promesse du lever du jour. Les Lollards, venus d'Angleterre avec la Bible et les enseignements de Wycliffe, firent beaucoup pour préserver la connaissance de l'Évangile, et chaque siècle eut ses témoins et ses martyrs.

Avec l'avènement de la Grande Réforme arrivèrent les écrits de Luther, puis le Nouveau Testament en anglais de Tyndale. Sans que la hiérarchie les remarque, ces messagers parcoururent silencieusement les montagnes et les vallées, rallumant le flambeau de la vérité presque éteint en Écosse et défaisant l'œuvre réalisée par Rome pendant quatre siècles d'oppression.

La sang des martyrs apporta un nouvel essor à ce mouvement. Les dirigeants papistes, s'éveillant soudain au danger qui menaçait leur cause, envoyèrent au bûcher quelques-uns des plus nobles et des plus honorés des fils de l'Écosse. Ils ne firent que dresser une chaire depuis laquelle les paroles de ces témoins mourants furent entendues dans tout le pays, inspirant à l'âme de toute la population le dessein inextinguible de rejeter les chaînes de l'Église romaine.

Hamilton et Wishart, aussi distingués par leur caractère que par leur naissance, ainsi qu'une foule de disciples plus humbles, donnèrent leur vie sur le bûcher. Mais, de ce bûcher où périt Wishart sortit quelqu'un que les flammes n'allaient pas réduire au silence, quelqu'un qui, sous la direction divine, allait sonner le glas du papisme en Écosse.

John Knox s'était détourné des traditions et du mysticisme de l'Église pour se nourrir des vérités de la Parole de Dieu. Les enseignements de Wishart confirmèrent sa décision de quitter l'Église romaine pour se joindre aux réformateurs persécutés.

Pressé par ses compagnons d'accepter un poste de prédicateur, il recula en tremblant devant les responsabilités de ce poste. Ce ne fut qu'après des jours de retraite et de douloureux conflit avec lui-même qu'il y consentit. Mais, une fois qu'il eut accepté ce poste, il alla de l'avant jusqu'à la fin de sa vie avec une détermination inflexible et un courage indomptable. Ce réformateur loyal ne craignait pas le visage de l'homme. Les feux du martyre qui flambaient autour de lui ne servirent qu'à stimuler l'intensité de son zèle. Même sous la menace de la hache du tyran suspendue au-dessus de sa tête, il demeura ferme, frappant de grands coups à droite et à gauche pour démolir l'idolâtrie.

Lorsqu'il fut amené devant la reine d'Écosse, en présence de laquelle le zèle de nombreux dirigeants protestants avait fléchi, John Knox rendit un témoignage inflexible de la vérité. On ne pouvait le gagner par la flatterie ; les menaces ne l'intimidaient pas. La reine l'accusa d'hérésie. Il avait enseigné aux gens du peuple à recevoir une religion qui avait été interdite par l'État, déclara-t-elle, et avait ainsi transgressé le commandement divin ordonnant aux sujets d'obéir à leurs princes. John Knox lui répondit fermement :

« Puisque la vraie religion ne doit ni sa force, ni son autorité originelles aux princes de ce monde, mais seulement au Dieu éternel, les sujets ne sont pas tenus de conformer leur religion selon le bon vouloir des princes. Car il arrive souvent que les princes soient les plus ignorants de tous en ce qui concerne la véritable religion de Dieu. […] Si tous les descendants d'Abraham avaient partagé la religion du Pharaon, dont ils furent longtemps les sujets, je vous pose la question, Madame : quelle religion y aurait-il eu dans le monde ? Ou bien, si tous les hommes à l'époque des apôtres avaient partagé celle des empereurs romains, quelle religion y aurait-il eu sur la face de la terre ? [...] Ainsi, Madame, comme vous pouvez le comprendre, les sujets ne sont pas tenus de partager la religion de leurs princes, bien qu'ils aient reçu l'ordre de leur obéir. »

La reine Mary répondit : « Vous interprétez les Écritures d'une manière, et eux [les docteurs de l'Église catholique romaine] d'une autre ; qui dois-je croire, et qui sera juge ? »

« Vous devez croire Dieu, qui parle clairement dans sa Parole, répondit le réformateur ; vous ne devez croire ni celui-ci, ni celui-là au-delà de ce que cette Parole vous enseigne. La Parole de Dieu est suffisamment claire ; si un passage vous paraît obscur, le Saint-Esprit, qui n'est jamais en contradiction avec lui-même, l'explique plus clairement dans d'autres passages, de sorte qu'il ne peut demeurer aucun doute, sinon pour ceux qui veulent rester obstinément ignorants [8]. »

Telles furent les vérités que cet intrépide réformateur, au péril de sa vie, prononça dans l'oreille royale. C'est avec le même courage indomptable qu'il poursuivit son œuvre, priant et livrant les batailles du Seigneur jusqu'à ce que l'Écosse soit libérée du papisme.

En Angleterre, l'adoption du protestantisme comme religion nationale atténua la persécution, mais sans la faire disparaître complètement. Bien que de nombreuses doctrines de l'Église romaine aient été abandonnées, un bon nombre de ses formes furent conservées. La suprématie papale fut rejetée, mais, à la place, le monarque fut intronisé comme chef de l'Église. Le culte dans les églises était encore loin de la pureté et de la simplicité de l'Évangile. Le grand principe de la liberté religieuse n'avait pas encore été compris. Bien que les dirigeants protestants n'aient eu que rarement recours aux atrocités que l'Église romaine avait utilisées contre l'hérésie, le droit de chaque homme d'adorer Dieu selon les exigences de sa propre conscience n'était pas reconnu. Tous devaient accepter les doctrines et observer les formes de culte prescrites par l'Église établie. Les dissidents subirent la persécution, dans une mesure plus ou moins grande, pendant des centaines d'années.

Au dix-septième siècle, des milliers de pasteurs furent dépossédés de leur ministère. Il était interdit aux gens du peuple, sous peine de lourdes amendes, d'emprisonnement et de bannissement, d'assister à toute assemblée religieuse autre que celles sanctionnées par l'Église. Les âmes fidèles qui ne voulaient pas renoncer à se réunir pour adorer Dieu étaient obligées de le faire dans de sombres ruelles, dans des greniers obscurs, et, pendant la belle saison, dans les bois en plein minuit. C'est dans les profondeurs protectrices de la forêt, qui leur fournissait un temple édifié par Dieu lui-même, que ces enfants de Dieu dispersés et persécutés se retrouvaient pour répandre leur âme en prière et en louanges. Mais, malgré toutes leurs précautions, beaucoup souffrirent à cause de leur foi. Les prisons regorgeaient. Des familles étaient séparées. Beaucoup d'entre eux furent bannis dans des pays étrangers. Cependant, Dieu était avec son peuple, et la persécution ne réussit pas à réduire leur témoignage au silence. Beaucoup d'entre eux traversèrent l'océan pour se réfugier en Amérique, où ils posèrent les fondations de la liberté civile et religieuse, qui ont été le bastion de ce pays et qui ont fait sa gloire.

Comme à l'époque apostolique, on put dire que la persécution « a plutôt contribué aux progrès de la bonne nouvelle [9]. » Dans un cachot infect rempli de débau-

8. David Laign, *Œuvres de John Knox*, volume 2, p. 281, 284.
9. Philippiens 1.12.

chés et de criminels, John Bunyan respirait l'atmosphère même du ciel ; c'est là qu'il rédigea sa merveilleuse allégorie racontant le voyage d'un pèlerin du pays de la perdition à la cité céleste. Pendant des siècles, cette voix provenant de la prison de Bedford a parlé avec une puissance saisissante au cœur des hommes. Le *Voyage du pèlerin* et *La grâce abondante pour le premier des pécheurs*, de Bunyan, ont guidé bien des pas vers le chemin de la vie.

Baxter, Flavel, Alleine et autres hommes talentueux, instruits et riches d'une profonde expérience chrétienne, se levèrent à leur tour pour prendre courageusement la défense de « la foi qui a été transmise aux saints une fois pour toutes [10] ». L'œuvre réalisée par ces hommes, proscrits et déclarés hors la loi par les dirigeants de ce monde, ne pourra jamais périr. *La fontaine de vie* et *La méthode de la grâce*, de Flavel, ont appris à des milliers de personnes comment confier leur âme au Christ. *Le pasteur réformé* de Baxter a été une bénédiction pour de nombreuses personnes qui désiraient voir un réveil au sein de l'œuvre de Dieu, et son livre *Le repos éternel des saints* a contribué à amener des âmes au « repos sabbatique pour le peuple de Dieu [11] ».

Un siècle plus tard, à une époque de profondes ténèbres spirituelles, Whitefield et les frères Wesley parurent comme des porte-flambeaux pour le Seigneur. Sous la domination de l'Église établie, le peuple d'Angleterre était retombé dans un état de déclin religieux à peine distinct du paganisme. La religion naturelle était le sujet d'étude favori du clergé et constituait la plus grande partie de sa théologie. Les classes supérieures de la société se moquaient de la piété et se glorifiaient d'être au-dessus de ce qu'elles appelaient le fanatisme de celle-ci. Les classes inférieures étaient plongées dans une ignorance grossière et dans le vice, tandis que l'Église n'avait plus ni le courage, ni la foi nécessaires pour soutenir la cause agonisante de la vérité.

La grande doctrine de la justification par la foi, si clairement enseignée par Luther, avait été presque totalement perdue de vue ; et le principe de l'Église romaine, consistant à se confier en ses bonnes œuvres pour hériter du salut, avait pris sa place. Whitefield et les frères Wesley, qui étaient membres de l'Église établie, recherchaient sincèrement la faveur de Dieu ; on leur avait appris que celle-ci s'obtient par une vie vertueuse et par l'observation des rites de la religion.

Un jour, alors que Charles Wesley, gravement malade, attendait l'approche de la mort, quelqu'un lui demanda sur quoi il faisait reposer son espérance de vie éternelle. Il répondit : « J'ai fait de mon mieux pour servir Dieu. » Voyant que l'ami qui lui avait posé cette question ne semblait pas pleinement satisfait de sa réponse, Wesley pensa : « Quoi ! Mes efforts ne sont-ils pas une base suffisante pour mon espérance ? Veut-il me voler mes efforts ? Je n'ai rien d'autre en quoi mettre ma confiance [12]. » Telles étaient les épaisses ténèbres qui s'étaient abattues sur l'Église, voilant l'expiation, dérobant au Christ sa gloire et détournant l'esprit des hommes de leur seul espoir de salut, le sang du Rédempteur crucifié.

Wesley et ses associés furent amenés à se rendre compte que la véritable religion a son siège dans le cœur, et que la loi de Dieu concerne les pensées aussi bien que les paroles et les actes. Convaincus de la nécessité de la sainteté du cœur, ainsi que de la rectitude du comportement extérieur, ils entreprirent avec ferveur une nou-

10. Jude 3.
11. Hébreux 4.9.
12. John Whitehead, *Life of the Rev. Charles Wesley* [Vie du Révérend Charles Wesley], p. 102.

velle vie. Par les efforts les plus zélés et accompagnés de prières, ils s'efforcèrent de surmonter les défauts du cœur naturel. Ils vécurent une vie d'abnégation, de charité et d'humilité, observant avec beaucoup de rigueur et de minutie tout ce qui leur paraissaient susceptible de les aider à acquérir ce qu'ils désiraient le plus : la sainteté afin d'obtenir la faveur de Dieu. Mais ce qu'ils recherchaient leur échappa. Leurs efforts pour se libérer de la condamnation du péché ou pour briser son pouvoir furent vains. Luther avait vécue la même lutte dans sa cellule d'Erfurt ; c'était la même question qui avait torturé son âme : « Comment l'homme serait-il juste devant Dieu [13] ? »

Les feux de la vérité divine, presque éteints sur les autels du protestantisme, allaient être rallumés depuis l'ancien flambeau transmis au travers des siècles par les chrétiens de Bohême. Après la Réforme, le protestantisme de Bohême avait été écrasé par les hordes de Rome. Tous ceux qui refusaient de renoncer à la vérité avaient été forcés de s'enfuir. Certains d'entre eux, trouvant refuge en Saxe, y maintinrent l'ancienne foi. C'est par les descendants de ces chrétiens que la lumière parvint à Wesley et à ses associés.

John et Charles Wesley, après avoir été consacrés au ministère, furent envoyés en mission en Amérique. À bord du navire qui les transportait se trouvait un groupe de Frères moraves. Le navire rencontra de violentes tempêtes, et John Wesley, en présence de la mort, eut le sentiment qu'il ne possédait pas l'assurance de la paix avec Dieu. Les allemands, au contraire, manifestaient un calme et une confiance qui lui étaient étrangers.

« Longtemps auparavant, raconte-t-il, j'avais observé le grand sérieux de leur comportement. Ils avaient donné une preuve continuelle de leur humilité en accomplissant pour les autres passagers les basses besognes qu'aucun des anglais ne voulait entreprendre, et pour lesquelles ils ne demandèrent ni ne reçurent de paiement. Ils disaient que cela était salutaire pour leur cœur orgueilleux, et que leur bon Sauveur avait fait plus pour eux. Chaque jour leur avait fourni l'occasion de faire preuve d'une douceur qu'aucune offense ne pouvait ébranler. Si on les poussait, si on les frappait ou s'ils étaient projetés de côté et d'autre, ils se relevaient et s'éloignaient ; mais aucune plainte ne sortait de leur bouche.

« Alors survint le moment de vérifier s'ils étaient vraiment délivrés de l'esprit de crainte, ainsi que celui d'orgueil, de colère et de vengeance. Au milieu du psaume par lequel commençait leur service religieux, la mer se déchaîna, mit en pièces la grand-voile, recouvrit le navire et se déversa entre les ponts comme si le grand abîme nous avait déjà engloutis. Les anglais se mirent à pousser des hurlements terribles ; mais les allemands continuèrent calmement à chanter. Je demandai plus tard à l'un d'entre eux : "N'aviez-vous donc pas peur ?" Il me répondit : "Grâce à Dieu, non." Je lui demandai : "Mais vos femmes et vos enfants n'avaient-ils pas peur ?" Il répondit avec douceur : "Non ; nos femmes et nos enfants n'ont pas peur de mourir." [14] »

En arrivant à Savannah, Wesley logea quelque temps chez les Frères moraves et fut profondément impressionné par leur comportement chrétien. Parlant d'un de leurs services religieux, qui contrastait de manière frappante avec le formalisme sans vie de l'Église d'Angleterre, il écrivit : « La grande simplicité, ainsi que la grande solennité de tout ce service, me firent presque oublier les dix-sept siècles

13. Job 9.2.
14. John Whitehead, *op. cit.*, p. 10.

écoulés, et je m'imaginai dans l'une de ces assemblées où ne régnaient ni formalisme, ni apparat, mais qui étaient présidées par Paul, le "fabricant de tentes [15]", ou par Pierre, le pêcheur, caractérisées cependant par "une démonstration d'Esprit, de puissance [16]". »

De retour en Angleterre, Wesley, sous la direction d'un prédicateur morave, parvint à une compréhension plus claire de la foi biblique. Il fut convaincu qu'il devait renoncer à toute dépendance envers ses propres œuvres pour obtenir le salut et faire totalement confiance à « l'agneau de Dieu, qui enlève le péché du monde [17] ». Au cours d'une réunion de la Société morave à Londres, on lut une déclaration de Luther décrivant le changement opéré par l'Esprit de Dieu dans le cœur du croyant. Alors qu'il écoutait cette lecture, la foi s'éveilla dans le cœur de Wesley. « Je sentis une chaleur étrange dans mon cœur, raconte-t-il. J'eus le sentiment que je me confiais en Christ, et en Christ seul, pour mon salut ; et je reçus l'assurance qu'il avait enlevé *mes* péchés, oui, *les miens*, et qu'il *m'*avait sauvé 'de la loi du péché et de la mort [18]'. »

Au cours de longues années d'efforts pénibles et décevants, des années de rigoureuse abnégation, de reproches adressés à lui-même et d'humiliation, Wesley avait poursuivi avec constance son seul dessein de chercher Dieu. Maintenant, il l'avait trouvé ; et il découvrit que la grâce qu'il avait tant peiné à gagner par des prières et des jeûnes, par des aumônes et par des actes de renoncement, était un don offert « sans argent, sans rien payer [19]. »

Une fois qu'il fut confirmé dans la foi en Christ, toute son âme brûlait du désir de répandre partout la connaissance du glorieux Évangile de la grâce de Dieu. « Je considère le monde entier comme ma paroisse, disait-il ; en quelque partie du monde où je me trouve, je considère comme convenable, juste et de mon devoir impérieux de proclamer à tous ceux qui veulent bien l'entendre la bonne nouvelle du salut [20]. »

Il continua sa vie de stricte abnégation, non plus maintenant comme le *motif*, mais comme la *conséquence* de la foi ; non comme la *racine*, mais comme le *fruit* de la sainteté. La grâce de Dieu offerte en Christ est la fondation de l'espérance du chrétien, et cette grâce se manifeste par l'obéissance. La vie de Wesley fut désormais consacrée à la prédication des grandes vérités qu'il avait reçues : la justification par la foi au sang expiatoire du Christ, et la puissance régénératrice du Saint-Esprit dans le cœur de l'homme, dont le fruit est une vie conforme à l'exemple du Christ.

Whitefield et les frères Wesley avaient été préparés pour leur œuvre par la conviction prolongée et intense de leur propre état de perdition. Pour pouvoir endurer les épreuves comme de bons soldats du Christ, ils avaient été soumis à la fournaise de la moquerie, de la dérision et de la persécution, aussi bien à l'Université que lorsqu'ils étaient entrés dans le ministère. Leurs condisciples impies les avaient surnommés avec mépris, eux et quelques autres qui sympathisaient avec eux,

15. Actes 18.3.
16. 1 Corinthiens 2.4 ; John Whitehead, *op. cit.*, p. 11, 12.
17. Jean 1.29.
18. Romains 8.2 ; John Whitehead, *op. cit.*, p. 52.
19. Ésaïe 55.1.
20. *Ibid.*, p. 74.

« méthodistes » ; nom qui, aujourd'hui, est considéré comme honorable par l'une des plus importantes dénominations d'Angleterre et d'Amérique.

En tant que membres de l'Église d'Angleterre, ils étaient fortement attachés aux formes de son culte ; mais le Seigneur leur avait présenté dans sa Parole un idéal plus élevé. Le Saint-Esprit les poussa à prêcher « Jésus-Christ – Jésus-Christ crucifié [21] ». La puissance du Très-Haut accompagnait leur œuvre. Des milliers de personnes furent convaincues de péché et passèrent par une authentique conversion. Il était nécessaire que ces brebis soient protégées des « loups voraces [22] ». Wesley n'avait pas l'intention de créer une nouvelle dénomination, mais organisa ces personnes en une société appelée « Connexion méthodiste ».

Ces prédicateurs rencontrèrent, de la part de l'Église établie, une mystérieuse et éprouvante opposition ; mais Dieu, dans sa sagesse, avait dirigé les événements de manière à ce que la Réforme commence à l'intérieur de l'Église même. Si celle-ci était venue tout entière de l'extérieur, elle n'aurait pas pu pénétrer là où elle était si nécessaire, Mais, du fait que les prédicateurs du réveil étaient des hommes d'Église et travaillaient dans le cadre de l'Église partout où l'occasion s'offrait à eux, la vérité trouvait une porte ouverte là où celle-ci serait demeurée fermée s'il en avait été autrement. Quelques membres du clergé s'éveillèrent de leur sommeil spirituel et devinrent des prédicateurs zélés dans leurs paroisses respectives. Des églises qui avaient été fossilisées par le formalisme revinrent à la vie.

À l'époque de Wesley, comme dans tous les siècles de l'Histoire de l'Église, des hommes possédant des dons différents accomplirent l'œuvre qui leur avait été assignée. Ils n'étaient pas d'accord sur tous les points de doctrine, mais tous étaient poussés par l'Esprit de Dieu et unis dans l'objectif suprême de gagner des âmes au Christ. Les différences entre Whitefield et les frères Wesley menacèrent un jour de créer entre eux une rupture ; mais, en apprenant la douceur à l'école du Christ, leur patience et leur charité les réconcilièrent. Ils n'avaient pas de temps à perdre en controverses alors que l'erreur et l'iniquité foisonnaient partout et que les pécheurs allaient à la perdition.

Les serviteurs de Dieu durent suivre un sentier raboteux. Des hommes influents et instruits utilisèrent leurs pouvoirs contre eux. Au bout d'un certain temps, de nombreux membres du clergé manifestèrent une hostilité déterminée, et les portes des églises se fermèrent à la foi pure et à ceux qui la proclamaient. L'attitude des membres du clergé, qui les dénonçaient du haut de la chaire, déchaîna les éléments des ténèbres, de l'ignorance et de l'iniquité. À de nombreuses reprises, John Wesley n'échappa à la mort que par un miracle de la miséricorde divine. Lorsque la fureur de la populace était dirigée contre lui, et qu'il semblait n'avoir aucun moyen de s'échapper, un ange sous forme humaine prenait place à ses côtés, la foule reculait, et le serviteur du Christ s'éloignait en toute sécurité de cet endroit dangereux.

Wesley raconte ainsi comment il fut délivré de la populace enragée à l'une de ces occasions : « Plusieurs tentèrent de me jeter à terre pendant que nous descendions la colline en direction de la ville sur un sentier glissant, supposant que, si j'étais à terre, j'avais peu de chances de me relever. Mais je ne trébuchai pas, je ne glissai pas, jusqu'à ce que je sois totalement hors de leur atteinte. [...] Bien que plusieurs aient tenté de me saisir par le col ou par mes vêtements pour me faire tomber, ils ne purent rien attraper ; un seul d'entre eux réussit à me saisir par le

21. 1 Corinthiens 2.2.
22. Matthieu 7.15.

pan de mon gilet, qui lui resta dans la main ; l'autre pan, dont la poche contenait un billet de banque, ne fut déchiré qu'à moitié. […] Un homme robuste qui se tenait juste derrière moi frappa plusieurs fois dans ma direction à l'aide d'un gros gourdin de chêne ; s'il m'avait atteint une seule fois sur l'arrière de la tête, il n'aurait pas eu besoin de recommencer. Mais, chaque fois, le coup fut détourné, je ne sais comment, car je ne pouvais bouger ni à droite, ni à gauche. […] Un autre fendit la foule, le bras levé pour me frapper, mais il l'abaissa soudain et se contenta de me caresser la tête en disant : "Que ses cheveux sont doux !" […] Les tout premiers hommes dont le cœur fut touché furent les fiers-à-bras de cette ville, les meneurs de cette populace prête à tout ; l'un d'entre eux avait été boxeur à la Fosse aux ours. […]

« Avec quelle tendre sollicitude Dieu nous prépare progressivement pour accomplir sa volonté ! Il y a deux ans, un morceau de brique effleura mes épaules. L'année suivante, une pierre me frappa entre les deux yeux. Le mois dernier, je reçus un coup, et deux ce soir : l'un avant d'arriver dans la ville, et l'autre après l'avoir quittée ; mais je n'ai pratiquement pas senti ces deux coups ; car bien que le premier homme m'ait frappé en pleine poitrine de toute ses forces, et l'autre sur la bouche avec une telle violence que le sang jaillit immédiatement, je ne ressentis pas plus de douleur de ces deux coups que s'ils m'avaient touché avec une paille [23]. »

Les méthodistes de ces premiers jours, aussi bien les gens du peuple aussi bien que les prédicateurs, durent subir la moquerie et la persécution, aussi bien de la part de membres de l'Église que de personnes ouvertement irréligieuses excitées par des calomnies provenant des premiers. On les traîna devant des tribunaux, qui méritaient mal leur nom, car il était rare d'y trouver la justice à cette l'époque. Ils souffrirent souvent d'actes de violence de la part de leurs persécuteurs. Des foules allaient de maison en maison, saccageant les meubles et les biens, s'emparant de ce qui leur plaisait et brutalisant les hommes, les femmes et les enfants. Dans certains cas, des affiches publiques était apposées, invitant ceux qui désiraient aider à casser les vitres et à voler dans les maisons des méthodistes à se rassembler au lieu et à l'heure indiqués. Ces transgressions manifestes de la loi divine aussi bien que des lois humaines n'étaient l'objet d'aucune réprimande. Une persécution systématique fut menée contre un peuple dont le seul crime était de chercher à détourner les pieds des pécheurs du sentier de la perdition vers celui de la sainteté.

John Wesley, mentionnant les accusations proférées contre lui-même et ses associés, disait : « Certains prétendent que les doctrines de ces hommes sont fausses, erronées et fanatiques ; qu'elles sont nouvelles et qu'on n'en a jamais entendu parler, sinon récemment ; que c'est du quakerisme, du fanatisme et du papisme. On a déjà coupé l'herbe sous le pied de toutes ces fausses accusations, car il a été montré en détail que chaque élément de cette doctrine est la pure doctrine de l'Écriture interprétée par notre propre Église. Elle ne peut donc être ni fausse, ni erronée, si l'Écriture est vraie. […] D'autres prétendent : "Leur doctrine est trop stricte ; ils rendent trop étroit le chemin du ciel." C'est, en fait, l'objection originelle (et c'était presque la seule pendant un certain temps), qui est secrètement à la base d'un millier d'autres qui apparaissent sous diverses formes. Mais rendent-ils plus étroit le chemin du ciel que ne l'ont fait le Seigneur et ses apôtres ? Leur doctrine est-elle plus stricte que celle de la Bible ? Réfléchissez seulement à ces quelques textes simples : "Tu aimeras le Seigneur, ton Dieu, de tout ton cœur, de toute ton

23. John Wesley, *Œuvres*, volume 3, p. 297, 298.

âme, de toute ton intelligence et de toute ta force [24]." "Au jour du jugement, les humains rendront compte de toutes les paroles inutiles qu'ils auront proférées [25]." "Soit que vous mangiez, soit que vous buviez, ou quoi que vous fassiez, faites tout pour la gloire de Dieu [26]."

« Si leur doctrine est plus stricte que celle-ci, ils sont à blâmer ; mais votre conscience rend témoignage qu'elle ne l'est pas. Qui peut se montrer moins strict d'un iota sans corrompre la Parole de Dieu ? Un "intendant des mystères de Dieu [27]" peut-il être trouvé fidèle s'il change n'importe quelle partie de ce dépôt sacré ? Non. Il ne peut rien diminuer ; il ne peut rien adoucir ; il est dans l'obligation de déclarer à tous les hommes : "Je ne peux pas abaisser l'Écriture selon votre goût. C'est vous qui devez vous élever jusqu'à elle, ou être perdus pour toujours." Tel est le véritable motif de cette autre accusation populaire : "le manque de charité de ces hommes". Manquent-ils vraiment de charité ? En quoi ? Ne donnent-ils pas à manger à ceux qui ont faim et de quoi se vêtir à ceux qui sont nus ? "Mais non, ce n'est pas ça ! Ce n'est pas de cette charité qu'ils manquent ; mais ils en manquent dans leurs jugements : ils croient que personne ne peut être sauvé sinon à leur manière."[28]. »

Le déclin spirituel qui s'était manifesté en Angleterre juste avant l'époque de Wesley était, dans une large mesure, la conséquence de l'enseignement de l'antinomisme. De nombreuses personnes affirmaient que le Christ avait aboli la loi morale, et que les chrétiens n'ont donc aucune obligation de l'observer ; que le croyant est libéré de « l'esclavage des bonnes œuvres ». D'autres, tout en admettant la perpétuité de la loi, déclaraient qu'il n'était pas nécessaire que les prédicateurs exhortent les gens du peuple à obéir à ses préceptes, puisque ceux que Dieu avait élus pour le salut « seraient contraints par la force irrésistible de la grâce divine de pratiquer la piété et la vertu », tandis que ceux qui étaient condamnés à la réprobation éternelle « n'avaient pas le pouvoir d'obéir à la loi divine ».

D'autres, professant aussi que « les élus ne peuvent ni déchoir de la grâce, ni perdre la faveur divine », arrivaient à la conclusion encore plus odieuse que « les mauvaises actions qu'ils commettent ne sont pas vraiment des péchés, qu'elles ne doivent pas être considérées comme des cas de transgression de la loi divine, et que, par conséquent, ils n'ont aucune raison ni de confesser leurs péchés, ni de les abandonner en se repentant [29]. » Ils déclaraient donc que même l'un des plus vils péchés, « considéré universellement comme une grave transgression de la loi divine, n'est pas un péché aux yeux de Dieu » s'il est commis par l'un des élus, « parce que c'est l'une des caractéristiques essentielles et distinctives des élus de ne rien pouvoir faire qui déplaise à Dieu ou soit interdit par la loi. »

Ces monstrueuses doctrines sont essentiellement les mêmes que l'enseignement d'éducateurs et de théologiens populaires venus plus tard : à savoir qu'il n'existe pas de loi divine immuable qui serve de norme pour déterminer ce qui est bien, mais que la norme de la moralité est déterminée par la société elle-même. Cette norme s'est trouvée sujette à un changement perpétuel. Toutes ces idées sont ins-

---

24. Marc 12.30.
25. Matthieu 12.36.
26. 1 Corinthiens 10.31.
27. 1 Corinthiens 4.1.
28. John Wesley, *op. cit.*, volume 3, p. 152, 153.
29. McClintock & Strong, *Cyclopedia* [Encyclopédie], article « Antinomians » [Les antinomiens].

pirées par le même esprit : celui qui, même entouré des purs habitants du ciel, a commencé son œuvre en tentant d'abattre les justes restrictions imposées par la loi divine.

La doctrine qui enseigne que ce sont les décrets divins qui fixent de manière inaltérable le caractère des hommes a amené de nombreuses personnes à rejeter virtuellement la loi divine. Wesley s'opposait fermement aux erreurs des professeurs antinomiens et montrait que la doctrine qui mène à l'antinomisme est contraire aux Écritures. « Elle s'est manifestée, la grâce de Dieu, source de salut pour *tous les humains* [30]. » « Cela est beau et agréé de Dieu, notre Sauveur, qui veut que *tous les humains* soient sauvés et parviennent à la connaissance de la vérité. Car il y a un seul Dieu, et aussi un seul médiateur entre Dieu et les humains, l'humain Jésus-Christ, qui s'est donné lui-même en rançon pour *tous* [31]. » L'Esprit de Dieu est abondamment accordé pour permettre à chaque homme de s'emparer des moyens de salut. Ainsi, le Christ, « la vraie lumière, celle qui éclaire tout humain, [...] venait dans le monde [32]. » Les hommes perdent le salut lorsqu'ils refusent délibérément le don de la vie.

À la prétention qu'à la mort du Christ les préceptes du Décalogue ont été abolis en même temps que la loi cérémonielle, Wesley répondait : « Jésus n'a pas aboli la loi morale contenue dans les dix commandements et soutenue par les prophètes. Ce n'était pas l'objectif de sa venue d'en révoquer quelque partie que ce soit. C'est une loi qui ne pourra jamais être abolie, qui est "fermement établi[e] pour toujours [33]". [...] Elle existe depuis le commencement du monde, écrite "non pas sur des tablettes de pierre [34]", mais dans le cœur de tous les enfants des hommes lorsqu'ils sortirent des mains du Créateur. Et bien que les lettres "écrites du doigt de Dieu [35]" aient été, dans une grande mesure, défigurées par le péché, elles ne pourront cependant être complètement effacées tant que nous garderons la conscience du bien et du mal. Chaque partie de cette loi doit rester en vigueur pour toute l'humanité et dans tous les siècles ; elle ne dépend ni du temps, ni du lieu, ni d'aucune autre circonstance sujette au changement, mais elle dépend de la nature de Dieu, de la nature de l'homme et de leur relation immuable l'un avec l'autre.

« "Je ne suis pas venu pour abolir, mais pour accomplir [36]." [...] Sans conteste, ce que Jésus voulait dire dans ce passage (en accord avec tout ce qui vient avant et après) était : Je suis venu pour la confirmer dans sa plénitude, malgré tous les commentaires des hommes ; je suis venu mettre en pleine lumière tout ce qui, en elle, pouvait sembler sombre ou obscur ; je suis venu affirmer sa véritable et pleine valeur dans chacune de ses parties ; je suis venu montrer "la largeur, la longueur [37]" (la portée complète de chaque commandement qui y est contenu) et "la profondeur et la hauteur [38]" (sa pureté et sa spiritualité inconcevables dans chacune de ses branches) [39]. »

30. Tite 2.11.
31. 1 Timothée 2.3-6.
32. Jean 1.9.
33. Psaume 89.38.
34. 2 Corinthiens 3.3.
35. Exode 31.18.
36. Matthieu 5.17.
37. Éphésiens 3.18.
38. *Idem.*
39. Wesley, sermon 25.

Wesley affirmait la parfaite harmonie entre la loi et l'Évangile. « Il existe donc le lien le plus intime qu'on puisse concevoir entre la loi et l'Évangile. D'une part, la loi prépare continuellement la voie à l'Évangile et nous dirige vers lui ; d'autre part, l'Évangile nous mène continuellement à une observation plus exacte de la loi. La loi, par exemple, nous demande d'aimer Dieu et notre prochain, d'être doux, humbles ou saints. Notre sentiment est que nous ne sommes pas "capable[s] d'une telle mission [40]" ; que dis-je, que "pour les humains, c'est impossible [41]" ; mais nous percevons la promesse de Dieu de nous donner cet amour et de nous rendre humbles, doux et saints : nous nous emparons alors de cet Évangile, de cette bonne nouvelle ; Jésus nous dit : "Qu'il t'advienne selon ta foi [42]" ; "Pour que la justice requise par la loi soit accomplie en nous [43]", par la foi en Jésus-Christ. [...]

« Au premier rang des ennemis de l'Évangile, disait Wesley, se trouvent ceux qui, ouvertement et explicitement, "accuse[nt] la loi et juge[nt] la loi [44]" ; ceux qui enseignent aux hommes à transgresser (dissoudre, détacher, délier de l'obligation de) non seulement un seul des commandements, petit ou grand, mais tous les commandements à la fois. [...] La plus surprenante de toutes les circonstances qui accompagnent cette puissante illusion est que ceux qui la professent croient vraiment honorer le Christ en renversant sa loi, et qu'ils exaltent son ministère tout en détruisant sa doctrine ! Que dis-je, ils l'honorent à la manière de Judas lorsque celui-ci lui dit : "Bonjour, Rabbi ! Et il l'embrassa [45]." Jésus pourrait tout aussi bien dire à chacun de ceux-là : "C'est par un baiser que tu livres le Fils de l'homme [46] !" Ce n'est rien d'autre que le livrer par un baiser que de parler de son sang et de lui ôter sa couronne ; d'abolir une partie quelconque de sa loi sous prétexte de travailler à l'avancement de l'Évangile. Personne ne pourra non plus échapper à cette accusation s'il prêche la foi d'une manière qui tende, directement ou indirectement, à mettre de côté moindre parcelle d'obéissance ; s'il prêche le Christ de manière à annuler ou à affaiblir, de quelque manière que ce soit, le plus petit des commandements de Dieu [47]. »

À ceux qui prétendaient que « la prédication de l'Évangile répond à tous les objectifs de la loi », Wesley répliquait : « Nous le nions formellement. Elle ne répond pas au tout premier objectif de la loi, à savoir : convaincre de péché, réveiller ceux qui dorment encore sur le seuil de l'enfer. » L'apôtre Paul déclare : « Ce qui advient au moyen de la loi, c'est la connaissance du péché [48]. » « Ce n'est que lorsque l'homme est convaincu de péché qu'il ressent vraiment son besoin du sang expiatoire du Christ. [...] "Ce ne sont pas les bien portants qui ont besoin de médecin, comme l'a fait remarquer notre Seigneur lui-même, mais les malades [49]." Il est donc absurde d'offrir les services d'un médecin à ceux qui se portent bien, ou qui, du moins, se croient bien portants. Il faut d'abord les convaincre qu'ils sont malades ; sinon, ils ne vous remercieront pas pour votre peine. Il est

40. 2 Corinthiens 2.16.
41. Matthieu 19.26.
42. Matthieu 8.13.
43. Romains 8.4.
44. Jacques 4.11.
45. Matthieu 26.49.
46. Luc 22.48.
47. Wesley, sermon 25.
48. Romains 3.20.
49. Matthieu 9.12.

tout aussi absurde d'offrir le Christ à ceux dont le cœur se porte bien, n'ayant jamais été brisé [50]. »

Ainsi, tout en prêchant l'Évangile de la grâce de Dieu, Wesley, comme son Maître, cherchait « à rendre la loi grande et magnifique [51] ». Il s'acquitta fidèlement de la tâche que Dieu lui avait confiée, et les résultats qu'il eut le privilège de contempler furent magnifiques. À la fin de sa longue vie de plus de quatre-vingts ans, dont plus d'un demi siècle passé en ministère itinérant, ses adhérents déclarés dépassaient le nombre d'un demi million d'âmes. Mais les multitudes d'âmes qui, par ses travaux, avaient été arrachées de la ruine et de la dégradation du péché pour accéder à une vie plus élevée et plus pure, et le nombre de ceux qui, par ses enseignements, avaient obtenu une expérience plus profonde et plus riche, ne seront jamais connus avant que toute la famille des rachetés soit réunie dans le royaume de Dieu. Sa vie donne à chaque chrétien une leçon de valeur inestimable. Plût à Dieu que la foi et l'humilité, le zèle inlassable, le sacrifice de soi-même et le dévouement de ce serviteur du Christ se reflètent dans les églises d'aujourd'hui !

50. Wesley, sermon 35.
51. Ésaïe 42.21.

15

La Bible et la Révolution française

Au seizième siècle, la Réforme, en présentant aux gens du peuple une Bible ouverte, avait cherché à pénétrer dans tous les pays d'Europe. Quelques nations l'avaient accueillie avec joie, comme un messager venu du ciel. Dans d'autres pays, la papauté avait réussi, dans une grande mesure, à empêcher son entrée ; et la lumière de la connaissance biblique, avec son influence bienfaisante, y fut presque totalement exclue. Dans l'un de ces pays, bien que la lumière ait réussi à pénétrer, « les ténèbres n'ont pas pu la saisir [1] ». Pendant des siècles, la vérité et l'erreur luttèrent pour obtenir la suprématie. Le mal l'emporta finalement, et la vérité venue du ciel fut bannie. « Voici le jugement : la lumière est venue dans le monde, et les humains ont aimé les ténèbres plus que la lumière [2]. » Dieu laissa cette nation moissonner les conséquences de la ligne de conduite qu'elle avait choisie. Son Esprit cessa de contenir le mal, qui se déversa sur un peuple qui avait méprisé le don de sa grâce. Dieu permit que le mal arrive à maturité ; et le monde entier put voir ce que produit le rejet délibéré de la lumière.

La guerre contre la Bible, menée pendant tant de siècles en France, atteignit son point culminant sous la Révolution. Cette terrible explosion ne fut que la conséquence naturelle de la suppression des Écritures par l'Église romaine [3]. Elle est l'illustration la plus frappante que le monde ait jamais vue de l'aboutissement de la politique papale, une démonstration des conséquences vers lesquelles avaient tendu pendant plus de mille ans les enseignements de l'Église romaine.

Les prophètes avaient prédit la suppression des Écritures pendant la période de la suprématie papale. Le Révélateur montre également les terribles conséquences de la domination de l' « Impie [4] » qui devaient toucher spécialement la France.

L'ange du Seigneur avait déclaré : Les nations « fouleront aux pieds la ville sainte pendant quarante-deux mois. Je donnerai à mes deux témoins de parler en prophètes, vêtus de sacs, pendant mille deux cent soixante jours. [...] Quand ils auront achevé leur témoignage, la bête qui monte de l'abîme leur fera la guerre, les vaincra et les tuera. Leurs cadavres seront dans les rues de la grande ville qui est appelée, dans un sens spirituel, Sodome et Égypte, là même où leur Seigneur a été crucifié. [...] Les habitants de la terre se réjouiront à leur sujet, ils feront la fête, ils s'enverront des présents les uns aux autres, parce que ces deux prophètes avaient tourmenté les habitants de la terre. Après les trois jours et demi, un esprit de vie venant

---

1. Jean 1.5.
2. Jean 3.19.
3. Voir appendice, note 21.
4. 2 Thessaloniciens 2.8. LSG

de Dieu entra en eux, et ils se tinrent sur leurs pieds ; une grande crainte s'empara de ceux qui les voyaient [5]. »

Les périodes mentionnées ici (« quarante-deux mois » et « mille deux cent soixante jours ») sont identiques ; elles représentent toutes deux la période pendant laquelle l'Église du Christ subirait l'oppression de l'Église romaine. Ces 1260 années de suprématie papale commencèrent en l'an 538 de notre ère, et devaient donc se terminer en 1798 [6]. Cette année-là, une armée française pénétra dans la ville de Rome et fit prisonnier le pape, qui mourut en exil. Bien qu'un nouveau pape ait été élu peu de temps après, la hiérarchie papale n'a plus jamais exercé le pouvoir qu'elle possédait auparavant.

La persécution de l'Église ne se poursuivit pas pendant toute cette période des 1260 années. Dans sa miséricorde envers son peuple, Dieu abrégea la durée de cette épreuve de feu. En prédisant la « grande détresse [7] » qui allait fondre sur l'Église, le Sauveur avait dit : « Si ces jours-là n'étaient abrégés, personne ne serait sauvé, mais à cause de ceux qui ont été choisis ces jours-là seront abrégés [8]. » Grâce à l'influence de la Réforme, la persécution prit fin avant 1798.

Au sujet des deux témoins, le prophète ajoute : « Ce sont là les deux oliviers et les deux porte-lampes qui se tiennent devant le Seigneur de la terre [9]. » Le psalmiste avait dit : « Ta parole est une lampe pour mes pieds, une lumière pour mon sentier [10]. » Les deux témoins représentent les Écritures de l'Ancien et du Nouveau Testaments. Les deux sont d'importants témoignages de l'origine et de la perpétuité de la loi divine. Les deux sont aussi des témoins du plan du salut. Les types, les sacrifices et les prophéties de l'Ancien Testament nous annoncent un Sauveur à venir. Les Évangiles et les épîtres nous parlent d'un Sauveur qui est venu de la manière exacte prédite par les types et par les prophéties.

« Je donnerai à mes deux témoins de parler en prophètes, vêtus de sacs, pendant mille deux cent soixante jours [11]. » Pendant la plus grande partie de cette période, les témoins de Dieu demeurèrent dans un état d'obscurité. La puissance papale tenta de cacher au peuple la Parole de vérité et de produire devant eux de faux témoins pour contredire son témoignage [12]. Lorsque la Bible fut interdite par les autorités religieuses et séculières ; lorsque son témoignage fut falsifié, et lorsque tous les moyens que les hommes et les démons purent inventer furent mis en œuvre pour en détourner les esprits ; lorsque ceux qui osaient proclamer ses vérités sacrées furent pourchassés, trahis, torturés, enfermés dans des cachots, martyrisés pour leur foi ou forcés de s'enfuir dans les forteresses des montagnes, dans les tanières et les cavernes de la terre ; alors, les témoins fidèles « parlèrent en prophètes, vêtus de sacs ». Ils poursuivirent ce témoignage pendant toute cette période de 1260 années. Dans les moments les plus sombres, il y eut des hommes fidèles qui aimaient la Parole de Dieu et qui défendirent son honneur avec jalousie. Ces loyaux serviteurs reçurent la sagesse, la puissance et l'autorité pour annoncer sa vérité pendant toute cette période.

5. Apocalypse 11.2, 3,7-9, 10, 11.
6. Voir appendice, note 22.
7. Matthieu 24.21.
8. Matthieu 24.22.
9. Apocalypse 11.4.
10. Psaume 119.105.
11. Apocalypse 11.3.
12. Voir appendice, note 23.

« Si quelqu'un veut leur faire du mal, du feu sort de leur bouche et dévore leurs ennemis. Oui, si quelqu'un veut leur faire du mal, il faudrait qu'il soit tué de cette manière [13]. » On ne peut impunément fouler aux pieds la Parole de Dieu. Le sens de ce terrible avertissement est exposé dans le dernier chapitre de l'Apocalypse : « Moi, je l'atteste à quiconque entend les paroles de la prophétie de ce livre : si quelqu'un y ajoute quelque chose, Dieu lui ajoutera les fléaux décrits dans ce livre ; et si quelqu'un retranche des paroles du livre de cette prophétie, Dieu retranchera sa part de l'arbre de vie et de la ville sainte décrits dans ce livre [14]. »

Tels sont les avertissements donnés par Dieu pour que les hommes se gardent de changer quoi que ce soit à ce qu'il a révélé ou ordonné. Ces solennelles dénonciations s'appliquent à tous ceux qui, par leur influence, amènent les hommes à faire peu de cas de la loi de Dieu. Elles devraient faire craindre et trembler ceux qui déclarent avec légèreté que peu importe si nous obéissons ou pas à la loi de Dieu. Tous ceux qui exaltent leurs propres opinions au-dessus des révélations de Dieu, tous ceux qui voudraient changer le sens évident de l'Écriture selon ce qui les arrange ou pour se conformer au monde, assument une redoutable responsabilité. C'est la Parole écrite, la loi de Dieu, qui mesurera le caractère de chaque homme et condamnera tous ceux que cette épreuve infaillible déclarera indignes.

« Quand ils auront achevé leur témoignage… [15]. » La période pendant laquelle les deux témoins devaient « parler en prophètes, vêtus de sacs [16] » se termina en 1798. Alors qu'ils approchaient de la fin de leur ministère exercé dans l'obscurité, la puissance représentée sous le nom de « la bête qui monte de l'abîme [17] » devait leur faire la guerre. Dans de nombreuses nations européennes, c'est Satan qui avait dominé les puissances gouvernantes de l'Église et de l'État par l'intermédiaire de la papauté. Mais ici apparaît une nouvelle manifestation de sa puissance.

La politique de l'Église romaine, sous prétexte de respect pour la Bible, avait été de la maintenir scellée dans une langue inconnue ; cachée aux yeux du peuple. Sous cette domination, les deux témoins avaient « parlé en prophètes, vêtus de sacs [18] ». Mais une autre puissance, « la bête qui monte de l'abîme [19] », allait apparaître et faire la guerre ouvertement et délibérément à la Parole de Dieu.

« La grande ville [20] » dans les rues de laquelle sont mis à mort les deux témoins et où gisent leurs cadavres, est, « dans un sens spirituel [21] », l'Égypte. De toutes les nations représentées dans le récit biblique, c'est l'Égypte qui a, le plus audacieusement, nié l'existence du Dieu vivant et résisté à ses ordres. Aucun monarque ne s'est jamais aventuré dans une rébellion aussi ouverte et tyrannique contre l'autorité du ciel que le roi d'Égypte. Lorsque Moïse lui apporta le message au nom du Seigneur, le Pharaon répondit fièrement : « Qui est le Seigneur, pour que je l'écoute, en laissant partir Israël ? Je ne connais pas le Seigneur et je ne laisserai pas partir Israël [22] ! » C'est de l'athéisme ; or, la nation représentée par l'Égypte allait exprimer le même rejet des exigences du Dieu vivant et manifester un esprit

13. Apocalypse 11.5.
14. Apocalypse 22.18, 19.
15. Apocalypse 11.7.
16. Verset 3.
17. Verset 7.
18. Verset 3.
19. Verset 7.
20. Verset 8.
21. *Idem.*
22. Exode 5.2.

semblable d'incrédulité et de défi. « La grande ville » est aussi comparée, « dans un sens spirituel », à Sodome. La corruption de cette dernière dans sa transgression de la loi de Dieu se manifesta particulièrement par la débauche. Ce péché allait être aussi une caractéristique de premier plan de la nation qui accomplirait les spécifications de cette prophétie.

D'après les paroles du prophète, un peu avant l'année 1798, une puissance d'origine et de caractère sataniques allait donc apparaître et faire la guerre à la Bible. Dans le pays où le témoignage des deux témoins de Dieu allait être ainsi réduit au silence se manifesteraient l'athéisme du Pharaon et la débauche de Sodome.

Cette prophétie trouva un accomplissement extrêmement exact et frappant dans l'histoire de France. Pendant la Révolution, en 1793, « le monde, pour la première fois, entendit une assemblée d'hommes nés et éduqués dans un pays civilisé, et s'arrogeant le droit de gouverner l'une des nations européennes les plus raffinées, élever la voix à l'unisson pour nier les vérités les plus solennelles que l'âme humaine puisse recevoir et rejeter unanimement la croyance en une divinité et son culte [23]. »

« La France est le seul pays au monde dont l'histoire authentique rapporte qu'en tant que nation, elle leva la main en rébellion ouverte contre le Créateur de l'Univers. Il y a eu, et il y a encore, des quantités de blasphémateurs et d'incrédules en Angleterre, en Allemagne, en Espagne et ailleurs ; mais la France occupe une place à part dans l'histoire du monde : c'est le seul État qui, par un décret de son Assemblée législative, a affirmé que Dieu n'existait pas, et dont toute la population de la capitale, et une grande majorité du reste du pays, a dansé et chanté de joie en recevant cette déclaration [24]. »

La France présentait aussi les caractéristiques qui distinguaient spécialement Sodome. Pendant la Révolution se manifesta un état d'avilissement et de corruption moraux semblable à celui qui amena la destruction sur les cités de la plaine. Un historien a présenté l'athéisme et la débauche à la fois en France tels qu'ils sont décrits dans la prophétie : « Intimement associée aux lois qui concernaient la religion se trouvait celle qui réduisait l'union du mariage – l'engagement le plus sacré que des êtres humains puissent prendre, et celui dont la permanence assure le plus solidement la stabilité de la société – à un simple contrat civil de caractère transitoire, que deux personnes pouvaient passer, et rompre selon leur bon plaisir [...] Si des démons s'étaient donné pour objectif de trouver le moyen de détruire le plus efficacement possible tout ce qui est vénérable, gracieux ou permanent dans la vie domestique, et de s'assurer en même temps que le mal qu'ils causeraient se perpétuerait d'une génération à l'autre, ils n'auraient pu inventer un plan plus efficace que la dégradation du mariage. ... Sophie Arnould, une actrice célèbre pour ses bons mots, appela le mariage républicain "le sacrement de l'adultère" [25]. »

« Là même où leur Seigneur a été crucifié [26]. » Cette précision apportée par la prophétie a aussi été accomplie par la France. En aucun autre pays l'esprit d'inimitié contre le Christ ne s'est manifesté de manière aussi frappante. En aucun autre pays la vérité n'a rencontré d'opposition plus farouche et plus cruelle. En persécutant

23. Sir Walter Scott, *Life of Napoleon* [La vie de Napoléon], volume 1, chapitre 17.
24. *Blackwood's Magazine*, novembre 1870.
25. Sir Walter Scott, *op. cit.*, *ibid.*
26. Apocalypse 11.8.

les confesseurs de l'Évangile, la France a crucifié le Christ en la personne de ses disciples.

Siècle après siècle, le sang des saints a été répandu. Pendant que les Vaudois donnaient leur vie dans les montagnes du Piémont, « à cause de la parole de Dieu et du témoignage de Jésus [27] », leurs frères, les Albigeois de France, rendaient un témoignage identique à la vérité. À l'époque de la Réforme, ces disciples avaient été mis à mort dans d'horribles tortures. Des rois et des nobles, des femmes de haute naissance et de délicates jeunes filles – l'orgueil et la chevalerie de la nation – s'étaient délectés de l'agonie des martyrs de Jésus. Les courageux Huguenots, combattant pour les droits que le cœur humain considère comme les plus sacrés, avaient versé leur sang sur nombre d'âpres champs de bataille. Les protestants étaient considérés comme des hors-la-loi, leur tête était mise à prix, et on les pourchassait comme des bêtes sauvages.

L'« Église du désert », les quelques descendants des anciens chrétiens qui restaient encore en France au dix-huitième siècle, se cachant dans les montagnes du Midi, avaient conservé la foi de leurs pères. Lorsqu'ils osaient s'assembler de nuit sur la montagne ou sur une lande solitaire, les dragons du roi les pourchassaient et les envoyaient à vie ramer sur les galères. Les Français les plus purs, les plus raffinés, les plus intelligents étaient enchaînés et soumis à d'horribles tortures au milieu des voleurs et des assassins [28]. D'autres, subissant un sort plus miséricordieux, étaient abattus de sang froid pendant que, sans armes et sans défense, ils étaient à genoux en prière. Des centaines de vieillards, de femmes sans défense et d'enfants innocents furent laissés pour morts sur le sol là où ils s'étaient assemblés. En traversant la montagne ou la forêt où ils avaient l'habitude de s'assembler, il n'était pas inhabituel de rencontrer « tous les quatre pas, des cadavres jonchant l'herbe et d'autres pendus aux arbres ». Leur pays, dévasté par l'épée, la hache et le bûcher, « fut transformé en un vaste désert désolé. [...] Ces atrocités furent perpétrées non pas à une époque de ténèbres, mais pendant le brillant siècle de Louis XIV. À cette époque, on cultivait les sciences, les lettres étaient florissantes, les prédicateurs de la cour et de la capitale étaient des hommes instruits et éloquents et se paraient des grâces de la douceur et de la charité [29]. »

Mais le plus noir dans le sombre catalogue du crime, le plus horrible de tous les actes démoniaques de tous ces terribles siècles fut le massacre de la Saint-Barthélemy. Le monde se souvient encore avec un frisson d'horreur des scènes de cette lâche et cruelle agression. Le roi de France, poussé par les prêtres et les prélats de l'Église romaine, accorda sa sanction à cette œuvre horrible. Une cloche, sonnant au milieu de la nuit, donna le signal du massacre. Par milliers, des protestants, qui dormaient paisiblement dans leurs maisons, faisant confiance à la parole d'honneur de leur roi, en furent arrachés sans avertissement et assassinés de sang froid.

De même que le Christ avait été le chef invisible de son peuple lorsqu'il l'arracha de la servitude en Égypte, de même Satan fut le chef invisible de ses sujets dans cette œuvre horrible de destruction. Pendant sept jours, le massacre se poursuivit à Paris, et durant les trois premiers jours avec une inconcevable furie. Il ne se limita pas à la ville elle-même, mais, par ordre spécial du roi, s'étendit à toutes les provinces et villes dans lesquelles se trouvaient des protestants. On n'eut égard ni à l'âge, ni

27. Apocalypse 1.9.
28. Voir J.A. Wylie, *Histoire du protestantisme*, livre 22, chapitre 6.
29. *Ibid.*, chapitre 7.

au sexe. On n'épargna ni le bébé innocent, ni le vieillard aux cheveux gris. Nobles et paysans, vieux et jeunes, mères et enfants furent abattus ensemble. Cette boucherie se poursuivit dans toute la France pendant deux mois. Soixante-dix mille personnes de la fine fleur de la nation périrent.

« Lorsque la nouvelle de ce massacre parvint à Rome, l'exultation parmi les membres du clergé ne connut pas de borne. Le cardinal de Lorraine récompensa le messager qui rapportait cette nouvelle en lui offrant mille couronnes ; les canons du Château Saint-Ange firent entendre un joyeux salut ; les cloches se mirent à sonner dans tous les clochers ; des feux de joie transformèrent la nuit en jour ; et le pape Grégoire XIII, accompagné des cardinaux et autres dignitaires ecclésiastiques, se rendit en une longue procession à l'église Saint-Louis, dans laquelle le cardinal de Lorraine chanta le *Te Deum*. [...] Une médaille fut frappée pour commémorer ce massacre. On peut encore voir au Vatican trois fresques de Vasari représentant le meurtre de l'amiral Coligny, le roi décidant ce massacre avec son Conseil, et le massacre lui-même. Le pape Grégoire XIII envoya la Rose d'or au roi Charles IX ; et, quatre mois après ce massacre, [...] il écouta complaisamment le sermon d'un prêtre français, [...] qui parla de "ce jour si rempli de bonheur et de joie, lorsque le Très Saint Père apprit la nouvelle et se rendit en grande pompe rendre gloire à Dieu et à Saint Louis" [30]. »

Le même esprit qui avait provoqué le massacre de la Saint-Barthélemy mena aussi aux scènes de la Révolution. On déclara que Jésus-Christ était un imposteur, et le cri de ralliement des incrédules français était « Écrasez l'infâme », c'est-à-dire Jésus-Christ. Les blasphèmes insultants envers le ciel et les actes abominables allaient la main dans la main. Les hommes les plus vils, les monstres les plus dévergondés de cruauté et de vice furent les plus exaltés. En tout cela, l'hommage suprême fut rendu à Satan, pendant que le Christ, dans son caractère de vérité, de pureté et d'amour désintéressé, était crucifié.

« La bête qui monte de l'abîme leur fera la guerre, les vaincra et les tuera [31]. » Le pouvoir athée qui gouverna la France pendant la Révolution et le règne de la Terreur livra cette guerre à Dieu et à sa sainte Parole comme le monde ne l'avait encore jamais vu. L'Assemblée nationale abolit le culte de la divinité. On rassembla les Bibles pour les brûler publiquement avec toutes les manifestations possibles de mépris. On foula aux pieds la loi de Dieu. On supprima les institutions bibliques. On abolit le jour de repos hebdomadaire, et, à sa place, on consacra chaque dixième jour aux réjouissances et aux blasphèmes. On interdit de célébrer le baptême et la communion. Des inscriptions placées bien en vue dans les cimetières déclaraient que la mort était un sommeil éternel.

On disait de la crainte de Dieu que, bien loin d'être « le commencement de la sagesse [32] », elle était le commencement de la folie. On interdit tous les services religieux, à l'exception de ceux célébrés en honneur de la liberté et de la nation. « L'évêque constitutionnel de Paris fut amené à jouer le rôle principal dans la farce la plus impudente et la plus scandaleuse jamais jouée dans une cérémonie nationale. [...] Il fut conduit en grande pompe et déclara devant la Convention que la religion qu'il avait enseignée pendant tant d'années n'était, à tous égards, qu'une invention des prêtres et qu'elle n'avait aucun fondement, ni dans l'histoire, ni dans la vérité

30. Henry White, *The Massacre of St. Bartholomew* [Le massacre de la Saint-Barthélemy], chapitre 14, paragraphe 34.
31. Apocalypse 11.7.
32. Psaume 111.10.

sacrée. Il nia, dans les termes les plus solennels et les plus explicites, l'existence de la divinité au culte de laquelle il avait été consacré, et s'engagea à l'avenir à rendre hommage à la liberté, à l'égalité, à la vertu et à la moralité. Puis il déposa sur la table ses ornements épiscopaux et reçut l'accolade fraternelle du président de la Convention. Plusieurs prêtres apostats suivirent l'exemple de ce prélat [33]. »

« Les habitants de la terre se réjouiront à leur sujet, ils feront la fête, ils s'enverront des présents les uns aux autres, parce que ces deux prophètes avaient tourmenté les habitants de la terre [34]. » La France incrédule avait réduit au silence la voix réprobatrice des deux témoins de Dieu. La parole de vérité gisait morte dans ses rues, et ceux qui haïssaient les restrictions et les exigences de la loi de Dieu jubilaient. Des hommes défièrent publiquement le Roi du ciel. Comme les pécheurs d'autrefois, ils s'écrièrent : « Comment Dieu saurait-il ? Y a-t-il même de la connaissance chez le Très-Haut [35] ? »

Avec une audace blasphématoire, presque incroyable, l'un des prêtres de cet ordre nouveau déclara : « Dieu, si tu existes, venge les injures faites à ton nom ! Je te défie ! Tu restes silencieux ; tu n'oses pas déclencher tes tonnerres. Qui, après cela, croira encore à ton existence [36] ? » N'est-ce un écho de la question du Pharaon : « Qui est le Seigneur, pour que je l'écoute [...] ? Je ne connais pas le Seigneur [...] [37] ! »

« Le fou se dit : Il n'y a pas de Dieu [38] ! » Et le Seigneur déclare au sujet de ceux qui pervertissent la vérité : « Leur stupidité sera évidente pour tous [39]. » Après que la France ait renoncé à adorer le Dieu vivant, « celui qui est haut placé, élevé, qui demeure à jamais [40] », il ne lui fallut que peu de temps avant de tomber dans l'idolâtrie la plus dégradante, en instaurant le culte de la Raison, personnifiée par une femme de mauvaise vie ; et ceci sous les yeux de l'assemblée qui représentait la nation, et par les plus hautes autorités civiles et législatives ! Un historien raconte : « L'une des cérémonies de cette époque de folie reste sans rivale pour l'absurdité comme pour l'impiété. Les portes de la Convention s'ouvrirent devant un groupe de musiciens, suivis des membres du corps municipal, qui entrèrent en procession solennelle en chantant un hymne à la gloire de la liberté et en escortant, comme objet de leur future adoration, une femme voilée, dénommée « déesse de la Raison ». Elle fut amenée dans l'enceinte centrale, dépouillée de son voile en grande pompe et placée à la droite du président. On reconnut alors une danseuse de l'Opéra. [...] C'est à cette personne, considérée comme le meilleur emblème de la raison, que la Convention nationale de la France rendit un hommage public.

« Cet enfantillage impie et ridicule eut une certaine vogue ; en effet, l'intronisation de la déesse de la Raison fut renouvelée et imitée dans toute la nation, là où les habitants voulaient se montrer à la hauteur de tous les sommets de la Révolution [41]. »

33. Sir Walter Scott, *op. cit.*, *ibid.*
34. Apocalypse 11.10.
35. Psaume 73.11.
36. Lacretelle, *Histoire*, volume 11, p. 309, cité par Sir Archibald Alison, *History of Europe* [Histoire de l'Europe], volume 1, chapitre 10.
37. Exode 5.2.
38. Psaume 14.1.
39. 2 Timothée 3.9.
40. Ésaïe 57.15.
41. Sir Walter Scott, *op. cit.*, *ibid.*

L'orateur qui introduisit le culte de la Raison déclara : « Législateurs, le fanatisme a cédé la place à la raison. Ses yeux louches n'ont pu soutenir l'éclat de la lumière. Aujourd'hui un peuple immense s'est porté sous ces voûtes gothiques, qui pour la première fois ont servi d'écho à la vérité. Là, les Français ont célébré le seul vrai culte, celui a de la liberté, celui de la raison. Là, nous avons formé des vœux pour la prospérité des armes de la République. Là, nous avons abandonné des idoles inanimées, pour la Raison, pour cette image animée, chef-d'œuvre de la nature[42]. »

Lorsqu'on amena cette déesse devant la Convention, l'orateur la prit par la main et, se tournant vers l'assemblée, déclara : « Mortels, cessez de trembler devant les tonnerres impuissants d'un Dieu que vos craintes ont créé. Ne reconnaissez plus désormais d'autre divinité que la Raison. Je vous présente sa plus noble et sa plus pure image ; s'il vous faut des idoles, ne sacrifiez qu'à des idoles comme celle-ci. [...] Tombe devant l'auguste Sénat de la Liberté, ô, voile de la Raison ! »

« La déesse, après avoir reçu l'accolade du président, fut hissée sur un magnifique char et conduite, au milieu d'une foule immense, à la cathédrale Notre-Dame, pour remplacer la divinité. Là, on la hissa sur le grand autel, et elle reçut l'adoration de toutes les personnes présentes [43]. »

Peu de temps après, on brûla la Bible en public. À une certaine occasion, les membres de « la Société populaire de la section du Musée entra au Conseil en criant : Vive la Raison! et, portant au bout d'un bâton les restes d'un livre encore fumant, elle annonce que les bréviaires, les missels, les heures, les oraisons de Sainte-Brigitte, l'Ancien et le Nouveau Testament ont expié, dans un grand feu, sur la place du Temple de la Raison, toutes les sottises qu'ils ont fait commettre à l'espèce humaine [44]. »

C'est le papisme qui avait commencé l'œuvre que l'athéisme était maintenant occupé à compléter. C'est le gouvernement de l'Église romaine qui avait produit ces conditions sociales, politiques et religieuses qui précipitaient la France vers la ruine. Des écrivains, mentionnant les horreurs de la Révolution, disent que c'est au trône et à l'Église que la responsabilité de ces excès doit être attribuée [45]. En stricte justice, c'est l'Église qui en porte la responsabilité. Le papisme avait empoisonné l'esprit des rois contre la Réforme en prétendant qu'elle était un ennemi de la couronne et un élément de discorde qui serait fatal à la paix et à l'harmonie de la nation. C'est l'esprit de l'Église romaine qui, par ce moyen, avait inspiré les plus affreux actes de cruauté et l'oppression la plus insupportable provenant du trône.

L'esprit de liberté avait accompagné la Bible. Partout où l'Évangile était reçu, l'esprit des gens s'éveillait. Ils commencèrent à rejeter les chaînes qui les avaient maintenus dans l'esclavage de l'ignorance, du vice et de la superstition. Ils commencèrent à penser et à agir comme des hommes. Les monarques s'en rendirent compte et tremblèrent pour leur despotisme.

L'Église romaine ne perdit pas de temps pour attiser leurs craintes jalouses. Le pape déclara au régent de France en 1525 : « Cette forcènerie [le protestantisme] ne se contentera pas de brouiller la religion et de la détruire, mais aussi principautés,

42. M.A. Thiers, *Histoire de la Révolution française*, volume 2, p. 370, 371.
43. Sir Archibald Alison, *op. cit.*, *ibid.*
44. *Journal de Paris*, 1793, n° 318, cité par Buchez-Roux, *Collection d'Histoire parlementaire*, volume 30, p. 200, 201.
45. Voir appendice, note 24.

lois, ordres et même rangs[46]. » Quelques années plus tard, un nonce papal avertit le roi en ces termes : « Sire, ne vous y trompez pas, les protestants porteront atteinte à l'ordre civil comme à l'ordre religieux. Le trône est en danger tout autant que l'autel. L'introduction d'une religion nouvelle doit entraîner nécessairement un gouvernement nouveau[47]. » Les théologiens faisaient appel aux préjugés du peuple en déclarant que la doctrine protestante « séduit les hommes pour les porter vers les nouveautés et la folie ; elle prive le roi de l'affection de ses sujets et dévaste l'Église aussi bien que l'État. » C'est ainsi que l'Église romaine réussit à dresser la France contre la Réforme. « C'est pour soutenir le trône, préserver la noblesse et maintenir les lois que l'épée de la persécution fut d'abord dégainée en France [48]. »

Les dirigeants du pays ne se doutaient guère de ce qu'allaient être les conséquences de cette politique fatale. L'enseignement de la Bible aurait implanté dans l'esprit et dans le cœur des hommes les principes de justice, de tempérance, de vérité, d'équité et de bonté qui sont la pierre angulaire même de la prospérité d'une nation. « La justice élève une nation [49]. » « C'est par la justice que le trône s'affermit [50]. » « L'œuvre de la justice sera la paix, et l'ouvrage de la justice, la tranquillité et la sécurité pour toujours [51]. » Celui qui obéit aux lois divines ne manquera pas de respecter celles de son pays et de leur obéir. Celui qui craint Dieu honorera le roi dans l'exercice de son autorité juste et légitime. Mais la malheureuse France avait interdit la Bible et banni ses disciples. Siècle après siècle, des hommes de principe et d'intégrité, des hommes doués de perspicacité intellectuelle et de force morale, ayant le courage de leurs convictions et la foi qui consent à souffrir pour la vérité, peinèrent comme des esclaves sur les galères, moururent sur le bûcher ou pourrirent dans des cachots. Des milliers et des milliers trouvèrent la sécurité dans la fuite ; et ceci dura deux cent cinquante ans après les débuts de la Réforme !

« À peine eut-il une génération de Français, au cours de cette longue période, qui ne fût témoin de la fuite des disciples du Christ devant la folle fureur de leurs persécuteurs en emportant avec eux l'intelligence, les arts, l'industrie, l'esprit d'ordre, dans lesquels ils excellaient généralement, allant ainsi enrichir les pays dans lesquels ils trouvaient asile. Proportionnellement à la richesse qu'ils apportaient avec ces dons, ils en dépouillèrent leur propre pays. Si tout ce qui avait été banni avait été conservé en France ; si, au cours de ces trois siècles, ces exilés avaient cultivés les sol national en utilisant leur savoir-faire et leur application ; si leur esprit ingénieux avait perfectionné ses manufactures ; si leur génie créatif et leur puissance d'analyse avait enrichi sa littérature et fait progresser sa science ; si leur sagesse avait dirigé ses conseils ; si leur bravoure avait livré ses batailles ; si leur équité avait rédigé ses lois ; et si la religion de la Bible avait fortifié l'intellect et gouverné la conscience des gens du peuple, quelle aurait été la gloire de la France aujourd'hui ! Quel grand pays, prospère et heureux, quel modèle pour toutes les nations, elle aurait été !

« Mais une bigoterie aveugle et inexorable chassa de son sol tous les maîtres de vertu, tous les champions de l'ordre, tous les honnêtes défenseurs du trône. Elle

---

46. Geneviève de Félice, *Histoire des protestants de France*, livre 1, chapitre 2, paragraphe 8.
47. J.H. Merle d'Aubigné, *Histoire de la Réformation en Europe à l'époque de Calvin*, livre 2, chapitre 36.
48. J.A. Wylie, *op. cit.*, livre 13, chapitre 4.
49. Proverbes 14.34.
50. Proverbes 16.12.
51. Ésaïe 32.17.

dit aux hommes qui auraient fait la renommée et la gloire de leur pays : "Choisissez entre le bûcher et l'exil !" La ruine de l'État fut enfin complète ; il ne resta plus de conscience à proscrire ; plus de religion à traîner sur le bûcher ; plus de patriotisme à pousser à l'exil [52]. » La Révolution, avec toutes ses horreurs, en fut le triste résultat.

« Avec la fuite des Huguenots, un déclin général s'abattit sur la France. Des villes industrielles prospères tombèrent en ruines ; des régions fertiles retournèrent à l'état sauvage ; la morosité intellectuelle et le déclin moral succédèrent à une période de progrès sans précédent. Paris devint un gigantesque hospice ; on estime qu'au moment où éclata la Révolution, deux cent mille indigents étaient nourris par le roi. Seuls les Jésuites prospéraient dans cette nation en pleine décadence ; ils régnaient avec une terrible tyrannie sur les églises et les écoles, sur les prisons et les galères. »

L'Évangile aurait apporté à la France la solution des problèmes politiques et sociaux déjouant l'habileté de son clergé, de son roi et de ses législateurs, et qui plongeaient finalement cette nation dans l'anarchie et la ruine. Mais, sous la domination de Rome, les gens du peuple avaient oublié les précieuses leçons du Sauveur sur le sacrifice de soi et sur l'amour désintéressé. Ils avaient été détournés de la pratique de l'abnégation pour le bien des autres. Aucune réprimande n'avait été adressée aux riches qui opprimaient les pauvres ; aucune aide n'avait été apportée aux pauvres dans leur servitude et leur dégradation. L'égoïsme des riches et des puissants était devenu de plus en plus manifeste et oppressant. Pendant des siècles, la cupidité et la débauche de la noblesse avaient conduit à l'exploitation impitoyable des paysans. Les riches lésaient les pauvres, et les pauvres haïssaient les riches.

Dans de nombreuses provinces, la terre était aux mains des nobles. Les classes laborieuses n'étaient que locataires des terres qu'elles cultivaient ; elles étaient au pouvoir de leurs propriétaires et étaient forcées de se soumettre à leurs exorbitantes exigences. Le fardeau d'entretenir à la fois l'Église et l'État retombait sur les classes moyennes et populaires, lourdement imposées par les autorités civiles et ecclésiastiques. « Le bon plaisir des nobles était considéré comme la loi suprême ; les fermiers et les paysans pouvaient mourir de faim ; leurs oppresseurs ne s'en souciaient guère. [...] Les gens du commun étaient forcés, à tout instant, à servir les intérêts exclusifs de leur propriétaire. La vie des ouvriers agricoles était une vie de travail incessant et de misère sans espoir ; leurs plaintes, s'ils osaient les exprimer, étaient traitées avec un mépris insolent. Les tribunaux donnaient toujours raison à un noble plutôt qu'à un paysan ; il était notoire que les juges recevaient des pots-de-vin et le plus petit caprice de l'aristocratie avait force de loi, en vertu de ce système de corruption universelle. Des impôts extorqués au Tiers-État par les magnats séculiers d'un côté et le clergé de l'autre, pas même la moitié ne parvenait dans le trésor royal ou épiscopal ; le reste était dilapidé en festins et en débauches. Les hommes qui appauvrissaient ainsi leurs semblables étaient eux-mêmes exempts d'impôts et avaient accès, par la loi ou par la coutume, à toutes les charges de l'État. Les classes privilégiées s'élevaient à cent cinquante mille personnes ; et c'est pour leur plaisir que des millions de personnes étaient condamnées à une vie de désespoir et de dégradation [53]. »

52. J.A. Wylie, *op. cit.*, livre 13, chapitre 20.
53. Voir appendice, note 25.

La cour s'adonnait au luxe et à la débauche. Il existait peu de confiance entre les gens du peuple et les dirigeants. On se méfiait de toutes les mesures prises par le gouvernement, considérées comme intrigantes et égoïstes. Pendant plus d'un demi-siècle avant la Révolution, le trône fut occupé par Louis XV, qui, même pour l'époque, était considéré comme un monarque indolent, frivole et sensuel. Avec une aristocratie dépravée et cruelle et une classe inférieure appauvrie et ignorante, un État dans des embarras financiers perpétuels et les gens du peuple exaspérés, il n'était pas nécessaire d'être prophète pour prévoir qu'une terrible explosion était sur le point de d'éclater. Aux avertissements de ses conseillers, le roi avait coutume de répondre : « Tâchez de faire durer les choses tant que je serai en vie ; après ma mort, advienne que pourra ! » C'est en vain qu'on lui présenta la nécessité d'une réforme. Il se rendait compte des maux, mais n'avait ni le courage, ni le pouvoir d'y remédier. Le sort qui attendait la France ne fut que trop bien illustré par sa réponse indolente et égoïste : « Après moi le déluge ! »

En jouant sur la jalousie des rois et des classes dirigeantes, l'Église romaine les avait poussés à maintenir le peuple dans la servitude, sachant bien qu'ainsi elle affaiblirait l'État et affermirait son pouvoir à la fois sur les dirigeants et sur le peuple. Avec une politique clairvoyante, elle s'était aperçue que pour asservir efficacement les hommes, il fallait aussi lier leurs âmes ; le plus sûr moyen de les empêcher de se libérer de leurs chaînes était de leurôter ainsi toute velléité de liberté. La dégradation morale qui résultait de cette politique était mille fois plus terrible que les souffrances physiques en découlant. Privé de la Bible et abandonné aux enseignements de la bigoterie et de l'égoïsme, le peuple était plongé dans l'ignorance, la superstition et le vice, de sorte qu'il était totalement incapable de se gouverner par lui-même.

Mais les conséquences de tout cela différaient grandement de ce que l'Église romaine avait eu l'intention de réaliser. Au lieu de maintenir les masses populaires dans la soumission aveugle à ses dogmes, son œuvre en fit des incrédules et des révolutionnaires. Ces hommes méprisaient le romanisme qu'ils voyaient comme une invention des prêtres et considéraient le clergé comme étant de leurs oppresseurs. Le seul Dieu qu'ils connaissaient était celui de l'Église romaine ; son enseignement était leur seule religion. Ils considéraient sa cupidité et sa cruauté comme des fruits légitimes de la Bible dont ils ne voulaient plus entendre parler.

L'Église romaine avait donné une fausse image du caractère de Dieu en pervertissant ses exigences. En conséquence, les hommes rejetaient à la fois la Bible et son Auteur. Cette Église avait exigé une foi aveugle en ses dogmes, sous la prétendue sanction des Écritures. En réaction, Voltaire et ses associés rejetèrent entièrement la Parole de Dieu et répandirent partout le poison de l'incrédulité. L'Église romaine avait écrasé le peuple sous son talon de fer ; et les masses populaires, dégradées et abruties, en repoussant sa tyrannie, rejetèrent aussi toute contrainte. Enragées par la brillante fraude à laquelle elles avaient rendu hommage pendant si longtemps, elles rejetèrent en même temps la vérité et l'erreur ; et, confondant licence et liberté, les esclaves du vice exultèrent dans leur prétendue liberté.

Au commencement de la Révolution, par concession royale, le peuple avait obtenu aux États généraux une représentation dépassant celle de la noblesse et du clergé réunis. Ainsi, la balance politique était entre ses mains ; mais il n'était pas préparé à s'en servir avec sagesse et modération. Désireux de redresser les torts qu'il avait subis, il décida d'entreprendre la reconstruction de la société. Une population aigrie par la souffrance et par le souvenir des vieilles injustices, décida de renverser son état de misère, devenu insupportable, et de se venger de ceux qu'elle considérait comme responsables de ses souffrances. Les opprimés mirent en œuvre les leçons qu'ils avaient apprises sous la domination de la tyrannie et devinrent les oppresseurs de ceux qui les avaient accablés.

La malheureuse France récolta dans le sang la moisson qu'elle avait semée. Les conséquences de sa soumission au pouvoir dominateur de l'Église romaine furent terribles. Là où, sous l'influence de Rome, elle avait dressé le premier bûcher au début de la Réforme, la Révolution dressa sa première guillotine. À l'endroit même où les premiers martyrs de la foi protestante avaient été brûlés au seizième siècle, les premières victimes de la Révolution furent guillotinées au dix-huitième. En rejetant l'Évangile, qui lui aurait apporté la guérison, la France avait ouvert la porte à l'incrédulité et à la ruine. Lorsqu'on eut rejeté les restrictions de la loi divine, on découvrit que celles des hommes étaient impuissantes à endiguer la marée montante des passions humaines et la nation sombra dans la révolte et l'anarchie. La guerre contre la Bible inaugura une ère qui est restée connue dans l'histoire du monde sous le nom de « règne de la Terreur ». La paix et le bonheur furent bannis des foyers et des cœurs. Personne n'était en sécurité. Celui qui triomphait aujourd'hui était soupçonné et condamné le lendemain. La violence et la débauche dominaient sans conteste.

Le roi, le clergé et la noblesse furent forcés de se soumettre aux atrocités infligées par la populace excitée et en démence. L'exécution du roi ne fit que stimuler sa soif de vengeance ; et ceux qui avaient décidé sa mort le suivirent bientôt sur l'échafaud. Un massacre général de toutes les personnes soupçonnées d'hostilité à l'égard de la Révolution fut décidé. Les prisons regorgeaient ; à un certain moment, elles contenaient plus de deux cent mille prisonniers. Les villes du royaume étaient témoins de scènes d'horreur. Un parti révolutionnaire était opposé à un autre parti. La France se transforma en un vaste champ de bataille, sur lequel s'affrontaient des masses opposées dominées par la fureur de leurs passions. « À Paris, un tumulte succédait à un autre, et les citoyens étaient divisés en un éventail de factions qui semblaient n'avoir d'autre but que leur extermination mutuelle. » Pour ajouter encore à la misère générale, la nation fut impliquée dans une guerre prolongée et dévastatrice avec les grandes puissances européennes. « Le pays était presque ruiné, les armées réclamaient leurs arriérés de solde, les Parisiens mouraient de faim, les provinces étaient dévastées par des brigands et la civilisation fut presque éteinte dans l'anarchie et la licence. »

Le peuple n'avait que trop bien appris les leçons de cruauté et de torture que Rome lui avait enseignées avec tant de zèle. Le jour de la rétribution était enfin arrivé. Ce n'était plus les disciples de Jésus qu'on jetait dans les cachots et qu'on traînait sur le bûcher. Il y avait longtemps qu'ils avaient péri ou avaient été contraints à l'exil. L'impitoyable Église romaine sentit alors le pouvoir mortel de ceux qu'elle avait habitués à prendre plaisir aux scènes sanglantes. « La persécution dont le clergé de France avait donné l'exemple pendant tant de siècles retombait maintenant sur lui avec une vigueur insigne. Les échafauds étaient rougis du sang des prêtres. Les galères et les prisons, autrefois remplies de Huguenots, regorgeaient aujourd'hui de leurs persécuteurs. Enchaînés à leur banc et peinant à la rame, les membres du clergé catholique romain vécurent toutes les souffrances que leur Église avait si généreusement infligées aux doux hérétiques [54]. »

« Puis arrivèrent les jours où le plus barbare de tous les codes fut appliqué par un tribunal plus barbare encore ; où personne ne pouvait saluer ses voisins ou dire ses prières sans risquer de commettre un crime capital ; où des espions étaient cachés dans chaque coin ; où la guillotine était à l'œuvre chaque matin ; où les prisons aussi pleines que les soutes d'un bateau négrier ; où des caniveaux écumant de sang se déversaient dans la Seine. Pendant que les tombereaux amenaient qutodiennement à leur sort leur chargement de victimes à travers les rues de Paris, les proconsuls, que le Comité de Salut public avait envoyés dans les départements, se délectaient de sévices d'une cruauté que même la capitale n'avait pas connue. Le couperet de la machine à tuer tombait et se relevait trop lentement pour leur œuvre de massacre. De longues rangées de captifs étaient abattues à la mitraille. On perçait des trous dans le fond de péniches chargées de prisonniers. Lyon fut transformé en désert. À Arras, on refusa même aux prisonniers la cruelle miséricorde d'une mort rapide. Tout le long de la Loire, de Saumur à la mer, des nuées de corbeaux et de vautours se repaissaient de la chair de cadavres nus enchevêtrés dans de répugnantes étreintes. Aucune miséricorde n'était accordée ni au sexe ni à l'âge. Le nombre de jeunes gens et de jeunes filles de dix-sept ans assassinés par cet exécrable gouvernement se compte par centaines. Des Jacobins lançaient d'une pique à l'autre des bébés arrachés au sein de leur mère [55]. » Dans le court espace de dix ans, des multitudes d'êtres humains périrent.

C'était bien ce que désirait Satan. C'est à cela qu'il avait travaillé pendant des siècles. Sa politique consiste à tromper du début à la fin. Son dessein persévérant est d'amener le malheur et la misère sur les hommes, de défigurer et de souiller l'œuvre de Dieu, de contrecarrer le dessein divin de bienveillance et d'amour, et ainsi, de causer du chagrin dans le ciel. Puis, par ses arts trompeurs, il aveugle l'esprit des hommes et les amène à rejeter le blâme sur Dieu, comme si toute cette misère était le résultat des plans du Créateur. De même, lorsque ceux que son cruel pouvoir a dégradés et abrutis obtiennent la liberté, il les pousse à des excès et à des atrocités que les tyrans et les oppresseurs présentent ensuite comme une illustration des conséquences de la liberté.

Lorsque le mal est reconnu sous une forme, Satan se contente de le revêtir d'un autre déguisement, que les foules acceptent avec autant d'empressement que le premier. Lorsque le peuple découvrit que le romanisme était une tromperie, et que Satan ne put plus amener les gens à transgresser la loi de Dieu en utilisant ce moyen, il les poussa à considérer toute religion comme une fraude et la Bible comme une fable. Rejetant ainsi les statuts divins, ils se livrèrent à une iniquité sans frein.

L'erreur fatale qui amena tant de malheurs sur les habitants de la France fut d'ignorer cette grande vérité, à savoir que la véritable liberté se trouve dans l'obéissance à la loi de Dieu. « O ! si tu prêtais attention à mes commandements ! Ta paix serait comme un fleuve et ta justice comme les flots de la mer [56]. » « Il n'y a

54. Voir appendice, note 26.
55. Voir appendice, note 27.
56. Ésaïe 48.18.

pas de paix, dit le Seigneur, pour les méchants [57]. » « Mais celui qui m'écoute demeurera en sécurité, il vivra tranquille, sans que le malheur l'effraie [58]. »

Les athées, les incrédules et les apostats s'opposent cette loi et la dénoncent ; mais le résultat de leur influence prouve que le bien-être de l'homme est associé à son obéissance aux statuts divins. Ceux qui ne veulent pas lire cette leçon dans le livre de Dieu sont invités à le lire dans l'histoire des nations.

Lorsque Satan travaillait par l'intermédiaire de l'Église romaine pour détourner les hommes de l'obéissance, son instrument était caché, et son œuvre déguisée, de manière à ce que la dégradation et la misère qui en résultaient ne soient pas considérées comme les fruits de la transgression ; mais son pouvoir était contrecarré par l'œuvre de l'Esprit de Dieu au point que ses desseins ne pouvaient atteindre leur pleine réalisation. Les gens du commun ne faisaient pas remonter les effets à la cause et ne découvraient pas la source de leurs misères. Mais, sous la Révolution, l'Assemblée nationale écarta ouvertement la loi de Dieu ; et, sous le règne de la Terreur qui s'ensuivit, chacun put voir la relation de cause à effet.

Lorsque la France rejeta publiquement Dieu et mit de côté la Bible, les hommes méchants et les esprits des ténèbres exultèrent d'avoir obtenu ce qu'ils désiraient depuis si longtemps : un royaume affranchi de toutes les restrictions de la loi de Dieu. « Parce qu'une sentence contre une mauvaise action n'est pas exécutée rapidement, le cœur des humains, au-dedans d'eux, est rempli du désir de mal agir [59]. » La transgression d'une loi juste et droite conduit immanquablement à la misère et à la ruine. Bien que la méchanceté des hommes n'ait pas reçu immédiatement sa rétribution, elle scellait néanmoins leur sort avec certitude.

Des siècles d'apostasie et de crimes avaient « amassé un trésor de colère pour le jour de la colère [60] » ; et une fois que leur iniquité fut complète, ceux qui avaient méprisé Dieu apprirent trop tard que lasser la patience divine est une chose terrible. Dans une large mesure, Dieu retira son Esprit – qui retient le mal en imposant des restrictions au cruel pouvoir de Satan – et celui-ci dont le seul plaisir est la misère des hommes put agir à sa guise. Ceux qui avaient choisi de se mettre au service de la rébellion durent récolter ses fruits jusqu'à ce que le pays soit couvert de crimes trop horribles pour être rapportés. Des provinces dévastées et des villes en ruine, un terrible cri se fit entendre, un cri d'amère angoisse. La France fut secouée comme par un tremblement de terre. La religion, la loi, l'ordre social, la famille, l'État et l'Église, tous furent frappés par la main impie qui s'était dressée contre la loi de Dieu. Le sage avait dit vrai : « Le méchant tombe par sa méchanceté [61]. » « Le pécheur peut mal agir cent fois et prolonger son existence, je sais pourtant, moi, qu'il y aura du bonheur pour ceux qui craignent Dieu, parce qu'ils ont de la crainte devant lui ; mais il n'y aura pas de bonheur pour le méchant [62]. » « Parce qu'ils ont détesté la connaissance et qu'ils n'ont pas choisi la crainte du Seigneur, [...] ils mangeront le fruit de leur voie et ils seront rassasiés de leurs propres conseils [63]. »

---

57. Ésaïe 48.22.
58. Proverbes 1.33.
59. Ecclésiaste 8.11.
60. Romains 2.5.
61. Proverbes 11.5.
62. Ecclésiaste 8.12, 13.
63. Proverbes 1.29, 31.

Les fidèles témoins de Dieu, mis à mort par la puissance blasphématrice « qui monte de l'abîme [64] », ne devaient pas rester longtemps silencieux. « Après les trois jours et demi, un esprit de vie venant de Dieu entra en eux, et ils se tinrent sur leurs pieds ; une grande crainte s'empara de ceux qui les voyaient [65]. » C'est en 1793 que l'Assemblée nationale avait promulgué les décrets qui abolissaient la religion chrétienne et mettaient de côté la Bible. Trois ans et demi plus tard, ce même corps législatif adopta une résolution qui annulait ces décrets, accordant ainsi la libre diffusion des Écritures. Le monde avait regardé avec stupéfaction les effroyables conséquences du rejet des Oracles Sacrés, et reconnut la nécessité de la foi en Dieu et en sa Parole comme fondation de la vertu et de la moralité. Le Seigneur avait dit : « Qui as-tu outragé et injurié ? Contre qui as-tu élevé la voix ? Tu as levé les yeux en haut, sur le Saint d'Israël [66] ! » « C'est pourquoi je leur fais connaître, cette fois-ci je leur ferai connaître la vigueur de ma main ; ainsi ils sauront que mon nom est le Seigneur [67]. »

Le prophète déclare encore au sujet de ces deux témoins : « Ils entendirent du ciel une voix forte qui leur disait : Montez ici ! Ils montèrent au ciel dans la nuée, et leurs ennemis les virent [68]. » Depuis que la France a fait la guerre aux deux témoins de Dieu, ils ont été honorés comme jamais auparavant. En 1804 fut organisée la Société biblique britannique et étrangère. Elle fut suivie de sociétés semblables, possédant de nombreuses branches, sur le continent européen. En 1816 fut fondée la Société biblique américaine[1]. Au moment de la fondation de la Société biblique britannique et étrangère, la Bible avait été imprimée et diffusée dans cinquante langues. Elle a été traduite depuis en des centaines de langues et dialectes [69].

Pendant les cinquante années qui précédèrent 1792, peu d'attention avait été accordée à l'œuvre des missions étrangères. Aucune nouvelle société ne fut formée, et il n'y eut que peu d'églises qui firent des efforts pour la propagation du christianisme dans les pays païens. Mais, vers la fin du dix-huitième siècle, un grand changement se produisit. On ne se satisfaisait plus des conséquences du rationalismeet on prit conscience de la nécessité de la révélation divine et d'une religion expérimentale. À partir de ce moment, l'œuvre des missions étrangères connut une croissance sans précédent [70].

Les progrès de l'imprimerie donnèrent de l'élan à la diffusion de la Bible. L'amélioration des moyens de communication entre les différents pays, l'effondrement des anciennes barrières de préjugés et d'exclusivisme national et la perte du pouvoir séculier du pontife de l'Église romaine ouvrirent la voie à la Parole de Dieu. Pendant quelques années, la Bible fut vendue sans contraintes dans les rues de Rome, et elle a maintenant été apportée dans toutes les parties habitées du globe.

L'incrédule Voltaire s'était un jour vanté : « Je suis las d'entendre répéter que douze hommes ont fondé la religion chrétienne. Je prouverai qu'un seul homme peut suffire à la renverser. » Des générations ont passé depuis sa mort. Des millions

64. Apocalypse 11.7.
65. Apocalypse 11.11.
66. Ésaïe 37.23.
67. Jérémie 16.21.
68. Apocalypse 11.12.
69. Voir appendice, note 28.
70. Voir appendice, note 29.

de personnes ont participé à la guerre contre la Bible. Mais elle est si loin d'avoir été détruite que, là où il y en avait cent exemplaires à l'époque de Voltaire, il y en a maintenant dix mille, que dis-je, cent mille exemplaires du Livre de Dieu. Pour citer les paroles d'un des premiers réformateurs au sujet de l'Église chrétienne, « la Bible est une enclume qui a usé bien des marteaux. » Le Seigneur avait dit : « Toute arme forgée contre toi sera sans effet ; et toute langue qui s'élèvera en justice contre toi, tu la condamneras [71]. »

« La parole de notre Dieu subsistera toujours [72]. » « Toutes ses directives sont sûres, pour toujours, à jamais inébranlables, faites avec loyauté et droiture [73]. » Tout ce qui est construit sur l'autorité de l'homme sera renversé ; mais ce qui est fondé sur le rocher de la Parole immuable de Dieu demeurera éternellement.

---

71. Ésaïe 54.17.
72. Ésaïe 40.8.
73. Psaume 111.7, 8.
1. N. D. E. : En 1818, la Société biblique protestante de Paris fut créée.

16

Les Pères Pèlerins

Tout en renonçant aux doctrines de l'Église romaine, les réformateurs anglais en avaient conservé de nombreuses formes. Aussi, bien que l'autorité et le credo de Rome aient été rejetés, un grand nombre de ses coutumes et cérémonies furent incorporées dans le culte de l'Église anglicane. On prétendait que ces choses n'étaient pas une affaire de conscience ; que, bien qu'elles ne soient pas ordonnées par l'Écriture, donc non essentielles, elles n'étaient pas non plus interdites, et n'étaient donc pas intrinsèquement mauvaises. L'observation de ces coutumes tendait à réduire la distance qui séparait les Églises réformées de l'Église romaine, et on faisait valoir qu'elles pourraient faciliter l'acceptation de la foi protestante par les catholiques.

Pour les conservateurs et ceux qui étaient prêts aux compromis, ces arguments paraissaient concluants. Mais il y avait une autre catégorie de personnes qui ne voyait pas les choses du même œil. Le fait que ces coutumes « tendaient à combler l'abîme qui séparait l'Église de Rome de la Réforme [1] » était, à leurs yeux, un argument suffisant à les proscrire. Elles les considéraient comme des insignes de l'esclavage auquel elles venaient d'échapper et sous lequel elles n'étaient nullement disposées à se replacer. Elles croyaient que Dieu avait, dans sa Parole, déterminé les règles régissant le culte qui lui est dû, et que les hommes ne sont pas libres d'y ajouter ou d'en retrancher quoi que ce soit. Les tout premiers pas dans la grande apostasie avaient consisté en une tentative de joindre l'autorité de l'Église à celle de Dieu. Rome avait commencé par ordonner ce que Dieu n'avait pas interdit, et fini par interdire ce qu'il avait expressément ordonné.

De nombreuses personnes désiraient ardemment revenir à la pureté et à la simplicité qui avaient caractérisé l'Église primitive. Elles considéraient de nombreuses coutumes établies de l'Église anglicane comme des monuments à l'idolâtrie et ne pouvaient, en conscience, participer

---

1. Martyn, *The Life and Times of Luther* [La vie et l'époque de Luther], volume 5, p. 22

à son culte. Mais l'Église, soutenue par l'autorité civile, n'autorisait aucune dissidence. La loi exigeait la fréquentation de ses offices et interdisait les cultes non autorisés sous peine de prison, d'exil et de mort.

Au début du dix-septième siècle, le monarque qui venait de monter sur le trône d'Angleterre déclara son intention d'amener les Puritains « à se conformer ou [...] à être expulsés du pays, ou pire encore [2]. » Pourchassés, persécutés et emprisonnés, ils ne pouvaient discerner dans l'avenir aucune promesse de jours meilleurs. Beaucoup d'entre eux parvinrent à la conviction que, pour ceux qui voulaient servir Dieu selon les exigences de leur conscience, « l'Angleterre avait cessé pour toujours d'être un lieu habitable [3]. » Quelques-uns décidèrent enfin de chercher refuge en Hollande. Ils rencontrèrent des difficultés, des pertes matérielles et furent emprisonnés. Leurs desseins étaient contrecarrés ; ils furent trahis et livrés entre les mains de leurs ennemis. Mais leur persévérance inébranlable remporta finalement la victoire. Ils trouvèrent refuge sur les rivages hospitaliers de la République hollandaise.

Dans leur fuite, ils avaient dû abandonner maisons, biens et moyens de subsistance. Ils se retrouvèrent étrangers dans ce pays, au milieu d'une population parlant une langue autre que la leur et pratiquant des coutumes différentes. Ils furent forcés, pour gagner leur vie, de s'adonner à des occupations qu'ils n'avaient encore jamais pratiquées. Des hommes d'âge mûr, qui avaient passé leur vie à cultiver le sol, durent apprendre des métiers mécaniques. Mais ils acceptèrent avec joie cette situation et ne perdirent pas de temps à paresser ni à se plaindre. Bien que vivant souvent dans une grande pauvreté, ils remerciaient Dieu pour les bénédictions qui leur étaient accordées et trouvaient leur joie dans la communion spirituelle que rien ne venait plus perturber. « Ils savaient qu'ils étaient pèlerins et ne se mettaient en peine de rien, mais levaient les yeux vers le ciel, leur patrie la plus chère, ce qui ravivait leur courage [4]. »

Au sein de l'exil et de l'adversité, leur amour et leur foi se fortifièrent. Ils faisaient confiance aux promesses du Seigneur, qui ne leur fit pas défaut au moment du besoin. Des anges furent envoyés à leurs côtés pour les encourager et les soutenir. Et lorsque la main de Dieu sembla pointer du doigt un pays, au-delà de l'océan, où ils pourraient fonder

2. George Bancroft, *History of the United States of America* [Histoire des États-Unis d'Amérique], première partie, chapitre 12, paragraphe 6.
3. J.G. Palfrey, *History of New England* [Histoire de la Nouvelle-Angleterre], chapitre 3, paragraphe 43.
4. George Bancroft, *op. cit.*, première partie, chapitre 12, paragraphe 15.

un État et léguer à leurs enfants le précieux héritage de la liberté religieuse, ils allèrent de l'avant sans se dérober et suivirent la voie que la providence leur indiquait.

Dieu avait permis que des épreuves s'abattent sur son peuple pour le préparer à voir s'accomplir les gracieux desseins qu'il avait à son égard. L'Église avait été humiliée avant d'être exaltée. Dieu était sur le point de manifester sa puissance en sa faveur et de montrer au monde qu'il n'abandonne pas ceux qui se confient en lui. Il avait dirigé les événements pour que la colère de Satan et les complots des hommes méchants contribuent à sa gloire et à mettre son peuple en lieu sûr. La persécution et l'exil ouvraient la voie à la liberté.

Lorsqu'ils avaient été contraints de se séparer de l'Église anglicane, les Puritains s'étaient associés par une alliance solennelle, en tant que peuple libre de l'Éternel, promettant de « marcher ensemble dans toutes les voies que Dieu leur avait fait et ferait connaître[5]. » C'était là le véritable esprit de la réforme, le principe essentiel du protestantisme. C'est dans ce but que les Pères Pèlerins quittèrent la Hollande pour s'installer dans le Nouveau Monde. John Robinson, leur pasteur, qui fut providentiellement empêché de les accompagner, déclara dans son discours d'adieu aux exilés :

« Mes frères, nous allons bientôt nous séparer, et le Seigneur sait si je vivrai assez longtemps pour revoir un jour vos visages. Mais, qu'il en ait décidé ainsi ou non, je vous exhorte devant Dieu et ses saints anges à ne pas me suivre plus loin que j'ai suivi le Christ. Si Dieu vous révèle quoi que ce soit par tout autre de ses instruments, soyez aussi prêts à le recevoir que vous l'avez été pour recevoir toute vérité transmise par mon ministère ; car j'ai cette ferme assurance que le Seigneur a encore davantage de vérité et de lumière à faire jaillir de sa sainte Parole [6]. »

« Pour ma part, je ne peux suffisamment déplorer l'état des Églises réformées, qui se sont immobilisées dans leur religion et ne veulent pas aller plus loin que ceux qui ont servi d'instruments à leur réforme. On ne peut amener les luthériens à aller plus loin que ce que Luther a vu ; [...] quant aux calvinistes, vous le voyez, ils restent là où les a laissés ce grand homme de Dieu, qui, cependant, n'a pas tout vu. C'est un malheur qu'on doit déplorer ; car, bien que ces hommes aient été des lumières brûlantes et brillantes à leur époque, cependant, ils n'ont pas pénétré tout le conseil de Dieu ; mais, s'ils étaient encore vivants

5. J. Brown, *The Pilgrim Fathers* [Les Pères Pèlerins], p. 74.
6. Martyn, *op. cit.*, volume 5, p. 70.

aujourd'hui, ils seraient tout aussi disposés à embrasser de nouvelles lumières que celles qu'ils ont reçues en leur temps [7]. »

« Souvenez-vous de votre alliance, par laquelle vous vous êtes accordés à marcher dans toutes les voies du Seigneur connues ou restant à découvrir. Souvenez-vous de votre promesse et de votre alliance avec Dieu et avec vos frères, de recevoir toute lumière et toute vérité qui parviendraient de sa Parole. Mais de plus, je vous en supplie, prenez aussi garde à ce que vous recevez comme la vérité. Comparez-le et évaluez-le avec d'autres passages des Écritures avant de l'accepter ; car il n'est pas possible que la chrétienté sortie si récemment de ténèbres aussi épaisses ait reçu la plénitude de la connaissance d'un seul coup [8]. »

C'est le désir de trouver la liberté de conscience qui poussa les Pères Pèlerins à braver les dangers d'un long voyage sur l'océan, à endurer les épreuves et les périls de la vie dans un pays désert, et à poser sur les rivages de l'Amérique, avec la bénédiction de Dieu, les fondations d'une puissante nation. Cependant, aussi honnêtes et respectueux de Dieu qu'ils aient pu être, les Pères Pèlerins n'avaient pas encore compris le grand principe de la liberté religieuse. Ils n'étaient pas encore prêts à accorder aux autres cette liberté pour l'obtention de laquelle ils avaient consenti tant de sacrifices. « Très peu, même parmi les penseurs et les moralistes les plus éminents du dix-septième siècle, avaient une juste conception de ce grand principe, issu du Nouveau Testament, qui reconnaît Dieu comme le seul juge de la foi des hommes [9]. »

La doctrine prétendant que Dieu a confié à l'Église le droit de dominer les consciences, de définir et de punir l'hérésie est l'une des erreurs papales les plus profondément enracinées. Bien que les réformateurs aient rejeté le credo de l'Église romaine, ils n'étaient pas entièrement libérés de son esprit d'intolérance. Les profondes ténèbres dans lesquelles, pendant les longs siècles de sa domination, le papisme avait enveloppé toute la chrétienté ne s'étaient pas encore totalement dissipées. L'un des principaux prédicateurs de la colonie de la Massachusetts Bay déclara : « C'est la tolérance qui a rendu le monde antichrétien ; et l'Église n'a jamais subi de tort en punissant les hérétiques [10]. » Les colons adoptèrent le règlement stipulant que seuls les membres de la congrégation auraient le droit de vote dans le gouvernement civil. Ils formèrent une sorte d'Église d'État, toute la population devant obligatoirement contribuer à l'entretien financier de son clergé, et les magistrats étant autorisés à supprimer l'hérésie.

7. D. Neal, *History of the Puritans* [Histoire des Puritains], volume 1, p. 269.
8. Martyn, *op. cit.*, *ibid.*, p. 70, 71.
9. *Ibid.*, p. 297.
10. *Ibid.*, p. 335.

Ainsi, le pouvoir séculier se trouvait entre les mains de l'Église. Il ne fallut pas longtemps pour que ces mesures produisent leur conséquence inévitable : la persécution.

Onze ans après la fondation de la première colonie, Roger Williams arriva dans le Nouveau Monde. Comme les premiers Pères Pèlerins, il venait pour y trouver la liberté religieuse ; mais, contrairement à eux, il se rendait compte (ce que peu de personnes de son époque avaient déjà perçu) que cette liberté est le droit inaliénable de tous, quelque soit leur credo. C'était un chercheur avide de vérité, professant, comme John Robinson, qu'il était impossible que toute la lumière provenant de la Parole de Dieu ait déjà été reçue. Roger Williams « fut la première personne dans la chrétienté moderne à fonder le gouvernement civil sur le principe de la liberté de conscience et sur l'égalité des opinions devant la loi [11]. » Il déclara que c'était le devoir du magistrat de réprimer le crime, mais jamais de dominer les consciences. « Le public ou le magistrat, disait-il, peut décider quels sont les devoirs de l'homme envers son semblable ; mais lorsqu'ils tentent de prescrire les devoirs de l'homme envers Dieu, ils outrepassent leurs droits, et il ne peut plus y avoir aucune sécurité ; car il est clair que, si le magistrat s'investit de ce pouvoir, il peut décréter un ensemble d'opinions ou de croyances aujourd'hui, et un autre demain ; comme cela s'est fait en Angleterre par différents rois et reines, et par divers papes et conciles dans l'Église romaine ; de sorte que la croyance deviendrait un amas de confusion [12]. »

La fréquentation des services religieux de l'Église établie était imposée, sous peine d'amende ou d'emprisonnement. « Williams désapprouvait cette loi ; le pire statut dans le code de lois anglais était celui qui rendait obligatoire la fréquentation de l'église paroissiale. Il considérait comme une transgression manifeste des droits naturels de l'homme le fait de le forcer à s'unir à ceux qui professaient un credo différent ; traîner au culte public les irréligieux et ceux qui n'avaient pas envie d'y aller, était pour lui exiger l'hypocrisie. [...] "Nul ne doit être contraint à participer à un culte, ou, ajoutait-il, à en entretenir un financièrement contre sa volonté." "Comment ! s'exclamaient ses adversaires, étonnés de cette proposition. 'L'ouvrier mérite son salaire [13]', a dit Jésus." "Certes, répondait-il, versé par ceux qui l'ont embauché !" [14] »

Roger Williams était respecté et aimé comme un prédicateur fidèle, un homme de rares talents, d'une intégrité inflexible et d'une authen-

11. George Bancroft, *op. cit.*, première partie, chapitre 15, paragraphe 16.
12. Martyn, *op. cit.*, *ibid.*, p. 340.
13. Luc 10.7.
14. George Bancroft, *op. cit.*, *ibid.*, paragraphe 2.

tique bienveillance ; cependant, on ne pouvait tolérer son rejet persistant du droit des magistrats civils à exercer leur autorité sur l'Église et ses exigences de liberté religieuse. La mise en œuvre de cette nouvelle doctrine, fit-on valoir, « ébranlerait les bases de l'État et du gouvernement de notre pays [15]. » Il fut condamné à être banni des colonies, et, finalement, pour éviter l'arrestation, dut s'enfuir dans la forêt vierge, au milieu du froid et des tempêtes de l'hiver.

« Pendant quatorze semaines, raconte-t-il, je fus ballotté de ci de là, exposé aux rigueurs de la mauvaise saison, ne sachant pas ce que signifiaient les mots "pain" ou "lit". Mais les corbeaux me nourrirent dans le désert [16]. » Un tronc d'arbre creux lui servit souvent d'abri. Il continua ainsi sa pénible fuite dans la neige et la forêt sans chemins tracés, jusqu'à ce qu'il trouve refuge auprès d'une tribu d'Indiens dont il avait gagné la confiance et l'affection en tentant de leur enseigner les vérités de l'Évangile.

Après des mois de changements et de pérégrinations, il atteignit enfin les rivages de la Baie de Narragansett et y posa les fondations du premier État des temps modernes qui reconnaissait, dans son sens le plus plein, le droit à la liberté religieuse. Le principe fondamental de la colonie de Roger Williams était « que chaque homme ait la liberté d'adorer Dieu selon les lumières de sa propre conscience [17]. » Son petit État de Rhode Island devint l'asile des opprimés et continua à croître et à prospérer jusqu'à ce que ses principes fondamentaux, la liberté civile et religieuse, deviennent les pierres angulaires de la République américaine.

Dans la Déclaration d'indépendance, ce vénérable document rédigé par les ancêtres du peuple américain comme déclaration de leurs droits, les fondateurs avaient écrit : « Nous tenons pour évidentes pour elles-mêmes les vérités suivantes : tous les hommes sont créés égaux ; ils sont doués par le Créateur de certains droits inaliénables ; parmi ces droits se trouvent la vie, la liberté et la recherche du bonheur. »[1] La Constitution américaine garantit, dans les termes les plus explicites, le caractère inviolable de la conscience : « [...] aucune profession de foi religieuse ne sera exigée comme condition d'aptitude aux fonctions ou charges publiques sous l'autorité des États-Unis. » ; « Le Congrès ne fera aucune loi qui touche l'établissement ou interdise le libre exercice d'une religion [...] ».[2]

« Les rédacteurs de la Constitution reconnaissaient le principe éternel qui veut que la relation de l'homme avec son Dieu soit placée au-dessus

15. *Ibid.*, paragraphe 10.
16. Martyn, *op. cit.*, *ibid.*, p. 349, 350.
17. *Ibid.*, p. 354.

de toute législation humaine et que les droits de sa conscience soient inaliénables. Il n'était pas nécessaire de raisonner pour affirmer cette vérité, car nous en sommes conscients au plus profond de notre cœur. C'est ce sentiment qui, défiant les lois humaines, a soutenu tant de martyrs au milieu des tortures et des flammes. Ils étaient persuadés que leur devoir envers Dieu était au-dessus des exigences humaines et que l'homme ne pouvait exercer aucune autorité sur leur conscience. C'est là un principe inné que rien ne pourra extirper [18]. »

Au fur et à mesure que la nouvelle se répandait, dans tous les pays d'Europe, qu'il existait un pays dans lequel tout homme pouvait jouir des fruits de son propre travail et obéir aux convictions de sa propre conscience, des milliers de personnes accoururent vers les rivages du Nouveau Monde. Les colonies se multiplièrent rapidement. « Le Massachusetts, par une loi spéciale, offrait bienvenue et aide, aux frais de l'État, aux chrétiens de toute nationalité qui traverseraient l'Atlantique “pour échapper aux guerres, à la famine, ou à l'oppression de leurs persécuteurs”. Ainsi, les fugitifs et les opprimés devenaient, de par la loi, les invités de la collectivité [19]. » Vingt ans après le premier débarquement à Plymouth, environ vingt mille Pèlerins s'étaient installés en Nouvelle Angleterre.

Pour obtenir ce qu'ils cherchaient, « ils s'estimaient heureux de pouvoir gagner chichement leur subsistance par une vie frugale et laborieuse. Ils ne demandaient rien d'autre à la terre qu'une rémunération raisonnable de leur travail. Aucune vision dorée n'entourait leur sentier d'une auréole trompeuse. [...] Ils s'estimaient heureux des progrès lents, mais réguliers, de leur politique sociale. Ils enduraient patiemment les privations de la vie dans le désert, arrosant de leurs larmes et de la sueur de leur front l'arbre de la liberté, jusqu'à ce que celui-ci s'enracine profondément dans le sol de ce pays. »

Ils considéraient la Bible comme la fondation de la foi, la source de la sagesse et la charte de la liberté. On enseignait ses principes avec zèle à la maison, à l'école et à l'église, et ses fruits étaient manifestes : l'économie, l'intelligence, la pureté et la tempérance des habitants. On pouvait habiter pendant des années dans une colonie de Puritains « et ne jamais voir un ivrogne, entendre un juron ou rencontrer un mendiant [20]. » Ce fait démontrait que les principes de la Bible constituent la protection la plus sûre de la grandeur nationale. Les colonies, d'abord faibles

18. Documents du Congrès américain, numéro de série 200, document n° 271.
19. Martyn, *op. cit.*, *ibid.*, p. 417.
20. George Bancroft, *op. cit.*, première partie, chapitre 19, paragraphe 25.

et isolées, devinrent une confédération d'États puissants. Le monde remarqua avec émerveillement la paix et la prospérité qui régnaient dans « une Église sans pape et un État sans roi ».

Cependant un nombre toujours croissant de personnes étaient attirées vers les rivages de l'Amérique, poussées par des mobiles très différents de ceux des premiers Pèlerins. Bien que la foi et la pureté des débuts aient exercé une influence vaste et profonde, cette dernière alla en s'amenuisant au fur et à mesure qu'augmentait le nombre de ceux qui ne cherchaient que des avantages matériels.

Le règlement, adopté par les premiers colons, de n'accorder qu'aux membres d'Église le droit de vote ou celui d'occuper un poste dans le gouvernement civil, mena à des conséquences extrêmement pernicieuses. Cette mesure avait été acceptée dans le but de préserver la pureté de l'État, mais elle entraîna la corruption de l'Église. Une simple profession de foi étant exigée pour bénéficier du droit de vote ou celui d'occuper une fonction publique, de nombreuses personnes, poussées uniquement par des mobiles de politique séculière, se joignirent à l'Église sans passer par une véritable converson. C'est ainsi que les congrégations en vinrent à être composées, en très grande partie, d'inconvertis. Même dans le ministère, on trouvait des hommes qui non seulement professaient des erreurs doctrinales, mais aussi ignoraient tout de la puissance régénératrice du Saint-Esprit. On eut une nouvelle démonstration des conséquences pernicieuses – si souvent observées dans l'histoire religieuse depuis l'époque de Constantin jusqu'à aujourd'hui – de la tentative d'édifier l'Église avec l'aide de l'État et de faire appel au pouvoir séculier pour soutenir l'Évangile de celui qui a déclaré : « Ma royauté n'est pas de ce monde [21]. » L'union de l'Église et de l'État, aussi minime soit-elle, même si elle semble rapprocher le monde de l'Église, ne fait en réalité que la rapprocher du monde et la mondaniser.

Le grand principe si noblement préconisé par John Robinson et Roger Williams, à savoir que la vérité est progressive et que les chrétiens doivent se tenir prêts à accepter toute la lumière qui peut jaillir de la sainte Parole de Dieu, fut perdu de vue par leurs descendants. Les Églises protestantes d'Amérique, aussi bien que celles d'Europe, si favorisées par les bienfaits de la Réforme dont elles avaient bénéficié, négligèrent d'aller plus avant sur le chemin de la réforme. Bien que quelques hommes fidèles soient apparus de temps en temps pour proclamer de nouvelles vérités et dénoncer des erreurs professées depuis longtemps, la majorité d'entre eux,

21. Jean 18.36.

comme les Juifs à l'époque de Jésus ou les papistes à l'époque de Luther, se contentaient de croire ce que leurs pères avaient cru et de vivre comme ils avaient vécu. C'est pourquoi la religion dégénéra une nouvelle fois en formalisme. Les erreurs et superstitions qui auraient été rejetées si l'Église avait continué à marcher dans la lumière de la Parole de Dieu furent conservées et professées. C'est ainsi que l'esprit inspiré par la Réforme s'éteignit peu à peu, jusqu'à ce que le besoin de réforme soit presque aussi grand dans les Églises protestantes que dans l'Église romaine à l'époque de Luther. On y trouvait la même mondanité, la même torpeur spirituelle et le même attachement aux opinions humaines. On substituait les théories humaines aux enseignements de la Parole de Dieu.

La vaste diffusion de la Bible dans la première partie du dix-neuvième siècle et la grande lumière ainsi déversée sur le monde ne furent pas suivies de progrès correspondants dans la connaissance de la vérité révélée ni dans l'expérience spirituelle. Satan ne pouvait plus, comme dans les siècles passés, priver le peuple de la Parole de Dieu qui avait été mise à la portée de tous ; mais afin de réaliser ses desseins, il amena de nombreuses personnes à en faire peu de cas. Les hommes négligèrent de sonder les Écritures, et continuèrent ainsi à accepter de fausses interprétations et à professer des doctrines qui n'avaient aucune fondation dans la Bible.

Voyant l'échec de ses efforts pour faire disparaître la vérité par la persécution, Satan avait de nouveau eu recours au principe du compromis, qui avait mené à la grande apostasie et à la formation de l'Église romaine. Il avait poussé les chrétiens à s'allier, non plus aux païens, mais à ceux qui, par leur attachement aux choses de ce monde, s'étaient montrés tout aussi idolâtres que les adorateurs des images taillées. Les conséquences de cette union ne furent pas moins pernicieuses alors que dans les siècles passés ; on encourageait l'orgueil et la prodigalité sous le manteau de la religion, et les églises se corrompaient. Satan continua à pervertir les doctrines bibliques, et les traditions qui allaient amener des millions de personnes à la perdition reprenaient profondément racine. L'Église exaltait et défendait ces traditions, au lieu de combattre pour « la foi qui a été transmise aux saints une fois pour toutes [22]. » C'est ainsi que se dégradèrent les principes pour lesquels les réformateurs avaient tant travaillé et tant souffert.

22. Jude 3.
1. N. D. E. : Extraits, traduction officielle du gouvernement des États-Unis.
2. N. D. E. : Extraits, traduction officielle du gouvernement des États-Unis.

17

Les précurseurs du matin

L'une des vérités les plus solennelles et cependant les plus glorieuses révélées dans la Bible est celle du second avènement du Christ, qui viendra achever la grande œuvre de la rédemption. Au peuple de Dieu, pèlerin sur cette terre, laissé si longtemps « au pays des ténèbres et de l'ombre de mort [1] » pour y séjourner, est donnée l'espérance précieuse et réjouissante de l'apparition de Celui qui a dit : « C'est moi qui suis la résurrection et la vie [2] », « pour que celui qui est banni loin de lui ne le reste pas [3] ». La doctrine du second avènement de Jésus est l'idée dominante des Saintes Écritures. Depuis le jour où nos premiers parents quittèrent avec tristesse le jardin d'Éden, les enfants de la foi ont attendu la venue de Celui qui avait été promis, pour que Celui-ci brise la puissance du destructeur et les ramène au Paradis perdu. Les saints hommes d'autrefois ont porté leurs regards vers l'avènement du Messie dans sa gloire, comme accomplissement de leur espérance. Hénoch, « le septième depuis Adam [4] », qui « marcha avec Dieu trois cents ans [5] » sur la terre, eut le privilège de contempler de loin la venue du Libérateur : « Le Seigneur est venu avec ses saints par dizaines de milliers, déclara-t-il, afin d'exercer le jugement contre tous [6]. » Le patriarche Job, dans les ténèbres de son affliction, s'exclama avec une confiance inébranlable : « Je sais bien, moi, que mon rédempteur est vivant, et qu'il se lèvera, le dernier, sur la poussière. … De ma chair je verrai Dieu. Moi, je le verrai, mes yeux le verront, et non pas quelqu'un d'autre .[7] »

L'avènement du Christ, venant instaurer le règne de la justice, a inspiré les expressions les plus sublimes et les plus passionnées des écrivains sacrés. Les poètes et les prophètes de la Bible en ont parlé en employant des mots qui brûlaient d'un feu céleste. Le psalmiste a chanté ainsi la puissance et la majesté du Roi d'Israël : « De Sion, beauté parfaite, Dieu paraît dans sa splendeur. Il vient, notre Dieu, il ne garde pas le silence. … Il crie vers le ciel, en haut, et vers la terre, pour juger son peuple [8]. » « Que le ciel se réjouisse, que la terre soit dans l'allégresse ! … devant le Seigneur, car il vient ! Car il vient pour juger la terre ; il jugera le monde avec justice, il jugera les peuples par sa constance [9]. »

---

1. Job 10.21.
2. Jean 11.25.
3. 2 Samuel 14.14.
4. Jude 14.
5. Genèse 5.22.
6. Jude 14, 15.
7. Job 19.25-27.
8. Psaume 50.2-4.
9. Psaume 96.11-13.

Le prophète Ésaïe avait déclaré : « Que tes morts revivent ! Que mes cadavres se relèvent ! Réveillez-vous et poussez des cris de joie, vous qui demeurez dans la poussière ! Car ta rosée est une rosée de lumière, et la terre redonnera le jour aux ombres [10]. » « Il anéantira la mort pour toujours ; le Seigneur Dieu essuiera les larmes de tous les visages ; il fera disparaître de toute la terre le déshonneur de son peuple – c'est le Seigneur qui parle. En ce jour-là on dira : C'est lui, notre Dieu ! Nous avons mis notre espérance en lui et il nous a sauvés. C'est le Seigneur, en qui nous avons espéré : soyons dans l'allégresse, réjouissons-nous de son salut [11] ! »

Le prophète Habacuc, ravi dans une sainte vision, contempla son apparition : « Dieu vient de Témân, le Saint vient du mont Parân. Son éclat couvre le ciel, sa louange remplit la terre. C'est comme la clarté de la lumière. … Il se dresse et prend la mesure de la terre, il regarde et fait sursauter les nations. Les montagnes d'antan se disloquent ; devant lui s'effondrent les collines d'autrefois, les sentiers d'autrefois. …Tu montes sur tes chevaux, sur tes chars de victoire. … Les montagnes te voient et tremblent. … L'abîme fait entendre sa voix, il lève ses mains en haut. Le soleil – la lune s'arrête dans sa résidence à la lumière de tes flèches qui partent, à la clarté fulgurante de ta lance. … Tu sors pour le salut de ton peuple, pour le salut de l'homme qui a reçu ton onction [12]. »

Lorsque le Sauveur était sur le point d'être séparé de ses disciples, il les réconforta, dans leur chagrin, en leur donnant l'assurance qu'il reviendrait : « Que votre cœur ne se trouble pas. … Il y a beaucoup de demeures dans la maison de mon Père. … Si donc je m'en vais vous préparer une place, je reviens vous prendre auprès de moi [13]. » « Le Fils de l'homme viendra dans sa gloire avec tous ses anges ; il s'assiéra sur son trône glorieux. Toutes les nations seront rassemblées devant lui [14]. »

Les anges qui s'attardèrent sur le Mont des Oliviers après l'ascension du Christ répétèrent aux disciples la promesse de son retour : « *Ce* Jésus, qui a été enlevé au ciel du milieu de vous, viendra de la même manière que vous l'avez vu aller au ciel [15]. » L'apôtre Paul, parlant sous l'inspiration de l'Esprit, témoigne : « Le Seigneur *lui-même*, avec un cri de commandement, avec la voix d'un archange, avec le son de la trompette de Dieu, descendra du ciel [16]. » Le voyant de Patmos déclare : « Il vient avec les nuées : tous le verront [17]. »

C'est autour de son avènement que gravitent les gloires du « rétablissement de tout ce dont Dieu a parlé par la bouche de ses saints prophètes d'autrefois [18]. » Alors, le règne du mal, qui dure depuis si longtemps, sera brisé ; « Le royaume du monde est passé à notre Seigneur et à son Christ ; il règnera à tout jamais [19] ! » « Alors la gloire du Seigneur se dévoilera, et tous la verront ensemble [20]. » « Le Seigneur Dieu fera germer la justice et la louange devant toutes les nations [21]. »

10. Ésaïe 26.19.
11. Ésaïe 25.8,9.
12. Habacuc 3.3,4,6,8,10,11,13.
13. Jean 14.1-3.
14. Matthieu 25.31,32.
15. Actes 1.11.
16. 1 Thessaloniciens 4.16.
17. Apocalypse 1.7.
18. Actes 3.21.
19. Apocalypse 11.15.
20. Ésaïe 40.5.
21. Ésaïe 61.11.

« Le Seigneur des Armées sera une couronne de beauté et un diadème de splendeur pour le reste de son peuple [22]. »

C'est alors que le royaume de paix du Messie, désiré depuis si longtemps, sera instauré sous le ciel tout entier. « Le Seigneur console Sion, il console toutes ses ruines ; il rendra son désert semblable à l'Éden et sa plaine aride au jardin du Seigneur [23]. » « La gloire du Liban lui sera donnée, la magnificence du Carmel et de la plaine côtière [24]. » « On ne te dira plus 'Délaissée', on ne dira plus ta terre 'Dévastation' ; mais on t'appellera 'Mon plaisir est en elle', et on appellera ta terre 'L'Épousée' [25]. » « Comme la mariée fait la gaieté du marié, ainsi tu feras la gaieté de ton Dieu [26]. »

L'avènement du Seigneur a été, dans tous les siècles, l'espérance de ses véritables disciples. La promesse donnée par le Sauveur lors de son discours d'adieu prononcé sur le Mont des Oliviers, qu'il reviendrait, illumina l'avenir de ses disciples en remplissant leur cœur d'une joie et d'une espérance que le chagrin ne put éteindre ni les épreuves ternir. Au milieu des souffrances et des persécutions, « la manifestation de la gloire de notre grand Dieu et Sauveur, Jésus-Christ » fut leur « bienheureuse espérance [27]. » Lorsque les chrétiens de Thessalonique furent dans la tristesse en enterrant leurs êtres chers, qui avaient espéré vivre assez longtemps pour assister à l'avènement du Seigneur, Paul, leur professeur, dirigea leurs regards vers la résurrection qui aurait lieu au moment de l'avènement du Sauveur, en leur disant : « Ceux qui sont morts dans le Christ se relèveront d'abord [28]. » Puis, avec les vivants, tous seront « enlevés ensemble ... à la rencontre du Seigneur, dans les airs ; et ainsi nous serons toujours avec le Seigneur. Encouragez-vous donc les uns les autres par ces paroles [29]. »

Sur l'île rocheuse de Patmos, le disciple bien-aimé entendit cette promesse : « Oui, je viens bientôt » ; et sa réponse ardente fait écho à la prière de l'Église tout le long de son pèlerinage : « Amen ! Viens, Seigneur Jésus [30] ! »

Depuis le cachot, le bûcher, l'échafaud, là où saints et martyrs témoignèrent pour la vérité, provient au travers des siècles l'expression de leur foi et de leur espérance. L'un de ces chrétiens déclara : « Assurés de la résurrection personnelle de Jésus, et, par conséquent, de la leur au moment de son avènement, ils méprisaient la mort et se hissaient au-dessus d'elle [31]. » Ils étaient disposés à descendre au tombeau, pour pouvoir « se relever libres [32]. » Ils attendaient que « le Seigneur revienne du ciel sur les nuées 'dans la gloire de son Père [33]', annonçant aux justes que le royaume est venu. » Les Vaudois professaient la même foi [34]. Wycliffe attendait l'apparition du Rédempteur comme l'espérance de l'Église [35].

22. Ésaïe 28.5.
23. Ésaïe 51.3.
24. Ésaïe 35.2.
25. Ésaïe 62.4.
26. Ésaïe 62.5.
27. Tite 2.13.
28. 1 Thessaloniciens 4.16.
29. 1 Thessaloniciens 4.17,18.
30. Apocalypse 22.20.
31. Daniel T. Taylor, *The Reign of Christ on Earth: or, The Voice of the Church in All Ages* [Le règne du Christ sur la terre, ou La voix de l'Église dans tous les siècles], p. 33.
32. *Ibid.*, p. 54.
33. Marc 8.38.
34. *Ibid.*, p. 129-132.
35. *Ibid.*, p. 132-134.

Luther déclarait : « Je suis persuadé en vérité que le jour du jugement n'est pas éloigné de plus de trois cents ans. Dieu ne veut pas et ne peut pas tolérer que ce monde méchant dure encore plus longtemps [36]. » « Le grand jour s'approche où le règne des abominations sera renversé [37]. »

« Ce vieux monde n'est pas éloigné de sa fin », disait Melanchthon. Calvin invitait les chrétiens « désirer ardemment et sans hésitation le jour de l'avènement du Christ comme le plus heureux de tous les événements » ; et il déclarait que « toute la famille des fidèles gardera ce jour devant ses yeux ». « Nous devons avoir faim du Christ, disait-il, nous devons le rechercher, le contempler, jusqu'à l'aube de ce grand jour où notre Seigneur manifestera pleinement la gloire de son royaume [38]. »

« Le Seigneur Jésus n'a-t-il pas emporté notre humanité dans le ciel ? demandait John Knox, le réformateur de l'Ecosse. Ne reviendra-t-il pas ? Nous savons qu'il reviendra, et qu'il ne tardera pas [39]. » Ridley et Latimer, qui donnèrent leur vie pour la cause de la vérité, attendaient avec foi l'avènement du Seigneur. Ridley écrivit ceci : « Le monde, ceci ne fait aucun doute—je le crois, et je peux donc l'affirmer—tire à sa fin. Avec Jean, le serviteur de Dieu, crions du fond de notre cœur au Christ, notre Sauveur : Viens, Seigneur Jésus, viens [40] ! »

« La pensée de l'avènement du Seigneur, disait Richard Baxter, est pour moi extrêmement douce et joyeuse [41]. » « Il appartient à l'œuvre de la foi et au caractère de ses saints d'aimer son apparition et d'attendre cette bienheureuse espérance. … Si la mort est le dernier ennemi qui sera détruit au moment de la résurrection, ceci nous enseigne avec quelle ferveur les croyants doivent aspirer au second avènement du Christ et prier pour sa réalisation, lorsque cette victoire pleine et finale aura été remportée [42]. » « C'est le jour auquel tous les croyants doivent aspirer, qu'ils doivent espérer et attendre comme l'accomplissement de toute l'œuvre de leur rédemption et de tous les désirs et de tous les efforts de leur âme. … Hâte, Seigneur, la venue de ce jour béni [43] ! » Telle était l'espérance de l'Église apostolique, de « l'Église du désert » et des réformateurs.

Non seulement la prophétie prédit la manière et l'objet de l'avènement du Christ, mais elle nous présente aussi des signes qui permettront aux hommes de savoir quand celui-ci sera proche. Jésus a dit : « Il y aura des signes dans le soleil, la lune et les étoiles [44]. » « Le soleil s'obscurcira, la lune ne donnera plus sa clarté, les étoiles tomberont du ciel, et les puissances qui sont dans les cieux seront ébranlées. Alors on verra le Fils de l'homme venant sur les nuées avec beaucoup de puissance, avec gloire [45]. » Jean le révélateur décrit ainsi le premier des signes qui précéderont le second avènement : « Il y eut un grand tremblement de terre ; le soleil devint noir comme un sac de crin ; la lune entière devint comme du sang [46]. »

---

36. *Ibid.*, p. 158.
37. *Ibid.*, p. 134.
38. *Ibid.*, p. 158, 134.
39. *Ibid.*, p. 151.
40. *Ibid.*, p. 145.
41. Richard Baxter, *Œuvres*, volume 17, p. 555.
42. *Ibid.*, p. 500.
43. *Ibid.*, p. 182,183.
44. Luc 21.25.
45. Marc 13.24-26.
46. Apocalypse 6.12.

Ces signes ont été observés avant le début du dix-neuvième siècle. En accomplissement de cette prophétie eut lieu, en 1755, le plus terrible tremblement de terre jamais rapporté dans les annales de l'Histoire. Bien qu'il soit généralement connu sous le nom de « tremblement de terre de Lisbonne », il s'étendit à la plus grande partie de l'Europe, de l'Afrique et de l'Amérique. Il fut ressenti au Groenland, aux Antilles, sur l'île de Madère, en Norvège et en Suède, en Grande-Bretagne et en Irlande. Il toucha une étendue d'environ neuf millions de kilomètres carrés. En Afrique, la secousse fut presque aussi violente qu'en Europe. En Algérie, une grande partie de la ville d'Alger fut détruite ; et, près de la frontière marocaine, un village entier de 8000 à 10.000 habitants fut englouti. Une vague gigantesque balaya les côtes d'Espagne et d'Afrique, engloutissant des villes et provoquant de graves destructions.

C'est en Espagne et au Portugal que la secousse fut la plus violente. On raconte qu'à Cadix, la vague qui se précipita sur la terre atteignait 18 mètres de haut. Des montagnes, « certaines des plus hautes du Portugal, furent violemment secouées, pour ainsi dire, jusqu'à leurs fondations, et quelques-unes d'entre elles s'ouvrirent à leur sommet, qui se fendit et se déchira d'une manière remarquable, projetant dans les vallées adjacentes d'énormes masses rocheuses. On raconte que des flammes jaillissaient de ces montagnes [47]. »

À Lisbonne, « on entendit un grondement de tonnerre souterrain, puis, immédiatement après, une violente secousse fit effondrer la plus grande partie de cette ville. Dans l'espace d'environ six minutes, 60.000 personnes perdirent la vie. La mer commença par se retirer, découvrant la grève ; puis elle revint avec force, s'élevant à 15 mètres ou plus au-dessus de son niveau normal. ... Parmi d'autres événements extraordinaires en rapport avec ce qui se passa à Lisbonne pendant cette catastrophe, on rapporte l'affaissement d'un nouveau quai, construit à grand frais entièrement en marbre. Une grande foule s'y était rassemblée, à la recherche d'un lieu sûr, un endroit où on serait à l'abri des chutes de pierres provenant des maisons qui s'effondraient ; mais, soudain, le quai s'affaissa avec tout son chargement humain. Jamais un seul cadavre ne remonta à la surface [48]. »

« La secousse du tremblement de terre fut suivie instantanément par l'effondrement de toutes les églises et de tous les couvents, de presque tous les grands édifices publics et de plus du quart des maisons. Environ deux heures après cette secousse, des incendies éclatèrent dans différents quartiers et firent rage avec une telle violence, pendant l'espace de presque trois jours, que la ville fut complètement réduite en ruines. Ce tremblement de terre eut lieu un jour de fête, alors que les églises et les couvents étaient pleins. Il y eut très peu de survivants [49]. » « La terreur qui s'empara de la population était indescriptible. Personne ne pleurait ; tous étaient au-delà des larmes. Les gens couraient çà et là, fous d'horreur et de stupéfaction, se frappant le visage et la poitrine, et hurlant : 'Miséricorde ! C'est la fin du monde !' Des mères oubliaient leurs enfants et couraient çà et là, les bras chargés de crucifix. Malheureusement, de nombreuses personnes cherchèrent refuge dans les églises ; mais c'est en vain que le Saint-Sacrement était exposé ; c'est en vain que ces malheureux se saisirent des autels ; images, prêtres et fidèles furent engloutis dans la même ruine. » On estime que 90.000 personnes perdirent la vie en ce jour funeste.

---

47. Sir Charles Lyell, *Principles of Geology* [Principes de géologie], p. 495.
48. *Idem.*
49. *Encyclopedia Americana*, article « Lisbonne », note (édition de 1831).

Vingt-cinq ans plus tard apparut le second signe mentionné dans la prophétie : l'obscurcissement du soleil et de la lune. Ce phénomène fut rendu encore plus frappant par le fait que le moment de son accomplissement avait été annoncé avec précision. Dans la conversation du Sauveur avec ses disciples sur le Mont des Oliviers, après avoir décrit la longue période d'épreuves par laquelle devait passer l'Église, les 1260 années de persécution papale, au sujet de laquelle il avait promis que « ces jours-là seront abrégés [50] », il mentionna certains événements qui devaient précéder son avènement et fixa le moment où le premier d'entre eux serait observé : « En ces jours-là, après cette détresse-là, le soleil s'obscurcira, la lune ne donnera plus sa clarté [51]. » Les 1260 jours ou années prirent fin en 1798. Un quart de siècle plus tôt, la persécution avait presque totalement cessé. C'est après cette persécution, selon les paroles du Christ, que le soleil devait s'obscurcir. Cette prophétie s'accomplit le 19 mai 1780.

« Le jour obscur du 19 mai 1780, l'obscurcissement, resté inexpliqué, de l'ensemble du ciel visible et de l'atmosphère en Nouvelle-Angleterre … demeure presque l'unique, sinon absolument l'unique phénomène de son genre [52]. »

Un habitant du Massachusetts, témoin oculaire de cet événement, le décrit comme suit : « Le matin, le soleil se leva radieux, mais fut bientôt couvert. Les nuages devinrent menaçants, et, peu de temps après, sombres et inquiétants ; il en sortit bientôt des éclairs, des roulements de tonnerre et une petite pluie fine. Vers neuf heures du matin, les nuages s'éclaircirent et prirent une teinte cuivrée ou bronzée. Terre, rochers, bâtiments, eaux et personnes furent transformés par cette lumière étrange et surnaturelle. Quelques minutes plus tard, un lourd nuage noir s'étendit sur l'ensemble du ciel, ne laissant qu'une étroite bande éclairée à l'horizon, et il fit aussi sombre que généralement à neuf heures par un soir d'été. …

« La peur, l'angoisse et la terreur s'emparèrent peu à peu de l'esprit des gens. Des femmes se tenaient sur le seuil de leur porte, contemplant le paysage obscurci ; les hommes revinrent de leurs travaux des champs ; le charpentier abandonna ses outils, le forgeron sa forge, le commerçant son comptoir. Les enfants furent congédiés des écoles et rentrèrent chez eux en tremblant. Les voyageurs demandèrent asile à la ferme le plus proche. 'Que va-t-il arriver ?' Cette question était sur toute les lèvres et dans tous les cœurs. On aurait dit qu'un ouragan était sur le point de s'abattre sur tout le pays, ou comme si le jour de la fin de toutes choses était arrivé.

« On alluma des chandelles ; dans les foyers, les feux brillaient avec autant d'éclat que par un soir d'automne sans lune. … La volaille se retira sur ses perchoirs et s'endormit ; le bétail se rassembla à l'entrée des pâturages en meuglant ; les grenouilles se mirent à coasser ; les oiseaux firent entendre leur chant du soir, et les chauve-souris se mirent à voleter. Mais les humains savaient bien que la nuit n'était pas tombée. …

« Le Dr. Nathanael Whittaker, pasteur de l'Église du Tabernacle à Salem, tint des services religieux dans la chapelle et prêcha un sermon dans lequel il affirma que ces ténèbres étaient surnaturelles. Les fidèles s'assemblèrent en de nombreux autres endroits. Les textes bibliques choisis pour ces sermons improvisés furent invariablement ceux qui semblaient indiquer que ces ténèbres correspondaient à

50. Matthieu 24.22.
51. Marc 13.24.
52. R.M. Devens, *Our First Century* [Notre premier siècle], p. 89.

la prophétie biblique. ... C'est peu après onze heures du matin que ces ténèbres furent les plus épaisses [53]. »

« Dans la plus grande partie du pays, ces ténèbres étaient si épaisses en plein jour qu'on ne pouvait pas lire l'heure sur une montre ou sur une horloge, ni manger, ni se livrer aux activités domestiques sans la lumière des chandelles. ...

« L'étendue de ces ténèbres fut extraordinaire. On les observa jusqu'à Falmouth, à l'Est. Elles s'étendirent jusqu'à l'autre extrémité du Connecticut et jusqu'à Albany, à l'Ouest. Au Sud, on les observa le long des côtes ; et, au Nord, aussi loin que s'étendaient les colonies américaines [54]. »

Les épaisses ténèbres de cette journée firent place, une heure ou deux avant le soir, à un ciel partiellement dégagé, et le soleil apparut, bien qu'il soit encore voilé par cette brume noire et épaisse. « Après le coucher du soleil, les nuages se rassemblèrent de nouveau au-dessus de nos têtes, et l'obscurité devint rapidement très épaisse. ... Les ténèbres de cette nuit ne furent pas moins inhabituelles et terrifiantes que celles de la journée précédente ; bien que ce soit presque la pleine lune, on ne pouvait rien discerner sans l'aide d'une lumière artificielle, qui, lorsqu'on la voyait à distance depuis les maisons voisines et d'autres endroits, apparaissait à travers une sorte de ténèbres d'Égypte qui semblaient presque imperméables aux rayons de lumière [55]. »

Un témoin oculaire de cette scène déclara : « Je ne pus m'empêcher de penser à ce moment que, si tous les luminaires de l'Univers avaient été enveloppés dans des ombres impénétrables, ou anéantis, les ténèbres n'auraient pas pu être plus épaisses [56]. » Bien que la lune ait été pleine à neuf heures du soir, « elle n'eut pas le plus petit effet pour dissiper ces ombres mortelles. » Après minuit, les ténèbres disparurent, et la lune, lorsqu'elle devint visible, avait l'apparence du sang.

Le 19 mai 1780 est resté dans l'Histoire sous le nom de « jour obscur ». Depuis l'époque de Moïse, aucune période d'obscurité d'une telle densité, d'une telle étendue et d'une telle durée n'avait jamais été rapportée. La description de cet événement, telle qu'elle a été faite par des témoins oculaires, n'est que l'écho des paroles du Seigneur rapportées par le prophète Joël deux mille cinq cents ans avant leur accomplissement : « Le soleil se changera en ténèbres, la lune en sang, avant que n'arrive le jour du Seigneur, ce jour grand et redoutable [57]. »

Le Christ avait recommandé à son peuple de surveiller les signes de son avènement et de se réjouir en apercevant ceux qui annonçaient l'approche de leur Roi. « Quand cela commencera d'arriver, leur dit-il, redressez-vous et levez la tête, parce que votre rédemption approche [58]. » Il attira l'attention de ses disciples vers les arbres qui bourgeonnaient au printemps et leur dit : « Dès qu'ils bourgeonnent, vous savez de vous-mêmes, en regardant, que déjà l'été est proche. De

53. *The Essex Antiquarian* [L'antiquaire de l'Essex] d'avril 1899, volume 3, n° 4, p. 53, 54.
54. William Gordon, *History of the Rise, Progress, and Establishment of the Independence of the U.S.A.* [Histoire de l'apparition, du développement et de l'instauration de l'indépendance es Etats-Unis d'Amérique], volume 3, p. 57.
55. Isaiah Thomas, *Massachusetts Spy; or, American Oracle of Liberty* [L'espion du Massachusetts, ou l'oracle américain de la liberté] du 25 mai 1780, volume 10, n° 472.
56. Lettre du Dr. Samuel Tenney, d'Exeter, New Hampshire, décembre 1785, in : *Massachusetts Historical Society Collections* [Collections de la Société historique du Massachusetts], première série, volume 1, p. 97.
57. Joël 3.4.
58. Luc 21.28.

même, vous aussi, quand vous verrez ces choses arriver, sachez que le règne de Dieu est proche [59]. »

Mais, au fur et à mesure que l'esprit d'humilité et de piété dans l'Église cédait la place à l'orgueil et au formalisme, l'amour pour le Christ et la foi en son avènement se refroidissaient. Absorbés par la mondanité et la recherche du plaisir, ceux qui professaient être le peuple de Dieu étaient aveugles aux instructions du Sauveur sur les signes de son avènement. On avait négligé la doctrine du second avènement ; on avait obscurci par de fausses interprétations les textes des Écritures qui le mentionnaient, au point qu'on l'ignora et qu'on l'oublia dans une grande mesure. Ce fut spécialement le cas dans les Églises d'Amérique. La liberté et le confort dont jouissaient toutes les classes de la société, le désir ambitieux de richesse et de luxe, faisant de la recherche du gain la préoccupation principale de la vie, la course avide à la popularité et au pouvoir, qui semblaient être à la portée de tous, amena les hommes à centrer leurs intérêts et leurs espérances sur les choses de cette vie et à repousser dans un lointain avenir le jour solennel où le présent ordre des choses disparaîtra.

Lorsque le Sauveur attira l'attention de ses disciples sur les signes de son retour, il prédit l'état d'apostasie qui prévaudrait juste avant son second avènement. On verrait, comme à l'époque de Noé, l'activité et l'agitation des affaires de ce monde et de la recherche du plaisir : acheter, vendre, planter, construire, se marier et donner en mariage, pendant qu'on oublierait Dieu et la vie future. L'avertissement du Christ à ceux qui vivraient à cette époque est : « Prenez garde à vous-mêmes, de peur que votre cœur ne s'alourdisse dans les excès, les ivresses et les inquiétudes de la vie, et que ce jour n'arrive sur vous à l'improviste. … Restez donc éveillés et priez en tout temps, afin que vous ayez la force d'échapper à tout ce qui va arriver et de vous tenir debout devant le Fils de l'homme [60]. »

L'état de l'Église de cette époque nous est décrit par les paroles du Sauveur dans l'Apocalypse : « Tu es réputé vivant, mais tu es mort [61]. » À ceux qui refusent de s'éveiller de leur sécurité insouciante, cet avertissement solennel est adressé : « Si tu ne veilles pas, je viendrai comme un voleur, et tu ne sauras pas du tout à quelle heure je viendrai te surprendre [62]. »

Il était nécessaire que les hommes s'éveillent au danger qu'ils couraient ; qu'ils s'éveillent pour se préparer aux événements solennels associés à la fin du temps de grâce. Le prophète de Dieu déclare : « Le jour du Seigneur est grand, il est très redoutable : qui pourra le supporter [63] ? » Qui pourra subsister devant Celui dont les « yeux sont trop purs pour voir ce qui est mauvais », qui ne peut « pas regarder l'oppression [64] » ? Pour ceux qui crient « Mon Dieu ! Nous te connaissons [65] », tout en transgressant son alliance, et qui « se hâtent auprès de lui [un autre dieu] [66] », en entretenant l'iniquité dans leur cœur et en aimant les sentiers de l'iniquité, le jour du Seigneur sera « plutôt ténèbres, … obscur, sans clarté [67]. » Le Seigneur dit : « En ce temps-là, je fouillerai Jérusalem avec des lampes, et je ferai rendre des

59. Luc 21.30,31.
60. Luc 21.34,36.
61. Apocalypse 3.1.
62. Apocalypse 3.3.
63. Joël 2.11.
64. Habacuc 1.13.
65. Osée 8.2.
66. Psaume 16.4.
67. Amos 5.20.

comptes aux hommes qui croupissent sur leur lie, et qui se disent : Le Seigneur ne fait ni bien ni mal [68]. » « Je ferai rendre des comptes au monde pour le mal, et aux méchants pour leur faute ; je ferai cesser l'orgueil des gens arrogants, je rabaisserai le triomphe des brutes [69]. » « Ni leur argent ni leur or ne pourront les délivrer [70]. » « Leurs biens seront saccagés, et leurs maisons seront dévastées [71]. »

Le prophète Jérémie, jetant les regards en avant vers cette terrible époque, s'exclamait : « Je souffre de toutes les fibres de mon cœur ! … Je ne peux pas garder le silence ; car j'entends le son de la trompe, les acclamations de la guerre. On annonce désastre sur désastre [72]. »

« Ce jour est un jour de colère, un jour de détresse et de désarroi, un jour de tourmente et de ravage, un jour de ténèbres et d'obscurité, un jour de nuée et d'obscurité épaisse, un jour où sonne la trompe, un jour d'acclamations guerrières [73]. » « Le jour du Seigneur arrive. … Il réduira la terre en un lieu dévasté, il en fera disparaître les pécheurs [74]. »

C'est en vue de ce grand jour que la Parole de Dieu, utilisant le langage le plus solennel et le plus impressionnant, invite son peuple à s'éveiller de son sommeil spirituel et à chercher sa face dans la repentance et l'humiliation : « Sonnez de la trompe en Sion ! Lancez des acclamations dans ma montagne sacrée ! Que tous les habitants du pays tremblent ! Car le jour du Seigneur vient, il est proche [75]. » « Consacrez un jeûne, proclamez une assemblée solennelle ! Réunissez le peuple, consacrez une assemblée ! Rassemblez les anciens, réunissez les enfants … ! Que le marié sorte de sa chambre, la mariée de sa tente ! Qu'entre le vestibule et l'autel pleurent les prêtres, les officiants du Seigneur [76]. » « Revenez à moi de tout votre cœur, avec des jeûnes, des pleurs et des lamentations ! Ne déchirez pas vos vêtements, mais votre cœur, et revenez au Seigneur, votre Dieu ; car il est clément et compatissant, patient et grand par la fidélité [77]. »

Pour préparer un peuple à subsister au jour du Seigneur, une grande œuvre de réforme devait avoir lieu. Dieu voyait qu'un grand nombre de ceux qui professaient être son peuple ne bâtissaient pas pour l'éternité, et, dans sa clémence, il allait leur envoyer un message d'avertissement pour les éveiller de leur torpeur et les amener à se préparer pour l'avènement du Seigneur.

Cet avertissement est décrit dans le chapitre 14 de l'Apocalypse. On y trouve un triple message, présenté comme s'il était proclamé par des êtres célestes, et immédiatement suivi de l'avènement du Fils de l'homme, venu moissonner « la moisson de la terre [78] ». Le premier de ces avertissements annonce l'approche du jugement. Le prophète contempla « un ange qui volait au milieu du ciel ; il avait une bonne nouvelle éternelle à annoncer aux habitants de la terre, à toute nation, tribu, langue et peuple, Il disait d'une voix forte : Craignez Dieu et donnez-lui

68. Sophonie 1.12.
69. Ésaïe 13.11.
70. Sophonie 1.18.
71. Sophonie 1.13.
72. Jérémie 4.19,20.
73. Sophonie 1.15,16.
74. Ésaïe 13.9.
75. Joël 2.1.
76. Joël 2.15-17.
77. Joël 2.12,13.
78. Apocalypse 14.15.

gloire, car l'heure de son jugement est venue, et prosternez-vous devant celui qui a fait le ciel, la terre, la mer et les sources d'eau [79] ! »

Ce message est présenté comme faisant partie de la « bonne nouvelle éternelle ». Ce n'est pas aux anges, mais aux hommes qu'a été confiée l'œuvre de la prédication de l'Évangile. Dieu a employé de saints anges pour diriger cette œuvre ; il leur a confié les grandes interventions en faveur du salut des hommes ; mais ce sont les serviteurs de Christ sur cette terre qui assurent la proclamation elle-même de l'Évangile.

Ce sont des hommes fidèles, obéissants aux appels de l'Esprit de Dieu et aux enseignements de sa Parole qui allaient proclamer cet avertissement au monde. Ce furent ceux qui avaient pris garde à « la parole prophétique … comme à une lampe qui brille dans un lieu obscur, jusqu'à ce que le jour commence à poindre et que l'étoile du matin se lève [80]. » Ils avaient recherché la connaissance de Dieu plus que tous les trésors cachés, considérant celle-ci comme « préférable au gain de l'argent, et ce qu'elle rapporte vaut mieux que l'or [81]. » C'est à eux que le Seigneur révéla les grandes choses concernant son royaume. « Les secrets du Seigneur sont pour ceux qui le craignent, pour leur faire connaître son alliance [82]. »

Ce ne furent pas les savants théologiens qui comprirent cette vérité et se consacrèrent à la proclamer. Si ceux-ci avaient été de fidèles sentinelles, sondant les Écritures avec zèle et dans un esprit de prière, ils auraient su à quel moment de la nuit ils étaient arrivés ; les prophéties auraient ouvert à leur esprit les événements qui allaient se produire. Mais ce n'est pas à ceux que cette mission fut confiée, et ce furent d'humbles hommes qui annoncèrent ce message. Jésus avait dit : « Marchez pendant que vous avez la lumière, pour que les ténèbres ne vous surprennent pas [83]. » Ceux qui se détournent de la lumière que Dieu a donnée, ou qui négligent de la rechercher pendant qu'elle est à leur portée, se retrouvent dans les ténèbres. Mais le Sauveur a déclaré : « Celui qui me suit ne marchera jamais dans les ténèbres, mais il aura la lumière de la vie [84]. » Quiconque a pour seul but de chercher à réaliser la volonté de Dieu, en prenant garde avec ferveur à la lumière déjà donnée, recevra une plus grande lumière ; une étoile de lumière céleste sera envoyée à cette âme pour la « conduire dans toute la vérité [85] ».

À l'époque du premier avènement du Christ, les sacrificateurs et les scribes de la Sainte Cité, auxquels avaient été confiés les oracles de Dieu, auraient pu discerner les signes des temps et proclamer l'avènement de Celui qui avait été promis. La prophétie de Michée annonçait le lieu de sa naissance [86] ; Daniel avait précisé l'époque de son avènement [87]. Dieu avait confié ces prophéties aux dirigeants juifs ; ceux-ci n'avaient aucune excuse s'ils ignoraient et s'ils n'annonçaient pas aux gens du peuple que la venue du Messie était proche. Leur ignorance était le résultat de leur négligence coupable. Les Juifs érigeaient des monuments aux prophètes de Dieu qui avaient été mis à mort, pendant que, par leur complaisance envers les grands de ce monde, ils rendaient hommage aux serviteurs de Satan. Absorbés par

79. Apocalypse 14.6,7.
80. 2 Pierre 1.19.
81. Proverbes 3.14.
82. Psaume 25.14.
83. Jean 12.35.
84. Jean 8.12.
85. Jean 16.13.
86. Michée 5.1.
87. Daniel 9.25.

leurs conflits ambitieux pour obtenir une place et le pouvoir parmi les hommes, ils perdirent de vue les honneurs divins que le Roi du ciel leur avait offerts.

C'est avec un intérêt profond et respectueux que les anciens d'Israël auraient dû étudier en quel lieu, « quelle époque et quelles circonstances [88] » allait avoir lieu le plus grand événement de l'Histoire du monde : l'avènement du Fils de Dieu, venant réaliser la rédemption de l'homme. Tous les gens du peuple auraient dû veiller et se préparer pour être parmi les premiers à accueillir le Rédempteur du monde. Mais voici qu'à Bethlehem, deux voyageurs fatigués, venus des collines de Nazareth, parcourent toute la longueur de la rue étroite jusqu'à l'extrémité Est de la ville, cherchant en vain un lieu d'asile et de repos pour la nuit. Aucune porte ne s'ouvre pour les accueillir. C'est dans une pauvre étable qu'ils trouvent enfin asile, et c'est là que naît le Sauveur du monde.

Les anges du ciel avaient vu la gloire que le Fils de Dieu partageait avec le Père avant la fondation du monde, et ils avaient attendu avec un intérêt intense le moment de son apparition sur la terre comme un événement porteur de la plus grande joie pour tout le peuple. Des anges furent désignés pour apporter la bonne nouvelle à ceux qui s'étaient préparés à la recevoir et qui la feraient connaître avec joie aux habitants de la terre. Le Christ s'était abaissé jusqu'à revêtir la nature humaine ; il allait porter un poids infini de souffrance en offrant son âme en sacrifice pour le péché ; cependant, les anges désiraient que, même dans son humiliation, le Fils du Très-Haut puisse paraître devant les hommes avec une dignité et une gloire en rapport avec son caractère. Les grands de ce monde allaient-ils se rassembler dans la capitale d'Israël pour accueillir son avènement ? Des légions d'anges allaient-elles le présenter aux foules qui l'attendraient ?

Un ange visite notre terre pour voir qui est prêt à accueillir Jésus. Mais il ne discerne aucun signe qu'il soit attendu. Il n'entend aucune parole de louange et de triomphe annonçant que le moment de l'avènement du Messie est arrivé. L'ange plane pendant quelque temps au-dessus de la cité élue et du temple, dans lequel la présence divine s'est manifestée pendant des siècles ; mais là aussi règne la même indifférence. Les sacrificateurs, avec pompe et orgueil, offrent des sacrifices souillés dans le temple. Les pharisiens haranguent le peuple à grands cris ou prononcent des prières prétentieuses au coin des rues. Dans le palais des rois, dans les assemblées de philosophes, dans les écoles des rabbins, tous sont également indifférents à cet événement merveilleux qui a rempli tout le ciel de joie et de louange : le Rédempteur des hommes est sur le point d'apparaître sur la terre.

Aucun signe que le Christ soit attendu ; aucune préparation n'a été faite pour accueillir le Prince de la vie. Stupéfait, le messager céleste est sur le point de repartir au ciel avec la nouvelle honteuse, lorsqu'il découvre un groupe de bergers qui gardent leurs troupeaux pendant la nuit. En contemplant le ciel étoilé, ils méditent sur la prophétie qui annonce un Messie qui doit venir sur la terre, et ils désirent ardemment l'avènement du Rédempteur du monde. Voilà un groupe qui est prêt à recevoir le message céleste ! Soudain, l'ange du Seigneur leur apparaît et leur annonce « la bonne nouvelle d'une grande joie [89]. » Une gloire céleste inonde toute la plaine, un groupe innombrable d'anges apparaît, et, comme si la joie était trop grande pour être annoncée par un seul messager du ciel, une multitude de voix se fait entendre en un hymne que toutes les nations des sauvés entonneront un jour :

88. 1 Pierre 1.11.
89. Luc 2.10.

« Gloire à Dieu dans les lieux très hauts, et, sur la terre, paix parmi les humains [90] ! »

Quelle leçon nous donne cette merveilleuse histoire de Bethlehem ! Quelle réprimande pour notre incrédulité, notre orgueil et notre propre suffisance ! Quel avertissement à prendre garde, de peur que, par une indifférence criminelle, nous ne sachions pas non plus discerner les signes des temps, et, par conséquent, reconnaître « le temps de l'intervention divine [91] » !

Ce ne fut pas seulement sur les collines de Judée, ni parmi les humbles bergers, que les anges trouvèrent ceux qui attendaient l'avènement du Messie. Dans les pays païens aussi se trouvaient ceux qui l'attendaient ; c'étaient des sages, des hommes riches et nobles, les philosophes de l'Orient. Les mages, en étudiant la Nature, avaient vu Dieu dans ses ouvrages. Par les Écritures hébraïques, ils avaient appris à connaître « l'astre [qui] sort de Jacob [92] », et ils aspiraient ardemment à l'avènement de Celui qui allait être non seulement « la consolation d'Israël [93] », mais aussi la « lumière pour la révélation aux nations [94] », « pour porter le salut jusqu'aux extrémités de la terre [95] ». Ils recherchaient la lumière, et la lumière provenant du trône de Dieu illumina leur sentier. Tandis que les sacrificateurs et les rabbins de Jérusalem, gardiens et interprètes désignés de la vérité, étaient enveloppés de ténèbres, l'étoile envoyée du ciel guida ces étrangers païens vers le lieu de naissance du Roi nouveau-né.

C'est « pour ceux qui l'attendent en vue du salut » que le Christ « apparaîtra une seconde fois, en dehors du péché [96] ». Comme la nouvelle de la naissance du Sauveur, le message de son second avènement ne fut pas confié non plus aux chefs religieux du peuple. Ils n'avaient pas su conserver leur relation avec Dieu et avait refusé la lumière envoyée du ciel ; ils ne faisaient donc pas partie de ceux que décrit l'apôtre Paul : « Mais vous, frères, vous n'êtes pas dans les ténèbres, pour que ce jour, tel un voleur, vous surprenne ; car vous êtes tous fils de la lumière et fils du jour. Nous n'appartenons pas à la nuit ni aux ténèbres [97]. »

Les sentinelles sur les murs de Sion auraient dû être les premiers à recevoir la nouvelle de l'avènement du Sauveur, les premiers à élever la voix pour annoncer qu'il était proche, les premiers à avertir les gens du peuple de se préparer à son avènement. Mais ils avaient l'esprit tranquille, rêvant de « paix et [de] sécurité [98] », tandis que les gens du peuple étaient endormis dans leurs péchés. Jésus voyait son Église, comme le figuier stérile, couverte de feuilles prétentieuses ; mais le précieux fruit était absent. On observait avec ostentation les formes extérieures de la religion, tandis que l'esprit de véritable humilité, de véritable repentance et de véritable foi, qui seul peut rendre notre service acceptable aux yeux de Dieu, était absent. Au lieu des grâces de l'Esprit se manifestaient l'orgueil, le formalisme, la gloriole, l'égoïsme et l'oppression. Une Église apostate fermait les yeux sur les signes des temps. Ce n'est pas Dieu qui l'avait abandonnée, ni qui avait manqué de fidélité envers elle ; mais c'est elle qui s'était détournée de lui et s'était séparée de son

90. Luc 2.14.
91. Luc 19.44.
92. Nombres 24.17.
93. Luc 2.25.
94. Luc 2.32.
95. Actes 13.47.
96. Hébreux 9.28.
97. 1 Thessaloniciens 5.4,5.
98. 1 Thessaloniciens 5.3.

amour. Puisqu'elle refusait de remplir les conditions posées, elle ne pouvait pas bénéficier des promesses qui lui avaient été faites.

Telle est la conséquence inévitable quand on néglige d'apprécier la lumière et les privilèges accordés par Dieu et de les mettre à profit. Si l'Église ne suit pas les signes de la providence divine en acceptant tous les rayons de lumière et en accomplissant tous les devoirs qui peuvent lui être révélés, la religion dégénère inévitablement en observation de formes extérieures, et l'esprit de véritable piété disparaît. Cette vérité a été illustrée à de nombreuses reprise dans l'Histoire de l'Église. Dieu demande à son peuple des œuvres de foi et une obéissance correspondant aux bénédictions et aux privilèges accordés. L'obéissance demande un sacrifice et implique une croix ; c'est pourquoi tant de ceux qui se prétendaient disciples du Christ refusèrent de recevoir la lumière céleste, et, comme les Juifs d'autrefois, ne reconnurent pas « le temps de l'intervention divine [99] ». À cause de leur orgueil et de leur incrédulité, le Seigneur les laissa de côté et révéla sa vérité à ceux qui, comme les bergers de Bethlehem et les mages venus d'Orient, avaient pris garde à toute la lumière qu'ils avaient reçue.

---

99. Luc 19.44.

18

Un réformateur américain

Un fermier au cœur honnête et droit, qui avait été amené à douter de l'autorité divine des Écritures, mais qui désirait sincèrement connaître la vérité, fut l'homme que Dieu choisit spécialement pour jouer un rôle de premier plan dans la proclamation du second avènement du Christ. Comme beaucoup d'autres réformateurs, William Miller avait dû lutter contre la pauvreté dans sa jeunesse et avait ainsi appris les grandes leçons de vie dans l'abnégation. Les membres de la famille dont il était originaire étaient caractérisés par un esprit d'indépendance et d'amour de la liberté, par une grande capacité d'endurance et par un ardent patriotisme ; traits qui étaient aussi les siens. Son père avait été capitaine dans l'armée de la révolution ; et c'est aux sacrifices qu'il avait dû consentir au milieu des luttes et des souffrances de cette période agitée qu'il faut attribuer les circonstances difficiles des premières années de sa vie.

William Miller était solidement bâti. Dès son enfance, il fit preuve d'une intelligence au-dessus de la moyenne, qui se développa davantage au fur et à mesure qu'il grandissait. Doté d'un esprit vif et bien structuré, il avait une soif ardente de connaissance. Bien qu'il n'ait pas eu le privilège d'aller à l'Université, son amour de l'étude et ses habitudes de réflexion investigatrices et de critiques pondérées firent de lui un homme d'une grande capacité de jugement et d'opinion. D'une moralité irréprochable et d'une réputation enviable, Il était estimé partout pour son intégrité, ses compétences en matière de gestion et sa générosité. Très tôt, à force de courage et d'application, il avait acquis une certaine aisance, tout en conservant ses habitudes studieuses. Il remplit honorablement diverses fonctions civiles et militaires, et les avenues de la richesse et des honneurs semblaient lui être largement ouvertes.

Sa mère était une femme d'une profonde piété. Pendant son enfance, il avait reçu une éducation religieuse. Dès son plus jeune âge il fut entouré de déistes. C'étaient pour la plupart de bons citoyens et des hommes portés vers les actions humanitaires et généreuses, et leur influence fut d'autant plus forte. Vivant au milieu d'institutions chrétiennes, le caractère de ces hommes avait, dans une certaine mesure, été modelé par leur entourage. C'est à la Bible qu'ils devaient les qualités dont ils jouissaient et qui leur avaient gagné respect et confiance. Cependant, ces dons excellents avaient été pervertis au point de se retourner contre la Parole de Dieu. En fréquentant ces hommes, William Miller fut amené à adopter leurs points de vue. Les interprétations de la Bible courantes à cette époque présentaient des difficultés qui lui semblaient insurmontables. D'autre part, sa nouvelle croyance, tout en écartant la Bible, ne lui offrait rien de mieux pour la remplacer, et il restait insatisfait. Il continua cependant à professer ces opinions pendant une douzaine d'années. Mais, à l'âge de trente-quatre ans, le Saint-Esprit le convainquit de son état de pécheur. Ses croyances antérieures ne lui donnèrent aucune assurance d'un bonheur au-delà de la tombe. L'avenir lui paraissait sombre et sinistre. Se rappelant plus tard les sentiments qu'il éprouvait à cette époque, il raconte :

« La perspective de l'anéantissement était pour moi une pensée froide et glaciale, et celle d'un jugement signifiait la destruction certaine pour tous. Les cieux étaient comme de l'airain au-dessus de ma tête, et la terre comme du fer sous mes pieds. L'éternité : qu'était-ce ? Et la mort : pourquoi ? Plus je raisonnais, plus je me trouvais éloigné d'une solution. Plus je réfléchissais, plus mes conclusions étaient confuses. J'essayais de ne plus y penser, mais je ne pouvais pas contrôler mes pensées. J'étais vraiment malheureux, mais je n'en comprenais pas la cause. Je murmurais et je me plaignais, mais je ne savais pas de qui. J'avais conscience de l'existence du mal, mais je ne savais ni comment, ni où trouver le bien. Je me lamentais, sans espoir. »

C'est dans cet état d'esprit qu'il demeura pendant quelques mois. « Soudain, raconte-t-il, le personnage d'un Sauveur s'imposa profondément à mon esprit. Il me sembla qu'il pouvait exister un être si bon et si compatissant pour faire lui-même l'expiation de nos transgressions afin de nous éviter de subir les pénalités du péché. Je sentis immédiatement combien un tel être serait aimable, et m'imaginai que je pourrais me jeter dans ses bras et me confier en sa miséricorde. Mais la question se posa à moi : comment peut-on prouver qu'un tel être existe vraiment ? Je découvris que, en dehors de la Bible, je ne pourrais jamais trouver aucune preuve de l'existence d'un tel Sauveur, ou même d'une vie à venir. …

« Je me rendis compte que la Bible révèle précisément le genre de Sauveur dont j'avais besoin ; et je me demandai, avec perplexité, comment un livre non inspiré pouvait présenter des principes si parfaitement adaptés aux besoins d'un monde déchu. Je fus forcé d'admettre que les Écritures devaient être une révélation de Dieu. Elles devinrent mes délices ; et, en Jésus, je trouvai un ami. Le Sauveur devint pour moi Celui qui "se signale entre dix mille [1]". Les Écritures, qui auparavant me paraissaient obscures et contradictoires, devinrent maintenant "une lampe à mes pieds, une lumière sur mon sentier [2]". Mon esprit s'apaisa et se sentit satisfait. Je découvris que le Seigneur Dieu était un Rocher au milieu de l'océan de la vie. La Bible devint alors mon principal sujet d'étude, et je peux vraiment dire que je la sondai avec délices. Je découvris qu' "on ne m'en avait pas dit la moitié [3]". Je me demandai pourquoi je n'avais pas perçu plus tôt sa beauté et sa gloire et m'étonnai d'avoir pu la rejeter. J'y trouvai la révélation de tout ce que mon cœur pouvait désirer, et un remède pour toutes les maladies de mon âme. Je perdis tout goût pour les autres lectures et "décidai de rechercher et de connaître la sagesse [4]" auprès de Dieu [5]. »

William Miller fit une profession publique de sa foi dans la religion qu'il avait autrefois méprisée. Mais ses amis incrédules ne perdirent pas de temps pour lui présenter tous les arguments qu'il avait lui-même souvent avancés contre l'autorité divine des Écritures. Il n'était pas alors préparé à y répondre. Cependant il se dit

1. Cantique des cantiques 5.10.
2. Psaume 119.105.
3. 1 Rois 10.7.
4. Ecclésiaste 8.16.
5. Sylvester Bliss, *Memoirs of Wm. Miller* [Les mémoires de William Miller], p. 65-67.

que, si la Bible est une révélation de Dieu, elle doit être en harmonie avec elle-même ; et, puisqu'elle a été donnée pour l'instruction de l'homme, elle doit être adaptée à sa compréhension. Il décida d'étudier les Écritures par lui-même et de découvrir s'il était possible de clarifier toutes ses contradictions apparentes.

S'efforçant de laisser de côté toute opinion préconçue et se passant de commentaires bibliques, il compara les textes entre eux à l'aide des références marginales de sa Bible et d'une concordance biblique. Il poursuivit cette étude d'une manière régulière et méthodique : commençant par la Genèse et lisant un verset après l'autre, il n'avançait que si le sens des passages lus lui paraissait clair, de manière à le libérer de tout embarras. Lorsqu'il rencontrait un point obscur, c'était sa coutume de le comparer avec tous les autres textes qui semblaient avoir un rapport avec le sujet étudié, en laissant à chaque mot la révélation de son sens propre. Si ce qu'il en comprenait s'harmonisait avec tous les passages parallèles, la difficulté disparaissait. Ainsi, chaque fois qu'il se trouvait devant un passage difficile à comprendre, son explication lui était donnée dans un autre. En étudiant avec ferveur et dans un esprit de prière pour recevoir la lumière divine, ce qui était d'abord apparu à son esprit comme obscur devenait clair. Il fit ainsi l'expérience de la véracité des paroles du psalmiste : « La révélation de tes paroles éclaire, elle donne de l'intelligence aux naïfs [6]. »

Il étudia avec un profond intérêt les livres de Daniel et de l'Apocalypse en employant les mêmes principes d'interprétation que pour les autres textes et découvrit, à sa grande joie, qu'il était possible de comprendre les symboles prophétiques. Il se rendit compte que les prophéties, dans la mesure où elles s'étaient accomplies, l'avaient été littéralement ; que toutes les figures, métaphores, paraboles, similitudes, etc., étaient explicitées dans leur contexte immédiat, que les termes qui les exprimaient étaient définis dans d'autres textes, et, une fois clarifiés ainsi, devaient être compris littéralement. « Je fus convaincu, raconte-t-il, que la Bible est un système de vérités révélées, données d'une manière si claire et si simple que même "les ignorants ne s'y égareront pas [7]". » Maillon après maillon, la vérité récompensa ses efforts au fur et à mesure qu'il découvrait, étape par étape, les grandes lignes de la prophétie. Des anges du ciel guidaient son esprit et ouvraient le sens des Écritures à sa compréhension.

En prenant le déroulement de l'accomplissement des prophéties dans le passé comme critère permettant de juger celles qui restaient encore à se réaliser, il arriva à la conviction que l'opinion populaire concernant un règne spirituel du Christ, un millénium temporel précédant la fin du monde, n'avait pas de fondement biblique. Cette doctrine, annonçant mille ans de justice et de paix précédant l'avènement personnel du Seigneur, repoussait dans un lointain avenir les terreurs du jour de Dieu. Mais, aussi séduisante qu'elle ait pu être, elle était contraire aux enseignements du Christ et de ses apôtres, qui ont déclaré que le blé et la mauvaise herbe doivent « croître ensemble l'un et l'autre jusqu'à la moisson [8] », c'est-à-dire jusqu'à la fin du monde ; que « les mauvais et les imposteurs progresseront toujours plus dans le mal [9] » ; que « dans les derniers jours surgiront des temps difficiles [10] » ; et que le royaume des ténèbres persistera jusqu'à l'avènement du Seigneur,

6. Psaume 119.130.
7. Ésaïe 35.8 ; Sylvester Bliss, *op. cit.*, p. 70.
8. Matthieu 13.30,38-41.
9. 2 Timothée 3.13.
10. 2 Timothée 3.1.

qui le « détruira par le souffle de sa bouche » et le « réduira à rien par la manifestation de son avènement [11] ».

L'Église apostolique ne professait pas la doctrine de la conversion du monde et d'un règne spirituel du Christ. Cette doctrine ne fut généralement acceptée par les chrétiens que vers le début du dix-huitième siècle. Comme toute autre erreur, elle eut des conséquences néfastes. Elle enseignait aux hommes à attendre l'avènement du Seigneur dans un avenir lointain et les empêchait de prendre garde aux signes qui annonçaient son approche. Elle produisait un sentiment de confiance et de sécurité illusoire et amenait de nombreuses personnes à négliger la préparation nécessaire pour rencontrer leur Seigneur.

William Miller découvrit que les Écritures enseignaient clairement l'avènement littéral et personnel du Christ. L'apôtre Paul disait : « Le Seigneur lui-même, avec un cri de commandement, avec la voix d'un archange, avec le son de la trompette de Dieu, descendra du ciel [12]. » Et le Sauveur avait déclaré : « Toutes les tribus de la terre … *verront* le Fils de l'homme venant sur les nuées du ciel avec beaucoup de puissance et de gloire [13]. » « En effet, comme l'éclair qui jaillit au levant se voit jusqu'au couchant, ainsi sera l'avènement du Fils de l'homme [14]. » Il sera accompagné de toutes les armées célestes : « Le Fils de l'homme viendra dans sa gloire, avec tous les anges [15]. » « Il enverra ses anges avec une grande trompette, et ils rassembleront … ceux qu'il a choisis [16]. »

C'est lors de son avènement que les justes morts ressusciteront et que les justes vivants seront changés. L'apôtre Paul déclare : « Nous ne nous endormirons pas tous ; mais tous, nous serons changés, en un instant, en un clin d'œil, à la dernière trompette. Car elle sonnera, et les morts se réveilleront impérissables, et nous, nous serons changés. Il faut en effet que le périssable revête l'impérissable, et que le mortel revête l'immortalité [17]. » Dans sa première épître aux Thessaloniciens, après avoir décrit l'avènement du Seigneur, il ajoute : « Ceux qui sont morts dans le Christ se relèveront d'abord. Ensuite, nous les vivants qui restons, nous serons enlevés ensemble avec eux, dans les nuées, à la rencontre du Seigneur, dans les air ; et ainsi nous serons toujours avec le Seigneur [18]. »

Ce n'est qu'au moment de l'avènement personnel du Christ que son peuple pourra recevoir le royaume. Le Sauveur a dit : « Lorsque le Fils de l'homme viendra dans sa gloire, avec tous les anges, il s'assiéra sur son trône glorieux. Toutes les nations seront rassemblées devant lui. Il séparera les uns des autres comme le berger sépare les moutons des chèvres : il mettra les moutons à sa droite et les chèvres à sa gauche. Alors le roi dira à ceux qui seront à sa droite : Venez, vous qui êtes bénis de mon Père ; héritez le royaume qui a été préparé pour vous depuis la fondation du monde [19]. » Nous avons vu, par les textes qui viennent d'être cités, que, lorsque le Fils de l'homme viendra, les morts ressusciteront impérissables et les vivants seront changés. Ce grand changement les préparera à recevoir le royaume ; car l'apôtre Paul a dit « que la chair et le sang ne peuvent hériter le royaume de Dieu,

11. 2 Thessaloniciens 2.8.
12. 1 Thessaloniciens 4.16.
13. Matthieu 24.30.
14. Matthieu 24.27.
15. Matthieu 25.31.
16. Matthieu 24.31.
17. 1 Corinthiens 15.51-53.
18. 1 Thessaloniciens 4.16,17.
19. Matthieu 25.31-34.

et que le périssable n'hérite pas l'impérissable [20]. » L'homme, dans son état présent, est mortel et périssable ; mais le royaume de Dieu sera impérissable et éternel. C'est pourquoi l'homme ne peut entrer dans le royaume de Dieu en conservant son état présent. Mais, lorsque Jésus viendra, il accordera l'immortalité à son peuple ; c'est alors qu'il l'appellera à prendre possession du royaume dont lui-même n'a été qu'héritier.

Ces textes, ainsi que d'autres semblables, prouvèrent clairement à William Miller que les événements généralement attendus avant l'avènement du Christ, tels qu'un règne universel de paix et l'instauration du royaume de Dieu sur la terre sont postérieurs au second avènement. De plus, tous les signes des temps et l'état présent du monde correspondaient à la description prophétique des derniers jours. Il fut amené à la conclusion, uniquement par l'étude des Écritures, que la période assignée à la terre pour continuer à vivre dans son état actuel était sur le point de prendre fin.

« Une autre preuve qui frappa profondément mon esprit, écrit-il, c'est la chronologie des Écritures. ... Je découvris que des événements prédits, et accomplis dans le passé, avaient souvent eu lieu dans un temps bien déterminé. Par exemple, les cent vingt années avant le déluge [21] ; les sept jours qui devaient le précéder, avec l'annonce de quarante jours de pluie [22] ; les quatre cents années du séjour des descendants d'Abraham en Égypte [23] ; les trois jours des rêves de l'échanson et du panetier du Pharaon [24] ; les sept années des rêves du Pharaon [25] ; les quarante années du peuple d'Israël dans le désert [26] ; les trois ans et demi de famine [27] ; ... les soixante-dix ans de captivité à Babylone [28] ; les sept temps de Nabuchodonosor [29] ; et les sept semaines, soixante-deux semaines et une semaine, qui font en tout soixante-dix semaines, assignées aux Juifs [30]. Ces événements, délimités par ces périodes de temps, n'ont été d'abord qu'une prophétie ; mais ils se sont accomplis conformément aux prédictions faites [31]. »

Lorsqu'il découvrit, en étudiant la Bible, diverses périodes chronologiques qui, selon ce qu'il en comprenait, s'étendaient jusqu'au second avènement du Christ, il ne put donc pas les considérer autrement que comme « le temps fixé [32] » que Dieu avait révélé à ses serviteurs. Moïse avait dit : « Les choses cachées appartiennent au Seigneur, notre Dieu ; les choses révélées nous appartiennent, à nous et à nos fils, pour toujours [33] » ; et le Seigneur avait déclaré par la bouche du prophète Amos qu'« il ne fait rien sans avoir révélé ses secrets à ses serviteurs les prophètes [34]. » Ceux qui étudient la Parole de Dieu peuvent donc s'attendre avec confiance

20. 1 Corinthiens 15.50.
21. Genèse 6.3.
22. Genèse 7.4.
23. Genèse 15.13.
24. Genèse 40.12-20.
25. Genèse 41.28-54.
26. Nombres 14.34.
27. 1 Rois 17.1 ; Luc 4.25.
28. Jérémie 25.11.
29. Daniel 4.13.
30. Daniel 9.24-27.
31. Sylvester Bliss, *op. cit.*, p. 74,75.
32. Habacuc 2.3.
33. Deutéronome 29.28.
34. Amos 3.7.

à trouver le plus prodigieux événement de l'Histoire humaine clairement annoncé dans les Écritures de vérité.

« Pleinement convaincu comme je l'étais, raconte William Miller, que "toute Écriture … inspirée de Dieu [est] utile [35]", qu'elle "n'a jamais été apporté[e] par une volonté humaine : c'est portés par l'Esprit saint que des humains ont parlé de la part de Dieu [36]", et qu'elle "a été écrit[e] pour notre instruction, afin que, par la persévérance et par l'encouragement des Écritures, nous ayons l'espérance [37]", je ne pouvais pas faire autrement que de considérer les prophéties chronologiques de la Bible comme faisant partie intégrante de la Parole de Dieu et ayant autant droit à ma sérieuse considération que toute autre partie des Écritures. J'eus donc le sentiment que, dans mes efforts pour comprendre ce que Dieu avait, dans sa miséricorde, jugé bon de me révéler, je n'avais aucun droit de les laisser de côté [38]. »

La prophétie qui lui sembla révéler le plus clairement l'*époque* du second avènement était celle de Daniel 8.14 : « Jusqu'à deux mille trois cents soirs et matins ; après quoi le sanctuaire sera rétabli [purifié, d'après certaines traductions de la Bible]. » En suivant son principe de faire de l'Écriture son propre interprète, William Miller apprit qu'un jour, dans le symbolisme prophétique, représente une année [39]. Il se rendit compte que la période de 2 300 jours prophétiques, ou années littérales, s'étendait bien au-delà de la fin de la dispensation juive, et ne pouvait donc pas concerner le sanctuaire de cette dispensation.

William Miller acceptait l'opinion généralement professée prétendant que, dans la dispensation chrétienne, le sanctuaire représente la terre ; il comprit donc que la purification du sanctuaire prédite dans Daniel 8.14 représentait la purification de la terre par le feu au moment du second avènement du Christ. Si donc on pouvait déterminer le point de départ correct des 2300 jours, l'époque du second avènement pourrait être facilement précisée. Ainsi serait révélé le temps du grand dénouement, l'heure où le présent état de choses, avec « tout son orgueil et toute sa puissance, toutes ses pompes et toute sa vanité, toute sa méchanceté et toutes ses oppressions, prendrait fin », l'heure où la malédiction serait « ôtée de la terre, la mort serait détruite, la récompense serait accordée aux serviteurs de Dieu, aux prophètes et aux saints et à ceux qui "craignent [son] nom", et où le moment viendrait de "ruiner ceux qui ruinent la terre [40]" ».

Avec plus de ferveur que jamais, William Miller continua son étude des prophéties, consacrant des journées et des nuits entières à ce qui lui paraissait maintenant d'une importance si extraordinaire et d'un intérêt qui absorbait tout. Il constata que dans le chapitre 8 de Daniel aucune indication du point de départ des 2 300 jours n'était dévoilée ; l'ange Gabriel, bien qu'ayant reçu l'ordre « Fais comprendre la vision à celui-ci [41] », n'avait donné à Daniel qu'une explication partielle. Pendant que la terrible persécution qui devait fondre sur l'Église était révélée à la vision du prophète, il se sentit défaillir. Il ne put pas en supporter davantage, et l'ange le quitta pour un certain temps. Daniel nous dit : « Je fus

35. 2 Timothée 3.16.
36. 2 Pierre 1.21.
37. Romains 15.4.
38. Sylvester Bliss, *op. cit.*, p. 75.
39. Nombres 14.34 ; Ezéchiel 4.6.
40. Apocalypse 11.18 ; Sylvester Bliss, *op. cit.*, p. 76.
41. Daniel 8.16.

plusieurs jours affaibli et malade. … J'étais atterré à cause de la vision ; je ne la comprenais pas [42]. »

Cependant, Dieu avait ordonné à son messager : « Fais comprendre la vision à celui-ci [43]. » Cette mission devait être accomplie. Obéissant à cet ordre, l'ange, quelque temps après, revint auprès de Daniel en lui disant : « Je suis sorti, maintenant, pour te communiquer l'intelligence. … Saisis la parole et comprends la vision [44]. » Un point important de la vision du chapitre 8 était resté sans explication, à savoir celui qui concernait le temps : la période des 2300 jours. C'est pourquoi l'ange, en reprenant son explication, insista surtout sur ce point :

« Soixante-dix semaines ont été fixées sur ton peuple et sur ta ville sacrée. … Sache-le donc et comprends ! Depuis qu'a été émise la parole disant de rétablir, de rebâtir Jérusalem, jusqu'à un chef ayant reçu l'onction, il y a sept semaines ; pendant soixante-deux semaines, places et fossés seront rétablis, rebâtis, mais en des temps d'angoisse. Après les soixante-deux semaines, un homme ayant reçu l'onction sera retranché, et il n'aura personne pour lui. … Il fera avec la multitude une solide alliance d'une semaine, et durant la moitié de la semaine, il fera cesser le sacrifice et l'offrande [45]. »

L'ange avait été envoyé auprès de Daniel dans le but précis de lui expliquer le point qu'il n'avait pas réussi à comprendre dans la vision du chapitre 8 : la déclaration concernant le temps : « Jusqu'à deux mille trois cents soirs et matins ; après quoi le sanctuaire sera rétabli [purifié, d'après certaines traductions de la Bible] [46]. » Après avoir ordonné à Daniel « Saisis la parole et comprends la vision [47] », les toutes premières paroles de l'ange furent : « Soixante-dix semaines ont été fixées sur ton peuple et sur ta ville sacrée [48]. » Le mot traduit ici par « fixées » signifie littéralement « retranchées ». L'ange déclare que les soixante-dix semaines, représentant 490 années, sont « retranchées », parce qu'elles concernent spécialement les Juifs. Mais de quoi sont-elles retranchées ? Vu que les 2 300 jours sont la seule période mentionnée au chapitre 8, ce doit être de ce temps que sont retranchées les soixante-dix semaines, qui doivent donc faire partie des 2 300 jours. Ainsi, les deux périodes ont un point de départ commun. L'ange déclara que les soixante-dix semaines doivent commencer « depuis qu'a été émise la parole disant de rétablir, de rebâtir Jérusalem [49]. » S'il est possible de déterminer la date de cet ordre, on peut découvrir le point de départ de cette grande période de 2 300 jours.

C'est au chapitre 7 du livre d'Esdras que ce décret nous est rapporté [50]. Il fut promulgué sous sa forme la plus complète par Artaxerxès, roi de Perse, en 457 avant Jésus-Christ. Mais, au chapitre 6, il nous est dit que la Maison du Seigneur à Jérusalem fut rebâtie « d'après l'ordre de Cyrus, de Darius et d'Artaxerxès, roi de Perse [51]. » Ces trois rois, en publiant, confirmant et complétant ce décret, l'amenèrent à la perfection requise par la prophétie pour lui permettre de marquer le commencement des 2 300 années. En prenant comme date de la promulgation

42. Daniel 8.27.
43. Daniel 8.16.
44. Daniel 9.22,23.
45. Daniel 9.24-27.
46. Daniel 8.14.
47. Daniel 9.23.
48. Daniel 9.24.
49. Daniel 9.25.
50. Esdras 7.12-26.
51. Esdras 6.14.

de cet ordre l'année 457 avant Jésus-Christ, moment où ce décret fut complet, on se rendit compte que chaque détail de la prophétie concernant les soixante-dix semaines avait été accompli.

« Depuis qu'a été émise la parole disant de rétablir, de rebâtir Jérusalem, jusqu'à un chef ayant reçu l'onction, il y a sept semaines ; et soixante-deux semaines [52] », soit, en tout, soixante-neuf semaines ou 483 années. Le décret d'Artaxerxès entra en vigueur en automne de l'année 457 avant Jésus-Christ. En partant de cette date, 483 années nous amènent jusqu'à l'automne de l'année 27 de notre ère [53]. C'est à ce moment que s'accomplit cette prophétie. Le mot « Messie » signifie « celui qui a reçu l'onction ». Or en automne de l'année 27 de notre ère Jésus fut baptisé par Jean-Baptiste et reçut l'onction de l'Esprit. L'apôtre Pierre témoigna que « Dieu a conféré une onction d'Esprit saint et de puissance à Jésus de Nazareth [54]. » Le Sauveur lui-même avait déclaré : « L'Esprit du Seigneur est sur moi, parce qu'il m'a conféré l'onction pour annoncer la bonne nouvelle aux pauvres [55]. » Après son baptême, il se rendit en Galilée ; « il proclamait la bonne nouvelle de Dieu et disait : Le *temps* est accompli [56]. »

« Il fera avec la multitude une solide alliance d'une semaine [57]. » La « semaine » présentée ici est la dernière des soixante-dix ; ce sont les sept dernières années de la période accordée spécialement aux Juifs. Au cours de cette période, qui s'étend de l'an 27 à l'an 34 de notre ère, le Christ, d'abord en personne, puis par l'intermédiaire de ses disciples, adressa l'invitation à l'étude de l'Évangile tout spécialement aux Juifs. Lorsque les apôtres partirent pour apporter la bonne nouvelle du royaume, le Sauveur leur fit cette recommandation : « Ne partez pas sur le chemin des non-Juifs, et n'entrez pas dans une ville des Samaritains ; allez plutôt vers les moutons perdus de la maison d'Israël [58]. »

« Durant la moitié de la semaine, il fera cesser le sacrifice et l'offrande [59]. » En l'an 31 de notre ère, trois ans et demi près son baptême, notre Seigneur fut crucifié. Sa mort sacrificielle sur le Calvaire mit fin au système d'offrandes qui, pendant quatre mille ans, avait annoncé l'« agneau de Dieu [60] ». Le type avait rencontré l'antitype, et tous les sacrifices et offrandes du système cérémoniel devaient cesser à ce moment.

Les soixante-dix semaines, ou 490 ans, spécialement accordées aux Juifs, prirent fin, comme nous l'avons vu, en l'an 34 de notre ère. C'est à cette époque que, sous l'instigation du Sanhédrin juif, cette nation scella son rejet de l'Évangile par le martyre d'Étienne et par la persécution des disciples du Christ. Le message du salut, cessant de se limiter au peuple élu, fut alors donné au monde entier. Les disciples, forcés par la persécution de fuir Jérusalem, « s'en allèrent proclamer partout le message [61]. » « Philippe, qui était descendu dans la ville de Samarie, y proclama le Christ [62]. » Pierre, divinement averti, présenta l'Évangile au centurion de Césarée,

52. Daniel 9.25.
53. Voir appendice, note 30.
54. Actes 10.38.
55. Luc 4.18.
56. Marc 1.14,15.
57. Daniel 9.27.
58. Matthieu 10.5,6.
59. Daniel 9.27.
60. Jean 1.29.
61. Marc 16.20.
62. Actes 8.5.

le pieux Corneille ; et l'ardent Paul, gagné à la foi en Christ, reçut la mission de porter la Bonne Nouvelle « au loin, vers les non-Juifs [63] ».

Jusqu'ici, chaque détail des prophéties s'est accompli de manière frappante ; le commencement des soixante-dix semaines se trouve fixé sans conteste en 457 avant Jésus-Christ, et leur aboutissement en l'an 34 de notre ère. En partant de ces données, il n'y a aucune difficulté à découvrir la fin des 2 300 jours. Les soixante-dix semaines, ou 490 jours, ayant été « retranchées » des 2 300 jours, il restait 1810 jours. Ces 1810 jours devaient encore s'accomplir après la fin des 490 jours. En partant de l'an 34 de notre ère, les 1810 jours s'étendent jusqu'en 1844. Les 2 300 jours de Daniel 8.14 se terminent donc en 1844. Au moment de l'expiration de cette grande période prophétique, d'après le témoignage de l'ange de Dieu, le sanctuaire devait être « rétabli » (ou « purifié », selon certaines versions bibliques). C'est ainsi que fut déterminée avec précision l'époque de la purification du sanctuaire, qui, selon la croyance presque universelle, devait avoir lieu au moment du second avènement.

William Miller et ses collaborateurs crurent d'abord que les 2300 jours se termineraient au *printemps* de 1844, alors que la prophétie attire l'attention sur l'*automne* de cette même année [64]. La compréhension erronée de ce point produisit la déception et la perplexité dans le cœur de ceux qui avaient fixé la première date pour l'avènement du Seigneur. Mais ceci n'affecta en rien la force de l'argument montrant que les 2300 jours se terminaient en 1844 et que le grand événement représenté par la purification du sanctuaire devait avoir lieu à ce moment.

Au début, lorsqu'il avait entrepris l'étude des Écritures pour prouver que c'était une révélation de Dieu, William Miller ne s'était absolument pas attendu à atteindre cette conclusion. Il avait lui-même du mal à croire aux résultats de ses recherches. Mais les preuvés bibliques étaient trop claires et trop puissantes pour être mises de côté.

Il avait consacré deux années à l'étude de la Bible, lorsque, en 1818, il arriva à la conviction solennelle que, dans environ vingt-cinq ans, le Christ apparaîtrait pour la rédemption de son peuple. « Inutile de dire, raconte William Miller, la joie qui remplit mon cœur à cette délicieuse perspective, et l'aspiration ardente de mon âme à participer à la félicité des rachetés. La Bible était devenue pour moi un livre nouveau. C'était, en fait, un festin de l'esprit : tout ce qui était sombre, mystique ou obscur à mes yeux dans ses enseignements s'était dissipé de mon esprit devant la lumière éblouissante qui émanait de ses pages sacrées. Comme la vérité m'apparaissait brillante et glorieuse! Toutes les contradictions et les inconséquences que j'avais autrefois trouvées dans la Parole avaient disparu ; et, bien qu'il restât de nombreuses parties dont la compréhension ne me satisfaisait pas encore pleinement, tant de lumière en avait jailli pour illuminer mon esprit autrefois enténébré que j'éprouvais, en étudiant les Écritures, des délices que je n'aurais jamais supposé trouver [65]. »

« Avec la solennelle conviction que des événements aussi importants avaient été prédits dans les Écritures et devaient s'accomplir dans un laps de temps aussi court, la question se posa à moi avec une grande force sur mes devoirs envers le monde, vu les preuves qui avaient affecté mon propre esprit [66]. » Il ne pouvait s'empêcher

63. Actes 22.21.
64. Voir appendice, note 31.
65. Sylvester Bliss, *op. cit.*, p. 76,77.
66. *Ibid.*, p. 81.

de penser que c'était son devoir de transmettre aux autres la lumière qu'il avait reçue. Il s'attendait à rencontrer de l'opposition de la part des impies, mais croyait avec confiance que tous les chrétiens se réjouiraient dans l'espérance de rencontrer le Sauveur qu'ils professaient aimer. Dans sa grande joie devant la perspective de cette glorieuse délivrance, destinée à se réaliser très bientôt, sa seule crainte était que beaucoup d'entre eux reçoivent cette doctrine sans examiner suffisamment les Écritures pour y trouver la démonstration de la vérité. Il hésitait donc à la présenter, de peur d'être dans l'erreur et de devenir un instrument d'égarement pour les autres. Il fut donc amené à revoir les arguments qui soutenaient les conclusions auxquelles il était arrivé et à examiner soigneusement toutes les difficultés qui s'offraient à son esprit. Il découvrit que ces objections s'évanouissaient devant la lumière de la Parole de Dieu comme la brume devant les rayons du soleil. Cinq années consacrées à cette étude le laissèrent pleinement convaincu que sa position était juste.

Maintenant, le devoir de faire connaître aux autres ce qu'il considérait comme si clairement enseigné dans les Écritures s'imposa à lui avec une force nouvelle. « Lorsque je vaquais à mes affaires, raconte-t-il, une voix résonnait continuellement dans mes oreilles : "Va et dis au monde le danger qui le menace." Ce texte biblique me revenait sans cesse : "Quand je dirai au méchant : Méchant, tu mourras !, si tu ne parles pas pour avertir le méchant au sujet de sa voie, ce méchant mourra dans sa faute ; mais son sang, je te le réclamerai. Mais si, toi, tu avertis le méchant au sujet de sa voie, et qu'il ne revienne pas de sa voie, il mourra dans sa faute, et toi, tu sauveras ta vie [67]." J'avais le sentiment que, si les pécheurs pouvaient effectivement être avertis, des multitudes d'entre eux se repentiraient ; mais s'ils n'étaient pas avertis, leur sang pourrait m'être réclamé [68]. »

Il commença à parler de ses opinions en privé en profitant des occasions qui se présentaient, en priant pour qu'un prédicateur ressente leur force et se consacre à leur prédication. Mais il ne pouvait bannir de son cœur la conviction d'un devoir personnel à accomplir en donnant cet avertissement. Ces paroles revenaient constamment à son esprit : « Va et dis-le au monde ; je te réclamerai son sang. » Il attendit pendant neuf ans, le fardeau pesant encore sur son âme, jusqu'à ce que, en 1831, il expose publiquement pour la première fois les raisons de sa foi.

De même qu'Élisée fut appelé pendant qu'il labourait son champ avec ses bœufs pour recevoir le manteau de consécration à la fonction prophétique, de même William Miller fut appelé à abandonner sa charrue et à présenter au monde les mystères du royaume de Dieu. C'est en tremblant qu'il entreprit cette œuvre, en guidant ses auditeurs, pas à pas, au travers de l'accomplissement des périodes prophétiques s'étendant jusqu'au second avènement du Christ. A chaque tentative, ses forces et son courage augmentaient à la vue du vif intérêt suscité par ses paroles.

Ce ne fut qu'à la demande de ses frères, dont les paroles lui parurent être l'appel de Dieu, que William Miller consentit à présenter ses convictions ouvertement. Il avait alors cinquante ans ; il n'avait pas l'habitude de parler en public ; et il était affligé du sentiment de ne pas être fait pour l'œuvre qui l'attendait. Cependant, dès le début, ses travaux furent bénis d'une manière remarquable en amenant des âmes au salut. Sa première présentation fut suivie d'un réveil religieux, au cours duquel treize familles, à l'exception de deux personnes, se convertirent. On le

67. Ézéchiel 33.8,9.
68. Sylvester Bliss, *op. cit.*, p. 92.

pressa immédiatement de prêcher dans d'autres endroits, et, presque partout, ses travaux produisirent un réveil de l'œuvre de Dieu. Des pécheurs se donnèrent à Dieu. Des chrétiens se sentirent appelés à une consécration plus profonde. Des déistes et des incrédules furent amenés à reconnaître la véracité de la Bible et du christianisme. Voici le témoignage de ceux parmi lesquels il travaillait : « Il touche une catégorie de personnes que d'autres ne peuvent pas atteindre [69]. » Sa prédication était conçue pour éveiller l'esprit de ses auditeurs aux grandes choses de la religion et pour tenir en échec la vague croissante de mondanité et de sensualité de son époque.

Dans presque chaque ville, des vingtaines de personnes, et parfois des centaines, se convertirent suite à ses prédications. Dans de nombreux endroits, les églises protestantes de presque toutes les dénominations lui ouvrirent leurs portes, et leurs prédicateurs l'invitèrent à œuvrer parmi eux. Sa règle invariable était de ne pas travailler dans un endroit où il n'avait pas été invité. Cependant, il se trouva bientôt dans l'impossibilité d'honorer la moitié des demandes qui affluaient. Beaucoup de ceux qui n'acceptaient pas ses opinions sur le moment exact du second avènement étaient cependant persuadés de la certitude et de la proximité de la venue du Christ et de la nécessité de s'y préparer.

Dans certaines grandes villes, son travail produisit une profonde impression. Des cabaretiers abandonnèrent leur commerce et transformèrent leur débit de boissons en salle de réunion ; des maisons de jeux furent fermées ; des incrédules, des déistes, des universalistes, et même quelques-uns des débauchés les plus pervertis réformèrent leur vie. Certains d'entre eux n'avaient pas mis les pieds dans une église depuis des années. Les différentes dénominations organisèrent des réunions de prière dans divers quartiers et presque à toute heure du jour. Des hommes d'affaires se réunissaient à l'heure de midi pour prier et louer Dieu. On ne constatait aucune excitation fanatique, mais au contraire une solennité presque générale dans le cœur des gens. L'œuvre de William Miller, comme celle des premiers réformateurs, tendait plutôt à convaincre l'intelligence et à éveiller la conscience qu'à exciter seulement les émotions.

En 1833, l'Église baptiste, dont William Miller était membre, lui accorda une licence de prédicateur. Un grand nombre de pasteurs de sa dénomination approuvaient aussi son œuvre, et c'est avec leur accord officiel qu'il la continua. Il voyageait et prêchait sans cesse, bien que ses travaux personnels se soient limités surtout aux États de la Nouvelle-Angleterre et du centre. Pendant plusieurs années, il paya toutes les dépenses de ses déplacements de sa propre bourse ; et, par la suite, il ne reçut jamais suffisamment pour couvrir ses frais lorsqu'il se rendait là où on l'avait invité. De sorte que ses conférences publiques, bien loin de lui apporter un bénéfice financier, constituèrent un lourd fardeau pour sa fortune, laquelle alla en diminuant pendant cette partie de sa vie. C'était un père de famille nombreuse ; mais, comme celle-ci était sobre et industrieuse, sa ferme suffisait à subvenir aux besoins des siens.

En 1833, deux ans après que William Miller eut commencé publiquement ses prédications concernant le proche avènement du Christ, le dernier des signes promis par le Sauveur pour annoncer son retour apparut. Jésus avait dit : « Les étoiles tomberont du ciel [70]. » Jean, dans l'Apocalypse, avait déclaré, en contemplant,

69. *Ibid.*, p. 138.
70. Matthieu 24.29.

dans une vision, les scènes qui annonçaient le jour de Dieu : « Les étoiles du ciel tombèrent sur la terre, comme lorsqu'un figuier secoué par un grand vent laisse tomber ses figues [71]. »

Cette prophétie trouva un accomplissement frappant et impressionnant dans la grande pluie de météorites du 13 novembre 1833. Ce fut le spectacle d'étoiles filantes le plus étendu et le plus merveilleux qui ait jamais été rapporté : « Tout le firmament au-dessus de l'ensemble des États-Unis était en mouvement et embrasé pendant des heures ! Aucun phénomène céleste ne s'est jamais produit dans ce pays, depuis le début de la colonisation, qui ait été observé avec une admiration si intense par une partie de la communauté, et avec autant de crainte et de frayeur par l'autre. … Sa sublimité et sa beauté impressionnante sont encore présentes dans bien des mémoires. … Jamais pluie ne tomba plus serrée que ces météorites en direction de la terre ; à l'est, à l'ouest, au nord et au sud, il en était de même. En un mot, le ciel tout entier semblait en mouvement. … Ce spectacle, tel qu'il est décrit dans le *Journal* du Professeur Silliman, fut observé dans toute l'Amérique du Nord. … De deux heures du matin jusqu'au grand jour, le firmament étant parfaitement serein et dégagé, un déploiement de luminaires brillants et étincelants se manifesta sans interruption dans le ciel tout entier [72]. »

« En vérité, aucun langage humain ne peut rendre justice à la splendeur de ce magnifique spectacle ; … quiconque ne l'a pas observé ne peut se faire une idée exacte de sa gloire. On aurait dit que toutes les étoiles du ciel s'étaient rassemblées en un seul point proche du zénith et s'élançaient simultanément, à la vitesse de l'éclair, vers chaque coin de l'horizon. Cependant, ces météores ne s'épuisaient pas : des milliers d'entre eux étaient suivis rapidement par des milliers d'autres, comme s'ils avaient été créés spécialement pour cette occasion [73]. » « Il était impossible de contempler ce phénomène sans le comparer à l'image d'un figuier secoué par un grand vent et qui laisse tomber ses figues [74]. »

Un journal de New York publia sur ce merveilleux phénomène un long article contenant cette déclaration : « Je suppose que jamais aucun philosophe ni érudit n'a raconté ou rapporté un événement comparable à celui d'hier matin. Un prophète d'il y a dix-huit siècles l'avait prédit avec exactitude, si nous prenons la peine de comprendre que les étoiles qui tombent du ciel signifient des étoiles filantes, … dans le seul sens où l'événement puisse être littéralement vrai [75]. »

Ainsi apparut le dernier des signes annonçant l'avènement de Jésus, au sujet duquel il avait ordonné à ses disciples : « Quand vous verrez tout cela, *sachez* [que le Fils de l'homme] est proche, aux portes [76]. » Après ces signes, Jean contempla la grande manifestation qui devait avoir lieu par la suite : « Le ciel se retira tel un livre qu'on roule, et toutes les montagnes et les îles furent enlevées de leur place [77] », pendant que les méchants cherchaient à fuir devant la présence du Fils de l'homme [78].

71. Apocalypse 6.13.
72. R.M. Devens, *American Progress: or, The Great Events of the Greatest Century* [Le progrès américain, ou les grands événements du plus grand siècle], chapitre 28, paragraphes 1-5.
73. F. Reed, in : *Christian Advocate and Journal* [L'avocat et le périodique chrétiens] du 13 décembre 1833.
74. « The Old Countryman » [Le vieux campagnard], in : *Evening Advertiser* [Le journal d'annonces du soir] de Portland, du 26 novembre 1833.
75. *Journal of Commerce* [Le journal du commerce] de New York du 14 novembre 1833.
76. Matthieu 24.33.
77. Apocalypse 6.14.
78. Apocalypse 6.15-17.

De nombreuses personnes qui observèrent cette chute d'étoiles la considérèrent comme une annonce du jugement à venir, « un type effrayant, un signe avant-coureur certain, un signe miséricordieux de ce "jour grand et redoutable" [79]. » L'attention des populations fut ainsi dirigée vers l'accomplissement de la prophétie, et beaucoup d'entre elles furent amenées à prendre garde à l'avertissement de l'approche du retour de Jésus.

En 1840, un autre accomplissement remarquable de la prophétie éveilla un profond intérêt. Deux ans auparavant, Josiah Litch, l'un des principaux prédicateurs qui prêchait le second avènement, avait publié une explication du chapitre 9 de l'Apocalypse, prédisant la chute de l'Empire ottoman. D'après ses calculs, cette puissance devait être renversée « en 1840, aux environs du mois d'août ». Quelques jours seulement avant cette date, il écrivit : « En admettant que la première période de 150 années se soit exactement accomplie avant que Deacozes monte sur le trône avec l'assentiment des Turcs, et que les 391 ans et 15 jours aient commencé à la fin de cette première période, celle-ci se terminerait le 11 août 1840, date à laquelle on peut s'attendre à ce que l'Empire ottoman de Constantinople soit brisé. Ceci, je le crois, se révélera être le cas [80]. »

Au moment spécifié, la Turquie, par l'intermédiaire de ses ambassadeurs, accepta la protection des puissances européennes alliées et se plaça ainsi sous la tutelle des nations chrétiennes. Cet événement réalisait exactement la prédiction [81]. Lorsque la chose fut connue, des multitudes furent convaincues de l'exactitude des principes d'interprétation prophétique adoptés par William Miller et par ses collaborateurs. Ceci apporta un puissant élan au Mouvement du second avènement. Des hommes instruits et haut placés s'unirent à William Miller, aussi bien dans la prédication que dans la publication de ses opinions, et, de 1840 à 1844, cette œuvre s'étendit rapidement.

William Miller possédait de remarquables facultés intellectuelles, disciplinées par la réflexion et par l'étude. À celles-ci s'ajoutait la sagesse du ciel à la source de laquelle il se connectait. C'était un homme de valeur, qui ne pouvait qu'attirer le respect et l'estime partout où l'on savait apprécier l'intégrité du caractère et l'excellence de la morale. Joignant une véritable bonté de cœur à l'humilité chrétienne et à la maîtrise de soi, il était prévenant et affable envers tous, prêt à écouter les opinions des autres et à soupeser leurs arguments. Sans manifester de colère ni d'excitation, il éprouvait toutes les théories et toutes les doctrines à la lumière de la Parole de Dieu ; son raisonnement sain et sa connaissance approfondie des Écritures lui permettaient de réfuter l'erreur et de démasquer la fausseté.

Cependant, il ne poursuivit pas son œuvre sans rencontrer une violente opposition. Comme pour les premiers réformateurs, les professeurs de religion populaires ne reçurent pas favorablement les vérités qu'il présentait. Comme des derniers ne pouvaient pas soutenir leur position par les Écritures, ils furent amenés à avoir recours aux déclarations et aux doctrines humaines et également aux traditions des Pères. Mais les prédicateurs de la vérité du second avènement ne reconnaissaient pas d'autre témoignage que la Parole de Dieu. « La Bible, et la Bible seule » était leur mot d'ordre. Leurs adversaires compensaient leur manque d'arguments bibliques en utilisant le ridicule et la moquerie. Ils consacrèrent temps, moyens

79. Malachie 3.23 ; « The Old Countryman », *ibid.*
80. Josiah Litch, in : *Signs of the Times, and Expositor of Prophecy* [Les signes des temps, et l'interprète de la prophétie] du 1er août 1840.
81. Voir appendice, note 32.

financiers et talents à dénigrer ceux dont le seul crime était d'attendre avec joie le retour de leur Seigneur, en s'efforçant de vivre une vie sainte et en exhortant les autres à se préparer à cet avènement.

Leurs adversaires firent de gros efforts pour détourner l'esprit du public du sujet du second avènement. On présenta comme un péché et comme quelque chose dont on devrait avoir honte l'étude des prophéties qui se rapportent au retour du Christ et à la fin du monde. C'est ainsi que les prédicateurs populaires sapèrent la foi en la Parole de Dieu. Leur enseignement rendit les hommes incrédules, et beaucoup d'entre eux en profitèrent pour marcher selon leurs propres convoitises impies. À la suite de quoi, les auteurs de ces maux en attribuèrent la responsabilité aux adventistes.

Des foules de personnes intelligentes et attentives se pressaient dans les chapelles pour écouter William Miller. Malgré cela, la presse religieuse mentionnait rarement son nom, sauf pour le ridiculiser ou pour le dénoncer. Les insouciants ou les impies, enhardis par l'attitude des professeurs de religion, avaient recours à des adjectifs injurieux, à des plaisanteries viles et blasphématoires dans leurs efforts pour attirer l'opprobre sur sa personne et sur son œuvre. L'homme aux cheveux gris, qui avait quitté sa confortable maison pour voyager de ville en ville à ses propres frais, et travaillé sans cesse pour apporter au monde l'avertissement solennel de l'approche du jugement, était dénoncé avec mépris comme un fanatique, un menteur et un coquin spéculateur.

Le ridicule, les faussetés et les injures dont on l'accablait donnèrent lieu à des protestations indignées, même dans la presse séculière. Des hommes du monde déclarèrent : « Traiter un sujet d'une aussi grande majesté et aux conséquences si graves avec légèreté et grivoiserie n'est pas seulement mépriser les sentiments de ceux qui le propagent et le défendent, mais c'est tourner en ridicule le jour du jugement et se moquer de la Divinité elle-même en bravant les terreurs de son tribunal [82]. »

L'instigateur de tout mal cherchait non seulement à contrecarrer les effets du message du retour du Christ, mais également à détruire le messager lui-même. William Miller touchait le cœur de ses auditeurs en faisant une application pratique de la vérité biblique, réprimant leurs péchés et perturbant leur autosatisfaction. Ses paroles simples et tranchantes éveillaient leur inimitié. L'opposition manifestée par des membres d'église à l'égard de es prédications enhardit les classes populaires à aller plus loin. Ses ennemis complotèrent de lui ôter la vie à la sortie d'une salle de réunion. Mais de saints anges veillaient dans la foule, et l'un d'entre eux, sous forme humaine, prit par le bras ce serviteur du Seigneur et le conduisit en lieu sûr. Son œuvre n'était pas encore achevée ; Satan et ses émissaires furent frustrés dans leurs desseins.

Malgré toute cette opposition, l'intérêt pour le mouvement du second avènement n'avait cessé de croître. Les auditoires, composés au début de vingtaines ou de centaines d'auditeurs, se comptaient maintenant par milliers. Les différentes Églises avaient vu une augmentation importante du nombre de leurs membres ; mais, au bout d'un certain temps, l'esprit d'opposition se manifesta même contre ces nouveaux convertis, et les Églises commencèrent à prendre des mesures disciplinaires envers ceux qui avaient adopté les opinions de William Miller. Il fut amené à

82. Sylvester Bliss, *op. cit.*, p. 183.

répondre à ces actions par écrit. Dans un message adressé aux chrétiens de toutes les dénominations, il les mit en demeure, si ses doctrines étaient fausses, de le lui montrer d'après les Écritures.

« Qu'avons-nous cru, disait-il, que nous n'ayons pas reçu l'ordre de croire par la Parole de Dieu, qui est, vous le reconnaissez vous-mêmes, la règle et la seule règle de notre foi et de notre pratique ? Qu'avons-nous fait qui ait pu susciter contre nous d'aussi virulentes dénonciations du haut de la chaire et dans la presse et vous donner raison de nous [les adventistes] exclure de vos Églises et de votre communion ? [...] Si nous sommes dans l'erreur, veuillez nous montrer en quoi consiste notre tort. Prouvez-nous, d'après la Parole de Dieu, que nous sommes dans l'erreur ; on nous a suffisamment tournés en ridicule, ce qui ne pourra jamais nous convaincre que nous sommes dans l'erreur ; seule la Parole de Dieu peut nous faire changer d'opinions. Nous avons formulé nos conclusions délibérément et dans un esprit de prière au fur et à mesure que nous en avons trouvé les justifications dans les Écritures [83]. »

De siècle en siècle, les avertissements que Dieu a envoyés à son peuple par l'intermédiaire de ses serviteurs ont été reçus avec la même incrédulité. Lorsque l'iniquité des antédiluviens l'amena à faire venir le déluge sur la terre, il les avertit d'abord de ses desseins pour leur laisser l'occasion de se détourner de leurs mauvaises voies. Pendant cent vingt ans retentit à leurs oreilles l'invitation à se repentir, afin d'éviter que la colère divine n'amène sur eux la destruction. Mais le message leur parut être une vaine fable, et ils ne le crurent pas. Enhardis dans leur méchanceté, ils se moquèrent du messager de Dieu, traitèrent avec légèreté ses appels et l'accusèrent même de présomption. Comment un seul homme osait-il se dresser contre tous les grands de ce monde ? Si le message de Noé était vrai, pourquoi le monde entier ne le voyait-il pas et ne l'accueillait-il pas ? Les affirmations d'un seul homme contre la sagesse de milliers de personnes ! Ils refusèrent de croire à cet avertissement et de chercher refuge dans l'arche.

Les moqueurs attirèrent l'attention sur les choses de la nature : la succession invariable des saisons, le ciel bleu qui n'avait jamais produit de pluie, les champs verdoyants rafraîchis par les douces rosées nocturnes ; et ils s'écrièrent : « Ne nous raconte-t-il pas des fables ? » Avec mépris, il déclarèrent que ce « héraut de la justice [84] » était un fanatique ; et ils continuèrent leur vie, plus ardents qu'auparavant dans leur recherche du plaisir et encore plus décidés à poursuivre leurs mauvaises voies. Cependant, leur incrédulité n'empêcha pas l'événement prédit de se produire. Dieu supporta longtemps leur méchanceté et leur accorda d'abondantes occasions de se repentir ; et au moment fixé, ses jugements s'abattirent sur ceux qui avaient rejeté sa miséricorde.

Le Christ déclare qu'il existera une semblable incrédulité au sujet de son second avènement. De même que les habitants du monde à l'époque de Noé « ne se doutèrent de rien jusqu'à ce que le déluge vienne et les emporte tous », le Sauveur nous dit : « il en sera de même à l'avènement du Fils de l'homme [85]. » Lorsque ceux qui professent être le peuple de Dieu s'uniront au monde, vivant comme lui et se joignant à lui dans les plaisirs défendus ; lorsque le luxe du monde deviendra le luxe de l'Église ; lorsque les cloches nuptiales carillonneront et que tous atten-

83. *Ibid.*, p. 250,252.
84. 2 Pierre 2.5.
85. Matthieu 24.39.

dront de nombreuses années de prospérité mondaine, alors, aussi soudainement que l'éclair qui tombe du ciel, viendra la fin de leurs brillantes visions et de leurs espérances trompeuses.

De même que Dieu avait envoyé son serviteur pour avertir le monde de la venue du Déluge, de même il envoya les messagers qu'il avait choisis pour faire connaître l'approche du jugement final. Et, comme les contemporains de Noé se moquèrent des prédictions de ce « héraut de la justice », à l'époque de William Miller, de nombreuses personnes, parmi ceux qui professaient être le peuple de Dieu, agirent de même à l'égard de ses paroles d'avertissement.

Pourquoi les Églises accueillirent-elles si mal la doctrine et la prédication adventistes ? Tandis que, pour les méchants, l'avènement du Seigneur apporte malheur et désolation, pour les justes il est facteur de joie et d'espérance. Cette grande vérité avait été la consolation des fidèles enfants de Dieu à travers tous les siècles. Pourquoi était-elle devenue, comme son auteur, « une pierre d'achoppement, un rocher qui cause la chute [86] » de ceux qui prétendaient être son peuple ? C'est notre Seigneur lui-même qui a fait cette promesse à ses disciples : « Si donc je m'en vais vous préparer une place, je reviens vous prendre auprès de moi [87]. » C'est le Sauveur compatissant qui, prévoyant la solitude et le chagrin de ses disciples, envoya des anges les réconforter les réconforter en les assurant qu'il reviendrait en personne, de la même manière qu'il était monté au ciel. Pendant que les disciples regardaient fixement vers le ciel pour apercevoir une dernière fois Celui qu'ils aimaient, ils entendirent ces paroles : « Hommes de Galilée, pourquoi restez-vous là à scruter le ciel ? Ce Jésus, qui a été enlevé au ciel du milieu de vous, viendra de la même manière que vous l'avez vu aller au ciel [88]. » Ce message de l'ange ranima l'espérance dans leur cœur. Les disciples « retournèrent à Jérusalem avec une grande joie ; ils étaient constamment dans le temple et bénissaient Dieu [89]. » Ils ne se réjouissaient pas de ce que Jésus avait été séparé d'eux ni de ce qu'ils étaient laissés seuls pour affronter les épreuves et les tentations de ce monde, mais à cause de la certitude, donnée par l'ange, qu'il reviendrait.

La proclamation de l'avènement du Christ devrait être maintenant, comme lorsqu'elle fut faite par les anges aux bergers de Bethlehem, « la bonne nouvelle d'une grande joie [90]. » Ceux qui aiment vraiment le Sauveur ne peuvent que saluer avec joie l'annonce, reposant sur la Parole de Dieu, que Celui en qui est centrée leur espérance de vie éternelle revient, non pour être insulté, méprisé et rejeté comme lors de son premier avènement, mais avec puissance et gloire, pour racheter son peuple. Ce sont ceux qui n'aiment pas le Sauveur qui ne désirent pas sa venue. L'irritation et l'animosité suscitées par ce message céleste sont la preuve la plus concluante que les Églises se sont éloignées de Dieu.

Ceux qui acceptèrent la doctrine du retour de Jésus s'éveillèrent à leur besoin de repentance et d'humiliation devant Dieu. Beaucoup d'entre eux avaient longtemps hésité entre le Christ et le monde ; maintenant, ils avaient le sentiment qu'il était temps de prendre position. « Les valeurs éternelles revêtaient pour eux une réalité inhabituelle. Le ciel leur paraissait très proche, et ils se sentaient coupables

---

86. 1 Pierre 2.8.
87. Jean 14.3.
88. Actes 1.11.
89. Luc 24.52,53.
90. Luc 2.10.

devant Dieu [91]. » Ces chrétiens naissaient à une nouvelle vie spirituelle. Ils avaient conscience que le temps était court et que ce qu'ils devaient faire pour leurs semblables devait être fait rapidement. Les choses de cette terre semblaient perdre de l'importance à leurs yeux. L'éternité semblait s'ouvrir devant eux. Le salut de leur âme, avec sa perspective de bonheur ou de malheur éternel, éclipsait tout objet temporel. L'Esprit de Dieu reposait sur eux et donnait de la puissance aux appels fervents qu'ils adressaient à leurs frères, ainsi qu'aux pécheurs, afin qu'ils se préparent pour le jour de Dieu. Le témoignage silencieux de leur vie quotidienne était une remontrance constante pour les membres d'Église formalistes non consacrés. Ceux-ci ne souhaitaient pas être perturbés dans leur recherche du plaisir, leur attachement au gain et leur ambition pour les honneurs mondains. D'où l'inimitié et l'opposition suscitées contre la foi au second avènement et contre ceux qui la proclamaient.

Comme les arguments tirés des périodes prophétiques semblaient irréfutables, les adversaires s'efforcèrent de décourager l'étude de ce sujet en enseignant que les prophéties étaient scellées. Les protestants suivirent ainsi les traces de l'Église romaine. Tandis que l'Église papale ôtait la Bible aux gens du peuple [92], les Églises protestantes prétendaient qu'une partie importante de la Parole Sacrée, particulièrement celle qui présente les vérités spécialement applicables à notre époque, ne pouvait pas être comprise.

Les prédicateurs, comme les gens du peuple, déclaraient que les prophéties de Daniel et de l'Apocalypse étaient des mystères incompréhensibles. Et pourtant, le Christ avait attiré l'attention de ses disciples sur les paroles du prophète Daniel concernant les événements qui devaient se dérouler à leur époque, et leur avait dit : « Que le lecteur *comprenne* [93]. » L'affirmation que l'Apocalypse est un mystère qui n'est pas destiné à être compris se trouve contredit par le titre lui-même de ce livre : « Révélation de Jésus-Christ, que Dieu lui a donnée pour montrer à ses esclaves ce qui doit arriver bientôt. … *Heureux* celui qui *lit à haute voix* les paroles de la prophétie, comme ceux qui les *entendent* et qui *gardent* ce qui y est écrit ! Car le temps est proche [94]. »

Le prophète avait déclaré : « Heureux celui qui lit. » Certains refusent de lire ; la bénédiction n'est donc pas pour eux. « Comme ceux qui les entendent. » Certains refusent aussi d'entendre quoi que ce soit sur les prophéties ; la bénédiction n'est donc pas pour eux non plus. « Et qui gardent ce qui y est écrit. » Beaucoup rejettent l'idée de prendre garde aux avertissements et aux instructions contenus dans l'Apocalypse ; aucun de ceux-ci ne peuvent donc bénéficier de la bénédiction promise. Tous ceux qui tournent en ridicule les sujets prophétiques et qui se moquent des symboles qui y sont solennellement donnés, tous ceux qui ne veulent pas réformer leur vie et se préparer à l'avènement du Fils de l'homme resteront privés de cette bénédiction.

Face au témoignage de la Parole inspirée, comment ose-t-on enseigner que l'Apocalypse est un mystère qui dépasse la compréhension humaine ? C'est un mystère révélé, un livre ouvert. L'étude de l'Apocalypse dirige notre esprit vers les prophéties de Daniel. Ces deux livres présentent des instructions de la plus haute

91. Sylvester Bliss, *op. cit.*, p. 146.
92. Voir appendice, note 33.
93. Matthieu 24.15.
94. Apocalypse 1.1,3.

importance, que Dieu a données aux hommes, concernant les événements qui doivent se produire à la fin de l'histoire du monde.

Le Seigneur montra à Jean des scènes d'un intérêt profond et palpitant dans l'expérience de l'Église. Jean vit la position, les dangers, les luttes et la délivrance finale du peuple de Dieu. Il transcrivit les messages finaux qui doivent faire mûrir la moisson de la terre, soit sous forme de gerbes destinées aux greniers célestes, soit sous forme de fagots destinés aux feux de la destruction. Des sujets d'une grande importance lui furent révélés concernant spécialement à la dernière Église, afin que ceux qui se détourneraient de l'erreur pour se ranger du côté de la vérité puissent être instruits sur les périls et les luttes qui les attendent. Personne ne doit rester dans l'ignorance à propos de ce qui va adviendra sur la terre.

Pourquoi, alors, cette méconnaissance si répandue concernant une partie importante de l'Écriture Sainte ? Pourquoi cette répugnance générale à étudier ses enseignements ? C'est le résultat d'un effort délibéré du prince des ténèbres pour cacher aux hommes ce qui révèle ses tromperies. C'est pour cette raison que le Christ, le Révélateur, prévoyant la guerre qui serait faite à l'étude de l'Apocalypse, a prononcé une bénédiction sur tous ceux qui liraient, entendraient et observeraient les paroles de cette prophétie.

19

La lumière au travers des ténèbres

L'œuvre de Dieu sur la terre présente, de siècle en siècle, une ressemblance frappante dans tous les grands mouvements de réforme religieux. Les principes qui régissent la manière d'agir de Dieu en faveur des hommes sont toujours les mêmes. Les changements importants de notre époque trouvent leur parallèle dans ceux du passé, et l'expérience de l'Église dans l'histoire nous offre des leçons d'une grande valeur pour notre monde d'aujourd'hui.

La Bible n'enseigne aucune vérité plus clairement que celle-ci : Dieu, par son Saint-Esprit, dirige spécialement ses serviteurs sur la terre dans les grands mouvements destinés à faire progresser l'œuvre du salut. Les hommes sont des instruments entre ses mains. Il les utilise pour réaliser ses desseins de grâce et de miséricorde. Chacun d'eux a un rôle à jouer. Chacun a reçu une certaine mesure de lumière, adaptée aux besoins de son temps et suffisante pour lui permettre d'accomplir l'œuvre que Dieu lui a confiée. Mais personne, aussi honoré du ciel qu'il ait été, n'a jamais atteint la pleine compréhension du grand plan de la rédemption, ni eu une appréciation parfaite des desseins divins dans l'œuvre destinée à sa propre époque. Les hommes ne peuvent comprendre pleinement ce que Dieu se propose d'accomplir par l'œuvre qu'il leur confie, ni ne saisissent toute la portée du message qu'ils annoncent en son nom.

« Peux-tu découvrir les profondeurs de Dieu, découvrir jusqu'à la perfection du Puissant [1] ? » « Mes pensées ne sont pas vos pensées, vos voies ne sont pas mes voies – déclaration du Seigneur. Autant le ciel est élevé au-dessus de la terre, autant mes voies sont élevées au-dessus de vos voies et mes pensées au-dessus de vos pensées [2]. » « Je suis Dieu, et rien n'est semblable à moi. J'annonce dès le commencement ce qui vient par la suite et dès le temps jadis ce qui n'est pas encore fait [3]. »

Les prophètes qui eurent le privilège de recevoir une illumination spéciale de l'Esprit ne saisirent pas eux-mêmes toute la portée des révélations qui leur étaient confiées. Le sens de celles-ci devait se révéler de siècle en siècle, au fur et à mesure que le peuple de Dieu aurait besoin de l'instruction qu'elles contenaient.

Pierre, écrivant sur le salut mis en évidence par l'Évangile, dit : « Ce salut, les prophètes qui ont parlé de la grâce qui vous était destinée en ont fait l'objet de leurs recherches et de leurs investigations. Ils se sont appliqués à découvrir *quelle époque* et *quelles circonstances* désignait l'Esprit du Christ qui était en eux, Esprit

1. Job 11.7.
2. Ésaïe 55.8,9.
3. Ésaïe 46.9,10.

qui, d'avance, attestait les souffrances du Christ et la gloire qui s'ensuivrait. Il leur fut révélé que ce n'était pas pour *eux-mêmes*, mais pour *vous*, qu'ils étaient ministres de ces choses [4]. »

Cependant, bien qu'il n'ait pas été donné aux prophètes de comprendre pleinement ce qui leur était révélé, ils cherchèrent avec ferveur à obtenir toute la lumière que Dieu avait bien voulu leur faire connaître. Ils « en ont fait l'objet de leurs recherches et de leurs investigations. Ils se sont appliqués à découvrir quelle époque et quelles circonstances désignait l'Esprit du Christ qui était en eux. » Quelle leçon pour le peuple de Dieu dans la dispensation chrétienne, au bénéfice duquel ces prophéties furent données à ses serviteurs ! « Il leur fut révélé que ce n'était pas pour eux-mêmes, mais pour vous, qu'ils étaient ministres de ces choses. » Voyez ces saints hommes de Dieu qui « en ont fait l'objet de leurs recherches et de leurs investigations », concernant les révélations qui leur avaient été confiées concernant des générations encore à naître ! Quel contraste entre leur saint zèle et l'insouciance avec laquelle ceux qui ont été si favorisés dans les siècles suivants traitent ce don du ciel ! Quelle réprimande pour l'indifférence de ceux qui aiment leurs aises mondaines et se contentent de déclarer que les prophéties ne peuvent pas être comprises !

Bien que leur esprit limité soit incapable d'entrer dans les conseils du Dieu infini ou de comprendre parfaitement le mécanisme de ses desseins, c'est souvent à cause d'une erreur ou d'une négligence que les hommes saisissent de manière si confuse les messages du ciel. Il n'est pas rare que l'intelligence des gens, même celle des serviteurs de Dieu, soit si aveuglée par les opinions, les traditions et les faux enseignements populaires qu'elle ne peut saisir que partiellement les grandes choses révélées dans la Parole de Dieu. Tel fut le cas des disciples du Christ, même lorsqu'il était avec eux personnellement. Leur esprit était imbu d'une conception courante du Messie en tant que prince temporel qui devait faire monter Israël sur le trône de l'Empire universel. C'est pourquoi ils ne purent comprendre la signification de ses paroles annonçant ses souffrances et sa mort.

Le Christ lui-même les avait envoyés avec ce message : « Le temps est accompli et le règne de Dieu s'est approché. Changez radicalement et croyez à la bonne nouvelle [5]. » Ce message reposait sur la prophétie du chapitre 9 du livre de Daniel. L'ange avait déclaré que les soixante-neuf semaines allaient s'étendre « jusqu'à un chef ayant reçu l'onction [6] » ; ainsi, avec de grandes espérances et une joyeuse anticipation, les disciples attendaient l'instauration du royaume du Messie à Jérusalem et sa domination sur la terre entière.

Ils prêchèrent le message que le Christ leur avait confié, tout en le saisissant eux-mêmes de manière erronée. Bien que leur prédication reposât sur Daniel 9.25, ils ne se rendirent pas compte que, dans le verset suivant du même chapitre, le Messie « [devait être] retranché [7] ». Depuis leur tendre enfance, leur cœur avait attendu la gloire à venir d'un Empire terrestre, et cette attente avait aveuglé leur intelligence tant sur les détails de la prophétie que sur les paroles du Christ.

Ils accomplirent leur mission en présentant à la nation juive l'invitation à la miséricorde divine ; puis, au moment même où ils s'attendaient à voir leur Seigneur

4. 1 Pierre 1.10-12.
5. Marc 1.15.
6. Daniel 9.25.
7. Daniel 9.26.

monter sur le trône de David, ils le virent saisi comme un malfaiteur, flagellé, ridiculisé, condamné et pendu à la croix du Calvaire. Quel désespoir et quelle angoisse déchirèrent leur cœur pendant les jours que leur Seigneur passa dans son tombeau !

Le Christ était venu au moment exact et de la manière prédite par la prophétie. Le témoignage de l'Écriture s'était accompli dans chaque détail de son ministère. Il avait prêché le message du salut, et « sa parole avait de l'autorité [8] ». Le cœur de ses auditeurs reconnaissait que celle-ci lui venait du ciel. La Parole et l'Esprit de Dieu avaient attesté la mission divine de son Fils.

Les disciples étaient restés attachés par une affection indéfectible à leur Maître bien-aimé ; cependant, leur esprit était envahi par l'incertitude et le doute. Dans leur angoisse, ils ne se souvenaient plus des paroles du Christ annonçant ses souffrances et sa mort. Si Jésus de Nazareth avait été le véritable Messie, auraient-ils été plongés, comme ils l'étaient alors, dans le chagrin et la déception ? Telle était la question qui torturait leur âme pendant que le Sauveur gisait dans son tombeau au cours des heures désespérées de ce sabbat compris entre sa mort et sa résurrection.

Bien que cette nuit de chagrin ait enveloppé de ténèbres ces disciples de Jésus, cependant ils n'étaient pas abandonnés. Le prophète avait dit : « Si je suis assise dans les ténèbres, le Seigneur est ma lumière. … Il me fera sortir à la lumière, et je verrai sa justice [9]. » « Même les ténèbres ne sont pas ténébreuses pour toi, la nuit s'illumine comme le jour, et les ténèbres comme la lumière [10]. » Dieu avait déclaré : « La lumière se lève dans les ténèbres pour les gens droits [11]. » « Je ferai marcher les aveugles sur un chemin qu'ils ne connaissaient pas ; je les conduirai par des sentiers qu'ils ne connaissaient pas. Je changerai devant eux les ténèbres en lumière et le sol accidenté en terrain plat ; c'est bien cela que je ferai, et je ne les abandonnerai pas [12]. »

L'annonce faite par les disciples au nom du Seigneur était exacte dans chacun de ses détails, et les événements vers lesquels elle attirait l'attention étaient alors en cours de réalisation. Leur message avait été : « Le temps est accompli et le règne de Dieu s'est approché [13]. » À l'expiration de ce « temps », les soixante-neuf semaines du chapitre 9 de Daniel, qui devaient aboutir au Messie, le « chef ayant reçu l'onction [14] », le Christ, avait reçu l'onction de l'Esprit après son baptême dans le Jourdain par Jean-Baptiste. Le « règne de Dieu », dont ils avaient annoncé la proximité, fut instauré par la mort du Sauveur. Ce règne n'était pas, comme on le leur avait enseigné, un Empire terrestre. Ce n'était pas non plus ce royaume à venir, immortel, qui doit être instauré lorsque « la royauté, la domination et la grandeur de tous les royaumes qui sont sous le ciel seront données au peuple des saints du Très-Haut [15] », ce royaume éternel dont il est dit : « tous les dominateurs le serviront et l'écouteront [16] ».

8. Luc 4.32.
9. Michée 7.8,9.
10. Psaume 139.12.
11. Psaume 112.4.
12. Ésaïe 42.16.
13. Marc 1.15.
14. Daniel 9.25.
15. Daniel 7.27.
16. *Idem.*

Telle qu'elle est employée dans la Bible, l'expression « royaume de Dieu » sert à désigner aussi bien le royaume de grâce que le royaume de gloire. C'est Paul qui nous décrit le royaume de grâce dans l'épître aux Hébreux. Après avoir attiré notre attention sur le Christ, notre intercesseur compatissant, qui n'est pas « insensible à nos faiblesses [17] », l'apôtre ajoute : « Approchons-nous donc avec assurance du *trône de la grâce,* pour obtenir compassion et trouver grâce [18]. » Le trône de la grâce représente le royaume de grâce ; car l'existence d'un trône implique l'existence d'un royaume. Dans plusieurs de ses paraboles, le Christ utilise l'expression « le règne des cieux [19] » pour désigner l'œuvre de la grâce divine dans le cœur des hommes.

De même, le trône de gloire représente le royaume de gloire ; c'est le royaume dont parle le Sauveur lorsqu'il nous dit : « Lorsque le Fils de l'homme viendra dans sa gloire, avec tous les anges, il s'assiéra sur son trône glorieux. Toutes les nations seront rassemblées devant lui [20]. » Ce royaume est encore à venir. Il ne doit être instauré qu'au moment du second avènement du Christ.

Le royaume de grâce fut instauré immédiatement après la chute de l'homme, lorsqu'un plan fut conçu pour la rédemption de la race humaine coupable. Il existait alors dans les desseins et en vertu de la promesse de Dieu ; et, par la foi, les hommes pouvaient en devenir les sujets. Cependant, il ne fut pas réellement instauré jusqu'à la mort du Christ. Même après avoir commencé sa mission terrestre, le Sauveur, lassé de l'obstination et de l'ingratitude des hommes, aurait pu reculer devant le sacrifice du Calvaire. À Gethsémané, la coupe de la souffrance trembla dans sa main. Il aurait pu, encore à ce moment, essuyer la sueur semblable à « des gouttes de sang [21] » qui coulait de son front et laisser la race humaine coupable périr dans son iniquité. S'il l'avait fait, il n'aurait pu y avoir aucune rédemption pour les hommes déchus. Mais, lorsque le Sauveur offrit sa vie, et, dans son dernier souffle, s'écria « Tout est achevé [22] », alors seulement l'accomplissement du plan de la rédemption fut assuré. La promesse du salut faite au couple pécheur en Éden fut ratifiée. Le royaume de grâce, qui n'avait existé auparavant qu'en vertu de la promesse de Dieu, fut alors instauré.

Ainsi, la mort du Christ, l'événement que les disciples avaient considéré comme l'anéantissement définitif de leur espérance, fut celui qui la confirma pour toujours. Bien qu'elle leur ait causé une cruelle déception, elle valida leur croyance qui s'avérait exacte. L'événement qui les avait plongés dans le deuil et le désespoir fut celui qui ouvrit à tous les enfants d'Adam les portes de l'espérance et celui dont dépendaient la vie future et le bonheur éternel de tous les fidèles de Dieu de tous les siècles.

Les desseins de la miséricorde infinie étaient en cours de réalisation, malgré la déception des disciples. Leur cœur avait été gagné par la grâce de Dieu et par la puissance des enseignements de Celui dont on avait dit : « Jamais un homme n'a parlé ainsi [23] » ; néanmoins, mêlé à l'or pur de leur amour pour Jésus se trouvait le vil alliage de l'orgueil terrestre et des ambitions égoïstes. Dans dans la chambre

17. Hébreux 4.15.
18. Hébreux 4.16.
19. Par exemple : Matthieu 13.24,31,33,44,45,47.
20. Matthieu 25.31,32.
21. Luc 22.44.
22. Jean 19.30.
23. Jean 7.46.

haute où ils célébrèrent la Pâque, à cette heure solennelle où le Maître pénétrait déjà dans l'ombre de Gethsémané, « il s'éleva aussi parmi eux une contestation : lequel d'entre eux devait-il être considéré comme le plus grand [24] ? » Ils avaient la vision d'un trône, d'une couronne et d'une gloire, alors que, juste devant eux, les attendaient la honte du prétoire de Pilate, l'agonie de Gethsémané et de la croix du Calvaire.

C'est l'orgueil de leur cœur et leur soif de gloire terrestre qui les avaient amenés à se cramponner avec tant d'obstination aux faux enseignements de leur époque et à ne pas prendre garde aux paroles du Sauveur qui leur montraient la véritable nature de son royaume et annonçaient son agonie et sa mort. Ces erreurs produisirent l'épreuve, douloureuse mais nécessaire, que Dieu permit pour leur correction. Bien que les disciples se soient mépris sur le sens de leur message et n'aient pas réussi à réaliser leurs attentes, ils avaient pourtant prêché l'avertissement que Dieu leur avait confié. Le Seigneur allait récompenser leur foi et honorer leur obéissance. C'est à eux que serait confiée la mission d'annoncer à toutes les nations le glorieux Évangile de leur Sauveur ressuscité. C'était pour les préparer à cette œuvre que Dieu avait permis l'expérience qui leur paraissait si amère.

Après sa résurrection, Jésus apparut à ses disciples sur le chemin d'Emmaüs et, « commençant par Moïse et par tous les Prophètes, il leur fit l'interprétation de ce qui, dans toutes les Écritures, le concernait [25]. » Le cœur des disciples fut ému ; leur foi s'éveilla ; Dieu les fit « naître de nouveau … pour une espérance vivante [26] » avant même que Jésus se révèle à eux. C'était son dessein d'éclairer leur intelligence et d'asseoir leur foi sur « la parole prophétique », dont il est dit qu'elle est « ferme [27] ». Il souhaitait que la vérité s'enracine profondément dans leur esprit, non seulement parce que son témoignage personnel la confirmait, mais aussi à cause des preuves incontestables apportées par les symboles et les ombres de la loi sacrificielle et par les prophéties de l'Ancien Testament. Il était nécessaire que les disciples du Christ aient une foi intelligente, non seulement pour eux-mêmes, mais aussi pour pouvoir apporter au monde la connaissance de leur Maître. La première étape pour leur communiquer cette connaissance fut, pour Jésus, de diriger leur esprit vers « Moïse et … tous les Prophètes ». Tel fut le témoignage rendu par le Sauveur ressuscité à la valeur et à l'importance des Écritures de l'Ancien Testament.

Quel changement dans le cœur des disciples lorsqu'ils purent de nouveau contempler le visage bien-aimé de leur Maître [28] ! Dans un sens plus complet et plus parfait que jamais auparavant, ils avaient trouvé « celui au sujet duquel ont écrit Moïse, dans la Loi, et les prophètes [29] ». L'incertitude, l'angoisse et le désespoir firent place à une assurance parfaite et à une foi sans nuages. Rien d'étonnant que, après l'ascension de Jésus, « ils étaient constamment dans le temple et bénissaient Dieu [30] ». Les gens du peuple, ne connaissant que la mort ignominieuse du Sauveur, cherchèrent sur le visage de ses disciples l'expression du chagrin, de la confusion et de la défaite ; mais ils n'y perçurent que joie et triomphe.

---

24. Luc 22.24.
25. Luc 24.27.
26. 1 Pierre 1.3.
27. 2 Pierre 1.19.
28. Voir Luc 24.32.
29. Jean 1.45.
30. Luc 24.53.

Quelle préparation avaient reçue ces disciples pour l'œuvre qui les attendait ! Ils étaient passés par la pire épreuve qu'il leur était possible de vivre et avaient mesuré comment, lorsqu'à vues humaines tout semblait perdu, la Parole de Dieu s'était accomplie d'une manière triomphale. Dès ce moment, qu'est-ce qui aurait pu ébranler leur foi ou refroidir l'ardeur de leur amour ? Au sein du chagrin le plus vif, ils avaient trouvé « un puissant encouragement [31] », une espérance comparable à « une ancre solide et ferme pour l'âme [32] ». Ils avaient été témoins de la sagesse et de la puissance de Dieu et étaient « persuadés[s] que ni mort, ni vie, ni anges, ni principats, ni présent, ni avenir, ni puissances, ni hauteur, ni profondeur, ni aucune autre création ne pourra nous séparer de l'amour de Dieu en Jésus-Christ, notre Seigneur [33] ». « Dans toutes ces choses, disaient-ils, nous sommes plus que vainqueurs par celui qui nous a aimés [34]. » « La parole du Seigneur demeure pour toujours [35]. » « Qui condamnera ? C'est Jésus-Christ qui est mort ! Bien plus, il *s'est réveillé*, il est à la droite de Dieu, et il intercède pour nous [36] ! »

Le Seigneur avait déclaré : « Plus jamais mon peuple n'aura honte [37]. » « Le soir arrivent les pleurs, et le matin un cri de joie [38]. » Lorsque, le jour de sa résurrection, ces disciples revirent le Sauveur et écoutèrent ses paroles pendant que leur cœur brûlait en eux [39] ; lorsqu'ils contemplèrent sa tête, ses mains et ses pieds meurtris pour eux ; lorsque, avant son ascension, Jésus les conduisit jusqu'à Béthanie, et, levant les mains pour les bénir, leur ordonna : « Allez dans le monde entier et proclamez la bonne nouvelle [40] », ajoutant : « Quant à moi, je suis avec vous tous les jours, jusqu'à la fin du monde [41] » ; lorsque, le jour de la Pentecôte, le Défenseur promis descendit, que la puissance d'en haut leur fut accordée et que l'âme des croyants vibra de la présence consciente du Seigneur monté aux cieux, alors, même si leur chemin, comme le sien, passait par le sacrifice et le martyre, auraient-ils accepté d'échanger le ministère de l'Évangile de sa grâce et la « couronne de justice [42] » qui leur sera accordée au moment de son avènement contre la gloire d'un trône terrestre, qui avait été leur espérance au cours de leurs premières années de disciples ?

Celui qui peut « faire infiniment au-delà de tout ce que nous demandons ou pensons [43] » leur avait accordé, en même temps que la « communion de ses souffrances [44] », la communion de sa joie : celle de « conduire beaucoup de fils à la gloire [45] », une « joie indicible [46] », un « poids éternel de gloire », qu'on ne peut comparer, nous dit Paul, au « moment de détresse insignifiant [47] », qui ne dure qu'un instant.

---

31. Hébreux 6.18.
32. Hébreux 6.19.
33. Romains 8.38,39.
34. Romains 8.37.
35. 1 Pierre 1.25.
36. Romains 8.34.
37. Joël 2.26.
38. Psaume 30.6.
39. Luc 24.32.
40. Marc 16.15.
41. Matthieu 28.20.
42. 2 Timothée 4.8.
43. Éphésiens 3.20.
44. Philippiens 3.10.
45. Hébreux 2.10.
46. 1 Pierre 1.8.
47. 2 Corinthiens 4.17.

L'expérience des disciples, qui prêchèrent « la bonne nouvelle du Règne [48] » lors du premier avènement du Christ, trouve sa contrepartie dans l'expérience de ceux qui proclamèrent le message de son second avènement. Les apôtres avaient proclamé : « Le temps est accompli et le règne de Dieu s'est approché [49] », de même William Miller et ses collaborateurs témoignèrent que la plus longue et dernière période prophétique présentée dans la Bible était sur le point de se terminer, que le jugement était proche et que le royaume éternel allait être instauré. La prédication des disciples en ce qui concerne le temps reposait sur les soixante-dix semaines du chapitre 9 de Daniel. Le message donné par William Miller et ses collaborateurs annonçait l'aboutissement des 2 300 jours de Daniel 8.14, dont font partie les soixante-dix semaines. Le message des uns et des autres reposait sur l'accomplissement d'une partie différente de la même grande période prophétique.

Comme les premiers disciples, William Miller et ses collaborateurs ne saisirent pas pleinement eux-mêmes la portée du message qu'ils professaient. Des erreurs, ayant cours depuis longtemps dans l'Église les empêchèrent d'arriver à l'interprétation correcte d'un point important de cette prophétie. C'est pourquoi, bien qu'ils aient enseigné la révélation que Dieu leur avait confiée pour le monde, à cause de ces erreurs ils rencontrèrent une amère déception.

En expliquant Daniel 8.14, « Jusqu'à deux mille trois cents soirs et matins ; après quoi le sanctuaire sera rétabli [purifié, d'après certaines traductions de la Bible] », William Miller, comme cela a déjà été mentionné, adopta l'opinion généralement admise que la terre est le sanctuaire et crut que la purification du sanctuaire représentait la purification de la terre par le feu lors de l'avènement du Seigneur. Lorsqu'il découvrit que l'aboutissement des 2 300 jours était annoncé avec précision, il en conclut donc que c'était l'époque du retour du Christ. Son erreur provenait de ce qu'il avait accepté l'opinion populaire sur ce qui constitue le sanctuaire.

Au temps de Moïse, dans le système cérémoniel des sacrifices, qui était une ombre du sacrifice et du sacerdoce du Christ, la purification du sanctuaire était le dernier service accompli par le souverain sacrificateur. C'était l'œuvre finale de l'expiation : l'enlèvement du péché d'Israël. Elle préfigurait l'achèvement du ministère de notre Souverain sacrificateur dans le ciel, qui consiste à extirper ou à effacer les péchés de son peuple inscrits dans les registres célestes. Ce service implique une enquête ou un jugement. Il précède immédiatement l'avènement du Christ « venant sur les nuées du ciel avec beaucoup de puissance et de gloire [50] » ; car, lorsqu'il reviendra, chaque cas individuel aura été décidé. Jésus a déclaré : « J'apporte avec moi ma récompense, pour rendre à chacun selon son œuvre [51]. » C'est cette procédure, précédant immédiatement le second avènement, qui est annoncée dans le message du premier ange : « Craignez Dieu et donnez-lui gloire, car l'heure de son jugement est venue [52]. »

Ceux qui proclamèrent cet avertissement prêchèrent le message approprié au bon moment. De même que les premiers disciples avaient déclaré : « Le temps est accompli et le règne de Dieu s'est approché [53] », se reposant sur la prophétie du chapitre 9 de Daniel, sans s'apercevoir que ce texte prédisait aussi la mort du

48. Matthieu 4.23.
49. Marc 1.15.
50. Matthieu 24.30.
51. Apocalypse 22.12.
52. Apocalypse 14.7.
53. Marc 1.15.

Messie, de même William Miller et ses collaborateurs prêchèrent la révélation reposant sur Daniel 8.14 et Apocalypse 14.7 en ne prenant pas conscience de l'intégralité de ce chapitre, qui contenait encore d'autres informations destinées aussi à être transmises avant l'avènement du Seigneur. Comme les disciples s'étaient mépris en ce qui concerne le royaume qui devait être instauré à la fin des soixante-dix semaines, les adventistes se méprirent à propos de l'événement qui devait avoir lieu à l'expiration des 2 300 jours. Dans l'un et l'autre cas, des erreurs populaires aveuglèrent l'esprit des croyants. Les uns comme les autres accomplirent la volonté de Dieu en délivrant le message que Dieu souhaitait voir prêché. Dans les deux cas, les uns comme les autres, à cause d'une compréhension erronée du contenu des textes, connurent une amère déception.

Cependant, Dieu accomplit ses desseins bienveillants en permettant que l'annonce du jugement soit donnée exactement comme elle le fut. Le grand jour était proche. Dans la providence de Dieu, son peuple fut soumis à l'épreuve pendant une période de temps précise, afin que soit révélé ce qui était dans le cœur de chacun. Le but de ce message était d'éprouver et de purifier l'Église. Les membres devaient être amenés à se rendre compte si leurs affections étaient fixées sur le monde, ou sur le Christ et le ciel. Ils professaient aimer le Sauveur ; le moment était venu de prouver leur amour. Étaient-ils prêts à renoncer à leurs espérances et à leurs ambitions terrestres et à saluer avec joie l'avènement de leur Seigneur ? La finalité de cette proclamation était de permettre à chacun de discerner son véritable état spirituel. Ce message fut envoyé par miséricorde de Dieu, pour amener l'Église à rechercher le Seigneur dans la repentance et l'humiliation.

La déception des disciples, bien qu'elle ait été le résultat d'une compréhension erronée du message qu'ils prêchèrent, devait aussi concourir à leur bien. Elle allait éprouver le cœur de tous ceux qui avaient proclamé accepter cet avertissement. Face à cette déception, allaient-ils abandonner sans réfléchir leur expérience spirituelle et rejeter leur confiance dans la Parole de Dieu ? Ou bien allaient-ils, dans la prière et l'humilité, chercher à discerner en quoi ils avaient failli concernant la compréhension du sens de cette prophétie ? Combien d'entre eux avaient été motivés par la peur, ou par une simple impulsion, ou par l'effet de l'excitation ? Combien manquaient d'enthousiasme et de foi ? Des multitudes déclaraient aimer l'avènement du Seigneur. Lorsqu'elles seraient appelées à subir les moqueries et l'opprobre du monde et l'épreuve de l'erreur et de la déception, renonceraient-elles à leur foi ? Parce qu'elles n'avaient pas immédiatement compris les voies de Dieu à leur égard, rejetteraient-elles les vérités reposant sur le témoignage évident de sa Parole ?

Cette épreuve allait révéler la force de caractère de ceux qui avaient obéi avec une foi sincère à ce qu'ils croyaient être l'enseignement de la Parole et de l'Esprit de Dieu. Elle allait leur enseigner, comme seule une telle expérience pouvait le faire, le danger d'accepter les théories et les interprétations des hommes au lieu de faire de la Bible son propre interprète. Pour les enfants de la foi, la perplexité et le chagrin résultant de leur erreur allaient leur apporter la correction dont ils avaient besoin. Ils allaient être amenés à une étude plus approfondie de la parole prophétique et à examiner plus soigneusement les bases de leur foi en rejetant tout ce qui, aussi généralement accepté par le monde chrétien qu'il le soit, ne repose pas sur les Écritures de vérité.

Pour ces croyants, comme pour les premiers disciples, ce qui semblait obscur à leur intelligence à l'heure de l'épreuve allait être expliqué plus tard. Lorsqu'ils verraient « la fin que le Seigneur lui a accordée [54] », ils sauraient que, malgré l'épreuve provoquée par leurs erreurs, ses desseins d'amour à leur égard s'étaient fidèlement accomplis. Ils apprendraient par une expérience bénie que « le Seigneur est plein de tendresse et de magnanimité [55] » et que « tous les sentiers du Seigneur sont fidélité et loyauté, pour ceux qui gardent son alliance et ses préceptes [56] ».

54. Jacques 5.11.
55. *Idem.*
56. Psaume 25.10.

20

Un grand réveil religieux

La prophétie du message du premier ange, dans le quatorzième chapitre de l'Apocalypse, annonce un grand réveil religieux à l'occasion de la proclamation du proche avènement du Christ. Elle nous montre un ange « qui volait au milieu du ciel ; il avait une bonne nouvelle éternelle à annoncer aux habitants de la terre, à toute nation, tribu, langue et peuple. Il disait d'une voix forte : Craignez Dieu et donnez-lui gloire, car l'heure de son jugement est venue, et prosternez-vous devant celui qui a fait le ciel, la terre, la mer et les sources d'eau [1] ! »

Le fait qu'un ange soit le héraut de cet avertissement est significatif. Par la pureté, la gloire et la puissance de ce messager céleste, Dieu, dans sa sagesse, a trouvé bon de représenter le caractère noble de l'œuvre que devait accomplir ce message, et également la puissance et la gloire qui devaient l'accompagner. Le vol de cet ange « au milieu du ciel », la « voix forte » avec laquelle il prononce cet avertissement, et la proclamation de celui-ci à tous les « habitants de la terre, à toute nation, tribu, langue et peuple » témoignent de la rapidité et de l'universalité de ce mouvement.

Ce message lui-même jette un flot de lumière sur l'époque où ce mouvement devait avoir lieu. Il nous est dit que celui-ci fait partie de la « bonne nouvelle éternelle » et qu'il annonce l'ouverture du jugement. Le message du salut a été prêché dans tous les siècles ; mais celui-ci constitue une partie de l'Évangile qui ne pouvait être proclamée que dans les derniers jours, car ce n'est qu'à ce moment qu'on pourrait dire avec véracité que « l'heure de son jugement *est venue* ». Les prophéties nous présentent une succession d'événements qui aboutissent à l'ouverture du jugement. C'est spécialement le cas du livre de Daniel. Mais ce prophète reçut l'ordre de tenir « secrètes, scellées, jusqu'au temps de la fin [2] » les parties de sa prophétie relatives aux derniers jours. Ce n'est qu'à partir de cette époque qu'un message concernant le jugement pourra être proclamé, reposant sur l'accomplissement de ces prophéties. En effet, au temps de la fin, nous dit le prophète, « une multitude alors cherchera, et la connaissance augmentera [3] ».

L'apôtre Paul avait averti l'Église de ne pas espérer l'avènement du Christ à son époque : « Il faut d'abord que vienne l'apostasie et que se révèle la personnification du mal [4]. » Ce n'est qu'après cette grande apostasie et la longue période de

1. Apocalypse 14.6,7.
2. Daniel 12.9.
3. *Idem.*
4. 2 Thessaloniciens 2.3.

domination du « Sans-loi [5] » qu'on doit être attentif à cet avènement. Ce « Sans-loi », appelé aussi « le mystère du mal [6] », « celui qui est voué à la perdition [7] », « l'adversaire [8] », représente la papauté, qui, selon la prophétie, devait exercer sa suprématie pendant 1260 années. Cette période prit fin en 1798. Le retour du Christ ne pouvait pas avoir lieu avant cette date. Paul embrasse, par cet avertissement, la totalité de la dispensation chrétienne jusqu'à l'année 1798. C'est seulement après cette date que le message du second avènement du Christ devait être proclamé.

Aucun message de ce genre n'a jamais été annoncé dans les siècles passés. Paul, comme nous venons de le voir, ne l'a pas prêché ; il a dirigé l'attention de ses frères vers un avenir encore lointain pour l'avènement du Seigneur. Les Réformateurs ne l'ont pas proclamé non plus. Martin Luther situait le jugement dans l'avenir, environ 300 ans après son époque. Mais, depuis 1798, le livre de Daniel a été « descellé », la connaissance des prophéties a augmenté, et de nombreuses personnes ont proclamé le message solennel d'un jugement proche.

Comme la grande Réforme du seizième siècle, le mouvement du second avènement apparut simultanément dans différents pays de la chrétienté. En Europe comme en Amérique, des hommes de foi et de prière furent amenés à étudier les prophéties. En remontant le cours de l'Histoire inspirée, ils découvrirent des preuves évidentes que la fin de toutes choses était proche. Dans divers pays se formèrent des groupes isolés de chrétiens qui, uniquement par l'étude des Écritures, parvinrent à la conviction de la proximité du retour de Jésus.

En 1821, trois ans après que William Miller soit arrivé à son interprétation des prophéties annonçant l'époque du jugement, le Dr Joseph Wolff, « le missionnaire pour le monde », commença à proclamer le proche avènement du Seigneur. Il était né en Allemagne, de parents juifs. Son père était rabbin. Très jeune, il fut convaincu de la véracité de la religion chrétienne. Doué d'un esprit actif et curieux, il avait écouté avec attention les conversations qui avaient lieu chez son père, où de pieux Israélites s'assemblaient chaque jour pour s'entretenir des espérances et des attentes de leur peuple, de la gloire du Messie à venir et de la restauration d'Israël. Un jour, entendant parler de Jésus de Nazareth, le jeune garçon demanda qui était et homme. « Un Juif du plus grand talent, lui répondit-on. Mais, comme il prétendait être le Messie, il fut condamné à mort par le tribunal juif. » « Pourquoi, reprit le jeune garçon, Jérusalem est-elle détruite, et pourquoi sommes-nous en captivité ? » « Hélas, répondit son père, c'est parce que les Juifs ont mis à mort les prophètes. » L'idée traversa aussitôt l'esprit de l'enfant : « Jésus était peut-être aussi prophète, et les Juifs l'ont mis à mort alors qu'il était innocent [9]. » Ce sentiment était si fort que, bien qu'il lui soit interdit de pénétrer dans une église chrétienne, il s'attardait souvent à l'extérieur pour écouter les prédications.

Âgé seulement de sept ans, comme parlait avec fierté devant un voisin, un chrétien âgé, du futur triomphe d'Israël au moment de la venue du Messie, le vieil homme lui dit avec douceur : « Mon cher enfant, je vais te dire qui est le vrai Messie : c'est Jésus de Nazareth, … que tes ancêtres ont crucifié, exactement

5. 2 Thessaloniciens 2.9.
6. 2 Thessaloniciens 2.7.
7. 2 Thessaloniciens 2.3.
8. 2 Thessaloniciens 2.4.
9. *Voyages et aventures du Révérend Joseph Wolff*, volume 1, p. 6.

comme ils ont mis à mort les prophètes d'autrefois. Rentre chez toi et lis le chapitre 53 du livre d'Ésaïe, et tu seras convaincu que Jésus-Christ est le Fils de Dieu [10]. » La conviction s'empara aussitôt de lui. Il rentra chez lui et lut le texte biblique indiqué, s'émerveillant de voir avec quelle perfection la prophétie s'était accomplie en Jésus de Nazareth. Les paroles de ce chrétien étaient-elles fondées ? Le jeune garçon demanda à son père une explication de ce chapitre, mais sa demande se heurta à un silence si glacial que plus jamais il n'osa mentionner ce sujet. Cet incident, cependant, ne fit qu'augmenter son désir d'en savoir plus sur la religion chrétienne.

La connaissance qu'il recherchait lui fut délibérément refusée dans son foyer juif. Lorsqu'il fut âgé seulement de onze ans, il quitta la maison paternelle et partit dans le monde pour faire ses études, choisir sa religion et sa profession. Il logea pendant quelque temps chez des membres de sa famille, mais en fut bientôt chassé comme apostat. Seul et sans un sou, il dut se frayer un chemin parmi des étrangers. Il alla de lieu en lieu, étudiant avec application et gagnant sa vie en donnant des cours d'hébreu.

Sous l'influence d'un instructeur catholique, il embrassa la foi de l'Église romaine, et conçut le dessein de devenir missionnaire auprès des siens. C'est dans ce but qu'il se rendit, quelques années plus tard, à la société pour la propagation de la foi à Rome. Là, son esprit indépendant et sa liberté de parole le firent soupçonner d'hérésie. Il attaquait ouvertement les abus de l'Église et préconisait la nécessité d'une réforme. Bien que les dignitaire papaux l'aient traité au début avec une faveur spéciale, on l'éloigna de Rome au bout d'un certain temps. Sous la surveillance de l'Église, il alla de lieu en lieu, jusqu'à ce que son insoumission à l'Église romaine devienne évidente. On le déclara incorrigible et on le laissa aller à sa guise. Il se rendit alors en Angleterre, où, embrassant la foi protestante, il se joignit à la communauté de l'Église d'Angleterre. Après deux ans d'études, il se lança dans sa mission en 1821.

Tout en acceptant la grande vérité concernant la première venue du Christ comme « homme de douleur et habitué à la souffrance [11] », Joseph Wolff se rendit compte que les prophéties annoncent avec tout autant de clarté le second avènement « avec beaucoup de puissance et de gloire [12] ». Tout en s'efforçant d'amener son peuple à Jésus de Nazareth le Messie promis, dans l'humilité et comme sacrifice pour les péchés des hommes, il leur enseignait son second avènement comme Roi et Libérateur.

« Jésus de Nazareth, le véritable Messie, disait-il, celui dont les mains et les pieds ont été percés, qui a été comme un "mouton qu'on mène à l'abattoir [13]", qui a été l'"homme de douleur et habitué à la souffrance [14]", qui, après que le sceptre ait été retiré à Juda [15], est venu une première fois, et viendra une seconde fois "sur les nuées du ciel [16]" avec la trompette de l'Archange [17]. » « Il se tiendra sur le mont des Oliviers ; et cette domination, autrefois confiée à Adam sur toute la création

10. *Ibid.*, p. 7.
11. Ésaïe 53.3.
12. Matthieu 24.30.
13. Ésaïe 53.7.
14. Ésaïe 53.3.
15. Genèse 49.10.
16. Matthieu 24.30.
17. Joseph Wolff, *Recherches et travaux missionnaires*, p. 62.

[18], et qu'il a perdue [19], lui sera donnée. Il sera le Roi de toute la terre. Les soupirs et les lamentations de la création cesseront, et des chants de louange et d'actions de grâce se feront entendre. … Lorsque Jésus viendra “dans la gloire du Père et des saints anges [20] ”, … les croyants morts ressusciteront en premier [21]. C'est ce que, nous, chrétiens, appelons “la première résurrection [22] ”. Puis, le règne animal sera transformé dans sa nature [23] et lui sera soumis [24]. La paix universelle règnera partout [25]. » « Le Seigneur contemplera de nouveau la terre et dira : “C'[est] très bon [26].” »

Joseph Wolff croyait que l'avènement du Seigneur était proche ; son interprétation des périodes prophétiques plaçait l'accomplissement de ce retour à quelques années de distance de la date déterminée par William Miller. À ceux qui lui citaient le texte « Pour ce qui est du jour et de l'heure, personne ne les connaît [27] », disant que les hommes ne peuvent connaître la proximité du second avènement, il répondait : « Notre Seigneur a-t-il dit que ce jour et cette heure ne seraient *jamais* connus ? Ne nous a-t-il pas donné les signes des temps pour que nous puissions connaître au moins l'*approche* de son avènement, de même qu'on connaît l'approche de l'été par le figuier qui se couvre de feuilles [28] ? Ne devrons-nous jamais connaître cette période, alors qu'il nous exhorte lui-même non seulement à lire le livre du prophète Daniel, mais aussi à le comprendre [29] ? Ce même prophète nous dit que ses paroles sont scellées ‘jusqu'au temps de la fin’ (ce qui était le cas à son époque), qu'‘une multitude alors cherchera’ (expression hébraïque signifiant observer le temps et y réfléchir) et que ‘la *connaissance* [concernant cette époque] augmentera [30]’. En outre, notre Seigneur n'avait pas l'intention de dire par ces paroles qu'on ne connaîtrait pas l'*approche* de cette époque, mais que ce sont le *jour* et l'*heure exacts* que personne ne connaît. On en saura suffisamment par les signes des temps, nous dit-il en réalité, pour nous amener à nous préparer pour son avènement, de même que Noé prépara l'arche en prévision du Déluge [31]. »

Concernant le système populaire d'interprétation des Écritures, système plutôt erroné, Joseph Wolff écrivit : « La plus grande partie de l'Église chrétienne s'est détournée du sens évident de l'Écriture au profit du système spiritualisant des bouddhistes, qui croient que le bonheur futur de l'humanité consistera à planer dans les airs. Elle suppose que lorsqu'on lit *Juifs*, il faut comprendre *païens* ; que lorsqu'on parle de *Jérusalem*, il faut entendre l'*Église* ; que lorsqu'il est dit *terre*, cela signifie *ciel* ; quant à l'avènement du *Seigneur*, il faut comprendre les progrès des *sociétés missionnaires* ; et que monter à la Montagne de la Maison du Seigneur signifie sous-entend tenir une *grande assemblée méthodiste* [32]. »

---

18. Genèse 1.26.
19. Genèse 3.17.
20. Luc 9.26.
21. 1 Thessaloniciens 4.16 ; 1 Corinthiens 15.32.
22. Apocalypse 20.5.
23. Ésaïe 11.6-9.
24. Psaume 8.
25. *Journal du Révérend Joseph Wolff*, p. 378,379.
26. Genèse 1.31 ; *ibid.*, p. 294.
27. Matthieu 24.36.
28. Matthieu 24.32.
29. Matthieu 24.15.
30. Daniel 12.4.
31. Joseph Wolff, *Recherches et travaux missionnaires*, p. 404,405.
32. *Journal du Révérend Joseph Wolff*, p. 96.

Pendant les vingt-quatre années comprises entre 1821 et 1845, Joseph Wolff voyagea énormément : en Afrique, où il visita l'Égypte et l'Abyssinie ; en Asie, où il traversa la Palestine, la Syrie, la Perse, Boukhara et l'Inde. Il alla aussi aux États-Unis. Il s'y rendit par bateau, en faisant escale et prêchant sur l'île de Sainte-Hélène. Il arriva à New York en août 1837 ; et, après avoir proclamé la Parole dans cette ville, ainsi qu'à Philadelphie et à Baltimore, il arriva finalement à Washington. Là, raconte-t-il, « sur la proposition de l'ex-président John Quincy Adams à l'une des chambres du Congrès, on m'accorda unanimement l'utilisation de la Salle du Congrès pour une conférence, que je fis un samedi. Je fus honoré par la présence de tous les membres de cette assemblée, ainsi que par celle de l'évêque de la Virginie, du clergé et de nombreux citoyens de Washington. Le même honneur me fut accordé par les membres du gouvernement du New Jersey et de la Pennsylvanie, en présence desquels je donnai des conférences sur mes recherches en Asie, ainsi que sur le règne personnel de Jésus-Christ [33]. »

Le Dr Wolff voyagea aussi dans les pays les plus barbares, sans aucune protection des autorités européennes, subissant de nombreuses épreuves et entouré de périls sans nombre. Il fut roué de coups et affamé, vendu comme esclave, et condamné à mort trois fois. Il fut attaqué par des voleurs, et faillit parfois mourir de soif. Une fois, il fut dépouillé de tout ce qu'il possédait et dut parcourir à pied des centaines de kilomètres à travers les montagnes, la neige fouettant son visage et ses pieds nus engourdis au contact du sol gelé.

Lorsqu'on lui déconseillait de voyager sans armes parmi les tribus sauvages et hostiles, il se déclarait « bien armé : la prière, le zèle pour le Christ et la confiance en son aide. ... J'ai aussi l'amour de Dieu et de mon prochain dans le cœur, et la Bible à la main [34]. » Il transportait partout avec lui sa Bible en hébreu et en anglais. De l'un de ses plus récents voyages, il raconta : « Je ... gardais la Bible ouverte à la main. J'avais le sentiment que ma force résidait dans ce Livre, et qu'il avait le pouvoir de me soutenir [35]. »

Il poursuivit ainsi ses travaux jusqu'à ce que le message du jugement ait été porté à une grande partie de la terre habitée. Parmi les Juifs, les Turcs, les Perses, les Hindous, et les nombreuses autres nationalités et races, il diffusa la Parole de Dieu dans leurs langues respectives, et, partout, il annonça l'approche du règne du Messie.

Au cours de ses voyages à Boukhara, il découvrit un peuple éloigné et isolé qui professait la doctrine du proche avènement du Seigneur. Les Arabes du Yémen, raconte-t-il, « possèdent un livre appelé *Seera*, qui annonce le second avènement du Christ et son règne en gloire ; ils attendent de grands événements pour l'année 1840 [36]. » « Au Yémen, ... je passai six jours avec les Rékabites. Ils ne boivent pas de vin, ni ne plantent de vignes ; ils ne sèment aucune graines et vivent sous la tente, en souvenir du bon vieux Jonadab, fils de Rékab [37]. Je découvris parmi eux des enfants d'Israël, de la tribu de Dan, ... qui espèrent, comme les Rékabites, l'avènement proche du Messie sur les nuées des cieux [38]. »

33. *Ibid.*, p. 398,399.
34. W.H.D. Adams, *In Perils Oft* [Souvent dans les périls], p. 192.
35. *Ibid.*, p. 201.
36. *Journal du Révérend Joseph Wolff*, p. 377.
37. Voir Jérémie 35.6-10.
38. *Journal du Révérend Joseph Wolff*, p. 389.

Un autre missionnaire découvrit une croyance semblable parmi les Tatars. Un des prêtres lui posa cette question : « Quand aura lieu le second avènement du Christ ? » Lorsqu'il répondit qu'il n'en savait rien, le prêtre parut très surpris d'une telle ignorance de la part de quelqu'un qui professait enseigner la Bible aux autres ; ce prêtre exprima sa propre conviction, fondée sur la prophétie, que pour lui le Christ reviendrait aux alentours de 1844.

Dès 1826, le message du second avènement commença à être prêché en Angleterre. Mais, dans ce pays, le mouvement n'eut pas une ampleur aussi précise qu'en Amérique ; on n'y enseigna pas aussi généralement le moment exact du second avènement, cependant, on y proclama largement la grande vérité du proche retour de Jésus avec puissance et gloire ; et cela pas seulement parmi les dissidents et les non-conformistes. Mourant Brock, un écrivain anglais, déclare qu'environ sept cents prédicateurs de l'Église d'Angleterre étaient occupés à prêcher « la bonne nouvelle du Règne [39] ». Le message désignant l'année 1844 comme l'époque de l'avènement du Seigneur gagna aussi la Grande-Bretagne. Des publications concernant cet avènement, provenant des États-Unis, furent largement diffusées. Des livres et des périodiques furent réédités. En 1842, Robert Winter, Anglais de naissance, qui avait accepté la foi adventiste en Amérique, revint dans son pays natal pour y annoncer le retour du Seigneur. De nombreuses personnes se joignirent à lui dans cette œuvre pour proclamer le message du jugement dans diverses parties du pays.

En Amérique du Sud, au milieu de la barbarie et de la domination des prêtres, Lacunza, un Jésuite espagnol, découvrit les Écritures et accepta la vérité du proche retour du Christ. Se sentant poussé à donner cet avertissement, et désireux d'échapper à la censure de l'Église romaine, il publia ses opinions sous le nom d'emprunt de « Rabbi Ben-Ezra », se faisant passer pour un Juif converti. Bien qu'il ait vécu au dix-huitième siècle, ce ne fut qu'en 1825 que son livre, arrivé à Londres, fut traduit en anglais. Sa publication contribua à approfondir l'intérêt déjà éveillé en Angleterre sur le sujet du second avènement.

En Allemagne, cette doctrine avait été enseignée au dix-huitième siècle par Bengel, prédicateur de l'Église luthérienne, érudit et critique biblique renommé. Après avoir terminé ses études, il « se consacra à l'étude de la théologie, à laquelle le prédisposait naturellement la tournure grave et religieuse de son esprit, accentuée encore par l'éducation et la discipline de ses premières années. Comme d'autres jeunes gens de caractère réfléchi, venus avant et après lui, il dut lutter contre les doutes et les difficultés de nature religieuse. Il fait allusion, avec une profonde émotion, aux "nombreuses flèches qui percèrent son pauvre cœur et rendit sa jeunesse difficile à supporter". » En devenant membre du Consistoire du Wurtemberg, il défendit la cause de la liberté religieuse. « Tout en maintenant les droits et les privilèges de l'Église, il fut l'avocat de toute liberté raisonnable accordée à ceux qui se sentaient appelés, pour motif de conscience, à se retirer de celle-ci [40]. » Les effets salutaires de cette manière d'agir se ressentent encore dans sa province natale.

C'est pendant qu'il préparait un sermon sur le chapitre 21 de l'Apocalypse pour un dimanche de l'Avent que la lumière sur le second avènement du Christ jaillit dans l'esprit de Bengel. Les prophéties de l'Apocalypse se dévoilèrent à sa

39. Matthieu 4.23.
40. *Encyclopaedia Britannica*, 9e édition, article « Bengel ».

compréhension comme jamais auparavant. Pénétré du sentiment de l'importance extraordinaire et de la gloire incomparable des scènes présentées par le prophète, il dut cesser pendant un certain temps d'étudier ce sujet. Alors qu'il prêchait du haut de la chaire, ce sujet se présenta de nouveau à lui dans toute sa vigueur et dans toute sa puissance. À partir de ce moment, il se consacra à l'étude des prophéties, spécialement celles de l'Apocalypse, et il arriva bientôt à la conviction que celles-ci indiquaient la proximité de l'avènement du Christ. La date qu'il fixa pour l'époque du second avènement n'était éloignée que de quelques années de celle fixée plus tard par William Miller.

Les écrits de Bengel furent diffusés dans toute la chrétienté. Ses opinions sur la prophétie furent assez généralement acceptées dans son État du Wurtemberg, et, dans une certaine mesure, dans d'autres parties de l'Allemagne. Ce mouvement se poursuivit après sa mort, et le message du second avènement se fit entendre en Allemagne au même moment où il attirait l'attention dans d'autres pays. Très tôt, quelques-uns de ces croyants se rendirent en Russie, où ils fondèrent des colonies, de sorte que la foi au proche avènement du Christ est encore professée par les églises allemandes de ce pays.

Cette lumière brilla aussi en France et en Suisse. À Genève, où Guillaume Farel et Jean Calvin avaient répandu la vérité de la Réforme, Louis Gaussen prêcha le message du second avènement. Pendant ses études, il était entré en contact avec l'esprit du rationalisme, qui avait envahi toute l'Europe au cours de la dernière partie du dix-huitième siècle et du début du dix-neuvième. Lorsqu'il commença son ministère, il n'était pas seulement ignorant de la véritable foi, mais penchait même vers le scepticisme. Pendant sa jeunesse, il s'était intéressé à l'étude de la prophétie. Après avoir lu l'*Histoire ancienne* de Rollin, son attention fut attirée sur le chapitre 2 du livre de Daniel, et il fut frappé par la merveilleuse exactitude avec laquelle cette prophétie s'était accomplie, comme le rapporte cet historien. Il y vit un témoignage à l'inspiration des Écritures, qui fut pour lui comme une ancre au milieu des périls des années suivantes. Les enseignements du rationalisme ne lui donnaient pas satisfaction ; mais, en étudiant la Bible et en cherchant davantage de lumière, il fut, au bout d'un certain temps, amené à une foi positive.

En poursuivant l'étude des prophéties, il arriva à la conviction que l'avènement du Seigneur était proche. Impressionné par la solennité et l'importance de cette grande vérité, il souhaita l'apporter aux gens du peuple ; mais la croyance populaire, prétendant que les prophéties de Daniel sont mystérieuses et incompréhensibles constituait un sérieux obstacle sur son chemin. Il décida finalement, comme Farel l'avait fait avant lui en évangélisant Genève, de commencer par les enfants, par l'intermédiaire desquels il espérait éveiller l'intérêt des parents.

« Je désire que l'on comprenne bien, dit-il plus tard, parlant de ses intentions dans cette entreprise, que ce n'est pas par manque d'importance, mais bien au contraire à cause de sa grande valeur, que je souhaitais présenter cet enseignement sous cette forme familière et que je l'ai adressé aux enfants. Je désirais être écouté, et je craignais de ne pas l'être si je m'adressais d'abord aux adultes. … J'ai donc décidé de me tourner vers les plus jeunes. Je rassemble un auditoire d'enfants ; si le groupe grandit en nombre, et s'il est évident que les enfants écoutent, qu'ils sont contents, intéressés, et qu'ils comprennent et expliquent le sujet, je suis sûr d'avoir bientôt un second auditoire ; et, à leur tour, les adultes se rendront compte qu'il vaut la peine de s'asseoir et d'étudier. Lorsque ceci sera fait, la cause sera gagnée [41]. »

Ses efforts furent couronnés de succès. Tandis qu'il s'adressait aux enfants, d'autres personnes plus âgées vinrent écouter. Les galeries de son église se remplirent d'auditeurs attentifs. Parmi eux se trouvaient des personnes de haut rang et de haute érudition, ainsi que des étrangers de passage à Genève ; et, de cette manière, le message fut porté dans d'autres parties du monde.

Encouragé par ce succès, Louis Gaussen publia ses leçons, avec l'espoir de permettre ainsi l'étude des livres prophétiques dans les églises francophones. « Publier des instructions données aux enfants, disait-il, c'est dire aux adultes, qui, trop souvent, négligent ces livres sous le faux prétexte qu'ils sont obscurs : 'Comment peuvent-ils être obscurs, puisque vos enfants les comprennent ?' J'avais le grand désir, ajoutait-il, de rendre la connaissance des prophéties populaire parmi nos troupeaux, si possible. ... Aucune autre étude, en vérité, ne me semble mieux répondre aux besoins de notre époque. ... C'est ainsi que nous devons nous préparer pour la tribulation qui est proche, veiller, et attendre Jésus-Christ. »

Bien qu'il ait été l'un des prédicateurs francophones les plus distingués et les plus aimés, Louis Gaussen fut démis de son ministère au bout d'un certain temps. Son principal crime était d'avoir utilisé la Bible pour l'instruction des jeunes au lieu du catéchisme de l'Église, un manuel insipide et rationaliste, presque dénué de toute foi positive. Il devint plus tard professeur dans une faculté de théologie, tout en continuant son œuvre de catéchiste, le dimanche, en s'adressant aux enfants et en les instruisant dans les Écritures. Ses œuvres sur la prophétie suscitèrent aussi un vif intérêt. Depuis sa chaire d'enseignant, par le moyen de la presse et dans l'exercice de son occupation favorite d'instructeur des enfants, il continua, pendant de nombreuses années, à exercer une profonde influence et contribua à attirer l'attention de nombreuses personnes sur l'étude des prophéties qui montraient que l'avènement du Seigneur était proche.

Le message du second avènement fut également proclamé en Scandinavie, et un vif intérêt y fut suscité. De nombreuses personnes s'éveillèrent de leur sécurité insouciante pour confesser et abandonner leurs péchés et rechercher le pardon au nom du Christ. Mais le clergé de l'Église d'État s'opposa à ce mouvement et usa de son influence pour faire emprisonner quelques-uns de ceux qui prêchaient ce message. Dans de nombreux endroits où les prédicateurs du proche avènement du Seigneur avaient été ainsi réduits au silence, Dieu trouva bon de le faire proclamer de manière miraculeuse, par la bouche de petits enfants. Du fait qu'ils étaient mineurs, la loi de l'État ne pouvait les empêcher, et ils purent parler sans être inquiétés.

Ce mouvement se manifestait surtout parmi les classes inférieures de la société, et c'est dans les humbles foyers des travailleurs que les gens du peuple s'assemblaient pour entendre cet avertissement. Les enfants prédicateurs eux-mêmes appartenaient pour la plupart à de pauvres familles de paysans. Certains d'entre eux n'avaient pas plus de six à huit ans ; et, bien que leur vie témoignât qu'ils aimaient le Sauveur et qu'ils s'efforçassent de vivre en obéissant aux saintes exigences de Dieu, ils ne possédaient ordinairement que l'intelligence et les

41. Louis Gaussen, *Daniel le prophète*, volume 2, préface.

capacités qu'on rencontre habituellement chez les enfants de cet âge. Par contre, lorsqu'ils parlaient en public, il était évident qu'ils étaient animés par une influence qui dépassait leurs dons naturels. Ils changeaient de ton et de manières, et, avec puissance et solennité, ils donnaient l'avertissement du jugement, employant les mots mêmes de l'Écriture : « Craignez Dieu et donnez-lui gloire, car l'heure de son jugement est venue [42]. » Ils réprimaient les péchés, non seulement en condamnant l'immoralité et le vice, mais aussi en dénonçant la mondanité et les rechutes et en exhortant leurs auditeurs à se hâter de « fuir la colère à venir [43] ».

On les écoutait en tremblant. L'Esprit de Dieu parlait au cœur, y apportant la conviction. Beaucoup furent amenés à sonder les Écritures avec un intérêt nouveau et plus profond ; ceux qui s'étaient adonnés à l'intempérance et à l'immoralité réformèrent leur vie ; d'autres abandonnèrent leurs pratiques malhonnêtes. Il se fit une œuvre si prononcée que même les prédicateurs de l'Église d'État furent forcés de reconnaître que la main de Dieu était dans ce mouvement.

C'était la volonté de Dieu que la nouvelle de l'avènement du Sauveur soit annoncée dans les pays scandinaves ; et, lorsque la voix de ses serviteurs fut réduite au silence, il mit son Esprit sur ces enfants pour que son œuvre puisse s'accomplir. Lorsque Jésus approchait de Jérusalem, escorté par des foules joyeuses qui, en poussant des cris de triomphe et en agitant des branches de palmier, l'accueillaient comme le Fils de David, les Pharisiens, jaloux, lui intimèrent de les faire taire ; mais Jésus leur répondit que tout ceci était l'accomplissement de la prophétie, et que, « si eux se taisent, ce sont les pierres qui crieront [44] ! » Les gens du peuple, intimidés par les menaces des sacrificateurs et des dirigeants, cessèrent de pousser leurs joyeuses exclamations en franchissant les portes de Jérusalem ; mais, dans le parvis du temple, les enfants reprirent ensuite ce refrain, et, agitant leurs branches de palmier, s'écrièrent : « Hosanna pour le Fils de David [45] ! » Lorsque les Pharisiens, profondément contrariés, lui dirent : « Tu entends ce qu'ils disent ? », Jésus répondit : « Oui. N'avez-vous jamais lu ces paroles : Par la bouche des tout-petits et des nourrissons tu t'es formé une louange [46] ! » De même que Dieu travailla par l'intermédiaire d'enfants au moment du premier avènement du Christ, de même il travailla aussi par leur intermédiaire pour proclamer le message du second avènement. La Parole de Dieu doit être accomplie, afin que la proclamation de l'avènement du Sauveur soit faite « à toute nation, tribu, langue et peuple [47] ».

C'est à William Miller et à ses collaborateurs qu'il fut donné de prêcher cet avertissement en Amérique. Ce pays devint le centre du grand Mouvement adventiste. C'est là que la prophétie du message du premier ange trouva son accomplissement le plus direct. Les écrits de William Miller et de ses collaborateurs furent apportés dans des pays lointains. Dans le monde entier, partout où des missionnaires avaient pénétré, l'heureuse nouvelle du proche retour du Christ fut annoncée. Le message de la « bonne nouvelle éternelle [48] » se répandit

---

42. Apocalypse 14.7.
43. Matthieu 3.7.
44. Luc 19.40.
45. Matthieu 21.9.
46. Matthieu 21.16.
47. Apocalypse 14.6.
48. *Idem.*

au près et au loin : « Craignez Dieu et donnez-lui gloire, car l'heure de son jugement est venue [49]. »

Le témoignage des prophéties qui semblaient annoncer l'avènement du Christ pour le printemps de l'année 1844 produisit une profonde impression sur l'esprit des gens du peuple. Au fur et à mesure que ce message se propageait d'un État à l'autre, il suscitait partout un vif intérêt. Beaucoup furent convaincus que les arguments tirés des périodes prophétiques étaient justes, et, sacrifiant leur fierté et leurs opinions, acceptèrent la vérité avec joie. Certains prédicateurs mirent de côté leurs pensées et sentiments sectaires, renoncèrent à leur salaire, quittèrent leur église, et se joignirent à la proclamation de l'avènement de Jésus.

Il y eut cependant comparativement peu de prédicateurs qui acceptèrent ce message ; il fut donc confié en grande partie à d'humbles laïcs. Des cultivateurs abandonnèrent leurs champs, des mécaniciens leurs outils, des commerçants leurs négoces, des professionnels leur occupation ; et, cependant, le nombre des ouvriers était petit, comparé à la grandeur de l'œuvre à accomplir. L'état spirituel d'une Église impie et d'un monde plongé dans le mal pesait lourd sur le cœur des véritables sentinelles ; mais celles-ci subirent de bon cœur les durs labeurs, les privations et les souffrances, afin d'appeler les hommes à la repentance et au salut. Malgré l'opposition de Satan, l'œuvre progressait régulièrement, et des milliers de personnes acceptèrent la vérité du second avènement.

Partout se fit entendre ce témoignage qui fouillait les consciences, exhortait les pécheurs, mondains ou membres d'Église, à « fuir la colère à venir [50] ». Comme Jean-Baptiste, le précurseur du Christ, ces prédicateurs s'appliquaient à « attaquer les arbres à la racine [51] » et invitaient tous les hommes à produire « un fruit digne du changement radical [52] ». Leurs appels émouvants contrastaient d'une manière marquée avec les paroles de « paix et sécurité [53] ! » prêchées du haut des chaires populaires. Partout où ce message était prêché, il touchait les cœurs. Le témoignage simple et direct des Écritures, pénétrant les âmes par la puissance du Saint-Esprit, produisait une conviction à laquelle peu étaient capables de résister entièrement. Ceux qui n'étaient religieux que de nom se réveillaient de leur fausse sécurité. Ils prenaient conscience de leurs rechutes, de leur mondanité et de leur incrédulité, de leur orgueil et de leur égoïsme. Beaucoup d'entre eux recherchaient le Seigneur dans la repentance et l'humiliation. Leurs affections, attachées depuis si longtemps aux choses de cette terre, se fixaient maintenant sur celles du ciel. L'Esprit de Dieu reposait sur eux, et, le cœur attendri et subjugué, ils se joignaient à la proclamation du cri « Craignez Dieu et donnez-lui gloire, car l'heure de son jugement est venue [54]. »

Des pécheurs demandaient en pleurant : « Que faut-il que je fasse pour être sauvé [55] ? » Ceux dont la vie avait été caractérisée par la malhonnêteté étaient désireux de restituer ce qu'ils avaient volé. Tous ceux qui avaient trouvé la paix en Christ brûlaient du désir de voir les autres partager cette même bénédiction. Le cœur des parents se tournait vers celui de leurs enfants, et le cœur des enfants vers

---

49. Apocalypse 14.7.
50. Matthieu 3.7.
51. Matthieu 3.10.
52. Matthieu 3.8.
53. 1 Thessaloniciens 5.3.
54. Apocalypse 14.7.
55. Actes 16.30.

celui de leurs parents [56]. Les barrières de l'orgueil et des réserves étaient balayées. Des confessions sincères étaient faites, et les membres d'un même foyer travaillaient au salut de ceux qui leur étaient les plus proches et les plus chers. On entendait souvent le son de ferventes intercessions. Partout se trouvaient des âmes, saisies d'une profonde angoisse, plaidant avec Dieu. Beaucoup d'entre eux luttaient toute la nuit dans la prière, pour obtenir l'assurance du pardon de leurs péchés ou la conversion des membres de leur famille ou de leurs voisins.

Des personnes de toutes les classes sociales accouraient aux réunions adventistes. Riches et pauvres, membres des classes supérieures et inférieures étaient, pour divers motifs, désireux d'entendre par eux-mêmes la doctrine du second avènement. Le Seigneur maintint en échec l'esprit d'opposition pendant que ses serviteurs expliquaient les raisons de leur foi. Parfois, les instruments qu'il utilisait était faibles ; mais son Esprit conférait de la puissance à sa vérité. La présence de saints anges se faisait sentir dans ces assemblées, et de nombreuses personnes s'ajoutaient chaque jour au nombre des croyants. Pendant qu'on leur reparlait des preuves du proche avènement du Christ, de vastes foules écoutaient en silence ces paroles solennelles en retenant leur souffle. Le ciel et la terre semblaient se rapprocher. La puissance de Dieu se faisait sentir parmi les vieux, les jeunes et les personnes d'âge mûr. Des hommes rentraient chez eux, la louange sur les lèvres, et leurs accents joyeux retentissaient dans l'air calme du soir. Personne, ayant assisté à ces réunions, ne pourra jamais oublier ces scènes du plus profond intérêt.

La proclamation d'une date précise pour l'avènement du Christ suscita une forte opposition de la part de nombreuses personnes de toutes classes sociales, depuis le prédicateur dans sa chaire jusqu'au pécheur le plus insouciant et le plus provoquant. Les paroles de cette prophétie s'accomplirent : « Dans les derniers jours il viendra des moqueurs pleins de moqueries, qui iront au gré de leurs propres désirs et diront : Où est la promesse de son avènement ? Car, depuis que les pères se sont endormis dans la mort, tout demeure comme depuis le commencement de la création [57]. »

Beaucoup de ceux qui professaient aimer le Sauveur déclarèrent qu'ils n'étaient pas opposés à la doctrine du second avènement, mais seulement à la fixation d'une date précise. Mais l'œil divin qui voit toutes choses avait lu dans leur cœur. Ils ne voulaient pas entendre parler du retour du Christ venant juger le monde avec justice. Ils avaient été des serviteurs infidèles ; leurs œuvres ne pouvaient pas supporter l'inspection du Dieu qui sonde les cœurs, et ils redoutaient de rencontrer leur Seigneur. Comme les Juifs à l'époque du premier avènement du Christ, ils n'étaient pas prêts à accueillir Jésus. Non seulement ils refusèrent d'écouter les arguments évidents tirés de la Bible, mais ils tournèrent aussi en ridicule ceux qui attendaient le Seigneur. Satan et ses anges exultèrent et jetèrent au visage du Christ et des saints anges le reproche des prétendus disciples qui avaient si peu d'amour pour lui et ne désiraient pas le voir paraître.

« Pour ce qui est du jour et de l'heure, personne ne les connaît [58] » fut l'argument avancé le plus souvent par ceux qui rejetaient la foi au second avènement. Ce texte déclare : « Pour ce qui est du jour et de l'heure, personne ne les connaît, ni les anges des cieux, ni le Fils, mais le Père seul. » Ceux qui attendaient le Seigneur en

56. Voir Malachie 3.24.
57. 2 Pierre 3.3,4.
58. Matthieu 24.36.

donnèrent une explication claire et harmonieuse, qui révéla clairement le mauvais usage que leurs opposants en avait fait. Le Christ avait prononcé ces paroles lors de la mémorable conversation avec ses disciples sur le mont des Oliviers après qu'il eut quitté le temple pour la dernière fois. Les disciples lui avaient posé la question : « Quel sera le signe de ton avènement et de la fin du monde [59] ? » Jésus leur indiqua des signes et leur dit : « Quand vous verrez tout cela, sachez qu'il est proche, aux portes [60]. »

On ne doit jamais utiliser une déclaration du Sauveur pour en annuler une autre. Bien que personne ne connaisse le *jour* ni l'*heure* de son avènement, Jésus nous instruit et attend de nous que nous sachions quand ce jour sera proche. Il nous apprend aussi que le fait de ne pas prendre garde à ses avertissements et de refuser ou de négliger de connaître l'approche de son avènement nous sera aussi fatal que pour ceux qui vivaient aux jours de Noé, et ont ignoré l'approche du Déluge. La parabole contenue dans ce même chapitre, établissant le contraste entre le serviteur fidèle et le serviteur infidèle et indiquant le sort de celui qui dit dans son cœur « Mon maître tarde à venir [61] », nous montre sous quel jour le Christ considérera et récompensera ceux qu'il trouvera veillant et enseignant aux autres son avènement, et ceux qui le nieront. « Veillez donc [62] », nous dit-il. « Heureux cet esclave, celui que son maître, à son arrivée, trouvera occupé de la sorte [63] ! » « Si tu ne veilles pas, je viendrai comme un voleur, et tu ne sauras pas du tout à quelle heure je viendrai te surprendre [64]. »

Paul nous parle d'une catégorie de personnes pour lesquelles l'apparition du Seigneur se fera à l'improviste : « Le jour du Seigneur viendra comme un voleur dans la nuit. Quand ils diront : 'Paix et sécurité !', alors la destruction arrivera sur eux … et ils n'échapperont en aucun cas [65]. » Et il ajoute, à l'intention de ceux qui auront pris garde à l'avertissement du Sauveur : « Mais vous, frères, vous n'êtes pas dans les ténèbres, pour que ce jour, tel un voleur, vous surprenne ; car vous êtes tous fils de la lumière et fils du jour. Nous n'appartenons pas à la nuit ni aux ténèbres [66]. »

Ce qui montre que l'Écriture n'autorise personne à demeurer dans l'ignorance au sujet de la proximité de l'avènement du Christ. Mais ceux qui ne recherchaient qu'un prétexte pour rejeter la vérité fermèrent l'oreille à cette explication, et les paroles de Jésus, « Pour ce qui est du jour et de l'heure, personne ne les connaît [67] », continuèrent à être répétées par les moqueurs audacieux et même par ceux qui se prétendaient serviteurs du Christ. Lorsque les gens s'éveillèrent et commencèrent à demander où trouver le chemin du salut, les conducteurs religieux s'interposèrent entre eux et la vérité, s'efforçant de calmer leurs craintes en interprétant faussement la Parole de Dieu. Des sentinelles infidèles se joignirent à l'œuvre du grand séducteur en criant « Paix ! Paix ! » alors que Dieu n'avait pas annoncé la paix. Comme les Pharisiens à l'époque du Christ, beaucoup d'entre

59. Matthieu 24.3.
60. Matthieu 24.33.
61. Matthieu 24.48.
62. Matthieu 24.42.
63. Matthieu 24.46.
64. Apocalypse 3.3.
65. 1 Thessaloniciens 5.2,3.
66. 1 Thessaloniciens 5.4,5.
67. Matthieu 24.36.

eux refusaient d'entrer dans le royaume de Dieu, et en empêchaient « ceux qui voulaient entrer [68] ». Le sang de ces âmes leur sera réclamé.

Dans les Églises, ce furent les plus humbles et les plus consacrés au Seigneur qui furent généralement les premiers à accepter ce message. Ceux qui étudiaient la Bible pouvaient se rendre compte que les opinions populaires sur la prophétie n'étaient pas bibliques. Partout où les hommes n'étaient pas dominés par l'influence du clergé, partout où ils se donnaient la peine de sonder la Parole de Dieu par eux-mêmes, la doctrine du second avènement n'avait besoin que d'être éclairée par les Écritures pour qu'on reconnaisse son autorité divine.

Beaucoup d'entre eux furent persécutés par leurs frères incrédules. Pour pouvoir conserver leur place dans l'Église, quelques-uns consentirent à garder le silence au sujet de leur espérance ; mais d'autres eurent le sentiment que la loyauté envers Dieu leur interdisait de dissimuler les vérités qui leur étaient confiées. Un assez grand nombre furent exclus de leur Église pour la simple raison qu'ils avaient exprimé leur croyance à l'avènement du Christ. Ceux qui durent subir cette épreuve trouvèrent un très précieux encouragement dans ces paroles du prophète : « Voici ce que disent vos frères, qui vous détestent et vous repoussent à cause de mon nom : "Que le Seigneur montre sa gloire, et que nous voyions votre joie !" Mais ce sont eux qui auront honte [69]. »

Des anges de Dieu observaient avec le plus profond intérêt les conséquences de cet avertissement. Lorsqu'il y eut un rejet général de ce message par certaines Églises, les anges s'en détournèrent avec tristesse. Mais nombreuses furent les personnes qui n'avaient pas encore été éprouvées par la doctrine du second avènement. Beaucoup d'entre elles étaient égarées par leur mari, leur épouse, leurs parents ou leurs enfants ; on leur faisait croire que c'était un péché même d'écouter les hérésies enseignées par les adventistes. Des anges reçurent l'ordre de veiller fidèlement sur ces âmes, car une lumière nouvelle provenant du trône de Dieu allait encore briller sur elles.

Avec une ardeur inexprimable, ceux qui avaient accepté ce message attendaient l'avènement de leur Sauveur. L'époque où ils espéraient le rencontrer était proche. Ils vivaient la proximité de cette heure avec un calme solennel et demeuraient dans une douce communion avec Dieu, ce qui était pour eux un avant-goût de la paix qui allait être la leur dans le monde à venir. Aucun de ceux qui ont vécu cette espérance et cette assurance ne pourra oublier ces précieuses heures d'attente. Pendant les quelques semaines qui précédèrent cette date, ils laissèrent en grande partie de côté les affaires de ce monde. Ces croyants sincères examinaient soigneusement chaque pensée et chaque émotion de leur cœur comme s'ils avaient été sur leur lit de mort et sur le point de fermer les yeux dans quelques heures sur les scènes de ce monde.

Personne ne confectionna de « robes d'ascension [70] » ; mais tous éprouvaient le besoin d'une conviction intérieure qu'ils étaient prêts à rencontrer leur Sauveur. Leur « robe blanche » était la pureté de leur âme, le caractère purifié du péché par le sang expiatoire du Christ. Si seulement on trouvait encore, chez ceux qui professent être le peuple de Dieu,0 le même désir d'introspection, la même foi fervente et déterminée ! S'ils avaient continué ainsi à s'humilier devant le Seigneur

68. Luc 11.52.
69. Ésaïe 66.5.
70. Voir appendice, note 34.

et à présenter leurs requêtes devant le trône de miséricorde, ils auraient bénéficié d'une expérience bien plus riche que celle qu'ils possèdent maintenant. Il y a trop peu de prière, trop peu de véritable conviction du péché, et le manque de foi vivante laisse beaucoup de personnes privées de la grâce si abondamment fournie par notre Rédempteur.

Dieu voulait éprouver son peuple. Sa main couvrit une erreur dans le calcul des périodes prophétiques que les adventistes ne découvrirent pas ; même les plus instruits de leurs opposants ne la remarquèrent pas. Ces derniers disaient : « Votre calcul des périodes prophétiques est correct. Un grand événement est sur le point de se produire ; mais ce n'est pas ce que M. Miller prédit ; c'est la conversion du monde, et non le second avènement du Christ [71]. »

Le moment tant souhaité passa, et le Christ n'apparut pas pour délivrer son peuple. Ceux qui, avec une foi et un amour sincères, avaient attendu leur Sauveur subirent une amère déception. Cependant, les desseins de Dieu étaient en cours d'accomplissement : il éprouvait le cœur de ceux qui disaient attendre l'apparition de Jésus. Il y en avait beaucoup parmi eux qui n'avaient pas été motivés par un sentiment plus élevé que la peur. Leur profession de foi n'avait affecté ni leur cœur, ni leur vie. Lorsque l'événement attendu n'eut pas lieu, ces personnes déclarèrent qu'elles n'éprouvaient aucune déception : elles n'avaient jamais cru que le Christ viendrait. Elles furent parmi les premières à tourner en ridicule le chagrin des véritables croyants.

Cependant, Jésus et toute l'armée céleste contemplèrent avec amour et sympathie ceux qui étaient éprouvés et déçus, mais fidèles. Si on avait pu écarter le voile qui sépare le monde visible du monde invisible, on aurait vu des anges s'approcher de ces âmes persévérantes pour les protéger des traits enflammés de Satan.

71. Voir appendice, note 35.

21

Un avertissement rejeté

En prêchant la doctrine du second avènement, William Miller et ses collaborateurs travaillaient dans l'unique but d'éveiller les hommes à la nécessité d'une préparation pour le jugement. Ils cherchaient à amener ceux qui se prétendaient religieux à la véritable espérance de l'Église et à l'expérience d'une vie chrétienne plus profonde. Ils œuvraient pour convaincre les inconvertis du devoir de se repentir et de se donner à Dieu sans retard. « Ils ne firent aucune tentative de recrutement à une secte ou à un parti religieux. C'est pourquoi ils travaillèrent parmi tous les partis et parmi toutes les sectes, sans s'immiscer dans leur organisation ou dans leur discipline. »

« Dans tous mes travaux, dit William Miller, je n'ai jamais eu le désir ni la pensée de créer un groupe séparé de celui des dénominations existantes ou de favoriser l'une d'elles aux dépens de l'autre. J'ai songé à les privilégier toutes. En supposant que tous les chrétiens se réjouiraient à la perspective de l'avènement du Christ, et que ceux qui ne partageraient pas mes opinions n'en aimeraient pas moins ceux qui embrasseraient cette doctrine, je n'ai pas imaginé qu'il soit nécessaire de tenir des réunions séparées. Mon unique désir était de convertir les âmes à Dieu, d'avertir le monde du jugement à venir et de persuader mes semblables de rechercher la préparation du cœur qui leur permettrait de rencontrer leur Dieu dans la paix. La grande majorité de ceux que mes travaux ont amenés à la conversion se sont joints aux diverses Églises existantes [1]. »

Parce que son œuvre tendait à édifier les Églises, elle fut considérée avec faveur pendant un certain temps. Mais, au fur et à mesure, les prédicateurs et les conducteurs religieux prirent position contre la doctrine du second avènement et tentèrent d'étouffer toute agitation sur ce sujet, en s'y opposant du haut de la chaire et en refusant à leurs membres le privilège d'assister aux prédications du second avènement, ou d'exprimer leur conviction lors des réunions de prières de leur Église. De sorte que ces croyants se trouvèrent dans une position d'épreuve et de perplexité très grandes. Ils aimaient leur Église et ne tenaient pas à s'en séparer ; mais quand ils virent qu'on imposait le silence au témoignage de la Parole de Dieu et qu'on leur refusait le droit de sonder les prophéties, ils eurent le sentiment que la loyauté envers Dieu leur interdisait de se soumettre. Ils ne pouvaient plus considérer ceux qui s'efforçaient d'imposer le silence au témoignage de la Parole de Dieu comme constituant l'Église du Christ, « la colonne et l'appui de la vérité [2] ». C'est pourquoi ils estimèrent légitime de s'en séparer. Au cours de l'été de 1844, environ 50 000 personnes se retirèrent de leurs Églises respectives.

1. Sylvester Bliss, *Memoirs of Wm. Miller* [Les mémoires de William Miller], p. 328.
2. 1 Timothée 3.15.

Vers cette époque, on observa un changement marqué dans la plupart des Églises de l'ensemble des États-Unis. Depuis des années, on assistait à un conformisme en croissance graduelle et constante, aux pratiques et aux coutumes mondaines et à un déclin de la véritable vie spirituelle. En cette année 1844, on constata comme un affaissement soudain et notoire dans presque toutes les Églises de ce pays. Aucune d'entre elle n'a semblé être en mesure d'en indiquer la cause. Ce fait fut largement remarqué et commenté, aussi bien dans la presse que du haut de la chaire.

Lors d'une réunion du Consistoire de l'Église presbytérienne de Philadelphie, M. Barnes, auteur d'un commentaire largement estimé et pasteur d'une des principales Églises de cette ville, « déclara qu'il était dans le ministère depuis vingt ans et que jamais, jusqu'au précédent service de communion, il n'avait célébré ce sacrement sans qu'il y ait un certain nombre de nouveaux membres dans l'Église. Maintenant, il n'y a *aucun réveil*, *aucune conversion*, peu de croissance en grâce visible chez ceux qui professent le christianisme, et personne ne vient dans son bureau discuter du salut de son âme. Parallèlement aux progrès des affaires et aux perspectives de plus en plus brillantes du commerce et de l'industrie, on constate un accroissement de l'esprit mondain. *Il en est ainsi de toutes les dénominations*[3]. »

Au mois de février de cette même année, le professeur Finney, de l'Institut Oberlin, déclara : « Nous constatons qu'en général les Églises protestantes de notre pays, en tant que telles, sont ou indifférentes, ou hostiles à presque toutes les réformes morales de notre siècle. Il existe des exceptions partielles, mais elles sont trop peu nombreuses pour généraliser ce fait. Un autre exemple a aussi été corroboré : l'absence presque universelle de l'influence d'un réveil dans les Églises. Partout une apathie spirituelle, terriblement profonde ; c'est ce dont témoigne la presse religieuse de notre pays. ... La plupart des membres d'Église deviennent des fervents de la mode, s'associent aux impies dans leurs parties de plaisir, leurs bals, leurs festivités, etc. ... Inutile d'en dire plus sur ce douloureux sujet. Qu'il suffise de dire que la preuve est de plus en plus manifeste et qu'elle pèse lourdement sur notre cœur : *les églises en général sont dans un triste état de dégénérescence*. Elles se sont beaucoup éloignées du Seigneur, qui s'est retiré de leur sein. »

Un correspondant du *Religious Telescope* [Le télescope religieux] témoignait : « On n'avait jamais assisté à un tel déclin religieux comme aujourd'hui. L'Église doit vraiment se réveiller et rechercher la cause de cette affliction ; car c'est bien comme une affliction que tous ceux qui aiment Sion doivent la considérer. Lorsque nous réfléchissons au petit nombre de véritables conversions, à l'impertinence et à l'endurcissement presque sans parallèle des pécheurs, nous nous exclamons presque involontairement : "Dieu a-t-il oublié de manifester sa grâce ? Ou bien, la porte de la miséricorde s'est-elle refermée ?" »

Une telle condition dans l'Église n'existe jamais sans cause. Les ténèbres spirituelles qui enveloppent les nations, les congrégations et les individus ne sont pas dues au retrait arbitraire des secours de la grâce divine, mais à la négligence ou au rejet de la lumière de Dieu par les hommes. On trouve une illustration frappante de cette vérité dans l'histoire du peuple juif à l'époque du Christ. Par son attachement au monde et son oubli de Dieu et de sa Parole, son intelligence s'était obscurcie et les cœurs étaient tombés dans la mondanité et la sensualité. C'est ainsi que se peuple se trouva dans l'ignorance concernant l'avènement du Messie. Dans

3. *Congregational Journal* [Journal de l'Eglise congrégationaliste] du 23 mai 1844.

son orgueil et son incrédulité, il rejeta le Rédempteur. Même alors, Dieu ne priva pas la nation juive de la possibilité de connaître les bénédictions du salut et d'y participer. Mais ceux qui avaient rejeté la vérité perdirent tout désir de posséder ce don céleste. Ils avaient substitué les ténèbres à la lumière, jusqu'à ce que la lumière qui était en eux devienne ténèbres ; et « combien [étaient] grandes les ténèbres [4] ! »

Il convient à la politique de Satan que les hommes conservent les formes de la religion, pourvu que l'esprit de la véritable piété soit absent. Après avoir rejeté l'Évangile, les Juifs continuèrent avec zèle à maintenir leurs anciens rites et à préserver avec rigueur leur exclusivisme national, tout en étant dans l'obligation d'admettre que la présence de Dieu ne se manifestait plus parmi eux. La prophétie de Daniel annonçait si précisément l'époque de l'avènement du Messie et prédisait si clairement sa mort qu'ils en découragèrent l'étude ; et, finalement, les rabbins prononcèrent une malédiction sur tous ceux qui tenteraient de calculer le temps. Dans son aveuglement et son impénitence, le peuple d'Israël, pendant les siècles qui suivirent, est demeuré indifférent aux offres gracieuses du salut et peu soucieux des bénédictions de l'Évangile, qui constitue un avertissement terrible et solennel du danger de rejeter la lumière céleste.

Partout où les mêmes causes se manifestent, les mêmes conséquences s'ensuivront. Celui qui étouffe délibérément ses convictions du devoir parce qu'elles vont à l'encontre de ses inclinations perdra finalement la faculté de distinguer entre la vérité et l'erreur. Son intelligence s'obscurcira, sa conscience s'émoussera, son cœur s'endurcira et son âme se séparera de Dieu. Là où le message de la vérité divine est rejeté ou dédaigné, l'Église est enveloppée de ténèbres. La foi et l'amour se refroidissent, et font place à l'aliénation et à la dissension. Les membres d'Église concentrent leurs intérêts et leurs énergies sur les affaires de ce monde, et les pécheurs s'endurcissent dans leur impénitence.

Le message du premier ange du chapitre 14 de l'Apocalypse, annonçant l'heure du jugement et invitant les hommes à craindre Dieu et à se prosterner devant lui, était destiné à séparer le peuple de Dieu des influences corruptrices du monde et à éveiller leur conscience pour qu'ils se rende compte de sa véritable condition de peuple mondain et déchu. Par ce message, Dieu avait envoyé un avertissement qui, s'il avait été accepté, aurait corrigé les maux qui le séparaient de son Église. Si les croyants avaient accueilli ce message céleste en humiliant leur cœur devant le Seigneur et en cherchant sincèrement la préparation nécessaire pour pouvoir se tenir debout en sa présence, l'Esprit et la puissance de Dieu se seraient manifestés parmi eux. L'Église aurait retrouvé cet état béni d'unité, de foi et d'amour qui existait à l'époque des apôtres, lorsque « la multitude de ceux qui étaient devenus croyants était un seul cœur et une seule âme [5] », lorsque ces premiers chrétiens « disaient la parole de Dieu avec assurance [6] » et lorsque « le Seigneur ajoutait chaque jour à la communauté ceux qu'il sauvait [7] ».

Si ceux qui proclament être le peuple de Dieu acceptaient la lumière telle qu'elle brille depuis sa Parole, ils atteindraient cette unité pour laquelle le Christ a prié, celle que l'apôtre Paul a décrite comme « l'unité de l'Esprit par le lien de

4. Matthieu 6.23.
5. Actes 4.32.
6. Actes 4.31.
7. Actes 2.47.

la paix [8] ». Il a ajouté : « Il y a *un seul* corps et *un seul* Esprit, tout comme vous avez aussi été appelés dans *une seule* espérance, celle de votre appel ; il y a un seul Seigneur, une seule foi, un seul baptême [9]. »

Tels furent les résultats bénis dont jouirent ceux qui accueillirent le message du second avènement. Ceux-là étaient issus de différentes dénominations ; mais les barrières confessionnelles furent renversées ; les credo contradictoires réduits en cendre ; l'espérance non biblique d'un millénium temporel abandonnée, les fausses conceptions du retour du Christ corrigées, l'orgueil et la conformité au monde balayés ; les torts réparés ; les cœurs s'unirent dans la plus douce communion, l'amour et la joie régnèrent sans partage. Ce que cette doctrine fit pour les quelques-uns qui l'acceptèrent, elle l'aurait fait aussi pour tous ceux qui l'auraient acceptée.

Mais les Églises en général refusèrent cet avertissement. Les prédicateurs, en tant que « guetteur[s] pour la maison d'Israël [10] », auraient dû être les premier à discerner les signes de l'avènement de Jésus ; mais ils ne surent pas reconnaître la vérité, ni dans le témoignage des prophètes, ni dans les signes des temps. Au fur et à mesure que les espérances et les ambitions terrestres remplissaient les cœurs, l'amour pour Dieu et la foi en sa Parole s'étaient refroidis. Lorsqu'on leur présenta la doctrine du second avènement, elle ne fit qu'alimenter leurs préjugés et leur incrédulité. Le fait que ce message était, en grande partie, prêché par des laïcs fut avancé comme argument contre lui. Comme autrefois, le témoignage direct de la Parole de Dieu rencontra cette objection : « Y a-t-il quelqu'un parmi les chefs ou les pharisiens qui ait mis sa foi en lui [11] ? »

Découvrant combien il était difficile de réfuter les arguments tirés des périodes prophétiques, beaucoup de prédicateurs découragèrent l'étude des prophéties en enseignant que les livres prophétiques étaient scellés et qu'ils n'étaient pas destinés à être compris. De nombreuses personnes firent confiance implicitement à leur pasteur et refusèrent d'écouter cet avertissement ; tandis que d'autres, bien que convaincus de la vérité, n'osèrent pas la proclamer publiquement, « pour ne pas être exclus de la synagogue [12] ». Le message que Dieu avait envoyé pour éprouver et purifier l'Église ne révélait que trop sûrement le nombre de ceux qui avaient placé leurs affections en ce monde plutôt qu'en Christ. Les liens qui les retenaient à cette terre étaient plus forts que ceux qui les attiraient vers le ciel. Ils préférèrent écouter la voix de la sagesse humaine et se détournèrent du message de la vérité destiné à sonder les cœurs.

En refusant l'avertissement du premier ange, ils rejetèrent les moyens que le ciel avait prévus pour la restauration de leur âme. Ils repoussèrent le messager de la grâce qui aurait corrigé les maux qui les séparaient de Dieu, et recherchèrent avec encore plus d'avidité l'amitié du monde. Telle fut la cause de ce terrible état de mondanité, de rechute et de mort spirituelle qui régnait dans les Églises en 1844.

Dans le chapitre 14 de l'Apocalypse, le premier ange est suivi par un second, qui proclame : « Elle est tombée, elle est tombée, Babylone la Grande, elle qui a fait boire à toutes les nations du vin de la fureur de sa prostitution [13] ! » Le terme

8. Éphésiens 4.3.
9. Éphésiens 4.4,5.
10. Ézéchiel 3.17.
11. Jean 7.48.
12. Jean 12.42.
13. Apocalypse 14.8.

« Babylone » est dérivé de « Babel » et signifie « confusion ». L'Écriture l'emploie pour désigner les diverses formes de religion fausse ou apostate. Au chapitre 17 de l'Apocalypse, Babylone est représentée sous les traits d'une femme, image utilisée dans la Bible pour symboliser une Église : une femme vertueuse représente une Église pure, et une femme vile une Église apostate.

Dans la Bible, le caractère sacré et permanent des relations qui existent entre le Christ et son Église est représenté par les liens du mariage. Le Seigneur s'est uni à son peuple par une alliance solennelle ; il lui a promis d'être son Dieu ; et son peuple s'est engagé à lui appartenir, et à lui seul. Il déclare : « Je te fiancerai à moi pour toujours, je te fiancerai à moi par la justice et l'équité, par la fidélité et la compassion [14]. » Il affirme également : « C'est moi qui suis votre maître [15]. » Paul emploie la même image dans le Nouveau Testament lorsqu'il dit : « Je vous ai fiancés à un seul homme, pour vous présenter au Christ comme une vierge pure [16]. »

Quand l'Église détourne sa confiance et ses affections du Christ et que l'amour des choses du monde habite son âme, son infidélité est comparée à la transgression des vœux du mariage. C'est par cette image qu'est représenté le péché d'Israël qui s'est éloigné du Seigneur, et le merveilleux amour de Dieu ainsi méprisé est décrit en ces mots touchants : « Je te fis un serment, je contractai une alliance avec toi – déclaration du Seigneur DIEU – et ainsi tu m'appartins [17]. » « Tu devins de plus en plus belle, digne de la royauté. Ta renommée se répandit parmi les nations, à cause de ta beauté, car elle était parfaite, grâce à l'éclat dont je t'avais ornée. … Mais tu as mis ta confiance dans ta beauté et tu t'es prostituée, à la faveur de ta renommée [18]. » « Comme une femme qui trahit son compagnon, ainsi vous m'avez trahi, maison d'Israël ! – déclaration du SEIGNEUR [19]. » « La femme adultère reçoit des étrangers à la place de son mari [20]. »

Dans le Nouveau Testament, un langage très semblable à celui-ci est adressé à ceux qui professent être chrétiens, mais recherchent l'amitié du monde plutôt que la faveur de Dieu. L'apôtre Jacques déclare : « Adultères ! Ne savez-vous pas que l'amour du monde est hostilité à l'égard de Dieu ? Celui qui est décidé à être ami du monde se rend donc ennemi de Dieu [21]. »

La femme (Babylone) du chapitre 17 de l'Apocalypse est décrite comme étant « vêtue de pourpre et d'écarlate, parée d'or, de pierres précieuses et de perles. Elle tenait à la main une coupe d'or, pleine d'abominations et des impuretés. … Sur son front était écrit un nom, *un mystère : Babylone la grande, la mère des prostituées* [22]. » Le prophète nous dit : « Je vis cette femme ivre du sang des saints et du sang des témoins de Jésus [23]. » Il est dit plus loin que cette femme représente « la grande ville qui a la royauté sur les rois de la terre [24]. »

14. Osée 2.21.
15. Jérémie 3.14.
16. 2 Corinthiens 11.2.
17. Ézéchiel 16.8.
18. Ézéchiel 16.13-15.
19. Jérémie 3.20.
20. Ézéchiel 16.32.
21. Jacques 4.4.
22. Apocalypse 17.4,5.
23. Apocalypse 17.6.
24. Apocalypse 17.18.

La puissance qui, pendant tant de siècles, a exercé sa domination despotique sur les monarques de la chrétienté est Rome. La couleur pourpre et l'écarlate, l'or, les pierres précieuses et les perles représentent de manière frappante la magnificence et la pompe plus que royales caractérisant le siège de son Église. On ne pourrait déclarer avec autant d'exactitude qu'aucune autre puissance « ivre du sang des saints » que cette Église n'a si cruellement persécuté les disciples du Christ. Babylone est aussi accusée du péché d'avoir entretenu des relations illégitimes avec « les rois de la terre ». C'est en se détournant du Seigneur et en contractant des alliances avec les païens que l'Église juive était devenue une prostituée. L'Église de Rome, se corrompant de la même manière en recherchant l'appui des puissances terrestres, reçoit une condamnation identique.

Babylone est appelée « la *mère* des prostituées ». Ses *filles* doivent donc symboliser les Églises qui se cramponnent à ses doctrines et à ses traditions et suivent son exemple en sacrifiant la vérité et l'approbation de Dieu pour pouvoir contracter une alliance illégitime avec le monde. Le message du chapitre 14 de l'Apocalypse annonçant la *chute* de Babylone doit donc s'appliquer aux confessions religieuses qui ont autrefois commencé par être pures, mais se sont corrompues. Puisque ce message vient après l'avertissement du jugement, c'est qu'il doit être proclamé dans les derniers jours ; il ne peut donc s'appliquer qu'à l'Église romaine seule, qui se trouve dans cet état de chute depuis de nombreux siècles.

De plus, au chapitre 18 de l'Apocalypse, le peuple de Dieu est appelé à sortir de Babylone. D'après ce passage, de nombreux fidèles doivent encore se trouver dans Babylone. Quelles confessions religieuses abritent actuellement la plupart des disciples du Christ ? Ce sont sans aucun doute les diverses Églises professant la foi protestante, qui, au moment de leur apparition, prirent position courageusement pour Dieu et pour la vérité, et la bénédiction divine reposa sur elles. Le monde incrédule lui-même fut forcé de reconnaître les conséquences bénéfiques qui suivirent l'acceptation des principes de l'Évangile. Comme l'écrivait le prophète au peuple d'Israël : « Ta renommée se répandit parmi les nations, à cause de ta beauté, car elle était parfaite, grâce à l'éclat dont je t'avais ornée – déclaration du Seigneur DIEU [25]. » Mais la chute de ces Églises fut causée par la même erreur qui avait entraîné la malédiction et la ruine d'Israël : celui d'imiter les pratiques des impies et de rechercher leur amitié. « Tu as mis ta confiance dans ta beauté et tu t'es prostituée, à la faveur de ta renommée [26]. »

De nombreuses Églises protestantes suivent l'exemple de Rome dans leurs commerces iniques avec « les rois de la terre [27] » : les Églises d'État, dans leurs relations avec le gouvernement séculier ; et les autres dénominations, dans leur recherche de la faveur du monde. Le terme « Babylone » (confusion) peut s'appliquer de manière appropriée à ces confessions religieuses, qui toutes prétendent puiser leurs doctrines dans la Bible, et qui sont divisées en sectes presque innombrables, professant des credo et des théories en grande partie contradictoires.

Outre leur union coupable avec le monde, les dénominations qui se sont séparées de l'Église romaine présentent aussi d'autres de ses caractéristiques. Un ouvrage de l'Église catholique prétend que « si l'Église romaine s'est rendue coupable d'idolâtrie en ce qui concerne les saints, sa fille, l'Église d'Angleterre, s'est rendue cou-

25. Ézéchiel 16.14.
26. Ézéchiel 16.15.
27. Apocalypse 17.18.

pable de manière identique, en consacrant dix églises à Marie pour une seule consacrée au Christ [28]. »

Le Dr Hopkins, dans « A Treatise on the Millenium » [Traité sur le millénium], déclare : « Il n'y a aucune raison de penser que l'esprit et les pratiques antichrétiens se limitent à ce que nous appelons maintenant l'Église de Rome. Les Églises protestantes ont gardé en elles une grande part de l'antéchrist et sont loin d'être totalement réformées de [...] la corruption et de la méchanceté [29]. »

Concernant la séparation de l'Église presbytérienne de l'Église romaine, le Dr Guthrie écrit : « Il y a trois cents ans que notre Église, une Bible ouverte sur sa bannière, et cette devise, "Sondez les Écritures" sur sa banderole, est sortie des portes de l'Église romaine. » Puis il pose cette question significative : « Elle-t-elle sortie *pure* de Babylone [30] ? »

« L'Église d'Angleterre, disait Spurgeon, semble être totalement rongée par le sacramentalisme ; et les non-conformistes paraissent presque autant affligés d'incrédulité philosophique. Ceux dont nous avions une meilleure opinion se détournent l'un après l'autre des fondements de la foi. Je crois que le cœur même de l'Angleterre est totalement criblé d'une incrédulité condamnable, qui ose encore monter en chaire et se prétendre chrétienne. »

Quelle fut l'origine de cette grande apostasie ? Comment l'Église s'est-elle éloignée de la simplicité de l'Évangile ? En se conformant aux pratiques du paganisme pour faciliter l'acceptation du christianisme par les païens. L'apôtre Paul déclarait que, même à son époque, « déjà le mystère du mal est à l'œuvre [31]. » Du vivant des apôtres, l'Église resta relativement pure. Mais « vers la fin du deuxième siècle, la plupart des églises revêtirent une forme nouvelle ; leur simplicité première disparut, et, insensiblement, au fur et à mesure que les anciens disciples descendaient dans la tombe, leurs enfants, accompagnés des nouveaux convertis, ... s'avancèrent et remodelèrent la cause [32]. » Pour obtenir des conversions, on abaissa le niveau élevé de la foi chrétienne. Le résultat fut qu'« un flot de païens, inondant l'Église, y apporta ses coutumes, ses pratiques et ses idoles [33]. » Parce que le christianisme avait obtenu la faveur et le soutien des dirigeants séculiers, des multitudes l'acceptèrent nominalement ; mais beaucoup d'entre elles, chrétiennes en apparence, « gardèrent leur cœur païen, et continuèrent à adorer leurs idoles en secret [34]. »

Le même processus ne s'est-il pas répété dans presque toutes les Églises qui se disaient protestantes ? Au fur et à mesure que s'éteignaient leurs fondateurs, ceux qui possédaient le véritable esprit de réforme, leurs descendants « s'avancèrent et remodelèrent la cause ». Tout en se cramponnant aveuglément au credo de leurs pères et en refusant d'accepter toute vérité autre que celle qu'ils avaient sous les yeux, les enfants des réformateurs s'écartèrent considérablement de l'exemple d'humilité, d'abnégation et de renoncement qu'ils avaient reçu. C'est ainsi que « leur

28. Richard Challoner, *The Catholic Christian Instructed* [Instructions pour le chrétien catholique], préface, p. 21,22.
29. Samuel Hopkins, *Œuvres*, volume 2, p. 328.
30. Thomas Guthrie, *The Gospel in Ezekiel* [L'Évangile dans le livre d'Ézéchiel], p. 237.
31. 2 Thessaloniciens 2.7.
32. Robert Robinson, *Ecclesiastical Researches* [Recherches ecclésiastiques], chapitre 6, paragraphe 17, p. 51.
33. Gavazzi, *Lectures* [Conférences], p. 278.
34. *Idem.*

simplicité première disparut ». Un flot mondain, inondant l'Église, « y apporta ses coutumes, ses pratiques et ses idoles ».

Hélas, dans quelle terrible mesure cette amitié avec le monde, qui est aussi « hostilité à l'égard de Dieu [35] », n'est-elle pas caressée par ceux qui professent être les disciples du Christ ! Combien les églises populaires, dans toute la chrétienté, se sont-elles écartées du principe biblique de l'humilité, de l'abnégation, de la simplicité et de la piété ! John Wesley, parlant du bon usage de l'argent, disait : « Ne gaspillez pas une seule partie d'un talent aussi précieux simplement pour satisfaire la convoitise des yeux, par des vêtements superflus ou coûteux, ou par des ornements inutiles. N'en gaspillez aucune partie pour orner vos maisons d'objets d'art, de meubles superflus ou coûteux, de tableaux de prix, d'images et de dorures. … Ne dépensez rien pour satisfaire l'orgueil de la vie, pour obtenir l'admiration ou les louanges des hommes. … 'Tant que tu te feras du bien, les hommes te loueront.' Tant que tu seras vêtu 'de pourpre et de fin lin' et feras 'chaque jour … la fête [36]', sans aucun doute beaucoup applaudiront l'élégance de ton goût, ta générosité et ton hospitalité. Mais n'achète pas si cher leurs applaudissements. Contente-toi plutôt de l'honneur qui vient de Dieu [37]. » Hélas, dans de nombreuses églises de notre époque, on ne tient aucun compte de cet enseignement.

Appartenir à une religion est devenu un facteur de considération dans le monde. Dirigeants, politiciens, avocats, médecins, marchands se joignent à l'Église pour gagner le respect et la confiance de la société et favoriser leurs propres intérêts. Ils cherchent ainsi à couvrir toutes leurs transactions injustes sous le manteau du christianisme. Les différentes confessions religieuses, renforcées par la richesse et l'influence de ces mondains baptisés, convoitent encore plus la popularité et la notoriété du monde. On érige sur les avenues les plus fréquentées de splendides églises, ornées de la manière la plus déraisonnable. Ceux qui les fréquentent portent des vêtements coûteux et à la mode. On verse un gros salaire à un prédicateur de talent pour qu'il attire et captive l'auditoire. Ses sermons ne doivent pas aborder les péchés populaires, mais doivent être suaves et agréables pour convenir aux oreilles des auditeurs. C'est ainsi que les pécheurs de distinction sont inscrits sur les registres de l'Église et que les transgressions mondaines sont dissimulées sous un manteau de piété.

Commentant l'attitude présente envers le monde de ceux qui professent le christianisme, un journal séculier de premier plan disait : « Insensiblement, l'Église a cédé à l'esprit du siècle et adapté ses formes de culte aux besoins modernes. … L'Église utilise maintenant comme ses instruments tout ce qui peut contribuer à rendre la religion attrayante. » Un correspondant de l'*Independent*, de New York, parle ainsi du méthodisme tel qu'il est aujourd'hui : « La ligne de démarcation entre ceux qui sont pieux et ceux qui sont irréligieux se perd dans une sorte de pénombre, et, des deux côtés, des hommes travaillent avec zèle à effacer toute différence entre leurs manières d'agir et de s'amuser. … La popularité de la religion tend à faire augmenter considérablement le nombre de ceux qui voudraient profiter de ses avantages sans avoir à s'acquitter honnêtement de ses devoirs. »

Howard Crosby a déclaré : « C'est un sujet de profonde préoccupation de constater que l'Église du Christ réalise si peu les desseins de son Seigneur. Exactement

35. Jacques 4.4.
36. Luc 16.19.
37. John Wesley, *Œuvres*, sermon 50, *The Use of Money* [L'usage de l'argent].

comme les Juifs qui, autrefois, par leurs relations de familiarité avec les nations idolâtres, ont détourné leur cœur de Dieu, … de même aujourd'hui l'Église de Jésus, par ses faux partenariats avec le monde incrédule, abandonne les principes divins et adopte les habitudes pernicieuses, d'une société sans Christ, en utilisant des arguments qui amènent à des conclusions étrangères à la révélation divine et totalement opposées à toute croissance en grâce [38]. »

Dans cette marée de mondanité et de recherche du plaisir, l'abnégation et le sacrifice de soi pour l'amour du Christ ont presque entièrement disparu. « Quelques-uns des hommes et des femmes qui jouent aujourd'hui un rôle actif dans nos églises ont été éduqués, étant enfants, à consentir des sacrifices pour pouvoir donner ou agir pour le Christ. … [Mais] si aujourd'hui on a besoin de fonds, … il ne faut solliciter personne. Oh, non ! On préfère organiser une kermesse, un tableau vivant, un tribunal comique, un souper en costume d'époque, ou autre repas, tout ce qui peut amuser les gens. »

Le gouverneur Washburn, du Wisconsin, déclara dans son message annuel du 9 janvier 1873 : « Il nous faudrait une loi pour dissoudre les écoles dans lesquelles se forment les joueurs. Il y en a partout. Parfois, même l'Église (inconsciemment, sans doute) accomplit l'œuvre du diable. Les concerts et autres activités destinées à recueillir des dons, les ventes aux enchères, organisés quelquefois au profit de causes religieuses ou charitables, avec souvent des objectifs moins estimables, les loteries, les pochettes surprise, etc., sont tous des procédés destinés à obtenir de l'argent sans rien donner en échange. Rien n'est aussi défavorable à la morale, ni aussi enivrant, particulièrement pour les jeunes, que la possibilité d'acquérir de l'argent ou des biens sans travailler. Si des personnes respectables s'adonnent à ces jeux de hasard tout en calmant leur conscience par la pensée que l'argent va à une bonne cause, il n'y a rien d'étonnant que les jeunes de notre État acquièrent si facilement les habitudes que l'excitation de ces jeux engendre presque à coup sûr. »

L'esprit de conformité au monde envahit les Églises dans toute la chrétienté. Robert Atkins, dans un sermon prêché à Londres, brossa un sombre tableau du déclin spirituel de l'Angleterre de son époque : « Ceux qui sont vraiment vertueux sont en nombre décroissant sur la terre, mais personne ne le prend à cœur. Aujourd'hui, ceux qui font profession de religion, dans toutes les églises, aiment le monde, se conforment à lui, aiment l'aisance matérielle et aspirent à être considérés comme respectables. Ils sont appelés à souffrir avec le Christ, mais reculent déjà à la perspective de l'opprobre. … *Apostasie, apostasie, apostasie* est gravé sur le fronton de toutes les églises. Si seulement elles le savaient et si elles le ressentaient, il y aurait de l'espoir ; mais, hélas, elles s'écrient : "Je suis riche, je suis devenu[e] riche, je n'ai besoin de rien [39]." »

Le grand péché reproché à Babylone est qu'elle « a fait boire à toutes les nations du vin de la fureur de sa prostitution [40] ». Cette coupe enivrante qu'elle présente à la terre représente les fausses doctrines qu'elle a adoptées comme conséquence de ses relations illégitimes avec les grands de ce monde. L'amitié avec le monde a corrompu sa foi, et, à son tour, elle exerce sur lui une influence corruptrice en enseignant des doctrines opposées aux déclarations les plus explicites de l'Écriture Sainte.

38. *The Healthy Christian: An Appeal to the Church* [Le chrétien sain: appel à l'Église], p. 141,142.
39. Apocalypse 3.17 ; Second Advent Library [Bibliothèque du second avènement], tract n° 39.
40. Apocalypse 14.8.

L'Église romaine a ôté la Bible au peuple et exigé qu'il accepte ses enseignements en échange. Ce fut l'œuvre de la Réforme de restituer aux hommes la Parole de Dieu ; mais n'est-il pas trop vrai que, dans les Églises d'aujourd'hui, on enseigne aux membres à faire reposer leur foi sur le credo et les enseignements de leur communauté plutôt que sur les Écritures ? Charles Beecher, parlant des Églises protestantes, a dit : « Elles reculent au moindre mot sévère prononcé à l'encontre de leur credo avec la même frayeur qu'ont reculé les saint Pères devant toute parole condamnant la vénération des saints et des martyrs, qui était en train d'apparaître et qu'ils encourageaient. ... Les dénominations protestantes évangéliques se sont tellement bien lié les mains les unes aux autres que, dans n'importe laquelle d'entre elles, on ne peut devenir prédicateur qu'en acceptant un autre livre que la Bible. ... Cette déclaration n'a rien d'une affabulation, la puissance du credo commence maintenant à éliminer les Écritures aussi sûrement que l'a fait l'Église romaine, mais avec plus de subtilité [41]. »

Quand de fidèles enseignants exposent la Parole de Dieu, s'élèvent alors des hommes instruits, des prédicateurs prétendant comprendre les Écritures, qui dénoncent la saine doctrine comme une hérésie, et détournent ainsi ceux qui cherchent la vérité. Si le monde n'était pas désespérément enivré du vin de Babylone, des foules seraient convaincues et se convertiraient par les vérités simples et tranchantes de la Parole de Dieu. Mais la foi religieuse paraît si confuse et si contradictoire que les gens du peuple ne savent pas ce qu'il faut croire en matière de vérité. C'est l'Église qui porte la responsabilité du péché de l'impénitence du monde.

Le message du second ange du chapitre 14 de l'Apocalypse, prêché pour la première fois en été de 1844, s'appliquait alors plus directement aux Églises des États-Unis, parmi lesquelles l'avertissement du jugement avait été le plus largement proclamé et le plus généralement rejeté, et dans lesquelles le déclin avait été le plus rapide. Pourtant, ce n'est pas en 1844 que ce message atteignit son plein accomplissement. Les Églises passèrent alors par une chute morale, conséquence du rejet de la lumière du message adventiste; mais cette chute ne fut pas complète. En persistant dans le refus des vérités spéciales pour notre temps, elles sont tombées de plus en plus bas. On ne peut cependant pas encore dire aujourd'hui : « elle est tombée, elle est tombée, Babylone la Grande, elle qui a fait boire à toutes les nations du vin de la fureur de sa prostitution [42] ! » Elle n'en pas encore fait boire à toutes les nations. L'esprit de conformité au monde et d'indifférence envers les vérités constituant un test pour notre époque existe et a gagné du terrain parmi les Églises de confession protestante de toute la chrétienté. Ces Églises sont comprises dans la dénonciation terrible et solennelle du second ange. Mais l'œuvre de l'apostasie n'a pas encore atteint son point culminant.

La Bible déclare qu'avant l'avènement du Seigneur, Satan travaillera « avec *toutes sortes* de miracles, de signes et de prodiges mensongers, et avec toutes les tromperies de l'injustice [43] », et que ceux qui « n'ont pas accueilli l'amour de la vérité pour être sauvés [44] » seront exposés à subir « une opération d'égarement, pour qu'ils croient au mensonge [45]. » Ce n'est que lorsque cette condition sera remplie et que

41. Sermon sur « La Bible, un credo suffisant », prêché à Fort Wayne, Indiana, le 22 février 1846.
42. Apocalypse 14.8.
43. 2 Thessaloniciens 2.9,10.
44. 2 Thessaloniciens 2.10.
45. 2 Thessaloniciens 2.11.

l'union entre l'Église et le monde sera pleinement consommée dans toute la chrétienté que la chute de Babylone sera complète. Ce changement est progressif, et l'accomplissement parfait de la prédiction d'Apocalypse 14.8 est encore à venir.

Malgré l'éloignement de Dieu et les ténèbres spirituelles des Églises constituant Babylone, la plus grande partie des véritables disciples du Christ se trouve encore en leur sein. Beaucoup d'entre eux n'ont jamais eu connaissance des vérités spéciales pour notre époque. Nombreux sont ceux qui sont insatisfaits de leur état actuel et aspirent à une lumière plus grande. Ils cherchent en vain l'image du Christ dans les Églises dont ils sont membres. Au fur et à mesure que ces communautés s'éloigneront de la vérité et qu'elles s'allieront plus étroitement avec le monde, la différence entre ces deux classes ira en s'accroissant et produira finalement leur séparation. Le moment viendra où ceux qui aiment Dieu plus que tout ne pourront plus rester unis à ceux qui sont « amis du plaisir plus que de Dieu ; … [qui] garderont la forme extérieure de la piété, mais … en renieront la puissance [46]. »

Le chapitre 18 de l'Apocalypse attire notre attention sur l'époque où, comme conséquence du rejet du triple avertissement d'Apocalypse 14.6-12, l'Église aura pleinement atteint l'état prédit par le second ange et où le peuple de Dieu encore dans Babylone recevra l'ordre de s'en séparer. Ce message est le dernier qui sera jamais donné au monde ; et il accomplira son œuvre. Lorsque « ceux qui n'ont pas cru à la vérité, mais qui ont pris plaisir à l'injustice [47] » s'abandonneront à cette puissante illusion et croiront au mensonge, la lumière de la vérité brillera sur tous ceux dont le cœur est ouvert pour la recevoir. Et tous les enfants du Seigneur restés dans Babylone répondront à cet appel : « Sortez du milieu d'elle, mon peuple [48]. »

46. 2 Timothée 3.4,5.
47. 2 Thessaloniciens 2.12.
48. Apocalypse 18.4.

22

Prophéties accomplies

Lorsque l'époque à laquelle devait avoir lieu l'avènement du Seigneur, le printemps de 1844, fut passée, ceux qui, avec foi, avait attendu son apparition furent, pendant quelque temps, assaillis de doutes et d'incertitudes. Tandis que le monde les considérait comme totalement battus et convaincus d'avoir entretenu une illusion, leur source de consolation demeura la Parole de Dieu. Beaucoup d'entre eux continuèrent à sonder les Écritures, réexaminant les bases de leur foi et étudiant soigneusement les prophéties pour y trouver de nouvelles lumière. Le témoignage de la Bible en faveur de leur position semblait clair et convaincant. Des signes incontestables indiquaient la proximité de l'avènement du Christ. La bénédiction spéciale du Seigneur, qui s'était manifestée aussi bien dans une conversion de pécheurs que dans un réveil de la vie spirituelle parmi les chrétiens, avait témoigné que ce message était du ciel. Et, bien que ces croyants aient été incapables d'expliquer leur déception, ils avaient l'assurance que c'était Dieu qui les avait guidés dans leur expérience passée.

Associées aux prophéties qu'ils avaient considérées comme s'appliquant à l'époque du second avènement se trouvaient des instructions spécialement appropriées à leur état d'incertitude et d'attente, les encourageant à attendre patiemment avec la certitude que ce qui était alors obscur à leur intelligence serait expliqué en temps voulu.

Parmi ces prophéties se trouvait celle du prophète Habacuc : « Je vais me placer à mon poste de garde, je vais me tenir sur le rempart ; je vais guetter pour voir ce qu'il me dira et ce que je répondrai au sujet de mes doléances. Le SEIGNEUR me répondit : Écris la vision, grave-la sur les tablettes, afin qu'on puisse la lire couramment. Car c'est encore une vision pour le temps fixé, elle aspire à son terme, elle ne mentira pas. Si elle tarde, attends-la, car elle se réalisera bel et bien, elle ne sera pas différée. Son cœur se gonfle, il n'est pas droit ; mais le juste vivra en tenant ferme [1]. »

Dès 1842, l'ordre donné dans cette prophétie, « Écris la vision, grave-la sur les tablettes, afin qu'on puisse la lire couramment », avait suggéré à Charles Fitch de réaliser un tableau prophétique pour illustrer les visions de Daniel et de l'Apocalypse. La publication de ce tableau fut considérée comme un accomplissement de l'ordre transmis par le prophète Habacuc. Personne, cependant, ne remarqua que cette même prophétie indiquait un délai apparent dans l'accomplissement de la vision, un temps d'attente. Après la grande déception, ce passage prit tout son sens : « C'est encore une vision pour le temps fixé, elle aspire à son

1. Habacuc 2.1-4.

terme, elle ne mentira pas. Si elle tarde, attends-la, car elle se réalisera bel et bien, elle ne sera pas différée. … Le juste vivra *en tenant ferme* [2]. »

Un passage de la prophétie d'Ézéchiel fut aussi pour ces croyants une source de force et de réconfort : « La parole du SEIGNEUR me parvint : Humain, qu'est-ce donc que cette maxime qui circule parmi vous sur la terre d'Israël : 'Les jours se prolongent, et aucune vision n'aboutit !' À cause de cela, dis-leur : Ainsi parle le Seigneur DIEU : … Les jours approchent où toute vision s'accomplit. … Ce que je dirai, je le dirai : c'est une parole qui s'accomplira sans délai [3]. » « Voici ce que dit la maison d'Israël : 'La vision qu'il a n'est que pour des jours lointains, il parle en prophète pour des temps éloignés.' À cause de cela, dis-leur : Ainsi parle le Seigneur DIEU : Toute parole que je dirai s'accomplira sans délai [4]. »

Ceux qui étaient dans l'attente se réjouirent, persuadés que Celui qui connaît la fin dès le commencement avait abaissé les regards sur eux au travers des siècles et, prévoyant leur désappointement, leur avait envoyé des paroles d'encouragement et d'espérance. Sans de tels passages de l'Écriture les exhortant à prendre patience et à garder leur confiance dans la Parole de Dieu, leur foi aurait défailli en cette heure d'épreuve.

La parabole des dix vierges, dans le chapitre 25 de l'Évangile de Matthieu, illustre aussi l'expérience du peuple adventiste. Dans le chapitre 24, en réponse à la question de ses disciples, « Quel sera le signe de ton avènement et de la fin du monde [5] ? » le Christ avait attiré leur attention sur quelques-uns des événements les plus importants de l'histoire du monde et de l'Église depuis son premier avènement jusqu'au second : la destruction de Jérusalem, la grande tribulation de l'Église sous les persécutions de la part des païens, puis de l'Église romaine, l'obscurcissement du soleil et de la lune, et la chute d'étoiles. Ensuite, il avait parlé de sa venue dans son royaume et raconté la parabole décrivant les deux catégories de serviteurs qui attendent son avènement. Le chapitre 25 s'ouvre sur ces paroles : « *Alors* le règne des cieux sera comme ces dix vierges [6]. » Cette parabole nous montre l'Église qui vivra dans les derniers jours, celle qui est désignée dans la fin du chapitre 24. Dans cette parabole, son expérience est illustrée par les incidents survenus au cours d'un mariage oriental.

« Alors le règne des cieux sera comme ces dix vierges qui avaient pris leurs lampes pour aller au-devant du marié. Cinq d'entre elles étaient folles, et les cinq autres étaient avisées. Les folles, en prenant leur lampe, n'avaient pas pris d'huile avec elles ; mais celles qui étaient avisées avaient pris, avec leur lampe, de l'huile dans un récipient. Comme le marié tardait, toutes s'assoupirent et s'endormirent. Au milieu de la nuit, il y eut un cri : 'Voici le marié, sortez à sa rencontre [7] !' »

On comprit que l'arrivée du marié représentait l'avènement du Christ, tel qu'il était annoncé par le message du premier ange. La profonde réforme opérée sous la proclamation de son proche retour correspondait à la sortie des vierges. Cette parabole , comme celle du chapitre 24, nous présente deux classes de personnes. Toutes avaient pris leur lampe, la Bible, et étaient sorties à sa lumière pour rencontrer le marié. Mais, alors que « les folles, en prenant leur lampe, n'avaient pas

2. Habacuc 2.3,4.
3. Ézéchiel 12.21-25.
4. Ézéchiel 12.27,28.
5. Matthieu 24.3.
6. Matthieu 25.1.
7. Matthieu 25.1-6.

pris d'huile avec elles … celles qui étaient avisées avaient pris, avec leur lampe, de l'huile dans un récipient. » Cette deuxième classe avait reçu la grâce de Dieu, la puissance régénératrice et lumineuse du Saint-Esprit, qui fait de sa Parole « une lampe pour mes pieds, une lumière pour mon sentier [8]. »

Dans la crainte de Dieu, ceux qu'elles représentaient avaient étudié les Écritures pour découvrir la vérité et avaient recherché avec ferveur la pureté du cœur et de la vie. Ceux-là possédaient une expérience personnelle et une foi en Dieu et en sa Parole que la déception ou le retard ne pouvaient renverser. D'autres, « en prenant leur lampe, n'avaient pas pris d'huile avec elles ». C'était ceux qui n'avaient été motivés que par une simple impulsion. Ce message solennel avait suscité leurs craintes, mais ils se reposaient sur la foi de leurs frères, se satisfaisant de la lumière vacillante de leurs belles émotions, sans une complète compréhension de la vérité et sans un véritable travail de la grâce dans leur cœur. Ils étaient sortis pour rencontrer leur Seigneur, pleins d'espérance à l'idée d'une récompense immédiate ; mais ils n'étaient pas préparés au retard et à la déception. Lorsque les épreuves survinrent, leur foi défaillit et leurs lampes s'affaiblirent.

« Comme le marié tardait, toutes s'assoupirent et s'endormirent. » Le retard du marié symbolise l'écoulement du temps alors qu'on attendait le Seigneur, implique la déception qui s'ensuivit et sous-entend un avènement différé en apparence. À cette époque d'incertitude, la motivation de ceux qui étaient superficiels et sans enthousiasme se mit bientôt à vaciller, et leurs efforts à se relâcher ; mais ceux dont la foi reposait sur une connaissance personnelle de la Bible avaient sous les pieds un rocher inébranlable que les vagues de la déception ne pouvaient emporter. « Toutes s'assoupirent et s'endormirent » : les unes dans l'insouciance et l'abandon de leur foi ; les autres, attendant patiemment qu'une lumière plus abondante leur soit donnée. Cependant, dans la nuit de l'épreuve, ces dernières semblèrent perdre, dans une certaine mesure, leu zèle et leur consécration au Seigneur. Ainsi, en 1844, les moins courageux, ceux qui se satisfaisaient d'une étude superficielle ne pouvaient plus se reposer sur la foi de leurs frères. Chacun dut se tenir debout ou tomber pour lui-même.

C'est vers cette époque que le fanatisme fit son apparition. Certains, qui avaient professé être de zélés croyants au message, rejetèrent la Parole de Dieu comme seul guide infaillible et, prétendant être dirigés par l'Esprit, s'abandonnèrent à la domination de leurs propres sentiments, de leurs impressions et de leur imagination. Plusieurs firent preuve d'un zèle aveugle et bigot, dénonçant tous ceux qui ne voulaient pas revoir leur manière d'agir. Leurs idées et leurs extravagances fanatiques ne rencontrèrent aucune sympathie de la part du corps principal des adventistes ; cependant, ils contribuèrent à attirer l'opprobre sur la cause de la vérité.

Satan s'efforçait, en utilisant ces moyens, de s'opposer à l'œuvre de Dieu et de la détruire. Les gens du peuple avaient été profondément touchés par le mouvement du second avènement ; des milliers de pécheurs s'étaient convertis, et des hommes fidèles se consacraient à la proclamation de la vérité, même pendant cette période d'attente. Le prince des ténèbres perdait ses sujets. Pour attirer l'opprobre sur la cause de Dieu, il chercha à tromper certains de ceux qui proclamaient cette foi et à les pousser aux extrêmes. Ses agents étaient prêts à s'emparer de chaque erreur, de chaque échec et de chaque acte malséant pour les présenter aux peuple en les exagérant démesurément, afin de rendre odieux les adventistes et leurs croyances.

8. Psaume 119.105.

Ainsi, plus grand serait le nombre de ceux qu'il pourrait inciter à faire profession de foi dans le second avènement pendant que son pouvoir dominerait leur cœur, et plus important serait l'avantage qu'il obtiendrait en focalisant l'attention sur eux comme s'ils représentaient l'ensemble du corps des croyants.

Satan est « l'accusateur de nos frères [9] », et c'est son esprit qui suggère aux hommes de mettre en évidence les erreurs et les défauts des enfants de Dieu et de les monter en épingle publiquement, tandis que leurs bonnes œuvres sont passées sous silence. Il est toujours actif lorsque Dieu est à l'œuvre pour le salut des âmes. Lorsque « les fils de Dieu vinrent se présenter devant le SEIGNEUR, … l'Adversaire aussi vint au milieu d'eux [10] ». Dans chaque réveil, il est prêt à introduire ceux qui ne sont ni sanctifiés dans leur cœur, ni équilibrés dans leur esprit. Lorsque ces derniers ont accepté certains aspects de la vérité et obtenu une place parmi les croyants, il travaille par leur intermédiaire pour introduire des théories qui tromperont ceux qui ne sont pas sur leurs gardes. On ne peut qualifier personne de véritable chrétien simplement parce qu'on le trouve en compagnie des enfants de Dieu, ou même dans la maison de culte ou autour de la table du Seigneur. Satan s'y trouve fréquemment lors des occasions les plus solennelles, sous la forme de ceux qu'il peut utiliser comme ses agents.

Le prince des ténèbres conteste chaque pouce du terrain sur lequel le peuple de Dieu progresse dans son voyage vers la cité céleste. Dans toute l'histoire de l'Église, aucune réforme n'a eu lieu sans rencontrer de sérieux obstacles. Il en était ainsi à l'époque de Paul. Partout où l'apôtre fondait une Église, certains, tout en professant avoir reçu la foi, introduisaient des hérésies, qui, si elles avaient été acceptées, auraient fini par chasser l'amour de la vérité. Martin Luther, lui aussi, passa par une profonde perplexité et une grande détresse à cause de fanatiques qui prétendaient que Dieu parlait directement par leur intermédiaire, et qui plaçaient leurs propres idées et leurs opinions au-dessus du témoignage des Écritures. Beaucoup de ceux qui manquaient de foi et d'expérience, mais qui étaient présomptueux et aimaient entendre et rapporter des nouveautés, furent séduits par les prétentions de ces nouveaux docteurs ; ils se joignirent aux agents de Satan pour démolir ce que Dieu avait édifié par l'intermédiaire de Luther. Les frères Wesley et d'autres serviteurs de Dieu qui furent en bénédiction au monde par leur influence et par leur foi rencontrèrent à chaque pas les ruses de Satan. Ce dernier poussait les personnes trop zélées, déséquilibrées et non sanctifiées, dans le fanatisme de toutes sortes.

William Miller ne manifestait aucune sympathie pour ces influences qui menaient au fanatisme. Il déclarait, avec Luther, que tout esprit doit être éprouvé par la Parole de Dieu. « Le diable, disait-il, a aujourd'hui une grande puissance sur l'esprit de certaines personnes. Comment saurons-nous quelle sorte d'esprit les anime ? La Bible répond : 'C'est à leurs fruits que vous les reconnaîtrez [11].' … Beaucoup d'esprits 'sont sortis dans le monde' ; c'est pourquoi il nous est ordonné : 'Examinez … les esprits [12].' L'esprit qui ne nous amène pas à vivre avec sérieux, justice et piété dans ce monde présent n'est pas l'Esprit du Christ. Je suis de plus en plus convaincu que Satan est responsable dans une grande mesure de ces mouvements sauvages. … Beaucoup d'entre nous qui prétendent être entièrement

9. Apocalypse 12.10.
10. Job 1.6.
11. Matthieu 7.16.
12. 1 Jean 4.1.

sanctifiés suivent les traditions des hommes et sont apparemment aussi ignorants de la vérité que d'autres, qui n'ont pas cette prétention [13]. »

« L'esprit de l'erreur nous détournera de la vérité ; et l'Esprit de Dieu nous conduira dans la vérité. Mais, direz-vous, on peut être dans l'erreur et croire posséder la vérité. Que faut-il en conclure ? Nous répondons : l'Esprit et la Parole sont d'accord. Si nous nous jugeons nous-mêmes par la Parole de Dieu et si nous découvrons dans toute cette Parole une parfaite harmonie, alors nous devons croire que nous possédons la vérité ; mais si nous découvrons que l'esprit qui nous conduit n'est pas en harmonie avec l'ensemble de la loi de Dieu ou de son saint Livre, alors nous devons marcher avec prudence, de peur d'être pris dans les pièges du diable [14]. » « J'ai souvent trouvé une plus grande preuve de piété intérieure dans un regard brillant, une joue humide de larmes, un sanglot réprimé, que dans tous les bruits qu'on entend dans la chrétienté [15]. »

À l'époque de la Réforme, ses ennemis avaient accusé de tous les maux attribuables au fanatisme ceux-là même qui travaillaient le plus ardemment à le combattre. Les adversaires du mouvement du second avènement suivirent une voie identique. Non contents de représenter faussement et d'exagérer les erreurs des extrémistes et des fanatiques, ils répandirent des bruits malveillants qui n'avaient pas le moindre semblant de vérité. Ces personnes étaient animées par les préjugés et par la haine. Leur paix avait été perturbée par la proclamation d'un Christ qui « est proche, aux portes [16] ». Elles craignaient que ce soit vrai, et cependant espéraient que ce ne le fût pas. Tel était le secret de la guerre qu'elles livrèrent aux adventistes et à leur foi.

Le fait que quelques fanatiques se soient introduits dans les rangs des adventistes n'était pas plus une raison de conclure que ce mouvement n'était pas de Dieu que la présence de fanatiques et de trompeurs dans l'Église à l'époque de Paul ou de Luther n'était une excuse suffisante pour condamner leurs travaux. Que le peuple de Dieu se réveille de son sommeil et commence avec sérieux une œuvre de repentance et de réforme ; qu'il sonde les Écritures pour découvrir « la vérité qui est en Jésus [17] » ; qu'il se consacre entièrement à Dieu ; il ne manquera pas de preuves affirmant que Satan est encore actif et vigilant, manifestant sa puissance au travers de toutes les séductions possibles, en appelant à son aide les anges déchus de son royaume.

Ce n'est pas la proclamation du second avènement qui causa le fanatisme et la division. Ces tumultes apparurent pendant l'été de 1844, lorsque les adventistes se trouvaient dans le doute et la perplexité concernant leur véritable position. La prédication du message du premier ange et du « cri de minuit » tendait directement à réprimer le fanatisme et les dissensions. Ceux qui participèrent à ces mouvements solennels étaient en harmonie les uns avec les autres ; leurs cœurs étaient pleins d'amour les uns pour les autres ainsi que pour Jésus, qu'ils s'attendaient à voir apparaître bientôt. Leur foi et leur « bienheureuse espérance [18] » communes les élevaient au-dessus de toute influence humaine et constituaient un bouclier contre les attaques de Satan.

---

13. Sylvester Bliss, *Memoirs of Wm. Miller* [Les mémoires de William Miller], p. 236,237.
14. *The Advent Herald and Signs of the Times Reporter* [Le reporter du héraut du second avènement et des signes des temps], volume 8, n° 23, du 15 janvier 1845.
15. Sylvester Bliss, *op. cit.*, p. 282.
16. Matthieu 24.33.
17. Éphésiens 4.21.
18. Tite 2.13.

« Comme le marié tardait, toutes s'assoupirent et s'endormirent. Au milieu de la nuit, il y eut un cri : "Voici le marié, sortez à sa rencontre !" Alors toutes ces vierges se réveillèrent et préparèrent leurs lampes [19]. » En été de 1844, à mi-chemin entre la date où on avait, au début, pensé que se termineraient les 2 300 jours, et l'automne de cette même année, période que l'on découvrit plus tard, à laquelle ces jours aboutissaient, le message fut proclamé en utilisant les paroles mêmes de l'Écriture : « Voici le marié ! »

Ce qui détermina à ce mouvement fut la découverte du fait que le décret d'Artaxerxès ordonnant de reconstruire Jérusalem, constituait le point de départ de la période des 2 300 jours, et entrait en vigueur en automne de l'année 457 avant Jésus-Christ, et non au commencement de l'année comme on l'avait d'abord cru. Calculés à partir de l'automne de l'année 457 avant Jésus-Christ, les 2 300 jours aboutissaient à l'automne de l'année 1844 [20].

Les arguments tirés des symboles de l'Ancien Testament désignaient aussi l'automne comme le moment où devait avoir lieu ce qu'annonçait le prophète Daniel : « le sanctuaire sera rétabli [ou purifié, selon les versions bibliques] [21]. » Ceci devint très clair lorsqu'on considéra avec attention comment ces symboles concernant le premier avènement du Christ s'étaient accomplis.

L'immolation de l'agneau pascal était une ombre de la mort du Christ. Paul déclare : « Le Christ, notre Pâque, a été sacrifié [22]. » La gerbe des prémices, agitée devant le Seigneur au moment de la Pâque, était un type de la résurrection du Christ. Paul nous dit, en parlant de la résurrection du Seigneur et de celle de tout son peuple : « Le Christ comme prémices, puis, à son avènement, ceux qui appartiennent au Christ [23]. » Comme la gerbe agitée, constituée des premières céréales mûres récoltées avant la moisson, le Christ est les prémices de cette moisson immortelle de rachetés qui, au moment de la résurrection future, sera engrangée dans les greniers célestes.

Ces types furent accomplis non seulement quant à l'événement lui-même, mais aussi quant à son époque. Le quatorzième jour du premier mois de l'année juive, le jour et le mois où, depuis quinze longs siècles, l'agneau pascal avait été immolé, le Christ, ayant mangé la Pâque avec ses disciples, institua la fête qui devait commémorer sa propre mort, lui, « l'agneau de Dieu, qui enlève le péché du monde [24] ». Cette même nuit, il fut saisi par des mains impies pour être crucifié et mis à mort. Et, comme antitype de la gerbe agitée, notre Seigneur ressuscita des morts le troisième jour, « les prémices de ceux qui se sont endormis [25] », avant-goût de tous les justes ressuscités, dont le « corps humilié » sera transformé pour être rendu conforme « à son corps glorieux [26] ».

C'est de la même manière que les types concernant le second avènement devaient s'accomplir au moment annoncé dans le service symbolique. Dans le système mosaïque, la purification du sanctuaire, ou grand Jour de l'expiation, avait lieu le dixième jour du septième mois de l'année juive [27], jour où le grand prêtre, ayant

19. Matthieu 24.5-7.
20. Voir appendice, note 36.
21. Daniel 8.14.
22. 1 Corinthiens 5.7.
23. 1 Corinthiens 15.23.
24. Jean 1.29.
25. 1 Corinthiens 15.20.
26. Philippiens 3.21.
27. Voir Lévitique 16.29-34.

fait propitiation pour tout Israël, et ayant ainsi retiré du sanctuaire ses péchés, en sortait pour bénir le peuple. On crut donc que le Christ, notre Grand Prêtre, apparaîtrait pour purifier la terre par la destruction du péché et des pécheurs et pour sanctifier son peuple qui l'attendait, en lui conférant l'immortalité. Le dixième jour du septième mois de l'année juive, le grand Jour de l'expiation, l'époque de la purification du sanctuaire, qui, l'année 1844, tombait le 22 octobre, fut considéré comme le moment de l'avènement du Seigneur. C'était en accord avec les preuves déjà présentées, montrant que les 2300 jours se termineraient en automne, et la conclusion parut évidente.

Dans la parabole du chapitre 25 de Matthieu, le moment d'attente et de somnolence est suivi de l'arrivée du marié. Cela concordait avec les arguments qui viennent d'être présentés, tirés à la fois de la prophétie et de la symbolique mosaïque. Ces fidèles portaient en eux une forte conviction de leur véracité ; et le « cri de minuit » fut annoncé par des milliers de croyants.

Comme un raz de marée, ce mouvement recouvrit tout le pays. Il se propagea de ville en ville, de village en village, et jusqu'aux campagnes reculées, jusqu'à ce que le peuple de Dieu qui attendait soit pleinement réveillé. Le fanatisme disparut devant cette proclamation comme la gelée du matin devant le soleil levant. Les croyants virent s'évanouir leurs doutes et leur perplexité, tandis que l'espérance et le courage remplissaient leur cœur. Cette œuvre fut exempte de ces excentricités qui se manifestent toujours au cours d'une agitation d'individus privés de l'influence apaisante de la Parole et de l'Esprit de Dieu. Elle était d'un caractère identiques à celui de ces moments d'humiliation et de retour au Seigneur qui, au sein de l'Israël d'autrefois, faisaient suite aux messages de réprimande transmis par les prophètes. Elle possédait les éléments distinctifs et typiques de l'œuvre de Dieu dans tous les siècles. Peu d'exaltation extatique, mais, en revanche, chacun sondait profondément son cœur, confessait ses péchés et renonçait au monde. Se préparer pour rencontrer le Seigneur était le souci qui pesait sur les âmes converties. Les prières étaient persévérantes, et la consécration à Dieu sans réserve.

William Miller décrit ainsi cette œuvre : « Il n'y a pas de grandes expressions de joie ; pour ainsi dire, on les réserve pour une occasion future, lorsque tout le ciel et toute la terre se réjouiront ensemble "d'une joie indicible et glorieuse [28]". Pas de cris : nous les réservons également pour le cri du ciel. Les chanteurs sont silencieux : ils attendent le moment de se joindre aux armées célestes, aux chœurs angéliques. … Pas de dissentiments ; tous ne sont qu'un seul cœur et un seul esprit [29]. »

Un autre participant à ce mouvement témoignait en ces termes : « L'attente du christ amena les croyants de partout à sonder leur cœur de la manière la plus profonde et à humilier leur âme devant le Très-Haut. Elle les conduisit à se désintéresser des choses de ce monde, à abandonner leurs controverses et leurs animosités, à confesser leurs torts, à se prosterner devant Dieu en le suppliant, avec un esprit de repentance et un cœur brisé pour lui demander de leur pardonner et de les accepter. Une telle humiliation et une telle prostration de l'âme, nous n'en avions encore jamais vues. Comme l'Éternel l'avait ordonné par le prophète Joël à l'approche du grand "jour du Seigneur" : "Revenez à moi de tout votre cœur, avec des jeûnes, des pleurs et des lamentations ! Ne déchirez pas vos vêtements, mais

28. 1 Pierre 1.8.
29. Sylvester Bliss, *op. cit.*, p. 270,271.

votre cœur, et revenez au SEIGNEUR votre Dieu [30]." Comme Dieu l'avait dit par le prophète Zacharie : "Je répandrai … un souffle de grâce et de supplication, et ils tourneront les regards vers moi – celui qu'ils ont transpercé. … Il y aura de grandes lamentations [31]." Ceux qui attendaient le Seigneur affligèrent leur âme devant lui [32]. »

De tous les grands mouvements religieux apparus depuis les jours des apôtres, aucun n'avait été plus exempt de toute imperfection humaine et des ruses de Satan que celui de l'automne 1844. Aujourd'hui encore, après bien de nombreuses années, tous ceux qui ont participé à ce mouvement et tenu ferme sur le plancher de la vérité ressentent la sainte influence de cette œuvre bénie et rendent témoignage qu'elle était de Dieu.

À l'appel « Voici le marié, sortez à sa rencontre ! » ceux qui attendaient « se réveillèrent et préparèrent leur lampes [33] ». Ils étudièrent la Parole de Dieu avec une intensité qu'on n'avait jamais vue auparavant. Des anges furent envoyés du ciel pour réveiller ceux qui s'étaient découragés et les préparer à recevoir le message. Cette œuvre ne se fit pas par la sagesse et le savoir des hommes, mais par la puissance de Dieu. Ce ne furent pas les plus talentueux, mais les plus humbles et les plus consacrés au Seigneur entendirent les premiers l'appel et lui obéirent. Des cultivateurs abandonnèrent leurs récoltes dans les champs, des mécaniciens posèrent leurs outils, et, avec larmes et réjouissances, sortirent donner cet avertissement. Ceux qui été les premiers dans cette cause se retrouvèrent parmi les derniers à se joindre à ce mouvement. Les Églises, en général, fermèrent leurs portes à ce message, et un grand nombre de ceux qui l'acceptèrent s'en retirèrent. Dans la providence divine, cette proclamation s'unit au message du second ange et lui donna la puissance nécessaire pour cette œuvre.

Le message « Voici le marié ! » n'était pas tellement une question d'argument, bien que les preuves bibliques fussent claires et concluantes. Il était accompagné d'une puissance irrésistible qui touchait les âmes. Il n'y avait ni doutes, ni remises en question. Lorsque le Christ entra triomphalement dans Jérusalem, les gens du peuple assemblés de toutes les parties du pays pour célébrer la fête accoururent au mont des Oliviers, et se joignirent à la foule qui escortait Jésus. Emportés par l'inspiration du moment, ils mêlèrent leurs voix au cri : « Béni soit celui qui vient au nom du Seigneur [34] ! » C'est de la même manière que les incroyants qui accouraient aux réunions adventistes, certains par curiosité, d'autres simplement pour se moquer, sentirent la puissance de conviction qui accompagnait ce message : « Voici le marié ! »

À cette époque, il y avait une foi qui obtenait des réponses à la prière ; une foi qui avait égard à la récompense éternelle. Comme des ondées tombant sur la terre altérée, l'Esprit de grâce descendait sur ces ardents chercheurs. Ceux qui s'attendaient à se trouver bientôt face à face avec leur Rédempteur ressentaient une joie solennelle et inexprimable. La puissance apaisante et convaincante du Saint-Esprit attendrissait les cœurs pendant que ses bénédictions se répandaient abondamment sur ces fidèles croyants.

30. Joël 2.11-13.
31. Zacharie 12.10,11.
32. Sylvester Bliss, in : *Advent Shield and Review* [Le bouclier et la revue du second avènement] de janvier 1845, volume 1, p. 271.
33. Matthieu 24.6,7.
34. Matthieu 21.9.

Avec circonspection et solennité, ceux qui avaient accepté ce message arrivèrent au moment où ils espéraient rencontrer leur Seigneur. Chaque matin, ils avaient le souci de leur premier devoir, qui était de s'assurer que Dieu les acceptait. Leurs cœurs étaient étroitement unis et ils priaient beaucoup les uns avec les autres et les uns pour les autres. Ils s'assemblaient souvent dans des endroits tranquilles pour communier avec Dieu. La voix de leurs intercessions s'élevait vers le ciel depuis les champs et les bosquets. L'assurance de l'approbation du Sauveur leur était plus précieuse que la nourriture quotidienne ; et, si un nuage assombrissait leur esprit, ils n'avaient de trêve jusqu'à ce qu'il soit dissipé. En ressentant le témoignage de la grâce qui pardonne, ils aspiraient ardemment à contempler Celui que leur cœur aimait.

Mais une nouvelle déception les attendait. Le moment fixé s'écoula, et leur Sauveur n'apparut pas. Avec une confiance inébranlable, ils avaient espéré son avènement. Maintenant ils se sentaient comme Marie qui, arrivant au tombeau du Sauveur et le découvrant vide, s'écria en pleurant : « On a enlevé mon Seigneur, et je ne sais pas où on l'a mis [35]. »

Un sentiment de crainte mêlé à la peur que ce message puisse être vrai, avait, pendant un certain temps, retenu le monde des incroyants. Après la date fatidique, ce sentiment ne disparut pas immédiatement. Au début, ces gens n'osèrent pas crier leur triomphe aux dépens de ceux qui étaient déçus ; mais, comme aucun signe de la colère de Dieu n'apparaissait, ils abandonnèrent leurs craintes et recommencèrent leurs blâmes et leurs sarcasmes. Un grand nombre de ceux qui avaient professé croire au proche avènement du Seigneur abandonnèrent leur foi. Certains, qui en avaient eu l'assurance, furent si profondément meurtris dans leur orgueil qu'ils eurent envie de se retirer du monde. Comme Jonas, ils murmurèrent contre Dieu et choisirent la mort plutôt que la vie. Ceux qui avaient fait reposer leur foi sur les opinions des autres, et non sur la Parole de Dieu, furent de nouveau prêts à changer d'opinion. Les moqueurs gagnèrent les faibles et les lâches de leur côté, et tous s'unirent pour déclarer qu'il n'y avait maintenant plus de raison de craindre ou d'attendre quoi que ce soit. Le temps s'était écoulé, le Seigneur n'était pas venu, et le monde pouvait rester le même pendant des milliers d'années.

Les croyants fervents et sincères avaient tout abandonné pour le Christ et avaient joui de sa présence comme jamais auparavant. Ils étaient convaincus d'avoir donné au monde son dernier avertissement ; S'attendant à être bientôt reçus dans la société du divin Maître et des anges du ciel, ils s'étaient, dans une grande mesure, retirés de la société de ceux qui n'avaient pas accepté ce message. Avec un désir intense, ils avaient exprimé cette prière : « Viens, Seigneur Jésus, et viens vite ! » Cependant, il n'était pas venu. Et maintenant, reprendre le lourd fardeau des soucis et des perplexités de la vie, endurer les sarcasmes et les ricanements d'un monde moqueur fut pour eux une terrible épreuve de foi et de patience.

Néanmoins, cette déception ne fut pas aussi grande que celle que les disciples vécurent au moment du premier avènement du Christ. Lorsque Jésus entra triomphalement dans Jérusalem, ses disciples crurent qu'il était sur le point de monter sur le trône de David et de délivrer Israël de ses oppresseurs. Remplis de hautes espérances et de joyeuses attentes, ils rivalisèrent entre eux pour rendre honneur à leur Roi. Beaucoup d'entre eux étalèrent leurs manteaux pour en faire un tapis sur son chemin, ou jonchèrent le sol des branches feuillues du palmier. Dans leur

35. Jean 20.13.

enthousiasme, ils s'unirent dans cette joyeuse acclamation : « Hosanna pour le Fils de David [36] ! » Lorsque les Pharisiens, perturbés et irrités par cette explosion de joie, pressèrent Jésus de reprendre ses disciples, il leur répondit : « S'ils se taisent, ce sont les pierres qui crieront [37] ! »

La prophétie devait se réaliser. Les disciples accomplissaient les desseins de Dieu. Cependant, une amère déception les attendait. Quelques jours plus tard, ils assistèrent à la mort atroce du Sauveur et le déposèrent dans la tombe. Leurs attentes ne s'étaient réalisées en aucun point, et leurs espérances s'éteignirent en même temps que Jésus. Ce n'est qu'après que leur Seigneur soit sorti triomphalement du tombeau qu'ils se rendirent compte que la prophétie avait tout prédit, et que « le Christ devait souffrir et se relever d'entre les morts [38] ».

Cinq cents ans auparavant, le Seigneur avait déclaré par la bouche du prophète Zacharie : « Sois transportée d'allégresse, Sion la belle ! Lance des acclamations, Jérusalem la belle ! Il est là, ton roi, il vient à toi ; il est juste et victorieux, il est pauvre et monté sur un âne, sur un ânon, le petit d'une ânesse [39]. » Si les disciples s'étaient rendu compte que le Christ marchait au-devant du jugement et de la mort, ils n'auraient pas pu accomplir cette prophétie.

De la même manière, William Miller et ses collaborateurs accomplirent la prophétie en délivrant au monde un message annoncé depuis longtemps par la sainte Parole. Ils n'auraient pas pu le transmettre s'ils avaient compris parfaitement les textes prophétiques annonçant leur déception et présentant un autre message destiné à être prêché à toutes les nations avant l'avènement du Seigneur. Les messages du premier et du second ange furent donnés au bon moment et accomplirent l'œuvre que Dieu leur avait assignée.

Le monde observait, s'attendant à ce que, le temps s'écoulant sans que le Christ apparaisse, tout le système adventiste s'écroule. Bien que beaucoup, sous la pression de la tentation, aient abandonné leur foi, il y en eut qui restèrent fermes. Les fruits du mouvement du second avènement, tels que l'esprit d'humilité, la pratique de l'examen de conscience, le renoncement au monde et la réforme de la vie accompagnaient cette œuvre et témoignaient qu'elle était de Dieu. Ils n'osaient nier que la puissance du Saint-Esprit s'était manifestée lors de la prédication du second avènement. Ils ne pouvaient détecter aucune erreur dans le calcul des périodes prophétiques, et les plus habiles de leurs adversaires n'avaient pas réussi à renverser leur système d'interprétation. Ils se sentaient éclairés par l'Esprit de Dieu et leurs cœurs brûlaient de sa puissance. Aussi ils ne purent consentir, sans preuves bibliques, à abandonner les conclusions auxquelles ils étaient arrivés par une étude approfondie des Écritures, faite dans un esprit de prière. Celles-ci avaient résisté aux critiques les plus incisives, à l'opposition la plus amère de la part des professeurs de religion populaire et des sages de ce monde, et elles avaient défié les forces associées de l'érudition et de l'éloquence, les sarcasmes et les injures des plus honorables comme des plus vils.

Il est vrai que l'événement attendu ne s'était pas produit ; mais même ce fait ne put ébranler leur foi en la Parole de Dieu. Lorsque Jonas proclama dans les rues de Ninive que la ville serait détruite dans quarante jours, le Seigneur avait accepté

36. Matthieu 21.9.
37. Luc 19.40.
38. Actes 17.3.
39. Zacharie 9.9.

l'humiliation des Ninivites et prolongé leur temps d'épreuve. Cependant, le message de Jonas était de Dieu, et Ninive avait été éprouvée selon sa volonté.

Les adventistes, de la même manière, crurent que Dieu les avait guidés pour donner l'avertissement du jugement. « Ce message, déclarèrent-ils, a éprouvé le cœur de tous ceux qui l'ont entendu ; d'une part, il a suscité l'amour pour l'apparition du Seigneur ; d'autre part, il a éveillé la haine, plus ou moins perceptible, mais connue de Dieu, de l'avènement du Christ. Il a tracé une ligne de démarcation, ... de sorte que ceux qui voulaient bien sonder leur propre cœur pouvaient savoir de quel côté ils se seraient trouvés si le Seigneur était venu à ce moment : s'ils se seraient exclamés : "C'est lui, notre Dieu ! Nous avons mis notre espérance en lui et il nous a sauvés [40]" ; ou bien s'ils auraient dit "aux montagnes et aux rochers : Tombez sur nous, cachez-nous de celui qui est assis sur le trône et de la colère de l'agneau [41]". C'est ainsi, croyons-nous, que Dieu a éprouvé son peuple et la foi de chacun de ses membres et a vu s'ils rejetteraient, à l'heure de l'épreuve, la position dans laquelle il trouverait bon de les placer ; ou bien s'ils renonceraient à ce monde et se reposeraient avec une confiance inébranlable sur la Parole de Dieu [42]. »

William Miller exprime ainsi les sentiments de ceux qui croyaient encore que Dieu les avait guidés dans leur expérience passée : « Si je devais recommencer ma vie, avec les mêmes preuves que je possédais alors, je devrais, pour être honnête avec Dieu et avec les hommes, refaire ce que j'ai fait. ... J'espère avoir lavé mes vêtements du sang des âmes. J'ai le sentiment, autant qu'il m'était possible, que je me suis libéré de toute culpabilité en ce qui concerne leur condamnation. ... Bien que j'ai été déçu deux fois, écrivait cet homme de Dieu, je ne suis pas encore abattu ni découragé. ... Mon espérance dans l'avènement du Christ est aussi forte que jamais. Je n'ai fait que, après des années de réflexion solennelle, ce que j'ai cru être mon devoir. Si j'ai erré, c'était du côté de la charité, de l'amour pour mes semblables et de la conviction de mon devoir envers Dieu. ... Je sais une chose : je n'ai prêché que ce que j'ai cru ; et Dieu a été avec moi ; sa puissance s'est manifestée dans cette œuvre, qui a fait beaucoup de bien. ... Plusieurs milliers de personnes, selon toute apparence, ont été amenées à étudier les Écritures par la prédication d'une date ; et, par ce moyen, par la foi et par "l'aspersion du sang de Jésus-Christ [43]", elles se sont réconciliées avec Dieu [44]. »

« Je n'ai jamais recherché les sourires des orgueilleux, ni tremblé lorsque le monde fronçait les sourcils. Je ne vais pas maintenant acheter leur faveur, ni aller au-delà de mon devoir pour exciter leur haine. Je ne remettrai jamais ma vie entre leurs mains, ni ne reculerai, je l'espère, devant la perspective de la perdre si c'est Dieu, dans sa bonne providence, qui le veut ainsi [45]. »

Il n'abandonna pas son peuple. Son Esprit demeura auprès de ceux qui n'avaient pas inconsidérément renié la lumière reçue et n'avaient pas dénoncé le mouvement du second avènement. L'épître aux Hébreux contient des paroles d'encouragement et d'avertissement pour les éprouvés qui attendaient pendant ce moment de crise :

---

40. Ésaïe 25.9.
41. Apocalypse 6.16.
42. *The Advent Herald and Signs of the Times Reporter* [Le reporter du héraut du second avènement et des signes des temps], volume 8, n° 14, du 13 novembre 1844.
43. 1 Pierre 1.2.
44. Sylvester Bliss, *op. cit.*, p. 256,255,277,280,281.
45. James White, *Life of Wm. Miller* [La vie de William Miller], p. 315.

« N'abandonnez donc pas votre assurance, qui comporte une grande récompense ! Vous avez en effet besoin de persévérance, pour qu'après avoir fait la volonté de Dieu vous obteniez ce qui a été promis. Car encore un peu – bien peu ! – et celui qui doit venir viendra ; il ne tardera pas. Car mon juste vivra en vertu de la foi. Mais s'il se retire, mon âme ne prend pas plaisir en lui. Quant à nous, nous ne sommes pas de ceux qui se retirent pour se perdre, mais de ceux qui ont la foi pour sauvegarder l'âme [46]. »

Que cette exhortation s'adresse à l'Église des derniers jours est évident d'après les paroles annonçant la proximité de l'avènement du Seigneur : « Car encore un peu – bien peu ! – et celui qui doit venir viendra ; il ne tardera pas. » Il est clairement dit qu'il y aurait un délai apparent et que le Seigneur semblerait tarder. L'instruction donnée ici est spécialement appropriée à l'expérience des adventistes de cette époque. Les croyants à qui s'adresse cette exhortation couraient le risque de faire « naufrage en ce qui concerne la foi [47] ». Ils avaient fait la volonté de Dieu en suivant les directions de son Esprit et de sa Parole ; cependant, ils ne pouvaient comprendre ses desseins dans leur expérience passée, ni discerner le chemin qui s'ouvrait devant eux, et ils étaient tentés de douter que Dieu les ait réellement guidés.

C'est à cette époque que s'appliquaient ces paroles : « Mon juste vivra en vertu de la foi. » Lorsque l'éclatante lumière du « cri de minuit » avait brillé sur leur chemin et lorsqu'ils avaient vu les prophéties descellées et l'accomplissement immédiat des signes annonçant que l'avènement du Christ était proche, ils avaient marché, pour ainsi dire, par la vue. Mais maintenant, écrasés sous le poids de leurs espérances déçues, ils ne pouvaient avancer que par la foi en Dieu et en sa Parole. Le monde moqueur leur disait : « On vous a trompés ! Abandonnez votre foi, et reconnaissez que le mouvement du second avènement était de Satan ! » Mais la Parole de Dieu avait déclaré : « S'il se retire, mon âme ne prend pas plaisir en lui. » Abandonner maintenant leur foi et renier la puissance du Saint-Esprit qui avait accompagné ce message aurait signifié revenir en arrière vers la perdition. Ces paroles de Paul les encouragèrent à la fermeté : « N'abandonnez donc pas votre assurance. … Vous avez en effet besoin de persévérance. … Car encore un peu – bien peu ! – et celui qui doit venir viendra ; il ne tardera pas. » Leur seule sécurité fut de chérir dans leur cœur la lumière qu'ils avaient déjà reçue de Dieu, de se cramponner à ses promesses, de continuer à sonder les Écritures, de veiller et d'attendre patiemment de nouvelles lumières.

46. Hébreux 10.35-39.
47. 1 Timothée 1.19.

23

Qu'est-ce que le sanctuaire ?

Le texte biblique qui, plus que tout autre, avait constitué à la fois la fondation et le pilier central de la foi au second avènement fut cette déclaration : « Jusqu'à deux mille trois cents soirs et matins ; après quoi le sanctuaire sera rétabli [ou purifié, d'après d'autres versions bibliques] [1]. »

Ces paroles étaient devenues familières à tous les croyants au proche retour de Jésus. Les lèvres de milliers de personnes répétèrent cette prophétie comme mot d'ordre de leur foi. Tous avaient le sentiment que leurs attentes les plus brillantes et leurs espérances les plus chères dépendaient des événements qui s'y trouvaient prédits. On avait démontré que ces jours prophétiques se termineraient en automne de l'année 1844. En commun accord avec le reste du monde chrétien, les adventistes croyaient alors que c'était la terre, dans sa totalité ou en partie, qui constituait le sanctuaire. Quant à sa purification, elle signifiait pour eux l'embrasement du globe par les feux du dernier jour, au moment du second avènement. D'où la conclusion que le Christ reviendrait sur la terre en 1844.

Mais le temps fixé avait passé, et le Seigneur n'était pas apparu. Ces croyants savaient que la Parole de Dieu ne peut faillir ; c'est donc leur interprétation de la prophétie qui devait être défectueuse ; mais où était l'erreur ? Beaucoup d'entre eux tranchèrent inconsidérément ce nœud de difficultés en niant que les 2300 jours se terminaient en 1844. Ils ne pouvaient en fournir aucune raison, à part que le Christ n'était pas revenu au moment où on l'attendait. Leur raisonnement était que, si ces jours prophétiques s'étaient terminés en 1844, le Christ serait revenu pour purifier le sanctuaire en purifiant la terre par le feu ; mais, puisqu'il n'était pas revenu, c'est que l'aboutissement de la prophétie ne coïncidait pas avec cette date.

Accepter cette conclusion signifiait abandonner le calcul précédent des périodes prophétiques. On avait découvert que les 2300 jours commençaient au moment où le décret d'Artaxerxés ordonnant de restaurer et de reconstruire Jérusalem entra en vigueur, en automne 457 avant Jésus-Christ. En prenant cette date comme point de départ, on découvrit une harmonie parfaite dans l'accomplissement de tous les événements prédits dans l'explication de cette période dans Daniel 9.25-27. Soixante-neuf semaines, les 483 premières années des 2300 années, devaient aboutir au Messie ou Oint de l'Éternel ; or, le baptême du Christ et son onction par le Saint-Esprit en l'an 27 de notre ère correspondaient exactement aux détails donnés.

---

1. Daniel 8.14.

Au milieu de la soixante-dixième semaine, le Messie devait être « retranché [2] ». Le Christ fut crucifié trois ans et demi après son baptême, au printemps de l'année 31 de notre ère. Les soixante-dix semaines, ou 490 années, devaient concerner spécialement les Juifs. À l'expiration de cette période, cette nation scella son rejet du Christ par la persécution de ses disciples, et les apôtres se tournèrent vers les païens en l'an 34 de notre ère. Les 490 premières années des 2300 années étant alors terminées, il restait encore 1810 années. Ajoutées à l'an 34 de notre ère, celles-ci aboutissent à l'année 1844. L'ange avait dit : « Après quoi le sanctuaire sera rétabli [ou purifié, d'après d'autres versions bibliques]. » Tous les détails précédents de la prophétie s'étaient accomplis, sans aucun doute possible, au moment fixé.

Avec ce calcul, tout était clair et harmonieux, à part un point : aucun événement correspondant à la purification du sanctuaire n'avait eu lieu en 1844. Nier que les 2300 jours aboutissaient à cette époque, c'était envelopper de confusion toute cette question et abandonner des positions qui avaient été déterminées par des accomplissements indéniables de la prophétie.

Mais Dieu avait guidé son peuple dans ce grand mouvement du second avènement. Sa puissance et sa gloire avaient accompagné cette œuvre, et il ne permettrait pas qu'elle se termine dans les ténèbres et le désespoir, accusée de fausseté et de fanatisme. Il ne laisserait pas le doute et l'incertitude entacher sa Parole. Bien que beaucoup aient abandonné leur précédent calcul des périodes prophétiques et nié l'exactitude du mouvement qui en découlait, d'autres n'étaient pas disposés à abjurer des éléments de leur foi et de leur expérience qui étaient soutenus par les Écritures et par le témoignage de l'Esprit de Dieu. Ils étaient persuadés d'avoir adopté de solides principes d'interprétation dans leur étude des prophéties, et que leur devoir était de s'en tenir fermement aux vérités déjà acquises et de persévérer dans leur méthode de recherche. Élevant de ferventes prières à Dieu, il réexaminèrent leur position et étudièrent les Écritures pour découvrir leur erreur. N'en découvrant aucune dans leur calcul des périodes prophétiques, ils furent amenés à se pencher de plus près sur le sujet du sanctuaire.

Au cours de leurs recherches, ils découvrirent que rien dans les Écritures ne soutenait la croyance populaire selon laquelle la terre serait le sanctuaire ; par contre, ils y trouvèrent une explication complète de la question du sanctuaire : sa nature, son emplacement et ses services. Le témoignage des auteurs bibliques était si clair et si abondant que le sujet ne laissait aucun doute possible. L'apôtre Paul, dans l'épître aux Hébreux, déclare : « La première alliance avait, elle aussi, ses ordonnances relatives au culte et son sanctuaire terrestre. En effet, une première tente avait été installée, qu'on appelle le Sacré, où se trouvaient le porte-lampes, la table et les pains offerts. Puis, derrière le second voile, se trouvait la tente appelée le Très-Sacré. Elle contenait un autel à encens en or et le coffre de l'alliance, entièrement recouvert d'or, dans lequel il y avait une urne d'or contenant la manne, le bâton d'Aaron qui avait fleuri et les tablettes de l'alliance. Au-dessus du coffre se tenaient les *keroubim* glorieux qui couvraient de leur ombre l'expiatoire [3]. »

Le sanctuaire mentionné ici par Paul était le tabernacle ou tente édifié par Moïse sur l'ordre de Dieu pour être la demeure terrestre du Très-Haut. « Il me feront un

2. Daniel 9.26.
3. Hébreux 9.1-5.

sanctuaire, et je demeurerai au milieu d'eux [4] » avait été l'ordre donné à Moïse pendant qu'il était sur la montagne auprès de Dieu. Comme les Israélites étaient en route pour traverser le désert, le tabernacle ou tente avait été construit de manière à pouvoir être transporté de lieu en lieu ; cependant, c'était une structure d'une grande beauté. Ses murs étaient constitués de planches verticales recouvertes d'une épaisse couche d'or et fixées sur des socles d'argent. Son toit était formé d'une série de tentures, ou couvertures : la tenture extérieure faite de peaux d'animaux, et la tenture intérieure omposée de fin lin, artistiquement brodée de représentations de chérubins. Outre le parvis extérieur, qui contenait l'autel des holocaustes [sacrifices consumés par le feu], le tabernacle ou tente comportait deux pièces : le Sacré ou lieu saint, et le Très-Sacré ou lieu très saint, séparés par un magnifique rideau ou voile. Un voile identique servait de porte à la première pièce.

Dans le Sacré ou lieu saint se trouvait le porte-lampes, situé au Sud ; ses sept lampes assuraient l'éclairage du sanctuaire de jour comme de nuit. Au Nord se trouvait la table des pains de proposition; et devant le voile séparant le Sacré ou lieu saint du Très-Sacré ou lieu très saint se trouvait l'autel d'or de l'encens ou des parfums, duquel s'élevait quotidiennement devant Dieu une nuée odoriférante mêlée aux prières d'Israël.

Le Très-Sacré ou lieu très saint renfermait l'arche, un coffre de bois précieux recouvert d'or, contenant les deux tables de pierre sur lesquelles Dieu avait gravé la loi des Dix Commandements. Au-dessus de l'arche, formant le couvercle de ce coffre sacré, se trouvait l'expiatoire ou propitiatoire, un magnifique produit de l'artisanat, surmonté de deux chérubins, un à chaque extrémité, le tout fait d'un seul bloc d'or travaillé. C'est dans cette pièce que se manifestait la présence divine, qui apparaissait dans la nuée de gloire entre les deux chérubins.

Après que les Hébreux se sont installés en Canaan, le tabernacle ou tente fut remplacé par le temple de Salomon, qui, était une structure permanente construite à plus grande échelle, ayant gardé les mêmes proportions et étant meublé de manière identique. C'est sous cette forme que le sanctuaire exista, sauf pendant une période où il demeura en ruines à l'époque du prophète Daniel, jusqu'à sa destruction par les Romains en l'an 70 de notre ère.

Tel était le seul sanctuaire ayant existé sur la terre sur lequel la Bible nous donne des informations. Paul l'appelle le sanctuaire de la première alliance. Mais la nouvelle alliance n'a-t-elle pas de sanctuaire ?

Se tournant de nouveau vers l'épître aux Hébreux, les chercheurs de vérité découvrirent que l'existence d'un second sanctuaire, celui de la nouvelle alliance, était impliquée dans ces paroles de Paul, déjà citées : « La première alliance avait, *elle aussi*, ses ordonnances relatives au culte et son sanctuaire terrestre. » L'emploi des mots « elle aussi » rappelle que Paul avait déjà mentionné ce sanctuaire. Remontant au début du chapitre précédent, ils lurent : « Or voici le point capital de ce que nous disons : nous avons un tel grand prêtre, qui s'est assis à la droite du trône de la majesté divine dans les cieux ; il est au service du sanctuaire et de la tente véritable, celle qui a été dressée par le Seigneur et non par un être humain [5]. »

C'est ici qu'est révélé le sanctuaire de la nouvelle alliance. Le sanctuaire de la première alliance avait été dressé par des hommes, construit par Moïse ; le second

4. Exode 25.8.
5. Hébreux 8.1,2,

est « dressé par le Seigneur et non par un être humain ». Dans le premier, des prêtres terrestres accomplissaient leur service ; dans le second, le Christ, notre Grand Prêtre, officie à la droite de Dieu. Le premier sanctuaire était sur la terre, le second est dans le ciel.

De plus, le tabernacle ou tente construit par Moïse l'avait été d'après un modèle. Le Seigneur avait ordonné : « Vous vous conformerez exactement au modèle de la Demeure et au modèle de tous ses ustensiles, tels que je vais te les montrer [6]. » Cet ordre fut répété : « Regarde, puis fais d'après le modèle qui t'est montré sur la montagne [7]. » Paul déclare que le premier tabernacle ou tente « est une parabole pour le temps présent : il en résulte que les dons et sacrifices présentés ne peuvent porter à son accomplissement, sous le rapport de la conscience, celui qui prend part à ce culte [8] » ; que ses deux lieux saints étaient des « copies des choses célestes [9] » ; que le service effectué par les prêtres qui offraient les dons selon la loi était « une copie et une ombre des choses célestes [10] » ; et que « ce n'est pas dans un sanctuaire fabriqué par des mains humaines, imitation du véritable, que le Christ est entré, mais dans le ciel même, afin de paraître maintenant pour nous devant Dieu [11] ».

Le sanctuaire céleste, dans lequel Jésus officie en notre faveur, est le grand original, dont le sanctuaire construit par Moïse était une copie. Dieu avait répandu son Esprit sur les constructeurs du sanctuaire terrestre. L'habileté artistique déployée dans sa construction était une manifestation de la sagesse divine. Ses murs avaient l'aspect de l'or massif et reflétaient dans toutes les directions la lumière des sept lampes du porte-lampes d'or. La table des pains offerts et l'autel de l'encens ou des parfums étincelaient comme de l'or poli. La magnifique tenture qui constituait le toit, brodée de représentations d'anges en bleu, en pourpre et en écarlate, ajoutait encore à la beauté de l'ensemble. Au-delà du second voile se trouvait la sainte *Shekina*, la manifestation visible de la gloire de Dieu, devant laquelle personne, sinon le grand prêtre, ne pouvait entrer et rester en vie.

La splendeur inégalée du tabernacle terrestre reflétait aux yeux des hommes les gloires du temple céleste dans lequel le Christ, notre Précurseur, officie en notre faveur devant le trône de Dieu. La demeure du Roi des rois, dans laquelle « mille milliers le servaient, dix fois dix mille se tenaient debout devant lui [12] », ce temple rempli de la gloire du trône éternel, devant lequel les séraphins, ses gardiens étincelants, se voilent la face en un geste d'adoration, ne pouvait trouver, dans la plus magnifique structure jamais édifiée par des mains humaines, qu'un faible reflet de sa grandeur et de sa gloire. Cependant, le sanctuaire terrestre et son service typique enseignaient des vérités importantes concernant le sanctuaire céleste et la grande œuvre qui s'y déroulait en faveur de la rédemption de l'homme.

Les deux pièces du sanctuaire terrestre représentaient les deux lieux saints du sanctuaire céleste. Lorsque Dieu accorda à l'apôtre Jean une vision du « sanctuaire de Dieu qui est dans le ciel [13] », voici ce qu'il y contempla : « Devant le trône

6. Exode 25.9.
7. Exode 25.40.
8. Hébreux 9.9.
9. Hébreux 9.23.
10. Hébreux 8.5.
11. Hébreux 9.24.
12. Daniel 7.10.
13. Apocalypse 11.19.

brûlent sept lampes ardentes [14]. » Il y vit un ange qui « tenait un encensoir d'or. On lui donna beaucoup d'encens pour qu'il l'offre avec les prières de tous les saints sur l'autel d'or, devant le trône [15]. » Le prophète fut donc autorisé à contempler la première pièce du « sanctuaire de Dieu qui est dans le ciel. » Il y vit les « sept lampes ardentes » et « l'autel d'or », représentés par le porte-lampes d'or et par l'autel de l'encens ou des parfums dans le sanctuaire terrestre. De nouveau, « le sanctuaire de Dieu qui est dans le ciel fut ouvert », et Jean put contempler, au-delà du voile intérieur, le Très-Sacré ou lieu très saint. C'est là qu'il admira « le coffre de son alliance », représenté par l'arche, le coffre sacré construit par Moïse pour contenir la loi de Dieu.

C'est ainsi que ceux qui étudiaient ce sujet découvrirent une preuve irréfutable de l'existence d'un sanctuaire dans le ciel. Moïse avait construit le sanctuaire terrestre d'après le modèle qui lui avait été montré. Paul nous enseigne que ce modèle était le véritable sanctuaire qui est dans le ciel ; et Jean témoigne qu'il l'a vu dans le ciel.

Dans ce temple, la demeure de Dieu, son trône repose sur la justice et le jugement. Dans le Très-Sacré ou lieu très saint se trouve sa loi, la grande règle de justice par laquelle toute l'humanité doit être jugée. L'arche qui contient les tables de la loi est couverte de l'expiatoire ou propitiatoire, devant lequel le Christ plaide son sang en faveur du pécheur. C'est ainsi qu'est représentée l'union de la justice et de la miséricorde dans le plan de la rédemption humaine. C'est une union que seule la sagesse infinie pouvait concevoir, et que seule la puissance infinie pouvait réaliser ; c'est une union qui remplit tout le ciel d'étonnement et d'adoration. Les chérubins du sanctuaire terrestre, abaissant les regards avec révérence sur l'expiatoire ou propitiatoire, représentent l'intérêt avec lequel les armées célestes contemplent l'œuvre de la rédemption. Tel est le mystère de la miséricorde dans lequel « les anges désirent plonger leurs regards [16] » : comment Dieu peut-il « être juste tout en justifiant [17] » le pécheur repentant et en restaurant ses relations avec la race humaine déchue ; comment le Christ a-t-il pu s'abaisser pour relever de l'abîme du péché et de la ruine des multitudes sans nombre et les couvrir du vêtement sans tache de sa justice pour les unir aux anges qui ne sont jamais tombés afin qu'elles demeurent éternellement en la présence de Dieu.

L'œuvre du Sauveur en tant qu'intercesseur de l'homme est représentée dans cette belle prophétie de Zacharie, qui nous présente Celui « dont le nom est Germe [18] ». Le prophète nous dit : « C'est lui qui bâtira le temple du SEIGNEUR ; il portera les insignes de la majesté ; il s'assiéra et gouvernera sur son trône. Il y aura aussi un prêtre sur son trône, et il y aura une *entente parfaite* entre l'un et l'autre [19]. »

Il « bâtira le temple du SEIGNEUR ». Par son sacrifice et sa médiation, le Christ est à la fois le fondement et l'architecte de l'Église de Dieu. L'apôtre Paul l'appelle « la pierre de l'angle. C'est en lui que toute construction bien coordonnée s'élève pour être, dans le Seigneur, un sanctuaire saint. C'est en lui que, vous

14. Apocalypse 4.5.
15. Apocalypse 8.3.
16. 1 Pierre 1.12.
17. Romains 3.26.
18. Zacharie 6.12.
19. Zacharie 6.13.

aussi, vous êtes construits ensemble pour être une habitation de Dieu dans l'Esprit [20]. »

« Il portera les insignes de la majesté. » C'est au Christ qu'appartient la gloire de la rédemption de la race humaine déchue. Pendant toute l'éternité, le chant des rachetés sera : « À celui qui nous aime, qui nous a délivrés de nos péchés par son sang, … à lui la gloire et le pouvoir à tout jamais [21] ! »

« Il s'assiéra et gouvernera sur son trône. Il y aura aussi un prêtre sur son trône. » Il ne siège pas encore « sur son trône glorieux [22] », car le royaume de gloire n'a pas encore été inauguré. Ce n'est que lorsque son ministère de médiation sera terminé que « le Seigneur Dieu lui donnera le trône de David, son père [23] », un « règne [qui] n'aura pas de fin [24] ». C'est en tant que prêtre que le Christ est maintenant assis avec son Père sur son trône [25] ; celui qui est éternel et qui existe par lui-même est assis ; celui dont il est dit : « Ce sont nos souffrances qu'il a portées, c'est de nos douleurs qu'il s'était chargé [26] » ; « Il a été soumis, sans péché, à des épreuves en tous points semblables [27] » ; « Il peut secourir ceux qui sont mis à l'épreuve [28] » ; « Si quelqu'un vient à pécher, nous avons un défenseur auprès du Père [29]. » Son intercession est celle d'un corps meurtri et brisé et celle d'une vie sans tache. Ses mains et ses pieds blessés, son côté percé, plaident en faveur de l'homme déchu, dont la rédemption a été acquise à un prix aussi infini.

« Il y aura une entente parfaite entre l'un et l'autre. » C'est l'amour du Père, pas moins que celui du Fils, qui est la source du salut pour notre race humaine perdue. Jésus a déclaré à ses disciples avant de les quitter : « Je ne vous dis pas que c'est moi qui prierait le Père pour vous ; en effet, le Père lui-même est votre ami [30]. » « Dieu était dans le Christ, réconciliant le monde avec lui-même [31]. » Dans le ministère qui s'effectue dans le sanctuaire céleste, « il y aura une entente parfaite entre l'un et l'autre ». « Dieu a *tant aimé* le monde qu'il a donné son Fils unique, pour que quiconque met sa foi en lui ne se perde pas, mais ait la vie éternelle [32]. »

La question « Qu'est-ce que le sanctuaire ? » trouve une réponse claire dans les Écritures. Le terme « sanctuaire », tel qu'il est utilisé dans la Bible, désigne d'abord le tabernacle ou tente construit par Moïse comme modèle des choses célestes ; et, deuxièmement, « la tente véritable [33] » qui est dans le ciel et vers laquelle le sanctuaire terrestre dirigeait les regards du peuple. À la mort du Christ, ce service typique prit fin. « La tente véritable » dans le ciel est le sanctuaire de la nouvelle alliance. Puisque la prophétie de Daniel 8.14 s'accomplit lors de cette dispensation, le sanctuaire mentionné ici doit forcément être celui de la nouvelle alliance. À l'aboutissement des 2300 jours en 1844, il n'y avait plus de sanctuaire sur la terre depuis de nombreux siècles. La prophétie « Jusqu'à deux mille trois cents soirs et

20. Éphésiens 2.20-22.
21. Apocalypse 1.5,6.
22. Matthieu 25.31.
23. Luc 1.32.
24. Luc 1.33.
25. Voir Apocalypse 3.21.
26. Ésaïe 53.4.
27. Hébreux 4.15.
28. Hébreux 2.18.
29. 1 Jean 2.1.
30. Jean 16.26,27.
31. 2 Corinthiens 5.19.
32. Jean 3.16.
33. Hébreux 8.2.

matins ; après quoi le sanctuaire sera rétabli [ou purifié, d'après d'autres versions bibliques] [34] » dirige donc nos regards sans aucun doute possible vers le sanctuaire qui est dans le ciel.

Mais la question la plus importante restait à résoudre: qu'est-ce que la purification du sanctuaire ? L'Ancien Testament nous apprend qu'un tel service existait en rapport avec le sanctuaire terrestre. Mais peut-il y avoir quelque chose dans le ciel qui ait besoin d'être purifié ? Le chapitre 9 de l'épître aux Hébreux enseigne clairement la purification des deux sanctuaires, terrestre et céleste : « Presque tout est purifié avec du sang, et sans effusion de sang il n'y a pas de pardon. Il était donc nécessaire, d'une part, que les copies des choses célestes soient purifiées de la sorte [par le sang des animaux] et, d'autre part, que les choses célestes elles-mêmes le soient par des sacrifices supérieurs [35] », c'est-à-dire par le précieux sang du Christ.

Cette purification, aussi bien dans le service typique que dans le service réel, doit être effectuée avec du sang : dans le premier, avec le sang des animaux ; dans le second, avec celui du Christ. La raison invoquée par Paul pour cette purification par le sang est que « sans effusion de sang il n'y a pas de *pardon* ». Le pardon, ou enlèvement du péché, est l'œuvre qui doit être accomplie. Mais comment le péché pouvait-il être associé au le sanctuaire, aussi bien terrestre que le céleste ? On peut le découvrir en étudiant le service symbolique, car le ministère des prêtres qui officiaient sur la terre était « une copie et une ombre des choses célestes [36]. »

Le ministère du sanctuaire terrestre se divisait en deux parties : les prêtres officiaient chaque jour dans le Sacré ou lieu saint, tandis qu'une fois par an le grand prêtre accomplissait une œuvre spéciale d'expiation dans le Très-Sacré ou lieu très saint, pour la purification du sanctuaire. Le pécheur repentant apportait son sacrifice à la porte du tabernacle ou tente et, posant la main sur la tête de la victime, confessait ses péchés. Il les transférait ainsi de manière symbolique à la victime innocente. L'animal était ensuite immolé. « Sans effusion de sang il n'y a pas de pardon », nous dit l'apôtre. « La vie de la chair est dans le sang [37]. » La loi de Dieu, transgressée, exigeait la vie du transgresseur. Le prêtre introduisant, dans le Sacré ou lieu saint, le sang, représentant la vie perdue du pécheur, dont la victime portait maintenant la culpabilité, et en faisait l'aspersion devant le voile, derrière lequel se trouvait l'arche contenant la loi que le pécheur avait transgressée. Cette cérémonie permettait de transférer figurativement le péché dans le sanctuaire par l'intermédiaire du sang. Dans certains cas, le prêtre n'apportait pas le sang dans le Sacré ou lieu saint ; mais alors il devait manger la chair de l'animal, comme Moïse l'avait ordonné aux fils d'Aaron, en leur disant : « Il vous l'a donnée pour que vous vous chargiez de la faute de la communauté [38]. » L'une comme l'autre, ces deux cérémonies représentaient le transfert du péché du pécheur repentant au sanctuaire.

Tel était le service qui se déroulait chaque jour tout au long de l'année. Les péchés d'Israël se trouvaient ainsi transférés au sanctuaire, et une œuvre spéciale devenait nécessaire pour leur enlèvement. Dieu avait ordonné qu'une expiation soit faite pour chaque pièce du sanctuaire : « Il fera sur le sanctuaire l'expiation des impuretés des Israélites et de leurs transgressions, pour tous leurs péchés. Il fera de même pour la tente de la Rencontre qui demeure avec eux au milieu de

34. Daniel 8.14.
35. Hébreux 9.22,23.
36. Hébreux 8.5.
37. Lévitique 17.11.
38. Lévitique 10.17.

leurs impuretés [39]. » Une expiation devait aussi être faite pour l'autel : le grand prêtre « le purifiera des impuretés des Israélites et le consacrera [40]. »

Une fois par an, au grand Jour de l'expiation, le grand prêtre pénétrait dans le Très-sacré ou lieu très saint pour y procéder à la purification du sanctuaire. Le service qu'il y accomplissait terminait le cycle annuel des cérémonies. Le Jour de l'expiation, on amenait deux jeunes boucs à la porte du tabernacle ou tente et on les tirait au sort : « un sort pour le SEIGNEUR et un sort pour Azazel [41]. » Le bouc tiré au sort pour le Seigneur devait être immolé comme sacrifice pour le péché du peuple. Le grand prêtre devait en apporter le sang derrière le voile et en faire l'aspersion sur l'expiatoire ou propitiatoire et devant celui-ci. Il devait aussi en faire l'aspersion sur l'autel de l'encens ou des parfums qui se trouvait devant le voile.

« Aaron posera les deux mains sur la tête du bouc vivant et confessera sur lui toutes les fautes des Israélites et toutes leurs transgressions, tous leurs péchés ; il les mettra sur la tête du bouc, puis l'enverra dans le désert, par l'intermédiaire d'un homme disponible. Le bouc sera chargé de toutes leurs fautes et les emportera vers une terre inaccessible [42]. » Ce bouc expiatoire ne revenait plus jamais dans le camp d'Israël, et l'homme qui l'avait chassé dans le désert devait se laver et laver ses vêtements avant de revenir dans le camp.

Toute cette cérémonie était destinée à graver profondément dans l'esprit des Israélites la sainteté de Dieu et son horreur du péché ; et, de plus, à montrer qu'on ne peut pas entrer en contact avec le péché sans en être souillé. Chacun était exhorté à « humilier son âme » pendant que cette œuvre d'expiation se réalisait. On devait mettre de côté toute préoccupation terrestre, et l'assemblée d'Israël devait passer cette journée dans la contrition solennellement devant Dieu, par la prière, le jeûne et un profond examen de conscience.

Ce service typique enseignait d'importantes vérités sur l'expiation. Dieu acceptait un substitut à la place du pécheur ; mais le sang de la victime n'effaçait pas le péché. Un moyen avait été ainsi prévu pour le transférer au sanctuaire. En offrant le sang, le pécheur reconnaissait l'autorité de la loi, confessait sa culpabilité de l'avoir transgressée et exprimait son désir de recevoir son pardon par la foi en un Rédempteur à venir ; mais il n'était pas encore entièrement libéré de la condamnation prononcée par la loi. Le Jour de l'expiation, le grand prêtre, ayant reçu un sacrifice des mains de l'assemblée, pénétrait dans le Très-Sacré ou lieu très saint, avec son sang, et en faisait l'aspersion sur l'expiatoire ou propitiatoire, directement au-dessus de la loi, pour satisfaire les exigences de celle-ci. Puis, en tant que médiateur, il se chargeait des péchés du peuple d'Israël et les emportait hors du sanctuaire. Posant les mains sur la tête du bouc expiatoire, il confessait sur lui tous ces péchés, les transférant ainsi symboliquement au bouc. Le bouc les emportait alors, et ils étaient considérés comme éloignés du peuple pour toujours.

Tel était le service accompli comme « une copie et une ombre des choses célestes [43]. » Ce qui était fait symboliquement dans le service du sanctuaire terrestre est fait en réalité dans celui du sanctuaire céleste. Après son ascension, notre Sauveur a inauguré son ministère de grand prêtre. Paul nous dit : « Ce n'est pas dans un sanctuaire fabriqué par des mains humaines, imitation du véritable, que le Christ

39. Lévitique 16.16.
40. Lévitique 16.19.
41. Lévitique 16.8.
42. Lévitique 16.21,22.
43. Hébreux 8.5.

est entré, mais dans le ciel même, afin de paraître maintenant pour nous devant Dieu [44]. »

Le ministère du prêtre tout au long de l'année, « au-delà du voile [45] » qui servait de porte et séparait le Sacré ou lieu saint du parvis extérieur, représentait le ministère que le Christ a inauguré le jour de son ascension. C'était sa responsabilité, dans le service quotidien, de présenter devant Dieu le sang des sacrifices pour le péché, ainsi que l'encens, dont la fumée montait vers le ciel en même temps que les prières d'Israël. C'est de la même manière que le Christ plaide les mérites de son sang devant le Père en faveur des pécheurs, et présente également devant lui, en même temps le parfum précieux de sa justice et les prières des croyants repentants. Tel était le service dans la première pièce du sanctuaire céleste.

C'est là que la foi des disciples du Christ le suivit lorsqu'il disparut à leurs yeux le jour de son ascension. C'est là que se concentraient leurs espérances. Paul nous dit : « Cette espérance, nous l'avons comme une ancre solide et ferme pour l'âme ; elle pénètre au-delà du voile, là où Jésus est entré pour nous comme un précurseur, devenu grand prêtre pour toujours [46]. » « Il est entré une fois pour toutes dans le sanctuaire, non pas avec du sang de boucs ou de taurillons, mais avec son propre sang. C'est ainsi qu'il a obtenu une rédemption éternelle [47]. »

Pendant dix-huit siècles, ce ministère s'est poursuivi dans la première pièce du sanctuaire. Le sang du Christ, présenté en faveur des pécheurs repentants, a obtenu leur pardon et leur acceptation de la part du Père ; cependant, leurs péchés sont demeurés inscrits sur les registres célestes. De même que, dans le service typique, il y avait une œuvre d'expiation à la fin de l'année, de même, avant que le ministère du Christ en faveur de la rédemption des hommes soit terminé, il y a une œuvre d'expiation destinée à ôter le péché du sanctuaire. C'est le service qui a commencé à la fin des 2300 jours. À ce moment, comme l'avait annoncé le prophète Daniel, notre Grand Prêtre est entré dans le Très-Sacré ou lieu très saint pour accomplir la dernière phase de son œuvre solennelle : la purification du sanctuaire.

De même qu'autrefois les péchés du peuple étaient, par la foi, placés sur la victime pour le péché et, par l'intermédiaire de son sang, transférés symboliquement au sanctuaire terrestre, de même, dans la nouvelle alliance, les péchés des pécheurs repentants sont placés sur le Christ, par la foi, et transférés ainsi au sanctuaire céleste. Et, de même que la purification symbolique du sanctuaire était accomplie en ôtant les péchés qui l'avaient souillé, de même la purification réelle du sanctuaire céleste doit être accomplie en ôtant, ou effaçant, les péchés qui s'y trouvent inscrits. Mais, avant que ceci puisse être accompli, il doit y avoir un examen des registres célestes pour déterminer qui, par la repentance et la foi en Christ, a droit aux bienfaits de l'expiation. La purification du sanctuaire implique donc une œuvre d'examen ou de jugement. Cette œuvre doit être accomplie avant l'avènement du Christ venant racheter son peuple ; car, lorsqu'il viendra, nous dit-il : « J'apporte avec moi ma récompense, pour rendre à chacun selon son œuvre [48]. »

Ainsi, ceux qui suivirent la lumière de la Parole prophétique se rendirent compte que le Christ, au lieu de venir sur la terre à l'aboutissement des 2300 jours en

44. Hébreux 9.24.
45. Hébreux 6.19.
46. Hébreux 6.19,20.
47. Hébreux 9.12.
48. Apocalypse 22.12.

1844, était entré dans le Très-Sacré ou lieu très saint du sanctuaire céleste pour y accomplir l'œuvre finale de l'expiation qui prépare son avènement.

Ils prirent également conscience que l'offrande pour le péché représentait le Christ comme le véritable sacrifice et que le grand prêtre le figurait dans sa fonction de médiateur, le bouc expiatoire signifiait Satan, l'auteur du péché, sur lequel seront finalement placés les fautes de ceux qui sont passés par une véritable repentance. Lorsque le grand prêtre, par l'intermédiaire du sang du sacrifice, ôtait les péchés du sanctuaire, il les plaçait sur le bouc émissaire. De même, lorsque le Christ, par l'intermédiaire de son propre sang, ôtera du sanctuaire céleste les iniquités de son peuple à la fin de son ministère, il les placera sur Satan, qui, au moment de l'exécution du jugement, devra en subir le châtiment final. Le bouc expiatoire était envoyé dans une région déserte et ne revenait plus jamais dans l'assemblée des enfants d'Israël. De même, Satan sera banni pour toujours de la présence de Dieu et de son peuple, et son existence sera effacée lors de la destruction finale du péché et des pécheurs.

24

Dans le lieu très saint

La question du sanctuaire fut la clé qui résolut le mystère de la grande déception de 1844. Elle dévoila aux yeux de ces croyants un ensemble complet de vérités, interdépendantes et harmonieuses, qui montraient que la main de Dieu avait dirigé le grand mouvement du second avènement et qui révélaient le devoir présent de son peuple en mettant en lumière sa position et sa mission.

De même que les disciples de Jésus, après leur terrible nuit d'angoisse et de déception, « se réjouirent de voir le Seigneur [1] », de même ceux qui avaient attendu avec foi son second avènement purent enfin se réjouir. Ils avaient espéré le voir apparaître dans sa gloire pour récompenser ses serviteurs. Leurs espérances ayant été déçues, ils l'avaient perdu de vue, et, comme Marie au sépulcre, s'étaient écriés : « On a enlevé mon Seigneur, et je ne sais pas où on l'a mis [2]. » Maintenant, c'est dans le Très-Sacré ou lieu très saint qu'ils contemplèrent de nouveau leur Grand Prêtre compatissant, prêt à apparaître bientôt comme leur Roi et leur Libérateur. La lumière qui jaillissait du sanctuaire éclaira le passé, le présent et l'avenir. Ils surent que Dieu les avait guidés par sa providence infaillible. Bien que, comme les premiers disciples, ils n'aient pas réussi à comprendre eux-mêmes le message dont ils avaient été porteurs, celuii-ci cependant avait été exact en tous points. En le proclamant, ils avaient accompli les desseins de Dieu, et leur œuvre n'avait pas été vaine devant le Seigneur. Nés de nouveau « pour une espérance vivante [3] », ils se sentirent « transportés d'une joie indicible et glorieuse [4] ».

Aussi bien la prophétie de Daniel, « Jusqu'à deux mille trois cents soirs et matins ; après quoi le sanctuaire sera rétabli [ou purifié, d'après d'autres versions bibliques] [5] » que le message du premier ange, « Craignez Dieu et donnez-lui gloire, car l'heure de son jugement est venue [6] » attiraient l'attention sur le ministère du Christ dans le Très-Sacré ou lieu très saint, sur l'instruction du jugement, et non sur l'avènement du Christ pour la rédemption de son peuple et la destruction des perdus. L'erreur ne résidait pas dans le calcul des périodes prophétiques, mais dans l'*événement* qui devait avoir lieu à l'aboutissement des 2300 jours. Cette erreur avait causé une amère déception à ces croyants; cependant, tout ce que la prophétie avait prédit, tout ce que l'Écriture les autorisait à attendre, s'était accompli. Au moment même où ils se lamentaient sur l'échec de leurs espérances, l'événement

---

1. Jean 20.20.
2. Jean 20.13.
3. 1 Pierre 1.3.
4. 1 Pierre 1.8.
5. Daniel 8.14.
6. Apocalypse 14.7.

prédit dans ce message et qui devait survenir avant que le Seigneur puisse apparaître pour récompenser ses serviteurs avait eu lieu.

Le Christ était venu ; non sur la terre, comme ils l'attendaient, mais, comme les types le figuraient, dans le Très-Sacré ou lieu très saint du « sanctuaire de Dieu qui est dans le ciel [7] ». Le prophète Daniel le représente comme s'approchant de Dieu à ce moment même : « Dans mes visions nocturnes, je vis alors arriver, avec les nuées du ciel, quelqu'un qui ressemblait à un être humain ; il s'avança vers le vieillard, et on le fit approcher de lui [8] ».

Le prophète Malachie avait aussi prédit cette venue : « Il arrivera dans son temple à l'improviste, le Seigneur que vous cherchez ; le messager de l'alliance que vous désirez, il arrive, dit le SEIGNEUR des Armées [9]. » L'arrivée du Seigneur dans son temple fut soudaine, inattendue pour les membres de son peuple. Ce n'est pas *là* qu'ils l'avaient cherché ; ils s'étaient attendu à le voir venir sur la terre « dans un feu flamboyant, pour faire justice contre ceux qui ne connaissent pas Dieu et ceux qui n'obéissent pas à la bonne nouvelle [10] ».

Mais son peuple n'était pas encore prêt à rencontrer son Seigneur. Il lui restait encore une œuvre de préparation à accomplir. De nouvelles lumières allaient lui être données pour attirer son regard vers « le sanctuaire de Dieu qui est dans le ciel » ; et, lorsqu'il suivrait par la foi son Grand Prêtre dans le ministère céleste, de nouveaux devoirs allaient lui être révélés. L'Église devait recevoir un autre message d'avertissement et d'instruction allait.

Le prophète Malachie avait dit : « Qui pourra soutenir le jour de sa venue ? Quel est celui qui tiendra debout quand il paraîtra ? Car il est comme le feu du fondeur, comme la lessive des blanchisseurs. Il s'assiéra, tel celui qui fond et purifie l'argent, pour purifier les fils de Lévi, il les épurera comme on épure l'or et l'argent, et il seront pour le SEIGNEUR ceux qui apportent l'offrande selon la justice [11]. »

Ceux qui vivront sur la terre lorsque cessera l'intercession du Christ dans le sanctuaire céleste devront subsister sans médiateur en présence d'un Dieu saint. Leur robe devra être sans tache et leur caractère purifié du péché par le « sang de l'aspersion [12] ». Par la grâce de Dieu et par des efforts persévéreants, ils devront être vainqueurs dans la bataille contre le mal. Pendant que l'instruction du jugement se poursuit dans le ciel, pendant que les péchés des croyants repentants sont ôtés du sanctuaire, il doit y avoir une œuvre spéciale de purification, d'abandon du péché, parmi le peuple de Dieu sur la terre. Cette œuvre est présentée plus clairement dans les messages du chapitre 14 de l'Apocalypse.

Lorsque cette œuvre sera accomplie, les disciples du Christ seront prêts pour son apparition. « Alors, l'offrande de Juda et de Jérusalem sera douce au SEIGNEUR, comme aux jours d'autrefois, comme aux années de jadis [13]. » Alors, l'Église que le Seigneur doit prendre avec lui au moment de son avènement sera une « Église glorieuse, sans tache, ni ride, ni rien de semblable [14] ». Alors elle

7. Apocalypse 11.19.
8. Daniel 7.13.
9. Malachie 3.1.
10. 2 Thessaloniciens 1.8.
11. Malachie 3.2,3.
12. Hébreux 12.24.
13. Malachie 3.4.
14. Éphésiens 5.27.

paraîtra « comme l'aurore, belle comme la lune, resplendissante comme le soleil, troublante comme les apparitions [15] ».

Outre l'arrivée du Seigneur dans son temple, Malachie avait aussi prédit son second avènement, sa venue pour l'exécution du jugement, en ces mots : « Je me présenterai à vous pour le jugement, et je me hâterai de témoigner contre les sorciers et les adultères, contre ceux qui font de faux serments, contre ceux qui oppriment le salarié, la veuve et l'orphelin, qui lèsent l'immigré et ne me craignent pas, dit le SEIGNEUR des Armées [16]. » C'est la même scène que décrit Jude lorsqu'il dit : « Le Seigneur est venu avec ses saints par dizaines de milliers, afin d'exercer un jugement contre tous et de les confondre tous pour leurs œuvres d'impiété et pour les paroles dures qu'ont proférées contre lui les pécheurs impies [17]. » Cette venue et l'entrée du Seigneur dans son temple sont deux événements distincts et séparés.

L'entrée du Christ en tant que notre Grand Prêtre dans le Très-Sacré ou lieu très saint pour la purification du sanctuaire, révélée dans Daniel 8.14, la venue de « celui qui ressemblait à un être humain ... [et qui] s'avança vers le vieillard », décrite dans Daniel 7.13, et l'arrivée du Seigneur dans son temple, prédite par Malachie, sont autant de descriptions d'un même événement ; celui-ci est aussi représenté par l'arrivée du marié, décrite par le Christ dans la parabole des dix vierges du chapitre 25 de Matthieu.

C'est au cours de l'été et de l'automne de 1844 que fut donnée la proclamation « Voici le marié, sortez à sa rencontre [18] ! » C'est alors que se formèrent les deux classes de croyants représentées par les vierges avisées et les vierges folles : l'une qui attendait avec joie l'apparition du Seigneur et qui s'était soigneusement préparée à le rencontrer ; l'autre, motivée par la peur et agissant sous le coup d'une impulsion, s'était contentée d'une théorie de la vérité, et était dépourvue de la grâce de Dieu. Dans cette parabole, à l'arrivée du marié, « celles qui étaient prêtes entrèrent avec lui dans la salle des noces [19] ». L'arrivée du marié présentée ici a lieu avant le mariage. Ce mariage représente la possession de son royaume par le Christ. La ville sainte, la Nouvelle Jérusalem, qui est la capitale et la représentante du royaume, est appelée « la mariée, l'épouse de l'agneau ». L'ange avait dit à Jean : « Viens, je te montrerai la mariée, l'épouse de l'agneau. Il me transporta, par l'Esprit, ... et il me montra la ville sainte, Jérusalem, qui descendait du ciel, d'auprès de Dieu [20]. »

Il est donc clair que la mariée représente la ville sainte, et que les vierges qui sortent à la rencontre du marié symbolisent l'Église. Dans l'Apocalypse, le peuple de Dieu est représenté sous les traits des invités « au dîner des noces de l'agneau [21] ». Si ce sont les *invités*, ils ne peuvent être représentés en même temps par la *mariée*. Le Christ, comme l'avait annoncé le prophète Daniel, doit recevoir des mains du « vieillard » [Dieu] « la domination, l'honneur et la royauté [22] ». Il doit recevoir la Nouvelle Jérusalem, la capitale de son royaume, « prête comme une

15. Cantique des cantiques 6.10.
16. Malachie 3.5.
17. Jude 14,15.
18. Matthieu 25.6.
19. Matthieu 25.10.
20. Apocalypse 21.9,10.
21. Apocalypse 19.9.
22. Daniel 7.13,14.

mariée qui s'est parée pour son mari [23] ». Après réception du royaume, il doit venir dans sa gloire, en tant que « Roi des rois et Seigneur des seigneurs [24] », pour la rédemption de son peuple. Chacun de ses membres se mettra « à table avec Abraham, Isaac et Jacob [25] », nous dit Jésus : « à ma table, dans mon royaume [26] », pour partager le « dîner des noces de l'agneau ».

La proclamation « Voici le marié, sortez à sa rencontre ! », faite au cours de l'été de 1844, amena des milliers de personnes à attendre un avènement immédiat du Seigneur. Au moment voulu, le marié arriva ; non sur la terre, comme on l'attendait, mais vers le « vieillard » [Dieu] dans le ciel, pour célébrer ses noces et pour recevoir son royaume. « Celles qui étaient prêtes entrèrent avec lui dans la salle des noces, et la porte fut fermée. » Elles ne devaient pas être présentes en personne aux noces, car celles-ci ont lieu dans le ciel, alors qu'elles sont sur la terre. Les disciples du Christ doivent attendre « que leur maître *revienne* des noces [27] ». Mais ils doivent comprendre son œuvre et le suivre par la foi pendant qu'il se présente devant Dieu. C'est dans ce sens qu'il est dit qu'ils entrent « dans la salle des noces ».

Dans cette parabole, ce sont les vierges qui « avaient pris, avec leurs lampes, de l'huile dans un récipient [28] » et qui « entrèrent … dans la salle des noces ». Ceux qui, en plus de la connaissance de la vérité par les Écritures, avaient aussi reçu l'Esprit et la grâce de Dieu et qui, dans les ténèbres de leur amère épreuve, avaient patiemment attendu, tout en sondant la Bible pour y trouver davantage de lumière, entrevirent la vérité concernant le sanctuaire céleste et le changement dans le ministère du Sauveur. Par la foi, ils le suivirent œuvrant dans le sanctuaire céleste. Et tous ceux qui, par le témoignage des Écritures, acceptent ces mêmes vérités, en suivant le Christ par la foi pendant qu'il se présente devant Dieu pour accomplir la dernière phase de sa médiation et recevoir son royaume, sont représentés comme entrant « dans la salle des noces ».

La même image du mariage est employée dans la parabole du chapitre 22 de Matthieu, et l'instruction du jugement y est clairement représentée comme ayant lieu avant le mariage. C'est avant le mariage que « le roi entra pour voir les convives [29] » et vérifier si tous avaient revêtu l'habit de noces, image de la robe immaculée du caractère, dont il est dit : « Ils ont lavé leurs robes, ils les ont blanchies dans le sang de l'agneau [30]. » Celui qui ne porte pas cet habit de noces est jeté dehors ; mais tous ceux dont cet examen révèle qu'ils en sont revêtus sont acceptés de Dieu et jugés dignes d'avoir part à son royaume et de s'asseoir sur son trône. Cet examen du caractère, destiné à déterminer qui est prêt pour le royaume de Dieu, est celui de l'instruction du jugement, la phase finale de l'œuvre dans le sanctuaire céleste.

Lorsque cette œuvre d'instruction sera terminée, lorsque le cas de ceux qui, au travers de tous les siècles, ont professé être disciples du Christ aura été examiné et tranché, alors, et pas avant, la période d'épreuve prendra fin et la porte de la miséricorde sera fermée. Ainsi, cette courte phrase, « celles qui étaient prêtes entrèrent avec lui dans la salle des noces, et la porte fut fermée », nous transporte,

23. Apocalypse 21.2.
24. Apocalypse 19.16.
25. Matthieu 8.11.
26. Luc 22.30.
27. Luc 12.36.
28. Matthieu 25.4.
29. Matthieu 22.11.
30. Apocalypse 7.14.

à travers le ministère final de notre Sauveur, jusqu'à l'époque où la grande œuvre en faveur du salut de l'homme sera terminée.

Dans le service du sanctuaire terrestre, qui, comme nous l'avons vu, symbolise celui du sanctuaire céleste, lorsque le grand prêtre, le Jour de l'expiation, pénétrait dans le Très-Sacré ou lieu très saint, le ministère du lieu saint cessait. Dieu avait ordonné : « Il n'y aura personne dans la tente de la Rencontre lorsqu'il entrera pour faire l'expiation dans le sanctuaire et jusqu'à ce qu'il en sorte [31]. » De même, lorsque le Christ pénétra dans le Très-Sacré ou lieu très saint pour accomplir la phase finale de l'expiation, il cessa son ministère dans la première pièce du sanctuaire. Mais, lorsque le ministère de la première pièce prit fin, le ministère de la seconde commença. Dans le service typique, le grand prêtre sortait du Sacré ou lieu saint le Jour de l'expiation, et pénétrait en présence de Dieu pour présenter le sang du sacrifice en faveur de tous les Israélites qui s'étaient repentis sincèrement de leurs péchés. De même, le Christ n'avait terminé qu'une phase de son œuvre en tant qu'intercesseur de son peuple, avant d'en inaugurer une nouvelle phase, et il conitnuait à plaider les mérites de son sang devant le Père en faveur des pécheurs.

Les adventistes de 1844 n'avaient pas compris ce sujet. Après que la date où ils attendaient le Sauveur, fut passée, ils croyaient encore que son avènement était proche ; ils étaient persuadés avoir atteint le moment critique où l'œuvre du Christ comme intercesseur de l'homme devant Dieu avait cessé. Ils avaient l'impression que la Bible enseignait que le temps de grâce accordé à l'homme prendrait fin peu de temps avant l'avènement du Seigneur sur les nuées des cieux. Ceci leur paraissait évident d'après les passages bibliques qui décrivent un temps où des hommes chercheront, frapperont et pleureront à la porte de la miséricorde, qui restera fermée. Et ils se posaient la question : la date à laquelle ils avaient attendu l'avènement du Christ ne pourrait-elle pas plutôt indiquer le commencement de la période qui devait précéder immédiatement son avènement ?

Ayant donné l'avertissement de l'approche du jugement, ils avaient le sentiment que leur œuvre en faveur du monde était terminée, et ils se sentirent dégagés du fardeau de travailler au salut des pécheurs ; tandis que les moqueries téméraires et blasphématoires des impies leur semblaient être une autre preuve que l'Esprit de Dieu avait été retiré à ceux qui rejetaient sa miséricorde. Tout ceci les confirma dans la croyance que le temps de grâce était terminé, ou que, comme ils l'exprimaient alors, « la porte de la miséricorde était fermée ».

En étudiant la question du sanctuaire, ils reçurent de nouvelles lumières. Ils se rendirent compte alors qu'ils ne s'étaient pas trompés en croyant que l'expiration des 2300 jours en 1844 marquait une crise importante. Mais, bien que la porte de l'espérance et de la miséricorde par laquelle les hommes avaient eu accès à Dieu pendant dix-huit siècles s'était refermée, une autre porte s'était ouverte, et le pardon des péchés leur était offert par l'intercession du Christ dans le Très-Sacré ou lieu très saint. Une phase de son ministère avait pris fin pour laisser la place à une autre. Il restait encore une « porte ouverte » vers le sanctuaire céleste, là où le Christ officiait en faveur du pécheur.

On comprit alors l'application de ces paroles du Christ dans l'Apocalypse, adressées à l'Église de cette époque : « Voici ce que dit le Saint, le Vrai, celui qui

31. Lévitique 16.17.

a la clef de David, celui qui ouvre de telle sorte que personne ne ferme, celui qui ferme de telle sorte que personne n'ouvre : Je connais tes œuvres ; j'ai mis devant toi une porte ouverte que personne ne peut fermer [32]. »

Ce sont ceux qui, par la foi, suivent Jésus dans la grande œuvre de l'expiation et bénéficient de sa médiation en leur faveur ; tandis que ceux qui rejettent la lumière révélant ce ministère n'en retirent aucun bienfait. Les Juifs qui n'acceptèrent pas Jésus au moment de son avènement et refusèrent de croire en lui comme Sauveur du monde ne purent recevoir le pardon par son intermédiaire. Jusqu'à son ascension, il pénétra avec son propre sang dans le sanctuaire céleste pour répandre sur ses disciples les bienfaits de sa médiation, les Juifs demeurèrent dans des ténèbres totales et continuèrent à présenter leurs sacrifices et leurs offrandes, devenus inutiles. Le ministère des types et des ombres avait cessé. La porte par laquelle les hommes avaient auparavant trouvé accès auprès de Dieu n'était pas restée ouverte. Les Juifs avaient refusé de le chercher de la seule manière par laquelle on pouvait alors le trouver : par le ministère du sanctuaire céleste. Ils ne jouirent plus de la communion avec Dieu. Pour eux, la porte était fermée. Il n'avaient pas reconnu le Christ comme le véritable sacrifice et le seul médiateur devant Dieu ; ils ne purent donc pas bénéficier de sa médiation.

La condition dans laquelle se trouvèrent ces Juifs incrédules illustre celle des personnes insouciantes et incroyantes, parmi celles qui font profession de christianisme, qui sont volontairement ignorantes de l'œuvre de notre Grand Prêtre miséricordieux. Dans le service typique, lorsque le grand prêtre pénétrait dans le Très-Sacré ou lieu très saint, tous les Israélites devaient se rassembler autour du sanctuaire, et, de la manière la plus solennelle, humilier leur âme devant Dieu afin de recevoir le pardon de leurs péchés et de ne pas être exclus de l'assemblée. Combien il est plus essentiel, en ce Jour antitypique de l'expiation, que nous comprenions l'œuvre de notre Grand Prêtre et sachions quels devoirs Dieu attend de nous !

Nous ne pouvons impunément rejeter les avertissements que Dieu nous fait parvenir dans sa miséricorde. Le ciel envoya un message au monde à l'époque de Noé et le salut des hommes de ce temps dépendait de la manière dont ils le traiteraient. Parce qu'ils rejetèrent cet avertissement, l'Esprit de Dieu se retira de cette race pécheresse, et ils périrent tous dans les eaux du Déluge. À l'époque d'Abraham, la miséricorde cessa de plaider auprès des habitants coupables de Sodome, et tous, à l'exception de Lot, de son épouse et de leurs deux filles, furent consumés par le feu envoyé du ciel.

Il en fut de même à l'époque du Christ. Le Fils de Dieu déclara aux Juifs incrédules de cette génération : « Votre maison vous est laissée déserte [33]. » En jetant un regard sur la fin des temps, la même Puissance infinie nous parle de ceux qui « n'ont pas accueilli l'amour de la vérité pour être sauvés. Aussi Dieu leur envoie une opération d'égarement, pour qu'ils croient au mensonge, afin que soient jugés tous ceux qui n'ont pas cru à la vérité, mais qui ont pris plaisir à l'injustice [34] ». Puisqu'ils rejettent les enseignements de sa Parole, Dieu retire son Esprit et les abandonne à leurs illusions chéries.

32. Apocalypse 3.7,8.
33. Matthieu 23.38.
34. 2 Thessaloniciens 2.10-12.

Malgré tout, le Christ intercède encore en faveur de l'homme, et la lumière sera accordée à ceux qui la cherchent. Bien que les adventistes ne l'aient pas compris au début, ceci leur apparut clairement lorsque les passages des Écritures qui définissent leur véritable position commencèrent à s'ouvrirent devant leurs yeux.

L'échéance de 1844 fut suivie d'une période de grande épreuve pour ceux qui professaient encore la foi au second avènement. Leur seul soulagement, en ce qui concerne leur véritable position, fut la lumière qui dirigea leur esprit vers le sanctuaire céleste. Certains perdirent confiance dans leur précédent calcul des périodes prophétiques et attribuèrent à des influences humaines ou sataniques la puissante influence du Saint-Esprit qui avait accompagné le mouvement du second avènement. D'autres restèrent persuadés que le Seigneur les avait guidés dans leur expérience passée ; et, pendant qu'ils attendaient, veillaient et priaient pour connaître la volonté de Dieu, ils se rendirent compte que leur Grand Prêtre avait inauguré une nouvelle phase de son ministère ; et, en le suivant par la foi, ils furent amenés à comprendre aussi la mission finale de l'Église. Ils acquirent une compréhension plus claire des messages du premier et du second ange, et ils se trouvèrent prêts à recevoir et à transmettre au monde le solennel avertissement du troisième ange du chapitre 14 de l'Apocalypse.

25

La loi de Dieu est immuable

« Le sanctuaire de Dieu qui est dans le ciel fut ouvert, et le coffre de son alliance apparut dans son sanctuaire [1]. » L'arche ou coffre de l'alliance de Dieu se trouve dans le Très-Sacré ou lieu très saint, la seconde pièce du sanctuaire. Dans le ministère du sanctuaire terrestre, qui était « un copie et une ombre des choses célestes [2] », cette pièce n'était ouverte qu'au grand Jour de l'expiation pour la purification du sanctuaire. C'est pourquoi l'annonce concernant l'ouverture du « sanctuaire de Dieu qui est dans le ciel » et de la possibilité d'y voir l'arche ou « coffre de son alliance » attire l'attention sur l'ouverture du Très-Sacré ou lieu très saint de ce sanctuaire céleste en 1844 lorsque le Christ y pénétra pour accomplir la phase finale de l'expiation. Ceux qui, par la foi, suivirent leur Grand Prêtre pendant qu'il inaugurait son ministère dans le Très-Sacré ou lieu très saint, contemplèrent l'arche ou « coffre de son alliance ». En étudiant le sujet du sanctuaire, ils avaient compris le changement survenu dans le ministère du Sauveur, et ils se rendirent compte qu'il officiait maintenant devant l'arche ou coffre de Dieu en plaidant les mérites de son sang en faveur des pécheurs.

L'arche ou coffre du tabernacle terrestre renfermait les deux tables de pierre sur lesquelles étaient gravés les préceptes de la loi de Dieu. Cette arche ou coffre n'était que le réceptacle des tables de la loi ; et c'est la présence de ces préceptes divins qui lui conférait sa valeur et son caractère sacré. Lorsque « le sanctuaire de Dieu qui est dans le ciel fut ouvert », on put y voir l'arche ou « coffre de son alliance ». C'est à l'intérieur du Très-Sacré ou lieu très saint du sanctuaire céleste qu'est enchâssée de manière sacrée la loi divine, prononcée par Dieu lui-même au milieu des tonnerres du Sinaï et écrite de son propre doigt sur les tables de pierre.

La loi de Dieu déposée dans le sanctuaire céleste est le grand original dont les préceptes gravés sur les tables de pierre et recopiés par Moïse dans le Pentateuque étaient une copie parfaite. Ceux qui arrivèrent à saisir cet important sujet furent ainsi amenés à percevoir le caractère sacré et immuable de cette loi divine. Ils comprirent, comme jamais auparavant, toute la portée de ces paroles du Sauveur : « Jusqu'à ce que le ciel et la terre passent, pas un seul iota ou un seul trait de lettre de la Loi ne passera, jusqu'à ce que tout soit arrivé [3]. » La loi de Dieu, étant une révélation de sa volonté et un reflet de son caractère, doit subsister éternellement : « Le témoin qui est dans la nue est sûr [4]. » Aucun de ses commandements n'a été annulé ; « pas un seul iota ou un seul trait de lettre » n'a été changé. Le psalmiste

1. Apocalypse 11.19.
2. Hébreux 8.5.
3. Matthieu 5.18.
4. Psaume 89.38.

avait déclaré : « Pour toujours, SEIGNEUR, ta parole se tient dans le ciel [5] » ; « Toutes ses directives sont sûres, pour toujours, à jamais inébranlables [6]. »

Au cœur même du Décalogue se trouve le quatrième commandement, tel qu'il fut proclamé à l'origine : « Souviens-toi du sabbat, pour en faire un jour sacré. Pendant six jours tu travailleras, et tu feras tout ton ouvrage. Mais le septième jour, c'est un sabbat pour le SEIGNEUR, ton Dieu : tu ne feras aucun ouvrage, ni toi, ni ton fils, ni ta fille, ni ton serviteur, ni ta servante, ni tes bêtes, ni les immigrés qui sont dans tes villes. Car en six jours le SEIGNEUR a fait le ciel, la terre, la mer et tout ce qui s'y trouve, et il s'est reposé le septième jour. C'est pourquoi le SEIGNEUR a béni le sabbat et en a fait un jour sacré [7]. »

L'Esprit de Dieu impressionna le cœur des étudiants de sa Parole. La conviction qu'ils avaient, par ignorance, transgressé ce précepte en méconnaissant le jour de repos du Créateur s'empara d'eux. Ils entreprirent d'examiner les raisons qui avaient amené les chrétiens à observer le premier jour de la semaine à la place du jour que Dieu avait sanctifié ; mais ils ne trouvèrent dans les Écritures aucune preuve de l'abolition du quatrième commandement ait été aboli, ni que le sabbat ait été changé ; la bénédiction qui avait, à l'origine, sanctifié le septième jour n'avait jamais été supprimée. Ils avaient honnêtement cherché à connaître et à réaliser la volonté de Dieu. Maintenant, ils se découvraient transgresseurs de sa loi. Leurs cœurs furent remplis de tristesse, et ils manifestèrent leur loyauté envers Dieu en sanctifiant son jour de sabbat.

De nombreux et sérieux efforts furent tentés pour ébranler leur foi. Personne ne pouvait manquer de constater que, si le sanctuaire terrestre était « une copie et une ombre des choses célestes [8] », la loi déposée dans l'arche ou coffre sur la terre était une copie exacte de la loi déposée dans l'arche ou coffre dans le ciel ; que l'acceptation de la vérité sur le sanctuaire céleste impliquait de reconnaître les exigences de la loi de Dieu et l'obligation d'observer le sabbat. C'est là le secret de cette opposition féroce et acharnée contre l'explication harmonieuse des Écritures qui révélait le ministère du Christ dans le sanctuaire céleste. Les hommes cherchaient à fermer la porte que Dieu avait ouverte, et à ouvrir celle qu'il avait fermée. Mais « celui qui ouvre de telle sorte que personne ne ferme, celui qui ferme de telle sorte que personne n'ouvre [9] » avait déclaré : « J'ai mis devant toi une porte ouverte que personne ne peut fermer [10]. » Le Christ avait ouvert la porte du Très-Sacré ou lieu très saint, par laquelle jaillissait la lumière montrant que le quatrième commandement se trouve inclus dans la loi qui y est enchâssée. Personne ne pouvait renverser ce que Dieu avait instauré.

Ceux qui avaient accepté la lumière concernant la médiation du Christ et la perpétuité de la loi de Dieu découvrirent que telles étaient les vérités présentées dans le chapitre 14 de l'Apocalypse. Les messages contenus dans ce chapitre constituent un triple avertissement [11], destiné à préparer les habitants de la terre au second avènement du Seigneur. L'annonce que « l'heure de son jugement est venue [12] » attire l'attention sur la phase finale du ministère du Christ pour le

5. Psaume 119.89.
6. Psaume 111.7,8.
7. Exode 20.8-11.
8. Hébreux 8.5.
9. Apocalypse 3.7.
10. Apocalypse 3.8.
11. Voir appendice, note 36.
12. Apocalypse 14.7.

salut des hommes. Elle proclame une vérité qui doit être prêchée jusqu'à ce que cesse l'intercession du Sauveur et qu'il revienne sur la terre pour prendre son peuple avec lui. L'œuvre de jugement commencée en 1844 doit se poursuivre jusqu'à ce que le cas de chacun soit tranché, aussi bien celui des vivants que celui des morts ; c'est pourquoi il doit durer jusqu'à la fin du temps d'épreuve accordé à l'humanité.

Afin que les hommes puissent être prêts à comparaître devant le tribunal divin, ce message leur ordonne : « Craignez Dieu et donnez-lui gloire, … et prosternez-vous devant celui qui a fait le ciel, la terre, la mer et les sources d'eaux [13] ! » La conséquence de l'acceptation de ces messages est indiquée par ces paroles : « C'est ici la persévérance des saints, qui gardent les commandements de Dieu et la foi de Jésus [14]. » Pour être oser affronter le jugement, il est nécessaire d'observer la loi de Dieu. Cette loi sera le critère permettant de mesurer le caractère de chacun au cours de ce procès. L'apôtre Paul déclare : « Tous ceux qui ont péché sous la loi seront jugés au moyen de la loi … au jour où Dieu, selon ma bonne nouvelle, juge les secrets des humains par Jésus-Christ [15]. » Il nous dit aussi que « ce sont ceux qui mettent la loi en pratique qui seront justifiés [16]. » La foi est essentielle pour pouvoir garder la loi de Dieu ; car « sans la foi, il est impossible de lui plaire [17] » ; et « tout ce qui ne relève pas de la foi est péché [18] ».

Le premier ange ordonne aux hommes : « Craignez Dieu et donnez-lui gloire [19] » ; et, également, de l'adorer ou de se prosterner devant lui comme Créateur des cieux et de la terre. Pour pouvoir le faire, ils doivent obéir à sa loi. Le sage avait dit : « Crains Dieu et observe ses commandements. C'est là tout l'humain [20]. » Sans obéissance à ses commandements, aucun culte ne peut être agréable à Dieu. « L'amour de Dieu, c'est que nous gardions ses commandements [21]. » « Celui qui détourne l'oreille pour ne pas écouter l'enseignement, sa prière même est une abomination [22]. »

Le devoir d'adorer Dieu repose sur sa qualité de Créateur à qui tous les êtres doivent leur existence. Chaque fois que, dans la Bible, Dieu fait valoir ses droits au respect et à l'adoration, au-dessus des dieux païens, il fait appel à sa puissance créatrice. « Tous les dieux des peuples sont des faux dieux, mais c'est le SEIGNEUR qui a fait le ciel [23]. » « À qui me comparerez-vous, pour que je lui ressemble ? dit le Saint. Levez les yeux en haut et regardez ! Qui a créé ces choses [24] ? » « Car ainsi parle le SEIGNEUR, celui qui a créé le ciel, lui, le Dieu qui façonne la terre … : Je suis le SEIGNEUR, et il n'y en a pas d'autre [25]. » Selon les mots du psalmiste : « Sachez que le SEIGNEUR est Dieu : c'est lui qui nous a faits, et nous lui appartenons [26]. » « Venez, prosternons-nous, courbons-nous, fléchissons le genou devant

13. *Idem.*
14. Apocalypse 14.12.
15. Romains 2.12,16.
16. Romains 2.13.
17. Hébreux 11.6.
18. Romains 14.23.
19. Apocalypse 14.7.
20. Ecclésiaste 12.13.
21. 1 Jean 5.3.
22. Proverbes 28.9.
23. Psaume 96.5.
24. Ésaïe 40.25,26.
25. Ésaïe 45.18
26. Psaume 100.3.

le SEIGNEUR qui nous fait [27]. » Les êtres saints qui adorent Dieu dans le ciel déclarent, en raison de l'hommage qui lui est dû : « Tu es digne, notre Seigneur, notre Dieu, de recevoir la gloire, l'honneur et la puissance, car c'est toi qui as tout créé [28]. »

Le chapitre 14 de l'Apocalypse invite les hommes à adorer le Créateur. Cette prophétie présente une classe de croyants qui, à la suite du triple message, garde les commandements de Dieu. L'un de ces commandements désigne directement Dieu comme le Créateur. Le quatrième précepte déclare : « Le septième jour, c'est un sabbat pour le SEIGNEUR, ton Dieu : … car en six jours le SEIGNEUR a fait le ciel, la terre, la mer et tout ce qui s'y trouve, et il s'est reposé le septième jour. C'est pourquoi le SEIGNEUR a béni le sabbat et en a fait un jour sacré [29]. » Concernant le sabbat, le Seigneur déclare aussi que c'est « un signe, par lequel on saura que je suis le SEIGNEUR, votre Dieu [30]. » La raison invoquée est celle-ci : « Car en six jours le SEIGNEUR a fait le ciel et la terre, et le septième jour il s'est reposé et a repris haleine [31]. »

« L'importance du sabbat comme mémorial de la création vient du fait qu'il rappelle toujours à l'esprit de l'homme la véritable raison d'être de l'adoration que nous devons à Dieu », à savoir qu'il est le Créateur, et que nous sommes ses créatures. « Le sabbat se trouve donc à la base même du culte d'adoration, car il enseigne cette grande vérité de la manière la plus impressionnante, ce que ne fait aucune autre institution. La véritable raison d'être du culte d'adoration, non pas seulement de celui du septième jour, mais de tout culte d'adoration permanent, se trouve dans la distinction qui existe entre le Créateur et ses créatures. Ce grand fait ne pourra jamais être démodé, et ne devra jamais être oublié [32]. »

C'est pour nous rappeler constamment cette vérité que Dieu institua le sabbat en Éden. Le seul fait qu'il soit notre Créateur continuera à être une raison de l'adorer, et le sabbat subsistera comme signe et mémorial de ce fait. Si ce jour avait été universellement observé, les pensées et les affections des hommes se seraient tournées vers le Créateur comme objet de leur révérence et de leur adoration, et il n'y aurait jamais d'idolâtre, d'athée, ni d'incrédule. L'observation du sabbat est un signe de loyauté envers le vrai Dieu, « celui qui a fait le ciel, la terre, la mer et les sources d'eaux [33] ». Il s'ensuit que le message qui ordonne aux hommes de se prosterner devant Dieu et de garder ses commandements les invite spécialement à garder le quatrième commandement.

En contraste avec ceux « qui gardent les commandements de Dieu et la foi de Jésus [34] », le troisième ange désigne une autre classe contre les erreurs de laquelle il prononce cet avertissement solennel et terrible : « Si quelqu'un se prosterne devant la bête et son image et reçoit une marque sur le front ou sur la main, il boira, lui aussi, du vin de la fureur de Dieu [35]. » Une interprétation correcte des symboles employés ici est nécessaire pour comprendre ce message. Que représentent cette bête, cette image et cette marque ?

---

27. Psaume 95.6.
28. Apocalypse 4.11.
29. Exode 20.10,11.
30. Ézéchiel 20.20.
31. Exode 31.17.
32. J.N. Andrews, *History of the Sabbath* [Histoire du sabbat], chapitre 27.
33. Apocalypse 14.7.
34. Apocalypse 14.12.
35. Apocalypse 14.9,10.

La chaîne prophétique dans laquelle se trouvent ces symboles commence au chapitre 12 de l'Apocalypse, qui nous montre le dragon s'efforçant de détruire le Christ à sa naissance. Ce « grand dragon … est appelé le diable et Satan [36] ». C'est lui qui poussa Hérode à attenter à la vie du Sauveur. Mais le principal instrument de Satan pour faire la guerre au Christ et à son peuple pendant les premiers siècles de l'ère chrétienne fut l'Empire romain, dont la religion dominante était le paganisme. Ainsi, bien que le dragon représente en premier lieu Satan, c'est aussi, dans un sens secondaire, un symbole de la Rome païenne.

Le chapitre 13, versets 1-10, nous décrit une nouvelle bête, « semblable à un léopard. … Le dragon lui donna sa puissance, son trône et une grande autorité [37] ». Ce symbole, comme l'ont cru la plupart des protestants, représente la papauté, qui a hérité de la puissance, du trône et de l'autorité de l'ancien Empire romain. De cette bête « semblable à un léopard », il est dit : « Il lui fut donné une bouche qui proférait des paroles arrogantes et des blasphèmes. … Elle ouvrit sa bouche pour proférer des blasphèmes contre Dieu, pour calomnier son nom et sa demeure, et ceux qui habitent au ciel. Il lui fut donné de faire la guerre aux saints et de les vaincre. Il lui fut donné pouvoir sur toute tribu, tout peuple, toute langue et toute nation [38]. » Cette prophétie, qui est presque identique à la description de la petite corne dans le chapitre 7 de Daniel, désigne sans conteste la papauté.

« Il lui fut donné le pouvoir d'agir pendant quarante-deux mois [39]. » Le prophète nous dit également : « Je vis l'une de ses têtes comme blessée à mort [40] » et : « Si quelqu'un doit aller en captivité, il ira en captivité ; si quelqu'un doit être tué par l'épée, il sera tué par l'épée [41]. » Ces quarante-deux mois représentent la même période de temps que celle du chapitre 7 de Daniel : « un temps, des temps et la moitié d'un temps [42] », soit trois ans et demi ou 1260 jours ou années, période pendant laquelle la puissance papale allait opprimer le peuple de Dieu. Cette période, comme il a été dit dans les chapitres précédents, a commencé avec la suprématie de la papauté en 538 de notre ère et s'est terminée en 1798. C'est à cette date que le pape fut fait prisonnier par l'armée française, que sa puissance reçut sa blessure mortelle, et que cette prédiction s'accomplit : « Si quelqu'un doit aller en captivité, il ira en captivité. »

Alors apparaît un nouveau symbole. Le prophète nous dit : « Je vis monter de la terre une autre bête. Elle avait deux cornes semblables à celle d'un agneau [43]. » Son apparence et sa manière de se révéler indiquent que la nation qu'elle représente est différente de celles qui ont été présentées sous les symboles précédents. Le prophète Daniel, parlant des grandes puissances qui devaient gouverner le monde, les assimila à des prédateurs, s'élevant de la grande mer agitée par « les quatre vents du ciel [44] ». Au chapitre 17 de l'Apocalypse, un ange explique que les eaux représentent « des peuples, des foules, des nations et des langues [45] ». Les vents symbolisent les guerres. Les « quatre vents du ciel » agitant la grande mer représentent

---

36. Apocalypse 12.9.
37. Apocalypse 13.2.
38. Apocalypse 13.5-7.
39. Apocalypse 13.5.
40. Apocalypse 13.3.
41. Apocalypse 13.10.
42. Daniel 7.25.
43. Apocalypse 13.11.
44. Daniel 7.2.
45. Apocalypse 17.15.

les terribles scènes de conquêtes et de révolutions par lesquelles ces différents royaumes sont parvenus au pouvoir.

Le prophète vit également « monter de la terre » cette bête aux « cornes semblables à celle d'un agneau ». Au lieu de renverser d'autres puissances pour s'installer à leur place, la nation dont elle était porteuse devait naître dans un territoire inoccupé jusqu'alors et se développer graduellement et paisiblement. Elle ne pouvait donc pas surgir des nations de l'Ancien Monde, populeuses et belliqueuses, de cette mer turbulente symbolisant « des peuples, des foules, des nations et des langues ». Il faut la chercher dans le Nouveau Monde.

Quelle était la nation du Nouveau Monde qui montait en puissance en 1798, présageant un avenir de force et de grandeur et attirant l'attention du monde ? L'application de ce symbole ne permet aucun doute. Une nation, et une seule, répond aux spécifications de cette prophétie : sans erreur possible, il s'agit des États-Unis d'Amérique. À de nombreuses reprises, les orateurs et les historiens ont employé inconsciemment la pensée, et presque les termes exacts, du prophète pour décrire l'apparition et la croissance de cette nation. On voyait cette bête « monter de la terre » ; d'après les traducteurs, l'original du mot rendu par « monter » signifie littéralement : « croître ou apparaître comme une plante ». Et, comme nous l'avons vu, cette nation devait s'établir sur un territoire vierge de toute occupation.

Un écrivain en vue, parlant de la naissance des États-Unis, évoque le « *mystère de son apparition à partir d'un vide* » et ajoute : « Nous sommes devenus un Empire comme une *semence silencieuse* [46]. » Un journal européen de 1850 décrivait ce territoire comme un merveilleux Empire, « émergeant … *au milieu du silence de la terre*, ajoutant chaque jour à sa puissance et à sa fierté [47]. » Edward Everett, dans un discours sur les Pères pèlerins, fondateurs de la nation américaine, disait : « Recherchaient-ils un endroit retiré, inoffensif et sûr en raison de sa protection naturelle et de son obscurité, de son isolement, où la petite église de Leyde pourrait jouir de la liberté de conscience ? Contemplez ces *puissantes régions* dans lesquelles, par une *conquête pacifique*, … ils ont apporté la bannière de la croix [48] ! »

« Elle avait deux cornes semblables à celle d'un agneau. » Celles-ci symbolisent la jeunesse, l'innocence et la douceur. Elles représentent de manière exacte le caractère des États-Unis au moment où ils furent montrés au prophète comme montant de la terre en 1798. Parmi les chrétiens exilés qui furent les premiers à chercher refuge en Amérique pour échapper à l'oppression des rois et à l'intolérance des prêtres, beaucoup d'entre eux étaient décidés à instaurer un gouvernement reposant sur les solides fondations de la liberté civile et religieuse. Leurs opinions furent introduites dans la Déclaration d'indépendance, qui expose la grande vérité que « tous les hommes ont été créés égaux » et ont reçu le droit inaliénable « à la vie, à la liberté et à la recherche du bonheur ».

La Constitution américaine garantit au peuple le droit de se gouverner lui-même en prévoyant l'élection des représentants par suffrage populaire qui promulgueront et feront appliquer les lois. La liberté de la foi religieuse fut aussi accordée, chacun ayant le droit d'adorer Dieu selon les exigences de sa conscience. Le républicanisme et le protestantisme devinrent les principes fondamentaux de cette nation. Ces

---

46. G.A. Townsend, *The New World Compared With the Old* [Le Nouveau Monde comparé à l'Ancien], p. 462.
47. *The Dublin Nation.*
48. Discours prononcé à Plymouth, Massachusetts, 22 décembre 1824, p. 11.

principes constituent le secret de sa puissance et de sa prospérité. Dans toute la chrétienté, les opprimés se sont tournés vers ce pays avec intérêt et espoir. Des millions de personnes ont cherché refuge sur ses rivages, et les États-Unis ont pris place parmi les plus puissantes nations du monde.

Mais la bête qui « avait deux cornes semblables à celles d'un agneau … parlait comme un dragon. Elle exerçait tout le pouvoir de la première bête en sa présence, et elle agissait de façon que ses habitants se prosternent devant cette première bête, dont la blessure mortelle avait été guérie […] Elle disait aux habitant sde la terre de faire une image de la bête qui avait été blessée par l'épée et qui vivait [49]. »

Dans ce symbole, les « cornes semblables à celles d'un agneau » et le langage de dragon attirent notre attention sur la contradiction frappante entre la profession de foi et la pratique de la nation ainsi représentée. Cette nation « parle » au travers des votes de son autorité législative et de ses décisions judiciaires. Ces votes démentiront les principes libéraux et pacifiques qu'elle a exprimés comme les fondations de sa politique. La prédiction qu'elle parlera « comme un dragon » et exercera « tout le pouvoir de la première bête » annonce clairement l'apparition d'un esprit d'intolérance et de persécution analogue à celui que manifestaient les nations représentées par le dragon et la bête « semblable à un léopard [50] ». Et la déclaration de la bête à deux cornes « fait que la terre et ses habitants se prosternent devant la première bête » indique que cette nation exercera son autorité en imposant une pratique qui constituera un hommage à la papauté.

De tels actes seraient directement opposés aux principes de ce gouvernement, au génie de ses libres institutions, aux affirmations directes et solennelles de sa Déclaration d'indépendance, et à sa Constitution. Les fondateurs de cette nation s'efforcèrent avec sagesse de se garder de l'emploi du pouvoir séculier par l'Église, avec ses conséquences inévitables : l'intolérance et la persécution. La Constitution prévoit que « le Congrès ne devra promulguer aucune loi concernant l'établissement d'une religion ou interdisant le libre exercice de celle-ci », et qu'« aucune condition religieuse ne devra jamais être exigée comme qualification pour occuper une fonction publique aux États-Unis ». Ce n'est que par une transgression flagrante de ces garanties de la liberté de cette nation qu'une pratique religieuse peut être imposée par l'autorité civile. Mais l'inconséquence d'un tel acte n'est pas plus grande que celle qui est représentée dans ce symbole : où la bête aux « cornes semblables à celle d'un agneau », pure, douce et inoffensive dans sa profession de foi, parle « comme un dragon ».

Elle disait « aux habitants de la terre de faire une image de la bête ». Cette image nous présente clairement une forme de gouvernement dans laquelle le pouvoir législatif appartient au peuple, preuve extrêmement frappante que les États-Unis sont la nation décrite dans cette prophétie.

Mais qu'est-ce que cette « image de la bête » ? Et comment se formera-t-elle ? C'est la bête à deux cornes qui érige l'image de la première bête ; et celle-ci est aussi appelée « image *de* la bête [51] ». Pour savoir ce qu'est cette image et comment elle se formera, nous devons donc étudier les caractéristiques de la bête elle-même, c'est-à-dire de la papauté.

---

49. Apocalypse 13.11-14.
50. Apocalypse 13.2.
51. Apocalypse 13.15.

Lorsque l'Église primitive se corrompit en s'éloignant de la simplicité de l'Évangile et en acceptant les rites et les coutumes des païens, elle perdit l'Esprit et la puissance de Dieu ; et, pour opprimer la conscience des hommes, elle rechercha le soutien du pouvoir séculier. Ainsi naquit la papauté : une Église qui dominait l'État et l'employait pour arriver à ses propres fins, spécialement pour châtier de l'« hérésie ». Pour que les États-Unis forment une image à la bête, le pouvoir religieux doit avoir un fort ascendant sur le gouvernement civil afin que l'Église use elle aussi de l'autorité de l'État pour arriver à ses propres fins.

Chaque fois que l'Église a obtenu le pouvoir séculier, elle s'en est servie pour punir ceux qui n'acceptaient pas ses doctrines. Les Églises protestantes qui ont suivi les traces de l'Église romaine en contractant des alliances avec les pouvoirs de ce monde ont manifesté un désir semblable de restreindre la liberté de conscience. Nous en trouvons un exemple dans la longue persécution des dissidents par l'Église d'Angleterre. Au cours des seizième et dix-septième siècles, des milliers de prédicateurs non-conformistes furent obligés de fuir leurs églises ; et de nombreux croyants, pasteurs et gens du peuple, durent subir la condamnation aux amendes, l'emprisonnement, la torture et le martyre.

C'est l'apostasie qui amena l'Église primitive à rechercher l'aide du gouvernement civil, et qui prépara le chemin à l'apparition de la papauté : la « bête ». Paul avait dit : « Il faut d'abord que vienne l'apostasie. … Alors se révélera le Sans-loi [52]. » C'est donc l'apostasie dans l'Église qui prépare le chemin de « l'image de la bête ».

La Bible déclare que, avant l'avènement du Seigneur, on verra un déclin religieux semblable à celui des premiers siècles. « Dans les derniers jours surgiront des temps difficiles. Car les gens seront *égoïstes*, amis de l'argent, fanfarons, orgueilleux, blasphémateurs, rebelles envers leurs parents, ingrats, sacrilèges, insensibles, implacables, médisants, sans maîtrise de soi, cruels, *ennemis du bien*, traîtres, emportés, aveuglés par l'orgueil, *amis du plaisir plus que de Dieu ; ils garderont la forme extérieure de la piété*, mais ils en renieront la puissance [53]. » « L'Esprit dit expressément que, dans les derniers temps, quelques-uns s'éloigneront de la foi pour s'attacher à des esprits d'égarement et à des enseignements de démons [54]. » Satan agira « avec toutes sortes de miracles, de signes et de prodiges mensongers, et avec toutes les tromperies de l'injustice [55] ». Tous ceux qui « n'ont pas accueilli l'amour de la vérité pour être sauvés » seront amenés à accepter « une opération d'égarement, pour qu'ils croient le mensonge [56] ». Lorsque cet état d'impiété sera atteint, les mêmes conséquences qu'aux premiers siècles en résulteront.

De nombreuses personnes considèrent la grande diversité de croyances professées par les Églises protestantes comme une preuve décisive qu'aucun effort pour amener une uniformité de la foi ne pourra jamais être tenté. Mais on constate depuis des années, dans les Églises protestantes, un courant profond et croissant en faveur d'une union reposant sur les points communs de doctrine. Pour assurer une telle union, il faudra nécessairement éviter la discussion de sujets sur lesquels tous ne sont pas d'accord, quelque soit leur importance du point de vue biblique.

52. 2 Thessaloniciens 2.3,8.
53. 2 Timothée 3.1-5.
54. 1 Timothée 4.1.
55. 2 Thessaloniciens 2.9,10.
56. 2 Thessaloniciens 2.10,11.

Charles Beecher, dans un sermon prêché en 1846, déclara que les prédicateurs des « dénominations protestantes évangéliques … non seulement sont formés depuis le début sous la terrible pression de la peur humaine ; mais ils vivent, se meuvent et respirent dans une atmosphère radicalement corrompue, faisant appel à chaque instant aux éléments les plus vils de leur nature pour étouffer la vérité et pour fléchir le genou devant la puissance de l'apostasie. N'était-ce pas ainsi que les choses se sont passées dans l'Église romaine ? Ne vivons-nous pas aujourd'hui ce qu'elle a vécu ? Et que verrons-nous bientôt ? Un nouveau concile général ! Une convention mondiale ! Une alliance évangélique, et un credo universel [57] ! » Lorsque ceci se réalisera, il ne restera plus qu'un pas à faire avant de recourir à la force afin d'obtenir une uniformité complète.

Lorsque les principales Églises des États-Unis s'uniront sur les points de doctrine qu'elles professent en commun et influenceront l'État pour qu'il impose leurs décrets et soutienne leurs institutions, l'Amérique protestante formera alors une image de la hiérarchie romaine, et il en résultera inévitablement l'application de sanctions aux dissidents.

La bête à deux cornes « fait qu'on impose à tous, petits et grands, riches et pauvres, hommes libres et esclaves, une marque sur la main droite ou sur le front, et que personne ne puisse acheter ni vendre sans avoir la marque, le nom de la bête ou le chiffre de son nom [58] ». L'avertissement du troisième ange est : « Si quelqu'un se prosterne devant la bête et son image et reçoit une marque sur le front ou sur la main, il boira, lui aussi, du vin de la fureur de Dieu [59]. » La « bête » mentionnée dans ce message, devant laquelle la bête à deux cormes force les habitants de la terre à se prosterner, est la première bête, « semblable à un léopard », du chapitre 13 de l'Apocalypse, la papauté. L'« image de la bête » représente le protestantisme apostat qui apparaîtra lorsque ses Églises rechercheront l'aide du pouvoir civil pour imposer leurs dogmes. Il reste encore à définir ce qu'est la « marque de la bête ».

Après avoir averti celui qui « se prosterne devant la bête et son image », la prophétie parle de ceux « qui gardent les commandements de Dieu et la foi de Jésus [60] ». Puisqu'elle établit ainsi le contraste entre ceux qui gardent les commandements de Dieu et ceux qui se prosternent devant la bête et son image et reçoivent sa marque, il est évident que c'est l'observation de la loi de Dieu d'une part et sa transgression, d'autre part, qui différencieront les adorateurs de Dieu de ceux de la bête.

La caractéristique spéciale de la bête, et par conséquent celle son image, c'est la transgression des commandements de Dieu. Daniel avait dit de la petite corne [la papauté] : « Il espérera changer les temps et la loi [61]. » Paul avait appelé « la personnification du mal [62] » ce même pouvoir qui devait s'exalter au-dessus de Dieu. Ces prophéties se complètent l'une l'autre. Ce n'est qu'en changeant la loi de Dieu que la papauté pouvait s'élever au-dessus de Dieu : quiconque observerait sciemment cette loi ainsi modifiée rendrait un hommage suprême à la puissance qui a

57. Charles Beecher, sermon sur « La Bible, credo suffisant », prêché le 22 février 1846 à Fort Wayne, Indiana.
58. Apocalypse 13.16,17.
59. Apocalypse 14.9,10.
60. Apocalypse 14.12.
61. Daniel 7.25.
62. 2 Thessaloniciens 2.3.

effectué ce changement. Un tel acte d'obéissance aux lois de la papauté serait une marque d'allégeance accordée au pape à la place de Dieu.

Effectivement, la papauté a tenté de changer la loi de Dieu. Le deuxième commandement, qui interdit le culte des images, a été supprimé ; et le quatrième a été modifié de manière à autoriser l'observation du premier jour de la semaine comme sabbat à la place du septième. Les partisans catholiques prétendent, pour justifier sa suppression, que le deuxième commandement n'est pas nécessaire puisqu'il est inclus dans le premier, et que l'Église romaine enseigne la loi exactement comme Dieu voulait qu'elle soit comprise. Cela, disent-ils, ne peut être le changement prédit par le prophète, qui nous parle d'une altération intentionnelle, délibérée : « Il *espérera* changer les temps et la loi. » Cependant, le changement apporté au quatrième commandement accomplit exactement cette prophétie. Pour son application, la seule autorité invoquée est celle de l'Église. En cela, la puissance papale se place ouvertement au-dessus de Dieu.

Lorsque ceux qui se prosternent devant Dieu se distingueront spécialement par le respect du quatrième commandement, signe de sa puissance créatrice et témoignage de son droit à la révérence et à l'hommage des hommes, les adorateurs de la bête se remarqueront par leurs efforts pour renverser le mémorial donné par le Créateur et glorifier à sa place une institution de l'Église romaine. C'est en faveur du dimanche que la papauté a exprimé ses arrogantes prétentions [63], et qu'elle a eu pour la première fois recours au pouvoir de l'État pour forcer les hommes à observer ce jour comme « jour du Seigneur ». Mais la Bible désigne le septième jour, et non le premier, comme le jour du Seigneur. Le Christ a dit : « Le Fils de l'homme est maître même du sabbat [64]. » Le quatrième commandement déclare : « Le septième jour, c'est un sabbat pour le SEIGNEUR, ton Dieu [65]. » Par le prophète Ésaïe, Dieu l'a appelé « mon jour sacré [66] ».

L'affirmation, si souvent faite, que c'est le Christ qui a changé le jour du sabbat est démentie par ses propres paroles. Dans son Sermon sur la montagne, il a déclaré : « Ne pensez pas que je sois venu pour abolir la Loi ou les Prophètes. Je ne suis pas venu pour abolir, mais pour accomplir. Amen, je vous le dis, en effet, jusqu'à ce que le ciel et la terre passent, pas un seul iota ou un seul trait de lettre de la loi ne passera, jusqu'à ce que tout soit arrivé. Celui donc qui violera l'un de ces plus petits commandements et qui enseignera aux gens à faire de même sera appelé le plus petit dans le royaume des cieux, mais celui qui les mettra en pratique et les enseignera, celui-là sera appelé grand dans le royaume des cieux [67]. »

C'est un fait généralement admis par les protestants que les Écritures ne sanctionnent aucunement le changement du jour du sabbat. Ceci est clairement exprimé dans des publications de la Société américaine de traités et de l'Union américaine de l'École du dimanche. L'une d'entre elle reconnaît « le silence complet du Nouveau Testament en ce qui concerne un ordre explicite sur le sabbat [le dimanche, premier jour de la semaine] ou des règles précises sur son observation [68]. »

63. Voir appendice, note 37.
64. Marc 2.28.
65. Exode 20.10.
66. Ésaïe 58.13.
67. Matthieu 5.17-19.
68. George Elliott, *The Abiding Sabbath* [La permanence du sabbat], p. 184.

Une autre déclare : « Jusqu'au moment de la mort du Christ, aucun changement de jour n'avait été signalé. [...] Autant que le récit biblique le révèle, ils [les apôtres] ... ne donnèrent aucun ordre explicite pour l'abandon du sabbat du septième jour et son observation le premier jour de la semaine [69]. »

Les catholiques romains reconnaissent que c'est leur Église qui a opéré le changement du sabbat et déclarent que les protestants, en observant le dimanche, reconnaissent ainsi son autorité. Le *Catéchisme catholique de la religion chrétienne*, en réponse à une question sur le jour à observer pour obéir au quatrième commandement, fait la déclaration suivante : « Sous l'ancienne loi, le samedi était le jour sanctifié ; mais *l'Église*, instruite par Jésus-Christ et dirigée par l'Esprit de Dieu, a substitué le dimanche au samedi ; de sorte que, maintenant, nous sanctifions le premier jour et non le septième. Le dimanche signifie, et est maintenant, le jour du Seigneur. »

Comme signe de l'autorité de l'Église catholique, ses écrivains citent « le fait même du transfert du sabbat en dimanche, admis par les protestants, [...] qui, en observant le dimanche, reconnaissent l'autorité de l'Église dans l'institution des fêtes et l'ordonnance de leur observation sous peine de péché [70] ». Qu'est donc le changement de sabbat, sinon le signe ou la marque de l'autorité de l'Église romaine, la « marque de la bête » ?

L'Église romaine n'a pas renoncé à ses prétentions à la suprématie. Lorsque le monde et les Églises protestantes acceptent le sabbat institué par les catholiques, tout en rejetant celui de la Bible, ils admettent virtuellement cette suprématie. Les protestants ont beau, pour justifier ce changement, se réclamer de l'autorité de la tradition et des Pères de l'Église ; ce faisant, ils renient le principe même qui les sépare de l'Église romaine, à savoir « la Bible, et la Bible seule, est leur unique règle de foi ». Les partisans de la papauté peuvent constater que ces protestants se séduisent eux-mêmes en fermant délibérément les yeux sur ces faits. Au fur et à mesure que le mouvement en faveur du dimanche gagne du terrain, ils se réjouissent, assurés que celle loi amènera finalement l'ensemble du monde protestant sous la bannière de l'Église catholique romaine.

Les catholiques romains déclarent que « l'observation du dimanche par les protestants est un hommage rendu malgré eux à l'autorité de Rome [71] ». Le culte du premier jour imposé par les Églises protestantes, c'est l'obligation de se prosterner devant la papauté – la « bête ». Ceux qui, tout en comprenant les devoirs du quatrième commandement, choisissent de vivre un faux sabbat à la place du vrai rendent ainsi hommage au seul pouvoir qui en ordonne l'observation. Mais, en imposant un acte religieux par le pouvoir séculier, les Églises formeraient elles-mêmes une « image à la bête » ; c'est pourquoi l'obligation d'observer le dimanche aux États-Unis signifierait l'obligation de se prosterner devant la bête et son image.

Les chrétiens des générations passées ont observé le dimanche, pensant qu'ils observaient le sabbat biblique. Et il y a aujourd'hui dans toutes les Églises, sans excepter l'Église catholique romaine, de véritables chrétiens qui croient honnêtement que le dimanche est le sabbat institué par Dieu. Dieu accepte leur sincérité

69. A.E. Waffle, *The Lord's Day* [Le jour du Seigneur], p. 186-188.
70. Henry Tuberville, *An Abridgment of the Christian Doctrine* [Abrégé de la doctrine chrétienne], p. 58.
71. Monseigneur Ségur, *Plain Talks About the Protestantism of Today* [Simples entretiens sur le protestantisme d'aujourd'hui], p. 213.

d'intention et leur intégrité devant sa face. Mais lorsque l'observation du dimanche sera imposée par la loi et que le monde aura été éclairé sur l'obligation du véritable sabbat, alors quiconque transgressera le commandement de Dieu pour obéir à un précepte qui n'a pas de plus haute autorité que celle de l'Église romaine honorera ainsi la papauté au-dessus de Dieu. Il rendra hommage à l'Église romaine et au pouvoir qui fait respecter ses institutions. Il adorera « la bête et son image ».

En rejetant l'institution que Dieu a déclarée être le symbole de son autorité et en honorant à sa place celle que l'Église romaine a choisie comme représentant de sa suprématie, les hommes adopteront par là ce signe d'allégeance à l'Église romaine qu'est « la marque de la bête ». Ce n'est que lorsque cette question aura été clairement présentée aux hommes, qui seront amenés à choisir entre les commandements divins et les commandements humains que ceux qui persévéreront dans la transgression recevront « la marque de la bête ».

Le message du troisième ange contient les menaces les plus terribles jamais adressées à des mortels. Quel péché odieux qui attire la colère de Dieu non tempérée par sa miséricorde ! On ne peut laisser les hommes dans les ténèbres sur une question de cette importance ; L'avertissement contre ce péché doit être donné au monde avant que Dieu le visite par ses jugements, afin que tous sachent quels en sont les motifs et que tous aient la possibilité d'y échapper. D'après la prophétie, le premier ange devait adresser sa proclamation « à toute nation, tribu, langue et peuple [72] ». La déclaration du troisième ange, qui fait partie de ce triple message, ne doit pas avoir une diffusion moindre. La prophétie la décrit comme proclamée « d'une voix forte » par un « ange qui volait au milieu du ciel » ; et elle attirera l'attention du monde entier.

Dans cet conflit, toute la chrétienté sera divisée en deux grandes classes : ceux « qui gardent les commandements de Dieu et la foi de Jésus [73] », et ceux qui se prosternent « devant la bête et son image » et reçoivent sa marque. Bien que l'Église et l'État unissent leurs pouvoirs pour imposer « à tous, petits et grands, riches et pauvres, hommes libres et esclaves [74] » de recevoir « la marque de la bête », cependant le peuple de Dieu ne la recevra pas. Le prophète de Patmos contempla en vision « les vainqueurs de la bête, de son image et du chiffre de son nom, debout sur la mer de cristal et tenant les lyres de Dieu. Ils chantent le cantique de Moïse … et le chant de l'agneau [75]. »

---

72. Apocalypse 14.6.
73. Apocalypse 14.12.
74. Apocalypse 13.16.
75. Apocalypse 15.2,3.

26

Une œuvre de réforme

Le prophète Ésaïe a prédit en ces termes l'œuvre de réforme du sabbat qui devait se réaliser dans les derniers jours : « Ainsi parle le SEIGNEUR : Veillez à l'équité, agissez selon la justice ; car mon salut est près d'arriver, ma justice est sur le point de se dévoiler. Heureux l'homme qui fait cela, l'être humain qui s'y tient, observant le sabbat, pour ne pas le profaner, et gardant sa main de toute action mauvaise ! … Quant aux étrangers qui s'attacheront au SEIGNEUR afin d'officier pour lui, qui aimeront le nom du SEIGNEUR au point de devenir ses serviteurs, tous ceux qui observeront le sabbat en se gardant de le profaner, et qui demeureront fermes dans mon alliance, je les amènerai sur ma montagne sacrée et je les réjouirai dans ma maison de prière [1]. »

Ces paroles s'appliquent à la dispensation chrétienne, comme le montre le contexte : « Déclaration du Seigneur DIEU, qui rassemble les bannis d'Israël : je vais rassembler d'autres avec les siens déjà réunis [2]. » Ce passage préfigure le rassemblement des païens par la prédication de l'Évangile, et prononce une bénédiction sur ceux qui honoreront alors le sabbat. L'obligation du quatrième commandement s'étend donc au-delà de la crucifixion, de la résurrection et de l'ascension du Christ, jusqu'au moment où ses serviteurs annonceront à toutes les nations le message de la Bonne Nouvelle.

Le Seigneur a ordonné par ce même prophète : « Conserve ce témoignage, scelle cette loi parmi mes disciples [3]. » Le sceau de la loi de Dieu se trouve dans le quatrième commandement. C'est le seul, parmi les dix, qui indique à la fois le nom et le titre du Législateur. Il le déclare Créateur des cieux et de la terre, et révèle ainsi son droit, au-dessus de tout autre être, à la révérence et à l'adoration. En dehors de ce précepte, il n'y a rien dans le décalogue qui montre par quelle autorité cette loi est donnée. Lorsque la puissance papale a changé le sabbat, ce sceau a été ôté de la loi. Les disciples de Jésus sont appelés à le restaurer en lui rendant sa place légitime comme mémorial du Créateur et signe de son autorité.

« À la loi et au témoignage [4] ! » Tandis que les doctrines et théories contradictoires abondent, la loi de Dieu est la seule règle infaillible par laquelle doivent être éprouvées toute opinion, toute doctrine et toute théorie. Le prophète ajoute, dans ce même verset : « Si on ne parle pas ainsi, c'est qu'il n'y aura pas d'aurore pour le peuple. »

---

1. Ésaïe 56.1,2,6,7.
2. Ésaïe 56.8.
3. Ésaïe 8.16.
4. Ésaïe 8.20.

Il dit aussi : « Crie à plein gosier, ne te retiens pas ! Élève la voix comme une trompe, dis à mon peuple sa transgression, à la maison de Jacob ses péchés [5] ! » Ce n'est pas le monde pécheur, mais ceux que le Seigneur appelle « mon peuple » qui doivent être repris pour leurs transgressions. Le prophète ajoute, au verset suivant : « Jour après jour ils me cherchent, ils désirent connaître mes voies, comme une nation qui aurait agi selon la justice et qui n'aurait pas abandonné l'équité de son Dieu. » Il nous montre ainsi une classe de personnes qui se croit juste et semble manifester un profond intérêt pour le service de Dieu ; mais la réprimande sévère et solennelle de Celui qui « sonde tous les cœurs [6] » révèle qu'en réalité elle foule aux pieds les préceptes divins.

Le prophète attire l'attention en ces termes sur le commandement qui a été abandonné : « Grâce à toi, on rebâtira sur les ruines d'autrefois, tu relèveras les fondations des générations passées ; on t'appellera 'Celui qui répare les brèches', 'Celui qui restaure les sentiers pour rendre le pays habitable'. Si tu te gardes de piétiner le sabbat, de t'occuper de tes propres affaires en mon jour sacré, si tu appelles 'délices' le sabbat, 'glorieux' le jour sacré du SEIGNEUR, si tu le glorifies en ne suivant pas tes propres voies, en ne vaquant pas à tes penchants ni à tes discours, alors du feras du SEIGNEUR tes délices [7]. » Cette prophétie s'applique aussi à notre époque. Une brèche a été faite dans la loi de Dieu lorsque la puissance romaine a changé le sabbat ; mais le moment est venu de restaurer cette institution divine. Cette brèche doit être réparée, et « les fondations des générations passées » doivent être relevées.

Sanctifié par le repos et la bénédiction du Créateur, le sabbat fut respecté dans le Jardin d'Éden, par Adam dans son innocence ; puis par Adam, déchu mais repentant, lorsque Dieu le chassa de sa bienheureuse demeure. Il fut observé par tous les patriarches, depuis Abel jusqu'à Noé, le juste, au temps d'Abraham et de Jacob. Lorsque le peuple élu fut réduit en esclavage en Égypte, beaucoup d'entre eux, entourés d'une l'idolâtrie présente partout, perdirent la connaissance de la loi de Dieu ; mais, lorsque le Seigneur délivra Israël, il proclama sa loi avec une impressionnante solennité devant la multitude assemblée, pour qu'elle puisse connaître sa volonté, le craindre et lui obéir à toujours.

Depuis cette époque jusqu'à aujourd'hui, la connaissance de la loi de Dieu a été conservée sur cette terre, et le quatrième commandement a été observé. Bien que le « Sans-loi [8] » ait réussi à fouler aux pieds le saint jour de Dieu, il y avait, cachées dans des lieux secrets, des âmes fidèles qui l'honoraient, même à l'époque de la suprématie papale. Depuis la Réforme, il y a eu, dans chaque génération, des croyants qui ont continué à l'observer. Cependant, rendu au milieu de la réprobation et de la persécution, un témoignage constant a été apporté à la perpétuité de la loi de Dieu et à l'obligation sacrée du sabbat de la création.

Ces vérités, telles qu'elles sont présentées dans le chapitre 14 de l'Apocalypse en rapport avec la « bonne nouvelle éternelle [9] », distingueront l'Église du Christ au moment de son apparition ; car, indiquant le résultat de la proclamation du triple message, l'annonce suivante est faite : « C'est ici la persévérance des saints, qui

5. Ésaïe 58.1,2.
6. 1 Chroniques 28.9.
7. Ésaïe 58.12-14.
8. 2 Thessaloniciens 2.8.
9. Apocalypse 14.6.

gardent les commandements de Dieu et la foi de Jésus [10]. » Ce message est le dernier qui doive être donné au monde avant l'avènement du Seigneur. Aussitôt après la proclamation de ce message, le prophète aperçoit le Fils de l'homme venant dans sa gloire pour « moissonner ... la moisson de la terre [11]. »

Ceux qui acceptèrent la lumière sur le sanctuaire et l'immutabilité de la loi de Dieu furent remplis de joie et d'admiration en découvrant la beauté et l'harmonie de cette chaîne de vérités ouvertes à leur compréhension. Ils désiraient que cette lumière, si précieuse à leurs yeux, soit communiquée à tous les chrétiens ; et ils ne pouvaient s'imaginer qu'elle ne serait point accueillie avec joie. Mais ces connaissances qui les démarquaient du monde furent mal reçues par de nombreuses personnes qui prétendaient être disciples du Christ. L'obéissance au quatrième commandement exigeait un sacrifice, devant lequel la plupart de ces personnes reculèrent.

Lorsque l'obligation du sabbat leur fut présentée, beaucoup d'entre elles raisonnèrent à la manière du monde. Elles disaient : « Nous avons toujours honoré le dimanche ; nos pères également, et de nombreuses personnes droites et pieuses sont mortes en paix tout en l'observant. Si elles avaient raison, nous avons aussi raison. L'observation de ce nouveau sabbat nous mettrait en porte-à-faux par rapport au monde, et nous n'aurions plus aucune influence sur lui. Qu'est-ce qu'un petit groupe qui respecte le septième jour peut espérer accomplir contre un monde d'observateurs du dimanche ? » C'est par de semblables arguments que les Juifs s'étaient efforcés de justifier leur rejet du Christ. Dieu avait accepté leurs pères lorsqu'ils lui offraient des sacrifices ; pourquoi leurs enfants ne trouveraient-ils pas le salut en suivant la même voie ? De même, à l'époque de Martin Luther, les partisans de l'Église romaine disaient que de véritables chrétiens étaient morts dans la foi catholique, et que, par conséquent, cette religion était suffisante pour le salut. Un tel raisonnement constituerait une barrière impénétrable pour tout progrès dans la foi ou la pratique religieuse.

Beaucoup avancèrent l'argument que la consécration du dimanche avait été une doctrine bien établie et une coutume répandue de l'Église depuis de nombreux siècles. Pour répondre à cela, on leur montra que le sabbat et son observation étaient plus anciens, plus universels, et aussi vieux que le monde lui-même, et avaient l'approbation à la fois des anges et du Créateur. Lorsque Dieu posa les fondations de la terre, et lorsque « les étoiles du matin criaient de joie et que tous les fils de Dieu lançaient des acclamations [12] », il posa en même temps les fondations du sabbat [13]. Cette institution a droit à notre révérence, car elle n'a été donnée par aucune autorité humaine et ne repose sur aucune tradition ; elle a été établie par l'Éternel et ordonnée par sa Parole éternelle.

Lorsque l'attention du peuple fut captée par la réforme du sabbat, des prédicateurs populaires tordirent la Parole de Dieu en interprétant son témoignage de manière à calmer les esprits curieux. Ceux qui ne sondaient pas les Écritures par eux-mêmes se contentèrent d'accepter les conclusions qui correspondaient à leurs désirs. En faisant appel aux arguments, aux sophismes, aux traditions des Pères et à l'autorité de l'Église, beaucoup tentèrent de réfuter la vérité. Pour soutenir

---

10. Apocalypse 14.12.
11. Apocalypse 14.15.
12. Job 38.7.
13. Voir Genèse 2.1-3.

la validité du quatrième commandement, ses partisans furent amenés à sonder leur Bible. Des hommes humbles, armés seulement de la Parole de vérité, résistèrent aux attaques des érudits, qui, surpris et irrités, découvrirent que leurs éloquents sophismes étaient impuissants contre le raisonnement simple et direct de gens versés dans les Écritures plutôt que dans les subtilités des facultés de théologie.

En l'absence de tout témoignage biblique en leur faveur, beaucoup avancèrent avec une persévérance infatigable l'argument suivant, oubliant que le même raisonnement avait été utilisé contre le Christ et ses apôtres : « Pourquoi nos grands hommes ne comprennent-ils pas cette question du sabbat ? Il y a peu de gens qui croient comme vous. Il est impossible que vous ayez raison et que tous les érudits du monde soient dans l'erreur ! »

Pour réfuter de tels propos, il suffisait de citer les enseignements des Écritures et le récit des interventions de Dieu en faveur de son peuple au travers de tous les siècles. Dieu agit par l'intermédiaire de ceux qui entendent sa voix et qui lui obéissent, de ceux qui sont disposés, s'il le faut, à proclamer des vérités désagréables à entendre, de ceux qui ne craignent pas de réprimer les péchés populaires. La raison pour laquelle Dieu souvent ne choisit pas, pour diriger les mouvements de réforme, des hommes instruits et haut placés, c'est que ceux-là se confient en leur credo, en leurs théories et en leurs systèmes théologiques, et n'éprouvent aucun besoin de se laisser enseigner par Dieu. Seuls ceux qui ont une relation personnelle avec la Source de la sagesse peuvent comprendre ou expliquer les Écritures. Des hommes qui sont peu versés dans l'enseignement des grandes écoles sont parfois appelés à proclamer la vérité, non à cause de leur peu d'instruction, mais parce qu'ils ne sont pas remplis d'eux-mêmes et se laissent enseigner par Dieu. Ils ont appris à l'école du Christ, et leur humilité et leur obéissance ont fait d'eux de grands hommes. En leur confiant la connaissance de sa vérité, Dieu leur confère un grand honneur, devant lequel les honneurs terrestres et la grandeur humaine sont réduits à rien.

La majorité des adventistes rejeta les vérités touchant le sanctuaire et la loi de Dieu. Beaucoup d'entre eux abandonnèrent leur foi dans le mouvement et adoptèrent des opinions discutables et contradictoires sur les prophéties concernant cette œuvre. Certains tombèrent dans la manie de fixer de manière répétée une date précise pour l'avènement du Christ. La lumière qui brillait maintenant sur le sujet du sanctuaire aurait dû leur montrer qu'aucune période prophétique ne s'étend jusqu'au second avènement ; que la date exacte de cet événement n'est prédite nulle part. Mais, se détournant de la lumière, ils continuèrent à placer une date après l'autre et tombèrent chaque fois dans la déception.

Lorsque l'église de Thessalonique accueillit des opinions erronées sur l'avènement du Christ, l'apôtre Paul lui conseilla d'éprouver soigneusement ses espérances et ses attentes par la Parole de Dieu. Il lui cita les prophéties qui révélaient les événements qui devaient avoir lieu avant le retour de Jésus et lui montra qu'elle n'avait aucune raison de l'attendre pour son époque. Il l'avertit en ces termes : « Que personne ne vous trompe d'aucune manière.[14] » Si les membres se laissaient aller à des attentes non fondées sur les Écritures, ils seraient amenés à suivre des voie erronées ; la déception les exposerait à la risée des incroyants, ils risqueraient de à céder au découragement et seraient tentés de douter des vérités essentielles

14. 2 Thessaloniciens 2.3.

pour leur salut. L'exhortation de l'apôtre aux Thessaloniciens contient donc une importante leçon pour ceux qui vivent dans les derniers jours.

De nombreux adventistes eurent l'impression qu'ils auraient manqué de zèle et de diligence pour se préparer, s'ils ne pouvaient rattacher leur foi à une date précise de l'avénement du Seigneur. Leurs espérances furent déçues à de nombreuses reprises, et leur foi fut tellement ébranlée qu'il leur fut presque impossible de se laisser impressionner par les grandes vérités de la prophétie.

La prédication d'une date précise pour le jugement, lors de la proclamation du message du premier ange, était voulue de Dieu. Le calcul des périodes prophétiques sur lesquelles reposait ce message, fixant l'aboutissement des 2 300 jours en automne de 1844, était incontestable. Les tentatives réitérées pour découvrir de nouvelles dates concernant le début et la fin des périodes prophétiques et le raisonnement illogique nécessaire pour soutenir ces positions non seulement détournaient les esprits de « la vérité présente [15] », mais jetaient aussi le discrédit sur tous les efforts consentis pour expliquer ce message. Plus fréquemment on détermineune date précise pour le second avènement, plus on l'enseigne, et mieux les desseins de Satan sont staisfaits. Après que la date fixée est passée, le Malin suscite le ridicule et le mépris pour ceux qui l'ont préconisée, et discrédite ainsi le grand louvement adventiste de 1843/1844. Ceux qui persistent dans cette erreur finiront par retenir une date trop éloignée dans l'avenir pour l'avènement du Christ, ce qui les amènera à se reposer sur une fausse sécurité, et beaucoup d'entre eux ne seront détrompés que lorsqu'il sera trop tard.

L'Histoire de l'ancien Israël constitue une illustration frappante de l'expérience passée du mouvement adventiste. Dieu avait guidé son peuple dans ce mouvement comme il l'avait fait en faisant sortir d'Égypte les enfants d'Israël. Dans la grande déception de 1844, leur foi avait été mise à l'épreuve comme celle des Hébreux à la mer Rouge. S'ils avaient continué à faire confiance à la main qui les avait conduits et accompagnés dans leur expérience précédente, ils auraient vu « le salut de Dieu [16] ». Si tous ceux qui avaient collaboré dans l'unité à l'œuvre en 1844 avaient accepté le message du troisième ange et l'avaient proclamé par la vertu du Saint-Esprit, le Seigneur aurait agi avec puissance en s'appuyant sur leur persévérance. Un flot de lumière se serait répandu sur le monde, et les habitants de notre terre auraient été avertis, l'œuvre finale aurait été terminée, et le Christ serait revenu pour la rédemption de son peuple.

Ce n'était pas la volonté de Dieu qu'Israël erre pendant quarante ans dans le désert. Il désirait le conduire directement au pays de Canaan et l'y établir pour être un peuple saint et heureux. Mais « ils ne purent entrer à cause de leur manque de foi [17] ». Par leurs rechutes et leur apostasie, ils périrent dans le désert ; d'autres furent suscités pour entrer dans la terre promise. De même, ce n'était pas la volonté de Dieu que l'avènement du Christ soit retardé pendant si longtemps et que ses enfants demeurent tant d'années dans ce monde de péché et de souffrance. C'est leur incrédulité qui les sépara de Dieu. Puisqu'ils refusaient d'accomplir l'œuvre qu'il leur avait confiée, d'autres furent appelés pour proclamer ce message. C'est par miséricorde envers notre monde que Jésus retarde son avènement, afin que

15. 2 Pierre 1.12.
16. Psaume 50.23.
17. Hébreux 3.19.

les pécheurs puissent avoir l'occasion d'entendre son avertissement et de trouver en lui un abri avant que la colère de Dieu se répande sur le monde.

Aujourd'hui comme dans les siècles passés, la présentation d'une vérité qui dénonce les péchés et les erreurs de notre époque suscite l'opposition. « Car quiconque pratique le mal déteste la lumière ; celui-là ne vient pas à la lumière, de peur que ses œuvres ne soient dévoilées [18]. » De nombreuses personnes, en découvrant que leur position ne peut pas être soutenue par les Écritures, décident de la maintenir coûte que coûte, et, inspirées par un esprit malveillant, attaquent la réputation et les motivations de ceux qui prennent la défense d'une vérité impopulaire.

On a eu recours à cette même tactique dans tous les siècles. On accusa Élie d'« attirer le malheur sur Israël [19] », Jérémie d'être un traître, et Paul d'avoir « tenté de profaner le temple [20] ». Depuis cette époque jusqu'à aujourd'hui, on a accusé ceux qui voulaient être loyaux à la vérité d'être séditieux, hérétiques ou schismatiques. Des multitudes, trop incroyantes pour accepter « la parole prophétique [21] », que Pierre qualifie de « ferme », accueillent avec crédulité et sans discussion les accusations portées contre ceux qui osent réprimer les péchés à la mode. Cet esprit ne fera que se développer. La Bible enseigne clairement que le temps est proche où les lois de l'État seront tellement en conflit avec la loi de Dieu que quiconque voudra obéir à tous les préceptes divins devra affronter la réprobation et le châtiment comme un malfaiteur.

Face à cette situation, quel est le devoir du messager de la vérité ? Devra-t-il conclure qu'il ne doit pas présenter la vérité puisque, souvent, elle a pour effet d'amener les hommes à esquiver ses exigences ou à lui résister ? Nullement ! Il n'a pas plus de raisons de taire le témoignage de la Parole de Dieu, parce qu'il suscite l'opposition, que n'en avaient les premiers réformateurs. Les confessions de foi des saints et des martyrs nous ont été rapportées pour le bien des générations successives. Ces exemples vivants de sainteté et de fermeté inébranlable nous sont parvenus pour l'encouragement de ceux qui sont maintenant appelés à être des témoins de Dieu. Ils ont reçu la grâce et la vérité, non pour eux seuls, mais pour que, par leur intermédiaire, la connaissance des Écritures puisse éclairer notre terre. Dieu a-t-il accordé de la lumière à ses serviteurs en cette génération ? Alors, ils doivent la faire briller devant le monde.

Autrefois, le Seigneur déclara à celui qu'il avait chargé de parler en son nom : « La maison d'Israël ne voudra pas t'écouter, parce qu'elle ne veut pas m'écouter [22]. » Cependant, il lui dit aussi : « Tu leur diras mes paroles, qu'ils écoutent ou qu'ils ne prennent pas garde [23]. » Cet ordre est donné au serviteur de Dieu de notre temps : « Élève la voix comme une trompe, dis à mon peuple sa transgression, à la maison de Jacob ses péchés [24] ! »

Dans la mesure de leurs possibilités, tous ceux qui ont reçu la lumière de la vérité ont la même responsabilité solennelle et redoutable que le prophète d'Israël à qui la Parole du Seigneur fut adressée en ces mots : « Toi, humain, je te nomme guetteur

18. Jean 3.20.
19. 1 Rois 18.17.
20. Actes 24.6.
21. 2 Pierre 1.19.
22. Ézéchiel 3.7.
23. Ézéchiel 2.7.
24. Ésaïe 58.1.

pour la maison d'Israël. Tu écouteras la parole de ma bouche et tu les avertiras de ma part. Quand je dirai au méchant : 'Méchant, tu mourras !', si tu ne parles pas pour avertir le méchant au sujet de sa voie, ce méchant mourra dans sa faute ; mais son sang, je te le réclamerai. Mais si, toi, tu avertis le méchant au sujet de sa voie, et qu'il ne revienne pas de sa voie, il mourra dans sa faute, et toi, tu sauveras ta vie [25]. »

Le grand obstacle, à l'acceptation et à la prédication de la vérité, c'est le fait qu'elle implique des inconvénients et de la réprobation. C'est le seul argument que ses partisans n'ont jamais pu réfutern et qui malgré tout ne doit pas arrêter les vrais disciples du Christ. Ces derniers n'attendent pas que la vérité devienne populaire pour la défendre. Convaincus de leur devoir, ils acceptent délibérément la croix, estimant avec l'apôtre Paul qu'« un moment de détresse insignifiant produit pour nous, au-delà de toute mesure, un poids éternel de gloire [26] », et, tenant comme un héros d'autrefois « l'humiliation du Christ pour une richesse plus grande que les trésors de l'Égypte [27] ».

Quelle que soit leur profession de foi, ce ne sont que ceux qui servent le monde du fond de leur cœur qui agissent par calcul plutôt que par principe en matière de religion. Nous devons choisir le bien parce que c'est le bien, et en laisser les conséquences à Dieu. Le monde est redevable aux hommes de principe, de foi et d'audace pour les grandes réformes dont il a bénéficié. C'est par de tels hommes que doit s'accomplir l'œuvre de réforme pour notre époque.

Ainsi parle le Seigneur : « Écoutez-moi, vous qui connaissez la justice, peuple qui a ma loi dans ton cœur ! Ne craignez pas les outrages des hommes et ne soyez pas terrifiés par leurs injures. Car les mites les dévoreront comme un vêtement, la teigne les dévorera comme de la laine ; mais ma justice durera toujours, et mon salut, de génération en génération [28]. »

25. Ézéchiel 33.7-9.
26. 2 Corinthiens 4.17.
27. Hébreux 11.26.
28. Ésaïe 51.7,8.

27

Réveils modernes

Partout où la Parole avait été fidèlement prêchée, les résultats qui suivaient attestaient son origine divine. L'Esprit de Dieu accompagnait le message de ses serviteurs, et la Parole était prêchée avec puissance. Les pécheurs sentaient leur conscience se réveiller. La « lumière … qui éclaire tout humain … [et qui] venait dans le monde [1] » illuminait le tréfonds de leur âme, et ce qui avait été caché dans les ténèbres se trouvait dévoilé. Une profonde certitude s'emparait de leur esprit et de leur cœur. Ils étaient convaincus « en matière de péché, de justice et de jugement [2] ». Ils étaient saisis par un vif sentiment de la justice de Dieu et terrifiés à l'idée de devoir paraître, avec leur culpabilité et leur souillure, devant Celui qui « sonde tous les cœurs [3] ». Dans leur angoisse, ils s'écriaient : « Qui me délivrera de ce corps de mort [4] ? » Lorsque la croix du Calvaire, sacrifice infini consenti pour les péchés des hommes, se révélait à eux, ils prenaient conscience que seuls les mérites du Christ pouvaient expier leurs transgressions et seuls ceux-ci pouvaient les réconcilier avec Dieu. Avec foi et humilité, ils acceptaient l'« agneau de Dieu, qui enlève le péché du monde [5] ». Par le sang de Jésus, ils trouvaient l'« expiation … [des] péchés commis auparavant [6] ».

Ces croyants produisaient « un fruit digne du changement radical [ou, dans d'autres versions bibliques : de la repentance] [7] ». Ils croyaient et étaient baptisés, puis se levaient pour marcher « sous le régime nouveau de la vie [8] ». Devenus de nouvelles créatures en Jésus-Christ, ils ne se conformaient plus aux désirs d'autrefois [9], mais, par la foi au Fils de Dieu, suivaient ses traces pour refléter son caractère et « se purifie[r], comme lui-même est pur [10] ». Ce qu'ils haïssaient auparavant, maintenant ils l'aimaient, et ce qu'ils aimaient, maintenant ils le haïssaient. Les orgueilleux et les présomptueux devenaient « doux et humble[s] de cœur [11] ». Ceux qui étaient vains et hautains se montraient sérieux et modestes. Les profanes devenaient respectueux, les ivrognes sobres et les débauchés purs. Ils abandonnaient les veines modes du monde. Ces chrétiens se mettaient à rechercher non pas la parure extérieure « cheveux tressés, ornements d'or, vêtements élégants – mais

1. Jean 1.9.
2. Jean 16.8.
3. 1 Chroniques 28.9.
4. Romains 7.24.
5. Jean 1.29.
6. Romains 3.25.
7. Matthieu 3.8.
8. Romains 6.4.
9. Voir 1 Pierre 1.14.
10. 1 Jean 3.3.
11. Matthieu 11.29.

plutôt [...] l'être secret, la parure impérissable d'un esprit doux et paisible ; voilà qui est d'un grand prix devant Dieu [12] ».

Ce réveil amenait les croyants à sonder leur cœur en toute humilité. Il était caractérisé par des appels solennels et fervents adressés au pécheur, par des hommes animés d'une compassion ardente pour ceux que le sang du Christ avait rachetés. Hommes et femmes priaient et luttaient avec Dieu pour obtenir le salut des âmes. Les fruits de ce réveil se remarquaient chez des croyants qui ne reculaient pas devant l'abnégation et le sacrifice, mais qui se réjouissaient « d'avoir été jugés dignes d'être déshonorés pour le Nom [du Christ] [13] ». On constatait une transformation dans la vie de ceux qui avaient professé le nom de Jésus. Leur influence se faisait sentir au sein de la communauté. Ils assemblaient avec Christ et semaient selon l'Esprit, pour récolter la vie éternelle.

On pouvait dire d'eux : « Votre tristesse vous a portés à un changement radical [ou, dans d'autres versions bibliques : à la repentance]. ... En effet, la tristesse selon Dieu produit un changement radical [ou : une repentance] qui mène au salut et que l'on ne regrette pas, tandis que la tristesse du monde produit la mort. Voyez donc ce que cette même tristesse selon Dieu a produit en vous : quel empressement ! Bien plus, quelle défense, quelle indignation, quelle crainte, quelle vive affection, quelle passion jalouse, quelle juste punition ! Vous avez montré à tous égards que vous étiez purs dans cette affaire [14]. »

Tel est le résultat de l'œuvre de l'Esprit de Dieu. On ne peut certifier qu'une repentance est véritable si elle ne produit pas une réforme dans la vie. « Si le méchant rend le gage, restitue l'objet de ses spoliations [15] », confesse ses péchés et aime Dieu et son prochain, il pourra être certain qu'il a trouvé la « paix avec Dieu [16] ». Tels étaient les effets des périodes de réveil religieux des années passées. En les jugeant par leurs fruits, on pouvait savoir que ces réveils avaient la bénédiction de Dieu pour le salut des hommes et le relèvement de l'humanité.

Mais de nombreux réveils des temps modernes présentent un contraste frappant avec les manifestations de la grâce divine qui, autrefois, accompagnaient les travaux des serviteurs de Dieu. Il est vrai qu'ils suscitent un profond intérêt, que de nombreuses personnes professent être converties et se joignent aux églises ; cependant, les résultats ne nous portent pas à croire qu'il y ait eu une augmentation correspondante de la véritable vie spirituelle. La lumière qui a brillé pour un temps s'éteint bientôt, laissant des ténèbres encore plus épaisses qu'auparavant.

Les réveils populaires sont trop souvent effectués en faisant appel à l'imagination, en excitant les émotions et en répondant au désir de trouver ce qui est nouveau et étonnant. Les convertis gagnés de cette manière sont peu désireux d'écouter la vérité biblique et manifestent peu d'intérêt pour le témoignage des prophètes et des apôtres. À moins qu'un service religieux ne comporte quelque chose de sensationnel, il est sans attrait pour eux. Un message qui fait appel à la raison ne suscite aucun écho de leur part s'il ne contient rien d'excitant. Ils ne tiennent pas compte des clairs avertissements de la Parole de Dieu, qui pourtant concernent directement leurs intérêts éternels.

12. 1 Pierre 3.3,4.
13. Actes 5.41.
14. 2 Corinthiens 7.9-11.
15. Ézéchiel 33.15.
16. Romains 5.1.

Pour toute âme réellement convertie, les relations avec Dieu et avec les valeurs éternelles deviennent le grand centre de la vie. Mais où trouve-t-on, dans les églises populaires d'aujourd'hui, cet esprit de consécration à Dieu ? Les convertis ne se débarrassent ni de leur orgueil, ni de leur amour du monde. Ils ne sont pas plus disposés à renoncer à eux-mêmes, à se charger de la croix et à suivre le doux et humble Jésus qu'ils ne l'étaient avant leur conversion. La religion est devenue un sujet de plaisanterie pour les incrédules et les sceptiques parce que tant de personnes qui s'en réclament sont ignorantes de ses principes. La puissance de la piété a presque entièrement disparu de nombreuses églises. Les pique-niques, les spectacles théâtraux, les kermesses, les belles maisons, l'apparence extérieure, ont banni Dieu de la pensée des hommes. Terres, possessions matérielles et occupations de ce monde remplissent l'esprit, et on pense à peine aux valeurs d'intérêt éternel.

Malgré le déclin généralisé de la foi et de la piété, il y a dans ces églises de véritables disciples du Christ. Avant que les jugements de Dieu s'abattent finalement sur la terre, il y aura, au sein du peuple du Seigneur, un réveil de la piété primitive tel qu'on n'en a pas vu depuis l'époque des apôtres. L'Esprit et la puissance de Dieu se répandront sur ses enfants.

À cette époque, nombre d'entre eux se sépareront des Églises dans lesquelles l'amour du monde a supplanté l'amour de Dieu et de sa Parole. Beaucoup, aussi bien prédicateurs que gens du peuple, accepteront avec joie les grandes vérités que Dieu a fait proclamer pour préparer un peuple pour le second avènement du Seigneur. L'ennemi des âmes désire entraver cette œuvre ; et, avant que ce mouvement se produise, il s'efforcera de l'empêcher en introduisant une contrefaçon. Dans les communautés qu'il peut amener sous sa puissance de séduction, il fera croire que la bénédiction spéciale de Dieu est répandue. On observera ce qui semblera être un grand intérêt religieux. Des foules de gens se réjouiront, disant que Dieu agit merveilleusement en leur faveur, alors que cette œuvre sera celle d'un autre esprit. Sous le manteau de la religion, Satan cherchera à étendre son influence sur le monde chrétien.

Dans de nombreux réveils qui se sont produits au cours des siècles précédents, les mêmes influences se sont manifestées, à des degrés divers, et se manifesteront dans les mouvements plus importants à venir. Ces réveils sont caractérisés par une excitation émotionnelle, un mélange du vrai et du faux, qui sont bien conçus pour égarer les âmes. Cependant, personne n'a besoin d'être trompé. À la lumière de la Parole de Dieu, il n'est pas difficile de déterminer la nature de ces mouvements. Chaque fois que les hommes négligent le témoignage de la Bible, se détournent des vérités évidentes qui éprouvent l'âme et exigent l'abnégation et la renonciation au monde, nous pouvons être certains que ce n'est pas la bénédiction de Dieu qui est accordée. En utilisant la règle donnée par le Christ lui-même, « c'est à leurs fruits que vous les reconnaîtrez [17] », il est clair que ces mouvements ne sont pas l'œuvre de l'Esprit de Dieu.

Dieu s'est révélé aux hommes dans les vérités de sa Parole ; et, pour tous ceux qui les acceptent, elles constituent un bouclier contre les tromperies de Satan. C'est la négligence de ces vérités qui a ouvert la porte aux maux qui sont aujourd'hui si répandus dans le monde religieux. On a perdu de vue, dans une grande mesure, la nature et l'importance de la loi de Dieu. Une fausse conception du caractère, de la perpétuité et de l'obligation de la loi divine a produit des erreurs

17. Matthieu 7.16.

sur la conversion et la sanctification, et un abaissement du niveau de la piété dans l'Église. Tel est le secret de l'absence de l'Esprit et de la puissance de Dieu dans les réveils de notre époque.

Il y a, dans les diverses dénominations, des hommes éminents par leur spiritualité, qui reconnaissent et déplorent ce fait. Le Professeur Edwards A. Park, en décrivant les périls d'aujourd'hui dans le monde religieux, déclare avec justesse : « Une source de danger est la négligence, de la part des prédicateurs, de mettre en valeur la loi divine. Autrefois, la chaire était l'écho de la voix de la conscience. … Nos prédicateurs les plus illustres conféraient une merveilleuse majesté à leurs discours en suivant l'exemple du Maître et en mettant en relief la loi, ses préceptes et ses menaces. Ils répétaient ces deux grandes maximes : la loi est un reflet des perfections divines, et celui qui n'aime pas la loi n'aime pas l'Évangile ; car la loi, aussi bien que l'Évangile, est un miroir réfléchissant le véritable caractère de Dieu. Ce péril en entraîne un autre : celui de sous-estimer la nature odieuse du péché, son étendue et sa gravité. La justice du commandement est directement proportionnelle à l'erreur de la désobéissance. …

« Aux dangers déjà mentionnés est associé celui de sous-estimer la justice de Dieu. La tendance des prédicateurs modernes est de séparer cette justice de sa bienveillance, et de l'abaisser au niveau d'un sentiment au lieu de l'exalter à la hauteur d'un principe. Ce nouveau prisme théologique brise « ce que Dieu a uni [18] ». La loi divine est-elle bonne ou mauvaise ? Elle est bonne, n'est-ce pas ? La justice est donc bonne ; car c'est la disposition à mettre la loi en pratique. De cette habitude de sous-estimer la valeur de la loi et de la justice divines et suite à l'étendue et à la gravité de la désobéissance des hommes, on glisse facilement dans le travers de la dépréciation de la valeur de la grâce qui a fourni un moyen d'expiation du péché. C'est ainsi que l'Évangile perd de sa valeur et de son importance dans l'esprit des hommes, qui seront bientôt pratiquement prêts à rejeter la Bible elle-même.

De nombreux professeurs de religion affirment que le Christ, par sa mort, a aboli la loi, et que les hommes sont désormais libres de ses obligations. Certains la représentent comme un joug pénible, et, en contraste avec la servitude de la loi, exaltent la liberté dont jouissent ceux qui acceptent l'Évangile.

Mais ce n'est pas ainsi que les prophètes et les apôtres considéraient la sainte loi de Dieu. David disait : « Je marcherai au large, car je recherche tes directives [19]. » L'apôtre Jacques, écrivant après la mort du Christ, appelle le Décalogue « la loi royale [20] » et « la loi parfaite, la loi de la liberté [21] ». L'apôtre Jean, un demi siècle après la crucifixion, prononce une bénédiction sur « ceux qui lavent leurs robes [ou, dans d'autres versions bibliques : qui pratiquent ses commandements] pour avoir droit à l'arbre de la vie et pour entrer par les portes dans la ville [22] ».

La prétention que le Christ a aboli par sa mort la loi de son Père est sans fondement. S'il avait été possible de changer ou de supprimer cette loi, le Christ n'aurait pas eu besoin de mourir pour sauver l'homme des conséquences du péché. La mort du Christ, bien loin d'abolir la loi, prouve que celle-ci est immuable. Le Fils de Dieu est venu pour « rendre la loi grande et magnifique [23] ». Il a dit : « Ne

18. Matthieu 19.6.
19. Psaume 119.45.
20. Jacques 2.8.
21. Jacques 1.25.
22. Apocalypse 22.14.
23. Ésaïe 42.21.

pensez pas que je sois venu pour abolir la Loi. … Jusqu'à ce que le ciel et la terre passent, pas un seul iota ou un seul trait de lettre de la loi ne passera [24]. » Il déclare de lui-même : « Je désire faire ta volonté, mon Dieu, et ta loi est au fond de mes entrailles [25]. »

La loi de Dieu, par sa nature même, est immuable. C'est une révélation de la volonté et du caractère de son Auteur. « Dieu est amour [26] », et sa loi est amour. Ses deux grands principes sont l'amour de Dieu et l'amour du prochain. « L'amour est donc l'accomplissement de la loi [27]. » Le caractère de Dieu est justice et vérité ; telle est aussi la nature de sa loi. Le psalmiste déclare : « Ta loi est vérité [28] », et « Tous tes commandements sont justice [29]. » De son côté, l'apôtre Paul nous dit : « La loi est sainte ; le commandement est saint, juste et bon [30]. » Une telle loi, étant l'expression de l'esprit et de la volonté de Dieu, doit être aussi éternelle que son Auteur.

C'est l'œuvre de la conversion et de la sanctification de réconcilier les hommes avec Dieu en les mettant en harmonie avec les principes de sa loi. Au commencement, l'homme fut créé « à l'image de Dieu [31] ». Il était en parfaite harmonie avec la nature et avec la loi de Dieu ; les principes de la justice étaient gravés dans son cœur. Mais le péché le sépara de son Créateur. Il cessa de refléter l'image divine. Son cœur entra en guerre contre les principes de la loi de Dieu. « La chair tend à s'ériger en ennemie de Dieu, parce qu'elle ne se soumet pas à sa loi : elle en est même incapable [32]. » Mais « Dieu a tant aimé le monde qu'il a donné son Fils unique [33] » pour que l'homme soit réconcilié avec Dieu. Par les mérites du Christ, l'harmonie avec son Créateur peut être rétablie. Son cœur est alors régénéré par la grâce divine ; il reçoit une vie nouvelle qui vient d'en haut. Ce changement, c'est la "nouvelle naissance", sans laquelle, nous dit Jésus, nul « ne peut voir le règne de Dieu [34] ».

La première étape de la réconciliation avec Dieu est la conviction du péché. « C'est le péché qui est le mal [ou, dans d'autres versions bibliques : Le péché est la transgression de la loi] [35]. » « Ce qui advient au moyen de la loi, c'est la connaissance du péché [36]. » Pour pouvoir percevoir sa culpabilité, le pécheur doit éprouver son caractère par la grande norme de la justice divine. C'est un miroir qui montre la perfection d'un caractère juste et lui permet de discerner les défauts du sien.

La loi révèle à l'homme ses péchés, mais ne lui offre aucun remède. Tout en promettant la vie à celui qui obéit, elle déclare que la mort est réservée au transgresseur. Seul l'Évangile du Christ peut le libérer de la condamnation ou de la souillure du péché. Par la repentance envers le Dieu dont il a transgressé la loi, ainsi que par la foi en Christ et en son sacrifice expiatoire, il obtient la rémission

24. Matthieu 5.17,18.
25. Psaume 40.9.
26. 1 Jean 4.8.
27. Romains 13.10.
28. Psaume 119.142.
29. Psaume 119.172.
30. Romains 7.12.
31. Genèse 1.27.
32. Romains 8.7.
33. Jean 3.16.
34. Jean 3.3.
35. 1 Jean 3.4.
36. Romains 3.20.

des « péchés commis auparavant [37] » et peut avoir « part à la nature divine [38] ». Il est devenu enfant de Dieu, ayant « reçu un esprit d'adoption filiale, par lequel nous crions : *Abba* ! Père ! [39] »

Est-il maintenant libre de transgresser la loi de Dieu ? Paul répond : « Au moyen de la foi, réduisons-nous à rien la loi ? Jamais de la vie ! Au contraire, nous confirmons la loi [40]. » « Nous qui sommes morts pour le péché, comment vivrions-nous encore en lui [41] ? » Jean déclare : « L'amour de Dieu, c'est que nous gardions ses commandements. Et ses commandements ne sont pas un fardeau [42]. » La nouvelle naissance met le cœur de l'homme en harmonie avec Dieu, et, en même temps, avec sa loi. Lorsque ce profond changement a eu lieu dans le cœur du pécheur, celui-ci « est passé de la mort à la vie [43] », du péché à la sainteté, de la transgression et de la rébellion à l'obéissance et à la loyauté. L'ancienne vie d'aliénation loin de Dieu est terminée ; la vie nouvelle de réconciliation, de foi et d'amour a commencé. À ce moment, « la justice requise par la loi … [est] accomplie en nous qui marchons, non selon la chair, mais selon l'Esprit [44] ». Le langage de l'âme est alors : « Combien j'aime ta loi ! Je la médite sans cesse [45]. »

« La loi du SEIGNEUR est parfaite, elle restaure la vie [46]. » Sans la loi, les hommes n'ont aucune conception exacte de la pureté et de la sainteté de Dieu ni de leur propre culpabilité et souillure. Ils n'ont aucune véritable conviction du péché et ne ressentent aucun besoin de repentance. Ne percevant pas leur état de perdition comme transgresseurs de la loi de Dieu, ils ne se rendent pas compte de la nécessité du sang expiatoire du Christ. Ils acceptent l'espérance du salut sans qu'il y ait eu de changement radical du cœur et de réforme de la vie. C'est ainsi qu'abondent les conversions superficielles, et que des foules se joignent à l'Église sans s'être d'abord unies au Christ.

Des théories erronées sur la sanctification, provenant de la négligence ou du rejet de la loi divine, jouent aussi un rôle important dans les mouvements religieux d'aujourd'hui. Ces théories sont à la fois doctrinalement fausses et dangereuses par leurs conséquences pratiques. Le fait qu'elles sont généralement acceptées avec tant d'empressement rend doublement essentielle une compréhension claire et appropriée de l'enseignement des Écritures à ce sujet.

La véritable sanctification ou consécration est une doctrine biblique. L'apôtre Paul, dans son épître aux Thessaloniciens, déclare : « La volonté de Dieu, c'est votre consécration [ou, dans d'autres versions bibliques : sanctification] [47] » ; et il fait cette prière : « Que le Dieu de paix vous consacre [ou, dans d'autres versions bibliques : sanctifie] lui-même tout entiers [48]. » La Bible enseigne clairement ce qu'est la sanctification ou consécration, et comment y parvenir. Le Sauveur a prié ainsi pour ses disciples : « Consacre-les [ou : sanctifie-les] par la vérité : c'est ta

37. Romains 3.25.
38. 2 Pierre 1.4.
39. Romains 8.15.
40. Romains 3.31.
41. Romains 6.2.
42. 1 Jean 5.3.
43. Jean 5.24.
44. Romains 8.4.
45. Psaume 119.97.
46. Psaume 19.8.
47. 1 Thessaloniciens 4.3.
48. 1 Thessaloniciens 5.23.

parole qui est la vérité [49]. » Paul enseigne que les croyants doivent être « consacré[s] [ou : sanctifiés] par l'Esprit saint [50]. »

Quelle est l'œuvre du Saint-Esprit ? Jésus a dit à ses disciples : « Quand il viendra, lui, l'Esprit de la vérité, il vous conduira dans toute la vérité [51]. » Et le psalmiste dit : « Ta loi est vérité [52]. » La Parole et l'Esprit de Dieu révèlent aux hommes les grands principes de la justice incarnés dans sa loi. Et puisque « le commandement est saint, juste et bon [53] », étant un reflet de la perfection divine, il s'ensuit qu'un caractère formé par l'obéissance à cette loi sera saint. Le Christ est l'exemple parfait d'un tel caractère. Il nous dit : « J'ai gardé les commandements de mon Père [54] », et : « Je fais toujours ce qu'il agrée [55]. » Les disciples du Christ doivent devenir semblables à lui : par la grâce de Dieu, ils doivent former un caractère conforme aux principes de sa sainte loi. Telle est la sanctification ou consécration selon la Bible.

Cette œuvre ne peut s'accomplir que par la foi en Christ, par la puissance de l'Esprit de Dieu habitant dans le cœur. Paul exhorte ainsi les croyants : « Mettez en œuvre votre salut avec crainte et tremblement. Car c'est Dieu qui opère en vous le vouloir et le faire pour son bon plaisir [56]. » Le chrétien ne peut manquer de ressentir les sollicitations du péché ; mais il lui livre un combat constant. C'est ici que l'aide du Christ est nécessaire. La faiblesse humaine s'unit à la puissance divine, et le cri de la foi est : « Grâce soit rendue à Dieu, qui nous donne la victoire par notre Seigneur Jésus-Christ [57] ! »

Les Écritures montrent clairement que l'œuvre de la sanctification ou consécration est progressive. Lorsque, par la conversion, le pécheur découvre la « paix avec Dieu [58] » par le sang de l'expiation, la vie chrétienne ne fait que commencer. Il doit maintenant tendre « vers l'accomplissement [ou, dans d'autres versions bibliques : la perfection] [59] » et croître « à la mesure de la stature parfaite du Christ [60] ». L'apôtre Paul disait : « Une seule chose compte : oubliant ce qui est en arrière et tendant vers ce qui est en avant, je cours vers le but pour obtenir le prix de l'appel céleste de Dieu en Jésus-Christ [61]. » Pierre nous présente les étapes par lesquelles nous devons atteindre la sanctification ou consécration biblique : « Faites tous vos efforts pour joindre à votre foi la force morale, à la force morale la connaissance, à la connaissance la maîtrise de soi, à la maîtrise de soi la persévérance, à la persévérance la piété, à la piété l'affection fraternelle, à l'affection fraternelle l'amour. … Si vous faites cela, vous ne trébucherez jamais [62]. »

Ceux qui font l'expérience de la sanctification ou consécration biblique manifesteront un esprit d'humilité. Comme Moïse, ils ont eu la vision de la

49. Jean 17.17.
50. Romains 15.16.
51. Jean 16.13.
52. Psaume 119.142.
53. Romains 7.12.
54. Jean 15.10.
55. Jean 8.29.
56. Philippiens 2.12,13.
57. 1 Corinthiens 15.57.
58. Romains 5.1.
59. Hébreux 6.1.
60. Éphésiens 4.13.
61. Philippiens 3.13,14.
62 2 Pierre 1.5-7,10.

redoutable majesté de la sainteté, et ils perçoivent leur propre indignité, contrastant avec la pureté et la perfection absolue de Celui qui est infini.

Le prophète Daniel fut un exemple de la véritable sanctification ou consécration. Sa longue vie fut consacrée au noble service de son Maître. Il fut appelé « bien-aimé [63] » du ciel. Cependant, au lieu de se prétendre pur et saint, ce prophète honoré de Dieu s'identifia avec les pécheurs du peuple d'Israël en plaidant devant Dieu la cause de son peuple : « Ce n'est pas à cause de ce que nous avons fait pour la justice que nous te présentons nos supplications, c'est à cause de ta grande compassion [64]. » « Nous avons péché, nous avons agi en méchants [65]. » Il déclare : « Je parlais encore, je priais, je confessais mon péché et le péché d'Israël, mon peuple [66]. » Lorsque, plus tard, le Fils de Dieu lui apparut pour lui donner des instructions, Daniel nous dit : « Mon visage pâlit et fut décomposé, et je n'eus plus aucune force [67]. »

Lorsque Job entendit la voix du Seigneur « du milieu de la tempête [68] », il s'exclama : « Je renonce : je me repens sur la poussière et la cendre [69]. » C'est lorsqu'Ésaïe vit la gloire du Seigneur et entendit les chérubins répéter : « Saint, saint, saint est le SEIGNEUR des Armées [70] ! » qu'il s'écria : « Quel malheur pour moi ! Je suis perdu [71]. » Paul, après avoir été « enlevé jusqu'au troisième ciel [72] » et avoir entendu « des paroles ineffables, qu'il n'est pas permis à un homme d'énoncer [73] », parle de lui-même comme « le moindre de tous les saints [74] ». C'est Jean, le disciple bien-aimé de Jésus, celui qui s'était penché « tout contre la poitrine de Jésus [75] », qui, lorsqu'il contempla sa gloire, nous dit : « Je tombai à ses pieds [de l'ange], comme mort [76] ».

Il ne peut y avoir aucune exaltation de soi-même, aucune prétention orgueilleuse à être sans péché, de la part de ceux qui marchent à l'ombre de la croix du Calvaire. Ils ont le sentiment que c'est leur péché qui a provoqué l'agonie du Fils de Dieu et lui a brisé le cœur, et cette pensée les amène à s'humilier eux-mêmes. Ce sont ceux qui vivent le plus près de Jésus qui discernent le plus clairement la fragilité et le caractère pécheur de la nature humaine ; leur seul espoir réside dans les mérites du Sauveur crucifié et ressuscité.

La sanctification qui se répand de plus en plus dans le monde religieux d'aujourd'hui porte en elle-même un esprit d'exaltation de soi-même et une indifférence envers la loi de Dieu qui révèlent qu'elle est étrangère à la religion de la Bible. Ses partisans enseignent que la sanctification est une œuvre instantanée, par laquelle, par la foi seule, on atteint la sainteté parfaite. « Croyez seulement, disent-ils, et la bénédiction vous appartient. » Aucun autre effort n'est exigé de celui qui reçoit cette sanctification. En même temps, ils rejettent l'autorité de la

---

63 Daniel 10.11.
64 Daniel 9.18.
65 Daniel 9.15.
66 Daniel 9.20.
67 Daniel 10.8.
68 Job 38.1.
69. Job 42.6.
70. Ésaïe 6.3.
71. Ésaïe 6.5.
72. 2 Corinthiens 12.2.
73. 2 Corinthiens 12.4.
74. Éphésiens 3.8.
75. Jean 13.25.
76. Apocalypse 1.17.

loi de Dieu, prétendant qu'on est dégagé de l'obligation de garder les commandements. Mais est-il possible aux hommes d'être saints, en harmonie avec la volonté et le caractère de Dieu, sans se mettre aussi en harmonie avec les principes qui sont une expression de sa nature et de sa volonté et qui montrent ce qui lui est agréable ?

Le désir de trouver une religion facile, qui n'exige ni effort, ni abnégation, ni séparation des folies du monde, a fait de la doctrine de la foi seule une doctrine populaire ; mais que dit la Parole de Dieu ? L'apôtre Jacques déclare : « Mes frères, à quoi servirait-il que quelqu'un dise avoir la foi, s'il n'a pas d'œuvres ? La foi pourrait-elle le sauver ? ... Veux-tu donc savoir, tête creuse, que la foi en dehors des œuvres est stérile ? Abraham, notre père, ne fut-il pas justifié en vertu des œuvres, pour avoir offert son fils Isaac sur l'autel ? Tu vois que la foi agissait avec ses œuvres, et que c'est en vertu de ces œuvres que la foi fut portée à son accomplissement. ... Vous le voyez, c'est en vertu des œuvres que l'être humain est justifié, et non pas seulement en vertu d'une foi [77]. »

Le témoignage de la Parole de Dieu est opposé à cette doctrine séduisante de la foi sans les œuvres. Se réclamer de la faveur du ciel sans se soumettre aux conditions auxquelles la miséricorde doit être accordée, ce n'est pas de la foi, c'est de la présomption ; car la véritable foi repose sur les promesses et les dispositions contenues dans les Écritures.

Que personne ne se trompe soi-même en croyant qu'on peut parvenir à la sainteté tout en transgressant délibérément l'une des exigences divines. Commettre sciemment un péché, c'est faire taire le témoignage de l'Esprit, et c'est séparer son âme de Dieu. « C'est le péché qui est le mal [ou, dans d'autres versions bibliques : la transgression de la loi] [78]. » « Quiconque pèche [c'est-à-dire : transgresse la loi] ne le connaît pas, il ne l'a jamais vu [79]. » L'apôtre Jean, qui, dans ses épîtres, insiste tellement sur l'amour, n'hésite pas à révéler le véritable caractère de ceux qui prétendent être sanctifiés tout en vivant dans la transgression de la loi de Dieu : « Celui qui dit : 'Je le connais' et qui ne garde pas ses commandements est un menteur, et la vérité n'est pas en lui. Mais celui qui garde sa parole, l'amour de Dieu est vraiment accompli en lui [80]. »

Telle est la pierre de touche de la profession de foi de chacun. Nous ne pouvons reconnaître un homme comme saint sans le soumettre à la mesure de la seule norme de sainteté donnée par Dieu dans le ciel et sur la terre. Si les hommes ne ressentent pas l'importance de la loi morale, s'ils minimisent et méprisent les préceptes divins, s'ils transgressent « l'un de ces plus petits commandements et ... [enseignent] aux gens à faire de même [81] », ils ne pourront jouir de l'estime du ciel, et nous pouvons être certains que leurs prétentions sont sans fondement.

La prétention d'être sans péché est, en elle-même, la preuve que celui qui en rempli est loin d'être saint. C'est parce qu'il n'a aucune véritable conception de la pureté et de la sainteté infinies de Dieu ni de ce qu'il faut devenir pour être en harmonie avec sa personne, ni la moindre idée de la perfection et de la suprême beauté de Jésus, ni de la nature pernicieuse du péché que cet homme peut se

77. Jacques 2.14,20-22,24.
78. 1 Jean 3.4.
79. 1 Jean 3.6.
80. 1 Jean 2.4,5.
81. Matthieu 5.19.

considérer comme saint. Plus grande est la distance qui le sépare du Christ, plus sa perception du caractère et des exigences de Dieu est inadéquate, et plus il se croira juste.

La sanctification présentée dans les Écritures englobe l'être tout entier : l'esprit, l'âme et le corps. Paul priait en ces termes pour les chrétiens de Thessalonique : « Que tout votre être, l'esprit, l'âme et le corps, soit gardé irréprochable pour l'avènement de notre Seigneur Jésus-Christ [82] ! » Il écrivait aussi aux croyants de Rome : « Je vous encourage donc, mes frères, au nom de toute la magnanimité de Dieu, à offrir vos corps comme un sacrifice vivant, saint et agréé de Dieu [83]. » À l'époque de l'ancien Israël, on examinait soigneusement toute offrande apportée en sacrifice à Dieu. Si on découvrait quelque défaut chez l'animal présenté, celui-ci était refusé ; car Dieu avait ordonné que les offrandes soient « sans tache [84] ».

De même, les chrétiens sont invités à présenter leur corps « comme un sacrifice vivant, saint et agréé de Dieu ». Pour ce faire, ils ont le devoir de conserver toutes leurs facultés dans le meilleur état possible. Toute pratique tendant à affaiblir la force physique ou mentale disqualifie l'homme pour le service de son Créateur. Dieu agréera-t-il une offrande inférieure à la meilleure de nous-mêmes ? Le Christ a dit : « Tu aimeras le Seigneur, ton Dieu, de tout ton cœur [85]. » Ceux qui aiment vraiment Dieu de tout leur cœur désireront lui offrir le meilleur service possible, et ils chercheront constamment à soumettre chacune de leurs facultés aux lois qui promeuvent leur capacité à faire sa volonté. Ils ne dévaloriseront pas ou ne souilleront pas, en cédant à leurs appétits ou à leurs passions, l'offrande qu'ils présentent à leur Père céleste.

Pierre nous dit : « Je vous encourage … à vous abstenir des désirs de la chair qui font la guerre à l'âme [86]. » Toute indulgence coupable tend à endormir les facultés et à émousser les perceptions mentales et spirituelles, de sorte que la Parole ou l'Esprit de Dieu ne peuvent faire qu'une faible impression sur le cœur. Paul écrivait aux chrétiens de Corinthe : « Purifions-nous de toute souillure de la chair et de l'esprit, en portant la sainteté à son achèvement dans la crainte de Dieu [87]. » Parmi les fruits de l'esprit, « amour, joie, paix, patience, bonté, bienveillance, foi, douceur », il classe la « maîtrise de soi [dans d'autres versions bibliques : la tempérance] [88] ».

Malgré ces déclarations inspirées, combien de chrétiens de profession affaiblissent leurs facultés dans la recherche du gain ou dans l'adoration de la mode ! Combien avilissent leur humanité, qui porte l'image de Dieu, par la gloutonnerie, l'usage du vin ou les plaisirs défendus ! Et l'Église, au lieu de réprimer ces maux, les encourage trop souvent en faisant appel à la convoitise, à l'amour du gain ou du plaisir, pour remplir ses caisses, que que le peu d'amour du Christ ne peut approvisionner ! Si Jésus devait entrer dans les églises d'aujourd'hui et contempler les festivités et le commerce profane qu'on y pratique sous le manteau de la religion, ne chasserait-il pas ces profanateurs comme il a banni autrefois les changeurs du temple ?

82. 1 Thessaloniciens 5.23.
83. Romains 12.1.
84. 1 Pierre 1.19
85. Matthieu 22.37.
86. 1 Pierre 2.11.
87. 2 Corinthiens 7.1.
88. Galates 5.22,23.

L'apôtre Jacques déclare que « la sagesse d'en haut … est d'abord pure [89] ». S'il avait rencontré ceux qui prononcent le précieux nom de Jésus avec des lèvres souillées par le tabac, ceux dont l'haleine et la personne sont contaminées par sa répugnante odeur, et qui, en polluant l'air du ciel, forcent tous ceux qui les entourent à inhaler ce poison, si cet apôtre avait rencontré une pratique aussi opposée à la pureté de l'Évangile, ne l'aurait-il pas dénoncée comme étant « terrestre, animale, démoniaque [90] » ? Des esclaves du tabac, prétendant avoir reçu la bénédiction d'une sanctification totale, parlent de leur espérance du ciel ; mais la Parole de Dieu déclare clairement qu'« il n'y entrera jamais [dans la nouvelle Jérusalem] rien de souillé [91] ».

« Ne le savez-vous pas ? Votre corps est le sanctuaire de l'Esprit saint qui est en vous et que vous tenez de Dieu ; vous ne vous appartenez pas à vous-mêmes, car vous avez été achetés à un prix. Glorifiez donc Dieu dans votre corps [92]. » Celui dont le corps est le sanctuaire du Saint-Esprit ne se laissa pas asservir par une habitude pernicieuse. Ses facultés appartiennent au Christ, qui l'a racheté au prix de son sang. Ses biens sont la propriété du Seigneur. Comment pourrait-il être considéré comme innocent s'il dilapide ce capital qui lui a été confié ? Des chrétiens de profession dépensent chaque année d'énormes sommes pour des plaisirs inutiles et dangereux, tandis que des âmes périssent sans la Parole de vie. Ils dérobent à Dieu les dîmes et les offrandes qui lui sont dues tout en consommant sur l'autel de leur convoitise destructrice plus qu'ils ne donnent pour soulager les pauvres ou soutenir la cause de l'Évangile. Si tous ceux qui proclament être disciples du Christ étaient vraiment sanctifiés, ils apporteraient leurs participations au trésor du Seigneur, au lieu de les dépenser en divertissements vains et souvent nocifs. Ainsi, ceux-là donneraient l'exemple de la tempérance, de l'abnégation et du sacrifice. Ils seraient « la lumière du monde [93] ».

Le monde s'adonne à la recherche des plaisirs. « Le désir de la chair, le désir des yeux et la confiance présomptueuse en ses ressources [94] » dominent les masses populaires. Mais les disciples du Christ ont une vocation plus sainte. « Sortez du milieu d'eux et séparez-vous, dit le Seigneur ; ne touchez pas ce qui est impur [95]. » À la lumière de la Parole de Dieu, on peut affirmer que la sanctification ne peut être authentique si elle ne produit pas cette entière renonciation aux ambitions et aux plaisirs coupables du monde.

À ceux qui remplissent ces conditions : « sortez du milieu d'eux et séparez-vous … ; ne touchez pas ce qui est impur », la promesse de Dieu est : « Je vous accueillerai, je serai pour vous un père, et vous, vous serez pour moi des fils et des filles, dit le Seigneur tout-puissant [96]. » C'est le privilège et le devoir de chaque chrétien d'acquérir une expérience riche et abondante dans les choses de Dieu. Jésus nous dit : « C'est moi qui suis la lumière du monde ; celui qui me suit ne marchera jamais dans les ténèbres, mais il aura la lumière de la vie [97]. » « Le sentier des justes est comme la clarté de la lumière, qui va croissant

89. Jacques 3.17.
90. Jacques 3.15.
91. Apocalypse 21.27.
92. 1 Corinthiens 6.19,20.
93. Matthieu 5.14.
94. 1 Jean 2.16.
95. 2 Corinthiens 6.17.
96. 2 Corinthiens 6.17,18.
97. Jean 8.12.

jusqu'en plein jour [98]. » Chaque pas fait par la foi et dans l'obéissance rapproche l'âme de « la lumière du monde », dans laquelle « il n'y a pas … de ténèbres [99] ».

Les vifs rayons du « soleil de la justice [100] » brillent sur les serviteurs de Dieu, qui doivent les refléter. De même que les étoiles nous apprennent qu'il y a dans le ciel une grande lumière dont elles réfléchissent la gloire, de même les chrétiens doivent rendre évidente l'existence, sur le trône de l'Univers, d'un Dieu dont le caractère est digne de louange et d'imitation. On remarquera, chez ceux qui sont ses témoins, les grâces de son Esprit, la pureté et la sainteté de son caractère.

Paul, dans son épître aux Colossiens, décrit ainsi les riches bénédictions accordées aux enfants de Dieu : « Nous ne cessons de prier Dieu pour vous et de demander que vous soyez remplis de la connaissance de sa volonté, en toute sagesse et intelligence spirituelle, pour que vous vous comportiez d'une manière digne du Seigneur, afin de lui plaire à tous points de vue, que vous portiez du fruit par toutes sortes d'œuvres bonnes, que vous croissiez dans la connaissance de Dieu et que vous deveniez puissants à tous égards par sa force glorieuse, en vue d'une persévérance et d'une patience à toute épreuve [101]. »

Il mentionne aussi son désir que les frères d'Éphèse puissent comprendre la grandeur du privilège d'être chrétien. Il leur décrit, de la manière la plus complète possible, la grande puissance et la merveilleuse connaissance qu'ils pourraient acquérir en tant que fils et filles du Très-Haut. Ils avaient le privilège « d'être rendus forts et puissants par son Esprit, au profit de l'homme intérieur [102] » ; d'être « enracinés et fondés dans l'amour, pour être capables de comprendre, avec tous les saints, quelle est la largeur, la longueur, la profondeur et la hauteur, et de connaître l'amour du Christ qui surpasse la connaissance [103] ». Mais la prière de l'apôtre atteint son point culminant lorsqu'il demande « que vous soyez remplis jusqu'à toute la plénitude de Dieu [104] ».

Là sont révélées les hauteurs que nous pouvons atteindre par la foi dans les promesses de notre Père céleste lorsque nous répondons à ses exigences. Par les mérites du Christ, nous avons accès au trône de la Toute-Puissance. « Lui qui n'a pas épargné son propre Fils, mais qui l'a livré pour nous tous, comment ne nous donnera-t-il pas aussi tout avec lui, par grâce [105] ? » Le Père a donné sans mesure de son Esprit à son Fils, et nous pouvons aussi participer à sa plénitude. Jésus a dit : « Si donc vous, tout mauvais que vous êtes, vous savez donner de bonnes choses à vos enfants, à combien plus forte raison le Père céleste donnera-t-il l'Esprit saint à ceux qui le lui demandent [106] ! » « Si vous demandez quelque chose en mon nom, moi, je le ferai [107]. » « Demandez et vous recevrez, pour que votre joie soit complète [108]. »

Bien que la vie du chrétien doive être caractérisée par l'humilité, elle ne doit pas être marquée par la tristesse et la dépréciation de soi-même. C'est le privilège de

---

98. Proverbes 4.18.
99. 1 Jean 1.5.
100. Malachie 3.20.
101. Colossiens 1.9-11.
102. Éphésiens 3.16.
103. Éphésiens 3.17-19.
104. Éphésiens 3.19.
105. Romains 8.32.
106. Luc 11.13.
107. Jean 14.14.
108. Jean 16.24.

chacun de vivre de telle sorte que Dieu puisse l'approuver et le bénir. Ce n'est pas la volonté de notre Père céleste que nous soyons toujours sous le coup de la condamnation et dans les ténèbres. Ce n'est pas une preuve de véritable humilité que de marcher, tête baissée et remplis de nous-mêmes. Nous pouvons aller à Jésus et être purifiés, puis nous tenir devant la loi sans honte ni remords. « Il n'y a donc maintenant aucune condamnation pour ceux qui sont en Jésus-Christ [109]. »

Par Jésus, les fils d'Adam déchus deviennent « fils de Dieu [110] ». « Celui qui consacre [ou, dans d'autres versions : sanctifie] et ceux qui sont consacrés [ou : sanctifiés] sont tous issus d'un seul. C'est la raison pour laquelle il n'a pas honte de les appeler frères [111]. » La vie chrétienne doit être une vie de foi, de victoire et de joie en Dieu. « Tout ce qui est né de Dieu est vainqueur du monde ; et la victoire qui a vaincu le monde, c'est notre foi [112]. » Néhémie, un serviteur de Dieu, disait avec justesse : « La *joie* du SEIGNEUR est votre force [113]. » Paul nous dit : « Réjouissez-vous toujours dans le Seigneur ; je le répète, réjouissez-vous [114] ! » « Réjouissez-vous toujours, priez continuellement, rendez grâce en toute circonstance : telle est, à votre égard, la volonté de Dieu en Jésus-Christ [115]. »

Tels sont les fruits de la conversion et de la sanctification bibliques ; et c'est parce que le monde chrétien considère avec tant d'indifférence les grands principes de la justice exposés dans la loi de Dieu qu'on rencontre si rarement ces fruits. C'est pourquoi on voit si peu se manifester l'œuvre profonde et durable de l'Esprit de Dieu qui avait caractérisé les réveils d'autrefois.

C'est en contemplant que nous sommes transformés. Lorsque les préceptes sacrés par lesquels Dieu a révélé aux hommes la perfection et la sainteté de son caractère sont négligés et lorsque l'esprit du peuple est attiré vers les enseignements et théories des hommes, comment s'étonner qu'il s'ensuive un déclin de la piété vivante dans l'Église ? Le Seigneur dit : « Ils m'ont abandonné, moi, la source d'eau vive, pour se creuser des citernes, des citernes crevassées, qui ne retiennent pas l'eau [116]. »

« Heureux l'homme qui ne suit pas les projets des méchants, … mais qui trouve son plaisir dans la loi du SEIGNEUR, et qui redit sa loi jour et nuit ! Il est comme un arbre planté près des canaux d'irrigation, qui donne son fruit en son temps, et dont le feuillage ne se flétrit pas ; tout ce qu'il fait lui réussit [117]. » Ce n'est que dans la mesure où l'on rendra à la loi de Dieu sa place légitime qu'on assistera à un réveil de la foi et de la piété primitives parmi ceux qui professent être son peuple. « Ainsi parle le SEIGNEUR : Placez-vous sur les chemins et regardez ! Informez-vous des sentiers d'autrefois : Où donc est le bon chemin ? Suivez-le, et vous trouverez la tranquillité [118] ! »

---

109. Romains 8.1.
110. Romains 8.14.
111. Hébreux 2.11.
112. 1 Jean 5.4.
113. Néhémie 8.10.
114. Philippiens 4.4.
115. 1 Thessaloniciens 5.16-18.
116. Jérémie 2.13.
117. Psaume 1.1-3.
118. Jérémie 6.16.

28

Devant le Juge de toute la terre

Voici ce que vit le prophète Daniel dans une vision céleste : « Tandis que je regardais, on installa des trônes, et un vieillard s'assit. Son vêtement était blanc comme la neige, et les cheveux de sa tête purs comme de la laine ; son trône était comme un feu flamboyant, et ses roues comme un feu ardent. Un fleuve de feu coulait et sortait de devant lui. Mille milliers le servaient, dix mille fois dix mille se tenaient debout devant lui. Les juges s'assirent, et des livres furent ouverts [1]. »

C'est ainsi que fut présenté à la vision du prophète le jour grand et solennel où le caractère et la vie de chaque homme doivent être examinés devant le Juge de toute la terre pour que « chacun [reçoive] selon ses œuvres [2] ». Le psalmiste déclare : « Avant que les montagnes soient nées, et que tu aies donné le jour à la terre et au monde, depuis toujours et pour toujours tu es Dieu [3]. » C'est ce Dieu, la Source de toute vie et l'origine de toute loi, qui doit présider ce jugement. Les saints anges, en tant que serviteurs et témoins, au nombre de « dix mille fois dix mille », sont présents dans ce grand tribunal.

« Je vis alors arriver, avec les nuées du ciel, quelqu'un qui ressemblait à un être humain ; il s'avança vers le vieillard, et on le fit approcher de lui. On lui donna la domination, l'honneur et la royauté ; tous les peuples, les nations et les langues se mirent à le servir. Sa domination durera toujours, elle ne passera pas, et son royaume ne sera jamais détruit [4]. » L'arrivée du Christ décrite ici n'est pas son second avènement sur la terre. Il s'approche du « vieillard » [Dieu le Père] dans le ciel pour recevoir « la domination, l'honneur et la royauté », qui lui seront remis à la fin de son œuvre de médiateur. C'est cette arrivée, et non son second avènement sur la terre, qui, comme prédit par la prophétie, devait avoir lieu à l'aboutissement des 2300 jours, en 1844. Accompagné des saints anges, notre « grand prêtre [5] » pénètre dans le Très-Sacré ou lieu très saint et y apparaît en présence de Dieu pour entreprendre la dernière phase de son ministère en faveur de l'homme : accomplir l'œuvre de l'instruction du jugement et achever l'expiation pour tous ceux qui sont reconnus comme bénéficiares ayant droit à ce privilège.

Dans le service typique, seuls ceux qui s'étaient approchés de Dieu dans la confession et la repentance et dont les péchés, par l'intermédiaire du sang du sacrifice pour le péché, avaient été transférés au sanctuaire, participaient au service

1. Daniel 7.9,10.
2. Apocalypse 20.13.
3. Psaume 90.2.
4. Daniel 7.13,14.
5. Hébreux 8.1.

du jour de l'expiation. De même, au grand jour de l'expiation finale et de l'instruction du jugement, les seuls cas examinés sont ceux du peuple qui proclame son appartenance à Dieu. Le jugement des méchants est une œuvre distincte et séparée, qui aura lieu plus tard. « C'est le moment où le jugement commence par la maison de Dieu. Or si c'est par nous qu'il débute, quelle sera la fin de ceux qui refusent d'obéir à la bonne nouvelle de Dieu [6] ? »

Ce sont les registres célestes, dans lesquels sont inscrits les noms et les actions des hommes, qui servent à déterminer les décisions du jugement. Le prophète Daniel disait : « Les juges s'assirent, et des livres furent ouverts. » L'apôtre Jean, décrivant la même scène, ajoute : « Un autre livre fut ouvert, qui est le livre de la vie. Les morts furent jugés d'après ce qui était écrit dans les livres, selon leurs œuvres [7]. »

Le livre de vie contient le nom de tous ceux qui sont entrés au service de Dieu. Jésus avait dit à ses disciples : « Réjouissez-vous de ce que vos noms sont inscrits dans les cieux [8]. » Paul parlait de ses fidèles collaborateurs, « dont les noms sont dans le livre de vie [9] ». Daniel, contemplant en vision « un temps de détresse tel qu'il n'y en a pas eu », déclare que le « peuple [de Dieu] échappera – quiconque sera trouvé inscrit dans le livre [10] ». L'apôtre Jean nous dit que seuls entreront dans la cité de Dieu « ceux qui sont inscrits dans le livre de la vie de l'agneau [11] ».

« Un livre d'évocation [ou, dans d'autres versions bibliques : de souvenir] » est écrit devant Dieu ; dans ce livre sont enregistrées les bonnes actions de « ceux qui craignent le SEIGNEUR et qui respectent son nom [12] ». Leurs paroles de foi, leurs œuvres d'amour, sont enregistrées dans le ciel. C'est à cela que faisait allusion Néhémie lorsqu'il disait : « Souviens-toi de moi, mon Dieu … et n'efface pas ce que j'ai fait avec fidélité pour la maison de mon Dieu [13]. » Dans ce « livre d'évocation [ou : de souvenir] » de Dieu, chaque acte de justice est immortalisé. Chaque tentation à laquelle nous avons résisté, chaque péché surmonté, chaque parole de miséricorde que nous avons prononcée s'y trouve fidèlement enregistré. Chaque acte de sacrifice, chaque souffrance et chaque chagrin enduré pour le nom du Christ y est enregistré. Le psalmiste disait : « Tu comptes les pas de ma vie vagabonde ; recueille mes larmes dans ton outre : ne sont-elles pas inscrites dans ton livre [14] ? »

Il existe aussi un registre contenant les péchés des hommes. « Car Dieu fera venir toute œuvre en jugement, pour tout ce qui est caché – que ce soit bien ou mal [15]. » Le Sauveur avait dit : « Au jour du jugement, les humains rendront compte de toutes les paroles inutiles qu'ils auront proférées. Car c'est par tes paroles que tu seras justifié, et c'est par tes paroles que tu seras condamné [16]. » Les desseins et mobiles secrets sont inscrits dans ce registre infaillible ; car Dieu « mettra en lumière les secrets des ténèbres et … rendra manifestes les décisions des cœurs [17] ». « C'est

6. 1 Pierre 4.17.
7. Apocalypse 20.12.
8. Luc 9.20.
9. Philippiens 4.3.
10. Daniel 12.1.
11. Apocalypse 21.27.
12. Malachie 3.16.
13. Néhémie 13.14.
14. Psaume 56.9.
15. Ecclésiaste 12.14.
16. Matthieu 12.36,37.
17. 1 Corinthiens 4.5.

inscrit devant moi … à la fois pour vos fautes et pour celles de vos pères, dit le SEIGNEUR [18]. »

L'œuvre de chaque homme passe en revue devant Dieu et est enregistrée pour sa fidélité ou son infidélité. Devant chaque nom inscrit dans les registres du ciel sont notés, avec une terrible exactitude, chaque mauvaise parole, chaque acte égoïste, chaque devoir non accompli, chaque péché secret, chaque ingénieuse dissimulation. Les avertissements ou les réprimandes envoyés du ciel et négligés, les moments perdus, les occasions non utilisées, l'influence exercée pour le bien ou pour le mal, avec ses conséquences à long terme, tout est inscrit par l'ange chargé de cette œuvre.

La loi de Dieu est la norme d'après laquelle le caractère et la vie de chaque homme seront éprouvés pendant le jugement. Le sage a dit : « Crains Dieu et observe ses commandements, car c'est là tout l'humain. Car Dieu fera venir toute œuvre en jugement [19]. » L'apôtre Jacques exhorte ainsi ses frères : « Parlez et agissez comme des gens qui vont être jugés d'après une loi de liberté [20]. »

Ceux qui, au jugement, en seront « jugés dignes » auront part à la résurrection des justes. Jésus a dit : « Ceux qui ont été jugés dignes d'accéder à ce monde-là et à la résurrection d'entre les morts … sont semblables à des anges et … sont fils de Dieu, étant fils de la résurrection [21]. » Il déclare aussi que « ceux qui ont fait le bien [sortiront des tombeaux] … pour une résurrection de vie [22] ». Les justes morts ne ressusciteront qu'après le jugement au cours duquel ils « ont été jugés dignes » de la « résurrection de vie ». Ils ne seront donc pas présents en personne devant ce tribunal qui examinera leurs œuvres et tranchera leur cas.

Jésus s'y présentera comme leur avocat, pour plaider leur cause devant Dieu. « Si quelqu'un vient à pécher, nous avons un défenseur auprès du Père, Jésus-Christ, qui est juste [23]. » « En effet, ce n'est pas dans un sanctuaire fabriqué par des mains humaines, imitation du véritable, que le Christ est entré, mais dans le ciel même, afin de paraître maintenant pour nous devant Dieu [24]. » « C'est pour cela aussi qu'il peut sauver parfaitement ceux qui s'approchent de Dieu par lui, puisqu'il est toujours vivant pour intercéder en leur faveur [25]. »

Au fur et à mesure que sont ouverts les registres célestes au cours du jugement, la vie de tous ceux qui ont cru en Jésus passe en revue devant Dieu. En commençant par les premiers habitants de notre terre, notre avocat présente les cas de chaque génération successive et termine par les cas des vivants. Chaque nom est mentionné, chaque cas soigneusement examiné. Des noms sont acceptés, d'autres rejetés. Le nom de ceux dont les péchés sont restés inscrits sur ces registres célestes, sans repentance et sans pardon, sera effacé du livre de vie, et les bonnes œuvres qu'ils ont faites seront effacées du « livre d'évocation [ou : de souvenir] » de Dieu. Le Seigneur avait déclaré à Moïse : « Celui que j'effacerai de mon livre, c'est celui qui a péché contre moi [26]. » Le prophète Ézéchiel avait dit : « Si un juste revient de sa

18. Ésaïe 65.6,7.
19. Ecclésiaste 12.13,14.
20. Jacques 2.12.
21. Luc 20.35,36.
22. Jean 5.29.
23. 1 Jean 2.1.
24. Hébreux 9.24.
25. Hébreux 7.25.
26. Exode 32.33.

justice et agit injustement, … on ne se souviendra plus de tout ce qu'il a fait pour la justice [27]. »

Mais pour tous ceux qui se sont vraiment repentis de leur péché et qui, par la foi, se sont réclamés du sang du Christ, leur sacrifice expiatoire, le mot « pardon » a été inscrit devant leur nom dans les registres célestes ; comme ils sont devenus participants de la justice du Christ et que leur caractère a été trouvé en harmonie avec la loi de Dieu, leurs transgressions seront effacés, et ils seront « jugés dignes » de la vie éternelle. Le Seigneur a déclaré, par le prophète Ésaïe : « C'est moi, moi seul, qui de moi-même efface tes transgressions ; je ne me souviendrai plus de tes péchés [28]. » Jésus a dit : « Le vainqueur sera habillé de vêtements blancs ; je n'effacerai jamais son nom du livre de la vie, je reconnaîtrai son nom devant mon Père et devant ses anges [29]. » « Quiconque donc se reconnaîtra en moi devant les gens, je me reconnaîtrai moi aussi en lui devant mon Père qui est dans les cieux ; mais si quelqu'un me renie devant les gens, je le renierai moi aussi devant mon Père qui est dans les cieux [30]. »

Le profond intérêt manifesté parmi les hommes pour les décisions des tribunaux terrestres n'est qu'un pâle reflet de l'intérêt manifesté dans le tribunal céleste lorsque les noms inscrits dans le livre de vie passent en revue devant le Juge de toute la terre. Le divin Intercesseur plaide pour que tous ceux qui ont surmonté le mal par la foi en son sang reçoivent le pardon de leurs transgressions, et soient rendus à leur demeure édénique et couronnés comme co-héritiers avec lui de la « domination première [31] ». Satan, dans ses efforts pour tromper et tenter la race humaine, avait pensé contrecarrer le plan de Dieu lorsque celui-ci avait créé l'homme ; mais le Christ réclame maintenant que ce plan soit exécuté comme si l'homme n'était jamais tombé. Il revendique pour son peuple non seulement le pardon et la justification, pleine et entière, mais aussi la participation à sa gloire et une place sur son trône.

Pendant que Jésus plaide pour les sujets de sa grâce, Satan les accuse devant Dieu comme transgresseurs. Le grand trompeur a tenté de les précipiter dans l'incrédulité pour les amener à perdre confiance en Dieu, à se séparer de son amour et à transgresser sa loi. Maintenant, il pointe du doigt tout ce qui est écrit de leur vie, leurs défauts de caractère, leur manque de ressemblance avec le Christ, qui a déshonoré leur Rédempteur ; également tous les péchés commis au travers de ses tentations ; et, à cause de ces faits, il les revendique comme ses sujets.

Jésus n'excuse pas leurs péchés, mais témoignant de leur repentance et de leur foi il réclame pour eux le pardon, en levant vers le Père et les saints anges ses mains blessées et disant : Je les connais par leur nom. « Je t'ai gravé sur mes mains [32]. » « Les sacrifices de Dieu, c'est un esprit brisé : un cœur brisé, écrasé, ô Dieu, tu ne le méprises pas [33]. » À l'accusateur de son peuple il répond : « Que le SEIGNEUR te rabroue, Adversaire ! Que le SEIGNEUR te rabroue, lui qui porte son choix sur Jérusalem ! Cet homme-là n'est-il pas un tison arraché au feu [34] ? » Le Christ

27. Ézéchiel 18.24.
28. Ésaïe 43.25.
29. Apocalypse 3.5.
30. Matthieu 10.32,33.
31. Michée 4.8.
32. Ésaïe 49.16.
33. Psaume 51.19.
34. Zacharie 3.2.

revêtira ses fidèles de sa propre justice, et les présentera ainsi à son Père comme une « Église glorieuse, sans tache, ni ride, ni rien de semblable, une église sainte et sans défaut [35] ». Leurs noms seront maintenus dans le livre de vie, car il est écrit à leur sujet : « Ils marcheront avec moi en vêtements blancs, parce qu'ils en sont dignes [36]. »

Ainsi sera réalisé l'accomplissement total de la promesse de la nouvelle alliance : « Je pardonnerai leur faute, je ne me souviendrai plus de leur péché [37]. » « En ces jours-là, en ce temps-là – déclaration du SEIGNEUR – on cherchera la faute d'Israël, et elle ne sera plus – le péché de Juda, et on ne le trouvera plus [38]. » « En ce jour-là, le germe du SEIGNEUR deviendra beauté et gloire, et le fruit du pays deviendra orgueil et splendeur pour les rescapés d'Israël. Alors celui qui restera à Sion et celui qui sera laissé à Jérusalem seront appelés saints, tous ceux qui seront inscrits pour obtenir la vie à Jérusalem [39]. »

L'œuvre de l'instruction du jugement et de l'effacement des transgressions doit s'accomplir avant le second avènement du Seigneur. Puisque les morts doivent être jugés d'après ce qui est inscrit dans les registres célestes, les péchés des hommes ne peuvent pas être détruits avant que leur cas ne soit examiné. Mais l'apôtre Pierre affirme clairement que les péchés des croyants seront effacés pour que « des temps de réconfort viennent du Seigneur, et qu'il envoie le Christ qui vous a été destiné, Jésus [40] ». Lorsque l'instruction du jugement sera terminée, le Christ reviendra. Il nous dit : « J'apporte avec moi ma récompense, pour rendre à chacun selon son œuvre [41]. »

Dans le service typique du sanctuaire, le grand prêtre, ayant terminé de faire l'expiation pour Israël, en ressortait pour bénir l'assemblée. De même le Christ, à la fin de son œuvre de médiateur, « apparaîtra une seconde fois, en dehors du péché, pour ceux qui l'attendent en vue du salut [42] », et apportera à son peuple dans l'espérance la bénédiction de la vie éternelle. De même que le prêtre, en ôtant les péchés du sanctuaire, les confessait sur la tête du bouc expiatoire, de même le Christ placera tous ces péchés sur la tête de Satan, qui en est l'initiateur et l'instigateur. Le bouc expiatoire, porteur des péchés d'Israël, était envoyé « vers une terre inaccessible [43] » ; de même, Satan, chargé de tous les péchés qu'il a fait commettre au peuple de Dieu, sera prisonnier pendant mille ans sur notre terre, qui sera alors réduite à un état de désolation et privée de ses habitants. Il subira enfin le plein châtiment de l'iniquité dans les feux qui détruiront tous les méchants. C'est ainsi que le grand plan de la rédemption trouvera son accomplissement dans l'éradication définitive du péché et dans la délivrance de tous ceux qui ont été disposés à renoncer au mal.

C'est au moment fixé pour le jugement, l'aboutissement des 2300 jours, en 1844, que commença l'œuvre de l'instruction du jugement et de l'effacement des péchés. Tous ceux qui se sont réclamés du nom du Christ doivent être soumis à

35. Éphésiens 5.27.
36. Apocalypse 3.4.
37 Jérémie 31.34.
38. Jérémie 50.20.
39. Ésaïe 4.2,3.
40. Actes 3.20.
41. Apocalypse 22.12.
42. Hébreux 9.28.
43. Lévitique 16.22.

cette enquête minutieuse. Aussi bien les vivants que les morts doivent être jugés « d'après ce qui était écrit dans les livres, selon leurs œuvres [44] ».

Les péchés dont on ne s'est pas repenti et qui n'ont pas été abandonnés ne seront ni pardonnés, ni effacés des registres célestes, mais demeureront comme preuve contre le pécheur au grand temps fixé par Dieu. Qu'il ait commis ses méfaits au grand jour ou dans l'obscurité de la nuit, « tout est mis à nu et offert aux yeux de celui à qui nous devrons rendre compte [45]. » Des anges de Dieu ont été témoins de chaque faute et l'ont consignée dans ces registres infaillibles. On peut cacher, nier, couvrir la transgression aux yeux de son père, de sa mère, de son épouse, de ses enfants, de ses compagnons ; il est possible que personne, à part le coupable, n'entretienne le moindre soupçon au sujet du tort commis ; mais celle-ci est mise à nu devant les intelligences célestes. L'absence de lumière de la nuit la plus sombre, le secret de la supercherie la plus habile, ne suffisent pas pour dissimuler une seule pensée à la connaissance de l'Éternel. Dieu tient un compte exact de toute action malhonnête et de toute transaction injuste. Il ne se laisse pas tromper par l'apparence de la piété. Il ne commet aucune erreur dans l'estimation d'un caractère. Ceux dont le cœur est corrompu peuvent duper les hommes ; mais Dieu perce à jour tous les déguisements et lit le fond de chaque cœur.

Combien solennelle est cette pensée ! Chaque jour qui passe dans l'éternité, tout est relaté dans les livres célestes. Les mots une fois prononcés, les actes une fois commis, ne peuvent plus être rétractés. Les anges ont enregistré aussi bien les bonnes actions que les mauvaises. Le plus grand conquérant du monde ne peut effacer ce qui a été inscrit même pour un seul jour. Nos actes, nos paroles et même nos motivations les plus secretes exercent une influence dans la détermination de notre destin pour le bien ou pour le mal. Si nous les oublions, ils rendront témoignage pour nous justifier ou nous condamner.

De même que les traits de notre visage sont reproduits avec une exactitude remarquable sur un cliché photographique, de même notre caractère est fidèlement décrit sur les registres célestes. Cependant, combien peu on se préoccupe de ce qui y est écrit, et que les êtres célestes contempleront ! Si le voile qui sépare le monde visible du monde invisible pouvait être écarté, et si les enfants des hommes pouvaient contempler l'ange qui enregistre chacune de leurs paroles et de leurs actions, dont ils seront appelés à rendre compte au jour du jugement, combien de paroles prononcées chaque jour resteraient sans être dites, et combien d'actions resteraient sans être faites !

Au cours du jugement, on examinera l'usage fait de chacun de nos talents. Comment avons-nous employé le capital que le ciel nous a prêté ? Le Seigneur, au moment de son avènement, pourra-t-il récupérer ce qui lui appartient « avec un intérêt [46] » ? Avons-nous fait bon usage des capacités qui ont été confiées à nos mains, à notre cœur et à notre intelligence, à la gloire de Dieu et pour le bien de nos semblables ? Comment avons-nous utilisé notre temps, notre plume, notre voix, notre argent, notre influence ? Qu'avons-nous fait pour le Christ en la personne des pauvres, des affligés, des orphelins ou des veuves ? Dieu a fait de nous les dépositaires de sa sainte Parole ; qu'avons-nous fait de la lumière et de la vérité qui nous ont été données pour nous conférer « la sagesse en vue du salut

44. Apocalypse 20.12.
45. Hébreux 4.13.
46. Matthieu 25.27.

[47] » ? Une simple profession de foi en Christ est sans valeur ; seul l'amour révélé par les œuvres est considéré comme vrai. C'est l'amour seul qui, aux yeux du ciel, donne de la valeur à un acte. Dieu accepte et récompense tout acte fait par amour, aussi petit que celui-ci puisse paraître selon l'estimation des hommes.

Les registres célestes révèlent l'égoïsme caché des hommes. On y trouve la liste des devoirs non accomplis envers leur prochain, et des exigences du Sauveur qu'ils ont oubliées. Ils y verront combien de fois ils ont accordé à Satan le temps, les pensées et les forces qui appartenaient au Christ. Bien triste est le rapport porté au ciel par les anges ! Des êtres intelligents, qui professent être disciples du Christ, se laissent absorber par la recherche des biens de ce monde ou par la jouissance des plaisirs terrestres. Argent, temps et forces sont sacrifiés pour l'apparence et la satisfaction personnelle ; mais bien rares sont les moments consacrés à la prière, à l'étude des Écritures, à l'humiliation de l'âme et à la confession du péché !

Satan invente des intrigues sans nombre pour occuper notre esprit, et éloigner notre attention de l'œuvre même que nous devrions connaître le mieux. Le grand trompeur déteste les glorieuses vérités qui mettent en lumière le sacrifice expiatoire et le médiateur tout-puissant. Il sait que tout dépend de son succès à détourner l'esprit des hommes de Jésus et de sa vérité.

Ceux qui souhaitent bénéficier de la médiation du Sauveur ne doivent permettre à quoi que ce soit de les détourner de leur devoir de porter « la sainteté à son achèvement dans la crainte de Dieu [48] ». Au lieu de gaspiller de précieuses heures au plaisir, à l'apparence ou à la recherche du gain, il est préférable de les consacrer à l'étude fervente de la Parole de vérité, faite dans un esprit de prière.

Le peuple de Dieu doit clairement comprendre le sujet du sanctuaire et de l'instruction du jugement. Chacun devrait connaître pour lui-même la fonction et l'œuvre de notre Grand Prêtre. Sinon, il est impossible d'exercer la foi qui est essentielle à cette époque-ci ou d'occuper la fonction que le Seigneur a prévu de nous assigner. Chacun a une âme à sauver ou à perdre et son cas est en suspens devant le tribunal de Dieu. Chacun devra rencontrer le grand Juge face à face. Combien il est donc important que chacun contemple souvent en esprit cette scène solennelle : le jugement qui va se tenir et les livres qui vont s'ouvrir ! Car il est dit à chacun de nous, comme au prophète Daniel : « Tu te lèveras pour recevoir ton lot à la fin des jours [49]. »

Tous ceux qui ont reçu la lumière sur ces sujets doivent rendre témoignage des grandes vérités que Dieu leur a confiées. Le sanctuaire céleste est le centre même de l'œuvre du Christ en faveur des hommes. Il concerne chaque âme qui vit sur cette terre. Il nous expose le plan de la rédemption et nous amène jusqu'à la fin des temps en nous révélant l'issue triomphale de la controverse entre la justice et le péché. Il est de la plus haute importance que tous étudient à fond ces sujets et soient en mesure de répondre à « quiconque vous demande de rendre compte de l'espérance qui est en vous [50] ».

L'intercession du Christ en faveur de l'homme dans le sanctuaire céleste est tout aussi essentielle au plan du salut que sa mort sur la croix. Par sa mort, il a inauguré l'œuvre qu'il est allé terminer au ciel après son ascension. Nous devons, par la foi,

47. 2 Timothée 3.15.
48. 2 Corinthiens 7.1.
49. Daniel 12.13.
50. 1 Pierre 3.15.

pénétrer « au-delà du voile, là où Jésus est entré pour nous comme un précurseur [51] ». C'est là que se reflète la lumière qui brille depuis la croix du Calvaire ; c'est là que nous pouvons acquérir une compréhension plus claire des mystères de la rédemption. Le salut de l'homme a été réalisé à un prix infini pour le ciel ; le sacrifice consenti est à la hauteur des plus hautes exigences de la loi de Dieu qui a été transgressée. Jésus a ouvert la voie qui mène au trône du Père, et, par sa médiation, le désir sincère de tous ceux qui viennent à lui par la foi peut être présenté devant Dieu.

« Celui qui couvre ses offenses ne réussit pas ; celui qui les reconnaît et les délaisse obtient compassion [52]. » Si ceux qui s'efforcent de cacher et d'excuser leurs défauts pouvaient voir comment Satan se réjouit à leur sujet, et nargue le Christ et les saints anges en pointant du doigt leur conduite, ils se hâteraient de confesser leurs péchés et de les délaisser. Par l'intermédiaire de nos défauts de caractère, Satan travaille pour s'emparer de notre esprit tout entier, car il sait que, si ces travers sont entretenus, il réussira. C'est pourquoi il cherche constamment à tromper les disciples du Christ par ses sophismes fatals en leur faisant croire qu'il est impossible de remporter la victoire. Mais Jésus plaide en leur faveur ses mains blessées, son corps meurtri, et il déclare à tous ceux qui veulent le suivre : « Ma grâce te suffit [53]. » « Prenez sur vous mon joug et laissez-vous instruire par moi, car je suis doux et humble de cœur, et vous trouverez le repos. Car mon joug est bon, et ma charge légère [54]. » Que personne ne considère donc ses défauts comme incurables. Dieu lui donnera la foi et la grâce nécessaires pour les surmonter.

Nous vivons maintenant à l'époque du grand Jour de l'expiation. Dans le service typique du sanctuaire, pendant que le grand prêtre faisait l'expiation pour Israël, tous devaient épancher leur âme en se repentant de leurs péchés et en s'humiliant devant le Seigneur, de peur d'être retranchés de son peuple. De même, tous ceux qui veulent que leur nom soit maintenu dans le livre de vie doivent maintenant, au cours des quelques jours d'épreuve qui leur restent encore, répandre leur âme devant Dieu en regrettant leurs iniquités et en passant par une véritable repentance. On doit sonder son cœur avec fidélité et en profondeur. L'esprit de légèreté et de frivolité de beaucoup qui se prétendent chrétiens doit disparaître. Un rude combat attend tous ceux qui souhaitent surmonter leurs mauvaises tendances qui tentent de prendre le dessus. Cette œuvre de préparation est une œuvre individuelle. Nous ne sommes pas sauvés en groupes. La pureté et la consécration de l'un ne compensent pas l'absence de ces qualités chez un autre. Bien que toutes les nations doivent passer en jugement devant Dieu, cependant il examinera le cas de chaque personne avec une attention aussi soigneuse que s'il n'existait personne d'autre sur la terre. Chacun doit être éprouvé et trouvé, comme l'Église elle-même, « glorieuse, sans tache, ni ride, ni rien de semblable [55] ».

Les scènes qui se rapportent à l'œuvre finale de l'expiation sont d'une grande solennité. Les intérêts qui y sont impliqués sont considérables. Le jugement a maintenant lieu dans le sanctuaire céleste. Cette œuvre se poursuit depuis déjà de nombreuses années. Bientôt—personne ne sait quand—elle abordera le cas des vivants. Notre vie doit passer en revue devant la présence redoutable de Dieu. À

51. Hébreux 6.19,20.
52. Proverbes 28.13.
53. 2 Corinthiens 12.9.
54. Matthieu 11.29,30.
55. Éphésiens 5.27.

cette époque, plus que jamais, il convient de prendre garde à l'exhortation du Sauveur : « Prenez garde, restez éveillés, car vous ne savez pas quand ce sera le moment [56]. » « Si tu ne veilles pas, je viendrai comme un voleur et tu ne sauras pas du tout à quelle heure je viendrai te surprendre [57]. »

Lorsque l'œuvre de l'instruction du jugement sera terminée, le destin de chacun aura été décidé pour la vie ou pour la mort. Le temps d'épreuve prendra fin peu avant l'apparition du Seigneur « sur les nuées du ciel [58] ». Le Christ, dans l'Apocalypse, contemplant de loin cette époque, déclare : « Que celui qui est injuste soit encore injuste, que celui qui est sale se salisse encore, que le juste fasse encore la justice, et que celui qui est saint soit encore consacré ! Je viens bientôt, et j'apporte avec moi ma récompense, pour rendre à chacun selon son œuvre [59]. »

Les justes et les méchants vivront encore sur la terre dans leur état mortel : les hommes planteront et bâtiront, mangeront et boiront, tous ignorants du fait que la décision définitive et irrévocable a été prononcée dans le sanctuaire céleste. Avant le déluge, après que Noé fut entré dans l'arche, Dieu l'enferma à l'intérieur, laissant les impies à l'extérieur ; mais, pendant sept jours, les gens, ignorant que leur destin était fixé, continuèrent leur vie insouciante à la recherche du plaisir et se moquèrent des avertissements du jugement sur le point de fondre sur eux. Le Sauveur nous dit : « Il en sera de même à l'avènement du Fils de l'homme [60]. » Silencieusement, aussi invisiblement que le voleur de minuit, viendra l'heure décisive qui scellera le destin de chaque homme, l'expiration définitive du temps de grâce offert à l'humanité coupable.

« Veillez donc. … Craignez qu'il n'arrive à l'improviste et ne vous trouve endormis [61]. » L'attitude de ceux qui, fatigués de veiller, se tournent vers les attraits du monde est terriblement dangereuse. Pendant que l'homme d'affaires sera absorbé par la recherche du gain, pendant que l'amateur de plaisirs cherchera la satisfaction de ses désirs, pendant que l'esclave de la mode arrangera ses atours, peut-être à cette heure même le Juge de toute la terre prononcera-t-il cette sentence : « Tu as été pesé dans la balance et tu as été trouvé insuffisant [62]. »

56. Marc 13.33.
57. Apocalypse 3.3.
58. Matthieu 26.64.
59. Apocalypse 22.11,12.
60. Matthieu 24.39.
61. Marc 13.35,36.
62. Daniel 5.27.

29

L'origine du mal

Pour de nombreux esprits, l'origine et la raison d'être du péché sont une source de grande perplexité. Ils constatent l'œuvre du mal, avec ses terribles conséquences de souffrance et de désolation, et se posent la question : comment tout ceci peut-il exister sous la souveraineté de Celui qui est infini en sagesse, en puissance et en amour ? C'est un mystère auquel ils ne trouvent aucune explication. Leur incertitude et leurs doutes les rendent aveugles aux vérités clairement révélées dans la Parole de Dieu et essentielles au salut.

Certains, dans leurs recherches sur l'existence du péché, s'efforcent de sonder ce que Dieu n'a jamais révélé ; c'est pourquoi ils ne trouvent aucune solution à leurs difficultés. D'autres poussés par leurs tendances à douter et à ergoter y découvrent un prétexte pour rejeter les paroles des saintes Écritures. Beaucoup ne réussissent pas à trouver d'explication satisfaisante au grand problème du mal, parce que la tradition et les fausses interprétations ont obscurci l'enseignement de la Bible sur le caractère de Dieu, la nature de son gouvernement et les principes qui déterminent son attitude envers le péché.

Il est impossible d'expliquer l'apparition du péché en donnant une raison de son existence. Cependant, on peut en comprendre suffisamment sur son origine et sur sa destruction finale pour pouvoir reconnaître pleinement la justice et la bienveillance de Dieu dans toute son attitude envers le mal. Rien n'est plus clairement enseigné dans l'Écriture : Dieu n'est d'aucune manière responsable de l'apparition du péché ; il n'y a eu aucun retrait arbitraire de la grâce divine, aucun défaut dans le gouvernement divin, qui ait pu donner lieu à une rébellion.

Le péché est un intrus ; aucune raison ne peut être donnée pour expliquer sa présence. Il est mystérieux, inexplicable. Le tolérer serait le défendre. Si on pouvait lui trouver une excuse, ou définir la raison d'être de son existence, il cesserait d'être le péché. Notre seule définition du péché est celle que nous donne la Parole de Dieu : « C'est le péché qui est le mal [ou, dans d'autres versions bibliques : la transgression de la loi] [1]. » C'est l'expression d'un principe qui est réfractaire à la grande loi d'amour qui est à la base du gouvernement divin.

Avant l'apparition du mal, la paix et la joie remplissaient l'univers entier. Tout était en parfait accord avec la volonté du Créateur. L'amour pour Dieu était suprême, l'amour pour son prochain impartial. Le Christ, qui est « la Parole [2] » et le « Fils unique issu du Père [3] », était un avec le Père éternel : un en nature, en

---

1. 1 Jean 3.4.
2. Jean 1.1.
3. Jean 1.14.

caractère et en desseins ; le seul être de tout l'univers à partager tous les conseils et projets de Dieu. C'est par le Christ que le Père réalisa la création de tous les êtres célestes : « C'est en lui que tout a été créé dans les cieux et sur la terre, … trônes, seigneuries, principats, autorités [4]. » C'est au Christ, à l'égal du Père, que le ciel entier accordait son allégeance.

La loi de l'amour étant à la base de l'aurorité divine, le bonheur de toutes les créatures dépendait de leur accord parfait avec les grands principes de justice de cette loi. Dieu attend de tous ses enfants un service d'amour : un hommage découlant de l'appréciation intelligente de son caractère. Il ne prend aucun plaisir à une allégeance forcée. Il accorde à tous leur libre arbitre, afin qu'ils puissent lui rendre un service volontaire.

Mais un seul être choisit de pervertir cette liberté. Le péché prit naissance dans le cœur de celui qui, immédiatement après le Christ, avait été le plus honoré de Dieu et qui occupait la place la plus élevée en puissance et en gloire parmi les habitants du ciel. Avant sa chute, Lucifer était le premier des chérubins protecteurs, saint et sans tache. « Ainsi parle le Seigneur DIEU : Tu mettais le sceau à la perfection, tu étais plein de sagesse, parfait en beauté. Tu étais en Eden, le jardin de Dieu ; tu étais couvert de toutes sortes de pierres précieuses. … Tu étais un keroub [chérubin] protecteur, aux ailes déployées ; je t'avais placé dans la montagne sacrée de Dieu ; tu étais là, tu te promenais au milieu des pierres ardentes. Tu as été intègre dans tes voies, depuis le jour où tu fus créé jusqu'à celui où l'injustice a été trouvée chez toi [5]. »

Lucifer aurait pu conserver la faveur de Dieu, être aimé et honoré par toute l'armée angélique, en exerçant ses nobles facultés pour être en bénédiction aux autres et contribuer à la gloire de son créateur. Mais, nous dit le prophète, « ton cœur s'est enhardi à cause de ta beauté, tu as perverti ta sagesse par ta splendeur [6] ». Peu à peu, Lucifer en vint à caresser le désir de s'exalter lui-même : « Tu prends ton propre cœur pour celui d'un dieu [7]. » « Tu te disais : … J'élèverai mon trône au-dessus des étoiles de Dieu, je m'assiérai sur la montagne de la Rencontre … ; je monterai sur les hauteurs des nuages, je serai semblable au Très-Haut [8]. » Au lieu d'élever Dieu à la première place dans l'affection et l'allégeance de ses créatures, Lucifer tenta d'obtenir pour lui leur service et leur hommage. Puis, convoitant l'honneur que le Père infini avait accordé à son Fils, ce prince des anges aspira à acquérir la puissance qui était la prérogative du Christ seul.

Tout le ciel s'était réjoui de refléter la gloire du Créateur et de chanter ses louanges. Tant que Dieu avait été ainsi honoré, tout avait été paix et contentement. Mais une note discordante perturbait maintenant l'harmonie céleste. Le service et l'exaltation de soi-même, contraires au plan du Créateur, éveillèrent de sombres pressentiments dans le cœur de ceux pour lesquels la gloire de Dieu occupait la première place. Les conseils célestes plaidèrent avec Lucifer. Le Fils de Dieu lui présenta la grandeur, la bonté et la justice du Créateur, et la nature sacrée et immuable de sa loi. C'est Dieu lui-même qui instaura l'ordre qui régnait dans le ciel ; en s'en écartant, Lucifer déshonorerait son Créateur et attirerait la ruine sur

4. Colossiens 1.16.
5. Ézéchiel 28.12-15.
6. Ézéchiel 28.17.
7. Ézéchiel 28.6.
8. Ésaïe 14.13,14.

lui. Mais cet avertissement, exprimé avec un amour et une miséricorde infinis, ne fit que susciter en lui l'esprit de résistance. Lucifer permit à sa jalousie envers le Christ de prendre le dessus, et il devint plus déterminé que jamais.

L'orgueil de sa propre suffisance alimenta son désir de domination. Il ne sut pas apprécier comme un don les grands honneurs que Dieu lui avait accordés, ceux-ci ne suscitèrent en lui aucune reconnaissance envers son Créateur. Il se glorifia de son éclat et de son exaltation et aspira à devenir l'égal de Dieu. L'armée céleste l'aimait et le respectait. Les anges trouvaient leur joie à exécuter ses ordres, et il était revêtu de sagesse et de gloire plus qu'aucun d'entre eux. Cependant, le Fils de Dieu était le souverain reconnu du ciel, partageant la grandeur et l'autorité du Père. Il participait à tous les conseils divins, alors que Lucifer n'y avait pas accès aux desseins divins. « Pourquoi le Christ aurait-il la suprématie ? Pourquoi reçoit-il plus d'honneurs que moi ? » se demandait cet ange puissant.

Abandonnant son poste dans la présence immédiate de Dieu, Lucifer alla répandre son esprit de mécontentement parmi les anges en agissant secrètement et mystérieusement. Pendant un certain temps, il en dissimulant ses véritables intentions sous une apparence de respect envers Dieu, et s'efforça de semer la révolte contre les lois qui gouvernaient les êtres célestes, prétendant que celles-ci leur imposaient des restrictions inutiles. Puisque leur nature est sainte, leur disait-il, les anges doivent obéir aux ordres de leur propre volonté. Il chercha à gagner leur sympathie en accusant Dieu de l'avoir traité injustement en accordant l'honneur suprême au Christ. Il affirma qu'en aspirant à une puissance et à des honneurs plus grands, il ne visait pas à s'exalter lui-même, mais qu'il espérait obtenir la liberté pour tous les habitants du ciel, afin de leur permettre d'atteindre un niveau d'existence supérieur.

Dans sa grande miséricorde, Dieu supporta longtemps Lucifer. Il ne lui retira pas immédiatement son poste élevé lorsque celui-ci commença à se laisser aller à l'esprit de rebellion, ni même lorsqu'il présenta peu à peu ses fausses prétentions devant les anges demeurés loyaux. Il le garda patiemment dans le ciel. À de nombreuses reprises, il lui offrit son pardon, à condition qu'il se repente et se soumette. Tous les efforts que seuls l'amour et la sagesse infinis pouvaient concevoir furent mis en oeuvre pour le convaincre de son erreur.

Auparavant, l'esprit de mécontentement était inconnu dans le ciel. Au début, Lucifer lui-même ne se rendit pas compte où cela allait le conduire ; il ne comprit pas la véritable nature de ses sentiments. Mais, lorsqu'il fut prouvé que son irritation n'avait pas de raison d'être, il fut convaincu qu'il avait tort, que les exigences divines étaient justes et qu'il devait les reconnaître comme telles devant le ciel tout entier. S'il l'avait fait, il aurait pu être sauvé, et beaucoup d'autres anges avec lui. Il n'avait pas encore, à ce moment, rejeté totalement son allégeance envers Dieu. Bien qu'il ait abandonné son poste de « keroub [chérubin] protecteur », cependant, s'il avait été disposé à revenir à Dieu, s'inclinant devant sa sagesse et en se contentant d'occuper la place qui lui avait été assignée dans le grand plan divin, il aurait été réhabilité. Mais son orgueil l'empêcha de se soumettre. Il défendit sa cause avec persistance, prétendant qu'il n'avait pas besoin de se repentir, et prit totalement parti, dans cette grande controverse, contre son Créateur.

Toutes les facultés de son esprit supérieur furent maintenant mises au service de son œuvre de tromperie, pour gagner la sympathie des anges qui avaient été sous ses ordres. Pour servir ses desseins perfides, il dénatura même les avertissements et les conseils que Christ lui avait donnés. Devant ceux qui lui étaient le plus attachés par les liens de l'amour et de la confiance, il prétendit qu'on l'avait jugé injustement, qu'on ne respectait pas sa position et qu'on voulait restreindre sa liberté. Après avoir falsifié les paroles du Christ, il s'adonna à l'équivoque et à l'hypocrisie, en accusant le Fils de Dieu de l'intention de l'humilier devant les habitants du ciel.

Il chercha aussi à créer un faux problème entre lui et les anges demeurés loyaux. Il accusa d'indifférence envers les intérêts des êtres célestes tous ceux qu'il ne put pas séduire et amener totalement de son côté. Il rendit responsable ceux qui demeuraient fidèles à Dieu de l'œuvre qu'il était lui-même occupé à accomplir. Et, pour étayer ses accusations sur la prétendue injustice divine à son égard, il eut recours à de fausses interprétations des paroles et des actes du Créateur. Sa tactique était de troubler les anges par des arguments subtils concernant les desseins célestes. Il enrobait de mystère tout ce qui était simple, et, par d'ingénieuses perversions, jetait le doute sur les déclarations les plus claires de l'Éternel. Sa haute position, en rapport si étroit avec l'administration divine, donnait d'autant plus de poids à son argumentation, que de nombreux anges furent amenés à s'unir à lui dans sa rébellion contre l'autorité du ciel.

Dieu, dans sa sagesse, permit à Satan de poursuivre son œuvre, jusqu'à ce que son esprit de mécontentement arrivé à maturité se transforme en révolte ouverte. Il était nécessaire que les plans du malin soient pleinement développés afin que chacun puisse voir leur nature et leurs tendances véritables. Lucifer, en tant que « keroub [chérubin] protecteur », avait été exalté très haut. Les êtres célestes lui témoignaient de beaucoup d'amour, et il exerçait sur eux une forte influence. Le gouvernement de Dieu comprenait non seulement les habitants du ciel, mais aussi ceux de tous les mondes créés ; et Satan pensait que, s'il pouvait entraîner les anges du ciel dans sa rebellion, il pourrait y entraîner aussi ceux des autres mondes. Il avait astucieusement présenté sa vision du problème, en employant les sophismes et le mensonge pour atteindre ses objectifs. Sa puissance de séduction était très grande, et, en se masquant sous un manteau de faussetés, il était à son avantage. Même les anges demeurés fidèles ne purent pas discerner parfaitement son caractère ni se rendre compte de l'étendue de son oeuvre.

Satan avait été tellement honoré et tous ses actes étaient si enrobés de mystère, qu'il était difficile aux anges de démasquer la véritable nature de son œuvre. Jusqu'à ce qu'il soit pleinement développé, le péché n'apparaîtrait pas comme l'acte pernicieux qu'il était vraiment. Jusque là, il n'avait eu aucune place dans l'Univers de Dieu, et les êtres saints ne pouvaient concevoir sa nature et sa nocivité. Ils n'avaient aucun moyen de discerner les terribles conséquences qui s'ensuivraient en mettant de côté la loi divine.

Au début, Satan avait dissimulé son œuvre sous une prétendue profession de loyauté envers Dieu. Il laissait entendre qu'il cherchait à promouvoir l'honneur de Dieu, la stabilité de son gouvernement et le bien-être de tous les habitants du ciel. Tout en instillant le mécontentement dans l'esprit des anges qui étaient sous ses ordres, il avait astucieusement fait croire qu'il cherchait à en éliminer les causes. Lorsqu'il proposa d'introduire des changements dans l'ordre et dans les lois du gouvernement divin, il mit l'accent sur la nécessité de ces changements afin de préserver l'harmonie dans le ciel.

Dans son attitude envers le péché, Dieu ne pouvait utiliser que la justice et la vérité. Satan, lui, pouvait employer ce que Dieu réfutait: la flatterie et la tromperie. Il avait tenté de falsifier les paroles de Dieu et de faire devant les anges une représentation mensongère du plan du gouvernement divin, prétendant que Dieu manquait de justice en imposant des lois et des règlements aux habitants du ciel. En exigeant de ses créatures la soumission et l'obéissance, Dieu n'avait en vue que sa propre exaltation.

Il était donc nécessaire de démontrer devant les habitants du ciel, aussi bien que devant ceux de tous les autres mondes, que le gouvernement de Dieu était juste et sa loi parfaite. Satan avait prétendu œuvrer pour promouvoir au bien-être de l'univers. Tous devaient comprendre le juste caractère de cet usurpateur et ses véritables intentions. Il fallait lui laisser le temps nécessaire pour dévoiler, au travers de ses œuvres mauvaises, la personne qu'il était réellement.

Satan accusa la loi et le gouvernement de Dieu d'être à l'origine de la discorde que sa propre conduite avait provoquée dans le ciel. Tout le mal, insinua-t-il, provenait de l'administration divine. Il prétendit que son objectif personnel était d'améliorer les statuts de l'Éternel. Il était donc judicieux qu'il démontre la nature de ses revendications et dévoile les conséquences des changements qu'il se proposait d'apporter à la loi de Dieu. Il devait être condamné par ses propres œuvres. Dès le début, i avait laissé entendre qu'il n'était pas en état de rébellion. Il fallait que l'univers entier voie l'imposteur démasqué.

Même après qu'il fut décidé qu'il ne pourrait plus demeurer dans le ciel, la Sagesse infinie ne détruisit pas Satan. Parce que Dieu ne peut agréer qu'un service d'amour, l'allégeance de ses créatures doit reposer sur la conviction de sa justice et de sa bienveillance. Les habitants du ciel et ceux des autres mondes, n'étant pas prêts à comprendre la nature et les conséquences du péché, n'auraient pas pu se rendre compte à ce moment de la justice et de la miséricorde de Dieu si Satan avait été anéanti. Si celui-ci avait été éliminé immédiatement, ils auraient servi Dieu par peur plutôt que par amour. L'influence de cet imposteur n'aurait pas été totalement détruite, ni l'esprit de rébellion entièrement éradiqué. Il fallait permettre au mal d'atteindre son état de maturité. Pour le bien-être de l'univers entier tout au long de l'éternité des siècles, Satan devait développer plus complètement ses principes, afin que ses accusations contre le gouvernement divin apparaissent sous leur véritable jour aux yeux de toutes les créatures, et que la justice et la miséricorde de Dieu et l'immutabilité de sa loi ne puissent plus jamais être remises en question.

La rébellion de Satan devait être une leçon pour l'Univers dans tous les siècles à venir, un témoignage perpétuel de la nature et des terribles retombées du péché. La mise en application des principes de Satan et leurs conséquences sur les hommes comme sur les anges devaient montrer quelle sorte de fruit découle du rejet de l'autorité divine. Cette expérience mettrait en évidence que le bien-être de toutes les créatures est lié à l'existence du gouvernement et de la loi de Dieu. Ainsi, l'histoire de cette effrayante pratique de rébellion devait constituerait une perpétuelle sauvegarde pour toutes les intelligences célestes, afin de leur éviter de se laisser méprendre sur la nature de la transgression, d'en commettre et de subir le châtiment qui s'ensuit.

Jusqu'à la fin de cette controverse dans le ciel, le grand usurpateur continua à manœuvrer afin de se justifier. Lorsqu'il fut annoncé qu'il devait être chassé de ces lieux de délice avec tous ses sympathisants, ce chef rebelle exprima effrontément son mépris pour la loi du Créateur. Il sa prétention en affirmant que les anges n'avaient pas besoin d'être dirigés, mais devaient être laissés libres de suivre leur propre volonté, qui les guiderait toujours dans la bonne direction. Il dénonça les statuts divins comme une entrave à leur liberté et déclara que son intention était d'obtenir l'abolition de la loi ; que, libérées de cette restriction, les armées célestes pourraient accéder à une condition d'existence plus exaltée et plus glorieuse.

D'un commun accord, Satan et ses troupes rejetèrent totalement le blâme de leur révolte sur le Christ, en déclarant que, si on ne leur avait pas adressé de reproches, ils ne se seraient jamais rebellés. C'est ainsi que, obstinés et provocants dans leur déloyauté, cherchant en vain à renverser le gouvernement divin, tout en prétendant avec impiété être eux-mêmes les victimes innocentes d'une puissance d'oppression, le grand usurpateur et tous ses sympathisants furent enfin bannis du ciel.

Le même esprit qui déclencha cette rébellion dans le ciel inspire encore la pareille sur la terre. Satan,auprès des hommes, utilise la même tactique qu'il a utilisée auprès des anges. Son esprit règne maintenant chez « les enfants de la désobéissance ». Comme lui, ceux-ci s'efforcent de rejeter les restrictions imposées par la loi de Dieu. Ainsi, il promet aux hommes la liberté par la transgression des préceptes divins. La réprimande du péché suscite de plus un esprit de haine et de résistance. Lorsque les messages d'avertissements envoyés par Dieu touchent la conscience, Satan pousse les hommes à se justifier et à rechercher la sympathie des autres dans leur ligne de conduite pécheresse. Au lieu de corriger leurs erreurs, ils attisent l'indignation contre celui qui fait cette réprimande comme si c'était lui l'unique cause des difficultés. Depuis l'époque du juste Abel jusqu'à la nôtre, tel est l'esprit qui se manifeste envers ceux qui osent condamner le péché.

En faisant passer Dieu pour un être sévère et tyranique et en avançant une description mensongère de son caractère, Satan, qui avait utilisé la même stratégie dans le ciel, poussa l'homme à pécher. Fort de sa victoire jusqu'à présent, il déclara que la chute de l'homme était le résultat des restrictions injustes imposées par Dieu et l'objet de sa propre rebellion.

Mais l'Éternel lui-même a proclamé la nature de son caractère : « Le SEIGNEUR, le SEIGNEUR, Dieu compatissant et clément, patient et grand par la fidélité et la loyauté, qui conserve sa fidélité jusqu'à la millième génération, qui pardonne la faute, la transgression et le péché, mais qui ne tient pas le coupable pour innocent [9]. »

En bannissant Satan du ciel, Dieu manifesta sa justice et préserva l'honneur de son trône. Mais, lorsque l'homme pécha en cédant aux tromperies de cet esprit apostat, Dieu prouva son amour en permettant que « son Fils unique [10] » meure pour la race humaine déchue. Le caractère de Dieu est révélé dans l'expiation. Le puissant argument de la croix démontre à tout l'Univers que la conduite pécheresse choisie par Lucifer ne pouvait en aucun cas être attribuée au gouvernement divin.

9. Exode 34.6,7.
10. Jean 3.16.

Au cours de la controverse qui eut lieu entre le Christ et Satan, pendant le ministère terrestre du Sauveur, le caractère du grand imposteur fut démasqué. Rien n'aurait pu lui faire perdre aussi efficacement l'affection des anges du ciel et de tout l'Univers demeuré loyal que la guerre cruelle qu'il livra au Rédempteur du monde. L'audace blasphématoire avec laquelle il exigea que le Christ lui rende hommage, sa hardiesse présomptueuse lorsqu'il le transporta « sur une montagne très haute [11] » et « sur le haut du temple [12] », son intention malveillante lorsqu'il lui suggéra de se jeter du haut de ces sommets vertigineux, la malice inlassable avec laquelle il poursuivit le Christ de lieu en lieu, en inspirant aux prêtres et aux gens du peuple le rejet de son amour, et enfin de crier : « Crucifie-le ! Crucifie-le [13] ! », tout ceci produisit l'étonnement et l'indignation de l'Univers.

C'est Satan qui poussa le monde à rejeter le Christ. Le prince du mal exerça toute sa puissance et toute sa ruse pour détruire Jésus ; car il se rendait compte que la miséricorde et l'amour du Sauveur, sa compassion et sa tendresse, donnaient une image fidèle du caractère de Dieu aux yeux du monde. Satan contesta toutes les exigences exprimées par le Fils de Dieu et utilisa les hommes comme ses agents pour remplir la vie du Sauveur de souffrance et de chagrin. Les sophismes et les mensonges par lesquels il avait tenté d'entraver l'œuvre de Jésus, la haine manifestée par l'intermédiaire des enfants de la désobéissance, ses cruelles accusations portées contre Celui dont la vie était un exemple de bonté sans précédent, tout ceci provenait d'un esprit de vengeance profondément enraciné. Les feux de l'envie et de la malveillance, de la haine et de la vengeance, longtemps contenus, éclatèrent sur le calvaire contre le Fils de Dieu, pendant que le ciel tout entier contemplait cette scène avec une horreur silencieuse.

Lorsque le grand sacrifice eut été consommé, le Christ remonta au ciel, mais refusa l'adoration des anges jusqu'à ce qu'il ait présenté cette requête : « Quant à ce que tu m'as donné, Père, je veux que là où, moi, je suis, eux aussi soient avec moi [14]. » Alors, avec un amour et une puissance inexprimables, la réponse se fit entendre depuis le trône du Père : « Que tous les anges de Dieu se prosternent devant lui [15] ! » Aucune tache ne reposait sur Jésus. Son humiliation terminée, son sacrifice accompli, il reçut « le nom qui est au-dessus de tout nom [16] ».

La culpabilité de Satan parut maintenant inexcusable. Il avait révélé son véritable caractère : menteur et meurtrier. On se rendit compte qu'il aurait manifesté le même esprit par lequel il gouvernait les enfants des hommes qui étaient sous sa domination si Dieu lui avait permis de diriger les habitants du ciel. Il avait prétendu que la transgression de la loi de Dieu apporterait la liberté et l'exaltation ; mais on prit conscience qu'elle n'apportait que servitude et dégradation.

Les accusations mensongères de Satan contre le caractère et le gouvernement de Dieu apparurent sous leur véritable jour. Il avait incriminé Dieu de ne chercher que l'exaltation de lui-même en exigeant la soumission et l'obéissance de ses créatures, et avait déclaré que, tandis que le Créateur réclamait de tous l'abnégation, lui-même n'en pratiquait aucune et ne faisait aucun sacrifice. On vit maintenant que, pour le salut de la race humaine pécheresse et déchue, le Maître de l'Univers

11. Matthieu 4.8.
12. Matthieu 4.5.
13. Luc 23.21.
14. Jean 17.24.
15. Hébreux 1.6.
16. Philippiens 2.9.

avait consenti le plus grand sacrifice que l'amour pouvait consentir ; « car Dieu était dans le Christ, réconciliant le monde avec lui-même [17] ». On comprit aussi que, tandis que Lucifer avait ouvert la porte au péché par sa soif d'honneur et de suprématie, le Christ s'était « abaissé lui-même en devenant obéissant jusqu'à la mort [18] » afin de détruire le péché.

Dieu avait montré son horreur pour les principes de la rébellion. Le ciel tout entier fut témoin d'une révélation de sa justice, aussi bien dans la condamnation de Satan que dans la rédemption de l'homme. Lucifer avait affirmé que, si la loi de Dieu était immuable et si sa transgression ne pouvait pas être absoute, tout pécheur devait être à jamais exclu de la faveur du Créateur. Il avait prétendu que la race humaine pécheresse était hors d'atteinte de la rédemption et était donc sa proie légitime. Mais la mort du Christ constitua un argument irréfutable en faveur de l'homme. La pénalité de la loi tomba sur celui qui possédait « un rang d'égalité avec Dieu [19] », et l'homme fut rendu libre d'accepter la justice du Christ et, par une vie de repentance et d'humiliation, de triompher de la puissance de Satan, comme le Fils de Dieu l'avait fait lui-même. Ainsi, Dieu est « juste tout en justifiant celui qui relève de la foi de Jésus [20] ».

Mais ce n'est pas uniquement pour réaliser la rédemption de l'homme que le Christ vint sur notre terre pour souffrir et mourir. Il vint aussi pour « rendre la loi grande et magnifique [21] ». Non seulement pour que les habitants de notre monde puissent considérer la loi comme elle doit l'être ; mais aussi pour démontrer à tous les mondes de notre Univers que la loi de Dieu n'est pas sujette à transformation. S'il avait été possible de mettre de côté les exigences de celle-ci, il n'aurait pas été nécessaire que le Fils de Dieu offre sa vie pour en expier la transgression. La mort du Christ prouve qu'elle est immuable. Le sacrifice auquel l'amour infini poussa le Père et le Fils pour que les pécheurs puissent être rachetés démontre à tout l'Univers—ce que rien d'autre que ce plan de l'expiation n'aurait suffi à faire—que la justice et la miséricorde sont le fondement de la loi et du gouvernement de Dieu.

Au moment de l'exécution finale du jugement, on se rendra compte qu'il n'existait aucune cause pour le péché. Lorsque le Juge de toute la terre demandera à Satan : « Pourquoi t'es-tu rebellé contre moi et as-tu tenté de me dérober les sujets de mon royaume ? » l'initiateur du mal ne pourra fournir aucune excuse. « Toute bouche [sera] fermée [22] » et toute l'armée de la rébellion restera silencieuse.

La croix du Calvaire, tout en déclarant l'immutabilité de la loi, proclame aussi à l'univers que « le salaire du péché, c'est la mort [23] ». Le cri du Sauveur expirant, « Tout est achevé [24] », sonna le glas de Satan. La grande controverse qui avait duré si longtemps fut alors tranchée, et l'éradication définitive du péché fut rendue certaine. Le Fils de Dieu traversa les portails du tombeau, « pour réduire à rien, par sa mort, celui qui détenait le pouvoir de la mort, c'est-à-dire le diable [25] ». La soif d'exaltation de soi-même caressée par Lucifer l'avait poussé à dire :

17. 2 Corinthiens 5.19.
18. Philippiens 2.8.
19. Philippiens 2.6.
20. Romains 3.26.
21. Ésaïe 42.21.
22. Romains 3.19.
23. Romains 6.23.
24. Jean 19.30.
25. Hébreux 2.14.

« J'élèverai mon trône au-dessus des étoiles de Dieu. … Je serai semblable au Très-haut [26]. » Mais Dieu déclare : « Je te réduis en cendres sur la terre. … Tu ne seras jamais plus [27] ! » « Il arrive, le jour, ardent comme une fournaise. Tous les arrogants et tous ceux qui agissent en méchants seront comme du chaume ; ce jour qui vient les embrasera, dit le SEIGNEUR des Armées, il ne leur laissera ni racine ni rameau [28]. »

L'univers tout entier aura été témoin de la nature et des conséquences du péché. Sa destruction totale, qui, si elle avait eu lieu au début, aurait rempli les anges de peur et déshonoré Dieu, justifiera alors son amour et confirmera son honneur devant une multitude d'êtres qui peuvent dire : « Je désire faire ta volonté, mon Dieu, et ta loi est au fond de mes entrailles [29]. » Le mal n'apparaîtra jamais plus. La Parole de Dieu nous affirme : « La détresse ne paraîtra pas deux fois [30]. » La loi de Dieu, que Satan a reproché d'être un joug de servitude, sera honorée comme « une loi de liberté [31] ». Une création à la fidélité éprouvée ne se détournera plus jamais de l'allégeance de celui dont le caractère a été pleinement manifesté aux yeux de ses créatures comme un amour insondable et une sagesse infinie.

---

26. Ésaïe 14.13,14.
27. Ézéchiel 28.18,19.
28. Malachie 3.19.
29. Psaume 40.9.
30. Nahum 1.9.
31. Jacques 2.12.

30

L'hostilité entre l'homme et Satan

« Je mettrai de l'hostilité entre toi et la femme, entre ta descendance et sa descendance : celle-ci t'écrasera la tête, et tu lui mordras le talon [1]. » Cette sentence divine, prononcée contre Satan après la chute de l'homme, constituait aussi une prophétie, qui englobe tous les siècles de l'Histoire jusqu'à la fin des temps et préfigure le grand conflit dans lequel devaient être engagées toutes les races humaines qui allaient vivre sur la terre.

Dieu avait déclaré : « Je mettrai de l'hostilité. » Cette hostilité n'est pas naturelle. Lorsque l'homme transgressa la loi divine, sa nature se corrompit, et il se trouva en accord avec Satan, et non en désaccord. Il n'existe aucune animosité naturelle entre l'homme pécheur et l'initiateur du péché. Les deux sont devenus mauvais par une apostasie. Un apostat n'est en repos que s'il réussit à gagner la sympathie et le soutien des autres en les poussant à suivre son exemple. C'est pour cette raison que les anges déchus et les hommes méchants s'unissent en un partenariat désespéré. Si Dieu ne s'était pas spécialement interposé, Satan et l'homme auraient conclu une alliance contre le ciel ; et, au lieu d'entretenir l'hostilité contre Satan, toute la famille humaine se serait unie contre Dieu.

Satan a tenté l'homme au péché, comme il avait amené les anges à la rébellion, pour trouver ainsi des partenaires dans sa guerre contre le ciel. Il n'existait aucune dissension entre lui-même et les anges déchus en ce qui concerne leur haine envers le Christ. Alors qu'il y avait discorde sur tous les autres points, ils étaient fermement unis dans leur opposition contre l'autorité du Maître de l'Univers. Mais, lorsque Satan entendit prononcer cette déclaration annonçant qu'il existerait une hostilité entre lui-même et la femme, et entre sa descendance et celle de la femme, il sut que ses efforts pour corrompre la nature humaine seraient limités ; et que, par certains moyens, l'homme serait rendu capable de résister à sa puissance.

L'hostilité de Satan s'est manifestée contre la race humaine qui, par l'intermédiaire du Christ, est devenue l'objet de l'amour et de la miséricorde de Dieu. Satan désire contrecarrer le plan divin pour la rédemption de l'homme et jeter le discrédit sur Dieu en défigurant et en souillant son œuvre. Il voulait introduire le chagrin dans le ciel et remplir la terre de souffrance et de désolation. Ensuite, il montrerait du doigt tout ces maux, en prétendant qu'ils sont la conséquence de la création de l'homme par Dieu.

C'est la grâce implantée par le Christ dans l'âme qui fait naître chez l'homme l'hostilité contre Satan. Sans cette grâce qui convertit et cette puissance qui régénère, l'homme demeurerait captif de Satan comme un serviteur docile toujours prêt à

1. Genèse 3.15.

exécuter les ordres de ce dernier. Mais le nouveau principe implanté dans l'âme crée un conflit là où, jusqu'à présent, avait régné la paix. La puissance communiquée par le Christ rend l'homme capable de résister au tyran usurpateur. Quiconque hait le péché au lieu de l'aimer, quiconque résiste aux passions qui ont régné en lui et les surmonte, démontre la présence d'un principe qui provient tout entier d'en haut.

L'antagonisme qui existe entre l'esprit du Christ et l'esprit de Satan s'est révélé de la manière la plus frappante dans l'accueil que le monde a réservé à Jésus. Ce n'est pas tellement parce qu'il parut sans richesses, ni pompes ou grandeur terrestres que les Juifs furent amenés à le rejeter. Ils se rendirent compte qu'il possédait un pouvoir compensant largement le manque de ces avantages extérieurs. Mais la pureté et la sainteté du Christ déchaînèrent contre lui la haine des impies. Sa vie d'abnégation et de consécration sans péché constituait un reproche perpétuel pour ce peuple fier et sensuel. C'est ce qui provoqua cette hostilité contre le Fils de Dieu. Satan et ses anges méchants s'unirent aux hommes méchants. Toutes les énergies de l'apostasie conspirèrent contre le Champion de la vérité.

Les disciples du Christ doivent subir la même hostilité que celle qui s'est manifestée envers leur Maître. Quiconque perçoit le caractère répugnant du péché, et, par la force qui lui vient d'en haut, résiste à la tentation, suscitera sans aucun doute la colère de Satan et de ses sujets. La haine des purs principes de la vérité, les accusations et la persécution de ceux qui en sont partisans, existeront aussi longtemps que le péché et les pécheurs. Il ne peut y avoir aucun accord entre les disciples du Christ et les serviteurs de Satan. Le scandale de la croix n'a jamais cessé. « Tous ceux qui veulent vivre pieusement en Jésus-Christ seront persécutés [3]. »

Sous la direction de Satant ses agents sont constamment à l'œuvre pour confirmer son autorité et édifier son royaume en opposition au gouvernement divin. Dans ce but, ils veulent tromper les disciples de Jésus et les détourner de leur allégeance. Comme leur chef, ils tordent et pervertissent les Écritures pour atteindre leur objectif. De même que Satan tenta de jeter le blâme sur Dieu, de même ses agents cherchent à calomnier le peuple de Dieu. L'esprit qui mit à mort le Christ inspire les méchants à détruire ses disciples. Tout ceci avait été annoncé dans cette première prophétie de la Bible : « Je mettrai de l'hostilité entre toi et la femme, entre ta descendance et sa descendance. » Ceci durera jusqu'à la fin des temps.

Satan rassemble toutes ses forces et jette toute sa puissance dans la bataille. Pourquoi ne rencontre-t-il pas de plus grande résistance ? Pourquoi les soldats du Christ sont-ils si endormis et si indifférents ? C'est parce que leur communion avec le Christ manque de réalité ; c'est parce qu'ils sont si dépourvus de son Esprit. Le péché ne leur apparaît pas répugnant et odieux, comme il l'était pour leur Maître. Ils ne l'affrontent pas, comme le faisait le Christ, avec une résistance décisive et déterminée. Ils ne sont pas conscients de l'effrayante nocivité et malignité du péché, et ils sont aveuglés à la fois au caractère et à la puissance du prince des ténèbres.

Il existe peu de résistance contre Satan et son œuvre à cause de la profonde ignorance concernant sa puissance, sa malice et l'immense étendue de sa controverse contre le Christ et son Église. Des foules de gens sont dans l'erreur sur ce point.

2. 1 Corinthiens 1.23.
3. 2 Timothée 3.12.

Elles ignorent que leur ennemi est un puissant général qui domine l'esprit des mauvais anges. À l'aide de plans soigneusement conçus et de mouvements habiles, il fait la guerre au Christ pour empêcher le salut des âmes. Parmi ceux qui professent être chrétiens, et même parmi les prédicateurs de l'Évangile, on entend rarement parler de Satan, sauf peut-être pour en faire une mention occasionnelle du haut de la chaire. Ils ferment les yeux sur les preuves de son activité incessante et de ses succès ; ils négligent les nombreux avertissements donnés sur sa subtilité ; ils semblent ignorer jusqu'à son existence.

Tandis que les hommes demeurent dans l'ignorance de ses ruses, cet ennemi vigilant est sur leurs traces à chaque instant. Il s'insinue dans chaque coin de nos foyers, dans chaque rue de nos villes, dans les églises, dans les assemblées législatives, dans les tribunaux, troublant, trompant, séduisant, ruinant partout l'âme et le corps des hommes, des femmes et des enfants, divisant les familles, semant la haine, les rivalités, les conflits, la sédition et le meurtre. Et le monde chrétien semble considérer ces choses comme si elles étaient voulues de Dieu et comme s'il était normal qu'elles existent !

Satan cherche continuellement à vaincre le peuple de Dieu en renversant les barrières qui le séparent du monde. L'ancien Israël avait été entraîné dans le péché en s'aventurant dans des associations interdites avec les peuples païens. C'est d'une manière semblable que s'égarent les membres de l'Israël moderne. Leur « intelligence a été aveuglée par le dieu de ce monde, de sorte qu'ils ne voient pas resplendir la bonne nouvelle de la gloire du Christ, qui est l'image de Dieu [4] ».

Tous ceux qui ne sont pas délibérément disciples du Christ sont serviteurs de Satan. Le cœur non régénéré entretient l'amour du péché et a tendance à le chérir et à l'excuser. Par contre, dans le cœur régénéré se trouvent la haine du péché et une résistance déterminée contre celui-ci. Lorsque les chrétiens choisissent la société des impies et des incrédules, ils s'exposent à la tentation. Satan se dissimule et, subrepticement, ferme leurs yeux par ses tromperies. Ils ne se rendent pas compte que ce genre de compagnie est conçu pour leur causer du tort ; et, tout en ressemblant de plus en plus au monde en caractère, en paroles et en actions, ils sont de plus en plus aveuglés.

La conformité aux coutumes du monde convertit l'Église au monde ; elle ne convertit jamais le monde à l'Église. La familiarité avec le péché amènera inévitablement celui-ci à paraître moins répugnant qu'il ne l'est vraiment. Celui qui choisit de s'associer aux serviteurs de Satan cessera bientôt de craindre leur maître. Lorsque, en accomplissant notre devoir, nous sommes précipités dans une épreuve, comme le fut Daniel à la cour du roi, nous pouvons être certains que Dieu nous protégera ; mais si nous nous plaçons nous-mêmes sur le terrain de la tentation, nous tomberons tôt ou tard.

Le tentateur œuvre souvent avec le plus de succès par l'intermédiaire de ceux dont on soupçonne le moins d'être sous sa domination. On admire et on honore ceux qui possèdent des aptitudes et de l'instruction, comme si ces qualités pouvaient compenser l'absence de crainte de Dieu ou donner droit à ces hommes de bénéficier de sa faveur. Les talents et la culture, considérés en eux-mêmes, sont des dons de Dieu ; mais, lorsqu'ils remplacent la piété ; au lieu de rapprocher l'âme de Dieu, ils l'en éloignent, ils deviennent une malédiction et un piège.

---

4. 2 Corinthiens 4.4.

Beaucoup de gens supposent que tout ce qui semble être de la courtoisie ou du raffinement, ne peut dans un certain sens, provenir que du Christ. C'est commettre une très grande erreur. Il est vrai que ces qualités doivent être l'ornement du caractère de tout chrétien, car elles peuvent exercer une puissante influence en faveur de la véritable religion ; mais elles doivent être consacrées à Dieu, sinon, elles deviennent aussi une force pour le mal. Bien des hommes à l'intelligence raffinée et aux manières agréables, qui ne s'abaisseraient pas à ce qui est communément considéré comme un acte immoral, ne sont que des instruments perfectionnés entre les mains de Satan. Le caractère insidieux et trompeur de leur influence et de leur exemple fait d'eux des ennemis plus dangereux pour la cause du Christ que ceux qui sont ignorants et incultes.

Par la prière fervente et par sa dépendance de Dieu, le roi Salomon avait obtenu la sagesse qui provoqua l'étonnement et l'admiration du monde. Mais, lorsqu'il se détourna de la source de sa force et se mit à compter sur lui-même, il devint la proie de la tentation. Alors, les merveilleuses facultés qui avaient été accordées au plus sage de tous les rois firent de lui un agent efficace de l'adversaire des âmes.

Tandis que Satan cherche constamment à aveugler les esprits à cet état de fait, que les chrétiens n'oublient jamais que « ce n'est pas contre le sang et la chair que nous luttons, mais contre les principats, contre les autorités, contre les pouvoirs de ce monde de ténèbres, contre les puissances spirituelles mauvaises qui sont dans les lieux célestes [5] ». Ces avertissements inspirés retentissent à travers les siècles : « Soyez sobres, veillez. Votre adversaire, le diable, rôde comme un lion rugissant, cherchant qui dévorer [6]. » « Revêtez toutes les armes de Dieu, afin de pouvoir tenir bon devant les manœuvres du diable [7]. »

Depuis l'époque d'Adam jusqu'à la nôtre, notre grand ennemi a utilisé sa puissance pour opprimer et détruire. Il se prépare maintenant à sa dernière campagne contre l'Église. Tous ceux qui cherchent à suivre Jésus se trouveront en conflit avec cet ennemi implacable. Plus fidèlement le chrétien imitera le divin Modèle, plus sûrement il deviendra la cible des attaques de Satan. Tous ceux qui sont activement engagés dans la cause de Dieu, voulant démasquer les tromperies du Malin et présenter le Christ devant les hommes, pourront joindre leur témoignage à celui de Paul, dans lequel il parle de servir le Seigneur « en toute humilité, dans les larmes, au milieu des épreuves [8] ».

Satan assaillit le Christ de ses tentations les plus furieuses et les plus subtiles ; mais il fut repoussé lors de chaque conflit. Ces batailles furent livrées en notre faveur ; ces victoires nous rendent la victoire possible. Le Christ accordera la force à tous ceux qui la recherchent. Personne ne peut être vaincu par Satan sans y consentir. Le tentateur n'a aucun pouvoir de dominer la volonté, ni de forcer une âme à pécher. Il peut affliger, mais il ne peut corrompre. Il peut causer de l'angoisse, mais aucune souillure. Le fait que le Christ a remporté la victoire doit inspirer à ses disciples le courage de livrer vaillamment bataille au péché et à Satan.

---

5. Éphésiens 6.12.
6. 1 Pierre 5.8.
7. Éphésiens 6.11.
8. Actes 20.19.

31

L'œuvre des mauvais esprits

Les relations existant entre le monde visible et le monde invisible, le ministère des anges de Dieu et l'œuvre des mauvais esprits sont des sujets clairement révélés dans les Écritures et liés de manière inextricable à l'Histoire de l'humanité. Mais il y a une tendance croissante à douter de l'existence des mauvais esprits, tandis que de nombreuses personnes considèrent comme les esprits des morts les saints anges, qui sont « des esprits serviteurs, envoyés pour exercer leur ministère en faveur de ceux qui vont hériter le salut [1] ». Or, non seulement les Écritures enseignent la présence des anges, bons et mauvais, mais elles présentent aussi des preuves incontestables qu'ils ne sont pas les esprits désincarnés des morts.

Les anges existaient déjà avant la création de l'homme ; car, lorsque Dieu posa les fondations de la terre, « les étoiles du matin criaient de joie et … tous les fils de Dieu lançaient des acclamations [2] ». Après la chute de l'homme, Dieu envoya des anges pour garder l'accès à l'arbre de vie, avant qu'un seul être humain ne soit mort. Les anges sont, par leur nature, supérieurs aux hommes, car le psalmiste déclare que l'homme a été créé « un peu inférieur aux anges [3] ».

L'Écriture nous informe sur le nombre, la puissance et la gloire des êtres célestes, sur leur relation avec le gouvernement de Dieu et aussi avec l'œuvre de la rédemption. Ils sont dans sa salle d'audience, attendant ses ordres : « Le SEIGNEUR a installé son trône dans le ciel, et son règne domine sur tout. Bénissez le SEIGNEUR, vous ses messagers, qui êtes puissants en force et qui exécutez sa parole en écoutant sa parole ! Bénissez le SEIGNEUR, vous toutes ses armées, qui êtes à son service et qui faites sa volonté ! [4] » L'apôtre Jean nous dit : « J'entendis la voix de beaucoup d'anges autour du trône [5]. » Le prophète Daniel, lui aussi, avait contemplé les messagers célestes : « Mille milliers le servaient, dix mille fois dix mille se tenaient debout devant lui [6]. » L'apôtre Paul nous parle de « dizaines de milliers d'anges [7] ».

Si aveuglante est leur gloire et si rapide leur vol, en tant que messagers de Dieu, qu'il est dit d'eux qu'ils sont « comme la foudre [8] ». Il est dit aussi de l'ange qui apparut au tombeau du Sauveur : « Son aspect était comme l'éclair et son vêtement

---

1. Hébreux 1.14.
2. Job 38.7.
3. Hébreux 2.7, citation du Psaume 8.6.
4. Psaume 103.19-21.
5. Apocalypse 5.11.
6. Daniel 7.10.
7. Hébreux 12.22.
8. Ézéchiel 1.14.

blanc comme la neige. Les gardes tremblèrent de peur et devinrent comme morts [9]. » Lorsque Sennachérib, le hautain roi Assyrien, proféra des injures et des blasphèmes contre Dieu et menaça Israël de destruction, « cette nuit-là, le messager du SEIGNEUR sortit et abattit dans le camp des Assyriens cent quatre-vingt-cinq mille hommes [10] ». Il « extermina … tous les vaillants guerriers, les chefs et les princes. Alors le roi retourna dans son pays, la honte au visage [11]. »

Dieu envoie ses anges vers ses enfants en missions de miséricorde : vers Abraham, avec des promesses de bénédiction ; vers les portes de Sodome, pour délivrer le juste Lot du destin maudit de cette ville ; vers Élie, sur le point de périr de fatigue et de faim dans le désert ; vers Élisée, qui vit une multitude « de chevaux et de chars de feu [12] » entourant la petite ville cernée par ses ennemis ; vers Daniel, cherchant la sagesse divine à la cour d'un roi païen, ou jeté en pâture aux lions ; vers Pierre, condamné à mort dans un cachot du roi Hérode ; vers les apôtres emprisonnés à Philippes ; vers Paul et ses compagnons pendant la nuit de tempête sur la mer ; pour ouvrir à l'Évangile l'esprit de Corneille ; pour envoyer Pierre, porteur du message du salut, vers cet étranger païen. C'est ainsi que, à travers tous les siècles, les saints anges ont exercé leur ministère en faveur du peuple de Dieu.

Un ange gardien est désigné pour veiller sur chaque disciple du Christ. Ces gardiens célestes protègent les justes de la puissance du Malin. Satan lui-même le reconnut lorsqu'il dit : « Est-ce pour rien que Job craint Dieu ? Ne l'as-tu pas protégé, lui, sa maison et tout ce qui lui appartient [13] ? » Voici, selon les paroles du psalmiste, comment est représentée la protection que Dieu accorde à son peuple : « Le messager du SEIGNEUR dresse son camp autour de ceux qui le craignent, et il les délivre [14]. » Le Sauveur a dit, en parlant de ceux qui croient en lui : « Gardez-vous de mépriser un seul de ces petits, car je vous dis que leurs anges dans les cieux voient constamment le visage de mon Père qui est dans les cieux [15]. » Les anges chargés de veiller sur les enfants de Dieu ont accès en tout temps à sa présence.

Ainsi, le peuple de Dieu, exposé à la puissance trompeuse et à la malice inlassable du prince des ténèbres, et se trouvant en conflit avec toutes les forces du mal, a la certitude que les anges du ciel veillent constamment sur lui. Cette assurance n'est pas superflue : si Dieu a accordé à ses enfants la promesse de sa grâce et de sa protection, c'est parce qu'ils doivent affronter des intelligences puissantes et malfaisantes, des intelligences nombreuses, déterminées et infatigables. Personne ne peut impunément rester ignorant ou insouciant de leur malignité et de leur pouvoir.

Les mauvais esprits, créés à l'origine sans péché, étaient égaux en nature, en puissance et en gloire aux êtres saints qui sont maintenant les messagers de Dieu. Mais, déchus à cause de leur transgression, ils se sont ligués pour déshonorer Dieu et détruire l'homme. Unis à Satan dans une même rébellion et chassés du ciel en même temps que lui, ils ont, au travers de tous les siècles successifs, collaboré avec lui dans sa lutte contre l'autorité divine. L'Écriture nous parle de leur confédération

9. Matthieu 28.3,4,
10. 2 Rois 19.35.
11. 2 Chroniques 32.21.
12. 2 Rois 6.17.
13. Job 1.9,10.
14. Psaume 34.8.
15. Matthieu 18.10.

et de leur gouvernement, de leurs différents ordres, de leur intelligence et de leur subtilité, et de leurs desseins malveillants contre la paix et le bonheur de l'homme.

L'Histoire de l'Ancien Testament mentionne occasionnellement leur existence et leur œuvre ; mais c'est pendant que le Christ était sur la terre que les mauvais esprits manifestèrent leur puissance de la manière la plus frappante. Le Christ était venu pour réaliser le plan conçu pour la rédemption de l'homme, et Satan avait décidé d'affirmer ses droits à la domination du monde. Il avait réussi à instaurer l'idolâtrie dans tous les coins de la terre, à l'exception de la Palestine. C'est dans le seul pays qui n'avait pas entièrement cédé au pouvoir du tentateur que le Christ vint déverser sur les hommes la lumière du ciel. Deux puissances rivales revendiquèrent la suprématie. Jésus tendait les bras avec amour, invitant tous ceux qui le désiraient à trouver en lui le pardon et la paix. Les armées des ténèbres se rendirent compte que leur pouvoir n'était pas illimité et comprirent que, si la mission du Christ réussissait, leur domination toucherait bientôt à sa fin. Satan ragea comme un lion enchaîné et manifesta avec défiance son empire sur le corps et l'âme des hommes.

Le Nouveau Testament exprime clairement le fait que des hommes ont été possédés par des démons. Les personnes qui en étéaient affligées ne souffraient pas seulement de maladies provoquées par des causes naturelles. Le Christ discernait parfaitement l'ennemi, et il reconnaissait la présence et l'œuvre directes des mauvais esprits.

Un exemple frappant de leur nombre, de leur puissance et de leur malignité, mais également de l'autorité et de la miséricorde du Christ, nous est donné dans le récit biblique de la guérison des démoniaques de Gadara. Ces pauvres fous, rejetant toute contrainte, se tordant, écumant, rageant, remplissaient l'air de leurs cris, et en se meurtrissant eux-mêmes et ils mettaient en danger tous ceux qui voulaient les approcher. Leur corps ensanglanté, défiguré et leur esprit égaré présentaient un spectacle propre à plaire au prince des ténèbres. L'un des démons qui dominaient ces malheureux déclara : « Mon nom, … c'est Légion, car nous sommes beaucoup [16]. » Dans l'armée romaine, une légion se composait de trois à cinq mille hommes. Les armées de Satan, elles aussi, sont organisées en compagnies ; et, à elle seule, chaque compagnie comptait autant de démons qu'une légion romaine comptait d'hommes.

Sur l'ordre de Jésus, les mauvais esprits abandonnèrent leurs victimes, laissant ces deux hommes calmement assis aux pieds du Sauveur, soumis, intelligents et doux. Mais Jésus permit aux démons de précipiter dans la mer un troupeau de cochons ; cependant comme, pour les habitants de Gadara, la perte de ces animaux était plus importante que les bénédictions apportées par le Christ, ils prièrent le divin guérisseur de se retirer. C'est ce que Satan espérait. En rendant Jésus responsable du dommage subi, il suscita la peur égoïste de ces gens et les empêcha d'écouter les paroles de celui-ci. Satan accuse constamment les chrétiens d'être une cause de calamités, de malheurs et de souffrances, au lieu d'en endosser lui-même et ses agents la reponsabilité.

Mais les desseins du Christ ne furent pas contrecarrés. Il permit aux mauvais esprits de détruire ce troupeau de cochons pour attirer l'attention des Juifs qui élevaient ces animaux impurs pour le gain qu'ils en recevaient. Si le Christ n'avait

16. Marc 5.9.

pas retenu ces démons, ils auraient précipité dans la mer non seulement les cochons, mais aussi leurs gardiens et leurs propriétaires. La vie sauve des gardiens et des propriétaires de ces cochons était due uniquement à sa puissance, exercée avec miséricorde pour leur délivrance.

De plus, Jésus permit à cet incident d'avoir lieu pour montrer aux disciples le pouvoir cruel de Satan sur les hommes comme sur les animaux. Le sauveur voulait que les siens connaissent l'ennemi qu'ils allaient affronter, afin de ne pas se laisser tromper et vaincre par ses ruses. Il souhaitait aussi que les habitants de cette région soient témoins de son autorité sur la servitude imposée par Satan et de la ibération des captifs de ce dernier. Et, bien que Jésus lui-même soit reparti, les hommes qu'il avait si miraculeusement délivrés restèrent pour publier la miséricorde de leur bienfaiteur.

Les Écritures nous rapportent d'autres exemples de nature similaire. La fille de la femme syro-phénicienne était cruellement tourmentée par un démon, que Jésus chassa par sa parole [17]. « Un démoniaque aveugle et muet [18] » ; un garçonnet « qui a un esprit muet. … Souvent l'esprit l'a jeté dans le feu et dans l'eau pour le faire périr [19] » ; le pauvre fou, possédé par « un esprit de démon impur [20] », qui perturba le culte du sabbat à la synagogue de Capharnaüm ; tous ceux-là furent guéris par le Sauveur compatissant. Dans presque chaque cas, le Christ s'adressa au démon comme à une entité intelligente, lui ordonnant de sortir de sa victime et de cesser de la tourmenter. Les adorateurs, dans la synagogue de Capharnaüm, voyant son grand pouvoir, « furent saisis d'effroi ; ils se disaient les uns aux autres : Quelle est cette parole ? Il commande avec autorité et puissance aux esprits impurs, et ils sortent [21] ! »

On représente généralement les personnes possédées par des démons comme souffrant intensément ; cependant, il y a des exceptions à cette règle. Pour l'obtention des pouvoirs surnaturels, certaines personnes accueillaient favorablement l'influence satanique et, bien entendu, elles n'avaient aucun conflit avec les démons. C'est à cette catégorie qu'appartenaient ceux qui possédaient l'esprit de divination : Simon le magicien, Élymas le mage, et la jeune servante qui suivit Paul et Silas à Philippes en criant derrière eux.

Personne ne se trouve en plus grand danger devant l'influence des mauvais esprits que ceux qui, malgré le témoignage direct et abondant des Écritures, nient l'existence et l'activité du démon et de ses anges. Tant que nous sommes ignorants de leurs ruses, ils possèdent un avantage presque inconcevable. Beaucoup de personnes écoutent leurs suggestions tout en s'imaginant suivre les ordres de leur propre sagesse. C'est pourquoi, à l'approche des temps de la fin, lorsque Satan travaillera avec encore plus de puissance pour tromper et détruire, il répandra partout la croyance qu'il n'existe pas. C'est sa tactique pour se dissimuler, et sa manière d'agir.

Il n'y a rien que le grand manipulateur redoute autant que de nous voir prendre conscience de ses ruses. Pour mieux déguiser son juste caractère et ses véritables desseins, il s'est fait représenter de manière à ne provoquer aucune émotion plus grave que le ridicule ou le mépris. Il lui convient de se voir décrit comme un être

17. Voir Marc 7.26-30.
18. Matthieu 12.22.
19. Voir Marc 9.17-27.
20. Voir Luc 4.33-36.
21. Luc 4.36.

ridicule ou repoussant, difforme, moitié animal et moitié homme. Il lui convient d'entendre son nom utilisé en plaisanteries et en moqueries par ceux qui se croient intelligents et bien informés.

C'est parce qu'il s'est masqué avec un art si consommé que cette question est très souvent posée : « Cet être existe-t-il vraiment ? » Une preuve de son succès est que des théories qui démentent le témoignage le plus positif des Écritures sont si bien accueillies dans le monde religieux. C'est parce que Satan peut si facilement dominer l'esprit de ceux qui ne sont pas conscients de son influence que la Parole de Dieu nous donne tant d'exemples de son œuvre nocive, en dévoilant devant nos yeux sa force secrète et nous mettant ainsi en garde contre ses attaques.

La puissance et la malignité de Satan et de son armée pourraient à juste titre nous alarmer si nous ne pouvions trouver refuge et délivrance dans la force invincible et encore plus grande de notre Rédempteur. Nous fermons soigneusement nos maisons avec des serrures et des verrous pour protéger nos biens et nos vies contre les hommes méchants ; mais nous pensons rarement aux mauvais anges, qui tentent constamment d'avoir accès à notre coeur, et contre leurs attaques nous ne possédons, par nos propres forces, aucune méthode de défense.

Si on le leur permet, ils peuvent égarer notre esprit, induire des désordres dans notre corps et le tourmenter, détruire nos biens et notre vie. Leur seul plaisir est de provoquer la misère et la destruction. Terrible est la condition de ceux qui résistent aux exigences divines et cèdent aux tentations de Satan, jusqu'au moment où Dieu les abandonne à la domination des mauvais esprits. Mais ceux qui suivent le Christ sont toujours en sécurité sous sa garde. Des anges « puissants en force [22] » sont envoyés du ciel pour les protéger. Le malin ne peut traverser la barrière d'anges que Dieu a postée autour de son peuple.

22. Psaume 103.20.

32

Les pièges de Satan

La grande controverse entre le Christ et Satan, qui dure depuis environ six millénaires, est sur le point de s'achever ; c'est pourquoi le Malin redouble d'efforts pour faire échouer l'œuvre du Christ en faveur de l'homme et pour garder les âmes prisonnières de ses pièges. L'objectif qu'il s'efforce de réaliser est de maintenir les âmes dans les ténèbres et l'impénitence jusqu'à la fin de la médiation du Sauveur et jusqu'à ce qu'« il ne reste plus de sacrifice pour les péchés [1] ».

Lorsqu'aucun effort spécial n'est consenti pour résister à son pouvoir, lorsque l'indifférence règne dans l'Église et dans le monde, Satan ne se fait aucun souci, car il ne risque pas de perdre ceux qu'il maintient captifs à sa volonté. Mais, lorsque l'attention des hommes se tourne vers les valeurs éternelles et qu'ils posent la question « Que faut-il que je fasse pour être sauvé [2] ? », le voilà sur le terrain, cherchant à opposer sa puissance à celle du Christ et à contrecarrer l'influence du Saint-Esprit.

Les Écritures nous déclarent qu'à une certaine occasion, lorsque les anges de Dieu vinrent se présenter devant le Seigneur, « l'Adversaire aussi vint au milieu d'eux [3] », non pour se prosterner devant le Roi éternel, mais pour promouvoir ses desseins malveillants contre les justes. C'est avec le même objectif qu'il est présent lorsque les hommes s'assemblent pour adorer Dieu. Bien qu'invisible à la vue des hommes, il travaille avec zèle à s'emparer de l'esprit des adorateurs. Comme un habile général, il dresse ses plans d'avance. Lorsqu'il voit le messager de Dieu sonder les Écritures, il prend note du sujet que celui-ci va présenter aux gens du peuple. Puis, il déploie toute sa ruse et sa subtilité pour diriger les circonstances de manière à ce que le message n'atteigne pas ceux qu'il réussit à tromper sur ce point précis. Il poussera celui qui a le plus besoin de cet avertissement à quelque transaction commerciale qui exige sa présence, ou l'empêchera par quelque autre moyen d'entendre les paroles qui auraient pu être pour lui « une odeur de vie, qui mène à la vie [4] ».

Satan voit les serviteurs de Dieu accablés à cause des ténèbres spirituelles qui enveloppent la population. Il entend leurs prières ferventes réclamant la grâce et la puissance divines pour briser le charme de l'indifférence, de l'insouciance et de l'indolence. C'est alors qu'avec un zèle redoublé, il met en œuvre ses artifices. Il tente les hommes par la gourmandise ou par toute autre forme de recherche du

1. Hébreux 10.26.
2. Actes 16.30.
3. Job 1.6.
4. 2 Corinthiens 2.16.

plaisir égoïste, et, ainsi, émousse leur sensibilité pour les empêcher d'entendre ce qu'ils ont le plus besoin d'acquérir.

Satan sait très bien que tous ceux qu'il peut amener à négliger la prière et l'étude des Écritures seront vaincus par ses attaques. C'est pourquoi il invente tous les artifices possibles pour occuper leur esprit. Il a toujours existé une catégorie de personnes qui professent la piété, mais qui, au lieu de chercher à progresser dans la connaissance de la vérité, considèrent comme un devoir religieux de chercher quelque faiblesse de caractère ou quelque erreur doctrinale chez ceux avec lesquels elles ne sont pas d'accord. Ce sont les bras droits de Satan. Les accusateurs des frères ne manquent pas, et ils sont toujours actifs lorsque Dieu est à l'œuvre et que ses serviteurs lui rendent un véritable hommage. Ils placent une fausse interprétation sur les paroles et les actes de ceux qui aiment la vérité et lui obéissent. Ils reprochent aux serviteurs du Christ les plus fervents, les plus zélés, à ceux qui manifestent le plus d'abnégation d'être des égarés ou des séducteurs. C'est leur œuvre d'interpréter de travers les motifs de toute action sincère et noble, de répandre des insinuations et de susciter les soupçons dans l'esprit de ceux qui manquent d'expérience. Ils chercheront de toutes les manières possibles à faire paraître comme vil et mensonger ce qui est pur et juste.

Mais personne n'a besoin d'être trompé à leur sujet. On peut facilement voir de qui ils sont les enfants, de qui ils suivent l'exemple et quelle œuvre ils accomplissent. « C'est à leurs fruits que vous les reconnaîtrez [5]. » Leur conduite ressemble à celle de Satan, le venimeux calomniateur, « l'accusateur de nos frères [6] ».

Le grand trompeur a de nombreux agents à son service, toujours prêts à présenter toutes sortes d'erreurs pour prendre les âmes au piège : des hérésies conçues pour s'adapter aux différents goûts et aux diverses capacités de ceux dont il veut provoquer la ruine. Sa tactique est d'introduire dans l'Église des personnes manquant de sincérité et de régénération, qui encourageront le doute et l'incrédulité, et d'entraver la marche de tous ceux qui désirent voir croître l'œuvre de Dieu et progresser en même temps qu'elle. Bien des gens qui ne possèdent pas la véritable foi en Dieu ou en sa Parole acceptent quelques principes de vérité et se font reconnaître comme chrétiens ; ceux-ci ont donc la possibilité de faire passer leurs erreurs pour des doctrines bibliques.

L'idée que peu importe ce qu'on croit est l'une des tromperies les plus réussies de Satan. Il sait que la vérité, reçue avec amour, sanctifie l'âme de celui qui la reçoit ; c'est pourquoi il s'efforce constamment de lui substituer de fausses théories, des fables, « une bonne nouvelle différente [7] ». Depuis le début, les serviteurs de Dieu ont dû lutter contre les faux docteurs, qui non seulement étaient des hommes méchants, mais qui inculquaient aussi des erreurs fatales à l'âme. Élie, Jérémie et Paul durent s'opposer fermement et courageusement à ceux qui détournaient les hommes de la Parole de Dieu. Le libéralisme qui considère comme sans importance de professer une foi religieuse correcte n'aurait pas trouvé grâce auprès de ces saints défenseurs de la vérité.

Les interprétations vagues et fantaisistes de l'Écriture et les nombreuses théories contradictoires concernant la foi religieuse qu'on rencontre dans le monde chrétien sont l'œuvre de notre grand Adversaire, qui s'efforce de jeter la confusion dans les

5. Matthieu 7.16.
6. Apocalypse 12.10.
7. Galates 1.9.

esprits pour les empêcher de discerner la vérité. Les discordes et les divisions qui existent entre les Églises de la chrétienté sont dues, dans une grande mesure, à la coutume si répandue de tordre les Écritures pour tenter de soutenir une théorie favorite. Au lieu d'étudier la Parole de Dieu avec soin et humilité de cœur pour obtenir la connaissance de sa volonté, beaucoup ne cherchent qu'à découvrir quelque chose d'excentrique ou d'original.

Pour tenter de soutenir des doctrines erronées ou des pratiques non chrétiennes, certains s'emparent de passages bibliques séparés de leur contexte, n'en citant parfois qu'un demi-verset pour tenter de prouver leur argument, alors que l'autre moitié de ce même verset révélerait un sens tout à fait opposé. Avec la ruse du serpent, ils se retranchent derrière des déclarations sans lien l'une avec l'autre, interprétées pour satisfaire leurs désirs charnels. C'est ainsi que beaucoup de gens pervertissent délibérément la Parole de Dieu. D'autres, doués d'une vive imagination, s'emparent des images et des symboles de l'Écriture sainte, les traduisent selon leur fantaisie, en faisant peu de cas du témoignage des Écritures considérées comme leur propre interprète ; puis ils présentent leurs divagations comme étant l'enseignement de la Bible.

Partout où l'étude des Écritures est abordée sans un esprit humble, adonné à la prière, disposé à se laisser enseigner, les passages les plus clairs et les plus simples comme les plus difficiles seront détournés de leur véritable sens. Les dirigeants de l'Église romaine choisissent les parties de l'Écriture qui conviennent le mieux à leurs desseins, les interprètent à leur gré, puis les présentent aux gens du peuple tout en leur refusant le privilège d'étudier la Bible et de comprendre par eux-mêmes ses vérités sacrées. La Bible tout entière doit être donnée aux gens du peuple telle qu'elle est. Il vaudrait mieux pour ces personnes n'avoir reçu aucune instruction biblique que de recevoir les enseignements des Écritures si grossièrement déformés.

La Bible a été conçue pour être un guide pour tous ceux qui souhaitent prendre connaissance de la volonté de leur Créateur. Dieu a donné aux hommes « la parole prophétique [8] », qualifiée de « ferme » ; des anges, et même le Christ en personne, vinrent faire connaître à Daniel et à Jean « ce qui doit arriver bientôt [9] ». Dieu n'a pas laissé enrobées de mystère les vérités importantes qui concernent notre salut. Elles n'ont pas été révélées de manière à embarrasser ou à égarer ceux qui recherchent honnêtement la vérité. Le Seigneur a dit, par le prophète Habacuc : « Écris la vision, grave-la sur des tablettes, afin qu'on puisse la lire couramment [10]. » La Parole de Dieu est simple pour tous ceux qui l'étudient dans un esprit de prière. Chaque âme véritablement honnête viendra à la lumière de la vérité. « La lumière est semée pour le juste [11]. » Aucune église ne peut progresser dans la sainteté si ses membres ne cherchent pas ardemment la vérité comme on cherche un trésor caché.

Le cri « libéralisme » aveugle les hommes aux ruses de leur Adversaire, tandis que celui-ci travaille sans cesse à la réalisation de son objectif. Dans la mesure où il réussit à remplacer la Bible par des spéculations humaines, la loi de Dieu est mise de côté, et les Églises se trouvent dans la servitude du péché, tout en prétendant être libres.

---

8. 2 Pierre 1.19.
9. Apocalypse 1.1.
10. Habacuc 2.2.
11. Psaume 97.11.

Pour beaucoup de personnes, la recherche scientifique s'est transformée en malédiction. Dieu a permis qu'un flot de lumière soit déversé sur le monde sous forme de découvertes dans les sciences et dans les arts ; même les plus grands esprits, s'ils ne sont pas guidés dans leurs recherches par la Parole de Dieu, tombent dans la confusion dans leur effort d'étudier les relations entre la science et la révélation.

Les connaissances humaines, tant dans le domaine matériel que spirituel, sont partielles et imparfaites ; c'est pourquoi beaucoup sont incapables d'harmoniser leur conception de la science avec les déclarations de l'Écriture. Beaucoup acceptent de simples théories et spéculations comme des faits scientifiques, et pensent que la Parole de Dieu doit être testée par les enseignements de « la pseudo-connaissance [12] ». Leur intelligence ne peut saisir le Créateur et ses œuvres ; et parce qu'ils ne peuvent les expliquer par les lois naturelles, ils considèrent l'histoire biblique comme peu digne de confiance. Ceux qui doutent de la véracité des récits de l'Ancien et du Nouveau Testament font trop souvent un pas de plus, ils mettent en doute l'existence de Dieu, et attribuent la puissance infinie aux forces de la nature. Ayant lâché leur ancre, ils sont ballottés contre les rochers de l'incrédulité.

C'est ainsi que beaucoup de personnes s'éloignent de la foi et sont séduites par le démon. Les hommes ont voulu être plus sages que leur Créateur ; la philosophie humaine a tenté de sonder et d'expliquer des mystères qui ne seront jamais révélés même au cours de l'éternité. Si les hommes voulaient bien chercher à comprendre ce que Dieu a dévoilé sur lui-même et sur ses desseins, ils découvriraient une telle perspective de sa gloire, de sa majesté et de sa puissance qu'ils prendraient conscience de leurs propre petitesse et se contenteraient de ce qui a été révélé « à nous et à nos fils [13] ».

C'est un des chefs-d'œuvre des tromperies de Satan de maintenir l'esprit des hommes occupé à sonder et à conjecturer sur ce que Dieu n'a pas révélé et sur ce qu'il n'a pas l'intention de nous faire comprendre. C'est ainsi que Lucifer perdit sa place dans le ciel. Il fut mécontent que tous les secrets des desseins divins ne lui aient pas été communiqués, et il laissa entièrement de côté ce qui était énoncé sur sa propre œuvre et sur le poste élevé qui lui avait été attribué. En suscitant le même mécontentement dans le cœur des anges qui étaient sous ses ordres, il causa leur chute. Il s'efforce maintenant d'imprégner l'esprit des hommes de ce même esprit et de les amener à délaisser les commandements directs de Dieu.

Ceux qui ne sont pas disposés à accepter les vérités claires et tranchantes de la Bible sont constamment à la recherche de fables agréables qui tranquillisent leur conscience. Plus une doctrine est dénuée de spiritualité, d'abnégation et d'humilité, et plus elle est accueillie avec faveur. Ces personnes dégradent leurs capacités intellectuelles pour servir leurs désirs charnels. Trop sages selon leur propre vanité pour sonder les Écritures avec un cœur humble et une prière fervente pour se laisser guider par Dieu, elles sont sans défense devant les illusions.. Satan est prêt à satisfaire les désirs de leur cœur, et il leur fait avaler ses tromperies à la place de la vérité.

---

12. 1 Timothée 6.20.
13. Deutéronome 29.28.

C'est de cette manière que la papauté obtint le pouvoir sur l'esprit des hommes. En rejetant la vérité parce qu'elle implique une croix, les protestants suivent le même chemin. Tous ceux qui négligent la Parole de Dieu pour rechercher ce qui les arrange, afin de ne pas être en porte-à-faux avec le monde, finiront par accepter des hérésies condamnables à la place de la vérité religieuse. Ceux qui rejettent délibérément la vérité accepteront toutes les formes concevables de l'erreur. Tel qui considère avec horreur une certaine tromperie en acceptera une autre avec empressement. L'apôtre Paul, parlant de ceux qui « n'ont pas accueilli l'amour de la vérité pour être sauvés [14] », déclare : « Aussi Dieu envoie sur eux une opération d'égarement, pour qu'ils croient le mensonge, pour que soient jugés tous ceux qui n'ont pas cru la vérité, mais qui ont pris plaisir à l'injustice [15]. » En présence d'un tel avertissement, il nous appartient d'être sur nos gardes pour savoir quelles doctrines nous acceptons.

Parmi les agences du grand séducteur qui remportent le plus de succès figurent les enseignements trompeurs et les prodiges mensongers du spiritisme. Déguisé « en ange de lumière [16] », Satan tend ses filets là où on le soupçonne le moins. Si les hommes voulaient bien étudier le Livre de Dieu dans un esprit de prière fervente pour pouvoir le comprendre, ils ne seraient pas abandonnés aux ténèbres pour recevoir de fausses doctrines. Mais, en rejetant la vérité, ils deviennent la proie de la tromperie.

Une autre erreur dangereuse est la doctrine qui nie la divinité du Christ, en prétendant qu'il n'existait pas avant sa venue dans ce monde. Cette théorie est reçue favorablement par un grand nombre de personnes qui prétendent croire à la Bible ; cependant, elle contredit directement les déclarations les plus claires de notre Sauveur sur ses relations avec le Père, son caractère divin et sa préexistence. On ne peut la professer sans tordre les Écritures de la manière la plus inadmissible. Non seulement elle abaisse la conception humaine de l'œuvre de la rédemption, mais elle sape aussi la foi dans la Bible comme révélation de Dieu.

Cette erreur devient d'autant plus dangereuse, qu'il est aussi beaucoup plus difficile de la réfuter. Si les hommes rejettent le témoignage des Écritures inspirées concernant la divinité du Christ, il est vain d'argumenter avec eux ; car aucune explication, aussi convaincante soit-elle, ne pourra les persuader. « L'homme naturel n'accueille pas ce qui relève de l'Esprit de Dieu, car c'est une folie pour lui ; il ne peut pas connaître cela, parce que c'est spirituellement qu'on en juge [17]. » Aucun de ceux qui professent cette erreur ne peut avoir une juste conception du caractère ou de la mission du Christ, ni du grand plan divin pour la rédemption de l'homme.

Une autre erreur, subtile et nocive, est la croyance, qui se répand de plus en plus, que Satan n'est pas un être personnel ; que l'Écriture emploie ce nom uniquement pour représenter les mauvaises pensées et les mauvais désirs des hommes.

L'enseignement si largement prêché du haut des chaires populaires, prétendant que le second avènement du Christ a lieu au moment de la mort de chaque personne, est une invention destinée à détourner l'esprit des hommes de sa venue personnelle « sur les nuées du ciel [18] ». Depuis des années, Satan fait croire que

14. 2 Thessaloniciens 2.10.
15. 2 Thessalonciens 2.11,12.
16. 2 Corinthiens 11.14.
17. 1 Corinthiens 2.14.
18. Matthieu 24.30.

Jésus « est dans les pièces les plus retirées [19] » ; et de nombreuses âmes ont été perdues pour avoir accepté cette tromperie.

La sagesse du monde enseigne aussi que la prière n'est pas essentielle. Des hommes de science prétendent qu'il ne peut y avoir de véritable exaucement à la prière ; que ce serait une violation des lois naturelles, un miracle ; et que les miracles n'existent pas. L'Univers, disent-ils, est gouverné par des lois fixes, et Dieu lui-même ne fait rien qui soit contraire à ces lois. Ils représentent ainsi Dieu comme lié par ses propres lois, comme si leur application pouvait exclure sa liberté. Un tel enseignement est opposé au témoignage des Écritures. Le Christ et ses apôtres n'ont-ils pas opéré des miracles ? Le même Sauveur compatissant est encore vivant aujourd'hui et est tout aussi disposé à écouter la prière de la foi que lorsqu'il marchait visiblement parmi les hommes. Le naturel collabore avec le surnaturel. Il entre dans le plan de Dieu de nous accorder, en réponse à la prière de la foi, ce qu'il ne nous accorderait pas si nous ne le demandions pas.

Les doctrines erronées et les idées fantaisistes qui circulent parmi les Églises de la chrétienté sont innombrables. Il est impossible d'estimer les dégâts causés par la suppression d'un seul des repères fixés par la Parole de Dieu. Les personnes qui osent le faire se contentent rarement de rejeter une seule vérité. La plupart d'entre elles continuent à mettre de côté l'un après l'autre les principes de vérité, jusqu'à ce qu'elles tombent dans l'incrédulité.

Les erreurs de la théologie populaire ont poussé au scepticisme bien des âmes qui, autrement, auraient pu croire aux Écritures. Il leur est impossible d'accepter des doctrines qui outragent leur sens de la justice, de la miséricorde et de la bonté ; et, puisque ces doctrines leur sont présentées comme étant l'enseignement de la Bible, elles refusent de reconnaître celle-ci comme la Parole de Dieu.

C'est bien à cela que vise Satan. Il n'y a rien qu'il désire plus que de détruire la confiance en Dieu et en sa Parole. Il se tient à la tête de la grande armée des douteurs, et il travaille de toutes ses forces à tromper les âmes pour les attirer dans les rangs de son armée. Douter est devenu à la mode. Un grand nombre de personnes considèrent avec méfiance la Parole de Dieu pour la même raison qu'elles regardent aussi son Auteur avec suspicion: d'autant plus que cette Parole réprime et condamne le péché. Ceux qui ne sont pas disposés à obéir à ses exigences s'efforcent de renverser son autorité. Ils ne lisent la Bible, ou n'écoutent ses enseignements présentés du haut de la chaire que pour trouver à redire contre les Écritures ou le sermon. Nombreux parmi eux deviennent incrédules pour justifier ou excuser leur négligence du devoir.

Beaucoup adoptent les principes du scepticisme par orgueil et par indolence. Aimant trop leurs aises pour se distinguer des autres en accomplissant ce qui serait digne d'honneur, ce qui exige des efforts et de l'abnégation, ils visent à s'attirer une réputation de sagesse supérieure en critiquant la Bible. Il y a beaucoup de choses que l'esprit humain limité, non éclairé par la sagesse divine, est incapable de comprendre ; ils y trouvent donc une occasion de désapprouver. Un grand nombre semblent croire que c'est une vertu de se ranger du côté de l'incroyance, du scepticisme et de l'incrédulité. Mais on découvrira que, sous une apparence de sincérité, ces personnes sont poussées par la confiance en elles-mêmes et par l'orgueil. Certaines d'entre elles prennent plaisir à découvrir dans les Écritures des

19. Matthieu 24.26.

points dont elles se servent pour embarrasser les autres. Quelques-unes commencent par critiquer et raisonner du mauvais côté, par simple amour de la controverse. Elles ne se rendent pas compte qu'elles sont en train de s'empêtrer dans le piège de l'oiseleur. Mais, ayant exprimé ouvertement leur incroyance, elles se croient obligées de maintenir leur position. Elles s'unissent ainsi aux impies et se ferment à elles-mêmes la porte du Paradis.

Dieu a placé dans sa Parole suffisamment de preuves concernant son caractère divin. Les grandes vérités relatives à notre rédemption y sont clairement présentées. Par l'aide du Saint-Esprit, promis à tous ceux qui le recherchent avec sincérité, chacun peut comprendre ces vérités par lui-même. Dieu a accordé aux hommes une solide fondation sur laquelle ils peuvent faire reposer leur foi.

Cependant, l'esprit limité des hommes est impuissant pour saisir pleinement les plans et les desseins du Dieu infini. « Peux-tu découvrir les profondeurs de Dieu [20] ? » Nous ne devons pas tenter de soulever, d'une main présomptueuse, le voile derrière lequel il dissimule sa majesté. L'apôtre Paul s'exclame : « Que ses jugements sont insondables et ses voies incompréhensibles [21] ! » Nous pouvons suffisamment concevoir la manière dont il nous traite et les motifs qui l'animent pour pouvoir discerner l'amour et la miséricorde sans bornes associés à la puissance infinie. Notre Père céleste dirige toutes choses avec sagesse et justice, et nous ne devons pas témoigner envers lui de mécontentement ni de méfiance, mais plutôt nous incliner dans une soumission respectueuse. Il nous révélera autant de ses desseins qu'il est pour notre bien de connaître, et, pour le reste, nous devons faire confiance à la main toute-puissante, au cœur rempli d'amour.

Bien que Dieu nous ait donné d'abondantes preuves pour asseoir notre foi, il ne retirera jamais toutes les excuses à l'incroyance. Tous ceux qui cherchent des crochets pour y suspendre leurs doutes les trouveront. Ceux qui refusent d'accepter la Parole de Dieu et de lui obéir jusqu'à ce que toute objection ait disparu et qu'il ne reste plus aucune occasion de douter ne parviendront jamais à la lumière.

La méfiance envers Dieu est le fruit naturel du cœur non régénéré, qui est en état d'inimitié avec lui. Mais la foi est inspirée par le Saint-Esprit, et elle ne prospérera que si nous la cultivons dans notre cœur. Personne ne peut devenir fort dans la foi sans un effort délibéré. L'incroyance se fortifie au fur et à mesure qu'on l'encourage ; et si les hommes, au lieu d'étudier les preuves que Dieu a données pour soutenir leur foi, se permettent de contester et d'ergoter, ils découvriront que leurs doutes se raffermissent de plus en plus.

Ceux qui hésitent à propos des promesses de Dieu et se méfient de l'assurance de sa grâce le déshonorent ; leur influence, au lieu d'attirer les autres vers le Christ, tend à les en éloigner. Ce sont des arbres stériles, qui étendent au loin leurs sombres branches, privant les autres plantes de la lumière du soleil et les faisant languir et mourir sous leur ombre glaciale. L'œuvre de ces personnes semble être un témoignage perpétuel contre elles. Elles sèment les semences du doute et du scepticisme, qui ne manqueront pas de produire leur récolte.

Il n'y a qu'un chemin à suivre pour ceux qui désirent honnêtement être libérés du doute. Au lieu de contester et d'argumenter sur ce qu'ils ne comprennent pas, qu'ils prennent garde à la lumière qui brille déjà sur eux, et ils recevront une plus

20. Job 11.7.
21. Romains 11.33.

grande lumière. Qu'ils s'acquittent de tous les devoirs qui ont été clairement révélés à leur intelligence, et ils seront à même de comprendre et d'accomplir ceux sur lesquels ils sont maintenant dans l'incertitude.

Satan est capable de présenter une contrefaçon si proche de la vérité qu'elle peut duper ceux qui sont disposés à se laisser tromper, et désirent éviter l'abnégation et le sacrifice exigés par la vérité ; mais il lui est impossible de maintenir en son pouvoir une seule âme qui souhaite honnêtement, quel qu'en soit le prix, la connaître. Le Christ est la vérité et la « lumière … qui éclaire tout humain [22] ». L'esprit de vérité a été envoyé pour guider les hommes « dans toute la vérité [23] ». Il est écrit, avec l'autorité du Fils de Dieu : « Cherchez, et vous trouverez [24]. » « Si quelqu'un veut faire sa volonté, il saura si cet enseignement vient de Dieu [25]. »

Les disciples du Christ ne s'imaginent pas les complots que Satan et ses armées trament contre eux. Mais « celui qui habite le ciel [26] » renversera toutes ces ruses pour accomplir ses profonds desseins. Le Seigneur permet que son peuple soit soumis à la fournaise du feu de la tentation, non qu'il prenne plaisir à voir sa détresse et son affliction, mais parce que ce processus est essentiel à la victoire finale de celui-ci. Il ne pourrait pas, d'une manière qui soit cohérente avec sa propre gloire, le préserver de la tentation ; car l'objectif même de l'épreuve est de préparer son peuple à résister à toutes les séductions du mal.

Ni les hommes méchants, ni les démons ne peuvent empêcher l'œuvre de Dieu de s'accomplir, et priver son peuple de sa présence, si celui-ci veut bien, avec un cœur soumis et contrit, confesser et abandonner ses péchés en se réclamant des promesses divines. Il est possible de résister avec succès à toute tentation, à toute influence contraire, qu'elle soit visible ou cachée : « Ce n'est pas par la puissance, ce n'est pas par la force, mais c'est par mon souffle, dit le SEIGNEUR des Armées [27]. »

« Le Seigneur a les yeux sur les justes, et ses oreilles sont attentives à leurs prières. … Qui donc pourra vous faire du mal, si vous vous passionnez pour le bien [28] ? » Lorsque Balaam, alléché par la promesse d'une forte récompense, exerça ses enchantements contre Israël, et, par des sacrifices offerts au Seigneur, s'efforça d'invoquer une malédiction sur le peuple de celui-ci, l'Esprit de Dieu l'empêcha de la prononcer, et Balaam fut contraint de s'exclamer : « Comment vouerais-je à la malédiction celui que Dieu n'a pas voué à la malédiction ? Comment répandrais-je la fureur quand le SEIGNEUR n'est pas en fureur [29] ? » « Que je meure de la mort des gens droits, que ma fin soit semblable à la leur [30] ! »

Lorsque des sacrifices eurent de nouveau été offerts, ce prophète impie déclara : « J'ai pris la bénédiction : il a béni, je ne révoquerai pas son arrêt. Il n'aperçoit pas de mal en Jacob, il ne voit pas d'oppression en Israël ; le SEIGNEUR, son Dieu, est avec lui ; l'acclamation royale retentit chez lui [31]. » « Il n'y a pas de divination

22. Jean 1.9.
23. Jean 16.13.
24. Matthieu 7.7.
25. Jean 7.17.
26. Psaume 2.4.
27. Zacharie 4.6.
28. 1 Pierre 3.12,13.
29. Nombres 23.8.
30. Nombres 23.10.
31. Nombres 23.20,21.

en Jacob, ni de magie en Israël ; en son temps, il sera dit à Jacob et à Israël quelle est l'action de Dieu [32]. »

Une troisième fois, des autels furent érigés, et, de nouveau, Balaam s'efforça de prononcer une malédiction. Mais, en utilisant les lèvres rebelles de ce prophète, l'Esprit de Dieu proclama la prospérité du peuple élu et réprima la folie et la malice de ses ennemis : « Béni soit quiconque te bénira, maudit soit quiconque te maudira [33] ! »

À cette époque, le peuple d'Israël était loyal envers Dieu ; et, tant qu'il persévéra dans l'obéissance à sa loi, aucune puissance terrestre ni infernale ne put remporter la victoire sur lui. Mais, cette malédiction que Balaam n'avait pas été autorisé à prononcer contre le peuple de Dieu, Satan réussit finalement à l'attirer sur lui en le séduisant pour le faire tomber dans le péché. Lorsque ce peuple transgressa les commandements de Dieu, il se sépara de lui et fut abandonné au pouvoir du destructeur.

Satan est tout à fait conscient que la plus faible âme qui se repose sur le Christ est plus forte que toutes les armées des ténèbres, et que, s'il se révélait ouvertement, il rencontrerait une forte résistance. Il cherche donc à détourner les soldats de la croix de leur forteresse, tout en se tenant en embuscade avec ses troupes, prêt à détruire tous ceux qui s'aventurent sur son terrain. Ce n'est que par une humble dépendance de Dieu, et en obéissant à tous ses commandements, que nous pouvons trouver la sécurité.

Personne n'est en sécurité pendant un jour ni une heure sans prière. Nous devons spécialement supplier le Seigneur de nous accorder la sagesse pour comprendre sa Parole. C'est elle qui nous révèle les ruses du tentateur et les moyens par lesquels nous pouvons lui résister avec succès. Satan est un expert dans l'art de citer les Écritures : il place sa propre interprétation sur des passages bibliques par lesquels il espère nous faire trébucher. Nous devons étudier la Bible avec humilité de cœur et ne jamais perdre de vue notre dépendance de Dieu. Tout en nous tenant constamment sur nos gardes contre les ruses de Satan, nous devons constamment présenter cette prière avec foi: « Ne nous fais pas entrer dans l'épreuve [34]. »

32. Nombres 23.23.
33. Nombres 24.9.
34. Matthieu 6.13.

33

La séduction originelle

Satan a commencé ses efforts pour tromper notre race dès les premiers moments de l'histoire de l'humanité. Celui qui avait incité les anges du ciel à la rébellion désirait amener les habitants de la terre à s'unir à lui dans sa lutte contre le gouvernement céleste. Adam et Ève avaient été parfaitement heureux en obéissant à la loi de Dieu, et cela constituait un témoignage permanent contre la prétention de Satan qui affirmait que cette loi était opprimante et contraire au bien des créatures. De plus, la jalousie de ce prétentieux s'éveilla lorsqu'il contempla la merveilleuse demeure préparée pour le couple sans péché. Il décida de provoquer leur chute, en les séparant de Dieu et en les amenant sous son propre pouvoir, afin de s'emparer de la terre et d'y établir son royaume en opposition à celui du Très-Haut.

Si Satan s'était révélé sous son véritable caractère, il aurait été aussitôt repoussé, car Adam et Ève avaient été mis en garde contre ce dangereux ennemi ; mais il travailla dans l'ombre, en dissimulant ses desseins, afin d'atteindre plus efficacement son objectif. En utilisant comme médium le serpent, qui était alors une créature d'une beauté fascinante, il adressa la parole à Ève en ces termes : « Dieu a-t-il réellement dit : “Vous ne mangerez pas de tous les arbres du jardin [1] !” » Si Ève s'était abstenue d'adresser la parole au tentateur, elle aurait été en sécurité ; mais elle s'aventura à discuter avec lui et fut victime de ses ruses. C'est de la même manière que beaucoup sont encore vaincus. Ils doutent et argumentent sur les exigences de Dieu et, au lieu d'obéir aux ordres divins, ils acceptent des théories humaines, qui ne font que masquer les desseins de l'adversaire.

« La femme dit au serpent : Nous pouvons manger du fruit des arbres du jardin. Mais quant au fruit de l'arbre qui est au milieu du jardin, Dieu a dit : “Vous n'en mangerez pas, vous n'y toucherez pas, sinon vous mourrez !” Alors le serpent dit à la femme : Pas du tout ! Vous ne mourrez pas ! Dieu le sait : le jour où vous en mangerez, vos yeux s'ouvriront et vous serez comme des dieux qui connaissent ce qui est bon ou mauvais [2]. » Satan déclara qu'ils deviendraient comme Dieu lui-même, possédant une sagesse plus grande qu'auparavant et accédant à un niveau d'existence plus élevé. Ève céda à cette tentation et, par son influence, elle entraîna Adam à pécher aussi. Ils crurent aux paroles du serpent, prétendant que Dieu ne voulait pas vraiment dire ce qu'il avait dit. Ils manquèrent de confiance envers leur Créateur et s'imaginèrent que celui-ci restreignait leur liberté, et qu'ils pour-

1. Genèse 3.1.
2. Genèse 3.2-5.

raient acquérir une suprême sagesse et une position hiérarchique plus élevée en transgressant sa loi.

Après avoir péché, quelle sens Adam trouva-t-il aux paroles « le jour où tu en mangeras, tu mourras [3] » ? Découvrit-il qu'elles signifiaient, comme Satan l'avait poussé à le croire, qu'il allait accéder à un niveau d'existence plus élevé ? Dans ce cas, la transgression serait une source de grands bienfaits, et Satan considéré comme un bienfaiteur de l'humanité. Mais Adam découvrit tout à fait le contraire, car Dieu déclara qu'à cause de ce péché, l'homme retournerait à la terre d'où il avait été pris : « Tu es poussière, et tu retourneras à la poussière [4]. » Les paroles de Satan, « vos yeux s'ouvriront », n'étaient vraies que dans ce sens : ils s'ouvrirent pour discerner leur folie. Adam et Ève acquirent vraiment la connaissance du mal et goutèrent au fruit amer de la transgression.

Au milieu du jardin d'Éden poussait l'arbre de vie, dont le fruit avait le pouvoir de perpétuer la vie. Si Adam était resté obéissant à Dieu, il aurait continué à bénéficier du libre accès à cet arbre et aurait ainsi vécu éternellement. Mais, lorsqu'il pécha, il lui fut interdit de s'approcher de l'arbre de vie, et il devint sujet à la mort. La sentence divine « Tu es poussière, et tu retourneras à la poussière » annonce l'extinction totale de la vie.

L'immortalité, promise à l'homme à condition qu'il obéisse, a été perdue par la transgression. Adam ne pouvait transmettre à sa postérité ce qu'il ne possédait pas. Il n'y aurait eu aucun espoir pour la race déchue si Dieu, par le sacrifice de son Fils, n'avait pas mis l'immortalité à sa portée. Il est vrai que « la mort est passée à tous les humains, parce que tous ont péché [5] » ; mais le Christ a « mis en lumière la vie et l'impérissable par la bonne nouvelle [6] ». Ce n'est que par lui qu'on peut obtenir l'immortalité. Jésus a dit : « Celui qui met sa foi dans le Fils a la vie éternelle ; celui qui refuse d'obéir au Fils ne verra pas la vie [7]. » Chacun peut recevoir cette bénédiction inestimable s'il veut bien remplir les conditions que Dieu a posées. Tous « ceux qui, par leur persévérance dans une œuvre bonne, cherchent la gloire, l'honneur et l'impérissable » recevront la « vie éternelle [8] ».

Le seul qui promit à Adam une vie dans la désobéissance fut le grand trompeur. La déclaration du serpent à Ève dans le jardin d'Éden, « Vous ne mourrez pas », fut le premier sermon jamais prêché sur l'immortalité de l'âme. Cependant, cette déclaration, qui ne repose que sur l'autorité de Satan, est répétée depuis la chaire des Églises chrétiennes et est reçue par la plus grande partie de l'humanité avec autant d'empressement qu'elle le fut par nos premiers parents. La sentence divine « Celui qui pèche, c'est lui qui mourra [9] » est interprétée pour signifier : celui qui pèche ne mourra pas, mais vivra éternellement. Nous ne pouvons que nous étonner de cette étrange infatuation qui rend les hommes si crédules vis-à-vis des paroles de Satan, et si incrédules vis-à-vis des paroles de Dieu.

Après la chute, si Dieu avait permis à l'homme d'avoir encore un libre accès à l'arbre de vie, il aurait vécu éternellement ; ainsi, le péché aurait été immortalisé. Mais les « keroubim » [chérubins] et leur « épée flamboyante » gardaient « le chemin

3. Genèse 2.37.
4. Genèse 3.19.
5. Romains 5.12.
6. 2 Timothée 1.10.
7. Jean 3.36.
8. Romains 2.7.
9. Ezéchiel 18.20.

de l'arbre de vie [10] ». Aucun membre de la famille d'Adam n'a été autorisé à franchir cette barrière et à manger du fruit qui donne la vie. Il n'existe donc pas de pécheur immortel.

Cependant, après la chute, Satan ordonna à ses anges de redoubler d'effort pour inculquer aux hommes la croyance à l'immortalité de l'âme. Après les avoir persuadés de recevoir cette erreur, ils devaient les amener à la conclusion que le pécheur vivrait dans un état de souffrance éternelle. Aujourd'hui, le prince des ténèbres, travaillant par l'intermédiaire de ses agents, représente Dieu comme un tyran vindicatif. Il déclare que ce Dieu précipite en enfer tous ceux qui lui déplaisent et leur fait sentir sa colère à toujours ; pendant que ces pécheurs souffrent d'une angoisse indicible et se tordent dans les flammes éternelles, le Créateur les contemple avec satisfaction.

C'est ainsi que le grand ennemi revêt de ses propres attributs le Créateur et le bienfaiteur de l'humanité. La cruauté est satanique. « Dieu est amour [11]. » Tout ce qu'il a créé était pur, saint et aimable, jusqu'à ce que le premier grand rebelle y introduise le péché. Satan lui-même est l'ennemi qui tente l'homme pour le faire tomber, puis le détruit s'il en a la possibilité, et, lorsqu'il s'est assuré qu'il tient sa victime, il se réjouit de la ruine qu'il a provoquée. Si Dieu le lui permettait, il engouffrerait toute l'humanité dans son filet. Si la puissance divine n'intervenait pas, aucun fils ou fille d'Adam n'échapperait.

Aujourd'hui, Satan s'efforce de vaincre les hommes comme il vainquit nos premiers parents, en ébranlant leur confiance dans le Créateur. Il émet des doutes dans leur esprit sur la sagesse de son gouvernement et la justice de ses lois. Ses émissaires et lui représentent Dieu comme étant pire qu'eux-mêmes, afin de justifier leur malveillance et leur rébellion. Le grand trompeur s'efforce d'attribuer à notre Père céleste son caractère horrible, afin de se faire passer pour quelqu'un qui a subi un grand tort en étant expulsé du ciel pour ne pas s'être soumis à un souverain aussi injuste. Il présente à l'humanité la liberté dont chacun pourrait jouir en s'assujettissant à son doux empire, en opposition avec la servitude imposée par les sévères décrets de l'Éternel. Il réussit ainsi à détourner des âmes de leur allégeance envers Dieu.

Combien répugnante pour nos sentiments d'amour et de miséricorde, et même pour notre sens de la justice, est la doctrine prétendant que les impénitents qui sont morts sont tourmentés dans le feu et le soufre d'un enfer qui brûle éternellement ; que, pour les péchés d'une brève vie terrestre, ils doivent subir des tortures qui dureront aussi longtemps que Dieu vivra. Pourtant, cette doctrine a été largement enseignée et fait encore partie de nombreux crédos de la chrétienté. Un savant docteur en théologie déclarait : « Le spectacle des tourments de l'enfer augmentera le bonheur des saints à toujours. Lorsqu'ils verront des êtres de la même nature qu'eux et nés dans les mêmes circonstances plongés dans de telles souffrances, alors qu'eux-mêmes sont si distingués, ils seront plus conscients de leur bonheur. » Un autre s'exprimait en ces termes : « Pendant que le décret de la réprobation s'exécutera indéfiniment sur les objets de la colère de Dieu, "la fumée de leur tourment [12]" montera éternellement à la vue des objets de sa miséricorde, qui,

10. Genèse 3.24.
11. 1 Jean 4.8.
12. Apocalypse 14.11.

au lieu de compatir aux souffrances de ces misérables, diront : Amen ! Alléluia ! Louez le Seigneur ! »

Où trouve-t-on de tels enseignements dans les pages de la Parole de Dieu ? Les rachetés, dans le ciel, auront-ils perdu tout sentiment de pitié et de compassion, et même de simple humanité ? Ces sentiments devront-ils faire place à l'indifférence des stoïques ou à la cruauté des sauvages ? Certainement pas ! Tel n'est pas l'enseignement du Livre de Dieu. Ceux qui présentent les opinions exprimées dans les citations ci-dessus sont peut-être des hommes savants et honnêtes, mais les sophismes de Satan les sont égarés. Il les pousse à interpréter de travers des expressions vigoureuses de l'Écriture en conférant à ce langage les couleurs de l'amertume et de la malveillance qui lui appartiennent en propre, mais qui ne sont pas celles du Créateur. « Par ma vie, – déclaration du Seigneur DIEU – ce que je désire, ce n'est pas que le méchant meure, c'est qu'il revienne de sa voie méchante et qu'il vive ! Revenez, revenez de vos voies mauvaises. Pourquoi devriez-vous mourir [13] ? »

Qu'est-ce que Dieu aurait à gagner si nous admettions qu'il prend plaisir à contempler des tortures sans fin ? Qu'il se délecte des gémissements, des cris et des imprécations de ses créatures qui souffrent et qu'il maintient dans les flammes de l'enfer ? Ces horribles sons seraient-ils une musique agréable aux oreilles de l'Amour infini ? On prétend que l'infliction de souffrances sans fin aux impénitents montrerait la haine de Dieu contre le péché comme un mal qui perturbe la paix et l'ordre de l'univers. Quel terrible blasphème ! Comme si la haine du péché était une raison de le perpétuer ! Car, d'après les enseignements de ces théologiens, ces tourments ininterrompus, sans aucun espoir de miséricorde, enragent leurs malheureuses victimes, lesquelles, en exprimant cette rage en jurons et en blasphèmes, augmentent éternellement le poids de leur culpabilité. Ce n'est pas en pérennisant ainsi le péché de manière constamment croissante durant l'éternité que la gloire de Dieu pourrait être exaltée.

L'esprit humain ne peut estimer le tort qu'a causé cette hérésie des tourments éternels. La religion de la Bible, pleine d'amour et de bonté, abondant en compassion, est assombrie par la superstition et enrobée de terreur. Lorsque nous considérons le faux jour sous lequel Satan a dépeint le caractère de Dieu, pouvons-nous nous étonner que notre Créateur miséricordieux soit craint, redouté, et même haï ? Les images effrayantes de Dieu dépeintes dans le monde entier du haut de la chaire ont fait des milliers, que dis-je, des millions de sceptiques et d'incrédules.

Le dogme des tourments éternels est l'une des fausses doctrines qui constituent le « vin de [la] prostitution [14] » de Babylone, qu'elle « a fait boire à toutes les nations [15] ». Que des serviteurs du Christ aient pu accepter cette hérésie et la proclamer du haut de la chaire est un véritable mystère. Ils l'ont reçue de l'Église romaine, tout comme ils ont reçu le faux sabbat. Il est vrai que cette doctrine erronée a été enseignée par de grands hommes éminents et des hommes bons ; mais la lumière sur ce sujet ne leur était pas parvenue comme elle nous est parvenue. Ils n'étaient responsables que de la lumière qui brillait à leur époque ; nous sommes responsables de celle qui brille à la nôtre. Si nous nous détournons du témoignage de la Parole de Dieu et acceptons de fausses doctrines parce que nos pères les ont enseignées,

13. Ezéchiel 33.11.
14. Apocalypse 17.2.
15. Apocalypse 14.8.

nous tombons sous le coup de la condamnation prononcée sur Babylone, car nous buvons « du vin de sa prostitution ».

De nombreuses personnes pour lesquelles la doctrine des tourments éternels est révoltante sont poussées dans l'erreur opposée. Elles se rendent compte que les Écritures représentent Dieu comme un Dieu d'amour et de compassion, et ne peuvent accepter qu'il condamnera ses créatures aux feux d'un enfer brûlant éternellement. Mais, comme elles croient à l'immortalité naturelle de l'âme, elles ne voient d'autre alternative que de conclure que toute l'humanité sera finalement sauvée. Beaucoup considèrent que les menaces contenues dans la Bible ne sont destinées qu'à pousser les hommes à l'obéissance en les effrayant, et non à s'accomplir littéralement. Ainsi, le pécheur peut vivre dans ses plaisirs égoïstes en ne tenant aucun compte des exigences de Dieu, tout en s'attendant à bénéficier finalement de sa faveur. Une telle doctrine, qui présume de la miséricorde de Dieu tout en ignorant sa justice, plaît au cœur charnel et encourage les impénitents dans leur iniquité.

Pour montrer comment les partisans du salut universel tordent le sens des Écritures pour soutenir leurs dogmes destructeurs de l'âme, il suffit de citer leurs propres déclarations. Aux funérailles d'un jeune homme non religieux, tué sur le coup lors d'un accident, un prédicateur universaliste choisit comme texte biblique la déclaration concernant David : « Il était consolé de la mort d'Amnon [16]. »

« On me demande souvent, déclara-t-il, quel sera le sort de ceux qui quittent ce monde en état de péché, en mourant, par exemple, en état d'ébriété, ou vêtu vêtements souillés de taches écarlates du crime, ou comme ce jeune homme, sans avoir jamais fait profession de religion ou eu une expérience spirituelle quelconque. Nous nous contentons des Écritures, dont la réponse résoudra ce terrible problème. Amnon était un grand pécheur ; il ne s'était pas repenti ; on l'avait saoulé, et assassiné au cours de son ivresse. David était un prophète de Dieu ; il devait savoir quel serait le sort d'Amnon dans le monde à venir. Quelle fut l'expression des sentiments de son cœur ? "Le roi David cessa de poursuivre Absalom, car il était consolé de la mort d'Amnon."

« Que déduire de ces paroles ? N'est-ce pas que les tourments éternels ne faisaient pas partie de ses croyances religieuses ? C'est ce que nous pensons. Nous découvrons ici un argument triomphant en faveur de l'hypothèse plus agréable, plus éclairée et plus bienveillante de la pureté et de la paix ultimes et universelles. 'Il était consolé de la mort d'Amnon.' Pourquoi cela ? Parce que, par un regard prophétique, il pouvait contempler le glorieux avenir et voir son fils à l'abri de toute tentation, délivré de la servitude du péché et purifié de ses souillures, et, après avoir été rendu suffisamment saint et éclairé, admis dans l'assemblée des esprits montés aux cieux et vivant dans l'allégresse. Sa seule consolation était que, délivré du présent état de péché et de souffrance, son fils bien-aimé était allé là où le souffle sublime du Saint-Esprit serait répandu sur son âme enténébrée, là où son esprit serait initié à la sagesse céleste et aux doux ravissements de l'amour immortel, et préparé ainsi, dans une nature sanctifiée, à jouir du repos et de la société des héritiers célestes.

« Ces pensées nous font comprendre que le salut céleste ne dépend en rien de ce que nous pouvons faire en cette vie : ni d'un présent changement de cœur, ni d'une croyance présente, ni d'une présente profession de religion. »

16. 2 Samuel 13.39.

C'est ainsi que ce prétendu serviteur du Christ répète le mensonge du serpent dans le jardin d'Éden : « Vous ne mourrez pas ! ... Le jour où vous en mangerez, vos yeux s'ouvriront et vous serez comme des dieux [17]. » Il déclare que le plus vil des pécheurs, le meurtrier, le voleur, l'adultère, sera prêt, après sa mort, à être introduit dans la félicité immortelle.

D'où ce pervertisseur des Écritures tire-t-il ses conclusions ? D'une unique phrase exprimant la soumission de David aux décrets de la providence. Il « cessa de poursuivre Absalom, car il était consolé de la mort d'Amnon ». L'intensité de son chagrin ayant été adoucie par l'écoulement du temps, ses pensées se tournèrent de son fils mort à son fils vivant, qui s'était exilé lui-même dans la crainte de recevoir le juste châtiment de son crime. Et ce serait la preuve que l'incestueux Amnon, dans son ivresse, fut, au moment de sa mort, immédiatement transporté dans les demeures de la félicité pour y être purifié et préparé à la société des anges qui n'ont jamais péché ! C'est là, certes, une fable agréable, bien conçue pour plaire au cœur charnel ! Mais c'est la propre doctrine de Satan, et elle accomplit son œuvre avec efficacité. Faut-il donc s'étonner qu'avec un tel enseignement, l'iniquité abonde ?

L'attitude adoptée par ce faux docteur illustre celle de beaucoup d'autres de ses semblables. On sépare quelques paroles de l'Écriture de leur contexte, qui, dans bien des cas, montreraient qu'elles signifient exactement le contraire de l'interprétation qu'on leur a donnée ; on pervertit ces passages isolés et on les utilise pour prouver des doctrines qui n'ont aucune fondation dans la Parole de Dieu. Le témoignage cité comme preuve qu'Amnon, dans son ivresse, est au ciel n'est qu'une simple déduction expressément contredite par la déclaration claire et positive de l'Écriture que « ce ne sont pas ... les ivrognes ... qui hériteront le royaume de Dieu [18] ». C'est ainsi que les douteurs, les incrédules et les sceptiques transforment la vérité en mensonge. Des multitudes ont été trompées par leurs sophismes, et leur esprit endormi dans le berceau de la sécurité charnelle.

S'il était vrai que l'âme de tous les hommes allait directement au ciel à l'heure de la mort, nous devrions désirer la mort plutôt que la vie ! Cette croyance a poussé de nombreuses personnes à mettre fin à leur existence. Lorsqu'on est submergé de soucis, de perplexités et de déceptions, il semble facile de briser le fil fragile de la vie et de s'envoler vers la félicité du monde éternel.

Dieu a donné dans sa Parole des preuves concluantes qu'il punira ceux qui transgressent sa loi. Ceux qui s'imaginent que Dieu est trop miséricordieux pour exercer sa justice à l'égard du pécheur n'ont qu'à porter les regards sur la croix du Calvaire. La mort de l'immaculé Fils de Dieu est un témoignage que « le salaire du péché, c'est la mort [19] » et que toute transgression de la loi divine doit recevoir sa juste rétribution. Le Christ, être sans péché, est devenu péché pour l'homme. Il a porté la culpabilité de la transgression et a vu son Père se cacher la face, jusqu'à ce que son cœur se brise et que sa vie soit anéantie. Tout ce sacrifice a été consenti pour que les pécheurs puissent être rachetés. Il n'y avait aucune autre manière de libérer l'homme de la pénalité du péché. Chaque âme qui refuse d'accepter cette expiation offerte à si grand prix devra porter la culpabilité et le châtiment de sa transgression.

17. Genèse 3.4,5.
18. 1 Corinthiens 6.9,10.
19. Romains 6.23.

Examinons ce qu'enseigne la Bible concernant les impies et les impénitents, que les Universalistes placent dans le ciel sous forme d'anges saints et heureux.

« À celui qui a soif, je donnerai de la source de l'eau de la vie, gratuitement [20]. » Cette promesse n'est faite qu'à ceux qui ont soif. Seuls seront comblés ceux qui ressentent le besoin de l'eau de la vie et la recherchent au prix de la perte de tout le reste. « Tel sera l'héritage du vainqueur ; je serai son Dieu, et lui sera mon fils [21]. » Ici aussi, les conditions sont spécifiées : pour pouvoir hériter de toutes choses, nous devons résister au péché et le surmonter.

Le Seigneur a déclaré par la bouche du prophète Ésaïe : « Le juste est en bonne voie, il jouira du fruit de ses actes. Quel malheur pour le méchant ! Cela ira mal pour lui, car il lui sera fait ce que ses mains ont préparé [22]. » Le sage a déclaré : « Le pécheur peut mal agir cent fois et prolonger son existence, je sais pourtant, moi, qu'il y aura du bonheur pour ceux qui craignent Dieu, parce qu'ils ont de la crainte devant lui ; mais il n'y aura pas de bonheur pour le méchant [23]. » Paul témoigne que le pécheur s'amasse « un trésor de colère pour le jour de la colère et de la révélation du juste jugement de Dieu, qui rendra à chacun selon ses œuvres. … Détresse et angoisse pour tout homme qui produit le mal [24]. »

« Aucun de ceux qui se livrent à l'inconduite sexuelle, à l'impureté ou à l'avidité – c'est-à-dire à l'idolâtrie – n'a d'héritage dans le royaume du Christ et de Dieu [25]. » « Poursuivez la paix avec tous, ainsi que la consécration sans laquelle personne ne verra le Seigneur [26]. » « Heureux ceux qui lavent leurs robes pour avoir droit à l'arbre de la vie et pour entrer dans les portes de la ville ! Dehors les chiens, les sorciers, les prostitués, les meurtriers, les idolâtres et quiconque aime et pratique le mensonge [27] ! »

Dieu a donné aux hommes une révélation de son caractère et de sa manière d'agir envers le péché. « Le SEIGNEUR, le SEIGNEUR, Dieu compatissant et clément, patient et grand par la fidélité et la loyauté, qui conserve sa fidélité jusqu'à la millième génération, qui pardonne la faute, la transgression et le péché, mais qui ne tient pas le coupable pour innocent [28]. » « Il détruit tous les impénitents [29]. » « Ceux qui se révoltent seront détruits tous ensemble, l'avenir des impénitents est retranché [30]. » La puissance et l'autorité du gouvernement divin seront employées pour abattre la rébellion. Cependant, toutes les manifestations de la justice punitive seront parfaitement en accord avec le caractère de Dieu, être miséricordieux, patient et bienveillant.

Dieu ne force la volonté ni le jugement de personne. Il ne prend aucun plaisir à une obéissance servile. Il désire que ses créatures l'aiment parce qu'il est digne d'amour et souhaite qu'elles lui obéissent parce qu'elles ont une appréciation intelligente de sa sagesse, de sa justice et de sa bienveillance. Tous ceux qui ont une

---

20. Apocalypse 21.6.
21. Apocalypse 21.7.
22. Ésaïe 3.10,11.
23. Ecclésiaste 8.12,13.
24. Romains 2.5,6,9.
25. Ephésiens 5.5.
26. Hébreux 12.14.
27. Apocalypse 22.14,15.
28. Exode 34.6,7.
29. Psaume 145.20.
30. Psaume 37.38.

juste conception de ses qualités l'aimeront car ils seront attirés vers lui par l'admiration de ses attributs.

Les principes de bonté, de miséricorde et d'amour que notre Sauveur a enseignés et dont il a donné l'exemple sont un reflet de la volonté et du caractère de Dieu. Le Christ a déclaré : « Je parle selon ce que le Père m'a enseigné [31]. » Les fondements du gouvernement divin sont en parfait accord avec ce précepte du Sauveur, « Aimez vos ennemis [32]. »

Dieu exerce sa justice à l'égard des impénitents pour le bien de l'Univers, et même pour le bien de ceux qui sont visités par ses jugements. Il les rendrait heureux s'il pouvait le faire en accord avec les lois de son gouvernement et avec la justice de son caractère. Il les entoure des gages de son amour, leur accorde la connaissance de sa loi et les accompagne de l'offre de sa miséricorde ; mais ils méprisent son amour, transgressent sa loi et rejettent son pardon. Tout en bénéficiant constamment de ses dons, ils déshonorent le donateur ; ils le haïssent parce qu'il a le péché en horreur. Le Seigneur fait preuve de patience devant leur perversité ; mais l'heure décisive où leur sort sera décidé sonnera enfin. Enchaînera-t-il alors ces rebelles à ses côtés ? Les contraindra-t-il à faire sa volonté malgré eux ?

Ceux qui ont choisi Satan comme chef et ont été dirigés par son pouvoir ne sont pas prêts à paraître en présence de Dieu. L'orgueil, la tromperie, l'immoralité, la cruauté se sont incrustés dans leur caractère. Peuvent-ils entrer au ciel et y demeurer pour toujours avec ceux qu'ils ont méprisés et haïs sur la terre ? La vérité ne sera jamais plaisante pour un menteur. La douceur ne s'accordera pas avec la suffisance et avec l'orgueil. La pureté n'est pas acceptable par ceux qui sont corrompus. L'amour désintéressé ne paraît pas attrayant aux égoïstes. Quelle source de joie le ciel pourrait-il offrir à ceux qui sont totalement absorbés par leurs intérêts terrestres et égoïstes ?

Ceux qui ont passé leur vie dans un état de rébellion contre Dieu pourraient-ils être soudain enlevés au ciel et voir de leurs yeux l'état de perfection, élevé et saint, qui y règne pour toujours, chaque âme débordant d'amour, chaque visage rayonnant de joie, une musique enchanteresse s'élevant en accords mélodieux en l'honneur de Dieu et de l'Agneau, et des flots de lumière coulant sans cesse sur les rachetés depuis la face de Celui « qui est assis sur le trône [33] » ? Ceux dont le cœur est rempli de la haine de Dieu, de la vérité et de la sainteté pourraient-ils se mêler à l'armée céleste et se joindre à ses chants de louange ? Pourraient-ils supporter la gloire de Dieu et de l'Agneau ? Certainement pas !

Des années de grâce leur ont été accordées, pour qu'ils puissent se former un caractère pour le ciel ; mais ils n'ont jamais habitué leur esprit à aimer la pureté ; ils n'ont jamais appris le langage du ciel ; et, maintenant, c'est trop tard. Une vie de rébellion contre Dieu les a disqualifiés pour le ciel. La pureté, la sainteté et la paix qui y règnent seraient pour eux un supplice ; la gloire de Dieu serait pour eux « un feu dévorant [34] ». Ils aspireraient à s'enfuir loin de ce saint lieu. Ils accueilleraient avec joie la destruction pour échapper à la présence de Celui qui mourut pour les racheter. La destinée des impénitents est déterminée par leur propre choix.

31. Jean 8.28.
32. Matthieu 5.44.
33. Apocalypse 7.10.
34. Hébreux 12.29.

Leur exclusion du ciel est un acte volontaire de leur part, et un acte de justice et de miséricorde de la part de Dieu.

Comme les eaux du Déluge, les feux du grand jour expriment le verdict de Dieu que les impénitents sont incurables. Ceux-ci n'ont aucun désir de se soumettre à l'autorité divine. Leur volonté leur a servi à se révolter ; et, lorsque leur vie se termine, il est trop tard pour orienter le courant de leurs pensées dans la direction opposée, trop tard pour passer de la transgression à l'obéissance, de la haine à l'amour.

En épargnant la vie de Caïn, le meurtrier, Dieu donna au monde un aperçu des conséquences qui s'ensuivraient si on permettait au pécheur de poursuivre sa vie d'iniquité sans frein. L'influence de l'enseignement et de l'exemple de Caïn entraîna dans le péché des multitudes de ses descendants, de sorte que « le mal des humains était grand sur la terre, et … leur cœur ne concevait jamais que des pensées mauvaises [35]. » « La terre était pervertie aux yeux de Dieu, la terre était pleine de violence [36]. »

C'est par miséricorde envers le monde que Dieu détruisit ses habitants impénitents à l'époque de Noé. C'est aussi par miséricorde qu'il détruisit les habitants corrompus de Sodome. Par la puissance trompeuse de Satan, les fauteurs d'iniquité s'attirent la sympathie et l'admiration des autres et les entraînent ainsi constamment vers la rébellion. Il en était ainsi à l'époque de Caïn et de Noé, et à celle d'Abraham et de Lot. Il en est de même de nos jours. C'est par miséricorde envers l'Univers que Dieu détruira finalement ceux qui rejettent sa grâce.

« Le salaire du péché, c'est la mort ; mais le don gratuit de Dieu, c'est la vie éternelle en Jésus-Christ, notre Seigneur [37]. » Tandis que la vie est l'héritage des justes, la mort est le sort des impénitents. Moïse avait déclaré à Israël : « Regarde, j'ai placé aujourd'hui devant toi la vie et le bonheur, la mort et le malheur [38]. » La mort mentionnée dans ces passages n'est pas celle qui fut prononcée sur Adam, car toute l'humanité doit subir la peine de la transgression. C'est la « seconde mort [39] », qui est mise en contraste avec la vie éternelle.

Comme conséquence du péché d'Adam, la mort s'est étendue sur toute la race humaine. Tous descendent également dans le tombeau ; mais tous, selon les dispositions du plan du salut, doivent en ressortir. « Il y aura une résurrection des justes et des injustes [40]. » « En effet, comme tous meurent en Adam, de même aussi tous seront rendus vivants dans le Christ [41]. » Mais une distinction est faite entre ces deux classes de ressuscités. « Tous ceux qui sont dans les tombeaux entendront sa voix et sortiront, ceux qui auront fait le bien pour une résurrection de vie, ceux qui auront pratiqué le mal pour une résurrection de jugement [42]. » « Ceux qui ont été jugés dignes d'accéder … à la résurrection [43] » de la vie sont appelés « heureux et saints. … Sur ceux-là la seconde mort n'a pas de pouvoir [44] ».

35. Genèse 6.5.
36. Genèse 6.11.
37. Romains 6.23.
38. Deutéronome 30.15.
39. Apocalypse 2.11.
40. Actes 24.15.
41. 1 Corinthiens 15.22.
42. Jean 5.28,29.
43. Luc 20.35.
44. Apocalypse 20.6.

Par contre, ceux qui n'ont pas obtenu le pardon par la repentance et la foi devront porter la peine de leur transgression : « le salaire du péché ». Ils subiront un châtiment variable dans sa durée et son intensité, « chacun selon ses œuvres [45] », et qui se terminera par la « seconde mort ». Puisqu'il est impossible à Dieu, en accord avec sa justice et sa miséricorde, de sauver le pécheur dans ses péchés, il le prive d'une existence que ses transgressions ont compromise et dont il s'est montré indigne. Un auteur inspiré a déclaré : « Encore un peu de temps : plus de méchant ! Tu examines le lieu qu'il habitait : plus personne [46] ! » Un autre déclare : « Elles [les nations] seront comme si elles n'avaient jamais existé [47]. » Couverts d'infamie, les perdus s'enfonceront dans un oubli éternel et sans espoir.

C'est ainsi que disparaîtra le péché, avec toute les souffrances et les ruines qu'il a causées. Le psalmiste déclare : « Tu fais disparaître le méchant, tu effaces leur nom pour toujours, à jamais. Plus d'ennemis ! Des ruines éternelles [48] ! » Jean, dans l'Apocalypse, contemplant de loin le séjour des bienheureux, entend un hymne universel de louange sans une seule fausse note, et « toutes les créatures dans le ciel, sur la terre [49] » rendant gloire à Dieu. Il n'y aura alors aucune âme perdue pour blasphémer Dieu en se tordant dans un tourment sans fin ; aucun malheureux condamné à l'enfer ne mêlera ses hurlements aux cantiques des sauvés.

C'est sur l'erreur fondamentale de l'immortalité naturelle de l'âme que repose la doctrine de l'état conscient des morts, une doctrine qui, comme celle des tourments éternels, est contraire aux enseignements des Écritures, aux exigences de la raison et à nos sentiments d'humanité. D'après la croyance populaire, dans le ciel les rachetés sont informés de tout ce qui se passe sur la terre, et spécialement ce qui se rapporte à la vie des amis qu'ils y ont laissés. Mais comment cela pourrait-il être une source de bonheur pour les morts de connaître les soucis des vivants, d'assister aux péchés commis par leurs êtres chers et de les voir subir tous les chagrins, les déceptions et les angoisses de la vie ? De quel bonheur céleste pourraient jouir ceux qui planeraient au-dessus de leurs amis restés sur la terre ? Combien révoltante est la croyance qu'après avoir rendu le dernier soupir, l'âme des impénitents est condamnée aux flammes de l'enfer ! Quelles tortures doivent éprouver ceux qui voient leurs amis descendre au tombeau sans préparation pour entrer dans une éternité de souffrance et de péché ! Cette pensée déchirante a poussé à la folie bien des gens.

Que disent les Écritures à ce sujet ? David déclare que l'homme n'est pas conscient dans la mort : « Leur souffle s'en va, ils retournent à leur poussière, et le jour même leurs intentions disparaissent [50]. » Salomon rend le même témoignage : « Les vivants, en effet, savent qu'ils mourront ; mais les morts ne savent rien. … Leur amour, leur haine et leur passion jalouse ont déjà disparu ; ils n'auront plus jamais de part à tout ce qui se fait sous le soleil. … Il n'y a ni activité, ni raison, ni connaissance, ni sagesse dans le séjour des morts, où tu vas [51]. »

45. Apocalypse 20.13.
46. Psaume 37.10.
47. Abdias 16.
48. Psaume 9.6,7.
49. Apocalypse 5.13.
50. Psaume 146.4.
51. Ecclésiaste 9.5,6,10.

Lorsque, en réponse à sa prière, la vie d'Ezéchias fut prolongée de quinze ans, ce roi, reconnaissant, loua Dieu pour sa grande miséricorde. Dans ce cantique, il indique la raison pour laquelle il se réjouit ainsi : « Ce n'est pas le séjour des morts qui te célébrera, ce n'est pas la mort qui te louera ; ceux qui descendent dans le gouffre n'espèrent plus rien de ta loyauté. Le vivant, le vivant, c'est celui-là qui te célèbre, comme moi aujourd'hui [52]. » La théologie populaire représente les justes morts comme étant au ciel, entrés dans la félicité et louant Dieu d'une langue immortelle ; mais Ezéchias ne discernait dans la mort aucune perspective glorieuse de ce genre. Le témoignage du psalmiste est en accord avec ses paroles : « Dans la mort, on n'évoque pas ton nom ; dans le séjour des morts, qui te célébrera [53] ? » « Ce ne sont pas les morts qui louent le SEIGNEUR, ni aucun de ceux qui descendent dans le lieu du silence [54]. »

Pierre, le jour de la Pentecôte, déclara que le patriarche David « est mort, il a été enseveli, et son tombeau est encore aujourd'hui parmi nous [55]. » « Ce n'est pas David, en effet, qui est monté aux cieux [56]. » Le fait que David reste dans son tombeau jusqu'à sa résurrection prouve que les justes ne vont pas au ciel au moment de leur mort. Ce n'est que par la résurrection, et en vertu de celle du Christ, que David pourra enfin s'asseoir à la droite de Dieu.

Paul disait : « Si les morts ne ressuscitent pas, le Christ non plus ne s'est pas réveillé. Et si le Christ ne s'est pas réveillé, votre foi est futile, vous êtes encore dans vos péchés et ceux qui se sont endormis dans le Christ sont perdus [57]. » Si, depuis quatre mille ans, les justes étaient montés directement au ciel au moment de leur mort, comment Paul aurait-il pu dire que, s'il n'y a pas de résurrection, « ceux qui se sont endormis dans le Christ sont perdus » ? Aucune résurrection ne serait alors nécessaire.

Tyndale, le martyr, parlant de l'état des morts, déclarait : « Je reconnais ouvertement que je ne suis pas persuadé qu'ils soient déjà dans la gloire absolue dans laquelle se trouvent le Christ ou les anges élus de Dieu. Ce n'est pas non plus pour moi un article de foi ; car si tel était le cas, la prédication de la résurrection de la chair serait une chose vaine [58]. »

C'est un fait indéniable que l'espérance d'un état de félicité immortelle après la mort a produit une négligence très répandue de la doctrine biblique de la résurrection. Cette tendance a été remarquée par le Dr Adam Clarke, qui a déclaré : « La doctrine de la résurrection semble avoir été considérée comme beaucoup plus importante parmi les premiers chrétiens qu'elle ne l'est *aujourd'hui*. Pourquoi cela ? Les apôtres insistaient continuellement sur cette doctrine ; c'est par elle qu'ils exhortaient les disciples de Dieu au zèle, à l'obéissance et à la joie. En revanche, de nos jours, leurs successeurs la mentionnent rarement ! Ce que les apôtres prêchaient, les premiers chrétiens le croyaient, et ce que nous prêchons, nos auditeurs le croient. Il n'y a aucune doctrine dans l'Évangile sur laquelle l'accent soit autant

52. Ésaïe 38.18,19.
53. Psaume 6.6.
54. Psaume 115.17.
55. Actes 2.29.
56. Actes 2.34.
57. 1 Corinthiens 15.16-18.
58. William Tyndale, Préface du Nouveau Testament, édition de 1534, réimprimée dans *British Reformers—Tindal, Frith, Barnes* [Les réformateurs britanniques : Tyndale, Frith, Barnes], p 349.

mis ; mais il n'y en a aucune dans notre système actuel de prédication qui soit traitée avec plus de négligence [59] ! »

Cette négligence est telle que la glorieuse vérité de la résurrection a été presque totalement éclipsée et perdue de vue par le monde chrétien. C'est ce que dit un auteur de premier plan sur les sujets religieux en commentant les paroles de Paul dans 1 Thessaloniciens 4.13-18 : « Lorsqu'il s'agit d'apporter une consolation, la doctrine de l'immortalité bienheureuse des justes remplace la doctrine douteuse du second avènement du Seigneur. Pour nous, c'est au moment de notre mort que le Seigneur vient. C'est ce que nous devons attendre et ce pour quoi nous devons veiller. Les morts sont déjà entrés dans la gloire. Ils n'attendent pas la dernière trompette pour être jugés et jouir de la félicité. »

Lorsqu'il était sur le point de quitter ses disciples, Jésus ne leur a pas dit qu'ils viendraient bientôt le rejoindre, mais leur a déclaré : « Je vais vous préparer une place. … Si donc je vais vous préparer une place, je reviens vous prendre auprès de moi [60]. » Paul nous dit aussi : « Le Seigneur lui-même, avec un cri de commandement, avec la voix d'un archange, avec le son de la trompette de Dieu, descendra du ciel, et ceux qui sont morts dans le Christ se relèveront d'abord. Ensuite, nous les vivants qui restons, nous serons enlevés ensemble avec eux, dans les nuées, à la rencontre du Seigneur, dans les airs ; et ainsi nous serons toujours avec le Seigneur. » Et il ajoute : « Encouragez-vous donc les uns les autres par ces paroles [61]. »

Quel contraste entre ces paroles de consolation et celles du prédicateur universaliste cité plus haut ! Ce dernier réconfortait les amis endeuillés en leur donnant l'assurance que, aussi pécheur que le défunt ait pu être, au moment de son dernier soupir, il avait été reçu parmi les anges. Paul, en opposition, attire l'attention de ses frères vers le futur avènement du Seigneur, lorsque les chaînes du tombeau seront brisées et que « ceux qui sont morts dans le Christ » ressusciteront pour la vie éternelle.

Avant que quiconque puisse pénétrer dans le séjour des bienheureux, son cas doit être examiné. Son caractère et ses actes doivent passer en revue devant Dieu. Toutes les transgressions sont jugées « d'après ce qui était écrit dans les livres, selon leurs œuvres [62] ». Ce n'est pas au moment de la mort que ce jugement a lieu. Remarquez bien ces paroles de Paul : « Il a fixé un jour où il va juger toute la terre habitée, selon la justice, par un homme qu'il a institué, et il en a donné à tous une preuve digne de foi en le relevant d'entre les morts [63]. » Ici, l'apôtre affirme clairement que Dieu a fixé un moment précis, dans le futur, pour le jugement du monde.

Jude mentionne cette même période : « Les anges qui n'avaient pas gardé la dignité de leur rang, mais qui avaient quitté leur propre demeure, il les garde dans des liens éternels, au fond des ténèbres, en vue du jugement du grand jour [64]. » Puis il cite les paroles d'Hénoch : « Le Seigneur est venu avec ses saints par dizaines de milliers, afin d'exercer le jugement contre tous [65]. » Jean déclare qu'il vit « les

59. Adam Clarke, *Commentary* [Commentaire], remarques sur 1 Corinthiens 15, paragraphe 3.
60. Jean 14.2,3.
61. 1 Thessaloniciens 4.16-18.
62. Apocalypse 20.12.
63. Actes 17.31.
64. Jude 6.
65. Jude 14,15.

morts, les grands et les petits, debout devant le trône. Des livres furent ouverts. … Les morts furent jugés d'après ce qui était écrit dans les livres [66] ».

Mais si les morts jouissent déjà de la félicité céleste ou se tordent dans les flammes de l'enfer, quel besoin y a-t-il d'un jugement futur ? Les enseignements de la Parole de Dieu sur ces importants sujets ne sont ni obscurs, ni contradictoires ; les simples d'esprit peuvent les comprendre. Mais qui, sincèrement, peut discerner soit de la sagesse, soit de la justice dans cette croyance courante ? Les justes, après l'examen de leur cas lors du jugement, recevront-ils ces félicitations : « Tu es un bon esclave, digne de confiance ! … *Entre* dans la joie de ton maître [67] », alors qu'ils demeurent déjà en sa présence, certains même depuis des siècles ? Les impénitents seront-ils convoqués depuis leur lieu de tourment pour entendre la sentence du Juge de toute la terre : « Allez-vous-en loin de moi, maudits, dans le feu éternel [68] » ? Quelle sinistre moquerie, quel honteux dénigrement de la sagesse et de la justice de Dieu !

La théorie de l'immortalité de l'âme est l'une des fausses doctrines que l'Église romaine a empruntées au paganisme et incorporées dans la religion chrétienne. Martin Luther la classait parmi les « monstrueuses fables qui font partie du fumier romain des fausses décrétales [69] ». Commentant les paroles de l'Ecclésiaste qui déclarent que « les morts ne savent rien [70] », ce réformateur disait : « C'est un autre passage prouvant que les morts n'ont … aucun sentiment. Il n'y a là, dit-il, ni devoir, ni science, "ni connaissance, ni sagesse [71]". Salomon est d'avis que les morts dorment et ne ressentent absolument rien. En effet, les morts gisent, sans pouvoir compter ni les jours, ni les années ; mais, lorsqu'ils se réveilleront, ils auront l'impression d'avoir dormi à peine une minute [72]. »

On ne trouve nulle part dans les Saintes Écritures de déclaration prétendant que les justes reçoivent leur récompense, ou les impénitents leur châtiment, au moment de leur mort. Les patriarches et les prophètes ne nous ont laissé aucune assurance de ce genre. Le Christ et ses apôtres n'y ont jamais fait la moindre allusion. La Bible enseigne clairement que les morts ne vont pas immédiatement au ciel, et les représente comme dormant jusqu'au jour de la résurrection [73]. Le jour même où « le cordon d'argent se détache, que le réservoir d'or se casse [74] », « leurs intentions disparaissent [75] ». Ceux qui descendent dans le tombeau demeurent dans le silence. Ils ne savent rien de « ce qui se fait sous le soleil [76] ».

Bienheureux repos pour les justes fatigués ! Le temps, qu'il soit long ou court, ne leur paraît être qu'un moment. Ils dorment ; ils seront réveillés par la trompette de Dieu pour avoir part à une glorieuse immortalité. « La dernière trompette … sonnera, et les morts se réveilleront impérissables. … Lorsque le périssable aura revêtu l'impérissable, et que le mortel aura revêtu l'immortalité, alors sera accomplie

66. Apocalypse 20.12.
67. Matthieu 25.21.
68. Matthieu 25.41.
69. E. Pétavel, *The Problem of Immortality* [Le problème de l'immortalité], p. 255.
70. Ecclésiaste 9.5.
71. Ecclésiaste 9.10.
72. Martin Luther, *Exposition of Solomon's Book Called Ecclesiastes* [Exposition du livre de Salomon appelé l'Ecclésiaste], p. 152.
73. Voir 1 Thessaloniciens 4.14 ; Job 14.10-12.
74. Ecclésiaste 12.6.
75. Psaume 146.4.
76. Job 14.21 ; Ecclésiaste 9.6.

la parole qui est écrite : La mort a été engloutie dans la victoire [77]. » Lorsqu'ils seront appelés à sortir de leur profond sommeil, le cours de leurs pensées reprendra exactement là où il avait cessé. Leur dernière sensation avait été les affres de la mort et leur dernière pensée, qu'ils tombaient sous le puissance du tombeau. Lorsqu'ils se relèveront de leur tombe, leur première pensée joyeuse trouvera son écho dans ce cri triomphal : « Mort, où est ta victoire ? Mort, où est ton aiguillon [78] ? »

77. 1 Corinthiens 15.52,54.
78. 1 Corinthiens 15.55.

34

Nos morts peuvent-ils communiquer avec nous ?

Le ministère des saints anges, tel qu'il est présenté dans les Écritures, est une vérité profondément encourageante et précieuse pour tout disciple du Christ. Mais l'enseignement biblique sur ce sujet a été obscurci et perverti par les erreurs de la théologie populaire. La doctrine de l'immortalité naturelle de l'âme, empruntée d'abord à la philosophie païenne, puis incorporée dans la foi chrétienne pendant les ténèbres de la Grande Apostasie, a supplanté la vérité, si clairement enseignée dans l'Écriture, que « les morts ne savent rien [1] ».

Des foules de gens en sont arrivées à croire que les esprits des morts sont « des esprits serviteurs, envoyés pour exercer leur ministère en faveur de ceux qui vont hériter le salut [2] », bien que l'Écriture affirme l'existence des anges célestes et leurs relations avec l'histoire de l'humanité avant même qu'un être humain soit passé par la mort.

La doctrine de l'état conscient de l'homme dans la mort, et spécialement la croyance que les esprits des morts reviennent pour exercer leur ministère en faveur des vivants, ont préparé le chemin du spiritisme moderne. Si les morts sont admis en présence de Dieu et des saints anges et s'ils ont le privilège de faire preuve de connaissances dépassant de beaucoup celles qu'ils possédaient auparavant, pourquoi ne reviendraient-ils pas sur terre pour éclairer et instruire les vivants ? Si, comme l'enseignent les théologiens populaires, les esprits des morts planent autour de leurs amis restés sur terre, pourquoi ne pourraient-ils pas communiquer avec eux, les avertir des dangers ou les consoler de leurs chagrins ?

Comment ceux qui croient à l'état conscient de l'homme dans la mort pourraient-il rejeter ce qui leur apparaît comme une lumière divine transmise par des esprits glorifiés ? Il y a là un moyen de communication, considéré comme sacré, que Satan utilise pour la réalisation de ses desseins. Les anges déchus qui sont sous ses ordres apparaissent sous forme de messagers envoyés depuis le monde des esprits. Tout en professant établir un lien entre les vivants et les morts, le prince du mal exerce son influence ensorcelante sur leur esprit.

Il possède le pouvoir de faire apparaître devant les hommes une image de leurs amis défunts. La contrefaçon est parfaite : l'aspect familier, les paroles et le ton de la voix sont reproduits avec une stupéfiante exactitude. Beaucoup de gens se consolent à la pensée que leurs êtres chers jouissent de la félicité céleste, et, sans soup-

1. Ecclésiaste 9.5.
2. Hébreux 1.14.

çonner le danger, prêtent l'oreille « à des esprits d'égarement et à des enseignements de démons [3] ».

Lorsque les hommes ont été amenés à croire que les morts reviennent réellement pour communiquer avec eux, Satan leur fait apparaître ceux qui sont descendus au tombeau sans préparation et qui soutiennent être heureux au ciel, et même y occuper une place élevée. Ainsi se répand l'erreur prétendant qu'aucune différence n'est faite entre les justes et les injustes. Ces soi-disant visiteurs du monde des esprits donnent parfois des avertissements qui s'avèrent justes. Puis, la confiance s'établissant, ils présentent des doctrines qui sapent directement la foi dans les Écritures. Simulant un profond intérêt pour le bien-être de leurs amis restés sur terre, ils insinuent les erreurs les plus dangereuses.

Le fait d'énoncer quelques vérités et d'être parfois capables de prédire des événements encore futurs confère à leurs déclarations une apparence de fiabilité. Des multitudes acceptent leurs faux enseignements avec beaucoup d'empressement et les prennent pour vérité aussi implicitement que si c'étaient les paroles les plus sacrées de la Bible. La loi de Dieu est mise à l'écart, l'Esprit de la grâce est méprisé. Le sang de l'alliance est considéré comme une chose profane. Ces esprits nient la divinité du Christ et placent le Créateur au même niveau qu'eux. C'est ainsi que, sous un nouveau déguisement, le grand rebelle poursuit contre Dieu la guerre qu'il a déclenchée dans le ciel et qui, depuis bientôt six mille ans, continue sur la terre.

Beaucoup de gens tentent d'expliquer les manifestations spirites en les attribuant totalement à la fraude et à la prestidigitation du médium. Mais, bien que les résultats de la supercherie soient souvent passés pour d'authentiques faits, il y a eu aussi des manifestations remarquables d'une puissance surnaturelle. Les mystérieux coups frappés qui furent à l'origine du spiritisme moderne n'étaient pas le résultat d'une supercherie ou d'une ruse humaine, mais l'œuvre directe de mauvais anges, qui introduisirent ainsi l'une des tromperies les plus réussies pour la destruction des âmes. Bon nombre seront pris au piège en croyant que le spiritisme n'est qu'une imposture humaine ; mais, lorsqu'ils seront confrontés à des manifestations qu'ils ne pourront qualifier que de surnaturelles, ils seront séduits et amenés à les considérer comme la grande puissance de Dieu.

Ces personnes ne tiennent pas compte du témoignage des Écritures concernant les prodiges réalisés par Satan et ses agents. Ce fut avec l'aide de Satan que les magiciens du Pharaon furent rendus capables de contrefaire l'œuvre de Dieu. Paul atteste que, avant le second avènement du Christ, on verra des manifestations semblables de la puissance satanique. L'avènement du Seigneur doit être précédé « par l'opération du Satan, avec toutes sortes de miracles, de signes et de prodiges mensongers, et avec toutes les tromperies de l'injustice [4] ».

L'apôtre Jean, décrivant la puissance miraculeuse qui se manifestera dans les derniers jours, déclare : « Elle produit de grands signes, jusqu'à faire descendre le feu du ciel sur la terre, à la vue des humains. Elle égare les habitants de la terre par les signes qu'il lui a été donné de produire [5]. » Ce n'est pas une simple imposture qui est prédite ici : les hommes sont trompés par les miracles que les agents sataniques ont le pouvoir de réaliser, et non par ce qu'ils prétendent faire.

3. 1 Timothée 4.1.
4. 2 Thessaloniciens 2.9,10.
5. Apocalypse 13.13,14.

Le prince des ténèbres, qui a, pendant si longtemps, corrompu les pouvoirs de son esprit génial pour les mettre au service de son œuvre de tromperie, adapte habilement ses tentations aux hommes de toutes classes et de toutes conditions sociales. Aux personnes cultivées et raffinées, il présente le spiritisme sous son aspect le plus subtil et le plus intellectuel, et réussit ainsi à attirer nombre d'entre elles dans ses pièges. L'apôtre Jacques décrit ainsi la sagesse offerte par le spiritisme : « Cette sagesse-là n'est pas celle qui descend d'en haut : elle est terrestre, animale, démoniaque [6] ». Cette vérité, le grand trompeur la cache soigneusement car la dissimulation convient le mieux à ses desseins.

Celui qui a pu apparaître au Christ, dans le désert de la tentation, revêtu de l'éclat des séraphins célestes, se présente à l'humanité sous la forme la plus attrayante et déguisé « en ange de lumière [7] ». Il fait appel à la raison en exposant des sujets élevés ; il captive l'imagination par des scènes enchanteresses, et il gagne les affections par ses descriptions éloquentes concernant l'amour et la charité. Il excite l'imagination jusqu'à des hauteurs vertigineuses, amenant les hommes à s'enorgueillir de leur propre sagesse, si bien que, dans leur cœur, ils méprisent l'Éternel. Cet être puissant, qui fut capable d'emmener le Rédempteur du monde « sur une montagne très haute [8] » et de lui montrer « tous les royaumes et leur gloire », déploie ses tentations devant les humains de manière à pervertir les sens de tous ceux qui ne sont pas protégés par la puissance divine.

Aujourd'hui, Satan séduit les enfants de Dieu comme il séduisit Ève dans le jardin d'Éden, par la flatterie, en éveillant en eux le désir d'obtenir des connaissances interdites, et l'ambition de s'élever le plus haut possible. Ce sont ces maux qui ont causé sa chute ; c'est aussi par eux qu'il envisage de provoquer la ruine de l'humanité. Il a déclaré à Ève : « Vous serez comme des dieux qui connaissent ce qui est bon ou mauvais [9]. » Le spiritisme enseigne « que l'homme est une créature qui évolue ; que sa destinée est de progresser, dès sa naissance et jusqu'à l'éternité, vers la divinité ». Il dit aussi : « Chaque esprit sera jugé par lui-même et non par un autre. » « Le jugement sera juste, parce qu'il sera prononcé chacun pour soi-même. … Le trône est au-dedans de vous. » Un docteur spirite, « éveillé » par sa « conscience spirituelle », déclarait : « Mes semblables sont tous des demi-dieux qui n'ont jamais chuté. » Et un autre déclarait : « Tout être juste et parfait est le Christ. »

Ainsi, à la perfection et à la justice du Dieu infini, véritable objet de notre adoration, à l'équité de sa loi, norme par excellence de toute réalisation humaine, Satan a substitué la nature pécheresse et faillible de l'homme comme unique sujet de culte, seule règle de jugement et seule mesure du caractère. Ce n'est pas une progression gratifiante, mais plutôt une régression dégradante de la race humaine.

Nous sommes transformés par ce que nous contemplons, c'est là une loi de nature intellectuelle et spirituelle. L'esprit s'adapte progressivement aux sujets sur lesquels on lui permet de s'arrêter. Il devient semblable à ce qu'il prend l'habitude d'aimer et de respecter. Mais l'homme ne s'élèvera jamais plus haut que sa norme de pureté, de bonté ou de vérité. Si le « moi » est son idéal le plus élevé, il n'atteindra jamais quelque chose au-delà ; ou, plutôt, il tombera constamment de plus en plus

6. Jacques 3.15.
7. 2 Corinthiens 11.14.
8. Matthieu 4.8.
9. Genèse 3.5.

bas. Seule la grâce de Dieu a le pouvoir d'élever l'homme. Abandonné à lui-même, il ne pourra diriger sa vie que vers le bas.

Aux sensuels et à ceux qui aiment leurs aises et le plaisir, le spiritisme se révèle sous un déguisement moins subtil que celui qui est présenté aux gens raffinés et intellectuels ; c'est sous ses formes les plus grossières que ces personnes trouvent ce qui s'accorde avec leurs penchants. Satan étudie chaque indice de la fragilité de la nature humaine ; il est attentif aux péchés que chacun a tendance à pratiquer ; puis il veille à ce que les occasions ne manquent pas pour satisfaire cette habitude au mal. Il tente les hommes à commettre des excès dans ce qui est légitime, les conduisant, par leur intempérance, à affaiblir leurs facultés physiques, mentales et morales. Il a détruit et détruit encore des milliers de personnes en les amenant à assouvir leurs passions, avilissant ainsi toute la nature de l'homme. Et, pour achever son œuvre, il déclare, par l'intermédiaire des esprits, que « la véritable connaissance met l'homme au-dessus de toute loi » ; que « tout ce qui est, est juste » ; que « Dieu ne condamne pas » ; et que « *tous* les péchés qui se commettent sont innocents ».

Lorsque les gens sont ainsi amenés à croire que le désir est la loi suprême, que liberté est synonyme de licence, et que l'homme n'est redevable qu'à lui-même, qui pourrait s'étonner que la corruption et la dépravation abondent de tous côtés ? Des foules acceptent avec empressement des enseignements qui leur donnent la liberté d'obéir aux suggestions du cœur charnel. Les rênes de la maîtrise de soi sont remplacées par celles du désir, les facultés intellectuelles et spirituelles sont soumises aux tendances animales ; et Satan précipite avec joie dans son filet des milliers de personnes qui professent être disciples du Christ.

Mais nul ne doit être trompé par les prétentions mensongères du spiritisme. Dieu a accordé au monde suffisamment de lumière pour permettre à tous de découvrir le piège. Comme cela a déjà été montré, la théorie qui constitue le fondement même du spiritisme est opposée aux déclarations les plus claires de l'Écriture. La Bible affirme que « les morts ne savent rien [10] » ; que « leurs intentions disparaissent [11] » ; qu'« ils n'auront plus jamais de part à tout ce qui se fait sous le soleil [12] » ; qu'ils ne savent rien des joies ni des peines de leurs êtres chers restés sur la terre.

De plus, Dieu a expressément interdit toute soi-disant communication avec les esprits des défunts. À l'époque des Hébreux, il y avait des gens qui prétendaient, comme le font les spirites aujourd'hui, établir la communication avec les morts. Mais la Bible appelle ces « esprits familiers », comme on appelait ces visiteurs venus d'autres mondes, « des esprits de démons [13] ». Le Seigneur nommait « abomination » cette fréquentation des « esprits familiers » et l'avait solennellement interdite sous peine de mort [14]. Aujourd'hui, le mot « sorcellerie » est un mot méprisable. On considère comme une fable médiévale la prétention qu'on puisse entrer en communication avec les mauvais esprits. Mais le spiritisme, dont les adeptes se comptent par centaines de milliers et même par millions, a pénétré dans les milieux scientifiques, a envahi les Églises, est reçu favorablement dans les assemblées légis-

10. Ecclésiaste 9.5.
11. Psaume 146.4.
12. Ecclésiaste 9.6.
13. Voir Nombres 25.1-3 ; Psaume 106.28 ; 1 Corinthiens 10.20 ; Apocalypse 16.14.
14. Voir Lévitique 19.31 ; 20.27.

latives et même à la cour des rois. Cette tromperie gigantesque n'est que la réapparition, sous un déguisement nouveau, de la sorcellerie condamnée et interdite autrefois.

S'il n'y avait pas d'autre preuve du véritable caractère du spiritisme, il devrait suffire au chrétien de reconnaître que ces esprits ne font aucune différence entre la justice et le péché, entre les plus nobles et les plus purs des apôtres du Christ et les plus corrompus des serviteurs de Satan. En représentant les plus vils des hommes comme étant au ciel et y occupant une place d'honneur, Satan dit en substance au monde : « Peu importe que vous soyez mauvais ; peu importe que vous croyiez en Dieu et en la Bible ou que vous n'y croyiez pas ; vivez comme bon vous semble ; le ciel est votre patrie. » Les docteurs spirites déclarent virtuellement : « "Quiconque agit mal plaît au SEIGNEUR, c'est en de telles personnes qu'il prend plaisir !" Ou bien : "Où est le Dieu du jugement ?" [15] » La Parole de Dieu déclare : « Quel malheur pour ceux qui disent le mauvais bon et le bon mauvais, qui font des ténèbres une lumière et de la lumière des ténèbres [16] ! »

Les apôtres, tels que les font apparaître ces esprits mensongers, sont représentés comme contredisant ce qu'ils avaient écrit sous la dictée du Saint-Esprit lorsqu'ils étaient sur la terre. Ils nient l'origine divine de la Bible, sapant ainsi le fondement de l'espérance du chrétien et éteignant la lumière qui révèle le chemin vers le ciel. Satan fait croire au monde que la Bible n'est rien de plus qu'une fiction, ou, au mieux, un livre qui convenait pour l'époque où l'humanité était encore dans son enfance, mais ayant peu d'importance aujourd'hui, ou même bon à rejeter parce que dépassé.

Pour remplacer la Parole de Dieu, il présente les manifestations spirites. C'est un moyen de communication qui est totalement sous sa domination, par lequel il peut faire croire au monde ce qu'il veut. Ce Livre qui doit le juger, lui et ses disciples, il le rejette dans l'ombre, car c'est bien là qu'il le veut. Il présente le Sauveur du monde comme rien de plus qu'un homme ordinaire. Et, comme les sentinelles romaines qui gardaient le tombeau de Jésus répandirent le mensonge que les sacrificateurs et les anciens d'Israël avaient mis dans leur bouche pour la négation de sa résurrection, les adeptes des manifestations spirites s'efforcent de prouver qu'il n'y a rien de miraculeux dans les circonstances de la vie de notre Sauveur. Après avoir ainsi relégué Jésus à l'arrière-plan, ils attirent l'attention sur leurs propres agissement, en déclarant que ces miracles dépassent de beaucoup les œuvres du Christ.

Il est vrai que le spiritisme change maintenant de forme et, en voilant quelques-uns de ses traits les plus inacceptables, revêt un déguisement chrétien. Ses déclarations faites en public et dans la presse sont connues depuis des années, et son véritable caractère s'y trouve révélé. Ses enseignements ne peuvent être ni niés, ni cachés.

Même sous sa forme présente, bien loin d'être plus digne de tolérance qu'autrefois, le spiritisme est vraiment une tromperie encore plus dangereuse, parce que plus subtile. Alors qu'auparavant il rejetait le Christ et la Bible, il *professe* maintenant accepter l'un et l'autre. Cependant, il interprète les Écritures d'une manière qui plaît au cœur non régénéré, tout en rendant inopérantes ses vérités vitales et solennelles. Il met l'accent sur l'amour comme principal attribut de Dieu ; mais il le

15. Malachie 2.17.
16. Ésaïe 5.20.

dégrade pour en faire un vague sentimentalisme, faisant peu de distinction entre le bien et le mal. Il éloigne de la vue des hommes la justice de Dieu, les dénonciations du péché et les exigences de sa sainte loi. Il enseigne aux gens à considérer le décalogue comme lettre morte. Des fables agréables et fascinantes captivent leurs sens et les amènent à rejeter la Bible comme fondement de la foi. Le spiritisme renie le Christ tout autant qu'auparavant ; mais Satan a tellement bien aveuglé l'humanité qu'elle ne discerne pas ses tromperies.

Peu de gens ont une juste conception du pouvoir trompeur du spiritisme et du danger de se placer sous son influence. Beaucoup jouent avec lui simplement pour satisfaire leur curiosité. Ils n'y croient pas réellement et seraient horrifiés à la pensée de se plier à la domination des esprits ; mais ils s'aventurent sur le terrain défendu, et le puissant destructeur exerce sur eux son pouvoir contre leur volonté. S'il peut les amener à soumettre leur esprit à sa cause, il les tient en son emprise. Il leur est impossible, par leurs propres forces, de se libérer de ce charme séduisant et ensorcelant. Seule la puissance de Dieu, accordée en réponse à la prière fervente de la foi, peut délivrer ces âmes prises au piège.

Tous ceux qui tolèrent des traits coupables de caractère ou entretiennent délibérément un péché connu invitent les tentations de Satan. Ils se séparent de Dieu et de la protection de ses anges. Lorsque le Malin leur présente ses tromperies, ils sont sans défense et deviennent des proies faciles. Ceux qui se mettent ainsi en son pouvoir ne se rendent pas compte où cela peut les mener. Après avoir provoqué leur chute, le tentateur les emploiera comme agents pour séduire d'autres personnes et les entraîner dans la ruine.

Le prophète Ésaïe avait dit : « Si l'on vous dit : Consultez les spirites et les médiums, qui chuchotent et murmurent ! Un peuple ne consulte-t-il pas ses dieux ? Ne s'adresse-t-on pas aux morts pour les vivants ? À la loi et au témoignage ! Si on ne parle pas ainsi, c'est qu'il n'y aura pas d'aurore pour le peuple [17]. » Si les enfants de Dieu avaient bien voulu accepter la vérité si clairement exposée dans les Écritures sur la nature de l'homme et sur l'état des morts, ils auraient discerné dans les prétentions et dans les manifestations du spiritisme l'œuvre de Satan « avec toutes sortes de miracles, de signes et de prodiges mensongers [18] ». Mais, plutôt que d'abandonner leur liberté si agréable au cœur charnel et de renoncer aux péchés qu'elles aiment, des multitudes ferment les yeux à la lumière et foncent en avant, sans tenir compte des avertissements donnés, tandis que Satan tisse ses pièges tout autour d'elles, et qu'elles deviennent ses proies. « Parce qu'ils n'ont pas accueilli l'amour de la vérité pour être sauvés. Aussi Dieu envoie sur eux une opération d'égarement, pour qu'ils croient au mensonge [19]. »

Ceux qui s'élèvent contre les enseignements du spiritisme s'attaquent non seulement à des hommes, mais à Satan et à ses anges. Ils sont entrés en conflit « contre les principats, contre les autorités, contre les pouvoirs de ce monde de ténèbres, contre les puissances spirituelles mauvaises qui sont dans les lieux célestes [20] ». Satan ne cédera pas un seul pouce de terrain, à moins d'être repoussé par la puissance des messagers divins. Le peuple de Dieu doit être capable de lui résister, comme le fit notre Sauveur, avec ces paroles : « Il est écrit [21]. » Satan est capable

17. Ésaïe 8.19,20.
18. 2 Thessaloniciens 2.9.
19. 2 Thessaloniciens 2.10,11.
20. Éphésiens 6.12.
21. Matthieu 4.4.

de citer l'Écriture aujourd'hui comme à l'époque du Christ, et il en tordra ses enseignements pour soutenir ses tromperies. Ceux qui veulent tenir bon à cette époque de péril doivent comprendre pour leur salut le témoignage des Écritures.

Beaucoup se trouveront face à face avec « des esprits de démons [22] », déguisés en amis très chers ou en membres de leur famille parmi les défunts et affirmant les plus dangereuses hérésies. Ces visiteurs feront appel à nos sympathies les plus tendres et feront des miracles pour soutenir leurs prétentions. Nous devons être prêts à leur résister en présentant la vérité biblique qui affirme que « les morts ne savent rien [23] » et que ceux qui apparaissent ainsi sont « des esprits de démons ».

Nous sommes tout près de « l'heure de l'épreuve qui va venir sur toute la terre habitée, pour mettre à l'épreuve les habitants de la terre [24] ». Tous ceux dont la foi ne repose pas fermement sur la Parole de Dieu seront trompés et vaincus. Satan agit « avec toutes les tromperies de l'injustice [25] » pour s'emparer des enfants des hommes, et celles-ci ne feront qu'augmenter. Mais il ne peut atteindre son objectif que si les hommes cèdent volontairement à ses tentations. Ceux qui cherchent avec ferveur la connaissance de la vérité et s'efforcent de purifier leur âme par l'obéissance, faisant ainsi leur part dans la préparation pour ce conflit, trouveront, dans le Dieu de justice, une défense sûre. « Parce que tu as gardé la parole de ma persévérance, je te garderai moi-même [26] » est la promesse du Sauveur. Il enverrait tous les anges du ciel pour protéger son peuple plutôt que de laisser Satan vaincre une seule âme qui se confie en lui.

Le prophète Ésaïe nous révèle la redoutable supercherie qui surviendra sur les pécheurs, les amenant à se considérer à l'abri des jugements divins : « Nous avons conclu une alliance avec la mort, nous avons fait un pacte avec le séjour des morts ; quand le déferlement destructeur passera, il ne nous atteindra pas, car nous avons le mensonge pour abri et la fausseté pour cachette [27]. » Cette description inclut ceux qui, dans leur impénitence obstinée, se rassurent en prétendant qu'il n'y aura pas de châtiment pour le pécheur, et que toute l'humanité, aussi corrompue soit-elle, sera exaltée jusqu'aux cieux, pour devenir semblable aux anges de Dieu. Elle inclut aussi, plus particulièrement, ceux qui ont « conclu une alliance avec la mort … [et] fait un pacte avec le séjour des morts », qui ont rejeté les vérités offertes par le ciel comme protection pour les justes au jour de l'épreuve, et qui ont accepté « le mensonge pour abri » donné par Satan, c'est-à-dire les prétentions trompeuses du spiritisme.

L'aveuglement des hommes de cette génération dépasse tout entendement. Des milliers rejettent la Parole de Dieu, la considérant comme indigne d'être crue, et acceptent avec confiance et empressement les fraudes de Satan. Des sceptiques et des moqueurs dénoncent la bigoterie de ceux qui combattent pour la foi des prophètes et des apôtres. Ils se divertissent en tournant en ridicule les déclarations solennelles des Écritures sur le Christ, à propos du plan du salut et de la rétribution qui tombera sur ceux qui refusent la vérité. Ils expriment une profonde pitié pour les esprits étroits, faibles et superstitieux qui reconnaissent les prétentions de Dieu et obéissent aux exigences de sa Loi. Ils manifestent autant d'assurance que s'ils

22. Apocalypse 16.14
23. Ecclésiaste 9.5.
24. Apocalypse 3.10.
25. 2 Thessaloniciens 2.10.
26. Apocalypse 3.10.
27. Ésaïe 28.15.

avaient vraiment « conclu une alliance avec la mort … [et] fait un pacte avec le séjour des morts », comme s'ils avaient érigé une barrière infranchissable et impénétrable entre eux et la vengeance divine. Rien ne peut éveiller leurs craintes. Ils ont cédé si complètement au tentateur, se sont si étroitement unis à lui et se sont pénétrés si totalement de son esprit qu'ils n'ont ni le pouvoir, ni le désir de se libérer de ses pièges.

Satan se prépare depuis longtemps à son effort final pour tromper le monde. Le fondement de son œuvre fut posé lorsqu'il donna à Ève cette assurance dans le jardin d'Éden : « Vous ne mourrez pas ! … Le jour où vous en mangerez, vos yeux s'ouvriront et vous serez comme des dieux qui connaissent ce qui est bon ou mauvais [28]. » Petit à petit, il a préparé le chemin pour son chef-d'œuvre de séduction : l'élaboration du spiritisme. Il n'a pas encore atteint la pleine réalisation de ses desseins ; mais il la terminera dans les derniers temps. Le prophète a dit : « Je vis … trois esprits impurs, semblables à des grenouilles. Ce sont des esprits de démons qui produisent des signes et qui s'en vont vers les rois de toute la terre habitée afin de les rassembler pour la guerre du grand jour de Dieu, le Tout-Puissant [29]. » Excepté ceux qui sont protégés par la puissance de Dieu, par la foi en sa Parole, le monde entier sera précipité dans les pièges de cette tromperie. Les gens sommeillent dans une sécurité fatale, pour n'être réveillés que par le déversement de la colère divine.

Le Seigneur Dieu déclare : « J'ai placé l'équité comme règle, et la justice comme niveau ; la grêle emportera l'abri du mensonge, les eaux déferleront sur toute cachette. Votre alliance avec la mort sera annulée, votre pacte avec le séjour des morts ne tiendra pas ; quand le déferlement destructeur passera, il vous écrasera [30]. »

28. Genèse 3.4,5.
29. Apocalypse 16.13,14.
30. Ésaïe 28.17,18.

35

Menaces contre la liberté de conscience

L'attitude des protestants d'aujourd'hui envers l'Église romaine est beaucoup plus favorable que dans les années passées. Dans les pays où le catholicisme n'est pas majoritaire, et où les partisans de la papauté adoptent une attitude conciliante pour augmenter leur influence, on constate une indifférence croissante à l'égard des doctrines qui séparent les Églises réformées de la hiérarchie papale. L'opinion que, après tout, les protestants ne diffèrent pas autant sur les points essentiels qu'on l'avait supposé, et que quelques concessions de leur part leur apporteraient une meilleure compréhension de l'Église romain gagne du terrain. Il y eut un temps où les protestants accordaient une grande valeur à la liberté de conscience, acquise à si grand prix. Ils enseignaient leurs enfants à avoir en horreur le papisme et déclaraient que chercher l'entente avec l'Église romaine serait un acte de déloyauté envers Dieu. Combien différents sont les sentiments exprimés aujourd'hui !

Les partisans de la papauté prétendent qu'on a calomnié l'Église, et le monde protestant est enclin à accepter cette affirmation. Beaucoup avancent l'idée qu'il serait injuste de juger l'Église d'aujourd'hui sur les abominations et les absurdités qui ont marqué son règne au cours des siècles d'ignorance et de ténèbres. Ils excusent son horrible cruauté en l'attribuant à la barbarie de l'époque et font valoir que, sous l'influence de la civilisation moderne, elle a changé de sentiments.

Ces personnes ont-elles oublié la prétention à l'infaillibilité exprimée depuis neuf cents ans par ce hautain pouvoir ? Bien loin d'avoir été abandonnée, cette prétention a été confirmée au dix-neuvième siècle avec encore plus de force que jamais auparavant. Puisque Rome affirme que « l'Église *n'a jamais erré*, et, selon les Écritures, *n'erra jamais* [1] », comment pourrait-elle renoncer aux principes qui ont guidé son comportement dans les siècles passés ?

L'Église papale n'abandonnera jamais don désir ambitieux à l'infaillibilité. Tout ce qu'elle a fait en persécutant ceux qui rejetaient ses dogmes, elle le tient pour juste. Ne répéterait-elle pas les mêmes actes si l'occasion s'en présentait ? Que viennent à disparaître les restrictions imposées aujourd'hui par les gouvernements séculiers, que l'Église romaine retrouve son ancien pouvoir, et on assisterait rapidement à un renouveau de son esprit tyrannique et de ses persécutions.

---

1. John L. von Mosheim, *Institutes of Ecclesiastical History* [Les institutions de l'Histoire ecclésiastique], livre 3, centurie 11, 2ème partie, chapitre 2, section 9, note 17.
2. Josiah Strong, *Our Country* [Notre pays], chapitre 5, p. 2-4.

Un auteur bien connu parle ainsi de l'attitude de la hiérarchie papale à l'égard de la liberté de conscience, et des dangers qui menacent spécialement les États-Unis si elle réussissait à appliquer sa politique :

« Il y en a beaucoup qui sont disposés à attribuer à la bigoterie ou à la puérilité la crainte à l'égard du catholicisme romain aux États-Unis. Ceux-là ne discernent rien dans le caractère et l'attitude de l'Église romaine qui soit hostile à nos libres institutions, ni aucun mauvais présage dans sa croissance. Comparons donc, pour commencer, quelques-uns des principes fondamentaux de notre gouvernement avec ceux de l'Église catholique.

« La Constitution des États-Unis garantit la *liberté de conscience.* Rien n'est si cher à notre cœur, ni si fondamental. Or, le pape Pie IX, dans son Encyclique du 15 août 1854, déclarait : 'Les doctrines ou divagations absurdes et erronées en faveur de la liberté de conscience sont une erreur pestilentielle, une théorie pernicieuse à redouter plus que toute autre dans un État.' Le même pape, dans son Encyclique du 8 décembre 1864, frappait d'anathème 'ceux qui proclament la liberté de conscience et de culte', et également 'tous ceux qui professent que l'Église n'a pas le droit d'employer la contrainte.'

« Le ton pacifique de l'Église romaine aux États-Unis n'implique pas un changement de cœur. Elle se montre tolérante là où elle ne peut pas faire autrement. L'évêque O'Connor déclarait : 'On ne supporte la liberté religieuse que jusqu'au moment où son contraire pourra être mis en œuvre sans danger pour le monde catholique.' L'archevêque de Saint-Louis a déclaré : 'L'hérésie et l'incrédulité sont des crimes. Dans les pays chrétiens tels que, par exemple, l'Italie et l'Espagne, où toute la population est catholique et où la religion catholique est une partie essentielle des lois du pays, celles-ci sont punissables au même titre que les autres crimes.'

« Chaque cardinal, archevêque et évêque de l'Église catholique prête un serment d'obéissance au pape, contenant les paroles suivantes : 'Je persécuterai de toutes mes forces les hérétiques, les schismatiques et les rebelles à notre Seigneur (le pape) ou à ses successeurs et m'opposerai à eux' [2]. »

Il est vrai qu'il y a de véritables chrétiens au sein de l'Église catholique. Dans cette communauté, des milliers de personnes servent Dieu au mieux des lumières qu'elles ont reçues. On ne leur permet pas d'avoir accès à la Parole de Dieu [3], et elles ne peuvent donc pas discerner la vérité. Elles n'ont jamais vu le contraste existant entre un service vivant provenant du cœur et une simple répétition de formules et de cérémonies. Dieu regarde avec tendresse et pitié ces âmes, éduquées dans une foi trompeuse et insatisfaisante. Il leur fera parvenir des rayons de lumière au sein des profondes ténèbres qui les entourent. Il leur révélera « la vérité qui est en Jésus [4] », et beaucoup d'entre elles se rangeront un jour du côté de son peuple.

Mais l'Église romaine en tant que système n'est pas plus en accord avec l'Évangile du Christ aujourd'hui qu'elle ne l'était à n'importe quelle époque précédente de son Histoire. Les Églises protestantes sont dans une profonde obscurité, sinon elles discerneraient « les signes des temps [5] ». Rome voit loin dans ses plans et dans ses façons d'agir. Elle emploie tous les stratagèmes possibles pour étendre son influence et accroître sa puissance en prévision d'un conflit rude et déterminé pour

3. Ceci a été écrit dans la décennie des années 1890 ; la situation a changé depuis.
4. Éphésiens 4.21.
5. Matthieu 16.3.

reprendre la domination du monde, pour rétablir la persécution et pour défaire tout ce qui a été construit par le protestantisme.

Le catholicisme gagne du terrain de tous côtés. Voyez le nombre croissant de ses églises et de ses chapelles dans les pays protestants. Regardez la popularité de ses établissements d'enseignement supérieur et de ses séminaires en Amérique, dans lesquels il y a tant d'élèves protestants. Regardez la croissance du ritualisme en Angleterre, et les fréquentes défections de protestants qui se joignent à l'Église catholique. Tout ceci devrait éveiller l'inquiétude de tous ceux qui apprécient à leur juste valeur les purs principes de l'Évangile.

Les protestants ont fraternisé avec la papauté et l'ont encouragée ; ils lui ont fait des compromis et des concessions dont les catholiques eux-mêmes sont surpris et n'arrivent pas à comprendre. Les hommes se ferment les yeux sur le véritable caractère de l'Église romaine et sur les dangers qui surgiraient si elle retrouvait sa suprématie. Il faut que les gens seréveillent pour résister aux avances de ce redoutable ennemi de la liberté civile et religieuse.

De nombreux protestants supposent que la religion catholique manque d'attrait et que son culte est une répétition de cérémonies ennuyeuses et vides de sens. Ils commettent une grave erreur. Bien que l'Église romaine repose sur une tromperie, ce n'est pas une imposture grossière et maladroite. Les services religieux de l'Église romaine sont des cérémonies profondément impressionnantes. Ses magnifiques cérémonies et ses rites solennels fascinent les sens des gens et font taire la voix de la raison et de la conscience. Ils charment les yeux. Ses églises magnifiques, ses processions impressionnantes, ses autels dorés, ses reliquaires recouverts de bijoux, ses tableaux soigneusement choisis et ses exquises sculptures font appel à l'amour de la beauté. L'oreille aussi est captivée. La musique est sans égale. Les riches accords des orgues aux profondes sonorités, s'harmonisant avec la mélodie de chorales nombreuses, s'élevant jusqu'aux voûtes altières et se répandant dans les allées à colonnades de ses magnifiques cathédrales, ne peuvent manquer d'impressionner l'esprit de crainte et de respect.

Cependant, cette splendeur, cette pompe et ce cérémonial extérieurs, qui ne font que tromper les aspirations des âmes malades de leurs péchés, sont une preuve de sa corruption intérieure. La religion du Christ n'a pas besoin de tels attraits pour se recommander aux hommes. À la lumière qui jaillit de la croix, le véritable christianisme paraît si pur et si aimable qu'aucune décoration extérieure ne peut ajouter à sa véritable valeur. C'est « l'éclat de la sainteté [6] », « la parure impérissable d'un esprit doux et paisible [7] », qui sont « d'un grand prix devant Dieu [8] ».

L'éclat du style n'est pas nécessairement l'indice de pensées pures et élevées. On trouve souvent de hautes conceptions artistiques et un délicat raffinement du goût chez des esprits qui sont terrestres et sensuels. Satan les utilise souvent pour faire oublier aux hommes les besoins de leur âme, pour leur faire perdre de vue la vie future immortelle, pour les détourner de leur tout-puissant Protecteur, et pour les amener à vivre seulement pour ce monde.

Une religion d'apparence extérieure plaît au cœur non régénéré. Les fastes et les cérémonies du culte catholique exercent une puissance de séduction et de fascination qui trompe de nombreuses personnes ; celles-ci en viennent à considérer

---

6. Psaume 110.3.
7. 1 Pierre 3.4.
8. *Ibid.*

l'Église romaine comme la porte même du ciel. Seuls sont à l'abri de son influence ceux qui ont planté fermement les pieds sur le fondement de la vérité, et dont le cœur a été régénéré par l'Esprit de Dieu. Des milliers de personnes qui n'ont aucune connaissance expérimentale du Christ seront amenées à accepter « la forme extérieure de la piété [9] », mais sans sa puissance. Ce genre de religion est exactement ce que les multitudes désirent.

La prétention de l'Église romaine au droit de pardonner pousse ses membres à se sentir libres de pécher. Le sacrement de la confession, sans lequel le pardon n'est pas accordé, tend aussi à donner licence au mal. Celui qui s'agenouille devant un homme déchu et lui ouvre les secrets de ses pensées et les rêves de son cœur avilit sa dignité d'homme et détériore les nobles instincts de son âme. En dévoilant les transgressions de sa vie devant un prêtre, un mortel faillible, un pécheur, trop souvent corrompu par le vin et la libéralité, il abaisse les principes de son caractère, et s'en trouve souillé. Sa conception du divin est altérée au niveau de l'humanité entachée, car le prêtre est pour lui un représentant de Dieu.

Cette confession dégradante d'homme à homme est la source secrète d'une grande partie des maux qui souillent notre monde et le préparent à sa destruction finale. Cependant, pour celui qui aime ses aises, il est préférable de se confesser à l'un de ses semblables que d'ouvrir son âme à Dieu. Il est plus agréable à la nature humaine de faire pénitence que de renoncer au péché. Il est plus facile de mortifier la chair en la revêtant de toile de sac, en la meurtrissant à coups d'orties ou en la chargeant de lourdes chaînes que de crucifier ses désirs. Combien lourd est le joug que le cœur charnel choisit de porter plutôt que de s'incliner devant celui du Christ !

Il existe une ressemblance frappante entre l'Église romaine et l'Église juive à l'époque du premier avènement du Christ. Bien que les Juifs foulaient secrètement aux pieds chaque principe de la loi de Dieu, ils étaient extérieurement très stricts dans l'observation de ses préceptes, en les chargeant d'exactions et de traditions qui rendaient l'obéissance pénible et pesante. De même que les Juifs professaient un grand respect pour la loi de Dieu, de même les partisans de l'Église romaine prétendent l'avoir pour la croix. Ils exaltent le symbole des souffrances du Christ, tout en reniant par leur vie Celui que cette croix représente.

Les catholiques placent des croix sur leurs églises, sur leurs autels et sur leurs vêtements. On voit partout les insignes de la croix ; partout on l'honore et on l'exalte extérieurement ; mais les enseignements du Christ sont ensevelis sous une masse de traditions dépourvues de sens, de fausses interprétations et de rigoureuses exactions. Les paroles du Sauveur destinées aux Juifs bigots s'appliquent avec encore plus de force aux dirigeants de l'Église romaine : « Ils lient des charges lourdes, difficiles à porter, pour les mettre sur les épaules des gens, mais eux-mêmes ne veulent pas les remuer du doigt [10]. » Des âmes consciencieuses sont maintenues dans une terreur constante, craignant la colère d'un Dieu offensé, tandis que de nombreux dignitaires de l'Église vivent dans le luxe et les plaisirs sensuels.

Le culte des images et des reliques, l'invocation des saints et l'exaltation du pape sont des stratagèmes de Satan pour détourner l'esprit des gens loin de Dieu et de son Fils. Pour provoquer leur destruction, il s'efforce d'écarter leur attention de

9. 2 Timothée 3.5.
10. Matthieu 23.4.

Celui par lequel seul ils peuvent trouver le salut. Il les dirigera vers n'importe quel objet qui puisse remplacer Celui qui a dit : « Venez à moi, vous qui peinez sous la charge ; moi, je vous donnerai le repos [11]. »

L'effort constant de Satan est de nous donner une représentation erronée du caractère de Dieu, de la nature du péché et des véritables enjeux de la grande controverse entre le Christ et lui. Ses sophismes minimisent l'obligation de la loi divine et autorisent les hommes à pécher. En même temps, il les amène à entretenir de fausse vision de Dieu, de sorte qu'ils le considèrent avec crainte et avec haine plutôt qu'avec amour. Il attribue au Créateur la cruauté qui est celle de son propre caractère ; celle-ci est incorporée dans les systèmes religieux et exprimée dans leurs cultes. C'est ainsi que Satan aveugle l'esprit des hommes, puis les utilise comme agents dans sa lutte contre Dieu. Par des conceptions perverties des attributs divins, les nations païennes ont été amenées à croire que les sacrifices humains étaient nécessaires pour obtenir la faveur de la divinité ; et d'horribles actes de cruauté ont été commis sous diverses formes d'idolâtrie.

L'Église catholique romaine, unissant les formes du paganisme et celles du christianisme, et dénaturant le caractère de Dieu, a eu recours à des pratiques tout aussi cruelles et révoltantes. À l'époque de sa suprématie, on employait des instruments de torture pour contraindre les âmes à accepter ses doctrines. Le bûcher attendait ceux qui ne voulaient pas reconnaître ses prétentions. Des massacres furent perpétrés sur une échelle dont l'ampleur ne sera révélée qu'au Jour du Jugement. Des dignitaires de l'Église cherchaient, sous la direction de Satan, leur maître, des moyens pour infliger le maximum de souffrances sans mettre fin à la vie de leur victime. Dans de nombreux cas, ce processus infernal était répété jusqu'aux limites de l'endurance humaine, jusqu'à ce que la nature abandonne la lutte et que le supplicié accueille la mort comme une douce délivrance.

Tel était le sort des opposants de L'Église romaine. Pour ses adhérents, elle utilisait la discipline du fouet, des jeûnes et des austérités physiques sous les aspects les plus divers et les plus écœurants. Pour obtenir la faveur du ciel, des pénitents transgressaient les lois de Dieu en régissant la nature. On leur enseignait à rompre les liens que Dieu avait formés pour bénir et réjouir le chemin terrestre des hommes. Les cimetières contiennent des millions de victimes qui passèrent leur vie en vains efforts pour étouffer leurs affections naturelles, pour réprimer toute pensée et tout sentiment de sympathie envers leurs semblables, comme si c'était quelque chose qui offensait Dieu.

Si nous voulons comprendre la cruauté déterminée de Satan, manifestée pendant des centaines d'années, non parmi ceux qui n'ont jamais entendu parler de Dieu, mais au cœur même de la chrétienté et dans toute son étendue, nous n'avons qu'à regarder l'Histoire de l'Église romaine. Par l'intermédiaire de ce gigantesque système de tromperie, le prince du mal réalise son dessein de déshonorer Dieu et d'attirer la souffrance sur l'humanité. En voyant comment il se déguise pour accomplir son œuvre par l'intermédiaire des dirigeants de l'Église, nous pouvons mieux comprendre pourquoi il manifeste une telle antipathie envers la Bible. Si on lit ce Livre, il nous révélera la miséricorde et l'amour de Dieu ; nous verrons qu'il ne place sur les épaules des hommes aucun de ces lourds fardeaux. Tout ce qu'il demande, c'est « un cœur brisé, écrasé [12] », un esprit d'humilité et d'obéissance.

11. Matthieu 11.28.
12. Psaume 51.19.

Le Christ ne donne aucun exemple durant sa vie incitant les hommes et les femmes à s'enfermer dans un monastère pour se préparer pour le ciel. Jamais il ne nous a enseigné à réprimer notre amour et notre sympathie. Le cœur du Sauveur débordait d'affection. Plus l'homme approche de la perfection morale et plus sa sensibilité augmente, plus sa perception du péché devient aiguë et plus sa tendresse pour les affligés s'approfondit.

Le pape prétend être le vicaire du Christ ; mais en quoi son caractère supporte-t-il la comparaison avec celui de notre Sauveur ? A-t-on déjà appris que le Christ ait condamné des hommes à la prison ou au chevalet parce qu'ils ne lui rendaient pas hommage comme Roi du ciel ? A-t-on déjà entendu sa voix châtier à mort ceux qui ne l'acceptaient pas ? Lorsque les habitants d'un village samaritain le rejetèrent, l'apôtre Jean, rempli d'indignation, lui demanda : « Seigneur, veux-tu que nous disions au feu de descendre du ciel pour les détruire [13] ? » Jésus regarda son disciple avec pitié et réprima la dureté de son esprit en déclarant : « Je ne suis pas venu pour juger le monde, mais pour sauver le monde [14]. » Quelle différence entre l'esprit manifesté par le Christ et celui de son prétendu vicaire !

De nos jours, l'Église romaine présente au monde un visage attrayant, couvrant par des excuses ses horribles actes de cruauté des temps passés. Elle s'est revêtue de vêtements chrétiens ; mais son cœur n'a pas changé. Tous les principes de la papauté qui existaient dans les siècles précédents sont encore les siens. Elle professe toujours les doctrines conçues pendant la période d'obscurantisme. Que personne ne s'y trompe : la papauté que les protestants sont présentement si disposés à honorer est la même que celle qui dominait le monde à l'époque de la Réforme, lorsque des hommes de Dieu se levèrent au péril de leur vie pour dénoncer ses iniquités. Elle possède le même orgueil et la même prétention arrogante qui l'ont amenée à dominer les rois et les princes et à prétendre posséder les prérogatives de Dieu. Son esprit n'est pas moins cruel ni moins despotique aujourd'hui que lorsqu'elle écrasait la liberté humaine et mettait à mort « les saints du Très-Haut [15] ».

La papauté est exactement ce que la prophétie a annoncé à son sujet : l'apostasie des derniers temps [16]. Cela fait partie de sa politique d'assumer le caractère qui convient le mieux à la réalisation de ses desseins ; mais, sous l'apparence changeante du caméléon, elle cache toujours le venin du serpent. Elle a déclaré : « On n'est pas tenu de respecter la parole donnée aux hérétiques, ni aux personnes soupçonnées d'hérésie [17]. » Devra-t-on reconnaître aujourd'hui cette puissance, dont l'histoire pendant un millénaire a été écrite dans le sang des saints, comme faisant partie de l'Église du Christ ?

Ce n'est pas sans raison qu'on a prétendu dans les pays protestants que le catholicisme diffère moins qu'autrefois du protestantisme. Il y a eu un changement ; mais ce n'est pas la papauté qui a changé. En effet, le catholicisme ressemble beaucoup au protestantisme actuel ; mais c'est parce que le protestantisme a tellement dégénéré depuis l'époque des réformateurs.

Tandis que les Églises protestantes recherchaient la faveur du monde, une charité trompeuse a aveuglé leurs yeux. En estimant qu'il est bon de penser du bien de

13. Luc 9.54.
14. Jean 12.47.
15. Daniel 7.25.
16. Voir 2 Thessaloniciens 2.3,4.
17. Jacques Lenfant, *History of the Council of Constance* [Histoire du Concile de Constance], volume 1, p. 516.

tout le mal, elles finissent inévitablement par penser du mal de tout le bien. Au lieu de prendre la défense de « la foi qui a été transmise aux saints une fois pour toutes [18] », elles sont, pour ainsi dire, en train de s'excuser devant l'Église romaine pour avoir eu d'elle une opinion peu charitable, et de lui demander pardon de leur bigoterie.

Un grand nombre de personnes, même parmi celles qui ne considèrent pas l'Église romaine avec faveur, redoutent peu de danger de sa puissance et de son influence. Beaucoup prétendent que les ténèbres intellectuelles et morales qui régnaient au Moyen Âge favorisaient la propagation de ses dogmes, de ses superstitions et de son oppression que l'intelligence plus grande des temps modernes, la diffusion générale des connaissances et le libéralisme croissant en matière de religion empêchent un retour de l'intolérance et de la tyrannie. On tourne en ridicule la pensée qu'un tel état de choses puisse exister dans ce siècle éclairé. Il est vrai qu'une grande lumière, intellectuelle, morale et religieuse brille sur notre génération. Par les pages ouvertes de la Sainte Parole de Dieu, la clarté du ciel a été répandue sur le monde. Mais on doit se souvenir que plus large est la lumière accordée, plus profondes sont les ténèbres de ceux qui la pervertissent et la rejettent.

Une étude de la Bible faite dans un esprit de prière montrerait aux protestants le véritable caractère de la papauté et les amènerait à l'éviter et à s'en garder ; mais beaucoup s'estiment si sages à leurs propres yeux qu'ils n'éprouvent aucune nécessité de rechercher humblement Dieu afin d'être conduits dans la vérité. Tout en se vantant de la lumière qui brille sur eux, ils ne connaissent « ni les Écritures, ni la puissance de Dieu [19] ». Ayant besoin d'un moyen leur permettant d'apaiser leur conscience, ils cherchent celui qui est le moins spirituel et le moins humiliant. Ce qu'ils désirent, c'est une méthode pour oublier Dieu qui puisse passer pour une méthode à se souvenir de lui. La papauté est bien conçue pour répondre aux besoins de tous ceux-là. Elle a été envisagée pour deux classes d'hommes, qui englobent presque le monde entier : ceux qui veulent être sauvés par leurs mérites, et ceux qui veulent être sauvés dans leurs péchés. Voilà le secret de sa puissance.

On a pu voir qu'une époque d'obscurantisme profond était favorable au succès de la papauté. Il reste encore à démontrer qu'un temps de grandes lumières intellectuelles est également propice à son succès. Dans les siècles passés, lorsque les hommes étaient sans la Parole de Dieu et sans connaissance de la vérité, leurs yeux étaient comme bandés ; des milliers d'entre eux tombaient dans le piège sans voir le filet tendu à leurs pieds. Dans notre génération, beaucoup sont éblouis par l'éclat des spéculations humaines, « la pseudo-connaissance [20] » ; ils ne discernent pas ce filet tendu et s'y précipitent avec autant d'empressement que s'ils étaient aveugles.

L'intention de Dieu était que l'homme considère ses facultés intellectuelles comme un don de son Créateur et les mette au service de la vérité et de la justice ; mais, lorsqu'il caresse l'orgueil et l'ambition et exalte ses propres théories au-dessus de la Parole de Dieu, leur intelligence peut causer plus de mal que l'ignorance. Ainsi, la fausse science d'aujourd'hui, qui sape la foi dans la Bible, se révélera avoir tout autant de succès pour préparer la voie de l'acceptation de la papauté, avec ses formes agréables, que la privation de connaissance au Moyen Âge en avait pour ouvrir la voie à sa domination.

18. Jude 3.
19. Matthieu 22.29.
20. 1 Timothée 6.20.

Dans les mouvements qui se développent actuellement aux États-Unis pour obtenir au profit des institutions et de l'Église le soutien de l'État, les protestants suivent les traces des partisans catholiques. Que dis-je, ils ouvrent la porte à la papauté pour qu'elle retrouve dans l'Amérique protestante la suprématie qu'elle avait perdue dans l'ancien monde. Ce qui donne à ce mouvement encore plus de signification est le fait que le principal objectif visé est l'obligation de l'observation du dimanche, une coutume dont l'Église romaine est à l'origine et dont elle se réclame comme signe de son autorité. C'est l'esprit de Rome, l'esprit de conformité aux habitudes du monde, la vénération des traditions humaines au-dessus des commandements de Dieu, qui pénètre dans les Églises protestantes et les amène à réaliser la même œuvre d'exaltation du dimanche que la papauté avait réalisée avant elles.

Si le lecteur veut comprendre les agences qui seront employées dans cette controverse imminente, il n'a qu'à examiner l'histoire des moyens que l'Église romaine a mis en œuvre dans le même but au cours des siècles passés. S'il veut savoir comment catholiques et protestants, une fois unis, traiteront ceux qui rejettent leurs dogmes, qu'il observe avec quel esprit l'Église romaine s'est manifestée envers le sabbat et ses défenseurs.

Édits royaux, conciles généraux et ordonnances ecclésiastiques soutenues par le pouvoir séculier, telles furent les étapes par lesquelles cette fête païenne a atteint sa place d'honneur dans le monde chrétien. La première mesure publique imposant l'observation du dimanche fut la loi promulguée par l'Empereur Constantin en 321 de notre ère [21]. Cet édit ordonnait aux citadins de se reposer « le vénérable jour du soleil », mais permettait aux campagnards de poursuivre leurs travaux agricoles. Bien que ce soit un édit virtuellement païen, il fut imposé par l'Empereur après son acceptation nominale du christianisme.

Cet édit royal ne constituant pas un substitut suffisamment convaincant pour remplacer l'autorité divine, Eusèbe, un évêque qui recherchait la faveur des princes et qui était l'ami intime de Constantin, qu'il flattait, prétendit que le Christ avait transféré le sabbat au dimanche. Il ne présenta aucun témoignage des Écritures pour soutenir cette nouvelle doctrine. Eusèbe lui-même reconnaît involontairement la fausseté de celle-ci et désigne les véritables auteurs de ce changement en disant : « Tout ce qui était de notre devoir le sabbat, nous l'avons transféré au jour du Seigneur [22]. » Mais cet argument en faveur du dimanche, aussi dénué de fondement qu'il était, servit à enhardir les hommes à fouler aux pieds le sabbat du Seigneur. Tous ceux qui recherchaient les honneurs du monde acceptèrent cette fête populaire.

Au fur et à mesure que la papauté asseyait son pouvoir, l'œuvre de l'exaltation du dimanche se poursuivait. Pendant quelque temps, les gens s'adonnaient aux travaux agricoles lorsqu'ils n'étaient pas à l'église, et le septième jour était encore considéré comme le sabbat. Mais un changement s'effectua graduellement. On interdit aux magistrats de prononcer un jugement dans un procès civil le dimanche. Peu après, on ordonna à tous, quelque soit leur rang, de s'abstenir de travailler le dimanche, sous peine d'amende pour les hommes libres, et de coups de fouet pour les serviteurs. Plus tard encore, on décréta que les riches coupables devaient être punis en abandonnant la moitié de leurs propriétés ; et, finalement, qu'ils seraient

21. Voir appendice, note 38.
22. Robert Cox, *Sabbath Laws and Sabbath Duties* [Les lois et des devoirs du sabbat], p. 538.

réduits en esclavage s'ils s'obstinaient à travailler le dimanche. Les classes inférieures devaient être condamnées au bannissement perpétuel.

On eut aussi recours aux miracles. Parmi d'autres prodiges, on raconta qu'un cultivateur qui se préparait à labourer son champ un dimanche voulut nettoyer le soc de sa charrue avec un fer ; ce fer se colla à sa main ; et, pendant deux ans, il dut le porter partout avec lui, « à sa grande souffrance et à sa grande honte [23] ».

Plus tard, le pape ordonna aux prêtres des paroisses de réprimander les transgresseurs du dimanche et en leur recommandant d'aller à l'église et de faire leurs prières, de peur d'attirer quelque grande calamité sur eux-mêmes et sur leurs voisins. Un concile ecclésiastique avança l'argument, si souvent employé depuis, même par les protestants, disant que, puisque la foudre avait frappé des personnes pendant qu'elles travaillaient un dimanche, ce jour était certainement le véritable sabbat. « Il est évident, disaient les prélats, que leur négligence dans l'observation de ce jour a causé à Dieu un grand déplaisir. » Un appel fut ensuite adressé aux prêtres et aux ministres, aux rois et aux princes, ainsi qu'à tous les fidèles, pour qu'ils « fassent tous leurs efforts pour veiller à ce que ce jour soit remis en honneur et, pour la réputation du christianisme, soit observé à l'avenir avec plus de piété [24] ».

Les décrets des conciles se révélant insuffisants, on réclama aux autorités séculières un édit qui frapperait de terreur le cœur des gens du peuple et les forcerait à s'abstenir de travailler le dimanche. Lors d'un synode tenu à Rome, toutes les décisions précédentes furent réaffirmées avec encore plus de force et de solennité. Elles furent aussi incorporées dans les lois ecclésiastiques et imposées par les autorités civiles dans presque toute la chrétienté [25].

Cependant, l'absence d'autorité biblique pour l'observation du dimanche causait un profond embarras. Les gens du peuple contestaient à leurs docteurs le droit de rejeter la déclaration positive de l'Éternel, « le septième jour, c'est un sabbat pour le SEIGNEUR, ton Dieu [26] », pour honorer à sa place le jour du soleil. Pour suppléer au manque de témoignage biblique, il fallut d'autres expédients. Un zélé partisan du dimanche qui, vers la fin du douzième siècle, visitait les églises d'Angleterre, se heurta à la résistance de fidèles témoins de la vérité ; et ses efforts se révélèrent si vains qu'il dut quitter ce pays pendant un certain temps et chercher comment soutenir ses enseignements. Lorsqu'il y revint, ce manque était comblé; il rencontra davantage de succès dans la suite de ses travaux. Il apporta avec lui un rouleau qui, soi-disant, provenait de Dieu lui-même, et contenait le commandement imposant l'observation du dimanche, et d'horribles menaces pour terrifier ceux qui voudraient désobéir.

Ce précieux document, une contrefaçon aussi vile que l'institution qu'elle prétendait soutenir, était soi-disant tombé du ciel et avait été découvert à Jérusalem, sur l'autel de Saint-Siméon, à Golgotha. Mais, en réalité, la source de sa provenance était le palais pontifical de Rome. La hiérarchie papale a estimé comme légitimes, dans tous les siècles, les duperies et les reproductions frauduleuses destinées à augmenter la puissance et la prospérité de l'Église.

---

23. Francis West, *Historical and Practical Discourse on the Lord's Day* [Dissertation historique et pratique sur le jour du Seigneur], p. 174.
24. Thomas Morer, *Discourse in Six Dialogues on the Name, Notion, and Observation of the Lord's Day* [Dissertation en dix dialogues sur le nom, la notion et l'observation du jour du Seigneur], p. 271.
25. Voir : Heylyn, *History of the Sabbath* [Histoire du sabbat], 2ème partie, chapitre 5, section 7.
26. Exode 20.10.

Ce rouleau interdisait tout travail depuis la neuvième heure (trois heures de l'après-midi) le samedi après-midi jusqu'au lever du soleil le lundi matin. Son autorité était prétendue confirmée par de nombreux miracles. On racontait que des personnes qui avaient travaillé au-delà de l'heure permise avaient été frappées de paralysie. Un meunier qui tentait de moudre son grain vit, au lieu de farine, un torrent de sang s'écouler de son moulin, et celui-ci s'immobilisa, malgré la rapidité du courant d'eau qui l'activait. Une femme qui avait mis sa pâte dans le four la retrouva encore crue lorsqu'elle la ressortit, bien que son four ait été très chaud. Une autre, qui avait préparé sa pâte pour la faire cuire à la neuvième heure, mais qui avait décidé de la mettre de côté jusqu'au lundi, découvrit le lendemain qu'elle s'était transformée en baguettes de pains et après avoir été cuite par la puissance divine. Un homme qui avait fait son pain le samedi après la neuvième heure découvrit, en le rompant le lendemain matin, qu'il en sortait du sang. C'est par de telles inventions absurdes et superstitieuses que les partisans du dimanche tentèrent de prouver son caractère sacré [27].

En Écosse, comme en Angleterre, on réussit à obtenir un plus grand respect pour le dimanche en lui associant une partie de l'ancien sabbat. Mais la durée du temps à sanctifier variait. Un édit du roi d'Écosse déclarait que « le samedi à partir de midi doit être considéré comme saint », et que personne, depuis cette heure jusqu'au lundi matin, ne devait s'adonner à des travaux séculiers [28].

Mais, malgré tous leurs efforts pour prouver le caractère sacré du dimanche, les partisans de la papauté reconnurent eux-mêmes publiquement l'autorité divine du sabbat et l'origine humaine de l'institution qui l'avait supplanté. Au seizième siècle, un concile papal déclara clairement : « Que tous les chrétiens se souviennent que le septième jour a été consacré par Dieu, et a été reconnu et observé non seulement par les Juifs, mais aussi par tous les autres qui prétendent adorer Dieu ; bien que nous, chrétiens, ayons changé leur sabbat en jour du Seigneur [29]. » Ceux qui jouaient ainsi avec la loi divine n'étaient donc pas ignorants du caractère de leur œuvre : ils se plaçaient délibérément au-dessus de Dieu.

Un exemple frappant de la politique de l'Église romaine envers ceux qui ne sont pas d'accord avec elle nous a été donné dans la longue et sanglante persécution des Vaudois, dont quelques-uns observaient le sabbat. D'autres souffrirent de manière identique pour leur fidélité au quatrième commandement. L'histoire des Églises d'Éthiopie et d'Abyssinie a une signification particulière. Parmi les ténèbres du Moyen Âge, ces chrétiens de l'Afrique centrale furent perdus de vue et oubliés par le monde, et, pendant de nombreux siècles, ils jouirent de la liberté dans l'exercice de leur foi. Mais l'Église romaine apprit enfin leur existence, et réussit bientôt à persuader par la ruse l'Empereur d'Abyssinie à reconnaître le pape comme le vicaire du Christ. D'autres concessions suivirent. Un édit fut promulgué, interdisant l'observation du sabbat sous peine de châtiments les plus sévères [30].

Mais la tyrannie papale devint bientôt un joug si insupportable que les Abyssiniens décidèrent de l'ôter de leur cou. Après une lutte acharnée, ils bannirent de leurs territoires les partisans de l'Église romaine et rétablirent l'ancienne foi.

27. Voir : Roger de Hoveden, *Annals* [Les annales], volume 2, p. 528-530.
28. Morer, *op. cit.*, p. 290,291.
29. *Ibid.*, p. 281,282.
30. Voir : Michael Geddes, *Church History of Ethiopia* [Histoire ecclésiastique d'Éthiopie], p. 311,312.

Les églises se réjouirent de leur liberté, et n'oublièrent jamais la leçon apprise sur les tromperies, le fanatisme et le pouvoir despotique de Rome. Dans leur royaume solitaire, elles se contentèrent de rester inconnues du reste de la chrétienté.

Les églises d'Afrique observaient le sabbat comme il avait été observé par la communauté catholique avant que celle-ci tombe dans l'apostasie totale. Mais, tout en pratiquant le septième jour pour obéir au commandement de Dieu, elles s'abstenaient de travailler le dimanche, conformément à la coutume de l'Église romaine. En obtenant le pouvoir suprême, le pape avait foulé aux pieds le sabbat de Dieu pour exalter le sien ; mais les églises d'Afrique, cachées pendant presque un millénaire, n'avaient pas participé à cette apostasie. Cependant, une fois placées sous la domination papale, elles furent forcées de mettre de côté le véritable sabbat et d'exalter le faux. À peine avaient-elles retrouvé leur indépendance qu'elles revinrent à l'obéissance du quatrième commandement [31].

Ces récits du passé révèlent clairement l'inimitié de l'Église romaine contre le véritable sabbat et ses partisans, ainsi que les moyens qu'elle emploie pour honorer l'institution qu'elle a elle-même créée. La Parole de Dieu enseigne que ces scènes se répéteront lorsque catholiques et protestants s'uniront pour exalter le dimanche.

La prophétie du chapitre 13 de l'Apocalypse déclare que le pouvoir représenté par la bête qui « avait deux cormes semblables à celles d'un agneau [32] » fera « que la terre et ses habitants se prosternent devant la première bête [33] » [la papauté], symbolisée ici par « la bête … semblable à un léopard [34] ». Cette bête à deux cornes allait aussi dire « aux habitants de la terre de faire une image de la bête [35] ». De plus, elle allait ordonner « qu'on impose à tous, petits et grands, riches et pauvres, hommes libres et esclaves, une marque [36] » : celle de la bête.

On a déjà montré que les États-Unis sont le pouvoir représenté par cette bête aux « deux cornes semblables à celles d'un agneau », et que cette prophétie s'accomplira lorsque les États-Unis imposeront l'observation du dimanche, que l'Église romaine revendique comme marque de la reconnaissance spéciale de sa suprématie. Mais ce pays ne sera pas seul à rendre cet hommage à la papauté. L'influence des catholiques dans les pays qui reconnaissaient autrefois sa domination est encore loin d'être détruite. La prophétie prédit la restauration de son pouvoir : « L'une de ses têtes était comme égorgée, mais sa blessure mortelle fut guérie. Étonnée, toute la terre suivit la bête [37]. » L'infliction de cette blessure mortelle annonçait la chute de la papauté en 1798.

Après ceci, nous dit le prophète, « sa blessure mortelle fut guérie. Étonnée, toute la terre suivit la bête ». Paul déclare clairement que « le Sans-loi [38] » subsistera jusqu'au second avènement de Jésus [39]. Jusqu'à la fin des temps, il poursuivra son œuvre de tromperie. L'auteur de l'Apocalypse déclare, en mentionnant aussi la papauté : « Tous les habitants de la terre, ceux dont le nom n'a pas été inscrit sur le livre de la vie de l'agneau immolé depuis la fondation du monde, se prosterneront

31. Voir appendice, note 39.
32. Apocalypse 13.11.
33. Apocalypse 13.12.
34. Apocalypse 13.2.
35. Apocalypse 13.14.
36. Apocalypse 13.16.
37. Apocalypse 13.3.
38. 2 Thessaloniciens 2.8.
39. Voir 2 Thessaloniciens 2.3-8.

devant elle [40]. » Dans l'Ancien comme dans le Nouveau Monde, c'est par l'honneur rendu à l'institution du dimanche, qui ne repose que sur l'autorité de l'Église romaine, que la papauté recevra cet hommage.

Depuis le milieu du dix-neuvième siècle, des étudiants de la prophétie aux États-Unis ont présenté ce témoignage au monde. On discerne, dans les événements qui se déroulent aujourd'hui, un progrès rapide dans le sens de l'accomplissement de cette prédiction. Les théologiens protestants revendiquent la même autorité divine pour l'observation du dimanche et révèlent la même absence de preuves bibliques que la hiérarchie papale, qui inventa des miracles pour compenser ce manque d'un commandement provenant de Dieu. On répétera l'affirmation que les jugements de Dieu s'abattent sur les hommes qui transgressent le dimanche-sabbat ; on commence déjà à avancer cette affirmation. Un mouvement destiné à imposer l'observation du dimanche gagne rapidement du terrain.

L'Église romaine est étonnante par sa sagacité et son ingéniosité. Elle sait lire les événements futurs. Elle prend son temps, en constatant que les Églises protestantes lui rendent hommage en acceptant le faux sabbat et qu'elles se préparent à l'imposer par les mêmes moyens mêmes qu'elle a utilisés autrefois. Ceux qui rejettent la lumière de la vérité rechercheront un jour l'aide de ce pouvoir qui s'est proclamé lui-même infaillible pour exalter une institution dont il est à l'origine. Il n'est pas difficile d'imaginer avec quel empressement elle viendra à l'aide des protestants dans cette œuvre. Qui, mieux que la hiérarchie papale, sait comment traiter ceux qui désobéissent à l'Église ?

L'Église catholique romaine, avec toutes ses ramifications s'étendant dans le monde entier. Elle constitue une gigantesque organisation placée sous l'autorité du Saint-Siège et destinée à servir ses intérêts. On enseigne à ses millions de fidèles, dans tous les pays, à se considérer comme moralement tenus d'obéir au pape. Quelque soit leur nationalité ou leur gouvernement, ils doivent considérer l'autorité de l'Église comme étant au-dessus de toute autre autorité. Même s'ils ont fait serment de loyauté envers l'État, derrière ce serment se trouve leur vœu d'obéissance à l'Église romaine, qui les délie de tout lien qui lui soit défavorable.

L'Histoire témoigne de ses efforts astucieux et persistants pour s'ingérer dans les affaires des nations, et, ayant pris pied quelque part, pour favoriser ses propres desseins, même s'il faut pour cela causer la ruine des princes et des gens du peuple. En 1204, le pape Innocent III arracha à Pierre II, roi d'Aragon, l'extraordinaire serment suivant : « Moi, Pierre, roi d'Aragon, professe et promets d'être toujours fidèle et obéissant à mon Seigneur le Pape Innocent, à ses successeurs catholiques et à l'Église romaine, et de maintenir fidèlement mon royaume dans l'obéissance à ses ordres en défendant la foi catholique et en persécutant la dépravation hérétique [41]. » Ceci est en accord avec les prétentions concernant le pouvoir du pontife romain, « qu'il est légitime pour lui de déposer les empereurs » et « qu'il peut absoudre les sujets de leur allégeance à des dirigeants injustes [42] ».

Qu'on se souvienne que l'Église romaine prétend qu'elle ne change jamais. Les principes de Grégoire VII et d'Innocent III sont encore ceux de l'Église catholique romaine d'aujourd'hui. Si elle en avait le pouvoir, elle les mettrait en pratique avec

40. Apocalypse 13.8.
41. John Dowling, *The History of Romanism* [L'Histoire du romanisme], livre 5, chapitre 6, section 55.
42. Mosheim, *Ibid.*

autant de vigueur présentement que dans les siècles passés. Les protestants ne se doutent pas de ce qu'ils font lorsqu'ils se proposent d'accepter l'aide de Rome dans l'œuvre de l'exaltation du dimanche. Tandis qu'ils sont déterminés à réaliser leur dessein, l'Église romaine vise à restaurer son pouvoir, à retrouver sa suprématie perdue. Que soit accepté aux États-Unis le principe prétendant que l'Église peut employer ou dominer le pouvoir de l'État et que les lois séculières peuvent imposer l'observation d'actes religieux ; bref, que l'Église et l'État aient l'autorité de dominer la conscience des citoyens, et le triomphe de l'Église romaine aux États-Unis est assuré.

La Parole de Dieu nous a avertis du danger imminent ; s'il n'en tient pas compte, le monde protestant n'apprendra ce que sont vraiment les desseins de l'Église romaine que lorsqu'il sera trop tard pour échapper au piège. La puissance de celle-ci grandit silencieusement. Ses doctrines exercent leur influence dans les assemblées législatives, dans les églises et dans le cœur des hommes. Elle multiplie le nombre de ses bâtiments altiers et massifs, dans le secret desquels se répéteront ses anciennes persécutions. Subrepticement et sans être soupçonnée, elle rassemble ses forces pour réaliser ses propres desseins lorsque viendra pour elle le moment de frapper. Tout ce qu'elle désire est d'obtenir une position avantageuse, qui lui est déjà accordée. Nous verrons et sentirons bientôt ce qu'est l'objectif de l'Église romaine. Quiconque voudra croire à la Parole de Dieu et lui obéir devra subir l'opprobre et la persécution.

36

Le conflit imminent

Depuis le tout début de la grande controverse dans le ciel qui oppose Satan au Christ, le dessein de l'adversaire a été de renverser la loi de Dieu. C'est dans ce but qu'il a déclenché sa rébellion contre le Créateur ; et, bien qu'il ait été chassé du ciel, il a continué la même lutte sur la terre. Tromper les hommes et les amener ainsi à transgresser la loi de Dieu est l'objectif qu'il a poursuivi avec persévérance. Que ceci se fasse en mettant de côté la totalité de la loi ou en rejetant un seul de ses préceptes, le résultat sera finalement le même. Celui qui « trébuche sur un seul point [1] » manifeste son mépris pour l'ensemble de la loi ; son influence et son exemple sont du côté de la transgression ; par conséquent, il « devient entièrement coupable [2] ».

En cherchant à attirer l'opprobre sur les statuts divins, Satan a perverti les doctrines de la Bible. Des erreurs ont été ainsi incorporées dans la foi de milliers de personnes qui affirment croire aux Écritures. Le dernier grand conflit entre la vérité et l'erreur n'est que l'épisode final de l'ancienne controverse concernant la loi de Dieu. C'est cette bataille qui s'engage maintenant : une bataille entre les lois des hommes et les préceptes de l'Éternel, entre la religion de la Bible et celle de la fable et de la tradition.

Les forces qui s'uniront contre la vérité et la justice dans ce conflit sont maintenant activement à l'œuvre. On n'a que peu d'estime pour la sainte Parole de Dieu, qui nous a été transmise au prix de tant de souffrances et de sang. La Bible est à la portée de tous ; mais peu de personnes l'acceptent vraiment comme le guide de leur vie. L'incrédulité règne à un degré alarmant, non seulement dans le monde, mais aussi dans l'Église. Bon nombre en sont arrivés à nier les doctrines qui constituent les piliers mêmes de la foi chrétienne. La plupart rejettent pratiquement, en totalité ou en partie, les grands faits de la création tels que les présentent les auteurs inspirés, la chute de l'homme, l'expiation et la perpétuité de la loi de Dieu.

Des milliers de personnes qui s'enorgueillissent de leur sagesse et de leur indépendance voient comme un signe de faiblesse le faitde faire confiance implicitement à la Bible ; elles estiment comme une preuve de talent et d'érudition supérieurs d'ergoter sur les Écritures et de faire table rase de ses vérités les plus importantes en les spiritualisant et en les démystifiant. Bien des prédicateurs enseignent à leurs membres d'Église, et de nombreux professeurs et instituteurs enseignent à leurs élèves, que la loi de Dieu a été modifiée ou abolie ; et ceux qui considèrent les exi-

---

1. Jacques 2.10.
2. *Idem.*

gences de celle-ci comme encore en vigueur et destinées à une obéissance littérale sont considérés comme ne méritant que le ridicule ou le mépris.

En rejetant la vérité, les hommes rejettent aussi son auteur. En foulant aux pieds la loi de Dieu, ils renient l'autorité du législateur. Il est tout aussi facile de se faire une idole de fausses doctrines et de fausses théories que d'en fabriquer une de bois ou de pierre. En donnant une représentation erronéedes attributs de Dieu, Satan amène les hommes à se faire de lui une idée trompeuse. Pour beaucoup d'entre eux, c'est une idole philosophique qui a pris la place de l'Éternel, alors que peu de gens adorent le Dieu vivant tel qu'il est révélé dans sa Parole, en Christ et dans les œuvres de la création.

Nombreux sont ceux qui divinisent la nature tout en reniant le Créateur. Bien que sous une forme différente, l'idolâtrie existe dans le monde chrétien d'aujourd'hui aussi réellement qu'elle existait au sein de l'ancien Israël à l'époque d'Élie. Le Dieu de bien des hommes qui se prétendent sages, de bien des philosophes, poètes, politiciens et journalistes, le Dieu des milieux raffinés à la mode, le Dieu de bien des établissements d'enseignement supérieur et universitaire, et même de certaines facultés de théologie, ne vaut guère mieux que Baal, le dieu-soleil des Phéniciens.

Aucune erreur acceptée par le monde chrétien n'attaque aussi effrontément l'autorité du ciel, aucune n'est plus directement opposée aux exigences de la raison, aucune n'est plus pernicieuse dans ses conséquences, que la doctrine moderne, qui gagne si rapidement du terrain, prétendant que la loi de Dieu n'est plus obligatoire pour les hommes. Chaque nation possède ses lois, qui inspirent le respect et l'obéissance des citoyens ; aucun gouvernement ne pourrait exister sans elles ; comment peut-on donc concevoir que le Créateur des cieux et de la terre n'ait donné aucune loi pour gouverner ses créatures ? Supposons que de grands prédicateurs se mettent à enseigner publiquement que les statuts qui régissent leur pays et protègent les droits de ses citoyens ne sont pas obligatoires ; qu'ils restreignent les libertés du peuple, et qu'il ne faut donc pas leur obéir ; combien de temps tolérerait-on de tels hommes dans la chaire ? Mais est-ce une faute plus grave de ne tenir aucun compte des lois des États et des nations que de fouler aux pieds les principes divins qui sont à la base de tout gouvernement ?

Il serait beaucoup plus logique pour les nations d'abolir leurs statuts et de permettre à chacun d'agir à sa guise que, pour le Souverain de l'univers, d'annuler sa loi et de laisser le monde sans références pour condamner le coupable ou justifier l'innocent. Voulons-nous savoir quelles conséquences découleraient de la suppression de la loi de Dieu ? L'expérience a été faite. Regardez les scènes terribles qui se déroulèrent en France lorsque l'athéisme devint la puissance dominante. Ce pays donna ainsi au monde la démonstration que rejeter les contraintes que Dieu a imposées, c'est accepter la règle des tyrans les plus cruels. Lorsqu'on rejette le principe de la justice, on ouvre la voie au prince du mal pour qu'il instaure son pouvoir sur la terre.

Partout où on élimine les principes divins, le péché cesse de paraître haïssable et la justice désirable. Ceux qui refusent de se soumettre au gouvernement de Dieu sont totalement incapables de se gouverner eux-mêmes. Leurs enseignements pernicieux implantent un esprit d'insubordination dans le cœur des enfants et des jeunes, qui sont naturellement rebelles à toute contrainte ; et il en résulte une société sans loi et licencieuse. Tout en se moquant de la crédulité de ceux qui obéissent aux exigences de Dieu, des foules acceptent avec empressement les tromperies de Satan. Elles laissent libre cours à leurs convoitises et pratiquent les péchés qui ont attiré les jugements divins sur les païens.

Ceux qui enseignent au peuple à faire peu de cas des commandements de Dieu sèment la désobéissance et récolteront la désobéissance. Si on rejette totalement les contraintes imposées par la loi de Dieu, bientôt on ne tiendra plus compte des lois humaines. Parce que Dieu interdit les pratiques malhonnêtes, la convoitise, le mensonge et la fraude, les hommes sont prêts à fouler aux pieds ses statuts, qu'ils considèrent comme un handicap pour leur prospérité matérielle ; mais ils n'ont aucune idée de ce que seraient les conséquences de l'abolition de ces préceptes. Si la loi n'est pas obligatoire, pourquoi craindrait-on de la transgresser ? Rien ne serait plus en sûreté. Les hommes s'empareraient des biens de leur prochain par la violence, et les plus forts deviendraient les plus riches. La vie elle-même ne serait plus respectée. Les vœux du mariage ne constitueraient plus une barrière sacrée pour protéger la famille. Celui qui en aurait le pouvoir pourrait, s'il le souhaite, s'emparer par la violence de la femme de son prochain. Le cinquième commandement serait mis de côté en même temps que le quatrième. Les enfants n'hésiteraient pas à attenter à la vie de leurs parents si, en le faisant, ils pouvaient satisfaire les désirs de leurs cœurs corrompus. Le monde civilisé deviendrait une horde de voleurs et d'assassins ; et la paix, la tranquillité et le bonheur disparaîtraient de la terre.

Déjà la doctrine prétendant que les hommes sont libérés de l'obéissance aux exigences de Dieu a affaibli la force de l'obligation morale et ouvert sur le monde les écluses de l'iniquité. L'anarchie, la dissipation et la corruption s'abattent sur nous comme une marée irrésistible. Satan est à l'œuvre au cœur des familles. Sa bannière flotte même dans les foyers prétendus chrétiens. On y trouve l'envie, les soupçons, l'hypocrisie, les brouilles, les rivalités, les querelles, les promesses sacrées non tenues, l'abandon aux passions. Tout le système de principes et de doctrines religieux, qui devrait constituer le fondement et le cadre de la vie sociale, semble être devenu une masse chancelante, prête à tomber en ruines.

Lorsque les plus vils criminels sont jetés en prison pour leurs crimes, on les comble souvent de cadeaux et d'attentions comme s'ils avaient réalisé un exploit remarquable. On accorde une grande publicité à leurs personnages et à leurs crimes. La presse publie les détails révoltants du vice, initiant ainsi d'autres personnes aux pratiques de la fraude, du vol et du meurtre. Satan se réjouit en voyant le succès de ses stratagèmes infernaux. L'engouement pour le vice, le manque de respect pour la vie humaine, les terribles progrès de l'intempérance et de l'iniquité de toutes sortes et de tous degrés de gravité devraient éveiller la conscience de tous ceux qui craignent Dieu et les amener à se demander ce qu'on peut faire pour arrêter cette marée montante du mal.

Les tribunaux sont corrompus. Les dirigeants sont motivés par l'appât du gain et par l'amour des plaisirs sensuels. L'intempérance a tellement enténébré les facultés de nombreuses personnes que Satan les domine presque complètement. Les juristes sont pervertis, trompés ; ils acceptent des pots-de-vin. L'ivrognerie, les orgies, les passions, l'envie, la malhonnêteté sous toutes ses formes se rencontrent parmi ceux qui sont chargés d'administrer les lois. « La justice se tient éloignée ; la loyauté trébuche sur la place publique, la droiture ne peut accéder [3]. »

L'iniquité et les ténèbres spirituelles qui régnaient sous la suprématie de l'Église romaine étaient la conséquence inévitable de la suppression des Écritures. Mais où trouver la cause de l'incrédulité si répandue, du rejet de la loi de Dieu et de la corruption qui en résulte à la pleine lumière de l'Évangile et à une époque de liberté religieuse ? Maintenant que Satan ne peut plus maintenir le monde sous sa domination en empêchant les hommes d'avoir accès aux Écritures, il a recours à d'autres moyens pour atteindre le même objectif. Détruire la foi dans la Bible sert ses desseins tout aussi bien que de détruire la Bible elle-même.

En introduisant la croyance que la loi de Dieu n'est pas obligatoire, il réussit à amener les hommes à la transgresser aussi bien que s'ils en ignoraient totalement les préceptes. De nos jours, comme au cours des siècles précédents, il travaille par l'intermédiaire de l'Église pour réaliser ses desseins. Les organisations religieuses d'aujourd'hui ont refusé d'écouter les vérités impopulaires clairement exposées dans les Écritures, et, en les combattant, elles ont adopté des interprétations et des positions qui ont répandu à la volée les semences du scepticisme. En se cramponnant à l'erreur papale de l'immortalité naturelle de l'âme et de l'état conscient de l'homme dans la mort, elles ont rejeté la seule défense qui pouvait les protéger contre les tromperies du spiritisme. La doctrine des tourments éternels a amené de nombreuses personnes à perdre confiance dans la Bible.

Lorsqu'on présente aux gens le quatrième commandement, ils en découvrent les exigences, qui sont l'observation du sabbat du septième jour ; et, ne trouvant pas d'autre manière de se libérer d'un devoir dont ils ne sont pas disposés à s'acquitter, de nombreux prédicateurs populaires déclarent que la loi de Dieu n'est plus obligatoire. Ainsi, ils foulent aux pieds la loi et ses ordonnances. Au fur et à mesure que la réforme concernant le sabbat s'étendra, ce rejet de la loi divine, pour éviter les exigences du quatrième commandement, deviendra presque universel. Les enseignements des chefs religieux ont ouvert la porte à l'incrédulité, au spiritisme et au mépris de la sainte loi de Dieu ; ces dirigeants portent une terrible responsabilité à propos de l'iniquité qui existe dans le monde chrétien.

Cependant, ces mêmes personnes prétendent que cette corruption, qui se répand si rapidement, est attribuable en grande partie à la profanation du soi-disant « sabbat chrétien », et que l'obligation de l'observation du dimanche relèverait considérablement le niveau moral de la société. C'est spécialement en Amérique qu'on avance cette prétention, là où la doctrine du véritable sabbat a été le plus largement prêchée. Dans ce pays, l'œuvre de la tempérance, l'une des réformes morales les plus importantes et les plus en vue, est souvent associée au mouvement en faveur du dimanche, dont les partisans se présentent comme travaillant pour le plus grand intérêt de la société ; ceux qui refusent de collaborer sont dénoncés comme ennemis de la tempérance et de la réforme.

Mais le fait qu'un mouvement destiné à instaurer l'erreur soit associé à une œuvre qui est bonne en elle-même n'est pas un argument en faveur de l'erreur. On peut dissimuler du poison en le mélangeant à des aliments sains, mais ceci ne change pas sa nature. Bien au contraire, il devient encore plus dangereux du fait qu'il peut être pris sans qu'on s'en rende compte. L'un des artifices de Satan consiste à associer

3. Ésaïe 59.14.

à la fausseté juste assez de vérité pour lui conférer un caractère plausible. Les dirigeants du mouvement en faveur du dimanche peuvent proposer des réformes qui sont nécessaires et des principes qui sont en accord avec la Bible, incluant des exigences contraires à la loi divine. Les serviteurs de Dieu ne peuvent donc pas se joindre à eux, car rien ne peut justifier la substitution de préceptes humains aux commandements de Dieu.

C'est par l'intermédiaire de ces deux grandes erreurs, l'immortalité de l'âme et la sainteté du dimanche, que Satan amènera les hommes sous sa bannière. Tandis que la première pose les fondements du spiritisme, la seconde crée un lien de sympathie avec l'Église romaine. Les protestants des États-Unis seront les premiers à tendre la main au travers du gouffre pour saisir celle du spiritisme ; puis ils tendront la main au-dessus de l'abîme pour saisir celle de la puissance romaine. Sous l'influence de cette triple union, les États-Unis suivront les traces de Rome pour fouler aux pieds les droits de la conscience.

Parce que le spiritisme imite de très près le christianisme nominal d'aujourd'hui, il dispose de davantage de puissance pour tromper les hommes et les prendre au piège. Satan lui-même est « converti », d'après l'ordre actuel des choses. Il apparaîtra sous les traits d'un « ange de lumière [4] ». Par l'intermédiaire du spiritisme, des miracles se feront, des malades seront guéris et de nombreux prodiges incontestables seront réalisés. Du fait que les esprits professeront la foi en la Bible et manifesteront du respect pour les institutions de l'Église, leur œuvre sera acceptée comme une manifestation de la puissance divine.

La ligne de démarcation entre les chrétiens de profession et les impies est aujourd'hui à peine reconnaissable. Les membres d'église aiment ce qu'aiment les gens du monde et sont prêts à se joindre à eux. Satan a l'intention de les rassembler en un seul corps et de consolider ainsi sa cause en les précipitant tous dans le giron du spiritisme. Les partisans de la papauté, qui se glorifient des miracles comme un signe certain désignant la véritable Église, se laisseront facilement tromper par cette puissance faiseuse de miracles, ainsi que les protestants, ayant rejeté le bouclier de la vérité. Catholiques, protestants et mondains « garderont la forme extérieure de la piété, mais en renieront la puissance [5] », et verront dans cette union un grandiose mouvement pour la conversion du monde et l'avènement du millénium tant attendu.

Au travers du spiritisme, Satan se fait passer pour un bienfaiteur de l'humanité : il guérit les maladies et prétend offrir un système nouveau et supérieur de foi religieuse ; mais, en même temps, il accomplit son œuvre de destruction. Ses tentations amènent des multitudes de gens à la ruine. L'intempérance détrône la raison ; les plaisirs sensuels, les querelles et le meurtre s'ensuivent. Satan trouve ses délices dans la guerre, qui déchaîne les pires passions de l'âme, puis précipite dans l'éternité ses victimes plongées dans le vice et le sang. Son objectif est d'inciter les nations à se battre, car il peut ainsi détourner l'esprit des hommes de l'œuvre de préparation nécessaire pour être debout au « jour de Dieu [6] ».

Satan travaille également par l'intermédiaire des éléments pour engranger sa récolte d'âmes qui ne se sont pas préparées pour le royaume de Dieu. Il a étudié les secrets des laboratoires de la nature, et il utilise toute sa puissance pour diriger

4. 2 Corinthiens 11.14.
5. 2 Timothée 3.5.
6. 2 Pierre 3.12.

les éléments, dans la mesure où Dieu le lui permet. Lorsque Dieu lui donna la liberté d'affliger Job, avec quelle rapidité les troupeaux de petit et de gros bétail, les serviteurs, les maisons et les enfants de celui-ci furent balayés, un malheur succédant à un autre en l'espace d'un instant ! C'est Dieu qui protège ses créatures contre le pouvoir du destructeur. Mais le monde chrétien a manifesté du mépris pour sa loi, et l'Éternel fera exactement ce qu'il a annoncé : il retirera sa bénédiction de la terre et son appui à ceux qui se rebellent contre ses ordonnances et sa loi, enseignent aux autres à faire de même et les contraignant. Satan exerce sa domination sur tous ceux que Dieu ne garde pas d'une manière spéciale. Il favorisera certains et les fera prospérer pour réaliser ses propres desseins, et il amènera des épreuves sur d'autres en les laissant croire que c'est Dieu qui les afflige.

Tout en se faisant passer aux yeux des enfants des hommes pour un grand médecin capable de guérir toutes leurs afflictions, Satan amènera la maladie et les catastrophes, jusqu'à ce que des villes populeuses soient réduites en ruines et en désolation. Il est à l'œuvre aujourd'hui même. Par des accidents et des catastrophes sur terre et sur mer, par de gigantesques incendies, par de violents ouragans et de terrifiantes chutes de grêle, par des tempêtes, des inondations, des cyclones, des raz de marée et des tremblements de terre, partout et sous des multitudes de formes, il exerce son pouvoir. Il détruit les récoltes à peine mûres et produit la famine et la détresse. Il pollue l'air et provoque la mort de milliers de personnes. Ces catastrophes vont devenir de plus en plus fréquentes et de plus en plus désastreuses. La destruction atteindra aussi bien l'homme que l'animal. « La terre est dans le deuil, épuisée. … Ils dépérissent, les gens haut placés de la terre. La terre a été profanée par ses habitants ; car ils passaient outre aux lois, altéraient les prescriptions, ils rompaient l'alliance perpétuelle [7]. »

Ensuite, le grand trompeur persuadera les hommes que ce sont ceux qui servent Dieu qui sont la cause de ces maux. Ceux qui ont provoqué le déplaisir du ciel accuseront de tous leurs ennuis ceux dont l'obéissance aux commandements de Dieu constitue un reproche permanent contre les transgresseurs. On déclarera qu'on offense Dieu en transgressant le dimanche-sabbat ; que ce péché a attiré des calamités qui ne cesseront que lorsque l'observation du dimanche sera rendue strictement obligatoire ; et que ce sont ceux qui présentent les exigences du quatrième commandement, détruisant ainsi le respect pour le dimanche, qui troublent le peuple et empêchent Dieu de lui redonner sa faveur et de lui accorder la prospérité matérielle.

C'est ainsi que sera répétée l'accusation portée autrefois contre un serviteur de Dieu, Élie, et avec des motifs aussi peu fondés : « Lorsqu'il l'aperçut, Achab lui dit : Est-ce toi qui attires le malheur sur Israël ? Élie répondit : Ce n'est pas moi qui attire le malheur sur Israël ; au contraire, c'est toi et la maison de ton père, puisque vous avez abandonné les commandements du SEIGNEUR et que tu as suivi les Baals [8]. » Les accusations mensongères provoquant la colère du peuple, qui aura envers les ambassadeurs de Dieu une attitude très semblable à celle que l'Israël apostat avait eue envers Élie.

La puissance faiseuse de miracles déployée par l'intermédiaire du spiritisme exercera son influence contre ceux qui choisissent d'« obéir à Dieu plutôt qu'à des

7. Ésaïe 24.4,5.
8. 1 Rois 18.17,18.

humains [9] ». Des messages provenant des esprits déclareront que Dieu les a envoyés pour convaincre de leur erreur ceux qui rejettent le dimanche, et affirmeront qu'il faut obéir aux lois du pays comme si c'étaient celles de Dieu. Ils déploreront la grande méchanceté qui règne dans le monde et confirmeront le témoignage des docteurs en religion prétendant que c'est la profanation du dimanche qui est la cause de cet état de dégradation morale. Grande sera alors l'indignation de la population contre tous ceux qui refusent d'accepter leur témoignage.

La tactique de Satan dans ce dernier conflit avec le peuple de Dieu est la même que celle qu'il employa au commencement de la grande controverse dans le ciel. Il prétendit rechercher la stabilité du gouvernement divin, tout en faisant secrètement tous ses efforts pour le renverser. Puis, il accusa les anges demeurés loyaux à Dieu de l'œuvre même qu'il s'efforçait de réaliser. Cette même tactique de tromperie a marqué l'histoire de l'Église romaine, qui a prétendu agir en tant que représentante du ciel, tout en tentant de s'élever au-dessus de Dieu et de modifier sa loi. Sous sa domination, ceux qui furent mis à mort pour leur fidélité à l'Évangile furent dénoncés comme malfaiteurs ; on les accusa d'être les associés de Satan, et tous les moyens possibles furent utilisés pour les couvrir d'opprobre, pour les faire passer aux yeux du peuple, et même à leurs propres yeux, pour les plus vils des criminels. Il en sera de même à notre époque. Tandis que Satan cherchera à détruire ceux qui honorent la loi de Dieu, il les fera incriminer d'être des délinquants, des hommes qui déshonorent Dieu et attirent ses jugements sur le monde.

Dieu ne contraint jamais la volonté, ni la conscience ; par contre, Satan, pour dominer ceux qu'il ne peut séduire autrement, a constamment recours à la contrainte et à la cruauté. En utilisant la peur ou l'oppression, il s'efforce de gouverner la conscience des hommes et d'obtenir leur hommage. Dans ce but, il travaille par l'intermédiaire des autorités religieuses et séculières, en les poussant à imposer des lois humaines pour défier la loi de Dieu.

Ceux qui honorent le sabbat biblique seront dénoncés comme ennemis de la loi et de l'ordre, comme renversant les barrières morales de la société, provoquant l'anarchie et la corruption et attirant sur la terre les jugements de Dieu. On qualifiera d'obstination, d'entêtement et de mépris de l'autorité leurs scrupules de conscience. On les accusera d'indifférence envers le gouvernement. Des prédicateurs qui rejettent l'obligation de la loi divine prêcheront du haut de la chaire le devoir d'obéir aux autorités civiles, « instituées par Dieu [10] ». Dans les assemblées législatives et devant les tribunaux, on donnera une fausse image des observateurs des commandements de Dieu et on les condamnera. On dénaturera leurs paroles ; on leur attribuera les pires motifs.

Les Églises protestantes ayant fait la sourde oreille aux clairs arguments des Écritures en faveur de la loi de Dieu souhaiteront réduire au silence ceux qu'elles ne peuvent pas vaincre en utilisant la Bible. Bien qu'elles se ferment les yeux sur ce fait, elles adoptent actuellement une attitude qui mènera à la persécution de ceux qui, par motif de conscience, refusent de faire ce que fait le reste du monde chrétien : reconnaître les prétentions du sabbat papal.

Les dignitaires de l'Église et de l'État s'uniront pour suborner, persuader ou forcer toutes les classes de la société à honorer le dimanche. On suppléera au

9. Actes 5.29.
10. Romains 13.1.

manque d'autorité divine en faveur de ce jour en promulguant des décrets opprimants. La corruption politique détruit l'amour de la justice et le respect de la vérité ; dans la libre Amérique, les gouvernants et les législateurs, pour obtenir la faveur publique, céderont à la demande populaire d'une loi imposant l'observation du dimanche. La liberté de conscience, qui a coûté un si grand sacrifice, ne sera plus respectée. Dans le conflit qui approche, nous verrons l'accomplissement des paroles du prophète : « En colère contre la femme, le dragon s'en alla faire la guerre au reste de sa descendance, à ceux qui gardent les commandements de Dieu et qui portent le témoignage de Jésus [11]. »

11. Apocalypse 12.17.

37

Les Écritures, notre sauvegarde

« À la loi et au témoignage ! Si on ne parle pas ainsi, c'est qu'il n'y aura pas d'aurore pour le peuple [1]. » Ce passage attire l'attention du peuple de Dieu sur les Écritures comme protection contre l'influence des faux docteurs et de la puissance trompeuse des esprits des ténèbres. Satan utilise tous les stratagèmes possibles pour empêcher les hommes d'accéder à la connaissance de la Bible ; dont les claires déclarations dévoilent ses tromperies. À chaque réveil de l'œuvre de Dieu, le prince du mal redouble d'activité ; il jette maintenant toutes ses forces dans sa lutte finale contre le Christ et ses disciples. La dernière grande illusion va bientôt se manifester. L'antichrist va réaliser ses prodiges sous nos yeux. La contrefaçon ressemblera de si près à ce qui est authentique qu'il sera impossible de distinguer l'une de l'autre, sinon par les Saintes Écritures. C'est par leur témoignage qu'il faut éprouver toute déclaration et tout miracle.

Ceux qui s'efforcent d'obéir à tous les commandements divins devront subir l'opposition et la moquerie. Ce n'est qu'en Dieu qu'ils pourront subsister. Pour pouvoir supporter l'épreuve qui les attend, ils doivent comprendre la volonté de Dieu telle qu'elle est révélée dans sa Parole. Ils ne peuvent l'honorer qu'en ayant une conception exacte de son caractère, de son gouvernement et de ses desseins, avec lesquels ils doivent agir en accord. Seuls ceux qui ont fortifié leur esprit par les vérités de la Bible tiendront ferme pendant le dernier grand conflit. Chaque âme devra répondre à cette question cruciale : Vais-je « obéir à Dieu plutôt qu'à des humains [2] » ? L'heure décisive est proche. Nos pieds sont-ils plantés sur le roc de la Parole immuable de Dieu ? Sommes-nous prêts à tenir bon et à défendre les commandements de Dieu et la foi de Jésus ?

Avant sa crucifixion, le Sauveur avait expliqué à ses disciples qu'il allait être mis à mort, puis ressusciter du tombeau. Des anges étaient présents pour graver profondément ses paroles dans les esprits et dans les cœurs. Mais les disciples attendaient une délivrance temporelle du joug romain, et ils ne pouvaient supporter la pensée que celui en qui étaient concentrées toutes leurs espérances puisse subir une mort ignominieuse. Les paroles dont ils avaient besoin de se souvenir s'effacèrent de leur esprit ; et lorsqu'arriva le moment de l'épreuve, il les trouva endormis. La mort de Jésus ébranla leur confiance autant que s'il ne les avait pas avertis. De même, les prophéties nous révèlent l'avenir aussi clairement que les paroles du Christ l'avaient révélé aux disciples. Les événements associés à la fin du temps de grâce et l'œuvre de préparation nécessaire pour le « temps de détresse [3] » y sont

1. Ésaïe 8.20.
2. Actes 5.29.
3. Daniel 12.1.

distinctement présentés. Mais des foules entières ne comprennent pas mieux ces vérités importantes que si elles n'avaient jamais été dévoilées. Satan veille à effacer toute impression qui leur donnerait « la sagesse en vue du salut [4] », et le « temps de détresse » les trouvera non préparées.

Lorsque Dieu envoie aux hommes des avertissements si importants qui sont représentés et proclamés par de saints anges volant « au milieu du ciel [5] », il s'attend à ce que chaque personne douée de la faculté de raisonner prenne garde à ce message. Les terribles jugements annoncés contre « ceux qui se prosternent devant la bête et devant son image [6] » doivent tous nous pousser à une étude attentive des prophéties pour apprendre ce qu'est « la marque de la bête [7] » et comment éviter de la recevoir. Mais les masses populaires se bouchent les oreilles pour ne pas entendre la vérité et se tournent vers les fables. L'apôtre Paul, contemplant de loin les derniers jours, déclarait : « Il viendra un temps où ils ne supporteront plus l'enseignement sain [8]. » Ce temps est arrivé. Les foules ne veulent pas de la vérité biblique, car elle dérange les désirs du cœur pécheur qui aime le monde, et Satan fournit les tromperies qui leur plaisent.

Cependant, Dieu aura un peuple sur la terre pour maintenir sa Parole et sa Parole seule, comme principe de toute doctrine et fondement de toute réforme. Les opinions des savants, les déductions de la science, les crédo ou les décisions des conciles ecclésiastiques, aussi nombreux et aussi discordants que le sont les Églises qu'ils représentent, et même la voix de la majorité, rien de tout cela ne doit être considéré comme une preuve pour ou contre un point de foi religieuse. Avant d'accepter toute doctrine ou précepte, nous devons exiger qu'ils soient soutenus par un clair « Ainsi parle l'Éternel ».

Satan s'efforce constamment d'attirer nos regards vers l'homme. Il amène les gens à prendre pour guides les évêques, les pasteurs, les professeurs de théologie, au lieu de sonder les Écritures pour apprendre leur devoir par eux-mêmes. Puis, en dominant l'esprit de ces chefs religieux, il peut manipuler les foules à sa guise.

Lorsque le Christ vint prêcher la Parole de vie, les gens du peuple l'écoutèrent avec joie ; beaucoup, parmi les prêtres et les dirigeants, crurent en lui. Mais les principaux sacrificateurs et les chefs de la nation étaient décidés à condamner et à repousser ses enseignements. Malgré leur échec à trouver des motifs d'accusation, ils ne purent faire autrement que de ressentir l'influence de la puissance et de la sagesse divine qui accompagnaient ses paroles ; cependant ils se retranchèrent derrière leurs préjugés ; ils rejetèrent les preuves les plus évidentes de sa messianité, de peur d'être forcés à devenir ses disciples. Ces adversaires de Jésus étaient des hommes que la population avait appris dès l'enfance à respecter et devant l'autorité desquels ils avaient eu l'habitude de se plier implicitement. « Comment se fait-il, demandait-elle, que nos chefs et nos savants scribes ne croient pas en Jésus ? Ces hommes pieux ne le recevraient-ils pas s'il était vraiment le Christ promis ? » C'est l'influence de ce genre de docteurs qui amena la nation juive à rejeter son Rédempteur.

4. 2 Timothée 3.15.
5. Apocalypse 14.6.
6. Apocalypse 14.9-11.
7. Apocalypse 19.20.
8. 2 Timothée 4.3.

L'esprit qui animait ces sacrificateurs et ces chefs se manifeste encore chez beaucoup de personnes qui professent une piété très élevée. Refusant d'examiner le témoignage des Écritures relatif aux vérités spéciales pour notre époque, ces personnes font remarquer leur grand nombre, leur richesse et leur popularité et jettent un regard de mépris sur les partisans de la vérité, qu'elles considèrent comme de pauvres gens, minoritaires et impopulaires, enseignant une foi qui les sépare du monde.

Le Christ avait prévu que l'exercice d'une autorité injustifiable par les scribes et les Pharisiens ne cesserait pas avec la dispersion des Juifs. Il avait une vision prophétique de l'exaltation de l'autorité humaine qui a dominé les consciences et qui a constitué une si forte malédiction pour l'église dans tous les siècles. Ses terribles dénonciations et ses avertissements aux gens du peuple afin qu'ils ne suivent pas ces « guides aveugles [9] » ont été enregistrés dans la Parole de Dieu comme une mise en garde destinée aux générations futures.

L'église romaine réserve au clergé le droit d'interpréter les Écritures. Sous prétexte que seuls les ecclésiastiques sont compétents pour expliquer la Parole de Dieu, elle en a privé toute une population [10]. Bien que les Écritures aient été données à tous grâce à la Réforme, le même esprit qui a régné dans l'église romaine empêche bon nombre des protestants de sonder la Bible par eux-mêmes. On leur apprend à accepter les enseignements catholiques *tels qu'ils sont interprétés par l'Église* ; il existe des milliers de personnes qui n'osent rien recevoir, même aussi clairement révélé dans l'Écriture, et qui soit contraire à leur credo ou à l'enseignement officiel de leur église.

La Bible est remplie d'avertissements contre les faux docteurs, cependant beaucoup sont prêts à confier au clergé la garde de leur âme. Il y a aujourd'hui un bon nombre de chrétiens de profession qui ne peuvent donner d'autre raison pour leurs croyances que celles enseignées par les chefs religieux qui les ont instruit. Ils laissent de côté les enseignements du Sauveur, dont ils sont à peine conscients, et accordent une confiance implicite aux paroles des prédicateurs. Mais ces prédicateurs sont-ils infaillibles ? Comment pourrions-nous remettre la direction de notre âme à ces hommes si la Parole de Dieu ne nous montre pas que ce sont des porteurs de lumière ?

Le manque de courage moral pour s'écarter des sentiers battus amène beaucoup de gens à suivre les traces des savants. Par leur répugnance à chercher par eux-mêmes, ils deviennent irrémédiablement prisonniers de l'erreur. Ils constatent que la Bible présente clairement la vérité pour notre temps, et sentent la puissance du Saint-Esprit qui accompagne sa proclamation ; cependant, ils permettent à l'opposition du clergé de les détourner de la lumière. Bien que leur raison et leur conscience soient convaincues, ces pauvres âmes trompées n'osent pas penser différemment de leur prédicateur ; elles sacrifient à l'incrédulité, à l'orgueil et aux préjugés d'un autre homme leur jugement personnel et leurs intérêts éternels.

Nombreux sont les moyens dont Satan se sert, usant de l'influence des hommes les uns sur les autres, pour asservir ses captifs. Il attire à lui des foules en les attachant par les liens dorés de l'affection à ceux qui sont ennemis de la croix du Christ.

---

9. Matthieu 23.16.
10. Ceci a été écrit dans la décade 1890. La situation a changé depuis.

Quelle que soit cette filiation, parentale, conjugale ou sociale, l'effet est le même : les adversaires de la vérité exercent leur pouvoir pour dominer les consciences ; les âmes maintenues sous leur joug n'ont ni le courage, ni l'indépendance nécessaires pour obéir à leurs propres convictions du devoir.

La vérité et la gloire de Dieu sont inséparables. Il nous est impossible, si nous avons accès à la Bible, d'honorer Dieu en professant des opinions erronées. Beaucoup prétendent que peu importe ce qu'on croit, pourvu qu'on ait une vie droite. Mais la foi conditionne la vie. Si la lumière et la vérité sont à notre portée, et si nous négligeons de profiter de ces privilèges, c'est virtuellement comme si nous les rejetions : c'est « aimer les ténèbres plus que la lumière [11] ».

« Devant l'homme il y a une voie droite ; par la suite, ce sont les voies de la mort [12]. » L'ignorance n'est une excuse ni pour l'erreur, ni pour le péché, dès qu'on a toutes les occasions de connaître la volonté de Dieu. Un voyageur arrive à un carrefour d'où partent plusieurs routes, chacune avec un panneau indiquant sa direction. S'il ne tient pas compte de ces panneaux et prend la route qui lui semble être la bonne, même s'il est très sincère, il est probable qu'il se retrouve sur la mauvaise route.

Dieu nous a donné sa Parole pour que nous puissions nous familiariser avec ses enseignements et savoir par nous-mêmes ce qu'il attend de nous. Lorsqu'« un spécialiste de la loi se leva et lui dit, pour le mettre à l'épreuve : Maître, que dois-je faire pour hériter la vie éternelle ? Jésus lui dit : Qu'est-il écrit dans la loi ? Comment lis-tu [13] ? » L'ignorance n'excusera ni jeune, ni vieux, et ne les sauvera pas du châtiment dû à la transgression des commandements de Dieu ; car ils ont entre les mains une représentation fidèle de la loi, de ses principes et de ses exigences. Il ne suffit pas d'avoir de bonnes intentions et de faire ce qu'on pense être bien ou ce que le prédicateur dit être bien. C'est le salut de notre âme qui est en jeu, et nous devons sonder les Écritures par nous-mêmes. Aussi fortes que puissent être nos convictions, aussi confiants que nous puissions être en la parole du prédicateur, ce n'est pas cela qui constitue pour nous le fondement de la vérité. Nous avons une carte qui nous montre chaque étape du voyage vers le ciel, et ce n'est pas à nous de deviner comment nous y rendre.

Le premier et le plus important devoir de tout être rationnel est d'apprendre par les Écritures ce qu'est la vérité, puis de marcher dans cette lumière et en encourageant les autres à suivre son exemple. Appliquons-nous à étudier Nous devons chaque jour la Bible avec zèle, en pesant chaque pensée et en comparant un texte biblique avec un autre ; ainsi avec l'aide de Dieu, formons-nous une opinion personnelle afin de répondre de nous-mêmes devant sa face.

Des savants ont enveloppé de doutes et d'obscurité les vérités bibliques les plus clairement. Prétendant posséder une grande sagesse, ils enseignent que les Écritures ont un sens spirituel, mystique et secret, qui ne paraît pas dans le langage employé. Ces hommes sont de faux docteurs. C'est à des hommes semblables que Jésus avait déclaré : « Vous ne comprenez ni les Écritures, ni la puissance de Dieu [14]. » Le langage de la Bible doit être expliqué selon le sens évident, à moins de contenir un symbole ou une figure. Le Christ avait fait cette promesse : « Si quelqu'un veut

11. Jean 3.19.
12. Proverbes 16.25.
13. Luc 10.25.
14. Marc 12.24.

faire ma volonté, il saura si cet enseignement vient de Dieu [15]. » Si on voulait bien prendre la Bible telle qu'elle se lit, s'il n'y avait pas de faux docteurs pour égarer et troubler les esprits, une œuvre serait accomplie qui réjouirait les anges et amènerait dans le troupeau du Christ des milliers et des milliers de personnes qui errent aujourd'hui dans les ténèbres.

Nous devons appliquer toutes nos facultés mentales à l'étude des Écritures et mettre à contribution notre intelligence pour comprendre, autant que des mortels le peuvent, « les profondeurs de Dieu [16] » ; cependant, nous ne devons pas oublier que la docilité et la soumission d'un enfant animent le véritable esprit du chercheur. On ne pourra jamais résoudre les difficultés scripturaires en employant les mêmes méthodes que pour traiter les problèmes philosophiques. Nous ne devons pas nous engager dans l'étude de la Bible avec cette confiance en nous-mêmes avec laquelle tant de personnes abordent les domaines scientifiques, mais plutôt avec une dépendance de Dieu accompagnée d'un esprit de prière et d'un désir sincère de connaître sa volonté. Nous devons nous approcher avec un cœur humble et prêt à se laisser instruire pour obtenir la connaissance du grand « Je serai [17] ». Sinon, les mauvais anges aveugleront notre esprit et endurciront notre cœur de telle manière que la vérité ne fera sur nous aucune impression.

De nombreux passages bibliques que les savants qualifient de mystérieux, ou sur lesquels ils passent comme s'ils étaient sans importance, sont pleins de réconfort et d'instruction pour celui qui a été instruit à l'école du Christ. Une des raisons pour lesquelles bien des théologiens ne comprennent pas plus clairement la Parole de Dieu est qu'ils se ferment les yeux sur les préceptes qu'ils ne souhaitent pas pratiquer. La compréhension de la vérité biblique ne dépend pas tant de la puissance intellectuelle déployée dans cette étude que de la sincérité de l'intention du chercheur et de son aspiration fervente à la justice.

On ne doit jamais étudier la Bible sans prière. Seul le Saint-Esprit peut nous faire sentir l'importance de ce qui est facile à comprendre, ou nous éviter de tordre les vérités difficiles à concevoir. C'est le rôle des anges du ciel de préparer notre cœur à l'entendement de la Parole de Dieu de sorte que nous soyons charmés par sa beauté, exhortés par ses avertissements ou motivés et fortifiés par ses promesses. Nous devons faire nôtre cette prière du psalmiste : « Ouvre mes yeux, pour que je contemple les merveilles de ta loi [18] ! » Les tentations nous paraissent souvent irrésistibles car, par négligence de la prière et de l'étude de la Bible, celui qui est tenté ne se souvient pas des promesses de Dieu pour affronter Satan avec les armes de l'Écriture. Par contre, des anges entourent ceux qui sont disposés à se laisser instruire dans « ce qui relève de Dieu [19] ». Dans les moments de grande nécessité, ils rappelleront à leur esprit les vérités dont ils ont besoin. Ainsi, « quand l'adversaire viendra comme un fleuve, le souffle du SEIGNEUR le mettra en fuite [20] ».

Jésus a fait cette promesse à ses disciples : « C'est le Défenseur, l'Esprit saint que le Père enverra en mon nom, qui vous enseignera tout et vous rappellera tout ce que moi, je vous ai dit [21]. » Mais il faut que les enseignements du Christ aient été

---

15. Jean 7.17.
16. 1 Corinthiens 2.10.
17. Exode 3.14.
18. Psaume 119.18.
19. 1 Corinthiens 2.11.
20. Ésaïe 59.19.
21. Jean 14.26.

d'abord emmagasinés dans notre coeur pour que l'Esprit de Dieu les ramène à notre mémoire au moment du danger. David disait : « Je serre dans mon cœur ce que tu as dit, pour ne pas pécher contre toi [22]. »

Tous ceux qui ont à cœur leurs intérêts éternels doivent être sur leurs gardes contre la marée du scepticisme. Les fondements de la vérité seront attaqués. Il est impossible de se maintenir hors d'atteinte des sarcasmes et des sophismes, des enseignements insidieux et empoisonnés de l'incrédulité moderne. Satan adapte ses tentations selon les catégories de personnes. Il attaque l'illettré par une plaisanterie ou une raillerie, tandis qu'il aborde les savants par des objections scientifiques et des raisonnements philosophiques, conçus les uns et les autres pour provoquer la méfiance ou le mépris envers les Écritures.

Même des jeunes de peu d'expérience se permettent d'insinuer des doutes sur les principes fondamentaux du christianisme. Cette incrédulité des jeunes, aussi superficielle qu'elle soit, ne manque pas d'exercer son influence. De nombreuses personnes sont ainsi amenées à se moquer de la foi de leurs pères et à « outrager l'Esprit de la grâce [23] ». Bien des vies qui promettaient d'être un honneur pour Dieu et une bénédiction pour le monde ont été flétries par le souffle impur de l'incrédulité. Tous ceux qui font confiance aux décisions prétentieuses de la raison humaine et s'imaginent capables d'expliquer les mystères divins et de parvenir à la vérité sans l'aide de la sagesse de Dieu se font prendre dans les pièges de Satan.

Nous vivons l'époque la plus solennelle de l'histoire du monde. La destinée des multitudes grouillantes de notre terre est sur le point de se décider. Notre propre bien-être futur, ainsi que le salut d'autres âmes, dépendent de l'attitude que nous adoptons maintenant. Nous avons besoin d'être guidés par « l'Esprit de la vérité [24] ». Chaque disciple du Christ doit poser cette question avec sérieux : « Que dois-je faire, Seigneur [25] ? » Il est nécessaire que nous nous humiliions devant le Seigneur, dans le jeûne et la prière, et que nous méditions longuement sa Parole, spécialement les scènes du jugement. Que nous recherchions maintenant une expérience profonde et vivante dans « ce qui relève de Dieu [26] ». Nous n'avons pas un instant à perdre. Des événements d'une importance capitale se déroulent autour de nous ; nous marchons sur le terrain enchanté de Satan. Ne dormez pas, sentinelles du Seigneur ! L'ennemi rôde à proximité, prêt à tout moment, si vous vous relâchez et si vous sommeillez, à bondir pour faire de vous sa proie.

Beaucoup sont dans l'erreur en ce qui concerne leur véritable condition devant le Seigneur. Ils se félicitent du mal qu'ils ne commettent pas, et oublient d'énumérer les bonnes et nobles actions que Dieu attend d'eux et qu'ils ont négligées d'accomplir. Il ne suffit pas qu'ils soient des arbres dans le verger du créateur mais ils doivent répondre à son attente en portant du fruit. Le Seigneur les tient pour responsables de leur échec à accomplir tout le bien qu'ils auraient pu faire avec l'aide de sa grâce qui les fortifie. Dans les livres célestes, ils sont enregistrés comme encombrant le sol. Cependant, même l'état de ces gens n'est pas tout à fait sans espoir. Auprès de ceux qui ont fait peu de cas de la miséricorde de Dieu et abusé de sa grâce, le cœur de l'amour infiniment patient plaide encore. « Réveille-toi,

22. Psaume 119.11.
23. Hébreux 10.29.
24. Jean 16.13.
25. Actes 22.10.
26. 1 Corinthiens 2.11.

toi qui dors, relève-toi d'entre les morts, et le Christ t'illuminera. Veillez avec soin à la façon dont vous vous comportez. … Rachetez le temps, car les jours sont mauvais [27]. »

Le temps d'épreuve qui approche révélera ceux qui ont fait de la Parole de Dieu leur règle de vie. En été, on voit peu de différence entre les arbres à feuilles persistantes et les autres arbres ; mais lorsque viennent les rafales de l'hiver, les uns demeurent inchangés, tandis que tous les autres perdent leur feuillage. De même, on ne distingue peut-être pas maintenant les véritables chrétiens de ceux qui font seulement profession de christianisme ; mais le temps est proche où la différence deviendra évidente. Que l'opposition apparaisse, que la bigoterie et l'intolérance dominent de nouveau, que la persécution s'allume, et ceux qui sont hésitants et hypocrites chancelleront et abandonneront la foi ; mais le véritable chrétien tiendra ferme comme un roc, sa foi encore plus forte, son espérance encore plus vive qu'aux moments de prospérité.

Le psalmiste déclare : « Ce sont tes préceptes que je médite [28]. » « Par tes directives je deviens intelligent, aussi je déteste toute voie de mensonge [29]. »

« Heureux celui qui a trouvé la sagesse [30]. » « Il est comme un arbre planté près des eaux, qui étend ses racines vers le cours d'eau : il ne voit pas venir la chaleur et son feuillage reste verdoyant ; dans l'année de la sécheresse, il est sans inquiétude et il ne cesse de porter du fruit [31]. »

27. Éphésiens 5.14-16.
28. Psaume 119.99.
29. Psaume 119.104.
30. Proverbes 3.13.
31. Jérémie 17.8.

38

L'avertissement final

« Je vis descendre du ciel un autre ange qui avait un grand pouvoir ; la terre fut illuminée de sa gloire. Il cria : Elle est tombée, elle est tombée, Babylone la Grande ! Elle est devenue une habitation de démons, un repaire de tout esprit impur et un repaire de tout oiseau impur. … J'entendis du ciel une autre voix qui disait : Sortez du milieu d'elle, mon peuple, afin que vous ne soyez pas associés à ses péchés et que vous ne receviez pas une part de ses fléaux [1]. »

Ce texte attire l'attention vers le moment où l'annonce de la chute de Babylone, faite par le second ange d'Apocalypse 14.8, doit être répétée, en y ajoutant un tableau de la corruption qui a pénétré dans les diverses organisations qui constituent Babylone depuis que ce message a commencé à être prêché en été de 1844. C'est une terrible description de l'état du monde religieux que nous trouvons ici. À chaque rejet de la vérité, l'esprit des gens s'obscurcit davantage, leur cœur s'endurcit, jusqu'au moment où ils se retranchent derrière une incrédulité intraitable. Défiant les avertissements envoyés par Dieu, ils continueront à fouler aux pieds l'un des préceptes du décalogue, jusqu'à ce qu'ils en viennent à persécuter ceux qui le considèrent comme sacré.

On fait peu de cas du Christ lorsqu'on méprise sa Parole et son peuple. Tandis que les églises acceptent les enseignements du spiritisme, les contraintes imposées au cœur charnel disparaîtront, et la simple profession de foi religieuse ne sera plus qu'un manteau destiné à dissimuler la plus vile iniquité. La croyance aux manifestations spirites ouvre la porte « à des esprits d'égarement et à des enseignements de démons [2] » ; et c'est ainsi que l'influence des mauvais anges se fera sentir dans les communautés.

Il est dit de Babylone, à l'époque présentée dans cette prophétie : « Ses péchés se sont accumulés jusqu'au ciel, et Dieu s'est souvenu de ses forfaits [3]. » Elle a comblé la mesure de sa culpabilité, et la destruction est sur le point de fondre sur elle. Mais Dieu a encore un peuple au sein de Babylone ; avant que tombent ses jugements, il faut appeler ces fidèles à en sortir, pour leur éviter d'être « associés à ses péchés et … [de recevoir] … une part de ses fléaux [4] ». C'est pourquoi ce mouvement est symbolisé par un ange qui descend du ciel, illuminant la terre de sa gloire et criant d'une voix forte pour dénoncer les péchés de Babylone. En rapport avec son message se fait entendre cet appel : « Sortez du milieu d'elle, mon peuple

1. Apocalypse 18.1,2,4.
2. 1 Timothée 4.1.
3. Apocalypse 18.5.
4. Apocalypse 18.4.

[5]. » Ces proclamations, associées au message du troisième ange, constituent l'avertissement final qui doit être donné aux habitants de la terre.

Le monde se trouve devant une crise terrible. Les puissances de la terre, s'unissant pour faire la guerre aux commandements de Dieu, décréteront que « tous, petits et grands, riches et pauvres, hommes libres et esclaves [6] » doivent se conformer aux coutumes de l'église en observant le faux sabbat. Tous ceux qui refuseront de se soumettre devront subir les peines prévues par les autorités civiles, et on déclarera finalement qu'ils méritent la mort. D'autre part, la loi de Dieu, qui ordonne d'observer le jour de repos du créateur, exige l'obéissance et menace de la colère divine tous ceux qui transgressent ses préceptes.

Le problème ayant été exposé clairement devant chacun, quiconque foulera aux pieds la loi de Dieu pour obéir à une ordonnance humaine recevra la « marque de la bête [7] » ; ce sera accepter le signe d'allégeance au pouvoir auquel on choisit d'obéir plutôt qu'à Dieu. L'avertissement venu du ciel est celui-ci : « Si quelqu'un se prosterne devant la bête et son image et reçoit une marque sur le front ou sur la main, il boira, lui aussi, du vin de la fureur de Dieu, versé sans mélange dans la coupe de sa colère [8]. »

Mais nul ne devra subir la colère de Dieu tant que la vérité n'aura pas pénétré dans son esprit et sa conscience et qu'il ne l'aura pas rejetée. Beaucoup de gens n'ont jamais eu l'occasion d'entendre les vérités spéciales pour notre temps. L'obligation du quatrième commandement n'a jamais été présentée devant eux sous son vrai jour. Celui qui connaît tous les cœurs et sonde tous les mobiles ne permettra pas qu'aucun de ceux qui désirent arriver à la connaissance de la vérité soit trompé sur les enjeux de ce conflit. Ce décret ne sera pas imposé aveuglément au peuple. Chacun devra recevoir suffisamment de lumière pour prendre sa décision intelligemment.

Le sabbat sera le grand test de loyauté, car c'est le point de vérité qui est spécialement controversé. Lorsque le test final sera proposé aux hommes, alors une ligne de démarcation sera tracée entre ceux qui servent Dieu et ceux qui ne le servent pas. Tandis que la pratique du faux sabbat pour se plier à la loi de l'État, en opposition au quatrième commandement, sera un aveu d'allégeance à un pouvoir opposé à Dieu, l'observation du véritable jour du repos, pour obéir à la loi de divine, sera une preuve de loyauté envers le créateur. Tandis que les uns, en acceptant le signe de la soumission à des pouvoirs terrestres, recevront la « marque de la bête », les autres, en choisissant le signe d'allégeance à l'autorité céleste, recevront le sceau de Dieu.

Jusqu'ici, ceux qui présentaient les vérités du message du troisième ange ont souvent été perçus simplement comme des alarmistes. Leurs prédictions annonçant que l'intolérance religieuse règnerait un jour aux États-Unis, et que l'Église et l'État s'uniraient pour persécuter ceux qui gardent les commandements de Dieu, ont été considérées comme sans fondement et absurdes. On a déclaré avec confiance que ce pays ne deviendrait jamais autre chose que ce qu'il a été dans le passé : le défenseur de la liberté religieuse. Mais, au fur et à mesure que l'observation du dimanche sera de plus en plus controversée, on verra approcher l'événement si

5. *Idem.*
6. Apocalypse 13.16.
7. Apocalypse 16.2.
8. Apocalypse 14.9,10.

longtemps mis en doute, et le message du troisième ange provoquera un effet qu'il n'aurait pas pu produire auparavant.

Dans chaque génération, Dieu a envoyé ses serviteurs pour réprimer le péché, aussi bien dans le monde que dans l'église. Mais les gens souhaitent entendre des choses agréables, et n'acceptent pas la vérité pure et sans atours. De nombreux réformateurs, au début de leur œuvre, avaient décidé d'attaquer les péchés de l'église et du peuple en exerçant une grande prudence. Ils espéraient, par l'exemple d'une vie chrétienne pure, ramener les hommes aux doctrines de la Bible. Mais l'Esprit de Dieu descendait sur eux comme il descendit sur Élie, le portant à censurer les péchés d'un roi impie et d'un peuple apostat ; ils ne pouvaient se retenir de prêcher les claires déclarations de la Bible, et en particulier des doctrines qu'ils avaient hésité à présenter. Ils étaient poussés à déclarer la vérité avec zèle, ainsi que le danger qui menaçait les âmes. Ils proclamaient les paroles que le Seigneur leur avait données, sans crainte des conséquences, et les gens étaient contraints d'entendre leurs avertissements.

C'est ainsi que sera proclamé le message du troisième ange. Lorsque viendra le moment de le prêcher avec une puissance accrue, le Seigneur agira par l'intermédiaire d'humbles instruments, en guidant l'esprit de ceux qui se consacreront à son service. Ses ouvriers seront qualifiés par l'onction de son Esprit plutôt que par la formation reçue dans les institutions littéraires. Des hommes de foi et de prière se sentiront poussés à aller avec un saint zèle, en prêchant les paroles que le Seigneur leur donnera. Les péchés de Babylone seront révélés au grand jour. Les terribles conséquences de l'observation forcée des ordonnances de l'Église par les autorités civiles, l'invasion du spiritisme, les progrès cachés, mais rapides de la puissance papale, tout cela sera démasqué.

Des masses seront touchés par ces avertissements solennels. Des milliers et des milliers écouteront ces paroles, dont ils n'ont jamais entendu la pareille. Ils entendront, avec étonnement, témoigner que Babylone est l'église déchue à cause de ses erreurs, de ses péchés et de son rejet de la vérité envoyée du ciel. Lorsque les gens iront trouver les conducteurs religieux, leur posant avec angoisse cette question : « Les choses sont-elles vraiment ainsi ? » ces prédicateurs leur présenteront des fables, prophétiseront des choses agréables pour calmer leurs craintes et faire taire leur conscience maintenant réveillée. Mais, comme beaucoup d'entre eux refuseront de se contenter d'une simple déclaration humaine et exigeront un clair « Ainsi parle le Seigneur », les prédicateurs populaires, comme les Pharisiens d'autrefois, irrités de voir leur autorité remise en question, dénonceront ce message comme provenant de Satan et pousseront les foules qui aiment le péché à outrager et à persécuter ceux qui le proclament.

Tandis que le conflit s'étendra à de nouveaux champs et que l'attention des gens sera attirée sur la loi de Dieu foulée aux pieds, Satan sera en éveil. La puissance qui accompagnera le message ne fera qu'exciter ceux qui s'y opposeront. Le clergé déploiera des efforts presque surhumains pour éteindre la lumière de peur qu'elle ne luise sur ses troupeaux. Par tous les moyens à sa disposition, il tentera d'empêcher la discussion de ces sujets vitaux. L'église fera appel à la puissance du bras séculier, et, dans cette œuvre, les partisans de la papauté et les protestants se trouveront réunis.

Le mouvement visant à rendre le dimanche obligatoire devenant plus audacieux et plus résolu, on aura recours à la loi contre ceux qui observent les commandements de Dieu. On les menacera d'amendes et d'emprisonnement ; à certains on offrira des postes importants et autres récompenses et avantages pour les amener à renoncer à leur foi. Mais ils répondront fermement : « Montrez-nous notre erreur d'après la Parole de Dieu. » C'est la demande même que fit Luther dans des circonstances semblables. Ceux qui comparaîtront devant les tribunaux défendront vigoureusement la vérité, et quelques-uns de ceux qui les écouteront seront conduits à prendre position et à observer tous les commandements de Dieu. Ainsi, la lumière sera amenée devant des milliers de personnes, qui, autrement, n'auraient aucune connaissance de ces vérités.

On qualifiera de rébellion l'obéissance consciencieuse à la Parole de Dieu. Aveuglés par Satan, des parents feront preuve de dureté et de sévérité envers leur enfant croyant ; le maître ou la maîtresse opprimera son serviteur ou sa servante qui garde les commandements. On n'écoutera plus la voix de l'affection ; des enfants seront déshérités et chassés de la maison paternelle. Les paroles de Paul s'accompliront littéralement : « Tous ceux qui veulent vivre pieusement en Jésus-Christ seront persécutés [9]. »

Parmi les partisans de la vérité refusant d'honorer le dimanche-sabbat, certains d'entre eux seront jetés en prison ; d'autres seront exilés ; bon nombre seront traités comme des esclaves. À vues humaines, tout cela semble aujourd'hui impossible ; mais, au fur et à mesure que la puissance protectrice de l'Esprit de Dieu sera retirée de la terre, et que les hommes passeront sous la domination de Satan, qui déteste les principes divins, on assistera à d'étranges événements. Le cœur peut se montrer extrêmement cruel lorsqu'il rejette la crainte et l'amour de Dieu.

Tandis que la tempête approchera, un grand nombre de personnes ayant professé la foi au message du troisième ange, mais n'ayant pas été sanctifiées par l'obéissance à la vérité, changeront d'attitude et se joindront aux rangs de l'opposition. En s'unissant au monde et en participant à son esprit, elles en viendront à voir les choses presque du même œil ; et, lorsque l'épreuve sera là, elles seront disposées à choisir le côté facile et populaire. Des hommes de talent et d'éloquence facile, autrefois se réjouissant dans la vérité, emploieront leurs facultés à tromper et à égarer les âmes. Ils deviendront les pires ennemis de leurs anciens frères. Lorsque les observateurs du sabbat seront amenés devant les tribunaux pour répondre de leur foi, ces apostats seront les agents de Satan les plus efficaces pour les accuser et les présenter sous un faux jour et, par de faux témoignages et des insinuations, inciter la colère des dirigeants contre eux.

Pendant ce temps de persécution, les serviteurs du Seigneur seront éprouvés dans leur foi. Ils auront fidèlement donné l'avertissement en regardant uniquement à Dieu et à sa Parole. L'Esprit de Dieu, animant leur cœur, les aura poussés à parler. Stimulés par un saint zèle et suivant fidèlement la direction divine, ils auront accompli leur devoir sans mesurer les conséquences de la proclamation de la parole que le Seigneur leur avait confiée. Ils n'auront ni consulté leurs intérêts temporels, ni cherché à préserver leur réputation et leur vie. Cependant, lorsque la tempête de l'opposition et de l'opprobre éclatera sur eux, certains, consternés, seront prêts

9. 2 Timothée 3.12.

à s'exclamer : « Si nous avions pu prévoir les conséquences de nos paroles, nous nous serions tenus tranquilles ! »

Ils seront environnés de difficultés. Satan les assaillera de ses terribles tentations. L'œuvre qu'ils auront entreprise leur paraîtra dépasser de beaucoup leurs capacités. Ils seront menacés de destruction. L'enthousiasme qui les animait s'évaporera ; cependant, ils ne pourront pas revenir en arrière. Alors, sentant leur impuissance totale, ils se réfugient dans les bras du Tout-Puissant pour trouver en lui leur force. Ils se souviendront que les paroles qu'ils ont prononcées n'étaient pas d'eux, mais venaient de celui qui leur a ordonné de parler. C'est Dieu qui a mis la vérité dans leur cœur, et ils n'auront pu s'empêcher de la proclamer.

Des hommes de Dieu ont, dans le passé, vécu les mêmes épreuves. Wycliffe, Huss, Luther, Tyndale, Baxter, Wesley insistaient pour que toutes les doctrines soient soumises à l'épreuve de la Bible et déclaraient qu'ils renonceraient à tout ce qu'elle condamne. La persécution fit rage contre ces hommes ; cependant, ils ne cessèrent pas de proclamer la vérité.

Chacune des périodes de l'Histoire de l'Église a été marquée par le développement d'une vérité spéciale, adaptée aux besoins du peuple de Dieu de cette époque. Chaque révélation nouvelle a fait son chemin contre la haine et l'opposition ; ceux qui l'ont reçue ont été tentés et éprouvés. Le Seigneur accorde une vérité spéciale pour son peuple dans les moments de crise. Qui oserait refuser de la diffuser ? Il ordonne à ses serviteurs de présenter au monde la dernière invitation de miséricorde. Ils ne peuvent garder le silence, qu'au péril de leur âme. Les ambassadeurs du Christ n'ont pas à se soucier des conséquences. Ils doivent faire leur devoir, et laisser Dieu s'occuper des suites.

Tandis que l'opposition ira en s'intensifiant, les serviteurs de Dieu seront de nouveau perplexes ; car il leur semblera avoir provoqué cette crise. Mais leur conscience et la Parole de Dieu leur donneront l'assurance que leur attitude est la bonne ; et, bien que les épreuves continueront, ils recevront la force nécessaire pour les supporter. Le conflit prendra de l'ampleur et se rapprochera ; mais leur foi et leur courage seront à la hauteur de la crise. Leur témoignage sera celui-ci : « Nous n'osons pas jouer avec la Parole de Dieu et découper sa sainte loi en qualifiant d'essentielle une partie et une autre de secondaire, afin de gagner la faveur du monde. 'Le Dieu que nous servons peut nous délivrer [10].' Le Christ a conquis les pouvoirs de la terre ; aurons-nous peur d'un monde déjà conquis ? »

La persécution, sous ses diverses formes, est le développement d'un principe qui subsistera aussi longtemps que Satan existera et que le christianisme jouira d'une puissance vitale. Nul ne peut servir Dieu sans déclencher contre lui-même l'opposition de l'armée des ténèbres. Les mauvais anges l'assailliront, inquiets de voir que l'influence divine leur fait perdre une proie. Des hommes méchants, repris par leur exemple, s'uniront aux démons pour chercher à le séparer de Dieu par des offres alléchantes. En cas d'échec, ils emploieront la contrainte pour forcer sa conscience.

Mais, tant que Jésus restera l'intercesseur de l'homme dans le sanctuaire céleste, les dirigeants et les gens du peuple sentiront l'influence du Saint-Esprit retenant les forces du mal. Il contrôle encore dans une certaine mesure les lois du pays. Sans ces lois, l'état du monde serait encore pire qu'il est aujourd'hui. Tandis que

10. Daniel 3.17.

de nombreux dirigeants sont des agents actifs de Satan, Dieu a aussi les siens parmi les gouvernants de la nation. L'ennemi pousse ses serviteurs à proposer des mesures qui entraveraient considérablement l'œuvre de Dieu ; mais les saints anges influencent les hommes d'État qui craignent le Seigneur afin qu'ils s'opposent à ces propositions par des arguments irréfutables. Ainsi, quelques hommes tiendront en échec le puissant courant du mal. L'opposition des ennemis de la vérité sera contenue pour que le message du troisième ange puisse accomplir son œuvre. Lorsque l'avertissement final sera donné, il attirera l'attention de ces dirigeants par l'intermédiaire desquels le Seigneur agit maintenant ; quelques-uns d'entre eux l'accepteront et se rangeront du côté du peuple de Dieu au travers du « temps de détresse [11] ».

Il est dit de l'ange qui unit sa voix à la proclamation du message du troisième ange : « La terre fut illuminée de sa gloire [12]. » C'est une œuvre d'étendue mondiale et de puissance inhabituelle qui est prédite ici. Le mouvement adventiste de 1840 à 1844 fut une glorieuse manifestation de la puissance de Dieu. Le message du premier ange fut apporté à chaque station missionnaire dans le monde. Dans certains pays, on assista au plus grand réveil religieux qui ait eu lieu depuis la Réforme du seizième siècle. Mais ce réveil sera dépassé par le puissant mouvement produit par le dernier avertissement du troisième ange.

Ce mouvement sera semblable à celui du jour de la Pentecôte. De même que la « pluie d'automne [13] » fut accordée, par l'effusion du Saint-Esprit, au commencement de la prédication de l'Évangile, pour faire germer la précieuse semence, de même la « pluie de printemps [14] » sera accordée vers sa fin pour faire mûrir la moisson. « Connaissons, cherchons à connaître le SEIGNEUR ; sa venue est aussi certaine que celle de l'aurore. Il viendra pour nous comme une ondée, comme une pluie printanière qui arrose la terre [15]. » « Et vous, fils de Sion, soyez dans l'allégresse et réjouissez-vous dans le SEIGNEUR, votre Dieu, car il vous donne la pluie d'automne salutaire, il fait descendre l'averse pour vous : pluie d'automne et pluie de printemps, comme par le passé [16]. » « Dans les derniers jours, dit Dieu, je répandrai de mon Esprit sur tous [17]. » « Alors quiconque invoquera le nom du Seigneur sera sauvé [18]. »

La grande œuvre de la prédication de l'Évangile ne doit pas se terminer avec une manifestation de la puissance de Dieu moindre que celle qui a marqué ses débuts. Les prophéties accomplies par l'effusion de la « pluie d'automne » au commencement de la prédication de l'Évangile doivent s'accomplir de nouveau vers sa fin par la « pluie du printemps ». Ce sont les « temps de réconfort » qu'attendait l'apôtre Pierre lorsqu'il disait : « Changez donc radicalement, faites demi-tour, pour que vos péchés soient effacés ; qu'ainsi des temps de réconfort viennent du Seigneur, et qu'il envoie le Christ qui vous a été destiné[19]. »

---

11. Daniel 12.1.
12. Apocalypse 18.1.
13. Ou « pluie de la première saison » dans certaines traductions. Joël 2.23.
14. Ou « pluie de l'arrière-saison » dans certaines traductions. *Idem*.
15. Osée 6.3.
16. Joël 2.23.
17. Actes 2.17.
18. Actes 2.21.
19. Actes 3.19,20.

Les serviteurs de Dieu, le visage illuminé et rayonnant d'une sainte consécration, iront de lieu en lieu proclamer le message céleste. Des milliers de voix donneront cet avertissement dans le monde entier. Des miracles auront lieu, des malades seront guéris, et des signes et des prodiges accompagneront les croyants. Mais Satan travaille aussi en employant des prodiges mensongers, « jusqu'à faire descendre le feu du ciel sur la terre, à la vue des humains [20] ». Ainsi, les habitants de la terre seront amenés à prendre position.

Ce message sera prêché non pas tellement par la force des arguments mais par la conviction profonde produite par l'Esprit de Dieu. Les justificatifs ont été présentés. La semence a été semée. Maintenant, elle doit germer et produire son fruit. Les publications diffusées par les ouvriers missionnaires ont exercé leur influence. Cependant, beaucoup de personnes dont l'esprit a été obscurci ont été empêchées de comprendre pleinement la vérité ou de s'y conformer. Maintenant, les rayons de lumière pénètrent partout. La vérité est perçue dans toute sa clarté, et les enfants de Dieu honnêtes briseront les chaînes qui les maintenaient prisonniers. Leurs relations familiales et ecclésiales seront alors impuissantes à les retenir. La vérité leur sera plus précieuse que toute autre chose, et en dépit des agences liguées contre elle, un grand nombre de personnes prendront position du côté du Seigneur.

20. Apocalypse 13.13.

39

Le temps de détresse

« En ce temps-là se dressera Michel, le grand prince, celui qui défend les gens de ton peuple. Ce sera un temps de détresse tel qu'il n'y en a pas eu depuis qu'il existe une nation jusqu'à ce temps-là. En ce temps-là, ton peuple échappera – quiconque sera trouvé inscrit dans le livre [1]. »

Lorsque prend fin le message du troisième ange, la miséricorde divine cesse de plaider en faveur des habitants coupables de la terre. Les membres du peuple de Dieu ont accompli leur tâche. Ils ont reçu la « pluie de printemps [2] », les « temps de réconfort … [provenant] du Seigneur [3] ». Ils sont prêts pour le temps d'épreuve qui les attend. Des anges se hâtent ici et là dans le ciel. Un ange, revenu de la terre, annonce que sa mission est terminée. Le monde est passé par l'épreuve finale. Tous ceux qui se sont montrés loyaux aux préceptes divins ont reçu « le sceau du Dieu vivant [4] ». Jésus cesse alors d'intercéder dans le sanctuaire céleste. Il lève les mains et annonce d'une voix forte : « C'est fait [5] ! »

Toutes les armées angéliques ôtent leurs couronnes pendant que Jésus fait cette annonce solennelle : « Que celui qui est injuste soit encore injuste, que celui qui est sale se salisse encore, que le juste fasse encore la justice, et que celui qui est saint soit encore consacré [6] ! » Le sort de chacun a été décidé soit pour la vie soit pour la mort. Le Christ a fait l'expiation pour les membres de son peuple et effacé leurs péchés. Le nombre de ses sujets est complet. « La royauté, la domination et la grandeur de tous les royaumes qui sont sous le ciel [7] » seront données aux héritiers du salut, et Jésus règnera comme « Roi des rois et Seigneur des seigneurs [8] ».

Lorsqu'il qittera le sanctuaire céleste, les ténèbres couvriront les habitants de la terre. Pendant ces moments terribles, les justes devront vivre sans intercesseur devant la face d'un Dieu saint. La contrainte imposée aux méchants sera ôtée, et Satan exercera une domination totale sur ceux qui seront définitivement impénitents. La patience de Dieu aura pris fin. Le monde aura rejeté sa miséricorde, méprisé son amour et foulé aux pieds sa loi. Les méchants auront dépassé la limite de leur temps d'épreuve ; l'Esprit de Dieu, auquel ils ont résisté avec obstination, leur sera enfin retiré. Sans la protection de la grâce divine, ils seront sans défense

1. Daniel 12.1.
2. Ou « pluie de l'arrière-saison » dans d'autres traductions. Joël 2.23.
3. Actes 3.20.
4. Apocalypse 7.2.
5. Apocalypse 16.17.
6. Apocalypse 22.11.
7. Daniel 7.27.
8. Apocalypse 19.16.

face au Malin. Satan plongera alors les habitants de la terre dans une détresse finale et terrible. Lorsque les anges de Dieu cesseront de tenir en laisse les vents violents des passions humaines, tous les éléments du conflit se déchaîneront. Le monde entier sera englouti dans une ruine plus terrible que celle qui tomba autrefois sur Jérusalem.

Un seul ange détruisit tous les premiers-nés d'Égypte et plongea ce pays dans le deuil. Lorsque David offensa Dieu en recensant le peuple, un seul ange causa la terrible destruction qui constituait le châtiment de son péché. La même puissance destructrice exercée par les saints anges sur l'ordre de Dieu sera utilisée par les mauvais anges lorsqu'il le leur permettra. Il existe maintenant des forces toutes prêtes, qui n'attendent que la permission de Dieu pour répandre la désolation en tous lieux.

Ceux qui honoreront la loi de Dieu seront accusés d'attirer les jugements divins sur le monde. Ils seront considérés comme étant la cause des terribles convulsions de la nature, des conflits et massacres qui surviendront parmi les hommes et qui remplissent la terre de malheurs. La puissance qui accompagnait le dernier avertissement aura enragé les méchants. Leur colère s'allumera contre tous ceux qui ont accepté ce message, et Satan portera à un degré encore plus grand l'esprit de haine et de persécution.

Lorsque, finalement, la présence de Dieu se fut retirée de la nation israélite, les sacrificateurs et le peuple ne se doutèrent de rien. Prisonniers de l'empire de Satan , dominés par les passions les plus horribles et les plus néfastes, ils se considéraient encore comme le peuple élu de Dieu. Les services du temple continuaient. On offrait des sacrifices sur des autels souillés. On invoquait chaque jour la bénédiction divine sur un peuple coupable du sang versé du cher Fils de Dieu et de la tentative de mise à mort de ses serviteurs et de ses apôtres.

De même, lorsque la décision irrévocable sera prononcée dans le sanctuaire céleste et le destin du monde fixé pour toujours, les habitants de la terre n'en seront pas plus conscients. Les personnes auxquelles l'Esprit de Dieu sera finalement retiré continueront à pratiquer les formes extérieures de la religion ; et le zèle satanique que le prince du mal leur inspirera pour la réalisation de ses desseins malveillants aura l'apparence de celui pour Dieu.

Le sabbat sera devenu le point spécial de controverse dans toute la chrétienté.Les autorités religieuses et séculières s'associeront pour imposer l'observation du dimanche.Alors le refus persistant d'une petite minorité de se soumettre aux exigences populaires fera d'elle un objet d'exécration universelle. On fera valoir qu'on ne peut tolérer ceux qui s'opposent à une institution ecclésiastique et à une loi de l'État, qu'il est préférable de les sacrifier plutôt que de jeter des nations entières dans la confusion et l'anarchie.

Ce même argument, les chefs de la nation israélite l'avaient fait valoir contre le Christ il y a près de vingt siècles : « Il est avantageux pour vous qu'un seul homme meure pour le peuple et que la nation ne soit pas perdue tout entière [9] », déclara le rusé Caïphe. Cet argument semblera concluant. Un décret, finalement promulgué contre ceux qui sanctifient le sabbat du quatrième commandement, les décla-

9. Jean 11.50.

rera passibles des châtiments les plus sévères et accordera au peuple, au bout d'un certain temps, l'autorisation de les mettre à mort. L'église romaine dans l'Ancien Monde et le protestantisme apostat dans le Nouveau adopteront une attitude semblable à l'égard de ceux qui honorent tous les préceptes divins.

Le peuple de Dieu sera alors plongé dans les scènes d'affliction et de détresse décrites par le prophète sous le nom de « temps de détresse pour Jacob » : « Ainsi parle le SEIGNEUR : Nous entendons un bruit de déroute ; c'est la frayeur, il n'y a plus de paix. … Pourquoi tous les visages sont-ils devenus livides ? Malheur ! Ce jour est grand, aucun autre n'est comme lui. C'est un temps de détresse pour Jacob ; mais il en sortira sauvé [10]. »

L'expérience du peuple de Dieu pendant le « temps de détresse » sera semblable à la nuit d'angoisse de Jacob lorsqu'il luttait en pirère pour obtenir la délivrance de la main d'Ésaü À cause de la tromperie dont il s'était rendu coupable pour obtenir la bénédiction de son père destinée à Ésaü, Jacob avait dû s'enfuir pour sauver sa vie, effrayé par les menaces de mort proférées par son frère. Après être resté en exil pendant de nombreuses années, il reprit la route pour son pays natal, sur l'ordre de Dieu, accompagné de ses épouses, de ses enfants et de ses troupeaux de gros et de menu bétail. Atteignant les frontières du pays, il fut frappé de terreur par la nouvelle de l'approche de son frère marchant à la tête d'une armée de guerriers, probablement dans l'intention de se venger. Jacob et les siens, sans armes et sans défense, seraient sans doute livrés à la violence et au massacre. Au fardeau de l'anxiété et de la peur s'ajoutait alors le poids écrasant du reproche qu'il s'adressait à lui-même. Son propre péché avait produit ce danger dont il était conscient.

Son seul espoir se trouvait dans la miséricorde de Dieu ; sa seule arme, la prière. Et, pour sa part, il ne négligea aucune précaution pour réparer le tort qu'il avait causé à son frère et se protéger du danger qui le menaçait. De même, à l'approche du « temps de détresse », les disciples du Christ sont invités à tout mettre en œuvre pour se présenter sous le meilleur jour possible devant le monde, afin de désarmer les préjugés et d'éviter les risques qu'encourt la liberté de conscience.

Ayant éloigné sa famille pour qu'elle ne soit pas témoin de sa détresse, Jacob demeura seul pour intercéder auprès de Dieu. Il confessa son péché et reconnut avec gratitude la miséricorde de Dieu envers lui.Tout en plaidant avec une profonde humilité, il rappela à Dieu l'alliance conclue avec ses pères et les promesses qui lui avaient été faites dans une vision nocturne à Béthel, au pays de son exil. Il vivait la grande crise de sa vie. Tous ses biens étaient en jeu. Dans l'obscurité et la solitude, il continua à prier et à s'humilier devant Dieu.

Soudain, une main se posa sur son épaule. Il crut qu'un ennemi en voulait à sa vie. Avec toute l'énergie du désespoir, il lutta contre l'assaillant. Comme le jour commençait à poindre, l'étranger utilisa ses pouvoirs surhumains : il le toucha. Jacob, homme fort, se sentit défaillir et tomba, impuissant, en pleurs, sur le cou de son mystérieux adversaire.

Il sut alors qu'il venait de lutter avec l'Ange de l'alliance. Handicapé et souffrant atrocement, il ne renonça pas à son dessein. Voilà longtemps qu'il était en proie à la perplexité, aux remords et à la détresse en raison de son péché ; maintenant, il souhaitait avoir l'assurance d'être pardonné. Le visiteur divin fit mine de vouloir

10. Jérémie 30.5-7.
11. Voir Genèse 32.24-30

s'en aller ; mais Jacob se cramponna à lui, implorant une bénédiction. L'Ange lui dit : « Laisse-moi partir, car l'aurore se lève [12] » ; mais le patriarche s'écria : « Je ne te laisserai pas partir sans que tu m'aies béni [13]. » Quel exemple de confiance, de fermeté, de persévérance ! Si ces paroles avaient été prétentieuses ou présomtueuses, Jacob aurait été instantanément détruit ; mais il était empreint de l'assurance de celui qui avoue sa faiblesse et son indignité. Il fit confiance à la miséricorde du Dieu qui garde son alliance.

« Il lutta avec un messager, et il l'emporta [14]. » Par l'humiliation, la repentance et l'abandon de soi-même, ce pécheur mortel et faillible l'emporta dans sa lutte avec la Majesté du ciel. Il s'était approprié en tremblant les promesses de Dieu, et le cœur de celui qui est l'Amour infini ne pouvait faire fi de la plaidoirie de ce pécheur. En signe de triomphe et d'encouragement afin que d'autres suivent son exemple, son nom qui, jusqu'ici, portait la marque de son péché, fut changé en un autre nom qui commémorait sa victoire. Le fait que Jacob l'emporta sur Dieu était une assurance qu'il l'emporterait aussi sur les hommes. Maintenant, il ne craignait plus d'affronter la colère de son frère, car le Seigneur était son défenseur.

Satan avait accusé Jacob devant les anges de Dieu, revendiquant le droit de le détruire à cause de son péché. En outre il avait poussé Ésaü à marcher contre son frère. Au cours de la longue nuit de lutte il avait tenté d'accabler le patriarche du sentiment de sa culpabilité afin de le décourager et de le séparer de Dieu. Jacob fut poussé au bord du désespoir. Mais il savait que, sans l'aide du ciel, il périrait. Alors, se repentant sincèrement de son grand péché, il fit appel à la miséricorde de Dieu et refusa de se laisser détourner de ses desseins. Mais il se cramponna à l'Ange et exprima sa prière avec ferveur, dans les pleurs et l'angoisse, jusqu'à ce qu'il obtienne la victoire.

Satan avait influencé Ésaü à marcher contre Jacob, de même il incitera les méchants à détruire le peuple de Dieu pendant le « temps de détresse ». Et, ainsi qu'il avait accusé Jacob, de même il agira contre les enfants de Dieu. Il considère les humains comme ses sujets ; cependant, ceux du petit groupe qui gardent les commandements de Dieu résistent à sa suprématie. S'il pouvait les faire disparaître de la surface de la terre, son triomphe serait complet.

Il se rend compte que ceux-là sont sous la protection de saints anges, et il suppose qu'ils ont obtenu le pardon de leurs transgressions ; mais il ignore que leur sort a été décidé dans le sanctuaire céleste. Connaissant avec exactitude les péchés que lui-même les a poussés à commettre, il les présente devant Dieu sous le jour le plus exagéré, faisant valoir à leur intention le mérite d'une exclusion de la faveur divine tout autant que lui. Il déclare qu'en vertu des principes d'une justice équitable, le Seigneur ne peut pardonner leurs péchés et le détruire, lui, Satan, ainsi que ses anges. Il les revendique comme étant sa proie et exige qu'ils soient remis entre ses mains pour être anéantis.

Tandis que Satan accusera les membres de ce groupe, il lui sera permis de les éprouver à l'extrême. Leur confiance en Dieu, leur foi et leur fermeté seront sévèrement secouées. En jetant un regard sur leur passé, leur espoir s'effondrera car ils ne verront que peu de bien dans toute leur vie. Ils seront pleinement conscients

---

12. Genèse 32.27.
13. *Idem.*
14. Osée 12.5.

de leur faiblesse et de leur indignité. Satan s'efforcera de les terrifier en les laissant croire que leur cas est désespéré et la souillure de leur péché jamais effacée. Son souhait sera de détruire leur foi afin qu'ils succombent à ses tentations et se détournent de leur allégeance envers Dieu.

Alors que ceux du peuple de Dieu seront entourés d'ennemis décidés à les détruire, l'angoisse qu'ils ressentiront ne sera pas due à la crainte d'être persécutés par amour pour la vérité, mais à celle de ne pas s'être repentis de chacun de leurs péchés et, à cause de cela, d'être un obstacle à la réalisation de la promesse divine : « Je te garderai moi-même de l'heure de l'épreuve qui va venir sur toute la terre habitée[15]. » S'ils pouvaient avoir l'assurance du pardon divin, ils ne reculeraient pas devant la torture ni devant la mort ; mais s'ils se montraient indignes et perdaient la vie à cause de leurs propres défauts de caractère, alors l'opprobre serait jeté sur le saint nom du Seigneur.

De tous côtés, ils entendront parler de complots et de trahisons et verront la rébellion en pleine action ; ils éprouveront alors le désir intense, comme une aspiration fervente de leur âme, que cette grande apostasie prenne fin, ainsi que la méchanceté des hommes. Mais, tandis qu'ils plaideront auprès de Dieu, le suppliant de mettre un terme à l'œuvre de la rébellion, ils seront envahis d'un sentiment aigu de reproche envers eux-mêmes pour leur impuissance à résister et à refouler cette marée déferlante du mal. Ils se diront que s'ils avaient toujours mis toutes leurs facultés au service du Christ, s'ils s'étaient fortifiés au fur et à mesure, les pouvoirs de Satan auraient moins de force pour remporter la victoire sur eux.

Ils affligeront leur âme devant Dieu, présentant leurs nombreux péchés, lui rappelant leur repentance et se réclamant de la promesse du Seigneur : « À moins qu'on ne me prenne pour refuge, qu'on ne fasse la paix avec moi, qu'on ne fasse avec moi la paix [16]. » Leur foi sera toujours inébranlable même si leurs prières ne reçoivent pas un exaucement immédiat. Tout en subissant les angoisses, les terreurs et les détresses les plus aigues, ils ne cesseront d'intercéder. Ils se saisiront de la force de Dieu comme Jacob le fit de l'Ange ; et le leur âme s'écriera : « Je ne te laisserai pas partir sans que tu m'aies béni [17]. »

Si Jacob ne s'était repenti d'avoir usurpé le droit d'aînesse par la ruse, Dieu n'aurait pas écouté sa prière ni préservé miséricordieusement sa vie. De même, pendant le « temps de détresse », si les chrétiens voyaient encore apparaître devant eux des péchés non confessés alors qu'ils sont sous l'emprise de la peur et de l'angoisse, ils seraient accablés ; le désespoir anéantirait leur foi, et ils manqueraient de confiance nécessaire pour supplier Dieu et réclamer leur délivrance. Malgré ce profond sentiment d'indignité, ils n'auront aucun tort caché à révéler. Leurs péchés auront été envoyés dans la salle du jugement et auront été effacés ; et ils ne pourront même plus s'en souvenir.

Satan incite beaucoup de gens à croire que Dieu fermera les yeux sur leurs infidélités dans les petites affaires de la vie ; mais le Seigneur a montré, dans sa façon d'agir avec Jacob, qu'il ne sanctionnera ni ne tolérera le mal d'aucune manière. Tous ceux qui s'efforcent d'excuser ou de cacher leurs péchés et qui consentent à les laisser inscrits dans les registres du ciel, non confessés et non pardonnés, seront

15. Apocalypse 3.10.
16. Ésaïe 27.5.
17. Genèse 32.27.

vaincus par Satan. Plus élevée est leur profession de foi et plus honorable le poste qu'ils occupent, plus grave est leur attitude aux yeux de Dieu, et plus sûr le triomphe de leur grand adversaire. Ceux qui remettent à plus tard la préparation nécessaire pour le « jour de Dieu [18] » ne pourront l'obtenir ni pendant ni après le « temps de détresse ». Le cas de ces personnes est sans espoir.

Ces chrétiens de profession qui arriveront sans préparation à ce dernier et terrible conflit confesseront leurs péchés dans un désespoir et une brûlante angoisse, pendant que les méchants se riront de leur détresse. C'est aussi dans des lamentations semblables que se firent les confessions d'Ésaü ou de Judas. Ainsi, ceux qui s'y plieront en ce temps de détresse déploreront les *conséquences* de leur transgression, mais non de leur culpabilité. Ils ne ressentiront aucun véritable repentir ; ils n'auront aucune horreur du mal. Ils reconnaîtront leur péché par crainte du châtiment ; et, comme le fit autrefois le Pharaon, ils recommenceraient à défier le ciel si leurs jugements étaient levés.

L'histoire de Jacob nous donne aussi l'assurance que Dieu ne rejettera pas ceuxqui ont été trompés, tentés,trahis et entraînés dans le péché, et qui sont revenus à lui après s'être repentis véritablement. Tandis que Satan s'efforcera de détruire ceux-là, il enverra ses anges pour les réconforter et les protéger au moment du danger. Si les assauts du malin sont violents et résolus et ses tromperies sont redoutables, l'oeil du Seigneur observera les siens, et son oreille sera à l'écoute de leurs cris. Certes leur affliction sera grande ; les flammes de la fournaise sembleront sur le point de les consumer ; mais le divin Fondeur les en fera sortir comme « l'or … éprouvé par le feu [19] ». L'amour de Dieu pour ses enfants pendant cette période d'épreuve extrême sera aussi fort et aussi tendre que dans les jours de leur plus grande prospérité. Cependant, il sera nécessaire pour eux de passer par la fournaise. Leur mondanité doit être consumée, pour qu'ilsréfléchissent parfaitement l'image du Christ.

Le « temps de détresse » et d'angoisse qui est devant nous exigera une foi capable de supporter la fatigue, le retard et la faim ; une foi qui ne faiblira pas même si elle est sévèrement éprouvée. Le temps de grâce est accordé à tous pour permettre à chacun de se préparer en vue de cette période. Jacob a vaincu parce qu'il était persévérant et déterminé. Sa victoire est une démonstration de la puissance d'une prière assidue. Ainsi, tous ceux qui se réclament des promesses de Dieu et qui seront aussi fervents et persévérants qu'il le fut remporteront le même succès. Ceux qui ne sont pas disposés à renoncer à eux-mêmes, à étaler leur coeur devant Dieu, à prier sans cesse et réclamer avec ferveur sa bénédiction, ne l'obtiendront pas. Lutter avec Dieu : combien de personnes savent en saisissent le sens ! Combien ont senti leur âme s'élancer vers Dieu avec une intensité de désir telle que chacune de leurs facultés était à son paroxysme ! Lorsque des vagues de désespoir qu'aucun langage ne peut exprimer s'abattent sur le suppliant, combien s'accrochent avec une foi inébranlable aux promesses de Dieu !

Aujourd'hui, ceux qui n'exercent que peu de foi courent le plus grand danger de tomber sous le pouvoir d'illusions sataniques et du décret destiné à forcer les consciences. Même s'ils résistent à l'épreuve, ils seront plongés dans une affliction et une angoisse plus profondes pendant le « temps de détresse », parce qu'ils n'ont

18. 2 Pierre 3.12.
19. 1 Pierre 1.7.

jamais pris l'habitude de se confier en Dieu. Ils seront contraints d'apprendre, sous la terrible pression du découragement, les leçons de foi qu'ils ont négligé en temps de paix.

Nous devons apprendre dès maintenant à connaître Dieu en mettant ses promesses à l'épreuve. Les anges prennent note de chaque prière fervente et sincère. Il est préférable de renoncer à nos plaisirs égoïstes plutôt que de négliger la communion avec Dieu. La plustotale pauvreté, le plus grand renoncement à soi-même, avec son approbation, valent mieux que les richesses, les honneurs, les aises et l'amitié des hommes sanselle. Nous devons prendre le temps de prier. Si nous laissons notre esprit s'absorber dans les affaires terrestres, le Seigneur peut juger bon de nous aider à y renoncer en nous ôtant nos idoles : notre or, nos maisons, ou nos terres fertiles.

Les jeunes ne se laisseraient pas séduire par le péché s'ils refusaient de s'engager sur tout sentier où ils ne peuvent demander à Dieu sa bénédiction. Si les messagers porteurs du dernier avertissement solennel au monde voulaient bien prier en réclamant l'aide divine, non d'une manière négligente, indifférente et froide, mais avec ferveur et foi, comme le fit Jacob, ils trouveraient de nombreux endroits où ils pourraient dire : « J'ai vu Dieu face à face, et j'ai eu la vie sauve [20]. » Le ciel les considérerait comme des princes qui possèdent le pouvoir de l'emporter auprès de Dieu et auprès des hommes.

Le « temps de détresse tel qu'il n'y en a pas eu [21] » va bientôt s'ouvrir devant nous. Il nous faudra une expérience que nous ne possédons pas aujourd'hui, et que l'indolence de beaucoup empêchera d'obtenir. l'attente de la détresse est souvent plus affligeante que lorsqu'elle est là; mais ce ne sera pas le cas de la crise qui est devant nous. La description la plus remarquable ne peut dépeindre la gravité de cette épreuve pendant laquelle chaque âme devra se tenir debout et seule devant Dieu. Même s'il y avait dans le pays « Noé, Daniel et Job, … ils ne sauveraient ni fils ni fille ; par leur justice, ils ne sauveraient que leur propre vie [22] ».

C'est aujourd'hui, pendant que notre Grand Prêtre fait encore l'expiation pour nous, que nous devons chercher à réaliser la perfection qui est en Christ. Notre Sauveur ne céda jamais à la tentation, pas même en pensée. Satan trouve toujours dans le cœur humain un point qui lui permet d'y prendre pied ; on caresse quelque désir coupable, par le moyen duquel ses tentations affirment leur puissance. Mais le Christ a déclaré en parlant de ce tentateur : « Le prince du monde vient. Il n'a rien en moi qui lui appartienne [23]. » Satan ne put rien trouver dans le Fils de Dieu qui lui aurait permis d'obtenir la victoire. Jésus avait gardé les commandements de son Père, et il n'y avait en lui aucun péché que Satan aurait pu utiliser à son avantage. Telle est l'état dans lequel doivent être trouvés ceux qui doivent se tenir debout pendant le « temps de détresse ».

C'est pendant cette vie que nous devons nous éloigner du péché, par la foi au sang expiatoire du Christ. Notre précieux Sauveur nous invite à nous unir à lui, à associer notre faiblesse à sa force et notre ignorance à sa sagesse, notre indignité à ses mérites. La providence divine est l'école où nous devons apprendre la douceur et l'humilité de Jésus. Le Seigneur place toujours devant nous non pas le chemin

20. Genèse 32.31.
21. Daniel 12.1.
22. Ézéchiel 14.20.
23. Jean 14.30.

que nous choisirions nous-mêmes, celui qui nous semble plus facile et plus agréable, mais les véritables objectifs de la vie. C'est à nous de collaborer avec les agences que le ciel utilise pour transformer notre caractère à l'image du divin modèle. Personne ne peut négliger ou remettre à plus tard cette œuvresans mettre en péril son âme.

L'apôtre Jean, dans sa vision, entendit une forte voix venant du ciel, s'exclamant : « Quel malheur pour vous, terre et mer, car le diable est descendu vers vous en grande fureur, sachant qu'il a peu de temps [24] ! » Terribles sont les scènes qui provoqueront cette exclamation de la voix céleste ! La colère de Satan redouble au fur et à mesure qu'il lui reste moins de temps, et son œuvre de tromperie et de destruction atteindra son point culminant pendant le « temps de détresse ».

Des phénomènes effrayants, de caractère surnaturel, apparaîtront bientôt dans le ciel, témoignant de la puissance des démons à opérer des miracles. Ces « esprits de démons ... [iront] vers les rois de toute la terre habitée [25] » et vers le monde entier, pour les appâter par leurs tromperies et les pousser à s'associer à Satan dans son dernier combat contre le gouvernement du ciel. Ces agences séduiront aussi bien les dirigeants que leurs sujets. Des personnages se manifesteront, prétendant être le Christ en personne et revendiquant le titre et l'adoration dus au Rédempteur du monde. Ils opéreront d'extraordinaires miracles de guérison et prétendront apporter des révélations du ciel, qui contredisent le témoignage des Écritures.

L'acte suprême de Satan dans cette grande tragédie sera de se faire passer pour le Christ. L'Église proclamant depuis longtemps l'attente de l'avènement du Sauveur comme la réalisation de toutes ses espérances. Alors, le grand trompeur en profitera pour faire croire que le Christ est revenu. En différentes parties du monde, Satan se manifestera lui-même parmi les hommes sous la forme d'un personnage majestueux et étincelant de lumière, ressemblant à la description du Fils de Dieu donnée par l'apôtre Jean dans l'Apocalypse [26]. La gloire qui l'environnera depassera tout ce qu'un œil mortel a pu voir.

Ce cri de triomphe résonnera dans l'air : « Le Christ est venu ! Le Christ est venu ! » Les gens du peuple se prosterneront devant lui pour l'adorer, tandis qu'il lèvera les mains et prononcera sur eux une bénédiction semblable à celle que prononçait le Christ pour bénir ses disciples lorsqu'il était sur la terre. Sa voix sera doucereuse et contenue, et cependant mélodieuse. Sur un ton doux, rempli de compassion, il répètera quelques-unes des gracieuses vérités célestes que le Sauveur avait prononcées ; il guérira les malades, puis, toujours en se substituant au Christ, il prétendra avoir transféré le sabbat au dimanche, et ordonnera à tous de sanctifier ce jour qu'il a béni. Il déclarera que ceux qui s'obstineront à honorer le septième jour blasphèmeront son nom en refusant d'écouter ses anges qui leur ont été envoyés pour leur apporter la lumière et la vérité. Ce sera la séduction suprême, presque irrésistible. Comme les Samaritains trompés par Simon le Magicien, des multitudes, « depuis le plus petit jusqu'au plus grand », se laisseront tromper par cette manipulation et diront : « Cet homme-là est la puissance de Dieu, celle qui s'appelle la Grande [27]. »

---

24. Apocalypse 12.12.
25. Apocalypse 16.14.
26. Voir Apocalypse 1.13-15.
27. Actes 8.10.

Mais le peuple de Dieu résistera à l'égarement. Les enseignements de ce faux Christ ne seront pas en accord avec les Écritures. Sa bénédiction sera prononcée sur ceux qui « se prosternent devant la bête et son image [28] », ceux-là mêmes sur lesquels la Bible déclare que le « vin de la fureur de Dieu [sera] versé sans mélange [29] ».

De plus, Satan ne sera pas autorisé à contrefaire la manière dont le Christ reviendra. À ce propos, le Sauveur avait mis en garde ses disciples contre les duperies sataniques .Il avait clairement prédit la manière dont se réaliserait son second avènement : « Des christs de mensonge et des prophètes de mensonge se lèveront ; ils donneront de grands signes et des prodiges de façon à égarer, si possible, même ceux qui ont été choisis. … Si donc on vous dit : 'Il est dans le désert !', n'y allez pas. – 'Il est dans les pièces les plus retirées !', ne le croyez pas. En effet, comme l'éclair qui jaillit au levant se voit jusqu'au couchant, ainsi sera l'avènement du Fils de l'homme [30]. » Il sera impossible de simuler cette venue. Elle sera universellement connue, et le monde entier en sera témoin.

Seuls ceux qui ont étudié les Écritures avec zèle et reçu « l'amour de la vérité [31] » seront à l'abri de la puissante tromperie qui s'emparera du monde. Par le témoignage de la Parole ils détecteront l'illusionniste sous son déguisement. Le temps d'épreuve viendra pour tous. Le crible de la tentation révélera les véritables chrétiens. Les élus du peuple de Dieu seront-ils suffisamment et fermement ancrés sur cette Parole qu'ils ne céderont pas au témoignage même de leurs sens ? Se cramponneront-ils, dans cette crise, à la Bible et à la Bible seule ? Satan tentera, s'il le peut, de les empêcher de se préparer à tenir ferme en ce jour. Il disposera les circonstances de manière à entraver leur marche, à les absorber par des trésors terrestres, à les charger de fardeaux pesants et éreintants, afin que leur cœur « s'alourdisse dans … les inquiétudes de la vie [32] » et que le jour de l'épreuve survienne sur eux « comme un voleur [33] ».

Lorsque les dirigeants de l'ensemble de la chrétienté auront promulgué contre les observateurs des commandements de Dieu le décret qui les privera de la protection gouvernementale et les livrera aux mains de ceux qui désirent leur destruction, les partisans du peuple de Dieu fuiront les villes et les villages, par petits groupes. Ils se réfugieront dans les lieux les plus solitaires et les plus désolés. Beaucoup d'entre eux trouveront asile dans les forteresses au creux des montagnes. Comme les chrétiens des vallées du Piémont, ils feront des lieux élevés de la terre leurs sanctuaires et rendront grâce à Dieu pour ces « rocs fortifiés [34] ». Mais un grand nombre d'entre eux, issus de toutes les nations et de toutes les classes sociales, grands et petits, riches et pauvres, noirs et blancs, seront réduits à la servitude la plus injuste et la plus cruelle. Ces bien-aimés de Dieu, enchaînés, enfermés, condamnés à mort, passeront des journées épuisantes derrière les barreaux des prisons, certains apparemment destinés à mourir de faim dans des cachots obscurs

28. Apocalypse 14.9.
29. Apocalypse 14.10.
30. Matthieu 24.24-27. Voir aussi Matthieu 24.31 et 25.31 ; Apocalypse 1.7 ; 1 Thessaloniciens 4.16,17.
31. 2 Thessaloniciens 2.10.
32. Luc 21.34.
33. 1 Thessaloniciens 5.2.
34. Ésaïe 33.16.

et infects. Aucune oreille humaine ne sera ouverte à leurs gémissements ; aucune main humaine ne leur sera tendue.

Le Seigneur oubliera-t-il son peuple à cette heure d'épreuve ? Oublia-t-il le fidèle Noé lorsque les jugements divins tombèrent sur le monde antédiluvien ? Oublia-t-il Lot lorsque le feu descendit du ciel pour détruire les villes de la plaine ? Oublia-t-il Joseph entouré par des idolâtres en Égypte ? Oublia-t-il Élie lorsque le serment de Jézabel le menaçait du même sort que celui qu'il avait fait subir aux prophètes de Baal ? Oublia-t-il Jérémie dans la fosse sombre et lugubre qui lui servait de prison ? Oublia-t-il les trois jeunes Hébreux dans la fournaise ardente, ou Daniel dans la fosse aux lions ?

« Sion disait : Le SEIGNEUR m'a abandonnée, le Seigneur m'a oubliée ! Une femme oublie-t-elle son nourrisson ? N'a-t-elle pas compassion du fils qui est sorti de son ventre ? Quand elle l'oublierait, moi je ne t'oublierais pas. Je t'ai gravée sur mes mains [35]. » « Celui qui vous touche, touche la prunelle de mon œil [36]. »

Même s'ils sont jetés en prison, les murs des cachots ne pourront empêcher la communication entre leur âme et le Christ. Celui qui voit chacune de leurs faiblesses, qui connaît chacune de leurs épreuves, est au-dessus de toutes les puissances terrestres. Dans leurs cellules solitaires, des anges s'approcheront d'eux pour leur apporter la lumière et la paix du ciel. Cette prison se transformera en palais, car ceux qui s'y trouveront seront débordants de foi, et les murs lugubres seront illuminés par la lumière céleste, comme le furent ceux du cachot de la prison de Philippes où Paul et Silas « priaient et chantaient les louanges de Dieu [37] ».

Les jugements divins tomberont sur ceux qui tenteront d'opprimer et d'anéantir le peuple de Dieu. Sa longue patience envers les méchants enhardit les hommes dans leurs transgressions ; mais leur châtiment, quoiqu'il ait longtemps tardé, n'en sera pas moins certain et terrible. « Le SEIGNEUR se lèvera comme au mont Peratsim, il s'agitera comme dans la vallée de Gabaon, pour faire son œuvre, son œuvre étrange, pour accomplir son travail, son travail extraordinaire [38]. » Pour notre Dieu de miséricorde, punir est une « œuvre étrange ». « Par ma vie, – déclaration du Seigneur DIEU – ce que je désire, ce n'est pas que le méchant meure [39]. » « Le SEIGNEUR … [est] compatissant et clément, patient et grand par la fidélité et la loyauté. … [Il] pardonne la faute, la transgression et le péché, mais … ne tient pas le coupable pour innocent [40]. » « Le SEIGNEUR est patient ; sa force est grande ; le SEIGNEUR ne tient jamais le coupable pour innocent [41]. »

En intervenant fortement dans l'application de sa justice, il affirmera l'autorité de sa loi foulée aux pieds. On peut juger de la sévérité du châtiment qui attend le transgresseur par la répugnance du Seigneur à exécuter cette tâche. La nation pour laquelle il patiente longtemps, et qu'il ne frappera que lorsqu'elle aura mis le comble à son iniquité selon la comptabilité divine, boira finalement « du vin de la fureur de Dieu, versé sans mélange dans la coupe de sa colère [42] ».

---

35. Ésaïe 49.14-16.
36. Zacharie 2.8 ou 12 selon les versions bibliques.
37. Actes 16.25.
38. Ésaïe 28.21.
39. Ézéchiel 33.11.
40. Exode 34.6,7.
41. Nahum 1.3.
42. Apocalypse 14.10.

Lorsque le Christ cessera d'intercéder dans le sanctuaire, la colère « sans mélange » promise à celui qui « se prosterne devant la bête et son image et reçoit [sa] marque [43] » se déversera. Les plaies qui s'abbatirent sur l'Égypte lorsque Dieu s'apprêtait à délivrer le peuple d'Israël sont de même nature que celles encore plus terribles et plus universelles qui tomberont sur le monde juste avant la délivrance finale du peuple de Dieu. L'apôtre Jean déclare, en décrivant ces effrayants fléaux : « Un ulcère malin et douloureux atteignit les humains qui avaient la marque de la bête et qui se prosternaient devant son image. … La mer … devint du sang, comme celui d'un mort, et tous les êtres vivants qui étaient dans la mer moururent. … Les fleuves et les sources des eaux, tout devint du sang [44]. »

Aussi terribles que soient ces châtiments, leur application est pleinement justifiée. L'ange de Dieu déclare : « Tu es juste, … puisque tu as jugé ainsi. En effet, ils ont répandu le sang des saints et des prophètes, et tu leur as donné du sang à boire ; ils le méritent [45]. » En condamnant à mort le peuple de Dieu, ils se dont rendus coupables de son sang comme s'ils l'avaient répandu de leurs propres mains. De même, le Christ avait déclaré coupables les Juifs de son époque de « tout le sang innocent répandu sur la terre, depuis le sang d'Abel [46] » ; car ils étaient animés du même esprit et cherchaient à réaliser une œuvre semblable à celle des meurtriers des prophètes.

Au cours de la plaie suivante, le pouvoir est donné au soleil de « brûler les humains par le feu, et les humains furent brûlés par une chaleur torride [47] ». Les prophètes ont décrit en ces termes l'état de la terre pendant cette période terrible : « La terre est en deuil … parce que la moisson des champs est perdue. … Tous les arbres des champs sont secs. … La gaîté est tarie pour les humains [48]. » « Les semences ont séché sous les mottes ; les granges sont dévastées. … Comme les bêtes gémissent ! Les troupeaux de gros bétail errent en pleine confusion, parce qu'ils n'ont pas de pâture. … Le lit des torrents est à sec, et le feu a dévoré les pâturages du désert [49]. » « En ce jour-là, les chants du palais seront des gémissements – déclaration du Seigneur DIEU. On jettera partout une multitude de cadavres. Silence [50] ! »

Ces plaies ne seront pas universelles ; sinon, les habitants de la terre seraient totalement détruits. Cependant, ce seront les fléaux les plus terribles jamais connus des mortels. Tous les jugements qui tomberont sur les hommes avant l'expiration du temps de grâce seront tempérés par la miséricorde divine ; le sang du Christ a toujours évité aux pécheurs repentants de subir le juste salaire de leur culpabilité ; mais, dans le jugement final, la colère de Dieu se déversera sans être tempérée par la miséricorde.

En ce jour-là, des multitudes souhaiteront ardemment trouver l'abri de la miséricorde divine qu'elles ont si longtemps méprisée. « Les jours viennent – déclaration du Seigneur DIEU – où j'enverrai une famine dans le pays ; non pas une famine de pain ni une soif d'eau, mais la faim et la soif d'entendre les paroles du SEI-

43. Apocalypse 14.9,10.
44. Apocalypse 16.2-4.
45. Apocalypse 16.5,6.
46. Matthieu 23.35.
47. Apocalypse 16.8,9.
48. Joël 1.10-12.
49. Joël 1.17-20.
50. Amos 8.3.

GNEUR. Ils erreront alors d'une mer à l'autre, du nord à l'est ; ils rechercheront la parole du SEIGNEUR en titubant, et ils ne la trouveront pas [51]. »

La souffrance ne sera pas épargnée aux enfants de Dieu. Néanmoins, pendant qu'ils seront persécutés et se trouveront dans la détresse, pendant qu'ils endureront les privations et souffriront du manque de nourriture, ils ne seront pas abandonnés à leur sort. Le Dieu qui prit soin d'Élie n'oubliera aucun de ses enfants qui se donnent à lui. Celui qui compte les cheveux de leur tête prendra soin d'eux, et, en période de famine, il les rassasiera. Alors que les méchants mourront de faim et de la peste, des anges protégeront les justes et pourvoiront à leurs besoins. À « celui qui marche avec justice [52] » cette promesse est faite : « Le pain lui sera donné, et l'eau lui sera assurée [53]. » « Les pauvres et les déshérités cherchent de l'eau, et il n'y en a pas ; leur langue est desséchée par la soif. Moi, le SEIGNEUR, je leur répondrai ; moi, le Dieu d'Israël, je ne les abandonnerai pas [54]. »

« Le figuier ne fleurira pas ; pas de vendange dans les vignes ; la production de l'olivier sera décevante, les champs ne donneront pas de nourriture, le petit bétail disparaîtra de l'enclos ; pas de gros bétail dans les étables. Mais moi, j'exulterai dans le SEIGNEUR, je trouverai de l'allégresse dans le Dieu de mon salut [55]. »

« C'est le SEIGNEUR qui te garde, le SEIGNEUR est ton ombre à ta droite. Le jour, le soleil ne te frappera pas, ni la lune pendant la nuit. Le SEIGNEUR te gardera de tout mal, il gardera ta vie [56]. » « C'est lui qui te délivre du filet de l'oiseleur, de la peste terrible. Il te couvrira de son plumage, tu trouveras un abri sous ses ailes ; sa loyauté est un grand bouclier et une cuirasse. Tu ne craindras ni la frayeur de la nuit, ni la flèche qui vole de jour, ni la peste qui marche dans l'obscurité, ni l'épidémie qui frappe en plein midi. Que mille tombent à ton côté, dix mille à ta droite, rien ne t'atteindra ; tu regarderas seulement de tes yeux et tu verras la rétribution des méchants. Car tu es mon abri, SEIGNEUR ! – Tu fais du Très-Haut ton refuge. Aucun malheur ne t'arrivera, aucun fléau n'approchera de ta tente [57]. »

Cependant, à vues humaines, il semblerait que les enfants de Dieu devront bientôt sceller leur témoignage par le sang, à l'instar des martyrs qui les ont précédés. En ce temps ils commenceront à craindre que le Seigneur les abandonne aux mains de leurs ennemis. Ce sera un moment de terrible angoisse. Jour et nuit, ils crieront à Dieu, réclamant la délivrance. Les méchants exulteront, et ce cri moqueur se fera entendre : « Où est votre foi, maintenant ? Si vous êtes vraiment son peuple Pourquoi Dieu ne vous délivre-t-il pas de nos mains? » Mais ceux qui seront dans l'attente de leur délivrance se souviendront de Jésus mourant sur la croix du Calvaire entouré des principaux sacrificateurs et des gouvernants criant, en se moquant de lui : « Il en a sauvé d'autres, et il ne peut pas se sauver lui-même ! Il est roi d'Israël : qu'il descende de la croix, et nous croirons en lui [58] ! » Tous, comme Jacob, lutteront avec Dieu. La pâleur de leur visage exprimera leur lutte intérieure. Cependant, ils ne cesseront d'intercéder avec ferveur.

---

51. Amos 8.11,12.
52. Ésaïe 33.15.
53. Ésaïe 33.16.
54. Ésaïe 41.17.
55. Habacuc 3.17,18.
56. Psaume 121.5-7.
57. Psaume 91.3-10.
58. Matthieu 27.42.

Si les hommes étaient dotés d'une vision céleste, ils apercevraient des groupes d'anges, « puissants en force [59] », postés autour de ceux dont Jésus dit : « tu as gardé la parole de ma persévérance [60] ». C'est avec tendresse et sympathie, les anges verront leur détresse et entendront leurs prières. Ils attendront l'ordre de leur Chef pour les arracher au danger qui les menace. Mais l'attente se prolongera encore un peu. Le peuple de Dieu devra « boire la coupe … [et] recevoir le baptême [61] » comme Jésus lui-même s'est exécuté.

Ce délai même, si pénible, sera la meilleure réponse à leur prière. En s'efforçant d'attendre avec confiance l'intervention du Seigneur, ils seront amenés à mettre à rude épreuve leur foi, leur espérance et leur patience, qu'ils ont trop peu exercées au cours de leur expérience religieuse. Cependant, « à cause de ceux qui ont été choisis ces jours-là seront abrégés [62] ». « Dieu ne ferait pas justice à ceux qu'il a choisis, alors qu'ils crient vers lui jour et nuit ? … Je vous le dis, il leur fera justice bien vite [63]. » La fin viendra plus vite qu'on ne l'imagine. Le bon grain sera rassemblé et lié en gerbes pour être engrangé dans les greniers de Dieu ; l'ivraie sera liée en bottes pour être jetée dans les flammes de la destruction.

Les sentinelles célestes, fidèles à leur mission, continueront de veiller. Bien qu'un décret général aura fixé la date de la mise à mort des observateurs des commandements, leurs ennemis, dans certains cas, anticiperont le moment prévu, et, avant même la date spécifiée, tenteront de les anéantir. Mais personne ne passeralà où les redoutables gardiens auront été postés. Certes, certains d'entre eux seront attaqués pendant qu'ils fuiront les villes et les villages,mais les épées brandies contre eux se briseront et tomberont, aussi inoffensives que des fétus de paille. D'autres seront défendus par des anges combattant sous l'apparence de soldats.

Dans tous les siècles, Dieu est intervenu par l'intermédiaire de ses saints anges pour secourir et délivrer son peuple. Ces êtres célestes ont joué un rôle actif dans les affaires humaines. Ils sont apparus revêtus de vêtements brillants comme l'éclair, ou sous l'aspect de voyageurs. Des anges se sont présentés à des hommes de Dieu sous une forme humaine. Ils se sont reposés à l'ombre des chênes en plein midi comme s'ils étaient fatigués. Ils ont accepté l'hospitalité de demeures humaines. Ils ont servi de guides à des voyageurs surpris par la nuit. Ils ont, de leurs propres mains, allumé le feu sur l'autel. Ils ont ouvert les portes des prisons et libéré les serviteurs du Seigneur. Revêtus de la panoplie céleste, ils sont venus rouler la pierre du tombeau du Sauveur.

Sous une apparence humaine, les anges se tiennent souvent dans les assemblées des justes. Ils visitent aussi celles des méchants, comme ils le firent à Sodome, pour prendre note de leurs actes et pour déterminer s'ils ont dépassé la limite de la patience de Dieu. Le Seigneur prend plaisir à la miséricorde. Par amour pour les quelques-uns qui le servent réellement, il retient les calamités et prolonge la tranquillité des multitudes. Ceux qui pèchent contre Dieu ne se rendent pas compte qu'ils doivent leur propre vie aux quelques fidèles qu'ils prennent plaisir à tourner en ridicule et à opprimer.

59. Psaume 103.20.
60. Apocalypse 3.10.
61. Marc 10.38.
62. Matthieu 24.22.
63. Luc 18.7,8.

Bien que les gouvernants de ce monde ne le sachent pas, des anges ont souvent pris la parole dans leurs assemblées. Des yeux humains les ont vus ; des oreilles ont écouté leurs appels ; des lèvres se sont opposées à leurs suggestions et ont tourné en ridicule leurs conseils ; des mains leur ont retourné leurs insultes. Dans leurs assemblées et devant les tribunaux, ces messagers célestes ont fait preuve d'une connaissance intime de l'Histoire humaine ; ils se sont montrés capables de mieux plaider la cause des opprimés que les défenseurs les plus qualifiés et les plus éloquents d'entre eux. Ils ont fait échouer des desseins et empêché des maux qui auraient considérablement retardé l'œuvre de Dieu et causé de grandes souffrances à son peuple. À l'heure du danger et de la détresse, « le messager du SEIGNEUR dresse son camp autour de ceux qui le craignent, et il les délivre [64] ».

Le peuple de Dieu attendra avec un ardent désir les signes annonciateurs de la venue de leur Roi. Lorsqu'on demandera aux sentinelles : « Garde, où en est la nuit ? », elles répondront immanquablement : « Le matin vient, et la nuit aussi [65]. » La lumière illuminera les nuages flottant au-dessus des sommets des montagnes. Bientôt, la gloire de Dieu sera révélée. Le « soleil de la justice [66] » brillera de tous ses feux. Le matin et la nuit seront imminents l'un comme l'autre : ce sera le commencement d'un jour sans fin pour les justes, et la tombée d'une nuit éternelle sur les méchants.

Pendant que ceux qui luttent présenteront leurs requêtes à Dieu, le voile qui les sépare du monde invisible semblera presque s'écarter. Le ciel luira de l'aurore d'un jour éternel, et, semblables à la mélodie des cantiques angéliques, ces paroles frapperont leurs oreilles : « Restez fidèles à votre allégeance ! Le secours arrive ! » Le Christ, le puissant Vainqueur, présentera à ses soldats fatigués une couronne de gloire immortelle ; et sa voix leur parvient depuis les portes entrouvertes : « Je suis avec vous. Ne craignez pas. Je connais toutes vos souffrances. J'ai porté vos douleurs. Vous ne combattez pas contre des ennemis inconnus. J'ai combattu pour vous, et, par mon nom, vous êtes 'plus que vainqueurs [67]'. »

Notre précieux Sauveur nous enverra son secours juste au moment où nous en aurons besoin. Le chemin qui mène au ciel a été consacré par la trace de ses pas. Chaque épine qui meurtrit nos pieds a meurtri aussi les siens. Chaque croix que nous sommes appelés à porter, il l'a portée avant nous. Le Seigneur permet les conflits pour préparer nos âmes à la paix. Le « temps de détresse » sera une épreuve terrible pour le peuple de Dieu ; mais ce sera le moment où chaque véritable croyant pourra lever les yeux, et, par la foi, apercevoir l'arc-en-ciel de la promesse déployé tout autour de lui.

« Ceux que le SEIGNEUR a libérés reviendront, ils arriveront à Sion avec des cris de joie, une joie perpétuelle couronnera leur tête ; la gaieté et la joie viendront à leur rencontre, le chagrin et les gémissements s'enfuiront. C'est moi, moi seul, qui vous console. Qui es-tu, pour avoir peur de l'homme mortel, de l'être humain, dont le sort est celui de l'herbe ? Tu oublierais le SEIGNEUR, celui qui te fait. … Tu serais dans une frayeur continuelle, constante, devant la fureur de l'oppresseur, comme lorsqu'il s'apprête à détruire ! Où donc est la fureur de l'oppresseur ? Bientôt celui qui est courbé dans un cachot sera élargi ; il ne mourra pas dans la fosse, et

---

64. Psaume 34.8.
65. Ésaïe 21.11, 12.
66. Malachie 3.20.
67. Romains 8.37.

il ne manquera pas de pain. Je suis le SEIGNEUR, ton Dieu, qui agite la mer et fais gronder ses flots. – Son nom, c'est le SEIGNEUR des Armées. – J'ai mis mes paroles dans ta bouche, et je t'ai couvert de l'ombre de ma main [68]. »

« Écoute, je te prie, malheureuse, toi qui es ivre – mais ce n'est pas de vin ! Ainsi parle ton Seigneur, le SEIGNEUR, ton Dieu, qui défend la cause de son peuple : Je prends de ta main la coupe d'étourdissement, le fond de la coupe de ma fureur ; tu ne le boiras plus ! Je la mettrai dans la main de ceux qui te causaient du chagrin, qui te disaient : Courbe-toi, que nous passions ! Tu leur offrais ton dos comme le sol, comme la rue est offerte aux passants [69]. »

L'œil de Dieu, regardant au travers des siècles, observait la crise que ses enfants devront traverser lorsque les puissances terrestres seront liguées contre eux. Comme les exilés captifs, ils craindront la mort par la faim ou par la violence. Mais le Saint d'Israël qui ouvrit la Mer Rouge devant ce peuple manifestera sa grande puissance et les délivrera de leur captivité. « Ils seront à moi, dit le SEIGNEUR des Armées, ils m'appartiendront en propre au jour que je prépare ; je les épargnerai comme un homme épargne son fils qui le sert [70]. »

Si le sang des fidèles témoins du Christ était versé à ce moment, il ne serait pas, comme celui des martyrs, une semence productive d'une moisson pour Dieu. Leur fidélité ne serait pas un témoignage pour en convaincre d'autres de la vérité ; car ceux dont le cœur est endurci ont repoussé les vagues successives de la miséricorde divine jusqu'à ce que les appels de Dieu ne se fassent plus entendre. Si Dieu laissait les justes devenir la proie de leurs ennemis, ce serait un triomphe pour le prince des ténèbres. Le psalmiste déclare : « Il me protégera dans sa hutte au jour du malheur, il me cachera au secret de sa tente [71]. » Le Christ a dit : « Va, mon peuple, entre dans tes appartements et ferme tes portes sur toi ; cache-toi pour quelques instants jusqu'à ce que la fureur soit passée. Car le SEIGNEUR sort de son lieu afin de faire rendre des comptes aux habitants de la terre pour leur faute [72]. » Glorieuse sera la délivrance de ceux qui ont attendu patiemment sa venue et « dont les noms sont dans le livre de vie [73] » !

68. Ésaïe 51.11-16.
69. Ésaïe 51.21-23.
70. Malachie 3.17.
71. Psaume 27.5.
72. Ésaïe 26.20,21.
73. Philippiens 4.3.

40

La délivrance du peuple de Dieu

Lorsque ceux qui honorent les commandements de Dieu ne seront plus sous la protection des lois humaines, il se produira, dans différents pays, un mouvement simultané visant à les détruire. À l'approche du moment fixé par ce décret, les opposants conspireront dans le but d'extirper cette secte détestée. On décidera d'une nuit pour frapper un coup décisif la afin de réduire au silence les voix dissidentes et réprobatrices.

Les partisans du peuple de Dieu, certains enfermés dans des cellules de prisons, d'autres cachés dans des retraites solitaires de forêts et de montagnes, plaident encore pour obtenir la protection de Dieu, tandis que, de tous côtés, des groupes d'hommes en armes, poussés par l'armée des mauvais anges, se préparent pour leur œuvre de mort. C'est maintenant, à l'heure de la dernière extrémité, que le Dieu d'Israël va s'interposer pour délivrer ses élus. Le Seigneur déclare : « Vous chanterez comme la nuit où l'on célèbre la fête, vous aurez le cœur joyeux comme celui qui marche … [vers] la montagne du SEIGNEUR, vers le Rocher d'Israël. Le SEIGNEUR fera retentir sa voix éclatante, il montrera son bras qui s'abat dans la rage de sa colère, dans un feu flamboyant qui dévore, dans une pluie battante, une averse violente et des pierres de grêle [1]. »

Poussant des cris de triomphe, des railleries et des imprécations, des foules de méchants hommes s'apprêtent à se jeter sur leur proie, lorsque, soudain, d'épaisses ténèbres, plus denses que celles de la nuit, s'abattent sur la terre. Puis, un arc-en-ciel, reflet de la gloire qui émane du trône de Dieu, remplit le firmament d'un bout à l'autre et semble encercler chaque groupe en prière. Les foules irritées s'arrêtent brusquement. Leurs cris moqueurs cessent. Elles oublient ceux qui sont l'objet de leur rage meurtrière. Avec de terribles pressentiments, elles contemplent le symbole de l'alliance de Dieu et aspirent à être protégées de son irrésistible éclat.

Mais les enfants de Dieu entendent une voix claire et mélodieuse, qui leur dit : « Levez les yeux ! » Levant les yeux vers les cieux, ils aperçoivent l'arc-en-ciel de la promesse. Les nuages sombres et menaçants qui couvraient le firmament s'écartent, et, comme Étienne, ils fixent le ciel et y contemplent « la gloire de Dieu … et le Fils de l'homme [2] » assis sur son trône. Sous sa forme divine, ils discernent les marques de son humiliation. De ses lèvres, ils entendent la requête qu'il présente devant le Père et les saints anges : « Je veux que là où, moi, je suis, eux aussi soient avec moi [3]. » Une voix musicale et triomphante se fait de nouveau entendre, disant :

1. Ésaïe 30.29,30.
2. Actes 8.55,56.
3. Jean 17.24.

« Ils arrivent ! Ils arrivent ! Ils sont 'saint[s], innocent[s], sans souillure [4]' ; ils ont 'gardé la parole de ma persévérance [5]' ; ils marcheront parmi les anges. » Les lèvres pâles et tremblantes de ceux qui sont restés fermes dans leur foi poussent un cri de victoire.

C'est au coup de minuit que Dieu manifeste sa puissance pour délivrer son peuple. Le soleil apparaît, brillant de tout son éclat. Des signes et des prodiges se suivent rapidement. Les méchants observent cette scène avec terreur et stupéfaction, tandis que les justes contemplent avec une joie solennelle les signes de leur délivrance. Tout, dans la nature, semble être sens dessus dessous. Les fleuves cessent de couler. Des nuages sombres et lourds s'élèvent et s'entrechoquent. Au milieu du ciel menaçant apparaît un espace clair d'une indescriptible beauté. C'est de là que vient la voix de Dieu, « comme le bruit de grandes eaux [6] », annonçant : « C'est fait [7] ! »

Cette voix ébranle les cieux et la terre. « Il y eut un grand tremblement de terre, tel qu'il n'y en a pas eu depuis qu'il y a des humains sur la terre [8]. » Le firmament semble s'ouvrir et se refermer et la gloire du trône de Dieu paraît en provenir. Les montagnes sont secouées comme un roseau dans le vent, et des rochers déchiquetés sont répandus de tous côtés. On entend un rugissement comme celui d'une tempête qui approche. La mer est déchaînée. On perçoit le hurlement d'un ouragan semblable à la voix de démons envoyés dans une mission de destruction. La terre entière se soulève et s'enfle comme les vagues de la mer. Sa surface se crevasse. Ses fondations mêmes semblent s'effondrer. Des chaînes de montagnes s'enfoncent dans le sol. Des îles habitées disparaissent. Les villes portuaires qui sont devenues semblables à Sodome par leur perversité sont englouties par les flots furieux.

« Dieu se souvint de Babylone la Grande, pour lui donner la coupe du vin de sa colère ardente [9]. » « Une grosse grêle, dont les grêlons pesaient environ un talent [10] », accomplit son œuvre de destruction. Les villes les plus fières de la terre sont rasées. Les somptueux palais pour lesquels les grands de ce monde ont dépensé leur richesse pour leur gloire personnelle s'écroulent sous leurs yeux, en ruines. Les murs des prisons s'effondrent, libérant les membres du peuple de Dieu retenus captifs pour leur foi.

Des tombeaux s'ouvriront, et « une multitude, qui dort au pays de la poussière, se réveillera – les uns pour la vie éternelle et les autres pour le déshonneur [11] ». Tous ceux qui sont morts dans la foi au message du troisième ange sortent de leurs tombeaux, glorifiés, pour entendre proclamer l'alliance de paix conclue entre Dieu et ceux qui ont observé sa loi. « Même ceux qui l'ont transpercé [12] », ceux qui se moquèrent et se raillèrent de l'agonie du Christ, ainsi que les plus violents adversaires de sa vérité et de son peuple, ressuscitent pour le contempler dans sa gloire et pour être témoins de l'honneur conféré à ceux qui se sont montrés loyaux et obéissants.

---

4. Hébreux 7.26.
5. Apocalypse 3.10.
6. Apocalypse 1.15.
7. Apocalypse 16.17.
8. Apocalypse 16.18.
9. Apocalypse 16.19.
10. Apocalypse 16.20.
11. Daniel 12.2.
12. Apocalypse 1.7.

D'épais nuages couvrent encore le ciel ; cependant, ça et là, le soleil les perce de temps en temps, semblable à l'œil vengeur du Seigneur. De violents éclairs jaillissent des cieux, enveloppant la terre de nappes de flammes. Dominant le grondement terrifiant du tonnerre, des voix mystérieuses et impressionnantes annoncent le sort des méchants. Tous ne comprennent pas les paroles qui sont prononcées ; mais les faux docteurs les perçoivent distinctement. Ceux qui, peu de temps auparavant, se montraient si téméraires, si présomptueux, si provocants, si triomphants dans leur cruauté à l'égard du peuple qui garde les commandements de Dieu, sont maintenant accablés de consternation et frissonnent de peur. Le bruit de leurs plaintes domine celui des éléments. Les démons reconnaissent la divinité du Christ et tremblent devant sa puissance, tandis que des hommes implorent sa miséricorde et rampent sur le sol dans une terreur abjecte.

Les prophètes d'autrefois avaient dit, en contemplant dans leurs saintes visions le jour de Dieu : « Hurlez, car le jour du SEIGNEUR est proche : il vient comme un ravage du Puissant [13]. » « Entre dans les rochers et cache-toi dans la poussière, loin de la frayeur du SEIGNEUR, de l'éclat de sa majesté. Les yeux hautains de l'être humain seront abaissés, la supériorité des hommes sera courbée : le SEIGNEUR seul sera élevé en ce jour-là. Car c'est un jour pour le SEIGNEUR des Armées, contre tout ce qui est hautain et orgueilleux, contre ce qui s'élève et doit être abaissé [14]. » « En ce jour-là, l'être humain jettera aux rats et aux chauves-souris ses faux dieux d'argent et ses faux dieux d'or, qu'il s'était faits pour se prosterner devant eux ; on entrera dans les creux des rochers et dans les fentes des rocs, loin de la frayeur du SEIGNEUR, de l'éclat de sa majesté, quand il se lèvera pour épouvanter la terre [15]. »

Au travers d'une éclaircie apparaît une étoile, dont l'éclat est rendu quatre fois plus brillant en raison des ténèbres qui l'entourent. Elle parle d'espérance et de joie aux fidèles, mais de sévérité et de colère aux transgresseurs de la loi de Dieu. Ceux qui ont tout sacrifié pour le Christ sont maintenant en sécurité, comme cachés « au secret de sa tente [16] ». Ils ont été éprouvés, devant le monde et devant ceux qui ont méprisé la vérité, ils ont fait preuve de fidélité à Celui qui est mort pour eux. Un merveilleux changement s'est opéré en eux. Ils ont été soudain délivrés de la sombre et terrible tyrannie d'hommes transformés en démons. Leurs visages, si récemment pâles, anxieux et hagards, brillent maintenant d'émerveillement, de foi et d'amour. Leur voix s'élève en un cantique triomphant : « Dieu est pour nous un abri et un appui, un secours bien présent dans la détresse. C'est pourquoi nous n'avons pas peur quand la terre tremble, quand les montagnes vacillent au cœur des mers, quand leurs eaux grondent, écument et font trembler les montagnes en se soulevant [17]. »

Pendant que ces paroles de sainte confiance s'élèvent vers Dieu, les nuages s'écartent. On aperçoit un ciel étoilé, glorieux au-delà de toute description, contrastant avecla masse noire et menaçante de chaque côté. La gloire de la cité céleste resplendit au travers des portes entrouvertes. Alors, apparaît dans le ciel une main tenant deux tables de pierre pliées en deux. Le prophète avait déclaré : « Le ciel

13. Ésaïe 13.6.
14. Ésaïe 2.10-12.
15. Ésaïe 2.20,21.
16. Psaume 27.5.
17. Psaume 46.2-4.

dira sa justice, car c'est Dieu qui est juge [18]. » Cette sainte loi, expression de la justice de Dieu, proclamée du haut du Sinaï comme guide de notre vie, au milieu des tonnerres et des flammes de feu, est maintenant révélée aux hommes comme la règle du jugement. Cette main ouvre les tables de pierre, et on y voit les préceptes du Décalogue, comme gravés par une plume de feu. Les mots sont si simples et tous peuvent les lire. La mémoire se réveille, les ténèbres de la superstition et de l'hérésie sont balayées des esprits, et les dix paroles de Dieu, courtes, complètes et revêtues d'autorité, s'offrent à la vue de tous les habitants de la terre.

Il est impossible de décrire l'horreur et le désespoir de ceux qui ont foulé aux pieds les saintes exigences de Dieu. Le Seigneur leur avait donné sa loi ; ils auraient pu y confronter leur caractère et y découvrir leurs défauts alors qu'ils avaient encore la possibilité de se repentir et de réformer leur vie. Mais ils ont opté pour la faveur du monde, et mis de côté les préceptes divins en enseignant aux autres à faire de même. Ils ont tenté de forcer le peuple de Dieu à profaner son sabbat. Maintenant, cette loi qu'ils ont méprisée les condamne. La lumière se fait en eux, ils se rendent compte qu'ils sont sans excuse. Ils ont choisi qui ils voulaient servir et adorer. « Ainsi, vous verrez de nouveau la différence entre un juste et un méchant, entre celui qui sert Dieu et celui qui ne le sert pas [19]. »

Les ennemis de la loi de Dieu, depuis les prédicateurs jusqu'aux moindres d'entre eux, ont maintenant une nouvelle conception de la vérité et du devoir. Trop tard, ils prennent conscience que le sabbat du quatrième commandement est « le sceau du Dieu vivant [20] » ; trop tard ils discernent la véritable nature de leur soi-disant sabbat et du fondement branlant sur lequel ils ont bâti. Ils découvrent qu'ils ont lutté contre Dieu. Les conducteurs spirituels ont mené les âmes à la perdition tout en professant les guider vers les portes du paradis. Ce n'est qu'au grand jour des rétributions finales qu'on connaîtra la lourde responsabilité des hommes qui ont occupé des fonctions sacrées, et combien sera terrible la conséquence de leur infidélité. Ce n'est que dans l'éternité que nous pourrons estimer à sa juste valeur la perte d'une seule âme. Redoutable sera le sort de ceux auxquels Dieu dira : « Éloignez-vous de moi, méchants serviteurs ! »

La voix de Dieu se fait entendre du ciel, annonçant le jour et l'heure de l'avènement de Jésus et remettant l'alliance éternelle à son peuple. Aussi fortes que les roulements du tonnerre, ses paroles parcourent toute la terre. Les membres de l'Israël de Dieu écoutent avec attention, les yeux tournés vers le ciel. Leur visage est illuminé de sa gloire et brille comme celui de Moïse lorsqu'il descendit du Sinaï. Les méchants ne peuvent les regarder. Lorsque la bénédiction est prononcée sur ceux qui ont honoré Dieu en sanctifiant son sabbat, on entend un puissant cri de victoire.

Bientôt apparaît du côté de l'Orient un petit nuage noir, grand « comme la main d'un homme [21] ». C'est le nuage qui entoure le Sauveur et qui, dans le lointain, semble être environné de ténèbres. Les membres du peuple de Dieu savent que c'est « le signe du Fils de l'homme [22] ». Dans un silence solennel, ils le contemplent pendant qu'il approche de la terre, devenant plus brillant et plus glorieux, jusqu'à

18. Psaume 50.6.
19. Malachie 3.18.
20. Apocalypse 7.2.
21. 1 Rois 18.44.

devenir un grand nuage blanc dont la base est comme « un feu dévorant [23] », et qui est surmonté par l'arc-en-ciel de l'alliance.

Jésus apparaît comme un puissant conquérant. Ce n'est plus l'« homme de douleur [24] », venu boire la coupe amère de la honte et de la souffrance, mais un vainqueur, dans le ciel et sur la terre, venant « juger les vivants et les morts [25] ». Appelé « Fidèle et Vrai, il juge et fait la guerre avec justice [26] ». « Les armées qui sont dans le ciel le suivaient [27]. » Entonnant des cantiques et des mélodies célestes, les saints anges, une armée vaste et innombrable, l'accompagnent tout le long de son voyage. Le firmament semble rempli d'êtres radieux, au nombre incalculable de « dizaines de milliers de fois dix mille, des milliers de milliers [28] ».

Aucune plume humaine ne peut décrire cette scène ; aucun esprit humain n'en peut concevoir la splendeur. « Son éclat couvre le ciel, sa louange remplit la terre. C'est comme la clarté de la lumière [29]. » Au fur et à mesure qu'approche ce nuage vivant, chaque œil contemple le Prince de la vie. Nulle couronne d'épines ne meurtrit maintenant son front sacré ; mais un diadème de gloire repose sur son saint front. Son visage est plus brillant que l'éclat aveuglant du soleil en plein midi. « Il a sur son vêtement et sur sa cuisse un nom écrit : Roi des rois et Seigneur des seigneurs [30]. »

Devant sa présence, « tous les visages sont … devenus livides [31] ». Sur ceux qui ont rejeté la miséricorde de Dieu tombe la terreur d'un désespoir éternel. « Les cœurs fondent, les genoux flageolent, … tous les visages pâlissent [32]. » Les justes s'écrient en tremblant : « Qui pourrait tenir debout [33] ? » Le cantique des anges s'interrompt, et un moment de silence solennel s'établit. On entend alors la voix de Jésus, disant : « Ma grâce te suffit [34]. » Le visage des justes s'illumine, et la joie remplit tous les cœurs. Les anges reprennent leur cantique un ton plus haut tout en se rapprochant de la terre.

Le « Roi des rois » descend sur le nuage, enveloppé d'un « feu flamboyant [35] ». « Le ciel se retira tel un livre qu'on roule [36]. » La terre tremble devant lui. « Toutes les montagnes et les îles furent enlevées de leur place [37]. » « Il vient, notre Dieu, il ne garde pas le silence ; devant lui c'est un feu dévorant, autour de lui une violente tempête. Il crie vers le ciel, en haut, et vers la terre, pour juger son peuple [38]. »

« Les rois de la terre, les dignitaires, les chefs militaires, les riches, les puissants, tous, esclaves et hommes libres, allèrent se cacher dans les cavernes et dans les rochers des montagnes. Et ils disaient aux montagnes et aux rochers : Tombez sur

22. Matthieu 24.30.
23. Hébreux 12.29.
24. Ésaïe 53.3.
25. 2 Timothée 4.1.
26. Apocalypse 19.11.
27. Apocalypse 19.14.
28. Apocalypse 5.11.
29. Habacuc 3.3,4.
30. Apocalypse 19.16.
31. Jérémie 30.6.
32. Nahum 2.11.
33. Apocalypse 6.17.
34. 2 Corinthiens 12.9.
35. Apocalypse 1.14.
36. Apocalypse 6.14.
37. *Idem.*
38. Psaume 50.3,4.

nous, cachez-nous de celui qui est assis sur le trône et de la colère de l'agneau, car le grand jour de leur colère est venu, et qui pourrait tenir debout [39] ? »

Les plaisanteries et les moqueries ont cessé. Les lèvres menteuses sont réduites au silence. Le fracas des armes, le tumulte de la bataille, « les manteaux roulés dans le sang [40] », tout se tait. On n'entend plus maintenant que le son de la prière et celui des pleurs et des lamentations. Ce cri s'échappe de lèvres, qui, tout récemment, se moquaient : « Le grand jour de leur colère est venu, et qui pourrait tenir debout [41] ? » Les méchants supplient qu'on les ensevelisse sous les rochers des montagnes plutôt que d'affronter le regard de Celui qu'ils ont méprisé et rejeté.

Ils connaissent bien cette voix, qui pénètre dans l'oreille des morts. Que de fois ses accents tendres et suppliants ont plaidé avec eux pour les inviter à la repentance ! Que de fois elle s'est fait entendre dans les appels touchants d'un ami, d'un frère ou d'un Rédempteur ! Pour ceux qui ont rejeté sa grâce, aucune voix ne pourrait être aussi chargée de condamnation et de dénonciation que celle qui a supplié si longtemps en ces termes : « Revenez, revenez de vos voies mauvaises. Pourquoi devriez-vous mourir [42] ? » Oh, si cette voix était pour eux celle d'un étranger ! Jésus leur dit : « Puisque j'ai appelé et que vous avez résisté, puisque j'ai tendu la main et que personne n'y a prêté attention, puisque vous avez rejeté tous mes conseils et que vous avez fait peu de cas de mes avertissements, à mon tour, je rirai, quand la catastrophe s'abattra sur vous [43]. » Cette voix éveille des souvenirs dont ils préféreraient pouvoir les effacer : avertissements méprisés, invitations refusées, privilèges considérés avec dédain.

Là se trouvent ceux qui se sont moqués du Christ dans son humiliation. Avec une puissance saisissante, les paroles du supplicié prononcées lorsque le souverain sacrificateur l'adjurait de répondre reviennent à leur mémoire : « Désormais vous verrez le Fils de l'homme assis à la droite de la Puissance et venant sur les nuées du ciel [44]. » Ils le contemplent maintenant dans sa gloire, et ils le verront encore « assis à la droite de la Puissance ».

Ceux qui ridiculisèrent sa prétention d'être le Fils de Dieu sont maintenant sans voix. Là se trouve le hautain Hérode, qui se moqua de son titre royal et ordonna à ses soldats, par dérision, de le couronner roi. Là se trouvent ceux qui, de leurs mains sacrilèges, le « couvrirent d'un manteau écarlate [45] », lui posèrent, sur le front sacré une couronne d'épines, placèrent dans sa main sans résistance un roseau en guise de sceptre, et se prosternèrent devant lui en une dérision blasphématoire. Ceux qui frappèrent le Prince de la vie et crachèrent sur lui se détournent maintenant de son regard perçant et cherchent à fuir la gloire irrésistible de sa présence. Ceux qui enfoncèrent les clous dans ses mains et dans ses pieds, ainsi que le soldat qui transperça son flanc d'un coup de lance, contemplent présentement ces marques avec terreur et remords.

Avec une douloureuse précision, les sacrificateurs et les gouvernants se remémorent les événements du Calvaire. Frémissant d'horreur, ils se souviennent comment, hochant la tête en une exultation satanique, ils s'exclamèrent : « Il en a sauvé

39. Apocalypse 6.15-17.
40. Ésaïe 9.4.
41. Apocalypse 6.17.
42. Ézéchiel 33.11.
43. Proverbes 1.24-26.
44. Matthieu 26.64.
45. Matthieu 27.28.

d'autres, et il ne peut pas se sauver lui-même ! Il est roi d'Israël : qu'il descende de la croix, et nous croirons en lui ! Il s'est confié en Dieu ; que Dieu le délivre maintenant, s'il l'aime [46]. »

Ils se souviennent très nettement de la parabole donnée par le Sauveur : les vignerons qui refusèrent de rendre à leur maître le produit de sa vigne, maltraitèrent ses serviteurs et tuèrent son fils. Ils se souviennent aussi de la sentence qu'ils avaient eux-mêmes prononcée : « Ces misérables, il les fera disparaître misérablement [47]. » Dans le péché et le châtiment de ces vignerons infidèles, les sacrificateurs et les anciens du peuple reconnaissent leur propre conduite et leur juste châtiment. Alors retentit un cri d'une agonie douloureuse. Plus fort que le cri « Crucifie-le ! Crucifie-le [48] ! » qui résonna dans les rues de Jérusalem, se fait entendre cette lamentation terrible et désespérée : « C'est le Fils de Dieu ! C'est le véritable Messie ! » Ils tentent de fuir la présence du « Roi des rois ». En cherchant vainement à se cacher dans de profondes cavernes, déchiquetées par les éléments déchaînés.

Dans la vie de tous ceux qui rejettent la vérité, il y a des moments où la conscience se réveille, où la mémoire rappelle les souvenirs douloureux d'une vie d'hypocrisie, et où l'âme est tourmentée de vains regrets. Mais que sont ces moments, comparés au remords ressenti en ce jour, « quand la frayeur viendra sur vous comme une tourmente, quand la catastrophe arrivera sur vous comme un ouragan [49] » ! Ceux qui auraient voulu détruire le Christ et les membres de son peuple fidèle sont maintenant témoins de leur gloire présente. Au milieu de leur terreur, ils entendent la voix des saints qui, en de joyeux accents, s'écrient : « C'est lui, notre Dieu ! Nous avons mis notre espérance en lui et il nous a sauvés [50]. »

Pendant que la terre chancelle, que l'éclair jaillit et que le tonnerre gronde, la voix du Fils de Dieu appelle les saints endormis. Il contemple les tombeaux des justes, puis, levant les mains vers le ciel, s'écrie : « Réveillez-vous … vous qui demeurez dans la poussière [51] ! » Dans toute la longueur et la largeur de la terre, « les morts entendront la voix du Fils de Dieu ; et ceux qui l'auront entendue vivront [52] ». Toute la terre résonnera du bruit des pas d'une immense armée provenant de « toute nation, tribu, langue et peuple [53] ». Ils sortent de la prison de la mort, revêtus d'une gloire immortelle et s'écriant : « Mort, où est ta victoire ? Mort, où est ton aiguillon [54] ? » Les justes demeurés vivants et les saints ressuscités unissent leurs voix en un long et joyeux cri de victoire.

Tous sortent de leur tombeau ayant la taille qu'ils avaient lorsqu'on les y a déposés. Adam, présent parmi cette foule de ressuscités, est d'une stature élevée et majestueuse, à peine inférieure à celle du Fils de Dieu. Il offre un contraste frappant avec les hommes des générations suivantes ; ce fait révèle la grave dégénérescence de notre race. Mais tous ressuscitent avec la fraîcheur et la vigueur d'une jeunesse éternelle.

---

46. Matthieu 27.42,43.
47. Matthieu 21.41.
48. Jean 19.6.
49. Proverbes 1.27.
50. Ésaïe 25.9.
51. Ésaïe 26.19.
52. Jean 5.25.
53. Apocalypse 14.6.
54. 1 Corinthiens 15.55.

Au commencement, l'homme avait été créé « à l'image de Dieu [55] », non seulement en ce qui concerne son caractère, mais aussi dans sa forme et dans ses traits. Le péché a défiguré et presque effacé cette image divine ; mais le Christ est venu pour restaurer « ce qui était perdu [56] ». Il « transformera notre corps humilié, en le configurant à son corps glorieux [57] ». Notre nature mortelle, corruptible, dépourvue de beauté, autrefois polluée par le péché, devient parfaite, belle et immortelle. Toutes les taches et les difformités restent dans le tombeau. Admis à manger de l'arbre de vie dans le jardin d'Éden retrouvé, les rachetés croîtront jusqu'à la pleine stature de la race humaine dans sa gloire originelle. Les dernières traces de la malédiction du péché seront ôtées, et les fidèles disciples du Christ apparaîtront dans « la beauté du Seigneur, notre Dieu [58] », réfléchissant dans leur esprit, leur âme et leur corps l'image parfaite de leur Seigneur. Merveilleuse rédemption ! On en a parlé si longtemps, on l'a attendue si impatiemment, on l'a envisagée avec une anticipation si ardente, mais jamais on ne l'a pleinement comprise.

Les justes encore vivants sont transformés « en un instant, en un clin d'œil [59] ». À la voix de Dieu ils ont été glorifiés ; ils sont maintenant rendus immortels et, avec les saints ressuscités, sont « enlevés ensemble avec eux, dans les nuées, à la rencontre du Seigneur dans les airs [60] ». « Ses anges … rassembleront des quatre vents, depuis une extrémité des cieux jusqu'à l'autre, ceux qu'il a choisis [61]. » De saints anges apportent des petits enfants dans les bras de leur mère. Des amis, que la mort avait longtemps séparés, sont réunis pour ne plus jamais se quitter, et, avec des chants d'allégresse, montent ensemble vers la Cité de Dieu.

De chaque côté du char de nuages se trouvent des ailes, et, en dessous du char, des roues vivantes ; tandis que le char s'élève, les roues s'écrient : « Saint ! » ; les ailes, en battant, s'écrient : « Saint ! » ; le cortège d'anges s'écrie : « Saint, saint, saint est le SEIGNEUR des Armées [62] ! » ; et les rachetés s'écrient : « Alléluia ! » tandis que le char s'élève vers la Nouvelle Jérusalem.

Avant de pénétrer dans la Cité de Dieu, le Sauveur remet à ses disciples les emblèmes de la victoire et les revêt des insignes de leur qualité royale. Leurs rangs étincelants sont disposés en carré autour de leur Roi, dont la silhouette se dresse majestueusement au-dessus des saints et des anges, et dont le visage rayonne d'amour bienveillant. Dans cette foule innombrable des rachetés, tous les regards sont fixés sur le Christ, tous les yeux contemplent la gloire de Celui dont l'« aspect, défiguré, n'était plus celui d'un homme, son apparence n'était plus celle des êtres humains [63] ».

De sa propre main, Jésus place sur la tête des vainqueurs la couronne de gloire. Chacun reçoit une couronne, portant son « nom nouveau [64] » et l'inscription « consacré au SEIGNEUR [65] ». Chaque main reçoit la palme du vainqueur et une harpe brillante. Puis, lorsque les anges chargés de diriger donnent le ton, chaque

55. Genèse 1.27.
56. Luc 19.10.
57. Philippiens 3.21.
58. Psaume 90.17.
59. 1 Corinthiens 15.52.
60. 1 Thessaloniciens 4.17.
61. Matthieu 24.31.
62. Ésaïe 6.3.
63. Ésaïe 52.14.
64. Apocalypse 2.17.
65. Exode 28.36.

main fait vibrer avec habileté les cordes de sa harpe et en tire une douce musique d'accords riches et mélodieux. Chaque cœur vibre d'une extase inexprimable, et chaque voix s'élève en une louange de reconnaissance : « À celui qui nous aime, qui nous a délivrés de nos péchés par son sang et qui a fait de nous un royaume, des prêtres pour son Dieu et Père, à lui la gloire et le pouvoir à tout jamais [66] ! »

Devant la foule des rachetés se trouve la Sainte Cité. Jésus ouvre grandes ses portes de perle, et les citoyens de « la nation juste qui garde la probité [67] » y pénètrent. Ils y contemplent « le paradis de Dieu [68] », qui fut la demeure d'Adam dans son innocence. Puis on entend cette voix, plus mélodieuse que toute musique qui tomba jamais dans une oreille mortelle, disant : « Votre combat est terminé. » « Venez, vous qui êtes bénis de mon Père ; héritez le royaume qui a été préparé pour vous depuis la fondation du monde [69]. »

Maintenant est exaucée la prière du Sauveur pour ses disciples : « Je veux que là où, moi, je suis, eux aussi soient avec moi [70]. » Le Christ présente au Père ceux qu'il a rachetés par son sang, « sans défaut, dans l'allégresse [71] », en déclarant : « Nous voici, 'moi-même et les enfants que le SEIGNEUR m'a donnés [72]' ». « Je les gardais en ton nom, ce nom que tu m'as donné [73]. » Oh, merveille de l'amour rédempteur ! Quelle extase en cette heure où le Père infini, en contemplant les rachetés, apercevra en eux son image, la discorde produite par le péché ayant disparu, sa malédiction ayant été effacée, et l'humanité étant de nouveau en harmonie avec la divinité !

Avec un amour ineffable, Jésus accueille ses fidèles dans la joie de leur Seigneur. La joie du Sauveur consiste à voir, dans le royaume de gloire, les âmes sauvées par son agonie et son humiliation. Les rachetés partageront sa joie en contemplant, parmi les bienheureux, ceux qui ont été gagnés au Christ par leurs prières, leurs travaux et leur sacrifice d'amour. En se rassemblant autour du « grand trône blanc [74] », une joie inexprimable remplira leur cœur à la vue de ceux qu'ils ont gagnés pour le Christ, et constateront que ceux-là en ont gagné d'autres, et d'autres encore, et qu'ils sont tous présents maintenant dans ce havre de repos, déposant leur couronne aux pieds de Jésus et le louant pendant des siècles sans fin de l'éternité.

Lorsque les rachetés sont accueillis dans la Cité de Dieu, un cri d'adoration, exultant, se fait entendre. Les deux Adam sont sur le point de se rencontrer. Le Fils de Dieu ouvre les bras pour recevoir le père de notre race, celui qu'il a lui-même créé, qui a péché contre son Créateur, et pour les péchés duquel il porte sur son corps les marques de la crucifixion. Lorsqu'Adam aperçoit les marques des clous cruels, il ne tombe pas sur la poitrine de son Seigneur, mais se jette à ses pieds avec humilité en s'écriant : « L'agneau qui a été immolé est digne [75]. » Le Sauveur le relève avec tendresse et l'invite à regarder de nouveau sa demeure édénique d'où il a été si longtemps exilé.

---

66. Apocalypse 1.5,6.
67. Ésaïe 26.2.
68. Apocalypse 2.7.
69. Matthieu 25.34.
70. Jean 17.24.
71. Jude 24.
72. Ésaïe 8.18.
73. Jean 17.12.
74. Apocalypse 20.11.
75. Apocalypse 5.12.

Après son expulsion du jardin d'Éden, la vie d'Adam sur cette terre fut une vie de chagrin. Chaque feuille morte, chaque victime d'un sacrifice, chaque flétrissure sur la face si belle de la nature, chaque tache sur la pureté de la nature humaine, était pour lui un nouveau rappel de son péché. Ses remords le plongeaient dans une agonie terrible lorsqu'il constatait à quel point l'iniquité était répandue et lorsque, en réponse à ses avertissements, on lui reprochait d'être lui-même la cause du péché. Avec une patiente humilité, il supporta, pendant près de mille ans, le châtiment de la transgression. Il se repentit sincèrement de son péché et se confia dans les mérites du Sauveur promis. Il mourut dans l'espérance de la résurrection. Le Fils de Dieu racheta l'homme de son échec et de sa chute. Maintenant, par l'œuvre de l'expiation, Adam est rétabli dans sa « domination première [76] ».

Transporté de joie, il contemple les arbres qui faisaient autrefois ses délices, ceux-là même dont il cueillait les fruits aux jours de son innocence et de sa joie. Il voit les vignes qu'il a taillées de ses propres mains, les fleurs qu'il aimait autrefois cultiver. Son esprit saisit la réalité de cette scène ; il comprend que c'est vraiment le jardin d'Éden restauré, encore plus beau que lorsqu'il en fut banni. Le Sauveur le conduit vers l'arbre de vie, en cueille le magnifique fruit et l'invite à en manger. Adam regarde autour de lui et aperçoit la multitude des membres de sa famille de rachetés, présents dans le « paradis de Dieu [77] ». Il jette alors sa couronne étincelante aux pieds de Jésus et, tombant sur sa poitrine, serre dans ses bras son Rédempteur. Il fait vibrer les cordes de sa harpe d'or, et les voûtes célestes renvoient les échos de ce cantique triomphal : « Digne est 'l'agneau qui a été immolé [78]' et qui vit ! » Les membres de la famille d'Adam reprennent ce cantique, jettent leurs couronnes aux pieds du Sauveur et se prosternent devant lui pour l'adorer.

Les anges qui pleurèrent à la chute d'Adam et se réjouirent lorsque Jésus remonta au ciel après sa résurrection en ayant ouvert les tombeaux de tous ceux qui croiraient en son nom, sont les témoins de cette grande réunion. Ils contemplent maintenant l'œuvre de la rédemption achevée, et ils unissent leur voix au cantique de louange.

Devant le trône, sur la « mer de cristal, mêlée de feu [79] », qui resplendit de la gloire de Dieu, sont rassemblés « les vainqueurs de la bête, de son image et du chiffre de son nom [80] ». Avec « l'agneau debout sur la montagne de Sion [81] », « tenant les lyres de Dieu [82] », se tiennent « les cent quarante-quatre mille, qui ont été achetés de la terre [83] » ; et on entend « comme le bruit de grandes eaux, comme le bruit d'un fort tonnerre ; … le son … de joueurs de lyre jouant de leurs instruments [84] ». « Ils chantent comme un chant nouveau devant le trône. … Personne ne pouvait apprendre ce chant, sinon les cent quarante-quatre mille [85]. » C'est « le chant de Moïse … et le chant de l'agneau [86] », un cantique de délivrance.

« Personne ne pouvait apprendre ce chant, sinon les cent quarante-quatre mille [87] », car c'est le chant de leur expérience, une expérience par laquelle personne

76. Michée 4.8.
77. Apocalypse 2.7.
78. Apocalypse 5.12.
79. Apocalypse 15.2.
80. *Idem.*
81. Apocalypse 14.1.
82. Apocalypse 15.2.
83. Apocalypse 14.3.
84. Apocalypse 14.2.
85. Apocalypse 14.3.
86. Apocalypse 15.3.

d'autre n'est jamais passé avant eux. « Ils suivent l'agneau partout où il va [88]. » Ayant été enlevés de la terre d'entre les vivants, ils sont considérés « comme prémices pour Dieu et pour l'agneau [89] ». « Ce sont ceux qui viennent de la grande détresse [90] » ; ils ont traversé le « temps de détresse tel qu'il n'y en a pas eu depuis qu'il existe une nation [91] » ; ils ont enduré le « temps de détresse pour Jacob [92] » ; ils sont demeurés sans intercesseur lorsque les jugements finaux de Dieu ont été déversés.

Mais ils ont été délivrés, car « ils ont lavé leurs robes, ils les ont blanchies dans le sang de l'agneau [93] ». « Dans leur bouche il ne s'est pas trouvé de mensonge ; ils sont sans défaut [94] » devant Dieu. « C'est pourquoi ils sont devant le trône de Dieu ; ils lui rendent un culte, jour et nuit, dans son sanctuaire. Celui qui est assis sur le trône les abritera dans sa demeure [95]. » Ils ont vu la terre dévastée par la famine et la peste, « le soleil … brûler les humains par le feu [96] » ; et eux-mêmes ont enduré la souffrance, la faim et la soif. Mais « ils n'auront plus faim, ils n'auront plus soif ; le soleil ne les frappera plus, ni aucune chaleur. Car l'agneau qui est au milieu du trône les fera paître et les conduira aux sources des eaux de la vie, et Dieu essuiera toute larme de leurs yeux [97] ».

Dans tous les siècles, les élus du Sauveur ont été formés et disciplinés à l'école de l'épreuve. Sur la terre ils ont marché sur des chemins resserrés; ils ont été purifiés dans la fournaise de l'affliction. Par amour pour Jésus, ils ont enduré l'opposition, la haine, la calomnie. Ils l'ont suivi au travers d'affligeants conflits ; ils ont pratiqué l'abnégation et connu d'amères déceptions. Leur propre expérience douloureuse leur a fait découvrir le caractère haïssable du péché, sa puissance, sa culpabilité et la souffrance qu'il engendre ; aussi le considèrent-ils avec horreur. Le sentiment du sacrifice infini consenti pour les en guérir les humilie à leurs propres yeux et remplit leur cœur d'une expression de reconnaissance et de louange, que ceux qui ne sont jamais tombés ne peuvent apprécier. Ils aiment beaucoup parce qu'il leur a été beaucoup pardonné. Ayant participé aux souffrances du Christ, ils sont qualifiés pour partager sa gloire.

Les héritiers de Dieu proviennent des mansardes, des taudis, des cachots, des échafauds, des montagnes, des déserts, des cavernes et des profondeurs de la mer. Sur la terre, ils étaient « manquant de tout, opprimés, maltraités [98] ». Des millions d'entre eux descendirent au tombeau chargés d'infamie pour avoir refusé avec fermeté de céder aux prétentions mensongères de Satan. Les tribunaux humains les condamnèrent comme les plus vils des criminels. Mais, aujourd'hui, « c'est Dieu qui est juge [99] » ; maintenant, les décisions de la terre sont renversées. « Le Seigneur DIEU … fera disparaître de toute la terre le déshonneur de son peuple [100]. » « On les appellera 'Peuple saint', 'Rédimés du SEIGNEUR' [101]. » Il a jugé bon de « mettre

87. Apocalypse 14.3.
88. Apocalypse 14.4.
89. *Idem.*
90. Apocalypse 7.14.
91. Daniel 12.1.
92. Jérémie 30.7.
93. Apocalypse 7.14.
94. Apocalypse 14.5.
95. Apocalypse 7.15.
96. Apocalypse 16.8.
97. Apocalypse 7.16,17.
98. Hébreux 11.37.
99. Psaume 50.6.

sur leur tête une parure splendide au lieu de la cendre, une huile de gaieté au lieu du deuil, un vêtement de louange au lieu d'un esprit qui vacille [102] ». Ils ne sont plus faibles, affligés, dispersés, ni opprimés. Désormais, ils seront « toujours avec le Seigneur [103] ».

Ils se tiennent devant le trône, revêtus de robes plus magnifiques que celles que portaient les personnages les plus honorés de la terre. Ils sont couronnés de diadèmes plus glorieux que ceux qui furent placés sur le front des monarques terrestres. Les jours des souffrances et des pleurs sont passés pour toujours. Le Roi de gloire a essuyé les larmes de tous les visages ; toutes les causes de chagrin ont été ôtées. Agitant des branches de palmier, ils éclatent en un cantique de louange, clair, doux et harmonieux ; chaque voix reprend les accords, jusqu'à ce que cet hymne résonne sous la voûte céleste : « Le salut est à notre Dieu, qui est assis sur le trône, et à l'agneau [104] ! » Et tous les habitants du ciel répondent : « Amen ! La bénédiction, la gloire, la sagesse, l'action de grâces, l'honneur, la puissance et la force à notre Dieu, à tout jamais [105] ! »

En cette vie, nous ne pouvons qu'effleurer le merveilleux thème de la rédemption. Avec notre compréhension limitée, nous pouvons considérer avec la plus grande ferveur la honte et la gloire, la vie et la mort, la justice et la miséricorde qui se rencontrent à la croix ; cependant, même en exerçant au maximum nos facultés mentales, nous ne réussissons pas à en saisir la pleine signification. Nous ne comprenons que d'une manière floue « la largeur, la longueur, la profondeur et la hauteur [106] » de l'amour rédempteur. Le plan de la rédemption ne sera jamais pleinement compris, même lorsque les rachetés verront comme ils sont vus et connaîtront comme ils sont connus. Mais, au travers des siècles de l'éternité, de nouvelles vérités se révèleront continuellement devant notre esprit émerveillé et ravi. Bien que les chagrins, les souffrances et les tentations de la terre aient pris fin et que leur cause ait été ôtée, les membres du peuple de Dieu auront toujours une connaissance claire et intelligente de ce que leur salut a coûté.

La croix du Christ sera la science et le chant des rachetés pendant toute l'éternité. Dans le Christ glorifié, ils contempleront le Christ crucifié. Jamais on n'oubliera que Celui dont la puissance a créé et soutient les innombrables mondes à travers l'immensité de l'espace, le Bien-aimé de Dieu, la Majesté du ciel, Celui que les chérubins et les séraphins éblouissants mettent leur joie à adorer, s'est humilié pour relever l'homme déchu ; qu'il a porté la culpabilité et la honte du péché ; que la face de son Père s'est dérobée à ses yeux, jusqu'au moment où le poids des malheurs d'un monde perdu a brisé son cœur et éteint sa vie sur la croix du Calvaire.

La pensée que le Créateur de tous les mondes, l'Arbitre de toutes les destinées, ait pu renoncer à sa gloire et s'humilier lui-même par amour pour l'homme provoquera toujours l'émerveillement et l'adoration de l'Univers. Lorsque les nations des sauvés regarderont leur Rédempteur et contempleront la gloire éternelle du Père brillant sur le visage du Christ ; lorsqu'elles contempleront son trône, qui dure « depuis toujours et pour toujours [107] », sachant que son royaume n'aura

100. Ésaïe 25.8.
101. Ésaïe 62.12.
102. Ésaïe 61.3.
103. 1 Thessaloniciens 4.17.
104. Apocalypse 7.10.
105. Apocalypse 7.12.
106. Éphésiens 3.18.

aucune fin, elles éclateront en ce chant d'extase : « Digne est 'l'agneau immolé [108]' qui nous a rachetés pour Dieu par son sang précieux ! »

Le mystère de la croix explique tous les autres mystères. À la lumière qui jaillit du Calvaire, les attributs de Dieu qui nous avaient remplis de crainte et de respect nous paraissent maintenant magnifiques et attrayants. Nous constatons que la miséricorde, la tendresse et l'amour paternel s'harmonisent avec la sainteté, la justice et la puissance. En contemplant la majesté de son « trône très élevé [109] », nous découvrons son caractère dans les manifestations de sa grâce et comprenons, comme jamais auparavant, le sens de ce titre affectueux, « Notre Père [110] ».

Nous nous rendrons compte que Celui qui est infini en sagesse ne pouvait concevoir d'autre plan pour notre salut que le sacrifice de son Fils. La récompense de ce sacrifice, c'est la joie de pouvoir peupler la terre de rachetés, saints, heureux et immortels. Le conflit entre le Sauveur et les puissances des ténèbres aura pour résultat le bonheur des rachetés, qui contribuera à la gloire de Dieu pendant toute l'éternité. La valeur d'une âme est telle que le Père ne trouve pas le prix payé trop élevé ; et le Christ lui-même, en contemplant les fruits de son grand sacrifice, est pleinement satisfait.

---

107. Psaume 90.2.
108. Apocalypse 13.8.
109. Ésaïe 6.1.
110. Matthieu 6.9.

41

La terre désolée

« Ses péchés se sont accumulés jusqu'au ciel, et Dieu s'est souvenu de ses forfaits. … Dans la coupe où elle a versé, versez-lui au double. Autant elle s'est complu dans la gloire et le luxe, autant donnez-lui de tourment et de deuil ! Parce qu'elle se dit : Je suis assise en reine, je ne suis pas veuve, jamais je ne verrai le deuil, à cause de cela, en un seul jour ses fléaux viendront, mort, deuil et famine, et elle sera jetée au feu. Car il est fort, le Seigneur Dieu qui l'a jugée. Tous les rois de la terre qui se sont prostitués et qui se sont complu dans le luxe avec elle pleureront et se lamenteront à son sujet. … Ils diront : Quel malheur ! Quel malheur ! La grande ville, Babylone, la ville forte ! En une seule heure est venu ton jugement [1] ! »

« Les marchands de la terre [qui] se sont enrichis par la puissance de son luxe … se tiendront à distance par crainte de son tourment ; ils pleureront et mèneront deuil, en disant : Quel malheur ! Quel malheur ! La grande ville vêtue de fin lin, de pourpre et d'écarlate, parée d'or, de pierres précieuses et de perles ! En une seule heure tant de richesses ont été détruites [2] ! »

Tels sont les jugements qui tombent sur Babylone le jour où la colère de Dieu la visite. Elle a mis le comble à son iniquité ; son temps est venu ; elle est mûre pour la destruction.

Lorsque la voix de Dieu met fin à la captivité de son peuple, ceux qui ont tout perdu dans le grand combat de la vie passent par un terrible réveil. Tant que durait le temps de grâce, les tromperies de Satan les aveuglaient, et ils justifiaient leur vie de péché. Les riches s'enorgueillissaient de leur supériorité par rapport à ceux qui étaient moins favorisés qu'eux ; mais c'est en transgressant la loi de Dieu qu'ils avaient obtenu leurs richesses. Ils avaient négligé de nourrir les affamés, de vêtir ceux qui étaient nus, d'agir avec justice et d'aimer la miséricorde. Ils avaient tenté de s'exalter eux-mêmes et d'obtenir l'hommage de leurs semblables.

Maintenant, les voilà dépouillés de tout ce qui faisait leur grandeur, dépourvus de tout et sans défense. Ils contemplent avec terreur la destruction des idoles qu'ils ont fait passer avant leur Créateur. Ils ont vendu leur âme pour les richesses et les plaisirs terrestres, et n'ont pas cherché à devenir « riche[s] pour Dieu [3] ». Le résultat est que leur vie se solde par un échec ; leurs plaisirs se transforment maintenant en fiel, leurs trésors en corruption. Ce qu'ils ont amassé au cours de leur vie est balayé en un instant. Les riches se lamentent de la destruction de leurs magnifiques

1. Apocalypse 18.5-10.
2. Apocalypse 18.3,15-17.
3. Luc 12.21.

maisons, de la dispersion de leur or et de leur argent. Mais leurs lamentations sont interrompues par la crainte de devoir périr eux-mêmes en même temps que leurs idoles.

Les méchants sont remplis de regrets, non à cause de la négligence coupable de leurs devoirs envers Dieu et envers leurs semblables, mais parce que c'est Dieu qui a remporté la victoire. Ils déplorent que le résultat soit ce qu'il est ; mais ils ne se repentent pas de leur méchanceté. Ils ne reculeraient devant rien pour remporter la victoire s'ils le pouvaient.

Les gens du monde voient ceux dont ils se sont moqués et raillés et qu'ils ont voulu exterminer, traverser sans dommage la peste, la tempête et les tremblements de terre. Celui qui est pour les transgresseurs de sa loi « un feu dévorant [4] » met son peuple à l'abri « au secret de sa tente [5] ».

Le prédicateur qui a sacrifié la vérité pour obtenir la faveur des hommes perçoit maintenant le caractère et l'influence de ses enseignements. Il découvre alors que l'œil du Dieu omniscient le suivait lorsqu'il montait en chaire, lorsqu'il marchait dans la rue, lorsqu'il se mêlait aux hommes dans les différentes activités de la vie. Chaque émotion de son âme, chaque ligne qu'il a écrite, chaque parole qu'il a prononcée, chaque acte qui a amené les hommes à chercher refuge dans la fausseté, a été une semence jetée ; et maintenant, en voyant les malheureuses âmes perdues qui l'entourent, il contemple la moisson qu'il a lui-même semée.

Le Seigneur a dit : « Ils soignent à la légère la blessure de la belle, de mon peuple ; 'Tout ira bien, tout ira bien !', disent-ils, et rien ne va [6] ! » « Vous démoralisez le cœur du juste par des mensonges, quand moi-même je ne l'ai pas attristé, et … vous encouragez le méchant de telle sorte qu'il ne revienne pas de sa voie mauvaise – ce qui le ferait vivre [7]. »

« Quel malheur pour les bergers qui perdent et dispersent le troupeau que je fais paître ! … Moi, je vais m'occuper de vous à cause de vos agissements mauvais [8]. » « Hurlez, bergers, criez ! Roulez-vous par terre, princes des troupeaux ! Car les jours sont arrivés où vous allez être égorgés et dispersés. … Plus de refuge pour les bergers ! Plus de lieu sûr pour les princes des troupeaux [9] ! »

Les prédicateurs comme les gens du peuple se rendent compte qu'ils n'ont pas maintenu avec Dieu la relation qu'ils auraient dû. Ils se rendent comptent qu'ils se sont rebellés contre l'Auteur de toute loi juste et droite. Mettre de côté les préceptes divins a donné naissance à des milliers de sources de maux, à la discorde, à la haine, à l'iniquité, jusqu'à ce que la terre devienne un vaste champ de bataille, un abîme de corruption. C'est ce que découvrent ceux qui ont rejeté la vérité et choisi de professer l'erreur. Aucun langage ne peut exprimer le désir ardent ressenti par ces êtres désobéissants et déloyaux pour ce qu'ils ont perdu pour toujours : la vie éternelle. Des hommes que le monde a adulés pour leurs talents et leur éloquence voient maintenant ces choses sous leur véritable jour. Ils prennent conscience de ce qu'ils ont perdu par leurs transgressions, tombent aux pieds de ceux dont ils ont méprisé et raillé la fidélité et reconnaissent que Dieu les a aimés.

---

4. Hébreux 12.29.
5. Psaume 27.5.
6. Jérémie 8.11.
7. Ézéchiel 13.22.
8. Jérémie 23.1,2.
9. Jérémie 25.34,35.

Les gens du peuple se rendent compte qu'ils ont été trompés. Ils s'accusent mutuellement de s'être entraînés les uns les autres vers la destruction ; mais tous s'accordent pour placer sur les prédicateurs le blâme le plus amer. Ces pasteurs infidèles ont prophétisés des choses agréables ; ils ont amené leurs auditeurs à annuler la loi de Dieu et à persécuter ceux qui voulaient la garder. Maintenant, dans leur désespoir, ces faux docteurs confessent devant le monde leur œuvre de tromperie. Les foules sont furieuses. « Nous sommes perdus ! s'écrient-elles, et c'est vous la cause de notre perdition ! » ; et elles se retournent contre leurs faux bergers. C'est contre ceux qu'elles ont le plus admirés qu'elles prononcent les plus terribles malédictions. Les mains qui, autrefois, les couronnaient de lauriers se lèvent pour les détruire. Les épées destinées à mettre à mort les membres du peuple de Dieu servent maintenant à détruire leurs ennemis. Partout, on voit des conflits et des massacres.

« Un vacarme se répand jusqu'aux extrémités de la terre, car le SEIGNEUR a un litige avec les nations ; il entre en jugement contre tous ; il livre les méchants à l'épée [10]. » Pendant six mille ans, la grande controverse a fait rage entre le Christ et Satan ; le Fils de Dieu et ses messagers célestes ont été en conflit avec la puissance du Malin, avertissant, éclairant et sauvant les enfants des hommes. Maintenant, tous ont pris leur décision ; les méchants se sont pleinement associés à Satan dans son combat contre Dieu. Le temps est venu pour Dieu de justifier l'autorité de sa loi foulée aux pieds. La controverse ne concerne plus seulement Satan, mais aussi les hommes. « Le SEIGNEUR a un litige avec les nations ; ... il livre les méchants à l'épée. »

La marque de la délivrance a été placée sur ceux « qui soupirent et qui gémissent à cause de toutes les abominations qui s'y commettent [11] ». C'est maintenant que s'avance l'ange de la mort, représenté dans la vision d'Ézéchiel par des hommes tenant « une arme de massacre à la main [12] ». L'ordre leur est donné : « Tuez, détruisez, vieillards, jeunes gens, jeunes filles, femmes et familles entières ; mais laissez hors d'atteinte quiconque aura sur lui la marque, et commencez par mon sanctuaire [13] ! » Le prophète ajoute : « Ils commencèrent par les hommes, ces anciens qui étaient devant la Maison [14]. » Cette œuvre de destruction commence parmi ceux qui avaient professé être les gardiens spirituels du peuple. Les fausses sentinelles sont les premières à tomber. Il n'y a de pitié pour personne ; personne n'est épargné. Hommes, femmes, jeunes filles, petits enfants, tous périssent ensemble.

« Le SEIGNEUR sort de son lieu afin de faire rendre des comptes aux habitants de la terre pour leur faute ; la terre exposera son sang, elle ne couvrira plus ses tués [15]. » « Voici le fléau dont le SEIGNEUR frappera tous les peuples qui auront dirigé leurs armées contre Jérusalem : la chair de chacun pourrira tandis qu'il sera encore debout ; ses yeux pourriront dans leurs orbites et sa langue pourrira dans sa bouche. En ce jour-là, ce sera chez eux la grande panique du SEIGNEUR ; chacun empoignera l'autre, chacun lèvera la main sur l'autre [16]. » Dans le furieux conflit de leurs violentes passions, et par l'effusion terrible « du vin de la colère de Dieu, versé

10. Jérémie 25.31.
11. Ézéchiel 9.4.
12. Ézéchiel 9.2.
13. Ézéchiel 9.6.
14. *Idem*.
15. Ésaïe 26.21.
16. Zacharie 14.12,13.

sans mélange [17] », les méchants habitants de la terre, prêtres, dirigeants, gens du peuple, riches et pauvres, grands et petits, tous tombent. « Les victimes du SEIGNEUR seront en ce jour-là d'une extrémité de la terre à l'autre ; ceux-là, on ne se lamentera pas sur eux, on ne les réunira pas, on ne les ensevelira pas [18]. »

À l'avènement du Christ, les méchants sont effacés de la surface de la terre entière, détruits « par le souffle de sa bouche … [et réduits] à rien par la manifestation de son avènement [19] ». Le Christ emmène son peuple vers la Cité de Dieu, et la terre se trouve vidée de ses habitants. « Le SEIGNEUR vide la terre et la dépeuple, il en bouleverse la surface, il en disperse les habitants [20]. » « La terre est complètement vidée, totalement pillée – c'est le SEIGNEUR qui parle [21]. » « La terre a été profanée par ses habitants ; car ils passaient outre aux lois, altéraient les prescriptions, ils rompaient l'alliance perpétuelle. C'est pourquoi la malédiction dévore la terre, ses habitants doivent faire réparation ; c'est pourquoi les habitants de la terre sont consumés [22]. »

Toute la terre ressemble à un désert désolé. Les ruines des villes et des villages détruits par le tremblement de terre, les arbres déracinés, les rochers déchiquetés rejetés par la mer ou arrachés à la terre elle-même sont éparpillés sur toute sa surface, tandis que de vastes cavernes marquent les emplacements d'où les montagnes ont été arrachées de leurs fondations.

Maintenant va se dérouler l'événement préfiguré par le dernier service solennel du Jour de l'expiation. Lorsque le service dans le « Très-Sacré » ou lieu très saint était achevé, et que les péchés d'Israël avaient été ôtés du sanctuaire par le sang du sacrifice pour le péché, « le bouc … pour Azazel [23] » était placé « vivant devant le SEIGNEUR [24] » ; et, en présence de l'assemblée, le souverain sacrificateur confessait sur lui « toutes les fautes des Israélites et toutes leurs transgressions, tous leurs péchés ; il les mettra sur la tête du bouc [25] ». De même, lorsque l'œuvre de l'expiation sera terminée dans le sanctuaire céleste, alors, en présence de Dieu, des saints anges et de l'armée des rachetés, les péchés des membres du peuple de Dieu seront placés sur Satan ; il sera déclaré coupable de tout le mal qu'il leur a fait commettre. Et, comme « le bouc … pour Azazel » était envoyé « dans le désert [26] », de même Satan sera relegué sur la terre désolée, devenue un désert lugubre et inhabité.

L'apôtre Jean avait prédit le bannissement de Satan et l'état de chaos et de désolation auquel notre terre devait être réduite, et déclaré que ceci devait durer pendant mille ans. Après nous avoir décrit les scènes du second avènement du Seigneur et de la destruction des méchants, sa prophétie continue ainsi : « Je vis descendre du ciel un ange qui tenait la clé de l'abîme et une grande chaîne à la main. Il saisit le dragon, le serpent d'autrefois, qui est le diable et Satan, et il le lia pour mille ans. Il le jeta dans l'abîme, qu'il ferma et scella au-dessus de lui, pour qu'il n'égare

17. Apocalypse 14.10.
18. Jérémie 25.33.
19. 2 Thessaloniciens 2.8.
20. Ésaïe 24.1.
21. Ésaïe 24.3.
22. Ésaïe 24.5,6.
23. Lévitique 16.10.
24. *Idem.*
25. Lévitique 16.21.
26. *Idem.*

plus les nations jusqu'à ce que les mille ans soient achevés. Après cela, il faut qu'il soit relâché pour un peu de temps [27]. »

Que le terme « abîme » représente la terre dans son état de confusion et de ténèbres est évident lorsqu'on examine d'autres passages bibliques. Concernant l'état de la terre « au commencement [28] », le récit biblique nous dit que celle-ci « était un chaos, elle était vide ; il y avait des ténèbres au-dessus de l'abîme [29] ». La prophétie nous apprend qu'elle retournera à cet état, au moins en partie. Jetant un regard vers l'avenir jusqu'au grand Jour de Dieu, le prophète Jérémie déclarait : « Je regarde la terre ; c'est un chaos, elle est vide ; quant au ciel, sa lumière n'est plus. Je regarde les montagnes : elles tremblent ; toutes les collines chancellent. Je regarde : l'homme n'est plus ; et tous les oiseaux du ciel ont pris la fuite. Je regarde : le Carmel est un désert ; et toutes ses villes sont démolies [30]. »

Ce sera la demeure de Satan et de ses mauvais anges pendant mille ans. Limité à la terre, il n'aura pas accès aux autres mondes pour tenter et harceler ceux qui ne sont jamais tombés. C'est dans ce sens qu'il est dit qu'il est « lié » : il ne reste personne sur qui il puisse exercer son pouvoir. Il est totalement coupé de l'œuvre de tromperie et de ruine qui, pendant tant de siècles, a constitué son seul plaisir.

Le prophète Ésaïe, jetant un regard vers l'avenir jusqu'au moment de la défaite de Satan, s'exclame : « Comment ! Tu es tombé du ciel, astre brillant, fils de l'aurore ! Tu as été abattu, toi qui domptais des nations ! Tu te disais : Je monterai au ciel, j'élèverai mon trône au-dessus des étoiles de Dieu. … Je serai semblable au Très-Haut. Mais on t'a fait descendre au séjour des morts, au plus profond du gouffre. Ceux qui te voient fixent sur toi leurs regards, ils te considèrent attentivement : Est-ce là cet homme qui agitait la terre, qui faisait trembler les royaumes, qui réduisait le monde en désert, qui rasait ses villes et *ne relâchait pas ses prisonniers* [31] ? »

Pendant six mille ans, l'œuvre de rébellion de Satan « agitait la terre, … faisait trembler les royaumes, … réduisait le monde en désert, … rasait ses villes et ne relâchait pas ses prisonniers ». Pendant six mille ans, les membres du peuple de Dieu ont été captifs de sa prison, et il aurait voulu les maintenir captifs pour toujours ; mais le Christ a brisé leurs liens et libéré ses prisonniers.

Les méchants eux-mêmes sont maintenant placés hors de portée du pouvoir de Satan, et, seul avec ses mauvais anges, il reste sur la terre pour constater les conséquences de la malédiction apportée par le péché. « Tous les rois des nations, oui, tous, se sont couchés dans la gloire, chacun dans sa maison. Mais toi, tu as été jeté hors de la tombe comme un rameau abominable. … Tu n'es pas réuni à eux dans le tombeau, car tu as détruit ton pays, tu as tué ton peuple [32]. »

Pendant mille ans, Satan errera ça et là sur la terre désolée, contemplant les conséquences de sa rébellion contre la loi de Dieu. Pendant ce temps, ses souffrances sont intenses. Depuis sa chute, sa vie d'activité incessante a banni de son esprit toute réflexion ; mais il est maintenant dépouillé de son pouvoir et forcé de contem-

---

27. Apocalypse 20.1-3.
28. Genèse 1.1.
29. Genèse 1.2. Le mot hébreu traduit ici par « abîme » est traduit dans la Version des Septante (traduction grecque de l'Ancien Testament réalisée au troisième siècle avant Jésus-Christ) par le même mot que celui qui est utilisé par l'apôtre Jean dans Apocalypse 20.1-3.
30. Jérémie 4.23-26.
31. Ésaïe 14.12-17.
32. Ésaïe 14.18-20.

pler le rôle qu'il a joué depuis le début de sa rébellion contre le gouvernement céleste. Il attend maintenant, tremblant et terrorisé, le terrible sort qui lui est réservé : il devra souffrir pour tout le mal qu'il a commis et être puni pour les péchés qu'il a fait commettre.

La captivité de Satan sera, pour les membres du peuple de Dieu, un sujet de joie et de réjouissance. Le prophète Ésaïe a déclaré : « Le jour où le SEIGNEUR t'aura accordé le repos, après tes peines et tes agitations, et après le dur esclavage qui te fut imposé, alors tu prononceras ce poème contre le roi de Babylone [représentant Satan] et tu diras : Comment ! L'oppresseur n'est plus ! … Le SEIGNEUR a brisé le bâton des méchants, le sceptre des dominateurs. Celui qui, dans sa fureur, frappait les peuples par des coups incessants, celui qui, dans sa colère, dominait sur les nations est poursuivi sans ménagement [33]. »

C'est pendant les mille ans compris entre la première et la seconde résurrection que se déroule le jugement des méchants. L'apôtre Paul décrit ce jugement comme un événement qui fait suite au second avènement du Christ : « Ne portez donc aucun jugement avant le temps fixé, avant la venue du Seigneur qui mettra en lumière les secrets des ténèbres et qui rendra manifestes les décisions des cœurs [34]. » Le prophète Daniel déclare que, lorsqu'arrive « le vieillard [représentant Dieu] », il vient « rendre justice aux saints du Très-Haut [35] ». C'est pendant cette période que règnent ceux dont le Christ a fait « un royaume, des prêtres pour son Dieu et Père [36] ».

L'apôtre Jean, dans ses visions de l'Apocalypse, nous dit : « Je vis des trônes. À ceux qui s'y assirent fut donné le pouvoir de juger [37]. » « Ils seront prêtres de Dieu et du Christ, et ils règneront avec lui pendant les mille ans [38]. » C'est à ce moment que, comme l'a prédit l'apôtre Paul, « ce sont les saints qui jugeront le monde [39] ». En association avec le Christ, ils jugeront les méchants en comparant leurs actes avec le code, la Bible, et décideront chaque cas selon ce « que chacun … aura pratiqué avec son corps [40] ». Puis, le châtiment que devra subir chacun des méchants sera assigné, à « chacun selon ses œuvres [41] », et enregistré devant son nom dans le livre de mort.

Le Christ et les membres de son peuple jugeront aussi Satan et ses mauvais anges. L'apôtre Paul nous dit : « Ne savez-vous pas que nous jugerons des anges [42] ? » Et Jude déclare : « Les anges qui n'avaient pas gardé la dignité de leur rang, mais qui avaient quitté leur propre demeure, il les garde dans des liens éternels, au fond des ténèbres, en vue du jugement du grand jour [43]. »

À l'expiration des mille ans aura lieu la seconde résurrection. C'est alors que les méchants ressusciteront des morts et paraîtront devant Dieu pour recevoir l'exécution du jugement. C'est ainsi que l'apôtre Jean, après avoir décrit la résurrection

33. Ésaïe 14.3-6.
34. 1 Corinthiens 4.5.
35. Daniel 7.22.
36. Apocalypse 1.6.
37. Apocalypse 20.4.
38. Apocalypse 20.6.
39. 1 Corinthiens 6.2.
40. 2 Corinthiens 5.10.
41. Apocalypse 20.13.
42. 1 Corinthiens 6.3.
43. Jude 6.

des justes, nous dit : « Les autres morts ne revinrent pas à la vie jusqu'à ce que les mille ans soient achevés [44]. » Et Ésaïe déclare, au sujet des méchants : « On les réunira comme des prisonniers dans un cachot, ils seront enfermés dans une forteresse, et, *après un grand nombre de jours, ils rendront des comptes* [45]. »

44. Apocalypse 20.5.
45. Ésaïe 24.22.

42

La fin de la grande controverse

À l'expiration des mille ans, le Christ revient sur la terre. Il est accompagné de l'armée des rachetés et d'un cortège d'anges. Du haut de sa redoutable majesté, il ordonne aux morts impénitents de ressusciter pour recevoir leur châtiment. Les voici, une gigantesque armée aussi nombreuse que le sable de la mer. Mais quel contraste avec ceux qui se sont relevés lors de la première résurrection ! Les justes avaient été revêtus d'une jeunesse et d'une beauté immortellestandis que les injustes, eux, portent les traces de la maladie et de la mort.

Chaque œil, dans cette vaste multitude, se tourne pour contempler la gloire du Fils de Dieu. D'une seule voix, les armées des méchants s'exclament : « Béni soit celui qui vient au nom du Seigneur [1] ! » Ce n'est pas l'amour de Jésus qui leur inspire cette exclamation ; mais c'est la puissance de la vérité qui l'arrache à leurs lèvres récalcitrantes. Tels ils ont été déposés dans leurs tombeaux, tels ils en sortent avec la même inimitié contre le Christ et le même esprit de rébellion. Ils ne bénéficieront pas d'un second temps de grâce pour remédier aux défauts de leur vie passée. L'expérience ne servirait à rien. Une vie entière de transgression n'a pas attendri leur cœur. Ils occuperaient ce second temps de grâce, s'il leur était accordé, à esquiver les exigences de Dieu et à susciter contre lui la rébellion.

Le Christ descend sur le mont des Oliviers, d'où il est monté au ciel après sa résurrection, et où les anges ont répété la promesse de son retour. Le prophète avait déclaré : « Le SEIGNEUR mon Dieu viendra – tous les saints seront avec toi [2]. » « Ses pieds se placeront en ce jour-là sur le mont des Oliviers, qui est en face de Jérusalem, à l'est ; le mont des Oliviers se fendra par le milieu … en une très grande vallée [3]. » « Le SEIGNEUR sera roi de toute la terre ; en ce jour-là, le SEIGNEUR sera un, et son nom un [4]. » Lorsque la Nouvelle Jérusalem, d'une splendeur éblouissante, descend du ciel, elle se pose sur l'emplacement purifié et préparé pour la recevoir ; alors le Christ, accompagné de son peuple et de ses anges, pénètre dans la Sainte Cité.

Et maintenant Satan se prépare pour son dernier et terrible combat afin d'obtenir la suprématie. Lorsqu'il fut dépouillé de son pouvoir et séparé de son œuvre de tromperie, le prince du mal se sentit malheureux et abattu ; mais, à la vue de la résurrection des méchants et de grandes multitudes qui l'entourent, son espoir renaît ; il décide alors de ne pas abandonner la partie dans cette controverse entre le Christ et lui. Il rassemblera sous sa bannière toutes les armées des perdus, et,

1. Matthieu 23.39.
2. Zacharie 14.5.
3. Zacharie 14.4.
4. Zacharie 14.9.

par leur intermédiaire, s'efforcera de réaliser ses plans. Les méchants sont ses captifs. En rejetant le Christ, ils ont accepté la domination du chef rebelle et sont prêts à écouter ses suggestions et à exécuter ses ordres.

Cependant, fidèle à la ruse qu'il a toujours utilisée, il ne se laisse pas reconnaître sous ses traits véritables. Il prétend être le prince légitime de ce monde dont l'héritage lui a été illégalement arraché. Trompant ses sujets, il se présente comme un rédempteur, en leur affirmant que son pouvoir les a fait sortir du tombeau et qu'il est sur le point de les délivrer de la plus cruelle tyrannie. La présence du Christ ayant été ôtée, Satan opère des miracles pour appuyer ses prétentions. Il remplit les faibles de force et leur insuffle à tous son propre esprit et sa propre énergie. Il leur propose de les conduire à l'assaut du « camp des saints [5] » et de s'emparer de la Cité de Dieu. Avec une exultation diabolique, il montre du doigt tous ceux qui ont été ressuscités des morts et affirme qu'étant leur chef, il est tout à fait capable de s'emparer de la ville et de reprendre son trône et son royaume.

Dans cette immense foule se trouvent quantité de gens provenant des générations d'avant le déluge qui jouirent d'une longévité extraordinaire : des hommes de haute stature et d'une grande intelligence, qui, en cédant à la domination des anges déchus, consacrèrent toutes leurs capacités et leurs connaissances à l'exaltation d'eux-mêmes ; des hommes dont les magnifiques œuvres d'art amenèrent le monde à aduler leur génie, mais dont la cruauté et les inventions perverses souillèrent la terre et défigurèrent l'image de Dieu en eux, amenant le Créateur à les extirper de la face de la création. On y voit des rois et des généraux qui conquirent des nations, des combattants vaillants qui ne perdirent jamais une bataille, des guerriers fiers et ambitieux dont l'approche faisait trembler des royaumes. La mort n'a produit aucun changement en eux : en sortant du tombeau, le cours de leurs pensées reprend exactement là où il avait cessé. Ils sont animés du même désir de conquête qui était le leur lorsqu'ils tombèrent.

Satan tient conseil avec ses anges, puis avec ces rois, ces conquérants et ces hommes puissants. Ils mesurent leur force et leur nombre et déclarent que l'armée qui se trouve à l'intérieur de la ville est insignifiante comparée à la leur, et qu'il sera facile de la vaincre. Ils font des plans pour s'emparer des richesses et de la gloire de la Nouvelle Jérusalem, et immédiatement, commencent à se préparer à la bataille. Des artisans habiles fabriquent des instruments de guerre. Des chefs militaires célèbres pour leurs succès rassemblent ces foules d'hommes belliqueux et les organisent en compagnies et en divisions.

L'ordre de marche est enfin donné, et cette armée innombrable se met en route : une armée comme aucun conquérant terrestre n'en a jamais rassemblée, une armée que les forces combinées de tous les siècles guerriers ne pourraient jamais égaler. Satan, le plus puissant rebelle, est à l'avant-garde, et ses anges unissent leurs forces pour ce combat final. Des rois et des attaquants sont dans son cortège. Des multitudes suivent, divisées en vastes compagnies, chacune sous les ordres d'un chef. Avec une précision militaire, elles avancent en rangs serrés sur la surface bouleversée et inégale de la terre en direction de la Cité de Dieu. Sur l'ordre de Jésus, les portes de la Nouvelle Jérusalem se ferment. Les armées de Satan entourent la ville et se préparent à donner l'assaut.

5. Apocalypse 20.9

Le Christ apparaît de nouveau à la vue de ses ennemis. Très haut au-dessus de la ville, sur des fondations d'or poli, est dressé « un trône très élevé [6] ». Sur ce trône siège le Fils de Dieu, entouré des sujets de son royaume. Aucun langage ne peut décrire sa puissance et sa majesté aucune plume ne peut les représenter. La gloire du Père éternel enveloppe le Fils. L'éclat de sa présence remplit là divine cité et déborde au-delà des portes, inondant la terre entière de son rayonnement.

Tout près du trône se tiennent ceux qui, autrefois, avaient manifesté leur zèle pour la cause de Satan, mais qui, comme « un tison arraché au feu [7] », ont suivi leur Sauveur avec une profonde et intense ferveur. Auprès d'eux se trouvent ceux qui se sont formé un caractère chrétien au milieu des erreurs et de l'incrédulité, ceux qui ont honoré la loi de Dieu lorsque le monde la déclarait abolie, et les millions de ceux qui, au travers tous les siècles, ont subi le martyre pour leur foi. Plus loin campe la « grande foule, que personne ne pouvait compter, de toute nation, de toutes tribus, de tous peuples et de toutes langues. Ils se tenaient devant le trône et devant l'agneau, vêtus de robes blanches, et des branches de palmier à la main [8] ».

Pour eux, le combat est terminé ; ils ont remporté la victoire. Ils ont disputé la course et obtenu le prix. La branche de palmier qu'ils tiennent à la main est un symbole de leur triomphe, et leur robe blanche un emblème de la justice immaculée du Christ, qui est maintenant la leur.

Les rachetés entonnent un cantique de louange, dont les échos se répercutent à l'infini sous les voûtes célestes : « Le salut est à notre Dieu, qui est assis sur le trône, et à l'agneau [9] ! » Anges et séraphins unissent leurs voix en une même adoration. En contemplant la puissance et la malignité de Satan, les rachetés ont pris conscience, comme jamais auparavant, qu'aucun autre pouvoir que celui du Christ ne pouvait faire d'eux des conquérants. Dans toute cette foule resplendissante, personne n'attribue le salut à lui-même comme s'il avait obtenu la victoire par son propre pouvoir ou sa propre bonté. Pas un mot sur ce qu'ils ont pu faire ou endurer ; mais le sujet de chaque cantique, le mot d'ordre de chaque hymne, est : « Le salut est à notre Dieu … et à l'agneau ! »

En présence des habitants de la terre et du ciel rassemblés se déroule le couronnement final du Fils de Dieu. Puis, investi de la majesté et du pouvoir suprêmes, le Roi des rois prononce la sentence sur les rebelles qui se sont dressés contre son gouvernement et exécute les jugements sur ceux qui ont transgressé sa loi et opprimé son peuple. Le prophète de Dieu déclare : « Je vis un grand trône blanc et celui qui y était assis. La terre et le ciel s'enfuirent devant lui, et il ne se trouva plus de place pour eux. Alors je vis les morts, les grands et les petits, debout devant le trône. Des livres furent ouverts, et un autre livre fut ouvert, qui est le livre de la vie. Les morts furent jugés d'après ce qui était écrit dans les livres, selon leurs œuvres [10]. »

Alors que les registres célestes sont ouverts et que le regard de Jésus se pose sur les méchants, ces derniers prennent conscience de tous les péchés qu'ils ont commis. Ils se rendent compte exactement à quel moment leurs pieds se sont écartés du

---

6. Ésaïe 6.1.
7. Zacharie 3.2.
8. Apocalypse 7.9.
9. Apocalypse 7.10.
10. Apocalypse 20.11,12.

sentier de la pureté et de la sainteté, et jusqu'où leur orgueil et leur rébellion les ont entraînés dans la transgression de la loi de Dieu. Les tentations trompeuses qu'ils ont encouragées en cédant au péché ; les bénédictions qu'ils ont perverties ; les messagers de Dieu qu'ils ont méprisés ; les avertissements qu'ils ont rejetés ; les vagues de la miséricorde qu'ils ont repoussées par leur cœur obstiné et impénitent ; tout cela leur apparaît comme écrit en lettres de feu.

Au-dessus du trône apparaît la croix et, comme dans une vision panoramique, défilent les scènes de la tentation et de la chute d'Adam, ainsi que les étapes successives du grand plan de la rédemption : l'humble naissance du Sauveur ; ses premières années de candeur et d'obéissance ; son baptême dans le Jourdain ; son jeûne et sa tentation dans le désert ; son ministère public qui offrit aux hommes les plus précieuses bénédictions du ciel ses journées remplies d'actes d'amour et de miséricorde ; ses nuits de prière et de veille dans la solitude des montagnes ; les complots, inspirés par l'envie, la haine et la malice, qui récompensèrent ses bienfaits ; la terrible et mystérieuse agonie dans le Jardin de Gethsémané, sous le poids écrasant des péchés du monde entier ; la trahison qui le livra aux mains d'une foule meurtrière ; les terribles événements de cette nuit d'horreur ; le prisonnier sans résistance abandonné par les disciples qu'il aimait le plus, mené avec rudesse à travers les rues de Jérusalem ; le Fils de Dieu conduit triomphalement devant Anne, puis dans le palais du souverain sacrificateur et dans le prétoire de Pilate, ensuite devant le lâche et cruel Hérode ; il fut raillé, insulté, torturé et condamné à mort ; tout cela est dépeint de manière saisissante.

Puis, devant la multitude frémissante apparaissent les scènes finales : l'« homme de douleur [11] » foulant patiemment le chemin qui mène au Calvaire ; le Prince du ciel accroché à la croix ; les sacrificateurs hautains et la populace moqueuse raillant son agonie ; les ténèbres surnaturelles ; la terre qui se soulève, les rochers qui se fendent, les tombeaux qui s'ouvrent, marquant le moment où expira le Rédempteur du monde.

Ce terrible spectacle se déroule exactement tel qu'il eut lieu. Satan, ses anges et ses sujets n'ont aucune possibilité de se détourner de cette scène, qui décrit leurs propres œuvres. Chaque acteur de ce drame se souvient du rôle qu'il y a joué : Hérode, qui fit massacrer les enfants innocents de Bethléhem dans l'espoir de détruire le Roi d'Israël ; la vile Hérodiade, dont l'âme coupable est tachée du sang de Jean-Baptiste ; Pilate, le faible et l'opportuniste ; les soldats qui se moquèrent de Jésus ; les sacrificateurs, les dirigeants du peuple et la foule hors d'elle-même, hurlant : « Que son sang soit sur nous et sur nos enfants [12] ! », tous contemplent maintenant l'énormité de leur culpabilité. Ils cherchent vainement à se cacher de la divine majesté de son visage, dont la gloire dépasse l'éclat du soleil, tandis que les rachetés jettent leurs couronnes aux pieds du Sauveur en s'exclamant : « Il est mort pour moi ! »

Parmi la foule des rachetés se trouvent les apôtres du Christ : Paul l'héroïque, Pierre le bouillant, Jean le bien-aimé, à l'amour brûlant, leurs frères au cœur fidèle, et, avec eux, la vaste armée des martyrs ; tandis que, en-dehors des murs de la ville, en compagnie de tout ce qu'il y a de vil et d'abominable, se trouvent ceux qui les persécutèrent, les emprisonnèrent et les mirent à mort. On y voit Néron, ce monstre de cruauté et de vices, contemplant le bonheur et l'exaltation de ceux qu'il fit tor-

11. Ésaïe 53.3.
12. Matthieu 27.25.

turer, et dans l'agonie desquels il trouva un plaisir satanique. Sa mère est là aussi pour être témoin des conséquences de ses propres œuvres : elle constate que le caractère perverti qu'elle transmit à son fils est le résultat des passions que son influence et son exemple encouragèrent au développement chez lui et dont les fruits furent les crimes qui firent frémir le monde.

On y voit des prêtres et des prélats de l'église romaine, qui se disaient être les ambassadeurs du Christ, et qui cependant utilisèrent le chevalet, le cachot et le bûcher pour dominer la conscience des vrais disciples du Sauveur. On y voit les orgueilleux pontifes qui s'exaltèrent au-dessus de Dieu et prétendirent changer la loi du Très-Haut. Ces soi-disant Pères de l'Église ont des comptes à rendre à Dieu, dont ils souhaiteraient bien être dispensés. Trop tard, ils prennent conscience que le Dieu omniscient est jaloux de sa loi et « ne tient pas le coupable pour innocent [13] ». Ils apprennent maintenant que le Christ identifie ses intérêts avec ceux de son peuple opprimé ; et ils sentent la force de ses propres paroles : « Dans la mesure où vous avez fait cela pour l'un de ces plus petits, l'un de mes frères, c'est à moi que vous l'avez fait [14]. »

L'ensemble du monde impénitent se trouve accusé devant le tribunal de Dieu de haute trahison contre le gouvernement céleste. Aucun avocat ne plaide leur cause ; ils sont sans excuse ; et la peine de mort éternelle est prononcée contre eux.

Pour tous il est maintenant évident que « le salaire du péché [15] » n'est ni une noble indépendance, ni la vie éternelle, mais l'esclavage, la ruine et la mort. Les méchants se rendent compte de ce qu'ils ont perdu par leur vie de rébellion. Ils ont méprisé le « poids éternel de gloire [16] » qui leur était offert. Comme il leur paraît désirable maintenant ! « Tout ceci, s'écrie l'âme perdue, j'aurais pu le posséder ; mais j'ai choisi de maintenir ces choses loin de moi. Étrange engouement ! J'ai échangé la paix, le bonheur et l'honneur pour le malheur, l'infamie et le désespoir ! » Tous se rendent compte que leur exclusion du ciel est juste. Par leur vie, ils ont déclaré : « Nous ne voulons pas que cet individu [Jésus] règne sur nous [17]. »

Comme fascinés, les perdus ont assisté au couronnement du Fils de Dieu. Ils voient entre ses mains les deux tables de la loi de Dieu, ces statuts qu'ils ont méprisés et transgressés. Ils sont témoins de l'explosion d'émerveillement, de ravissement et d'adoration qui provient des sauvés ; et, tandis que des vagues de mélodie flottent sur les multitudes rassemblées en-dehors de la Cité de Dieu, tous, d'une seule voix, s'écrient : « Tes œuvres sont grandes et étonnantes, Seigneur Dieu, Tout-Puissant ! Tes voies sont justes et vraies, Roi des nations [18] ! » Puis, se prosternant sur le sol, ils adorent le Prince de la vie.

Satan semble être paralysé en contemplant la gloire et la majesté du Christ. Celui qui fut autrefois « un keroub [chérubin] protecteur [19] » se souvient d'où il est tombé. Quel changement, quelle dégradation pour cet « astre brillant, fils de l'aurore [20] » ! Il est exclu pour toujours du conseil dans lequel il était autrefois honoré. Il voit maintenant Quelqu'un d'autre se tenant près du Père et voilant sa gloire.

---

13. Exode 34.7.
14. Matthieu 25.40.
15. Romains 16.23.
16. 2 Corinthiens 4.17.
17. Luc 19.14.
18. Apocalypse 15.3.
19. Ézéchiel 28.14.
20. Ésaïe 14.12.

Il voit un ange de haute stature et de prestance majestueuse placer la couronne sur la tête du Christ, et il sait que le poste élevé occupé par cet ange aurait pu être le sien.

Sa mémoire lui rappelle la demeure de son innocence et de sa pureté, la paix et la satisfaction dont il jouissait jusqu'à ce qu'il se laisse aller à murmurer contre Dieu et à manifester sa jalousie envers le Christ. Ses accusations, sa rébellion, ses tromperies pour tenter d'obtenir la sympathie et le soutien des anges ; son obstination à ne vouloir faire aucun effort en vue d'une réforme de sa vie, alors que Dieu souhaitait lui accorder son pardon ; tout cela lui revient avec netteté à la mémoire.

Il se remémore son œuvre et ses conséquences : l'inimitié de l'homme envers ses semblables, la terrible destruction de la vie humaine, la naissance et la chute des royaumes, les trônes renversés, la longue succession de tumultes, de conflits et de révolutions. Il se souvient de ses efforts constants pour s'opposer à l'œuvre du Christ et faire sombrer l'homme de plus en plus. Il se rend compte de l'impuissance de ses complots diaboliques à détruire ceux qui ont placé leur confiance en Jésus. En contemplant son royaume, le fruit de ses travaux, il n'y voit qu'échecs et ruines. S'il a fait croire aux foules que la Cité de Dieu serait une proie facile, il sait que cela est faux. À de nombreuses reprises, dans le déroulement de la grande controverse entre le Christ et lui, il a été battu et forcé à céder. Il ne connaît que trop bien la puissance et la majesté de l'Éternel.

L'objectif du grand rebelle a toujours été de se justifier et de rendre le gouvernement divin responsable de sa rébellion. C'est dans ce but qu'il a déployé toutes les ressources de sa prodigieuse intelligence. Il a agi délibérément et systématiquement, et, avec un incroyable succès, a amené de vastes multitudes à accepter sa version du grand conflit entre le Christ et lui et qui fait rage depuis si longtemps. Pendant des milliers d'années, ce chef de la conspiration a fait passer ses mensonges pour la vérité. Mais le temps est maintenant venu où sa rébellion sera finalement vaincue. Son histoire et son caractère seront pleinement dévoilés. Dans un dernier gros effort pour détrôner le Christ et détruire son peuple en s'emparant de la Cité de Dieu, le grand trompeur s'est trouvé totalement démasqué. Ceux qui se sont joints à lui se prennent conscience de l'échec total de sa cause. Les disciples du Christ et les anges loyaux contemplent la pleine étendue de ses machinations contre le gouvernement divin. Il est l'objet de l'exécration universelle.

Satan se rend compte que sa rébellion délibérée l'a disqualifié pour le ciel. Il a utilisé ses facultés pour lutter contre Dieu ; la pureté, la paix et l'harmonie du ciel seraient pour lui un supplice insupportable. Ses accusations contre la miséricorde et la justice de Dieu sont maintenant réduites au silence. L'opprobre qu'il a tenté de jeter sur l'Éternel retombe tout entier sur lui-même. Maintenant, il s'incline et reconnaît l'entière justice de la sentence prononcée contre lui.

« Qui ne craindrait et ne glorifierait ton nom, Seigneur ? Toi seul es saint. En effet, toutes les nations viendront et se prosterneront devant toi, parce que ta justice s'est manifestée [21]. » Chaque question concernant la vérité et l'erreur dans cette longue controverse entre le Christ et Satan a maintenant reçu sa réponse. Les conséquences de la rébellion et du rejet des statuts divins, ont été démontrées aux yeux de toutes les intelligences créées. La mise en application de la domination

21. Apocalypse 15.4.

de Satan, en contraste avec le gouvernement divin, a été présentée à l'Univers tout entier. Satan se trouve condamné par ses propres œuvres. La sagesse de Dieu, sa justice et sa bonté sont pleinement justifiées. On peut s'apercevoir que toutes les interventions de Dieu au cours de la grande controverse entre le Christ et Satan avaient pour objectif le bien éternel de son peuple et celui de tous les mondes créés. « Toutes tes œuvres te célébreront, SEIGNEUR, et tes fidèles te béniront [22]. » L'Histoire du péché demeurera pendant toute l'éternité comme un témoignage montrant que le bonheur de toutes les créatures est lié à l'existence de la loi de Dieu. Ayant sous les yeux tous les faits concernant la grande controverse entre le Christ et Satan, l'Univers tout entier, aussi bien celui qui s'est montré loyal que celui qui s'est rebellé, déclare d'un commun accord : « Tes voies sont justes et vraies, Roi des nations [23] ! »

Devant l'Univers a été clairement présenté le grand sacrifice consenti par le Père et le Fils en faveur de l'homme. L'heure est venue, pour le Christ, d'occuper la place à laquelle il a droit et d'être glorifié « au-dessus de tout principat, de toute autorité, de toute puissance, de toute seigneurie, de tout nom qui puisse se prononcer [24] ». C'est en vue de la joie qui l'attendait, « conduire beaucoup de fils à la gloire [25] », qu'« il a enduré la croix, méprisant la honte [26] ». Aussi inconcevablement grandes qu'aient été pour lui la douleur et la honte, la joie et la gloire qui sont les siennes sont encore plus grandes.

Il contemple les rachetés transformés à sa propre image ; chaque cœur portant l'empreinte parfaite de la divinité ; chaque visage reflétant la ressemblance du Roi. « À cause de ses tourments, il verra, il sera rassasié par sa connaissance [27]. » Il déclare alors, d'une voix qui atteint les multitudes assemblées des justes comme des méchants : « Voici ceux que mon sang a rachetés ! J'ai souffert pour eux, je suis mort pour eux, pour qu'ils puissent demeurer en ma présence pendant tous les siècles de l'éternité. » Un cantique de louange s'élève de ceux qui, revêtus de robes blanches, entourent le trône : « L'agneau qui a été immolé est digne de recevoir puissance, richesse, sagesse, force, honneur, gloire et bénédiction [28]. »

Bien que Satan ait été forcé de reconnaître la justice de Dieu et de se prosterner devant la suprématie du Christ, son caractère demeura inchangé. Son esprit de rébellion, comme un torrent impétueux, jaillit de nouveau. Fou de rage, il décide de ne pas céder dans cette grande controverse entre le Christ et lui. Le moment est venu d'entreprendre un dernier assaut désespéré contre le Roi du ciel. Il se précipite au milieu de ses sujets et s'efforce de leur insuffler sa propre furie et de les exciter à un combat immédiat. Mais, de tous ceux qu'il a trompés en les entraînant dans sa rébellion, aucun ne reconnaît sa suprématie. Son pouvoir a pris fin. Les méchants sont animés de la même haine de Dieu que celle qui inspire Satan ; mais ils se rendent compte que leur cas est sans espoir et qu'ils ne pourront pas l'emporter sur l'Éternel. Leur rage se tourne alors contre Satan et contre ceux qui lui ont servi d'agents dans ses tromperies, et, avec la furie de démons, ils se retournent contre eux.

---

22. Psaume 145.10.
23. Apocalypse 15.4.
24. Éphésiens 1.21.
25. Hébreux 2.10.
26. Hébreux 12.2.
27. Ésaïe 53.11.
28. Apocalypse 5.12.

Le Seigneur avait déclaré : « Parce que tu prends ton propre cœur pour celui d'un dieu, je fais venir contre toi des étrangers, les pires brutes des nations. Ils tireront leurs épées contre ta belle sagesse et ils profaneront ta splendeur. Ils te feront descendre dans la fosse [29]. » « Je te fais disparaître, keroub [chérubin] protecteur, d'entre les pierres ardentes. … Je te jette à terre, je te livre en spectacle aux rois. … Je te réduis en cendres sur la terre, sous les yeux de tous ceux qui te regardent. … Tu es un objet d'épouvante, tu n'es plus, tu ne seras jamais plus [30] ! »

« Toutes les bottes qui piétinaient dans la bataille et tous les manteaux roulés dans le sang seront livrés aux flammes pour être dévorés par le feu [31]. » « La colère du SEIGNEUR va fondre sur toutes les nations, et sa fureur sur toute leur armée : il les frappe d'anathème, il les livre au carnage. [32] » « Il fait pleuvoir sur les méchants des braises, du feu et du soufre ; un vent brûlant, c'est la coupe qu'ils ont en partage [33]. » Le feu divin descend du ciel. La surface de la terre s'entrouvre. Les armes cachées dans ses profondeurs apparaissent. Des flammes dévorantes jaillissent de chaque abîme béant. Les rochers eux-mêmes sont en feu. « Car il arrive, le jour, ardent comme une fournaise [34]. » « Les éléments embrasés se dissoudront et la terre, avec ses œuvres, sera mise à découvert [35]. » La surface de la terre ressemble à une gigantesque masse de métal en fusion, un vaste lac de feu bouillonnant. C'est le « jour du jugement et de la perdition des impies [36] », « un jour de vengeance pour le SEIGNEUR, une année de représailles pour la cause de Sion [37]. »

Les méchants reçoivent leur châtiment « sur la terre [38] ». Ils « seront comme du chaume ; ce jour qui vient les embrasera, dit le SEIGNEUR des Armées [39]. » Certains sont détruits presque instantanément, tandis que d'autres souffrent pendant plusieurs jours. Tous sont châtiés « selon leurs œuvres [40] ». Les péchés des justes ayant été transférés sur Satan, celui-ci doit souffrir non seulement pour sa propre rébellion, mais aussi pour tous les péchés qu'il a fait commettre au peuple de Dieu. Son châtiment dépassera de beaucoup le châtiment de ceux qu'il a trompés. Après que tous ceux qui sont tombés à cause de ses tromperies auront péri, il restera vivant et souffrira encore. Les méchants sont enfin détruits dans les flammes purificatrices ; il n'en reste rien, « ni racine, ni rameau [41] » : Satan est la racine, ses disciples sont les rameaux. Le châtiment prévu par la loi a été entièrement infligé ; les exigences de la justice ont été satisfaites ; et le ciel et la terre, contemplant cette scène, proclament la justice de l'Éternel.

L'œuvre destructrice de Satan a pris fin pour toujours. Pendant six mille ans, il a suivi sa propre volonté, remplissant la terre de souffrance et l'Univers de chagrin. « La création tout entière soupire et souffre les douleurs de l'accouchement [42]. » Mais maintenant, les créatures de Dieu sont délivrées pour toujours de la présence

29. Ézéchiel 28.6-8.
30. Ézéchiel 28.16-19.
31. Ésaïe 9.4.
32. Ésaïe 34.2.
33. Psaume 11.6.
34. Malachie 3.19.
35. 2 Pierre 3.10.
36. 2 Pierre 3.7.
37. Ésaïe 34.8.
38. Proverbes 11.31.
39. Malachie 3.19.
40. Apocalypse 20.12.
41. Malachie 3.19.
42. Romains 8.22.

et des tentations de Satan. « Tout le pays jouit du repos et de la tranquillité ; on éclate en cris de joie [43]. » Un cri de louange et de triomphe monte de tout l'Univers loyal. « J'entendis comme la voix d'une grande foule, comme le bruit de grandes eaux et comme le bruit de forts tonnerres, qui disait : Alléluia ! Car le Seigneur, notre Dieu, le Tout-Puissant, a instauré son règne [44]. »

Tandis que la terre était enveloppée des feux de la destruction, les justes demeuraient en sécurité dans la Sainte Cité. « Heureux et saints qui a part à la première résurrection ! Sur ceux-là la seconde mort n'a pas de pouvoir [45]. » Tandis que Dieu est pour les méchants « un feu dévorant [46] », il est pour son peuple « un soleil et un bouclier [47] ».

« Je vis un ciel nouveau et une terre nouvelle ; car le premier ciel et la première terre avaient disparu [48]. » Le feu qui consume les méchants purifie la terre. Toute trace de la malédiction disparaît. Aucun enfer brûlant éternellement ne gardera sous les yeux des rachetés les effroyables conséquences du péché.

Un seul souvenir subsistera : notre Rédempteur portera toujours les marques de sa crucifixion. Sur sa tête meurtrie, sur son flanc, sur ses mains et ses pieds, on peut voir les seules traces restantes de l'œuvre cruelle réalisée par le péché. Le prophète, contemplant le Christ dans sa gloire, avait dit : « Des rayons partent de sa main ; la voilà, sa force cachée [49] ! » Ce flanc percé d'où jaillit le flot écarlate qui produisit la réconciliation de l'homme avec Dieu, voilà la gloire du Sauveur, « la voilà, sa force cachée ! » Puissant pour sauver par son sacrifice rédempteur, il a donc aussi l'autorité pour exécuter la justice sur ceux qui ont méprisé la miséricorde de Dieu. Les signes de son humiliation se trouvent être son plus grand honneur ; au travers de tous les siècles de l'éternité, les blessures du Calvaire manifesteront sa louange et proclameront sa puissance.

« Et toi, Tour du troupeau, Ophel [colline] de Sion la belle, à toi reviendra la domination première [50]. » Le moment tant attendu avec un ardent désir par les hommes de Dieu depuis que l'épée flamboyante de l'archange chassa le premier couple du jardin d'Éden, le temps de « la rédemption de ce qu'il s'est acquis [51] », est enfin arrivé. La terre, confiée à l'homme à l'origine pour être son royaume, abandonnée par lui entre les mains de Satan et si longtemps détenue par cet adversaire redoutable, a été redonnée à l'homme par le grand plan de la rédemption. Tout ce qui avait été perdu par le péché a été restauré. « Ainsi parle le SEIGNEUR … qui façonne la terre et la forme, lui qui l'affermit, qui ne l'a pas créée chaos, mais qui l'a façonnée pour qu'elle soit habitée [52]. » Le plan originel de Dieu quand il créa la terre est réalisé : celle-ci devient la demeure éternelle des rachetés. « Les justes posséderont le pays et y demeureront à jamais [53]. »

La crainte de dépeindre l'héritage futur de manière trop matérielle a conduit de nombreuses personnes à spiritualiser les vérités qui nous font considérer cet héritage

43. Ésaïe 14.7.
44. Apocalypse 19.6.
45. Apocalypse 20.6.
46. Hébreux 12.29.
47. Psaume 84.12.
48. Apocalypse 21.1.
49. Habacuc 3.4.
50. Michée 4.8.
51. Éphésiens 1.14.
52. Ésaïe 45.18.
53. Psaume 37.29.

comme notre demeure. Le Christ a donné à ses disciples cette assurance : « Il y a beaucoup de demeures dans la maison de mon Père. … Je vais vous préparer une place [54]. » Ceux qui acceptent les enseignements de la Parole de Dieu ne seront pas laissés totalement dans l'ignorance au sujet de notre demeure céleste. Cependant, elle contient « ce que l'œil n'a pas vu, ce que l'oreille n'a pas entendu, ce qui n'est pas venu au cœur de l'homme, ce que Dieu a préparé pour ceux qui l'aiment [55]. » Le langage humain est insuffisant pour décrire la récompense des justes. Seuls ceux qui la verront pourront la connaître. Aucun esprit limité ne peut comprendre la gloire du « paradis de Dieu [56] ».

Dans la Bible, l'héritage des saints est appelé « une patrie [57] ». C'est là que le céleste Berger conduit son troupeau vers « la source de l'eau de la vie [58]. » On y voit « un arbre de vie produisant douze récoltes et donnant son fruit chaque mois. Les feuilles de l'arbre sont pour la guérison des nations [59]. » On y voit des fleuves intarissables, « limpide[s] comme du cristal [60] », bordés d'arbres qui ondulent dans le vent, projetant leur ombre sur les sentiers préparés pour les rachetés du Seigneur. Les vastes plaines s'étendent au loin pour rejoindre de magnifiques collines, et les montagnes de Dieu dressent leurs sommets altiers. C'est dans ces plaines paisibles, auprès de ces fleuves vivants, que le peuple de Dieu, si longtemps « étrangers et résidents temporaires sur la terre [61] », trouvera sa demeure.

« Mon peuple habitera dans un domaine de paix, dans des demeures de confiance, dans des lieux de repos tranquilles [62]. » « On n'entendra plus parler de violence dans ton pays, ni de ravage ou de désastre dans ton territoire ; tu donneras à tes murailles le nom de 'Salut' et à tes portes celui de 'Louange' [63]. » « Ils bâtiront des maisons et les habiteront ; ils planteront des vergers et en mangeront le fruit. Ils ne bâtiront pas des maisons pour qu'un autre les habite, ils ne planteront pas pour qu'un autre mange. … Ceux que j'ai choisis jouiront de l'œuvre de leurs mains [64]. »

« Le désert et le pays desséché s'égayeront ; la plaine aride tressaillira d'allégresse et fleurira comme le narcisse [65]. » « Au lieu des buissons poussera le cyprès, au lieu de l'ortie poussera le myrte [66]. » « Le loup séjournera avec le mouton, la panthère se couchera avec le chevreau. … Un petit garçon les conduira [67]. » « Il ne se fera aucun mal, il n'y aura aucune destruction, dans toute ma montagne sacrée [68]. » Voilà les promesses du Seigneur.

La souffrance ne peut exister dans l'atmosphère du ciel. Il n'y aura plus de larmes, plus de cortèges funèbres, aucun signe de deuil. « La mort ne sera plus, et il n'y aura plus ni deuil, ni cri, ni douleur, car les premières choses ont dis-

54. Jean 14.2.
55. 1 Corinthiens 2.9.
56. Apocalypse 2.7.
57. Voir Hébreux 11.14-16.
58. Apocalypse 21.6.
59. Apocalypse 22.2.
60. Apocalypse 22.1.
61. Hébreux 11.13.
62. Ésaïe 32.18.
63. Ésaïe 60.18.
64. Ésaïe 65.21,22.
65. Ésaïe 35.1.
66. Ésaïe 55.13.
67. Ésaïe 11.6.
68. Ésaïe 11.9.

paru [69]. » « Aucun de ceux qui demeurent là ne dit : Je suis malade ! Le peuple qui habite là voit sa faute pardonnée [70]. »

C'est là que se trouve la Nouvelle Jérusalem, capitale de la nouvelle terre glorifiée, « une couronne de splendeur dans la main du SEIGNEUR, un turban royal dans la paume de ton Dieu [71]. » « Son éclat ressemblait à celui d'une pierre précieuse, une pierre de jaspe transparente comme du cristal [72]. » « Les nations marcheront à sa lumière, et les rois de la terre y apporteront leur gloire [73]. » Le Seigneur avait déclaré : « Je ferai de Jérusalem mon allégresse et de mon peuple ma gaieté [74]. » « La demeure de Dieu est avec les humains ! Il aura sa demeure avec eux, ils seront ses peuples, et lui-même, qui est Dieu avec eux, sera leur Dieu [75]. »

Dans la Cité de Dieu, « la nuit ne sera plus [76] ». Personne n'aura besoin de repos ou ne désirera en prendre. Accomplir la volonté de Dieu et louer son nom ne produiront aucune fatigue. Nous sentirons toujours la fraîcheur du matin et serons toujours éloignés de sa fin. « Ils n'auront besoin ni de la lumière d'une lampe, ni de la lumière du soleil, car c'est le Seigneur Dieu qui les éclairera [77]. » La lumière du soleil sera dépassée par une clarté qui, sans être douloureusement éblouissante, surpassera infiniment l'éclat du plein midi. La gloire de Dieu et de l'Agneau inonde la Sainte Cité d'une lumière qui ne faiblit jamais. Sans avoir besoin du soleil, les rachetés marchent dans la gloire d'un jour perpétuel.

« Je n'y vis pas de sanctuaire, car le Seigneur Dieu, le Tout-Puissant, est son sanctuaire, ainsi que l'agneau [78]. » Le peuple de Dieu a le privilège de jouir d'une communion permanente avec le Père et le Fils. « Aujourd'hui nous voyons au moyen d'un miroir, d'une manière confuse [79]. » Nous contemplons l'image de Dieu, reflétée comme dans un miroir, dans les œuvres de la nature et dans ses interventions en faveur des hommes ; mais nous le verrons « face à face [80] », sans l'interposition d'un voile qui nous le montre « d'une manière confuse ». Nous nous tiendrons en sa présence et contemplerons la gloire de son visage.

Les rachetés peuvent dire aujourd'hui : « Alors je connaîtrai comme je suis connu [81]. » L'amour et la sympathie que Dieu lui-même a implantés dans notre âme trouveront là leur épanouissement le plus authentique et le plus doux. La pure communion avec des êtres saints, la vie sociale harmonieuse auprès des anges bienheureux et des fidèles de tous les siècles qui « ont lavé leurs robes … [et qui] les ont blanchies dans le sang de l'agneau [82] », les liens sacrés qui unissent « toute famille dans les cieux et sur la terre [83] », tout ceci constituera le bonheur des rachetés.

Les esprits immortels contempleront avec une joie toujours renouvelée les merveilles de la puissance créatrice, les mystères de l'amour rédempteur. Il n'y aura

69. Apocalypse 21.4.
70. Ésaïe 33.24.
71. Ésaïe 62.3.
72. Apocalypse 21.11.
73. Apocalypse 21.24.
74. Ésaïe 65.19.
75. Apocalypse 21.3.
76. Apocalypse 22.5.
77. *Idem.*
78. Apocalypse 21.22.
79. 1 Corinthiens 13.12.
80. *Idem.*
81. *Idem.*
82. Apocalypse 7.14.
83. Éphésiens 3.15.

aucun ennemi cruel et trompeur pour les tenter à oublier Dieu. Chaque faculté se développera, chaque capacité augmentera. L'acquisition de la connaissance ne fatiguera pas l'esprit et n'épuisera pas les énergies. Les entreprises les plus élevées pourront être menées à bien, les plus hautes aspirations atteintes, les plus hautes ambitions réalisées ; et cependant il restera encore de nouvelles hauteurs à gravir, de nouvelles merveilles à admirer, de nouvelles vérités à comprendre, de nouveaux objets qui solliciteront les facultés mentales, psychiques et physiques.

Tous les trésors de l'Univers seront ouverts à l'étude des rachetés de Dieu. Sans être handicapés par une nature mortelle, ils visiteront sans fatigue des mondes éloignés, des mondes qui ont été plongés dans le chagrin en voyant la souffrance humaine, mais qui ont éclaté en chants d'allégresse à chaque annonce d'une âme rachetée. Avec une joie inexprimable, les enfants de la terre entrent dans la joie et dans la sagesse d'êtres qui ne sont jamais tombés. Ils partagent les trésors de connaissance et de compréhension acquis au travers des siècles dans la contemplation des œuvres de Dieu. Avec une vision sans faille, ils contemplent la gloire de la création : soleils, étoiles, systèmes solaires, chacun à la place qui lui a été attribuée, entourant le trône de Dieu. Le nom du Créateur est écrit sur toutes choses, de la plus petite à la plus grande, et en toutes sont déployées les richesses de sa puissance.

Les années de l'éternité, en s'écoulant, apporteront des révélations de plus en plus riches et de plus en plus glorieuses de Dieu et du Christ. De même que la connaissance est progressive, de même l'amour, le respect et le bonheur iront aussi en augmentant. Plus les hommes apprendront à connaître Dieu, plus grande sera leur admiration de son caractère. Au fur et à mesure que Jésus dévoilera devant leurs yeux les richesses de la rédemption et les étonnantes interventions divines dans la grande controverse entre le Christ et Satan, le cœur des rachetés vibrera d'une ferveur toujours plus profonde, et c'est avec une joie toujours plus enthousiaste qu'ils joueront de leurs harpes d'or. « Des dizaines de milliers de fois dix mille, des milliers de milliers [84] » de voix s'unissent pour augmenter le puissant chœur de louange.

« Toutes les créatures dans le ciel, sur la terre, sous la terre et sur la mer, tout ce qui s'y trouve, je les entendis qui disaient : À celui qui est assis sur le trône, et à l'agneau, la bénédiction, l'honneur, la gloire et le pouvoir à tout jamais [85] ! »

La grande controverse entre le Christ et Satan a pris fin. Le péché et les pécheurs n'existent plus. Tout l'Univers est propre. Un seul sentiment d'harmonie et de joie remplit la vaste création. La vie, la lumière et la joie coulent de Celui qui a créé toutes choses, dans toute l'étendue de l'espace infini. Depuis le plus minuscule atome jusqu'au monde le plus grand, toutes choses, animées et inanimées, dans leur beauté sans ombre et dans leur joie parfaite, proclament que « Dieu est amour [86] ».

84. Apocalypse 5.11.
85. Apocalypse 5.13.
86. 1 Jean 4.8.